Inhalt – Kurzübersicht

1. Aktivität und Beschäftigung ... 1
2. Zielgruppen der Geragogik ... 17
3. Durchführende und unterstützende Mitarbeiter ... 23
4. Didaktik und Methodik in der Geragogik ... 29
5. Aktivitäts- und Beschäftigungsangebote für chronisch verwirrte und für nicht verwirrte alte Menschen ... 59
6. Kulturelle Angebote ... 87
7. Feste gestalten und feiern ... 131
8. Bewegung und Gymnastik ... 151
9. Spiele ... 189
10. Gehirntraining ... 211
11. Gestalterische und handwerkliche Beschäftigungsangebote ... 245
12. Familien- und hausarbeitsorientierte Beschäftigungsangebote ... 283
13. Ausflüge und Reisen ... 297
14. Besondere Projekte ... 305
    Literatur ... 323
    Index ... 327

Abkürzungsverzeichnis

°C	Grad Celsius	LA	Lebensaktivitäten
Abb.	Abbildung	Min.	Minute(n)
AEDL		o.g.	oben genannt
ATL	Aktivitäten des täglichen Lebens	PVG	Pflegeversicherungsgesetz
Aqua dest.	Aqua destillata	qm	Quadratmeter
bzw.	beziehungsweise	Std.	Stunde(n)
d.h.	das heißt	Tab.	Tabelle
evtl.	eventuell	Tel.	Telefonnummer
g	Gramm	u.a.	unter anderem, und andere
griech.	griechisch	usw.	und so weiter
Kap.	Kapitel	UZG	Ultrakurzzeitgedächtnis
KDA	Kuratorium Deutsche Altenpflege	v.a.	vor allem
KZG	Kurzzeitgedächtnis	WHO	World Health Organisation (Weltgesundheitsorganisation)
LZG	Langzeitgedächtnis	z.B.	zum Beispiel
l	Liter	ZNS	Zentrales Nervensystem
lat.	Lateinisch	z.Zt.	zurzeit

Gisela Mötzing

Beschäftigung mit alten Menschen

Gisela Mötzing

Beschäftigung mit alten Menschen

URBAN & FISCHER

München · Jena

Zuschriften und Kritik an:
Elsevier GmbH, Urban & Fischer Verlag, Lektorat Altenpflege, Karlstraße 45, 80333 München

Wichtiger Hinweis für den Benutzer
Die Erkenntnisse in der Medizin und Pflege unterliegen laufendem Wandel durch Forschung und klinische Erfahrungen. Beim Verfassen dieses Buches wurde große Sorgfalt darauf verwendet, dass die in diesem Werk gemachten Angaben dem derzeitigen Wissensstand entsprechen. Das entbindet den Nutzer dieses Werkes aber nicht von der Verpflichtung, seine Entscheidungen in eigener Verantwortung zu treffen.

Wie allgemein üblich wurden Warenzeichen bzw. Namen (z. B. bei Pharmapräparaten) nicht besonders gekennzeichnet.

Bibliografische Information Der Deutschen Bibliothek
Die Deutsche Bibliothek verzeichnet diese Publikation in der Deutschen Nationalbibliografie; detaillierte bibliografische Daten sind im Internet unter http://dnb.ddb.de abrufbar.

Alle Rechte vorbehalten
1. Auflage 2005
© Elsevier GmbH, München
Der Urban & Fischer Verlag ist ein Imprint der Elsevier GmbH.

05   06   07   08   09   5   4   3   2   1

Das Werk einschließlich aller seiner Teile ist urheberrechtlich geschützt. Jede Verwertung außerhalb der engen Grenzen des Urheberrechtsgesetzes ist ohne Zustimmung des Verlages unzulässig und strafbar. Das gilt insbesondere für Vervielfältigungen, Übersetzungen, Mikroverfilmungen und die Einspeicherung und Verarbeitung in elektronischen Systemen.

Um den Textfluss nicht zu stören, wurde bei Bewohnern, Pflegebedürftigen, Mitarbeitern und Berufsbezeichnungen die grammatikalisch maskuline Form gewählt. Selbstverständlich sind in diesen Fällen immer Frauen und Männer gemeint.

Planung und Lektorat: Dr. Grit Wurlitzer, Quedlinburg
Redaktionsassistenz: Maria Wurlitzer, Erlangen
Herstellung: Hildegard Graf, München
Satz: abc.Mediaservice GmbH (Andreas Linnemann), Buchloe
Druck und Bindung: Stürtz, Würzburg
Umschlaggestaltung: SpieszDesign, Neu-Ulm
Titelfotografie: Werner Krüper, Steinhagen

ISBN 3-437-46500-7

Aktuelle Informationen finden Sie im Internet unter www.elsevier.com und www.elsevier.de

Vorwort

Dieses praxisorientierte Buch ist Lehrbuch und Nachschlagewerk zugleich und richtet sich sowohl an Mitarbeiter als auch an Auszubildende der Altenpflege. Es vermittelt einen umfassenden Überblick über die Möglichkeiten psychosozialer Betreuung durch geragogische Angebote für alte und hochbetagte Menschen. Aktivitätsangebote werden als gezielte Ressourcenförderung gesehen und erhalten so einen gleichrangigen Stellenwert neben der medizinischen Pflege. Das vorliegende Buch wird dem ganzheitlichen Ansatz in der Altenpflege gerecht, den alten Menschen unter Berücksichtigung all seiner körperlichen, seelischen, geistigen und sozialen Bedürfnisse zu begleiten und zu unterstützen. Psychosoziale Betreuung gehört als professioneller Bestandteil in jedes ganzheitliche Pflege- und Betreuungskonzept. Dabei steht der alte Mensch mit seinen Erfahrungen, Erlebnissen, mit seinem Wissen und seiner Lebenswelt im Mittelpunkt.

Der Leser findet in diesem Buch sowohl grundlegendes Fachwissen als auch zahlreiche konkrete Ideen, Anleitungen und Anregungen aus verschiedenen Bereichen geragogischer Arbeit. Er kann darauf vertrauen, dass die Inhalte nicht aus grauer, kaum umsetzbarer Theorie bestehen, sondern sich an Erfahrungen aus der Praxis orientieren und bewährte Konzepte, Methoden und Formen geragogischer Angebote vorstellen. Dabei bleibt genug Raum, die Vorschläge in diesem Buch weiterzuentwickeln, an veränderte Bedingungen anzupassen oder eigene Ideen umzusetzen.

Allen, die mit diesem Buch arbeiten, viel Freude und Erfolg bei der Umsetzung in die Praxis!

Die Autorin

Im Sommer 2005

Die Autorin

Gisela Mötzing ist Krankenschwester und Diplom-Sozialwirtin mit sozialpädagogischem Schwerpunkt. Nach jahrelanger Pflegetätigkeit in der stationären Altenpflege war sie als Dozentin für Pflege und angrenzende Fächer zweier Fachschulen für Altenpflege tätig. Seit fünf Jahren leitet sie den Sozialdienst einer stationären Altenpflegeeinrichtung. Schwerpunkt ihrer Arbeit ist die Organisation, Planung und Durchführung von geragogischen Angeboten.

Abbildungsnachweis

A300-119	K. Wurlitzer, Neuenkirchen, in Verbindung mit der Reihe Klinikleitfaden, Urban & Fischer	L190	G. Raichle, Ulm
		M221	R. Mamerow, Hamburg
		M283	G. Mötzing, Ahnatal
A300-178	Reihe Klinik- und Praxisleitfaden, Urban & Fischer Verlag; Foto: Uwe Pursche, Ulm	N332	Heike Groß, Hüllen
		O148	K. Skodda, Hannover
A400	U. Bazlen, T. Kommerell, M. Menche, A. Schäffler, S. Schmidt und die Reihe Pflege konkret, Urban & Fischer	O149	G. Wurlitzer, Quedlinburg
		O419	S. Leonowicz, Bad Nauheim
		V380	Fa. Riedel, Reutlingen
A500	Reihe Altenpflege konkret, Urban & Fischer	V381	Fa. Karl H. Schäfer, Lage-Heide
A500-119	K. Wurlitzer, Neuenkirchen, in Verbindung mit der Reihe Altenpflege konkret, Urban & Fischer	V382	Fa. Sentreff, Korschenbroich
		V383	Fa. Lekis, Dessau
E155	W. Jank, H. Meyer: Didaktische Modelle, 3. Aufl., Cornelsen Scriptor, Frankfurt/M., 1994	V384	Fa. Wehrfritz, Bad Rodach
		W167	Lotte-Lemke-Haus, Bremerhaven
		W173	Informationszentrale Deutsches Mineralwasser (IDM), Bonn
E264	Fidula Verlag		
J660	MEV Verlag, Augsburg	W177	Vereinigung Getreide-, Markt- und Ernährungsforschung e.V. (GMF), Bonn
K124	Daniel Krölls; www.dk-photography.com		
K157	W. Krüper, Steinhagen	W178	Auswertungs- und Informationsdienst für Ernährung, Landwirtschaft und Forst (aid), Bonn
K183	E. Weimer, Aachen		
K308	Anka Brüggemann, Quedlinburg		
K309	Gert Wildenmann	W184	Landesverein für Innere Mission in Schleswig-Holstein, Rickling
L119	K. Wurlitzer, Neuenkirchen		
L135	S. Dilly		

Symbole in den Kästen:
Susanne Wurlitzer, Leipzig/Sabine Weinert-Spieß, Neu-Ulm

1 Aktivität und Beschäftigung

1.1	Die Bedürfnispyramide nach Maslow	3
1.2	Aktivität, Beschäftigung und soziale Interaktion	4
1.3	Geragogik	4
1.4	Aktivität und Beschäftigung in den Pflegemodellen und -theorien	5
1.5	Pflegekonzepte und Pflegeleitbilder	7
1.5.1	Der Ganzheitlichkeitsanspruch im Pflegekonzept	7
1.5.2	Qualitätssicherung und soziale Betreuung	7
1.5.3	Ressourcenorientiertes Arbeiten in der Altenpflege	8
1.5.4	Pflegeplanung	8
1.6	Ziele von Aktivität und Beschäftigung	10
1.6.1	Tages- und Wochenstruktur	10
1.6.2	Sinn erleben	10
1.6.3	Gemeinschaft und soziales Erleben	11
1.6.4	Förderung der Kommunikation	12
1.6.5	Wahrnehmungsförderung	12
1.6.6	Positives Erleben	13
1.6.7	Spaß, Freude und Wohlbefinden	13
1.6.8	Selbstständigkeit und Selbstentscheidung	14
1.6.9	Förderung von Mobilität und Motorik	15
1.6.10	Förderung der Alltagskompetenzen	15

1 Aktivität und Beschäftigung

Aktivität und Beschäftigung sind Grundbedürfnisse des Menschen. Der Mensch bewegt sich in seinem Leben immer zwischen den Polen
- Aktivität und Passivität
- Beschäftigung und Muße
- Anspannung und Entspannung
- Tun und Lassen.

Für das körperliche und seelische Wohlbefinden ist ein Gleichgewicht zwischen diesen Polen erforderlich (☞ Abb. 1.1). Kommt aus irgendeinem Grunde ein Ungleichgewicht zustande, spürt der Mensch dieses Ungleichgewicht: Er fühlt sich unwohl, unausgefüllt, vielleicht niedergeschlagen, depressiv, angespannt, unausgeglichen, missmutig oder zornig. Die Reaktionen auf ein solches Ungleichgewicht sind von Mensch zu Mensch verschieden.

Jeder Mensch hat eine natürliche Motivation zu diesen unterschiedlichen Polen. Motivation stammt aus dem Lateinischen und heißt soviel wie bewegen oder antreiben. Mit Motivation sind alle Einflüsse und Antriebe gemeint, die das menschliche Verhalten anregen und in Gang setzen.

> **Motive** (lat.: movere = bewegen): Beweggründe, Kräfte, die menschliches Verhalten anregen, in Gang halten und ihm eine Richtung geben. Motive können z. B. Instinkte, Bedürfnisse und Triebe, innere Reize oder Ungleichgewichtszustände oder äußere Reize und Erwartungen sein.

Abb. 1.1: Es ist nicht immer leicht, die richtige Balance zwischen Aktivität und Ruhe zu finden. [L119]

> **Motivation:** Bezeichnung für die Summe jener Motive, die bestimmten Verhaltensweisen oder Handlungen vorausgehen und sie leitend und fördernd beeinflussen.

Der **Motivationsprozess** verläuft in drei Phasen:
- **Aktivitätsanregung:** Ein Mangelzustand wie Durst löst eine Aktivität oder ein bestimmtes Verhalten aus, z. B. das Greifen nach der Getränkeflasche oder dem Trinkglas.
- **Zielgerichtetheit:** Die Motivation und Aktivitätsanregung ist zielgerichtet auf die Erfüllung des Bedürfnisses ausgerichtet. Ziel ist die Beseitigung des Durstes. Dazu wird ein Handlungsplan aufgestellt: Flasche aufdrehen, in ein Glas einschenken, trinken.
- **Befriedigung:** Ist das Ziel, nämlich die Durstlöschung erreicht, ist das Bedürfnis befriedigt. Es besteht wieder ein Gleichgewicht, Unlustgefühle werden durch Lustgefühle ersetzt. Wird ein Bedürfnis nicht befriedigt, entstehen Frustration und Unwohlsein.

Grundlage jeder Motivation ist das Bedürfnis.

> **Bedürfnis:** Erworbenes, sekundäres und soziales Motiv, um einen Mangelzustand zu beheben. Unterschieden werden
> - physiologische Mangelzustände wie Hunger, Durst, Müdigkeit
> - psychologische Mangelzustände wie Mangel an Sozialkontakt, Mangel an Zuwendung, Mangel an Wertschätzung.

Bedürfnisse sind sozusagen der Motor des Lebens. Sie motivieren die Menschen, einen Spannungszustand, der durch einen Mangel entstanden ist, zu beheben. Durch die Erfüllung eines Bedürfnisses wird der Mangelzustand aufgehoben, es entsteht wieder ein Gleichgewicht (Homöostase).

> **Fallbeispiel**
>
> Auch Frau Getz, eine 70-jährige Bewohnerin, hat das Bedürfnis nach Bewegung, um das Ungleichgewicht zwischen Ruhe und Bewegung aufzuheben. So nimmt die Rollstuhlbenutzerin regelmäßig an der Seniorengymnastik teil und sagt: „Da fühle ich mich hinterher immer gleich viel besser. Die Zeit geht immer so schnell vorbei und ich grübele dann nicht so viel in meinem Zimmer."

☑ Alte, hochbetagte und pflegebedürftige Menschen haben Einschränkungen, die sie in der selbstständigen Befriedigung ihrer Bedürfnisse behindern. So kommt es in der Betreuung immer wieder darauf an, die Bedürfnisse des alten Menschen zu erkennen und ihn unter Erhalt größtmöglicher Selbstständigkeit bei der Bedürfnisbefriedigung zu unterstützen.

Es gibt unterschiedliche Bedürfnisse, die eingeteilt in niedere und höhere Bedürfnisse in verschiedenen Modellen beschrieben sind. Der amerikanische Psychologe Maslow hat zwischen körperlichen (physiologischen), seelischen (psychischen), sozialen und geistigen Bedürfnissen unterschieden.

1.1 Die Bedürfnispyramide nach Maslow

Der amerikanische Psychologe Abraham Maslow (1908–1970) ordnete die menschlichen Bedürfnisse in einer aufsteigenden Hierarchie (☞ Abb. 1.2):

- **Physiologische Bedürfnisse:** Hunger, Durst, Ruhe, Schlaf, Wärme
- **Sicherheitsbedürfnisse:** Unabhängigkeit, Geborgenheit, Vorsorge, Gefahrenschutz
- **Soziale Bedürfnisse:** Vertrauen, Zuwendung, Liebe, Freundschaft
- **Bedürfnis nach Wertschätzung:** Anerkennung, Lob, Selbstvertrauen
- **Bedürfnis nach Selbstentfaltung:** Selbstverwirklichung, Sinnfindung, Religion, Spiritualität.

Maslow setzt die Befriedigung der Bedürfnisse der jeweils vorherigen Stufe voraus. Erst wenn die physiologischen Bedürfnisse befriedigt sind, können höher geordnete Bedürfnisse (soziale Bedürfnisse, Sicherheitsbedürfnisse) befriedigt werden.

Fallbeispiel

Frau Albrecht nimmt regelmäßig am wöchentlichen Gehirntraining teil. Heute hat sie schlecht geschlafen, ist unausgeruht und möchte nicht teilnehmen. Altenpflegerin Katrin versucht, die Bewohnerin trotzdem zu überreden und achtet nicht auf die Ursache der Ablehnung, so dass Frau Albrecht sehr ungehalten reagiert. In diesem Falle ist das Bedürfnis nach Erholung vorrangig, das Bedürfnis nach Aktivierung und Beschäftigung tritt in den Hintergrund.

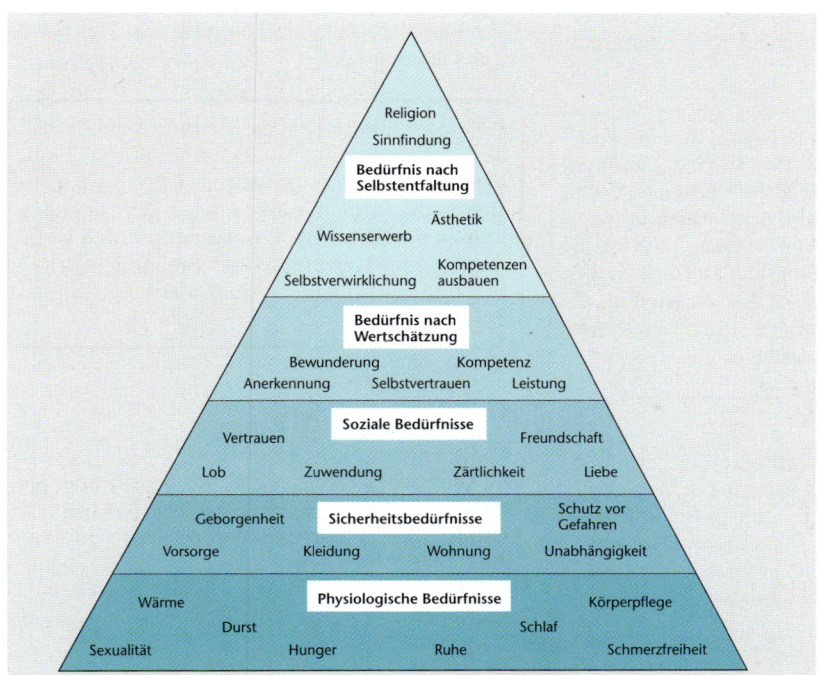

Abb. 1.2: Bedürfnispyramide nach Maslow. [A400]

Maslow geht davon aus, dass die Bedürfnisse sich umso differenzierter entfalten können, je besser die Bedürfnisse der vorherigen Stufe befriedigt sind.

> Für die Aktivitäts- und Beschäftigungsangebote in der Altenpflege heißt das, dass erst die physiologischen und Sicherheitsbedürfnisse ausreichend befriedigt sein müssen, damit der alte Mensch eine sinnvolle und befriedigende Erfüllung mit Beschäftigungsangeboten finden kann.

1.2 Aktivität, Beschäftigung und soziale Interaktion

Jeder Mensch hat das Bedürfnis nach Aktivität, sinnvoller Beschäftigung und sozialer Interaktion. Der Mensch ist kein Einzelwesen, sondern wünscht sich Gruppenzugehörigkeit und soziale Anerkennung, also die Anerkennung einer Gemeinschaft. Nicht jeder Mensch hat ein gleich stark ausgeprägtes Bedürfnis nach Kontakt zu Mitmenschen und zur Gemeinschaft. Es ist von verschiedenen Faktoren wie Erziehung, Gewohnheiten, Kultur und Erfahrungen abhängig.

> **Interaktion:** Wechselwirkungen, aufeinander bezogenes und sich gegenseitig beeinflussendes Verhalten von zwei oder mehreren Menschen.

Jeder Mensch steht täglich in Interaktion mit anderen Menschen. Die Interaktion in Gruppen kann in der sozialen Betreuung gezielt eingesetzt werden. Der Gruppenleiter kann den Interaktionsprozess unterstützen und lenken – ohne allerdings die Teilnehmer zu bevormunden oder zu stark zu dirigieren. Für den Gruppenleiter ist es wichtig, die Ressourcen, Einschränkungen und Bedürfnisse des alten Menschen zu kennen.

> **Fallbeispiel**
>
> Die neue Bewohnerin Frau Schneider ist sehr unzufrieden und klingelt den ganzen Vormittag in engen Zeitabständen mit der Bitte um Erfüllung ihrer Bedürfnisse. Die Altenpfleger sind an der Grenze der Toleranz, weil sie bisher alles für Frau Schneider getan haben.
>
> Nach einem Gespräch mit der Sozialpädagogin wird eine Wochenstruktur mit Beschäftigungen festgelegt. Bei den ersten Gruppenteilnahmen verhält sich Frau Schneider sehr egozentrisch und nimmt die anderen kaum wahr. Nach und nach übernimmt sie aber die Gruppenregeln, orientiert sich an der Gruppensituation und reagiert auf das Verhalten der anderen Gruppenmitglieder. Inzwischen ist die 92-Jährige ein wertvolles, humorvolles Gruppenmitglied, das von anderen akzeptiert und wertgeschätzt wird.

Menschen jeglichen Alters sind im Interaktionsprozess lernfähig und können sich neuen Situationen und Menschen anpassen, wenn es ihrem eigenen Bedürfnis entspricht (gilt nicht für Demenzerkrankte). In welchem Maße sie sich neuen Situationen und Gegebenheiten anpassen können, hängt allerdings sehr von der persönlichen Lebensgeschichte und den persönlichen Bewältigungsstrategien ab. Als Regel gilt jedoch, dass Menschen

- ihr soziales Verhalten und Erleben an dem Verhalten und Erleben der Mitmenschen orientieren, insbesondere auch in neuen Situationen
- mit ihrem Verhalten auf das Verhalten anderer reagieren
- durch Nachahmung lernen
- ihr Verhalten auf Anerkennung und Wertschätzung ausrichten.

> Jeder Mensch hat das Bedürfnis nach sozialer Anerkennung. In der Altenpflege kann diesem Bedürfnis mit angemessener sozialer Betreuung und Gruppenangeboten nachgekommen werden. Bei Gruppenangeboten ist es wichtig, die Gewohnheiten, Biografie, Vorlieben und Interessen des alten Menschen zu berücksichtigen.

1.3 Geragogik

Die **Geragogik** ist ein moderner Begriff und Teildisziplin des relativ jungen Wissenschaftsgebietes Gerontologie (Wissenschaft vom Altern und vom Alter, kurz: Altersforschung).

> **Geragogik** *(Alterspädagogik):* Wissenschaft von der Bildung und Erziehung im Alter. Praxis der Bildungsarbeit mit alten Menschen sowie Vorbereitung junger Menschen auf den Ruhestand und die Begleiterscheinungen des Alters.

> **Wann gilt ein Mensch als alt?**
> Altersgrenzen sind willkürlich und werden individuell unterschiedlich erlebt. Ein Sprichwort sagt: Man ist so alt, wie man sich fühlt. Nach der **WHO-Definition** werden Menschen ab dem 65. Lebensjahr als alt bezeichnet. Dies ist eine Definition nach dem sozialen Alter (Renteneintrittsalter). Das kalendarische Alter geht von der chronologischen Lebensspanne aus. Das biologische Alter orientiert sich an biologischen Abbau- und Veränderungsprozessen des Körpers.

Die Geragogik und steht in engem Zusammenhang mit den Disziplinen Pädagogik, Alterspsychologie und Alterssoziologie. Durch den zunehmenden Anteil alter Menschen in unserer Gesellschaft kommt der Geragogik wachsende Bedeutung zu. Allerdings ist diese junge Fachdisziplin in der Praxis nicht immer eindeutig definiert. Geragogen sind Mitarbeiter, die im pädagogischen Bereich mit alten Menschen arbeiten. In der stationären, teilstationären und offenen Altenhilfe sind Geragogen in den Bereichen Beschäftigung, Aktivitätenbegleitung, Gruppenbetreuung und Altenbildung tätig.

Geragogik ist auch ein Teilbereich der Fachdisziplin Pädagogik, die sich mit Bildung und Erziehung beschäftigt. Ein Teil der Pädagogik ist die Andragogik (Erwachsenenpädagogik). Sie beinhaltet berufliche Fort- und Weiterbildungen, persönliche, allgemeine, kulturelle, gesundheitsfördernde, politische, religiöse und spirituelle Bildung. Erwachsenenbildung ist somit ein weites Feld im Bereich der Bedürfnisse um Selbstentfaltung und Selbstverwirklichung. Die Geragogik ist speziell auf den älteren und alten Menschen ausgerichtet, wobei Altsein unterschiedlich definiert ist.

> **Fallbeispiel**
> Auf die Frage der Sozialpädagogin in einer Gruppenstunde von Hochbetagten zwischen 80 und 94 Jahren, ab wann man sich alt fühle, gab es unterschiedliche Antworten: Die 94-jährige: „Ab 90 ist man alt". Eine 87-jährige: „Wenn man nicht mehr so kann, wie man will und nicht mehr laufen kann." Und eine andere: „Wenn man in einer Altenpflegeeinrichtung lebt."

Angebote der Geragogik richten sich an die unterschiedlichen Altersgruppen. In der Altenpflege richten sie sich an die Gruppe der hilfebedürftigen Senioren. In stationären Altenpflegeeinrichtungen sind das zunehmend Menschen über 80 Jahre und die Hochbetagten mit einem Lebensalter über 90 Jahren. Die geragogischen Angebote der Altenpflege erfordern somit ein gerontologisches, geriatrisches und pflegerisches Fachwissen, um individuell und fachkompetent ein Angebot auf diese Zielgruppe ausrichten zu können.

1.4 Aktivität und Beschäftigung in den Pflegemodellen und -theorien

Pflegemodelle sind vereinfachte Darstellungen von dem komplexen Sachverhalt Pflege. Sie dienen der abstrakten Veranschaulichung und Darstellung von dem, was Pflege ist. Verschiedene Modelle und Theorien strukturieren menschliche Bedürfnisse und gliedern sie in übersichtliche Bereiche. In den verschiedenen Pflegetheorien ähneln sich die Bedürfnisbereiche. Die in der Praxis am häufigsten angewandten Theorien gehen von einem ganzheitlichen Pflegebegriff mit individuel-

Abb. 1.3: Das kalendarische Alter ergibt sich durch die gezählten Kalenderjahre. [K183]

len Schwerpunkten aus. Aktivität, Sinnerfüllung und Beschäftigung finden sich in allen als Bedürfnisbereich wieder, wenn auch mit unterschiedlicher Gewichtung. In der Altenpflegepraxis werden vor allem die 12 Lebensaktivitäten (LA) von Nancy Roper, die 12 Aktivitäten des täglichen Lebens (ATL) von Liliane Juchli und die 13 Aktivitäten und existentiellen Erfahrungen des Lebens (AEDL) von Monika Krohwinkel zur theoretischen Grundlage der Pflege gemacht. (☞ Tab. 1.4).

Der Bedürfnisbereich „Aktivität und Beschäftigung" ist Bestandteil einer ganzheitlichen Pflege, der nicht von anderen Bedürfnisbereichen getrennt werden kann. Der Integration von sinnvoller Beschäftigung und Aktivität wird am meisten das Modell ganzheitlicher Prozesspflege von Monika Krohwinkel gerecht. Frau Krohwinkel geht in ihrem Modell von 13 Aktivitäten und existenziellen Erfahrungen des Lebens (AEDLs) aus und gibt in ihrem Modell der psychosozialen Betreuung einen großen Stellenwert. Der Aktivitätsbereich „Sich beschäftigen" ist in diesem Modell nochmals um die Bereiche „Soziale Bereiche des Lebens sichern" und „Mit existenziellen Erfahrungen des Lebens umgehen" erweitert. Diese drei Bedürfnisbereiche sind in der psychosozialen Betreuung eng miteinander verknüpft und müssen bei den Angeboten und Beschäftigungen berücksichtigt werden.

> **Fallbeispiel**
>
> Die wöchentliche Gestaltgruppe in der Pflegeeinrichtung ist zu einem intimen Gesprächskreis geworden. Frau Gieß war während der NS-Zeit in einem Arbeitslager und hat noch nie mit jemandem aus der Altenpflegeeinrichtung darüber gesprochen. Da die Gruppe ein Ort des Vertrauens für sie ist, schafft sie es unter Tränen, von ihren traumatischen Erfahrungen zu erzählen. Auch für die Sozialpädagogin ist dieser Teil der Biografie von Frau Gieß neu. Jetzt kann sie in behutsamen Einzelgesprächen oder in der Gruppe darauf reagieren.

12 Lebensaktivitäten (LA) von Nancy Roper (in veränderter Reihenfolge)	12 Aktivitäten des täglichen Lebens (ATL) nach Juliane Juchli (in veränderter Reihenfolge)	13 Aktivitäten und existenzielle Erfahrungen des Lebens (AEDL) nach Monika Krohwinkel
Kommunizieren	Kommunizieren	Kommunizieren
Sich bewegen	Sich bewegen	Sich bewegen
Die Körpertemperatur regulieren	Regulierung der Körpertemperatur	Vitale Funktionen des Lebens aufrechterhalten
Sich sauber halten und kleiden	Sich waschen und kleiden	Sich pflegen
Essen und trinken	Essen und trinken	Essen und trinken
Ausscheiden	Ausscheiden	Ausscheiden
–	–	Sich kleiden
Atmen	Atmen	–
Schlafen	Ruhen und schlafen	Ruhen und schlafen
Sich beschäftigen	Raum und Zeit gestalten	Sich beschäftigen
Sich als Mann oder Frau fühlen und verhalten	Sich als Mann oder Frau fühlen und verhalten	Sich als Mann oder Frau fühlen und verhalten
Für Sicherheit der Umgebung sorgen	Für Sicherheit sorgen	Für eine sichere Umgebung sorgen
Sterben	Sinn finden	Soziale Bereiche des Lebens sichern
–	–	Mit existenziellen Erfahrungen des Lebens umgehen

Tab. 1.4: Die drei in der Altenpflege am häufigsten angewandten Pflegemodelle.

1.5 Pflegekonzepte und Pflegeleitbilder

In einem **Pflegeleitbild** werden Vorstellungen, Kriterien und Ziele von Pflege und Betreuung einer Einrichtung dargestellt. Leitbilder werden von Modellen und Theorien abgeleitet. In ihnen legt eine Einrichtung einerseits ihre Normen, Werte und Einstellungen, andererseits individuelle und übergreifende Ziele fest.

> **Pflegeleitbild:** Darstellung der Ziele und wesentlichen Kriterien von Pflege, Betreuung und Versorgung, die dem professionellen Entscheiden und Handeln einer Einrichtung zu Grunde liegt.
>
> Die psychosoziale Betreuung kann ebenfalls im Leitbild festgelegt sein und gibt damit wichtige Hinweise auf die Qualität von Pflege und Betreuung.

> **Auszug aus dem Pflegeleitbild einer stationären Einrichtung**
>
> „Wir unterstützen und fördern alte, pflegebedürftige Menschen darin, ihr Leben mit größtmöglicher Selbstständigkeit und nach ihren individuellen Bedürfnissen zu leben. Wir unterstützen die Ressourcen und Interessen und fördern die soziale Gemeinschaft und Integration. Dabei sind uns die emotionalen und sozialen Bedürfnisse der Bewohner genauso wichtig wie die körperlichen Bedürfnisse. Jedem Bewohner stehen wöchentliche Aktivitäts-, Beschäftigungs- und Betreuungsangebote zur Verfügung."

Ein **Pflege- oder Betreuungskonzept** ist ein Plan zur praktischen Umsetzung eines Pflegeleitbildes. So wird für eine Gruppe von Demenzerkrankten in einer Altenpflegeeinrichtung ein spezielles Pflegekonzept in Form einer tagesstrukturierenden Gruppe mit einer kontinuierlichen Bezugspflege festgelegt. Im Pflegekonzept sind dann auch die speziellen Angebote für Beschäftigung und Aktivitäten enthalten: Gemeinsame hauswirtschaftliche Tätigkeiten wie Backen und Kochen, leichte Bewegungsspiele, Erinnerungs- und Biografiearbeit, Musiktherapie und validative Gespräche (☞ 5.1.2).

1.5.1 Der Ganzheitlichkeitsanspruch im Pflegekonzept

In einem schriftlich formulierten Pflegekonzept sollte die Ganzheitlichkeit der Pflege formuliert und ausgeführt sein. Die Zusammenhänge von Körper, Geist, Seele und Umwelt sind zu erkennen und zu berücksichtigen. Neben den körperlichen stehen gleichwertig auch die seelischen, sozialen und geistigen Bedürfnisse.

Aus einem Betreuungskonzept muss die Umsetzbarkeit einer sozialen Betreuung und Sozialtherapie erkennbar sein. Aktivitäten und Beschäftigungen tragen zur ganzheitlichen Betreuung und Qualitätsverbesserung der Pflege bei. Das heutige Pflegeverständnis kann auf soziale Betreuung nicht mehr verzichten und erfordert ein gutes Management. Soziale Betreuung erfordert Zeit und Fachkräfte. Das sind wichtige, im Zusammenhang mit der Pflegeversicherung stehende Faktoren.

> **!** Ganzheitlichkeit wird oft als Worthülse benutzt. Ein Pflegekonzept sollte genau auf die Umsetzbarkeit eines ganzheitlichen Anspruches überprüft werden.

> Oberstes Ziel der Altenpflege ist das psychophysische und psychosoziale Wohlbefinden. Laut KDA (Kuratorium Deutsche Altershilfe) sind Ganzheitlichkeit, Aktivierung, Personenzentriertheit und Interaktionsorientierung die wichtigsten Prinzipien in der Altenpflege.

1.5.2 Qualitätssicherung und soziale Betreuung

Das Pflegeversicherungsgesetz (PVG) fordert die Gewährleistung der Pflegequalität. Die Qualitätssicherung, die mit § 80 PVG festgelegt ist, erstreckt sich auf allgemeine Pflegeleistungen, Leistungen bei Unterkunft und Betreuung sowie Zusatzleistungen. Pflegekonzept und Pflegeplanung sind Instrumente zur Sicherung der Pflegequalität. Ein ganzheitliches und personenorientiertes Pflegekonzept, wie es von den üblichen Pflegetheorien abzuleiten ist, beinhaltet immer auch die soziale Betreuung und somit auch Aktivitäts- und Beschäftigungsangebote. Das Angebot von Beschäftigungen hebt zudem den Qualitätsstandard einer

Pflegeeinrichtung, was im Rahmen des freien Wettbewerbes notwendig ist, wenn eine Einrichtung auf dem Wettbewerbsmarkt bestehen will.

> ☑ Soziale Betreuung in Form von Beschäftigungs- und Aktivitätsangeboten wird nicht direkt als Pflegeleistung abgerechnet, kann aber bei stationären Einrichtungen im Rahmen der Pflegesatzverhandlungen berücksichtigt werden. Pflegesätze werden in regelmäßigen Abständen zwischen Einrichtungsträger und Kostenträgern in Verhandlungen festgelegt. In welchem Umfang die Leistungen von sozialer Betreuung bei den Pflegesatzverhandlungen berücksichtigt werden, kommt auf die Verhandlungskonditionen und auf die Nachweisbarkeit des Bedarfs der sozialen Betreuung an.

1.5.3 Ressourcenorientiertes Arbeiten in der Altenpflege

Alle Pflegetheorien gehen von einer größtmöglichen Selbstständigkeit, Aktivierung und einer Orientierung an den persönlichen Ressourcen des pflegebedürftigen Menschen aus. Die Orientierung an den Ressourcen ist in der Pflege unverzichtbar, denn Ressourcen sind Hilfsmittel, Motivationen und Fähigkeiten, die den Pflegeprozess positiv beeinflussen können und Pflegeprobleme bewältigen helfen. Viele Ressourcen sind jedoch verschüttet, können aber durch gezielte geragogische Angebote aktiviert und genutzt werden.

> **Ressource** *(lat.: Hilfsmittel, Reserve, Quelle):* innere und äußere Kraftquellen, die für den Pflegeprozess genutzt werden können, z. B. Fähigkeiten, Restfähigkeiten, Möglichkeiten, Gewohnheiten, Vorlieben oder Hobbys.

Ressourcen sind sozusagen der Motor des Menschen und sind die Motivation zur Bewältigung von Pflegeproblemen. Ressourcen können z. B. sein:
- Wille zur Gesundung
- Interesse an Gemeinschaft
- Glauben
- Wunsch nach Mobilität
- Liebgewonnene Gewohnheiten
- Interessen wie z. B. Musik, Lesen oder Handarbeiten.

Oft zeigen sich die Ressourcen der alten Menschen in den Beschäftigungsgruppen eher als bei der medizinisch ausgerichteten Pflege. Die Pflegekräfte haben täglich bei der Pflege mit den Einschränkungen und der Hilfebedürftigkeit zu tun und sind dabei oft an den Defiziten orientiert. In Beschäftigungs- und Gruppenangeboten werden gezielt die Ressourcen des alten Menschen gefördert und gemeinschaftlich belebt. In einer Gruppenstunde sind durch Humor, Freude, Geselligkeit und Spaß an den Inhalten und der Gemeinschaft viel mehr oder auch andere Ressourcen angesprochen als bei den täglichen Pflegehandlungen.

> **Fallbeispiel**
>
> Frau Nauheim, die umfangreiche Unterstützung bei einigen Lebensaktivitäten benötigt und als still und zurückhaltend bekannt ist, lebte nach vielen Monaten in den wöchentlichen Beschäftigungsgruppen auf. Mit Eifer nahm sie am wöchentlichen Gehirntraining teil, wagte neue Erfahrungen in der Kreativgruppe und ließ keine Seniorengymnastikstunde ausfallen. Ein Jahr lang wurde sie von der Sozialpädagogin zu den Veranstaltungen abgeholt und wieder zurückgebracht. Nun, nach einem Jahr, findet sie die Räumlichkeiten in der großen Altenpflegeeinrichtung allein und wünscht nur noch in Ausnahmesituationen Begleitung. Die Beschäftigungsgruppen haben bei Frau Nauheim verschüttete Ressourcen zutage gefördert, die jetzt zum Teil selbstständig von ihr eingesetzt werden.

1.5.4 Pflegeplanung

Pflegeplanung ist ein wesentlicher Baustein und Instrument der Qualitätssicherung in der Altenpflege. Mit der Pflegeplanung wird der gesamte Pflegeprozess dokumentiert, zielorientiert gestaltet und die Pflegeleistung nachgewiesen. An der Pflegeplanung ist in der Regel das gesamte Team beteiligt, zumindest tauscht sich das Team über die Pflegeplanung aus.

> **Pflegeprozess:** Sammlung, Analyse und Darstellung notwendiger Informationen über die Situation des zu pflegenden Menschen, aus denen ein individueller Pflegeplan erstellt, umgesetzt und nach seiner Durchführung evaluiert wird.

Der Pflegeprozess ist ein **Regelkreislauf**, der aus sechs Schritten besteht (☞ Abb. 1.5):
1. Informationen sammeln
2. Ressourcen und Probleme erfassen
3. Pflege- und Betreuungsziele festlegen
4. Pflegemaßnahmen planen und festlegen
5. Pflegemaßnahmen durchführen
6. Überprüfung der Wirksamkeit der Maßnahmen (Evaluation).

Mitarbeiter von Beschäftigungen sind ebenfalls an der Pflegeplanung beteiligt. Sie liefern zum einen mögliche Informationen über Probleme und Ressourcen von dem alten Menschen. Zum anderen benötigen die Mitarbeiter auch die Informationen, um die alten Menschen in einer Gruppe biografieorientiert, individuell und ressourcenorientiert fördern zu können. Oft werden auch in einer Gruppe Ressourcen deutlich, die für andere Pflegeprobleme eingesetzt werden können.

> [!] Für den alten Menschen muss es sich lohnen, aufzustehen, aus dem Zimmer zu gehen und sich zu bewegen. Es muss ein Anreiz für die Motivation zur Mobilitätsverbesserung vorhanden sein.

Der Pflegeprozess umfasst alle Bedürfnisbereiche des pflegebedürftigen Menschen (alle LA, ATLs oder AEDLs). Die Bereiche „Sich beschäftigen", „Kommunizieren", „Sinn finden" und „Existenzielle Erfahrungen des Lebens" sind Bereiche, die direkt mit der sozialen Betreuung und den geragogischen Angeboten in Verbindung stehen. Oft zeigen sich hier auch Pflegeprobleme, die mit Hilfe von Beschäftigungsgruppen gelöst oder verbessert werden können.

Pflegekräfte und Mitarbeiter von Beschäftigungs- und Betreuungsgruppen müssen gut zusammenarbeiten, um gemeinsame Arbeit mit dem Instrument der Pflegeplanung zu leisten.

Fallbeispiel

Frau Schuhmann, eine immobile alte Dame, hat wenig Motivation zu Gehübungen oder anderen Mobilitätsförderungen. Da sie selbst jahrelang aktives Mitglied eines Frauenchores war, besucht sie neuerdings die wöchentliche Musikveranstaltung der Pflegeeinrichtung. Diese motivieren sie, wieder mobiler zu werden, um daran teilnehmen zu können.

> Mitarbeiter von Beschäftigungs- und Betreuungsgruppen müssen an Dienstübergaben, Dienstbesprechungen und Fallbesprechungen teilnehmen, damit ein größtmöglicher Informationsfluss und Austausch gewährleistet ist.
> Nur wenn alle, die mit den alten Menschen arbeiten, „an einem Strang ziehen", kann eine optimale Betreuung erreicht werden.

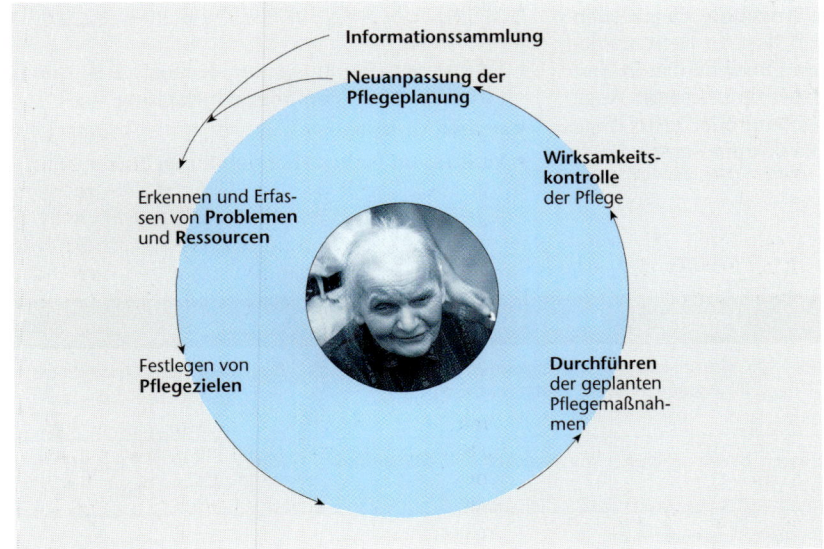

Abb. 1.5: Die Phasen des Pflegeprozesses. [A300-178]

1.6 Ziele von Aktivität und Beschäftigung

Aktivitäts-, Beschäftigungs- und Betreuungsangebote sind Bestandteile von Geragogik und Sozialtherapie und geben den zu Betreuenden eine sinnvolle und anerkennende Gestaltung des Tages. In Gruppen können positive Erfahrungen gemacht werden, die sich insgesamt fördernd auf die Befindlichkeit des alten Menschen auswirken. Aktivitäten und Beschäftigungen haben je nach Schwerpunkt verschiedene **Richtziele** (auch Leitziele). Richtziele sind allen anderen Zielen übergeordnet; sie sind sozusagen die Leitmotive der sozialen Betreuung.

1.6.1 Tages- und Wochenstruktur

Angebote geben den zu Betreuenden eine sinnvolle und anerkennende Gestaltung des Tages und der Woche. Strukturierende Angebote tragen zur Orientierung und Sicherheit bei. Sie sind wie ein roter Faden, an dem sich ein Pflegebedürftiger orientieren kann.

- **Tagesstrukturierende Angebote** sind wichtiger Bestandteil des Pflege- und Betreuungskonzeptes. Eine Tagesstruktur ist grundlegendes therapeutisches und pflegerisches Element einer stationären oder teilstationären Einrichtung. Tagesstrukturierende Gruppen werden häufig mit gerontopsychiatrischem Schwerpunkt angeboten (☞ 2.3).
- **Wochenstrukturierende Angebote** bieten ebenfalls Sicherheit und geben dem zu Betreuenden eine Perspektive für einen überschaubaren Zeitraum (☞ Tab. 1.6). Wochenstrukturierende Angebote können offene Angebote oder feste Angebote für eine geschlossene Gruppe sein.

1.6.2 Sinn erleben

Grundbedürfnis eines jeden Menschen ist es, ein als sinnvoll erlebtes Leben zu führen. Was als ein sinnvolles und ausgefülltes Dasein empfunden wird, ist individuell verschieden und hängt von persönlichen Erfahrungen, Werten, den gesellschaftlichen Normen, dem Vertrauen in Umfeld und Umwelt, den sozialen Kompetenzen und dem Selbstkonzept ab.

Selbstkonzept

> **Selbstkonzept:** Selbsteinschätzung eines Menschen. Es beinhaltet auch die Fähigkeit, zwischen dem Selbstbild und den tatsächlich zur Verfügung stehenden Ressourcen ausgleichen zu können, um sinnvoll und erfüllt zu leben.

Für das Selbstkonzept eines alten Menschen ist es wichtig, Ziele, Interessen und Ideen zu haben. Der Mensch kann mögliche Einbußen im Alter durch neue Interessen kompensieren und dadurch zu einer neuen und erweiterten Sinnfindung gelangen.

Lebenskrisen

Alte Menschen erleben häufig Verluste, z. B.
- Verlust von Gesundheit und körperlicher Unversehrtheit
- Verlust von Selbstbestimmung und Selbstentscheidung
- Verlust von Wohnung und Heimat, z. B. durch Einzug in eine Altenpflegeeinrichtung
- soziale Verluste
- Verlust von Nahestehenden durch Tod.

Montag	Dienstag	Mittwoch	Donnerstag	Freitag	Samstag	Sonntag
Schnuddeltreff	Sitzgymnastik	Gehirntraining für Anfänger	Gehirntraining für Fortgeschrittene	Sitzgymnastik	Buchausleihe	Gottesdienst
Singen	Spielnachmittag	Kreativgruppe	Waffelbacken	Männertreff	Ruhetag	Besuche Fest

Tab. 1.6: Wochenstruktur einer Altenpflegeeinrichtung.

Jeder Verlust ist eine Krise und löst einen Trauerprozess aus. In diesem Prozess benötigt der Betroffene liebevolle Begleitung. In akuten Trauerprozessen lehnen Menschen Aktivitäts- und Beschäftigungsangebote häufig ab. In dieser Zeit ist eine empathische Begleitung wichtiger als die Motivation zu Aktivitäten. Eine Beschäftigungsgruppe kann aber auch ein Ort sein, über diese Verlusterfahrungen zu sprechen. So bietet sie dem Trauernden eine Chance zur Bewältigung an.

Fallbeispiel

Herr Rutke ist neu in der Altenpflegeeinrichtung und fühlt sich sehr unsicher. Der Sozialpädagoge fordert die anderen in einer Gruppenrunde auf, über ihre Erfahrungen beim Einzug in die Altenpflegeeinrichtung zu berichten. Die 77-jährige Frau Birkner erzählt: „Ich hab mich so verloren und fremd gefühlt in diesem großen Haus. Dafür habe ich viele neue Kontakte geknüpft, da hab ich gemerkt, wie einsam ich eigentlich vor dem Einzug war." Im Gespräch wird deutlich, dass jeder den Einzug in eine Altenpflegeeinrichtung anders erlebt. Herr Rutke fühlt sich hinterher verstanden und kann nun auch die positiven Seiten eines Einzugs in eine Altenpflegeeinrichtung sehen.

Um Verluste und Einbußen zu kompensieren, ist es wichtig, neue Erfahrungen zu machen, sich mit neuen Dingen zu beschäftigen oder einen sinnvollen Ersatz für das Verlorene zu finden. Das gilt auch für Menschen im hohen Alter. Anknüpfend an die Biografie und die Gewohnheiten des alten Menschen hat die soziale Betreuung hier die Aufgabe, mit dem alten Menschen gemeinsam für ihn sinnstiftende Aufgaben und Aktivitäten zu finden (☞ Abb. 1.7).

> Wichtig sind Erfolgserlebnisse. Sie geben dem Leben Sinn und führen zu einem positiven Selbstkonzept. Bei jeder Gruppenteilnahme sollte jeder Teilnehmer mindestens ein Erfolgserlebnis haben.

1.6.3 Gemeinschaft und soziales Erleben

Menschen sind soziale Wesen und haben das Grundbedürfnis nach Gemeinschaft. Sicherlich ist dieses Bedürfnis je nach Biografie, Erfahrungen und kulturellem Hintergrund unterschiedlich ausgeprägt. Es bleibt jedoch auch im hohen Alter, verbunden mit dem Bedürfnis nach sozialem Erleben, bestehen. Der Mensch benötigt die Zugehörigkeit zu einer sozialen Gruppe, um sich als wertvolles Mitglied eines Ganzen zu erleben, um soziale Kontakte zu knüpfen, um Sicherheit, Vertrauen, Schutz, Anerkennung und Wertschätzung durch die anderen zu erfahren.

> **Soziale Gruppe:** Mehrere Menschen, die ein gemeinsames Ziel haben, über eine bestimmte Zeit zusammen sind und in Beziehung zueinander stehen. Die Mitglieder einer Gruppe entwickeln eine eigene Gruppenidentität, das so genannte „Wir-Gefühl".

Eine große Aufgabe der sozialen Betreuung in der stationären oder teilstationären Altenpflege ist es, die Möglichkeiten zur Zugehörigkeit zu sozialen Gruppen zu fördern.

In der ambulanten oder offenen Altenhilfe ist es eine Aufgabe, Kontakte zu Gruppen zu vermitteln, z.B. zur Kirchengemeinde, zu Beratungsstellen oder zu Vereinen. Auch Hochbetagte können in Gruppen neue Erfahrungen machen und sich als wertvolles Mitglied der Gruppe fühlen. Das Erleben in Gemeinschaft beugt sozialer Isolation und sozialer Verwahrlosung vor.

Abb. 1.7: Neue Erfahrungen können helfen, Trauer zu überwinden und einen inneren Rückzug zu vermeiden. Mit den eigenen Händen etwas zu schaffen, macht stolz und fördert das Selbstbewusstsein. [W167]

> **Fallbeispiel**
>
> Eine 94-Jährige hat trotz Bewegungseinschränkung der Hände große Freude am Malen von Fensterbildern entwickelt und zu allen Jahreszeiten-Themen schöne Bilder gemalt. Für ihre Arbeit erhielt sie viel Anerkennung von den anderen Gruppenmitgliedern und von den Angehörigen. Bis kurz vor ihrem Tod hat sie damit eine sinnvolle Aufgabe gefunden.

1.6.4 Förderung der Kommunikation

Beschäftigungen und Aktivitäten bieten ein großes Potenzial an Kommunikationsmöglichkeiten und vielseitigem Gesprächsstoff. Für den alten Menschen ist es wichtig, die Kommunikation den Alltagssituationen anzupassen und möglichst auch abwechslungsreiche Gesprächsinhalte zu haben. Sich mitzuteilen, sich mit anderen Menschen auszutauschen, Anregungen und Anstöße durch andere zu erhalten, ist ein menschliches Grundbedürfnis. Die Sprache ist dabei das wichtigste Ausdrucksmittel (Gespräche mit Demenzerkrankten ☞ 5.1.2).

> ✓ Durch Kommunikation kann Gemeinschaft geschaffen und erhalten werden. Eine gelungene Kommunikation beugt Einsamkeitsgefühlen und sozialer Isolation vor.

Kommunikation dient dem Austausch von Wissen und Informationen auf rationaler, intellektueller und auch emotionaler Ebene. Kommunikation ist notwendig, um Kontakt zur Umwelt aufzubauen und mit ihr in Beziehung zu treten. Fehlende Kommunikation beeinträchtigt immer die Beziehungen zur Umwelt und wirkt sich negativ auf den Menschen aus.

Folgen mangelnder Kommunikation können z. B. sein:
- Gereiztheit, Misstrauen
- Soziale Isolation und soziale Verwahrlosung
- Psychosomatische Reaktionen
- Resignation, Niedergeschlagenheit, Depression bis hin zum Suizid.

Die **Gesprächsführung** durch einen Gruppenleiter erfordert gute soziale Kompetenzen und professionelles Wissen und Können. Eine empathische (einfühlende) Grundhaltung und eine klientenzentrierte Gesprächsführung sind wichtige Grundvoraussetzungen für eine zufriedenstellende Kommunikation.

Für verwirrte alte Menschen ist eine validierende (einfühlende, verstehende und auf bestimmte Weise bestätigende) Gesprächsführung sinnvoll (☞ 5.1.2).

> ❗ Weil alte Menschen häufig kontakt- und kommunikationseingeschränkt sind, besteht für Gruppenleiter die Gefahr, in der Gesprächsrunde zu dominant oder leitungszentriert zu arbeiten. Ein Gruppenleiter sollte immer Möglichkeiten schaffen, dass alle Teilnehmer ins Gespräch eingebunden sind.

> **Fallbeispiel**
>
> Zu Beginn einer Erzählstunde lässt die Gruppenleiterin ein Steinherz aus einem Rosenquarz herumgehen (☞ Abb. 9.6): „Wer den Stein in der Hand hält, hat das Wort und erzählt, mit welchen Gedanken er heute morgen aufgewacht ist." Mit so einem oder einem anderen Ritual erhält jedes Gruppenmitglied gleich am Anfang die Möglichkeit, sich mitzuteilen. Am Ende wird durch ein gemeinsames Ritual nochmals jedem die Möglichkeit gegeben, sich einzubringen und mitzumachen, z. B. durch das Singen eines Liedes.

1.6.5 Wahrnehmungsförderung

Viele Erkrankungen im Alter gehen mit Einschränkungen der Wahrnehmung einher. Störungen der Wahrnehmung können durch eine Beeinträchtigung der Funktion der Sinnesorgane, durch Sensibilitätsstörungen oder durch Veränderung des Wahrnehmungsfeldes sowie durch Störung der Wahrnehmungsverarbeitung verursacht werden.

> **Wahrnehmung** (*Sensibilität, Empfindung*): Allgemeine Bezeichnung für den komplexen Vorgang von Sinneswahrnehmung und integrativer Verarbeitung von Umwelt- und Körperreizen.

Die Sinneseindrücke werden über die Sinnesorgane vermittelt, die dafür mit speziellen Rezeptoren ausgestattet sind (☞ Tab. 1.8). Pflegerisch, therapeutisch und auch durch Aktivitäten und Beschäf-

1.6 Ziele von Aktivität und Beschäftigung

Sinnesorgan	Sinnesfunktion
Augen	Visuelle (optische) Wahrnehmung (sehen)
Ohren	Akustische (auditive) Wahrnehmung (hören)
Nase	Olfaktorische Wahrnehmung (riechen)
Zunge	Gustatorische Wahrnehmung (schmecken)
Haut	Taktile (haptische) Wahrnehmung (fühlen, tasten)

Tab. 1.8: Sinneswahrnehmungen über die Sinnesorgane.

tigungen kann die Sinneswahrnehmung gezielt gefördert werden. Gerade in Beschäftigungsgruppen können mit Spaß und Freude, verbunden mit gemeinschaftlichen Erfahrungen, die Sinnesfunktionen stimuliert werden.

Wahrnehmungsförderung setzt eine gute Kenntnis der Einschränkungen der zu Betreuenden voraus, damit Reize gezielt und sinnvoll gesetzt werden können, z. B. zur

- Stimulation der akustischen Wahrnehmung durch musiktherapeutische Angebote
- Stimulation des Geruchssinnes durch Riechen von Duftsäckchen
- Stimulation der taktilen Wahrnehmung durch Tastspiele (☞ Abb. 1.9)
- Stimulation der visuellen Wahrnehmung durch Farben und Bilder.

Abb. 1.9: Gegenstände und Materialien bewusst zu erfühlen, fördert die taktile Wahrnehmung. [K157]

Eine Reizstimulierung darf allerdings nicht zur Reizüberflutung oder Reizverwirrung führen.

1.6.6 Positives Erleben

Denken, Fühlen und Handeln stehen in engem Zusammenhang miteinander und bestimmen die Wahrnehmung. Die Wahrnehmung vieler alter Menschen ist durch Krankheit, Einschränkungen und Schmerzen beeinträchtigt und auf negative Aspekte eingeengt. Ein negativer Gefühls- und Gedankenkreislauf wirkt sich wiederum hemmend auf alle Aktivitäten und die Alltagskompetenzen aus. Positives Erleben durch Aktivitätsangebote können die Selbstwahrnehmung und die Motivation positiv beeinflussen.

> Erfolgserlebnisse sind der Schlüssel zur Motivation des alten Menschen. Es ist wichtig, dass in einer Beschäftigungsgruppe jedes Gruppemitglied mindestens ein Erfolgserlebnis pro Gruppenstunde hat.

Damit der alte Mensch seine Erfolge selbst sieht und wahrnimmt, sollten Erfolge immer gelobt und auch für die anderen Gruppenteilnehmer sichtbar gemacht werden. Lob wirkt aber nur, wenn es nicht als „Worthülse" ausgesprochen wird, sondern echte und ehrliche Anerkennung ausdrückt.

1.6.7 Spaß, Freude und Wohlbefinden

Spaß, Freude und Wohlbefinden sind Ausdruck für Lebensqualität. Alles, was die Lebensfreude und das Wohlbefinden fördert, dient einer verbesserten Lebensqualität für den alten Menschen. Krankheiten, Schmerzen und Hilfebedürftigkeit reduzieren die Lebensfreude bis hin zu depressiven Verstimmungen, einer manifesten Depression oder gar Suizidgefährdung. Neben einer guten medizinischen Betreuung ist jede Förderung von Lebensfreude ein Schritt in die richtige Richtung. Zuspruch, Impulse, Sinnesanregungen und gemeinschaftliches Erleben können Freude und Spaß vermitteln.

> Alles, was Spaß macht, ist bei den Beschäftigungen erlaubt. Wichtige Hinweise darauf, was den Gruppenmitgliedern Spaß macht, geben die Biografie, die Ressourcen und Interessen der Gruppenmitglieder sowie gezielte Befragungen und Beobachtungen.

1.6.8 Selbstständigkeit und Selbstentscheidung

Der Erhalt von Selbstständigkeit und Selbstentscheidung ist ein vorrangiges Ziel in der Altenpflege. Der Verlust der Selbstständigkeit kann zum Verlust des Selbstwertgefühls führen und den Menschen zusätzlich hilfebedürftig machen (erlernte Hilflosigkeit). Geragogische Angebote sollen die Möglichkeit zur Selbstgestaltung und Eigenverantwortung bieten und auch nutzen. Dabei ist es wichtig, dass die geragogische Leitung sich regelmäßig Rückmeldung von den Teilnehmern einholt, um sie im selbstständigen Handeln und Entscheiden zu unterstützen und nicht an den Bedürfnissen „vorbeizuarbeiten". Erhalt von Selbstständigkeit bedeutet auch immer eine verbesserte Lebensqualität für die alten Menschen.

> **Fallbeispiel**
>
> Die Sozialpädagogin Frau Severin kennt die Wünsche der Bewohner sowie des Heimbeirates genau, da sie regelmäßig Rücksprache mit beiden hält. Sie merkt, dass die Eigenverantwortung der Bewohner dadurch gestärkt wird. So konnte der Heimbeirat gezielt Vorschläge zur Gestaltung des letzten Sommerfestes machen und diese mit Frau Severins Hilfe umsetzen.

Bei jeder Beschäftigungsaktivität sollten Möglichkeiten der Selbstständigkeit und Selbstentscheidung geboten werden. Das gelingt z. B., wenn alte Menschen selbst entscheiden können, wie der vorgegebene Rahmen eines Angebotes ausgefüllt wird.

Selbst entscheiden bedeutet auch, dass jeder Pflegebedürftige die Wahl hat, ob er an einem geragogischen Angebot teilnehmen möchte oder nicht.

Auch Frühstücksgruppen und Tischbuffets bieten – neben einem vielseitigen Frühstück – die Möglichkeit, selbstständig zu wählen und zu entscheiden. Bei Demenzerkrankten können bei einer Frühstücksgruppe gezielt die Selbstentscheidung und die Alltagskompetenzen gefördert werden, indem kleine Hilfestellungen gegeben werden (☞ 5.1.4). Es gilt der Grundsatz: So wenig Hilfe wie möglich, so viel Hilfe wie nötig.

> **!** Teilnahme an Beschäftigungen und Aktivitäten nicht „über das Knie brechen wollen", sondern Ablehnung respektieren. Ablehnung hat immer einen Grund.

Abb. 1.10: Aktivitäten in der Gruppe machen Spaß und fördern die Mobilität. [K157]

1.6.9 Förderung von Mobilität und Motorik

Mobilität und Motorik sind aufgrund von Alterserkrankungen und -erscheinungen zumeist eingeschränkt. Das hat viele Folgen. Beweglichkeit, Koordination, Motorik und Kräfte zu fördern, ist eine vorrangige Aufgabe in der Altenpflege, um Alltagsverrichtungen, Eigenständigkeit und Lebensfreude zu erhalten (☞ Abb. 1.10). Neben gezielten therapeutischen und pflegerischen Anleitungen kann in Beschäftigungsgruppen die Beweglichkeit mit Bewegungsübungen, Seniorengymnastik oder musischen Angeboten gefördert werden.

Körper, Seele und Geist bilden eine Einheit. Bewegungsübungen wirken sich über den Körper auch positiv auf Seele und Geist aus. Sie können in jedes Aktivitätsangebot eingebaut werden. Durch das Einbeziehen von Bewegungsübungen wird

- eine Gehirntrainingsrunde ganzheitlicher
- der Spielenachmittag angeregter und lustiger
- der Musiknachmittag vielseitiger und lebendiger.

> **Fallbeispiel**
>
> Die Übungsleiterin für das Gehirntraining bietet zu Beginn einer Übungsstunde oder zwischendurch, wenn die Konzentration nachlässt, gerne Bewegungsübungen an, um die Durchblutung und damit auch die Aufmerksamkeit zu fördern. Ganz wach und aufmerksam werden die Teilnehmer, wenn dem Gehirntraining eine lustige Runde Ballspiel nach Musik, kleine Bewegungsübungen nach Musik oder Übungen mit dem Massageball vorangehen.

1.6.10 Förderung der Alltagskompetenzen

Hilfe- und pflegebedürftige alte Menschen sind in ihren **Alltagskompetenzen** mehr oder weniger eingeschränkt. Ziel in der Altenpflege ist es immer, die Alltagskompetenzen zu stärken, um eine größtmögliche Selbstständigkeit zu erhalten.

> **Alltagskompetenzen:** Fähigkeiten, Fertigkeiten und Kenntnisse, die der Mensch benötigt, um seine individuelle Lebenssituation und seinen Alltag zu bewältigen.

Die Alltagskompetenzen bestehen aus verschiedenen **Teilkompetenzen:**

- Sensomotorische Kompetenz
- Kognitive Kompetenz
- Psychische Kompetenz
- Soziale Kompetenz
- Orientierungskompetenz

Mit geragogischen Angeboten können die Alltagskompetenzen insgesamt oder auch bestimmte Teilkompetenzen erhalten, gestärkt, erweitert und verändert werden.

2 Zielgruppen der Geragogik

2.1	**Offene Altenarbeit**	18
2.2	**Ambulante Altenpflege**	19
2.3	**Teilstationäre Altenpflege**	19
2.4	**Stationäre Altenpflege**	20
	2.4.1 Stationäre Altenpflegeeinrichtungen	20
	2.4.2 Betreutes Wohnen	20
	2.4.3 Neue Formen des gemeinschaftlichen Wohnens	21
2.5	**Geriatrische Kliniken**	21

2 Zielgruppen der Geragogik

Die Geragogik ist auf die Zielgruppe alte Menschen ausgerichtet. Diese Zielgruppe ist entsprechend verschiedener Altersstufen nochmals untergliedert (WHO-Einteilung). Dementsprechend können Bildungsangebote unterschieden werden für

- ältere Berufstätige (51–60 Jahre)
- junge Alte (61–75 Jahre)
- alte Menschen (76–90 Jahre)
- sehr alte (älter als 91 Jahre) und hochbetagte Menschen (älter als 100 Jahre).

Das vorliegende Buch richtet sich vorwiegend an Mitarbeiter, die mit alten, sehr alten und hochbetagten Menschen arbeiten. Diese Zielgruppe lebt größtenteils in ihrer eigenen Wohnung oder nimmt teilstationäre oder stationäre Pflegeangebote in Anspruch.

Zu den spezifische **Risiken und Problemen** der alten, sehr alten und hochbetagten Menschen, die es bei allen geragogischen Angeboten zu berücksichtigen gilt, gehören z. B.

- gesundheitliche Einschränkungen
- Mobilitätseinschränkungen
- Hilfebedürftigkeit bei verschiedenen Lebensaktivitäten
- Angst vor Vereinsamung
- Angst vor Pflegebedürftigkeit
- Wunsch nach Erhalt der Selbstständigkeit
- Wunsch, noch gebraucht zu werden.

2.1 Offene Altenarbeit

Mit dem Begriff **offene Altenarbeit** bzw. **offene Altenhilfe** werden Einrichtungen zusammengefasst, die entweder selbst oder von bestimmten Trägern wie Kirchen, Kommunen oder Wohlfahrtsverbänden organisiert werden und Begegnungsmöglichkeiten und damit soziale Kontakte für alte Menschen anbieten. Finanziert werden die Leistungen über die jeweiligen Träger.

Typische **Leistungen** sind z. B.
- Freizeitgestaltung
- Bildungsangebote
- Seniorenreisen
- Beratungsangebote.

Die geragogischen Angebote in Begegnungszentren oder stadtteilbezogenen Seniorenzentren (☞ Abb. 2.1) sind in der Regel niedrigschwellig, so dass Senioren sie ohne große Umstände annehmen können. Beliebt sind z. B. organisierte Fahrten, Theaterbesuche, Informationsveranstaltungen zu Gesundheitsthemen, Seniorentanz und -gymnastik, Gehirntraining, Spielenachmittage und Kreativgruppen. Die Erfahrung zeigt, dass die geragogischen Angebote der offenen Altenhilfe vor allem von älteren Berufstätigen und jungen Alten angenommen werden. Die Zielgruppe der sehr Alten und Hochbetagten ist zumeist an die Angebote in den stationären oder teilstationären Einrichtungen gebunden.

Abb. 2.1: Das Seniorenzentrum ist Begegnungszentrum und stationäre Altenhilfeeinrichtung. [K157]

2.2 Ambulante Altenpflege

Ambulante Altenpflegeeinrichtungen sind alle Dienste, die die Pflegebedürftigen in ihrer häuslichen Umgebung unterstützen. Dazu werden in der Regel folgende **Leistungen** angeboten:
- Beratungsleistungen
- Pflegeleistungen (Grund- und Behandlungspflege)
- Hauswirtschaftliche Hilfen
- Essen auf Rädern
- Fahrdienste

Für die finanzielle Absicherung der ambulanten Pflege stehen drei gesetzliche Finanzierungsquellen zur Verfügung:
- Die Gesetzliche Krankenversicherung
- Die Gesetzliche Pflegeversicherung (bei Pflegestufe 1, 2, 3)
- Das Bundessozialhilfegesetz

Neben diesen Leistungen bieten Pflegedienste oder Mobile Soziale Hilfsdienste geragogische Angebote im kleinen Rahmen an, z.B. Kaffeenachmittage, Ausflüge, Feiern und andere gesellige Veranstaltungen. Allerdings sind diese Angebote eher die Ausnahme und eine besondere Eigenleistung des Dienstes.

> ☑ Im ambulanten Bereich bieten Ergotherapeuten über ärztliche Verordnungen ergotherapeutische und geragogische Leistungen an (z.B. Verordnung zum Erhalt kognitiver Fähigkeiten bei einer Demenzerkrankung).

2.3 Teilstationäre Altenpflege

Teilstationäre Einrichtungen sind eine zusätzliche Betreuungsform zu den ambulanten und stationären Einrichtungen. Sie sind ein wichtiger Baustein im Versorgungssystem alter Menschen. Es gibt Tagespflegen und Tageskliniken, die an einigen Tagen in der Woche oder an allen Tagen von hilfebedürftigen Menschen in Anspruch genommen werden können.

Tagespflegen sind meist Ergänzungsangebote zu Leistungen der Angehörigen und Pflegeleistung durch ambulante Dienste. Sie entlasten die Angehörigen und erhalten die Selbstständigkeit von hilfebedürftigen alten Menschen.

Die pflegebedingten Kosten und die soziale Betreuung der Tagespflege können über die Pflegeversicherung finanziert werden (Leistung je nach Pflegestufe) oder werden als Selbstkosten getragen.

> ⚠ Die Finanzierung der sozialen Betreuung einer Tagespflege wird dann schwierig, wenn von der von der Pflegekasse zur Verfügung stehenden Sachleistung auch noch ein ambulanter Pflegedienst notwendig ist. Dann muss der Leistungsempfänger genau überlegen, wie die Sachleistung zwischen ambulanter Pflege und Tagespflege aufgeteilt wird.

Zu den **Leistungen** können je nach Schwerpunkt der Einrichtung gehören:
- Therapeutische und rehabilitative Angebote, z.B. Physiotherapie, Ergotherapie
- Sozialtherapeutische Betreuung und Gruppenangebote, z.B. gemeinsames Kochen, Spiele- und Beschäftigungsangebote, Seniorentanz, Kreativangebote
- Bewegungstraining und Gymnastik
- Gehirntraining
- Medizinisch-pflegerische Angebote
- Fahrdienste
- Mahlzeiten
- Beratungsangebote

Gruppenangebote orientieren sich mit ihren sozialtherapeutischen Angeboten an den Bedürfnissen der Klienten. Manche Tagespflegen haben einen gerontopsychiatrischen Schwerpunkt und sind ausschließlich auf die Bedürfnisse von gerontopsychiatrisch Erkrankten ausgerichtet.

Tageskliniken sind ebenfalls teilstationäre Einrichtungen mit einem zeitlich begrenzten Aufenthalt, der sich einem Klinikaufenthalt anschließt. In der Tagesklinik sind die Leistungsangebote mehr auf medizinische und rehabilitative Hilfen ausgerichtet. Die Tagesklinik bereitet die alten Menschen wieder auf ihren Aufenthalt zu Hause vor. Finanziert wird diese Leistung über die Gesetzliche Krankenversicherung, eine Einweisung durch den Arzt ist allerdings nötig.

Kurzzeitpflegen gehören zu den teilstationären Angeboten, die inzwischen fester Bestandteil eines Hilfesystems für alte Menschen sind. Für eine begrenzte Zeit kann ein Pflegebedürftiger in einer Pflegeeinrichtung 24 Stunden betreut werden.

Dieses wird durch die Pflegeversicherung finanziert, wenn die Voraussetzung dafür gegeben ist.

2.4 Stationäre Altenpflege

Stationäre Pflegeeinrichtungen sind Alten- und Pflegeeinrichtungen, in denen alte Menschen mit Hilfe- und Pflegebedarf leben. Unterschieden werden

- Altenpflegeeinrichtungen mit einem Angebot der Vollversorgung
- Betreutes Wohnen als eine moderne Form des Wohnens für ältere Menschen.

2.4.1 Stationäre Altenpflegeeinrichtungen

Stationäre Einrichtungen leisten einen wichtigen Beitrag zur Bewältigung der Versorgung Pflegebedürftiger, die nicht mehr in ihrem eigenen Haushalt oder im Haushalt der Familienangehörigen leben können. Trotz des enormen Zuwachses der ambulanten Betreuung und des Verbleibens in der häuslichen Umgebung behält der stationäre Sektor seine Bedeutung bei. Vor allem hochbetagte und demenzerkrankte alte Menschen stellen einen großen Teil des Klientels einer stationären Einrichtung dar. In stationären Einrichtungen werden je nach Pflegestufe (0, 1, 2 oder 3) **Leistungen zur Alltagsbewältigung, Pflege und sozialen Betreuung** angeboten, das sind:

- Pflegeleistungen (Grund- und Behandlungspflege)
- Unterkunft
- Mahlzeiten
- Wäschepflege
- Reinigungsdienste
- Therapieangebote
- Soziale Betreuung
- Notrufdienste
- Sonderleistungen (Zusatzleistungen).

Für die finanzielle Absicherung der stationären Pflege stehen drei Finanzierungsquellen zur Verfügung:

- Gesetzliche Pflegeversicherung (bei Pflegestufe 1, 2, 3)
- Eigenanteil (Selbstzahler)
- Bundessozialhilfegesetz.

Maßnahmen der sozialen Betreuung sind im Leistungsumfang von Pflege und Betreuung enthalten und können nicht als „Pflegeleistung" über die Pflegeversicherung abgerechnet werden. Daher entscheidet das Management der Betriebsleitung, wie die soziale Betreuung in Form von geragogischen Angeboten finanziert werden kann (☞ 1.5.2). Über die Leistungen von Hauswirtschaft und Pflege hinaus bieten Altenpflegeeinrichtungen eine Reihe von sozialen Leistungen an, die im Wettbewerb der Einrichtungen von Bedeutung sind. In manchen Einrichtungen sind diese Leistungen als Standard festgelegt, z. B. Seniorengymnastik, Gehirntraining, regelmäßige Kulturveranstaltungen, Reisen und Ausflüge, Therapieangebote. **Sonderleistungen** sind hingegen Leistungen, die zusätzlich zum Pflegesatz abgerechnet werden können und die explizit im Heimvertrag festgelegt sein müssen, z. B. die Nutzung von Räumlichkeiten für Feiern.

> ☑ Pflegebedürftige in stationären Einrichtungen haben einen hohen Bedarf an sozialer Betreuung. Sie selbst sind aufgrund gesundheitlicher Defizite oft nicht in der Lage, selbstständig ihren Tag zu strukturieren, sinnvoll zu gestalten, Kontakte zu pflegen und eine angemessene Beschäftigung zu finden.
> Zudem sind für Demenzerkrankte immer mehr eigene Betreuungskonzepte nötig, um dieser Gruppe von Bewohnern gerecht zu werden. Mit bisherigen heterogenen Betreuungskonzepten stößt die Praxis zunehmend an Grenzen: Nichtdemenzerkrankte sind in gemeinsamer Betreuung mit den Demenzerkrankten meist unterfordert und reagieren auf veränderte Verhaltensweisen mit Intoleranz. Demenzerkrankte sind dagegen häufig in gemeinsamer Betreuung überfordert und können nicht individuell ihrem Krankheitsbild entsprechend betreut werden (☞ 5.1).

2.4.2 Betreutes Wohnen

Das Betreute Wohnen (oder Service-Wohnen) gehört nach dem neuen Heimgesetz zu den stationären Einrichtungen. Das Betreute Wohnen ist eine Wohnform zwischen der Unterversorgung im Einzelhaushalt und der Überversorgung in einer stationären Einrichtung und besteht aus einem Modulsystem von Leistungen (Baukastenprinzip). Die Abrechnung erfolgt nach Inanspruchnahme der Module. Neben einer angemieteten altengerechten Wohnung kann eine Grundversorgung und im Bedarfsfall weitere Wahlleistungen in Anspruch genommen werden. Die Leistungen zielen darauf ab, bei selbstständiger Lebens- und Haushaltsführung ein hohes Maß an Sicherheit und Verfügbarkeit von Hilfeleistungen zur Verfügung zu stellen. Als Klientel werden vor allem ältere Menschen ab 70 Jahren mit einem größeren Hilfebedarf angenommen. Die Konzepte und Leistungen des Betreuten Wohnens sind recht unterschiedlich. **Typische Leistungen** können sein:

- Altengerechte Wohnung
- Grundleistungen, z.B. soziale Betreuung, Beratung, Notruf, Versorgung bei vorübergehender Erkrankung, Kultur- und Freizeitaktivitäten
- Zusatzleistungen, z.B. Mahlzeiten, Wäschereinigung, Einkaufsdienste, Wohnungsreinigung.

Soziale Betreuung in Form von Beratung, Kultur- und Beschäftigungsangeboten können gegen eine Betreuungspauschale innerhalb der Grundleistung abgegolten werden. Darin können auch geragogische Angebote wie Kulturveranstaltungen, Feste oder Gruppengymnastik enthalten sein.

Abb. 2.2: Das Interesse der Senioren, in einer Wohngemeinschaft zu leben, hat in den letzten Jahren zugenommen. [K157]

> ☑ Wie im ambulanten Bereich bieten Ergotherapeuten über ärztliche Verordnungen ergotherapeutische und geragogische Leistungen an wie z.B. Verordnungen zum Erhalt der motorischen Fähigkeiten nach einem Schlaganfall.

2.4.3 Neue Formen des gemeinschaftlichen Wohnens

In den letzten Jahren ist ein wachsendes Interesse an gemeinschaftlichen Wohnprojekten entstanden. Diese Wohnprojekte umfassen betreute Wohngemeinschaften für hilfe- und pflegebedürftige alte Menschen und auch generationsübergreifenden Lebens- und Wohnformen. Die Finanzierung dieser Wohnprojekte ist schwierig, oft werden sie über ein Modellförderprogramm oder durch eine kommunale Förderung finanziert. Betreute Wohngruppen sind noch selten, die Erfahrungen der letzten Jahre zeigen aber, dass sie für pflegebedürftige alte Menschen durchaus eine echte Alternative zum stationären Sektor sein können (☞ Abb. 2.2).

Das Klientel sind hilfebedürftige Menschen mit unterschiedlichen Einschränkungen. Die Idee dabei ist, dass Menschen sich durch Ausgleich ihrer verschiedenen Einschränkungen gegenseitig unterstützen und so ein weitgehend selbstständiges und selbstbestimmtes Leben führen können. Gerade auch für Demenzerkrankte leichteren und mittleren Schweregrades sind diese Wohnformen eine Alternative zur Altenpflegeeinrichtung. Bekannt sind Betreuungsmodelle, die von Sozialpädagogen, Altentherapeuten, Altenpflegern und anderen Fachkräften wie gerontopsychiatrischen Fachkräften betreut werden. Neben der pflegerischen Versorgung stehen die Alltagsbewältigung und die soziale Betreuung im Vordergrund. Gemeinsame Gestaltung der Tagesstruktur, Gestaltung und Organisation der Mahlzeiten, Bewältigung der Haushaltsaufgaben und die gemeinsame Freizeitbeschäftigung prägen den Tagesablauf.

2.5 Geriatrische Kliniken

Geriatrische Kliniken sind Krankenhäuser, die sich auf Alterserkrankungen spezialisiert haben (☞ Abb. 2.3). Darunter fallen Akutkrankenhäuser, gerontopsychiatrische Fachkliniken, Rehabilitationseinrichtungen und auch Tageskliniken. Der zunehmende Trend ist ein abgestuftes Versorgungskonzept mit den Bausteinen stationäre, teilstationäre und ambulante Versorgung. Der Klinik sind dann der teilstationäre und ambulante Bereich angegliedert. Neben der medizinischen und pflegerischen Betreuung steht hier die Rehabilitation im Vordergrund. Die geriatrische Rehabilitation zielt auf ein größtmögliches selbstständiges und selbstverantwortliches Leben des alten Menschen ab und beinhaltet die Stärkung aller Lebensaktivitäten. Geragogische Angebote ergänzen die therapeutischen Leistungen. Sie gestalten gemeinsam die Tagesstruktur und das Leben in der sozialen Gemeinschaft.

☑ Therapeutische Angebote sind gleichzeitig auch geragogische Angebote. Bei beiden Angeboten gibt es Überschneidungen. Ein Erinnerungstraining mit Demenzerkrankten, das vom Ergotherapeut durchgeführt wird, ist auch gleichzeitig ein geragogisches Angebot. Der Ergotherapeut stimmt dabei mit gezielten Behandlungsansätzen das Training auf die Patientengruppe ab und nutzt und fördert die reduzierten oder bruchstückhaften Wahrnehmungs- und Kommunikationspotenziale.

Abb. 2.3: Geriatrische Kliniken sind wichtiger Bestandteil eines gesundheitlichen Versorgungsnetzes für alte Menschen. [K157]

3 Durchführende und unterstützende Mitarbeiter

3.1	**Professionelle Mitarbeiter**............	**24**
3.2	**Freiwillige und Angehörige**.........	**26**
	3.2.1 Freiwilligenarbeit.............	26
	3.2.2 Einbeziehung Angehöriger.......	28

Für die soziale Betreuung und geragogische Bildungsarbeit in der Altenhilfe werden Mitarbeiter mit unterschiedlichen Qualifikationen eingesetzt. Unter der demographischen Entwicklung haben sich in den letzten Jahren eigenständige Berufsfelder ausgebildet, in denen verschiedene geragogische Mitarbeiter je nach den Erfordernissen des Arbeitsfeldes tätig sind (☞ 1.3). Berufsfelder wie Altenpflege, Altenhilfe, Geriatrie und Rehabilitation, Gerontopsychiatrie und Gerontologie erfordern differenziertes professionelles Wissen und Handeln, das mit den Erfahrungen und dem Wissen von Angehörigen, helfenden und ehrenamtlichen Mitarbeiter kooperiert (☞ Abb. 3.1).

3.1 Professionelle Mitarbeiter

In den klassischen Arbeitsfeldern Altenpflegeeinrichtung, Tagespflege und -klinik, stationäre Kurzzeitpflege und Einrichtungen der offenen Altenhilfe werden professionelle Mitarbeitern wie Sozialpädagogen, Ergotherapeuten, Altentherapeuten, Altenpfleger, Musik- und Kunsttherapeuten eingesetzt. Die Bedeutung von sozialer und geragogischer Betreuung ist nicht in der Gesetzgebung definiert, so dass es einem Altenhilfeträger offen steht, welche professionellen Mitarbeiter er für welchen definierten Aufgabenbereich einsetzt. Im Spannungsfeld zwischen Marktwirtschaft und ganzheitlicher Betreuung erfordern die Rahmenbedingungen ein gutes Management, um den Erfordernissen der Altenhilfe gerecht zu werden.

Altenpfleger

Altenpfleger betreuen und pflegen ältere Menschen. Zu ihren Aufgaben gehören die Unterstützung bei allen Lebensaktivitäten und die Übernahme medizinisch-pflegerischer Maßnahmen. Altenpflege ist sowohl ein medizinisch-pflegerischer als auch sozialpflegerischer Beruf. Altenpfleger übernehmen soziale Betreuung und leiten zu Aktivitäten und Beschäftigungen an. Altentherapeutische Zusatzausbildungen und Weiterbildungen, z. B. zum Gedächtnistrainer oder Seniorengymnastikanleiter, befähigen für spezielle Aufgabenbereiche wie z. B.

- allgemein geragogische Gruppenarbeit
- Arbeit mit Dementengruppen
- Anleitung verschiedener sozialtherapeutischer Gruppen.

> ✓ Für die Praxis der Altenpflege ist es von Vorteil, wenn Altenpfleger Interesse an therapeutischer Gruppenarbeit haben, weil sowohl pflegerische als auch geragogische Aufgaben im Rahmen von Gruppenbetreuungen (Wohngruppen, Therapiegruppen, Betreuungsgruppen) anfallen.

Altentherapeuten

Altentherapeuten sind zuständig für die Organisation und Durchführung sozialer und therapeutischer Dienste in der Altenpflege. Größtes Aufga-

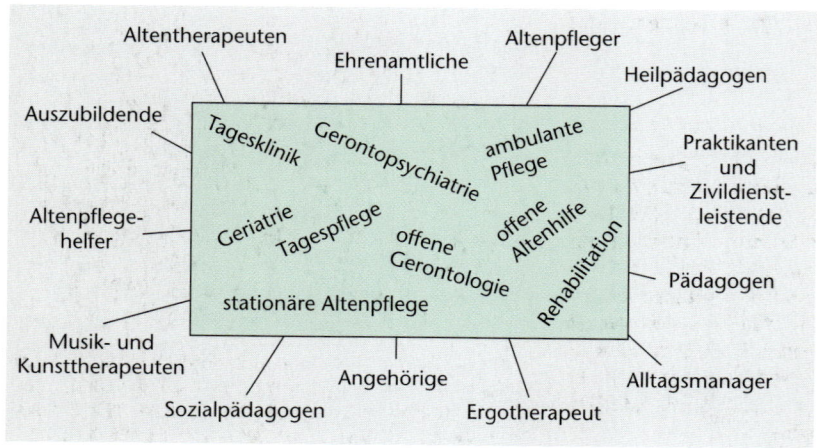

Abb. 3.1: Geragogische Mitarbeiter der unterschiedlichen Berufsfelder. [M283]

benfeld ist die gerontopsychiatrische Behandlung und Betreuung z. B. in
- stationären Altenpflegeeinrichtungen
- geriatrischen Kliniken und Abteilungen
- Tagespflegen und -kliniken.

Altentherapeuten wirken an Therapieplänen mit und leiten Aktivitäten und geragogische Angebote an. Sie arbeiten im Team mit anderen Mitarbeitern.

Ergotherapeuten

Im Bereich der Altenhilfe beraten und behandeln Ergotherapeuten alte Menschen, die Einschränkungen im Bereich der Motorik, der Sinnesorgane und/oder der geistigen und psychischen Fähigkeiten haben. Nach einem individuellen Behandlungsplan üben sie mit dem älteren Patienten Alltagskompetenzen ein wie z. B. Anziehtraining, Esstraining oder den Umgang mit Hilfsmitteln (Gehwagen, Prothesen). Ziel ist es, dem alten Menschen langfristig eine größtmögliche Selbstständigkeit bei der Alltagsbewältigung zu erhalten (☞ Abb. 3.2) Die Therapie erfolgt als Einzeltherapie oder in kleinen Gruppen. In der stationären und teilstationären Altenpflege werden Ergotherapeuten auch gerne für den Bereich der Organisation und Durchführung von Aktivitäten und Beschäftigungen eingesetzt wie z. B.
- Gehirntraining
- kreatives Gestalten
- Gymnastik.

Auch Betreuungsangebote für Menschen mit Demenz, bei denen die Alltagsbewältigung und Alltagsnormalität im Vordergrund steht, werden von Ergotherapeuten übernommen (☞ 5.1.3). Ergotherapeuten arbeiten dann im Team mit anderen Mitarbeitern der Altenpflege.

Sozialpädagogen

Die berufliche Arbeit von Sozialpädagogen in der Altenhilfe ist stark arbeitsfeld- und arbeitsplatzabhängig. Zentraler Auftrag ist es, für die Erhaltung der Selbstständigkeit, der Selbstbestimmung und für die Integration in die Gemeinschaft und Gesellschaft zu sorgen. Durch Beratungsarbeit (☞ Abb. 3.3) und Einleitung von Maßnahmen werden im Einzelfall Hilfe und Unterstützung für den alten Menschen gegeben (Case-Management). Arbeitsfelder sind in der Regel die stationäre, teilstationäre und offene Altenhilfe.

Abb. 3.2: Ergotherapeuten üben mit den Betroffenen Bewegungsabläufe für die Alltagsbewältigung ein wie hier z. B. das Handling mit einem Spezialgeschirr. [K157]

> **Case-Management** *(Fallmanagement):* Professionelles, auf den Einzelfall zugeschnittenes und ganzheitliches Verfahren zur Problemlösung, abgestimmt auf die individuellen Bedürfnisse des einzelnen Menschen in seinem persönlichen Umfeld. Case-Management verknüpft soziale und gesundheitliche Dienstleistungen mit der häuslichen Lebensführung. Der alte Mensch steht hierbei im Mittelpunkt.

Neben Einzelbetreuungen wie persönliche Begleitungen, Krisenintervention und Case-Management ist die geragogische Gruppenarbeit eine klassische Arbeitsmethode von Sozialpädagogen, die im begleitenden sozialen Dienst der Altenhilfe tätig sind.

Abb. 3.3: Im persönlichen Beratungsgespräch kann die Sozialpädagogin auf die individuellen Probleme eines alten Menschen und seiner Angehörigen eingehen und mit ihnen gemeinsam nach Lösungsansätzen suchen. [L119]

Gruppenangebote können sein:
- Offene Gesprächs- und Themengruppen in der offenen Altenhilfe
- Organisation und Begleitung von Angehörigengruppen
- Kulturangebote (☞ Kap. 6.)
- Gruppen zur Förderung der Kommunikation und sozialen Integration, z. B. in der stationären Altenpflege
- Gehirntraining (☞ Kap. 10), Seniorengymnastik (☞ Kap. 8), Unterhaltungs- und Spielenachmittage (☞ Kap. 9)
- Organisation und Leitung von therapeutischen Gruppen, z. B. Betreuungsgruppe für Demenzerkrankte (☞ 5.1.2).

Präsenzmitarbeiter und Alltagsmanager

Nicht für alle betreuerischen Bereiche können in der heutigen Zeit teure Fachkräfte eingesetzt werden.

Präsenzmitarbeiter oder Alltagsmanager sind an der Nahtstelle zwischen Hauswirtschaft und Pflege tätig. Sie bilden eine Brücke zwischen beiden Arbeitsbereichen. Präsenzmitarbeiter arbeiten in kleinen Wohngruppen oder Wohngemeinschaften, in denen ihre Kompetenzen zur Alltagsbewältigung mit hauswirtschaftlichem Schwerpunkt gefragt sind (☞ Abb. 3.4). Sie arbeiten im Team mit Fachpflegekräften zusammen.

Mit einem Lehrgang werden Interessierte, Helfer oder bereits in der Altenpflege Tätige auf das spezielle Berufsfeld vorbereitet.

> ☑ Präsenzmitarbeiter helfen, die Betreuungsqualität zu verbessern: Sie managen den Haushalt einer Wohngruppe, kochen, betreuen, kommunizieren, aktivieren die alten Menschen im normalen Alltag, begleiten sie und sorgen für ihr Wohlbefinden.

3.2 Freiwillige und Angehörige

In Zeiten knapper personeller und finanzieller Ressourcen wird für die Altenhilfe vermehrt gefordert, Freiwillige, bürgerschaftliches Engagement, ehrenamtliche Tätigkeit und Angehörige in die Arbeit mit alten Menschen einzubeziehen. Die Freiwilligenarbeit und die Arbeit von Angehörigen sind ein wichtiger und unersetzlicher Beitrag zur sozialen Betreuung von alten Menschen. Freiwilligenarbeit wird von verschiedenen Einrichtungen der Altenhilfe organisiert und geht über Hilfsdienste wie „Kaffee trinken" hinaus. Die Unterstützung und Hilfe von Angehörigen ist ein wesentlicher Bestandteil der sozialen Betreuung und Integration.

3.2.1 Freiwilligenarbeit

> **Freiwilligenarbeit:** Arbeit von Menschen, die ihre Zeit freiwillig und unentgeltlich für andere (und auch für sich selbst) innerhalb eines organisatorischen Rahmens einsetzen. Die Freiwilligenarbeit schließt neben einem ehrenamtlichen Engagement auch die Selbsthilfe und bürgerschaftliches Engagement ein.

Die Ausrichtungen der Freiwilligenarbeit in der Altenhilfe sind vielfältig. Allerdings ist zu bedenken, dass Freiwilligenarbeit nie ganz fest eingeplant werden kann, da ehrenamtliche Mitarbeiter zumeist nur zeitlich begrenzt einsetzbar sind. In der Praxis zeigt sich auch, dass Freiwilligenarbeit häufig nicht sehr effektiv ist, da Freiwillige nur für bestimmte, ihren Interessen und Fähigkeiten entsprechende Tätigkeiten eingesetzt werden können. Darüber hinaus ist Freiwilligenarbeit mit einem hohen Organisationsaufwand verbunden und bedarf einer zeit- und personalaufwändigen fachlichen Begleitung.

Abb. 3.4: Präsenzmitarbeiter verbessern die Wohn- und Lebensqualität in kleinen Gruppen. [K157]

3.2 Freiwillige und Angehörige

> [!] Freiwilligenarbeit kann nicht „nebenbei" organisiert werden, sondern benötigt klare Organisationsstrukturen und ein Konzept. Werden Freiwillige eingesetzt, sollte eine Fachkraft, z. B. ein Sozialpädagoge, als Ansprechpartner und Begleiter mit einem bestimmten Zeitbudget zur Verfügung stehen.

Voraussetzungen von Freiwilligenarbeit

Menschen, die sich freiwillig engagieren, möchten in der Regel selbstbestimmt tätig sein und keine unübersehbaren Verpflichtungen übernehmen. Sie wollen „gebraucht" werden und „für sich selbst" einer sinnvollen Betätigung nachgehen.

Freiwillige müssen für die Arbeit mit alten Menschen folgende **Voraussetzungen** erfüllen:

- Psychische Stabilität
- Bereitschaft, neben Beruf, Familientätigkeit und eigener Freizeitbeschäftigung freie Zeit an alte Menschen zu verschenken
- Klare Erwartungshaltung, welche Bedürfnisse der Freiwillige sich durch diese Tätigkeit erfüllen möchte, z. B. das Bedürfnis nach Zugehörigkeit, das Gefühl gebraucht zu werden, der Bedarf nach Anerkennung, der Wunsch nach sinnvoller Tätigkeit
- Bereitschaft zur fachlichen Begleitung, Anleitung und Fortbildung
- Fähigkeit, auch Kritik aushalten zu können
- Schlüsselqualifikationen wie Toleranz, Geduld, Einfühlungsvermögen und Offenheit für die Belange alter Menschen.

> **Fallbeispiel**
>
> In einer Seniorenanlage mit Betreutem Wohnen, Kurzzeitpflege und stationärer Pflege werden freiwillige Mitarbeitern eingesetzt, um die alten Menschen im Alltag zu unterstützen. Einige Freiwillige übernehmen einen Einkaufs- und Besuchsdienst, andere unternehmen Spaziergänge und -fahrten mit den alten Menschen oder begleiten zum Gottesdienst und manche gestalten kulturelle Angebote mit den Sozialpädagogen der Einrichtung.

Einsatz von Freiwilligen

Der Einsatz von Freiwilligenarbeit wird durch einen **Koordinator** geplant. Hat sich eine Einrichtung für Freiwilligenmitarbeit entschieden, sollten grundsätzliche **Voraussetzungen** für den Einsatz von Freiwilligen vorher geklärt werden.

Zu den Voraussetzungen gehören z. B.:

- Bereitschaft zu einer partnerschaftlichen Zusammenarbeit von Professionellen und Freiwilligen
- Kooperationsbereitschaft nach dem Prinzip „Erfahrungswissen ergänzt Expertenwissen"
- Konzept zur Freiwilligenarbeit, das von der gesamten Einrichtung und dem Träger getragen wird
- Unterstützung und Begleitung durch eine Fachperson, die von der Einrichtung dafür freigestellt bzw. eingesetzt wird
- Schulungsmöglichkeiten von Freiwilligen, z. B. über Altersverwirrtheit
- Konkrete Absprachen über zeitlichen Einsatz- und Aufgabenbereiche
- Abklärung haftungsrechtlicher Fragen, z. B. Abschluss einer Unfall- und Haftpflichtversicherung für Freiwillige
- Ermöglichen von Erfolgserlebnissen für die freiwilligen Mitarbeiter
- Möglichkeiten der persönlichen und ideellen Anerkennung der Freiwilligenarbeit, z. B. durch Lob, gemeinsame Feiern, geselliges Zusammensein, Gratulationen, Geschenke, Auszeichnungen
- Anerkennung durch Öffentlichkeitsarbeit
- Aufwandsentschädigungen, z. B. Fahrtkosten
- Regelmäßige Treffen und Reflektionsrunden.

> [✓] Wenn familiäre, freundschaftliche und nachbarschaftliche Kontakte zur Aufrechterhaltung des sozialen Lebens nicht mehr ausreichen oder nicht mehr bestehen, kann dies von einer gut organisierten Freiwilligenarbeit aufgefangen werden, z. B. durch Besuchsdienste.

Aufgabenbereiche für Freiwillige

Für die Freiwilligenarbeit sollten klare **Aufgabenprofile** formuliert werden und detailliert mit den freiwilligen Mitarbeitern abgesprochen werden.

Solche Aufgaben können sein:
- Besuchsdienste nach Absprache mit dem Koordinator
- Einkaufsdienste nach Absprache
- Organisation von Kaffeenachmittagen, z.B. Waffelessen mit Bewohnern der Altenpflegeeinrichtung
- Lese- und Erzählstunden
- Begleitung bei Spaziergängen und -fahrten (nach einer Einweisung in die Funktionen des Rollstuhls und nach der Einwilligung von Angehörigen bzw. Betreuern)
- Begleitung bei Festen (☞ 7.1.4)
- Begleitung von Ausflügen (☞ 13.1.4)
- Gesellschaftsspiele wie Schach, Mühle, oder Kartenspiele mit Einzelpersonen oder Kleinstgruppen (☞ 9.1.6)

3.2.2 Einbeziehung Angehöriger

> **Angehörigenarbeit:** Information, Unterstützung, Motivation, Beratung und Begleitung von Angehörigen und Verwandten mit dem Ziel einer guten Kooperation, die alle Beteiligten zufrieden stellt. Angehörigenarbeit ist ein wichtiger Bestandteil der Betreuung in der Altenhilfe.

Oft fühlen sich Angehörige den professionellen Einrichtungen der Altenhilfe ausgeliefert. Sie fühlen sich fremd und unsicher und sind mit Gefühlen der Überforderung und Schuld konfrontiert.

Bei einer **professionellen Einbeziehung** der Angehörigen in die Arbeit können Angehörige aber eine echte Entlastung und Bereicherung sein. In der Zusammenarbeit sollte ein Gleichgewicht zwischen Geben und Nehmen bestehen, so dass Angehörige durch Erwartungen und Wünsche von Mitarbeitern nicht zusätzlich belastet und überfordert sind.

Es gibt eine Reihe von Aktivitäten, die gemeinsam mit den Angehörigen durchgeführt werden können, z.B.
- Gemeinsame Planungen von Festen (☞ 7.1.4) und Begleitung bei Ausflügen (☞ 13.1.4)
- Gemeinsame Aktionen, z.B. Angehörigenfrühstück, Angehörigenbrunch, Kaffeenachmittag
- Begleitung von Veranstaltungen, z.B. Gottesdienst, Film- und Musiknachmittage.
- Musik- und Singnachmittage mit Angehörigen (☞ 6.5), bei denen z.B. musikalische Talente von Angehörigen genutzt werden können
- Diavorträge durch Angehörige
- Anlegen einer Sammlung mit Fotos, biografischen Lieblingsstücken und Erinnerungsgegenständen, Lieblingsbüchern und -gedichtbänden (☞ Abb. 3.5) und Bildern durch Angehörige, um sie für gemeinsame Beschäftigungen zu nutzen. Denkbar ist auch die gemeinsame Zusammenstellung eines Erinnerungskoffers (☞ 6.3.2)
- Gemeinsame Kreativnachmittage, z.B. Vorbereitungen für einen Weihnachtsbasar (☞ 7.2.4)

> ☑ Angehörige sind wichtige Ressourcen (☞ 1.5.3) für die Informationssammlung und die Biografiearbeit. Sie geben Auskunft über Gewohnheiten, Vorlieben, Interessen und Fähigkeiten ihrer alten Familienmitglieder.

Abb. 3.5: Wenn Angehörige in die Arbeit der Einrichtung einbezogen werden, kommen sie gern und erleben einen Ort, an dem sie sich Zeit für den alten Menschen und seine Erinnerungen nehmen können. [K157]

4 Didaktik und Methodik in der Geragogik

4.1	**Didaktische Grundmodelle für die Geragogik**	**30**	
	4.1.1	Lerntheorien	30
	4.1.2	Funktionssysteme des Zentralen Nervensystems	34
	4.1.3	Das Gedächtnis	35
	4.1.4	Didaktisches Grundmodell nach Klingberg	41
	4.1.5	Didaktische Dimensionen	42
4.2	**Settings in der Geragogik**	**43**	
	4.2.1	Einzelarbeit	43
	4.2.2	Partnerarbeit	44
	4.2.3	Gruppenarbeit	44
4.3	**Didaktische Planung einer geragogischen Veranstaltung**	**46**	
	4.3.1	Vorplanung und Zielbeschreibung	46
	4.3.2	Vorbereitung der geragogischen Veranstaltung	47
	4.3.3	Durchführung der geragogischen Veranstaltung	47
	4.3.4	Reflexion der geragogischen Veranstaltung	49
4.4	**Methoden**	**50**	
4.5	**Themen und Inhalte**	**54**	
4.6	**Motivationsarbeit**	**56**	

4 Didaktik und Methodik in der Geragogik

Durch geragogische Angebote sollen Ziele möglichst effektiv erreicht werden. Ziele werden als Leitziele (☞ 1.6) oder als Feinziele formuliert. Jede geragogische Veranstaltung wird durch Leit- und Feinziele getragen. Um die geragogischen Ziele zu erreichen, ist eine gründliche Planung der Vorbereitung, Durchführung und Nachbereitung einer Veranstaltung nötig. Bei der Planung sind Aspekte aus den pädagogischen Disziplinen **Didaktik** und **Methodik** zu berücksichtigen.

> **Didaktik** *(griech.: Unterrichtslehre):* Wissenschaft vom Lehren und Lernen. Theorie und Praxis der Gestaltung von Lehr- und Lernprozessen.
>
> **Methodik** *(griech.: Der Weg zu etwas hin):* Wissenschaft der Methoden und Verfahren. Theorie und Praxis der planmäßigen Gestaltung von Anleitung, Beratung und Unterricht.

4.1 Didaktische Grundmodelle für die Geragogik

Die Didaktik bietet Modelle für pädagogische Veranstaltungen, z. B. Unterrichts- oder Bildungsveranstaltungen, die hilfreich bei der Planung und Durchführung sein können. Im **Mittelpunkt der Modelle** stehen das
- Lernen: aufnehmen, verarbeiten, anwenden
- Lehren: anleiten, beraten, vermitteln, unterrichten.

4.1.1 Lerntheorien

Während im allgemeinen Sprachgebrauch das Lernen häufig mit Aneignung von Wissen gleichgesetzt wird, schließt der wissenschaftlich-psychologische Lernbegriff das (innere) Erleben und (nach außen gerichtete) Verhalten eines Menschen mit ein.

> **Lernen:** andauernde Verhaltensänderung, die nicht durch Reifung ererbter Anlagen, nicht durch körperliche Ursachen, chemische Einflüsse oder Ermüdung zustande gekommen ist.

In der **Geragogik** geht es beim Lernen um:
- Erweiterung von Erfahrungen
- Anpassen an neue Lebensumstände, ein neues Umfeld bzw. eine veränderte Umwelt
- Integration der bisherigen Lebenserfahrungen an die aktuelle Lebenssituation.

Der Mensch wird von Geburt bis zum Tod durch Lernvorgänge begleitet. Moderne Bildungs- und Erziehungskonzepte gehen davon aus, dass sich das Lernen prozesshaft entwickelt und nicht mit dem Eintritt ins Erwachsenenalter aufhört (☞ Abb. 4.1).

Lernen impliziert somit immer neue Erfahrungen, die der Mensch sinnvoll nutzen und in Beziehung zu seiner Umwelt setzen kann. Das heutige Pädagogikverständnis geht von dem Konzept des „lebenslangen Lernens" aus.

Abb. 4.1: Auch im Alter ist man in der Lage, etwas Neues zu lernen, z.B. den Umgang mit Computer und Internet. [K157]

☑ Lernprozesse verlaufen bei alten anders als bei jüngeren Menschen. Während jüngere Menschen Informationen sehr schnell aufnehmen können, brauchen alte Menschen eine Verknüpfung der neuen Informationen mit bisherigen Lebenserfahrungen und benötigen für diesen Vorgang einen längeren Zeitraum.

Kognitives Lernen

Kognitives Lernen *(Lernen durch Denken)*: Lerntheorie, nach der das Lernen durch die Aneignung, Speicherung und Anwendung theoretischen Wissens zustande kommt.

Das kognitive Lernen ist nur mit Hilfe eines **funktionierenden Gedächtnisses** möglich. Bei vielen sehr alten Menschen sind aufgrund von Erkrankungen die Gedächtnisfunktionen eingeschränkt. Deswegen ist kognitives Lernen nur bedingt möglich und sollte gezielt nach Abwägung von Krankheitsbildern, Einschränkungen und Fähigkeiten des alten Menschen eingesetzt werden.

⚠ Bei demenzkranken Menschen ist kognitives Lernen kaum möglich. Entsprechende Übungen führen fast immer zu Misserfolgen und überfordern die Betroffenen.

Prinzipien beim kognitiven Lernen

Das kognitive Lernen ist von der Motivation, Interesse, Konzentration, dem individuellen Lernverhalten und der Wiederholung abhängig. Unruhe, Unsystematik, zu viele Reize und zu viele neue Informationen stören den Lernvorgang. Der Lernerfolg ist umso größer, je besser das Lernverhalten die Besonderheiten der Arbeitsweise des Gedächtnisses berücksichtigt (☞ Abb. 4.2).

Voraussetzungen für einen guten Lernerfolg sind:
- Vollständige Konzentration auf die neue Lernaufgabe
- Ausschluss ablenkender Reize
- Hinführung zur neuen Lernaufgabe durch vorherige Entspannungs- und Konzentrationsübungen
- Angabe von klaren und deutlichen Anweisungen und Hinweise

Abb. 4.2: Wer eine kognitive Aufgabe wie hier ein Memory-Spiel, bei dem die verdeckt liegenden Bildpaare gemerkt und aufgedeckt werden müssen, lösen will, darf nicht ständig durch äußere Einflüsse abgelenkt und gestört werden. [K157]

- Schaffung einer gemütlichen und störungsfreien Umgebung des Lernplatzes sowie einer angenehmen und vertrauensvollen Atmosphäre
- Befriedigung körperlicher Bedürfnisse wie Hunger, Durst oder Müdigkeit
- Systematische Planung und Durchführung der Lernaufgaben

Klassisches Konditionieren

Konditionieren: Lernen durch gezieltes Verbinden von Reiz und Reaktion.

Klassisches Konditionieren *(Signallernen)*: Lerntheorie, nach der Lernen eine Verhaltensänderung aufgrund der Verbindung von neutralen Reizen mit natürlichen Reaktionen ist.

Im Zusammenhang mit dem Begriff Konditionieren ist der russische Physiologe Pawlow mit seinen Hunde-Experimenten Anfang des 20. Jahrhunderts bekannt geworden. Der Anblick von Futter löst bei hungrigen Hunden Speichelfluss aus. Wird der Reiz (Anblick des Futters) mit einem weiteren neutralen Reiz (Glockenton) gekoppelt, führt nach einiger Zeit schon allein der Glockenton bei den Hunden zum Speichelfluss.

Dieses Lernphänomen kann in der Altenpflege genutzt werden, um Pflege- und Betreuungsziele zu erreichen.

- Durch positive Konditionierung kann der Zugang zum alten Menschen erleichtert werden. Wenn herausgefunden wird, welche Konditionierungen bei dem alten, insbesondere verwirrten Menschen zu einer angenehmen Reaktion führen, können diese Reaktionen bewusst gefördert und hervorgerufen werden. So kann das Anschauen von liebgewonnen Bildern und Gegenständen, das Singen von bekannten Liedern oder das gemeinsame Musizieren ein positives Erlebnis sein, das mit Wohlfühlen und Vertrauen verbunden wird.
- Positive Konditionierungen können zur Orientierung, zur Sicherheit, zum Vertrauen und zum Zurechtfinden in einer neuen Umgebung und in neuen Strukturen beitragen. So kann z. B. das gemeinsame Singen eines bestimmten Liedes oder ein gesprochenes Gebet das Signal für das Mittagessen sein.

> Rituale, die als positiv bewertet werden, sind klassische Konditionierungen, die auf Dauer Wohlbefinden auslösen.

Fallbeispiel

Zum Abschluss einer Gymnastikstunde reichen sich die Gruppenmitglieder die Hände und singen immer ein gleiches Abschiedslied. Dieses Ritual löst bei allen Wohlbefinden, Zugehörigkeitsgefühl und das Signal zu einem positiv erlebten Abschluss aus. Fehlt dieses Ritual z. B. bei Vertretung durch einen anderen Mitarbeiter, sind die Gruppenmitglieder irritiert. Manche äußern das deutlich und sagen: „Es fehlt das Abschlusslied, das gehört doch dazu."

Operantes Konditionieren

Operantes Konditionieren *(Lernen am Erfolg, Lernen durch Konsequenzen):* Lerntheorie, nach der Lernen eine Verhaltensänderung durch Konsequenzen wie Belohnung oder Bestrafung ist.

Diese Lerntheorie geht davon aus, dass ein Verhalten wiederholt wird, wenn es belohnt wird. Mit **Belohnung** ist zum einen die direkt auf ein Verhalten folgende angenehme Konsequenz, wie z. B. das Lob, gemeint (positive Verstärkung des Verhaltens). Eine Belohnung kann aber auch sein, dass durch ein bestimmtes Verhalten unangenehme Konsequenzen ausbleiben (negative Verstärkung des Verhaltens).

In der Praxis bedeutet das z. B., dass die Bemühungen einer geheingeschränkten alten Frau um Mobilität verstärkt werden können, indem ein direktes Lob ausgesprochen wird, wenn sie zur nachmittäglichen Gruppenstunde kommt. Es ist aber auch eine Belohnung und verstärkt die Mobilitätsbemühungen, wenn die Frau ihre Nachmittage nun nicht mehr allein verbringen muss.

> Ressourcen und Fähigkeiten können bei alten Menschen einerseits durch ehrliches Lob und durch Anerkennung gefördert und erhalten werden (☞ Abb. 4.3). Andererseits kann ein alter Mensch auch lernen, dass er nicht mehr so einsam ist, wenn er regelmäßig an geragogischen Gruppenangeboten teilnimmt. Dazu muss das geragogische Angebot aber für ihn ansprechend sein.

Die **Bestrafung** eines Verhaltens durch unangenehme Konsequenzen, z. B. durch einen Tadel, führt dazu, dass dieses Verhalten in Zukunft unterlassen wird. Eine Bestrafung im Sinne der Lerntheorie ist es aber auch, wenn angenehme Konsequenzen auf ein bestimmtes Verhalten hin ausbleiben.

Abb. 4.3: Lob unterstützt und beeinflusst den Lernprozess positiv. [K157]

Fallbeispiel

Der 85-jährige Herr Weber ist recht beliebt unter seinen Mitbewohnern. Immer hat er einen flotten Spruch parat und ist zu Scherzen aufgelegt. Als er jedoch in einem Erzählcafé ständig den anderen Gruppenmitgliedern ins Wort fällt, sie verbessert und die Gesprächsführung an sich reißt, lässt die Akzeptanz in der Gruppe deutlich nach. Plötzlich ist er nicht mehr so beliebt bei allen, manche äußern sich sogar abfällig. Erst als er begreift, dass er mit seinem Verhalten andere vor den Kopf stößt und sich unbeliebt macht, kann er sein Verhalten ändern.

Bis zu einem gewissen Grad und in bestimmten Situationen kann das Wissen dieser Lerntheorie dazu eingesetzt werden, gewünschtes Verhalten zu fördern. Der bewusste Einsatz von Lob und Tadel kann aber auch dazu führen, dass der alte Mensch sich nicht wie ein erwachsener Mensch behandelt fühlt.

> **!** Lob und Tadel können einen alten Menschen in seine Kinderrolle zurückversetzen, in der er der „Macht" der Eltern (jetzt des Mitarbeiters) durch Belohnung und Bestrafung ausgesetzt war. Deswegen sollten Lob und Tadel nur sehr reflektiert eingesetzt werden. Ein angemessenes klientenzentriertes Gespräch zu führen und damit den alten Menschen wie einen gleichwertigen Gesprächspartner zu behandeln, kann die bessere Alternative sein.

Das Verhalten von Demenzkranken entspricht aufgrund ihrer Hirnerkrankung nur bedingt den Regeln des operanten Konditionierens, weil ihre Handlungsintentionen und ihr Verhalten spontanen Assoziationen auf Schlüsselreize entspringen.

Fallbeispiel

Ein demenzerkrankter Mann rührt mit dem Teelöffel, der vor seiner Kaffeetasse liegt, im Kaffee umher und verrührt Quark und Marmelade darin. Durch Löffel und Kaffee erhält der Mann einen Schlüsselreiz und assoziiert diesen Reiz mit der Marmelade zum Kaffeeumrühren. Lob oder Ermahnung würden hier nichts nützen, weil er aufgrund seiner Erkrankung ein eingeschränktes Kurzzeitgedächtnis hat und nicht fähig ist, sein Verhalten anzupassen.

Instrumentelles Konditionieren

> **Instrumentelles Konditionieren**: Lerntheorie, nach der Lernen eine Verhaltensänderung aufgrund von Versuch und Irrtum ist.

Dies ist eine Sonderform des operanten Konditionierens und wird auch als *Learning by doing* bezeichnet. Gelernt wird durch Versuch und Irrtum. Kinder lernen so: Es wird so lange etwas versucht, bis es klappt und richtig ist. Gelingt etwas nicht, wird ein anderer Weg zum Ziel eingeschlagen. Learning by doing wird auch von alten Menschen praktiziert.

Fallbeispiel

In einer Kreativgruppe probiert ein Teilnehmer so lange das Mischen und Auftragen der Farben auf einer Fenstermalfolie aus, bis es für ihn richtig und annehmbar ist. Learning by doing stärkt so seinen Selbstwert und seine Selbstständigkeit: „Ich habe es allein geschafft."

Imitationslernen

> **Imitationslernen:** Lernen am Modell und durch Nachahmung. Lerntheorie, nach der eine Verhaltensänderung Folge eines Nachahmungsprozesses ist.

Beim Imitationslernen wird durch eine Vorbildfunktion gelernt. Besonders das soziale Verhalten ist durch Imitationslernen geprägt, aber auch andere komplexe Verhaltensmuster und Fähigkeiten.

Fallbeispiel

Frau Meinicke lebt erst seit kurzer Zeit in der Altenpflegeeinrichtung „Goldener Herbst". Sie fühlt sich noch fremd, weil sie die Strukturen und den Ablauf nicht kennt. Ihre Mitbewohnerin Frau Baumann lebt schon zwei Jahre in der Einrichtung und scheint sich recht wohl zu fühlen. Sie besucht regelmäßig Gymnastik- und andere Veranstaltungen. Frau Meinicke nimmt sich an Frau Baumann ein Beispiel und nutzt ebenfalls viele Angebote der Einrichtung.

> Auch Mitarbeiter sind für die Bewohner Vorbilder, an denen sie lernen. Das Verhalten, das bei den Mitarbeitern erlebt wird, wird von den Bewohnern übernommen. Ein respektvoller und achtsamer Umgang miteinander fördert auch ein ebensolches Verhalten bei den Bewohnern.

Aber auch negative Verhaltensweisen werden durch Imitation erlernt. Macht ein alter Mensch die Erfahrung, dass andere durch lautstarkes Rufen mehr Zuwendung bekommen, wird diese Verhaltensweise übernommen.

Durch Imitationslernen erlernte Verhaltensweisen können auch wieder verlernt werden, wenn z.B. das alte Lernmuster durch ein neues ersetzt wird.

4.1.2 Funktionssysteme des Zentralen Nervensystems

Um zu verstehen, wie es zum Lernen und zur Speicherung von Wissen kommt, sind Kenntnisse über die Funktionen des Gehirnes notwendig. Nach Funktion und Steuerung werden unterschieden:

- **Willkürliches Nervensystem**: Steuert bewusste, willkürliche Vorgänge. Es besteht aus:
  - Zentralem Nervensystem (ZNS = Gehirn und Rückenmark)
  - Peripherem Nervensystem (Nervenzellen und Nervenbahnen, die das ZNS mit der Peripherie verbinden)
- **Vegetatives Nervensystem**: Ist nicht dem Willen unterworfen und kann nicht willkürlich beeinflusst werden. Es steuert die Funktion der inneren Organe.

Das Gehirn

Das Gehirn hat sehr viele Funktionen, die den Körper am Leben erhalten und ein Lebewesen zu dem machen, was es ist. Die meisten dieser komplexen Funktionen erfüllt das Gehirn jedoch nicht nur beim Menschen, sondern auch bei (höherentwickelten) Tieren.

Das menschliche Gehirn ist darüber hinaus aber auch der Sitz der geistigen Fähigkeiten und des menschlichen Bewusstseins. Geistige Fähigkeiten sind Wahrnehmung, Denken, Lernen, Abstraktionsvermögen, Sprache, Erinnern, Merken, Entscheiden und Handeln.

Das Gehirn besteht aus dem Großhirn, dem Zwischenhirn mit Thalamus, Hypothalamus, Zirbeldrüse und Hypophyse, dem Hirnstamm mit Mittelhirn, Brücke und verlängertem Mark sowie dem Kleinhirn.

Das **Großhirn** besteht aus zwei Großhirnhälften (Hemisphären). Jede Hälfte ist in vier Lappen gegliedert: Stirn-, Scheitel-, Schläfen- und Hinterhauptlappen. Außen befindet sich die Großhirnrinde, die einen großen Teil der grauen Nervenzellen enthält; innen liegt die aus den Nervenfasern bestehende weiße Substanz.

In der **grauen Substanz** liegen Rindenfelder, in denen Nervenzellen ähnlicher Funktion zusammenliegen (☞ Abb. 4.4), z.B.:

- **Motorische Rindenfelder** für die Motorik
- **Sensorische Rindenfelder** für Sensibilitätsfunktionen
- **Rindenfelder der Sinnesorgane** für Riechen, Hören und Sehen
- **Sensorisches und motorisches Sprachzentrum** für das Verstehen und Sprechen der Sprache

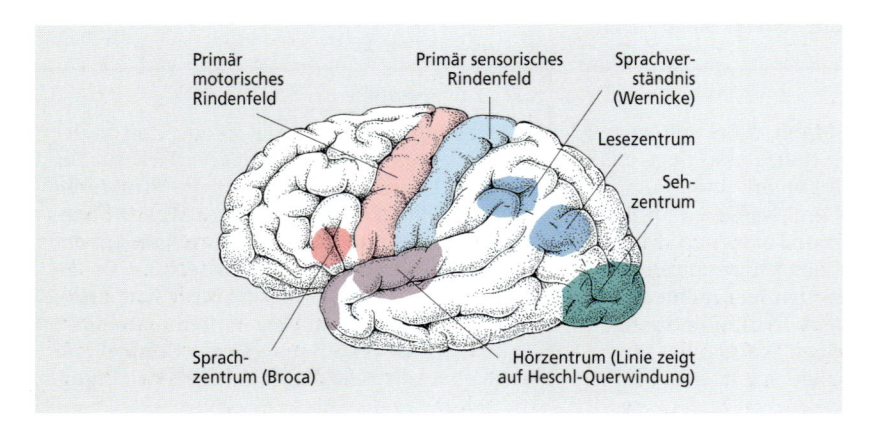

Abb. 4.4: Rindenfelder sind Areale auf der Hirnrinde, in denen Nervenzellen mit ähnlichen Funktionen zusammenliegen. [L190]

- **Assoziationsfelder** für die Verarbeitung der Sinneseindrücke, für logisches Denken und Kreativität.

Die **weiße Substanz** besteht aus Nervenbahnen, die Teile des ZNS untereinander verbinden, z. B.:
- Pyramidenbahn (steuert bewusste Bewegungen)
- Extrapyramidales System (steuert unbewusste Bewegungen)
- Basalganglien (Anhäufungen von Nervenzellen in der Tiefe des Gehirnes).

Jede Hemisphäre übernimmt spezifische Funktionen (**Hemisphärenspezifik**). Sie arbeiten integrativ miteinander (☞ Tab. 4.5).

Linke Gehirnhälfte	Rechte Gehirnhälfte
• Motorisches Sprachzentrum (Artikulation, Sprechen, Sprachfluss) • Sensorisches Sprachzentrum (Sprachverständnis, Lesen und Schreiben) • Abstraktes Denken • Induktives Denken • Rationales Denken • Mathematisches Denken • Zeitliche und örtliche Orientierung • Motorik (bei Rechtshändern)	• Speicherung und Vernetzung, akustischer Wortklang • Erfassen von gelesenen oder geschriebenen Buchstabenfolgen • Emotionalität • Gefühle wie Angst, Trauer, Liebe • Deduktives Denken • Räumliches, dreidimensionales Denken • Fantasie und Kreativität • Situative Orientierung

Tab. 4.5: Die linke Gehirnhälfte ist für logisches und abstraktes Denken zuständig, während die rechte Gehirnhälfte der Sitz des bildlichen Denkens, der Gefühle und der Kreativität ist.

> ☑ Bei Demenz sterben Nervenzellen des Großhirnes ab. Folgen sind u. a. Gedächtnis- und Intelligenzverlust mit zunehmendem Verfall der Persönlichkeit.

4.1.3 Das Gedächtnis

Um den Ablauf von Lernvorgängen zu verstehen und pädagogisch beeinflussen zu können, ist es notwendig, die Funktion des Gedächtnisses zu verstehen. Das Gedächtnis nimmt Informationen von der Umwelt auf und ist für deren Weiterleitung und Speicherung zuständig. Das Gedächtnis besteht aus **drei Stufen.** Ständig erhält das Gehirn eine Unmenge von Reizen, die sortiert, ausgewertet und ausgesucht werden müssen. Diese Funktion übernehmen das Ultrakurzzeitgedächtnis, das Kurzzeitgedächtnis und das Langzeitgedächtnis (☞ Abb. 4.6).

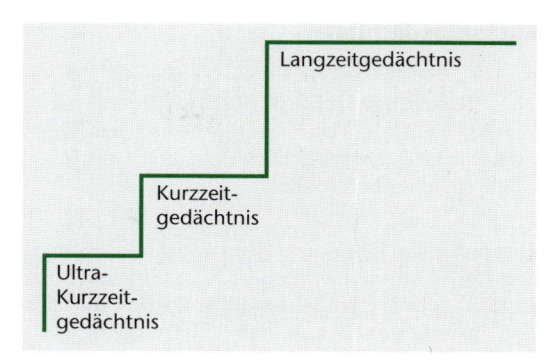

Abb. 4.6: Gedächtnis in drei Stufen. [M283]

Ultrakurzzeitgedächtnis

> **Ultrakurzzeitgedächtnis** *(UZG, sensorisches Register):* Registriert und filtert die über die Wahrnehmungsorgane eingegangenen Informationen und leitet diese gegebenenfalls an das Kurzzeitgedächtnis weiter.

Alle aufgenommenen Informationen und Reize kreisen ca. 20 Sekunden als elektrische Schwingungen im Ultrakurzzeitgedächtnis. Von dort werden sie nach einer Filterung an das Kurzzeitgedächtnis weitergeleitet. Die Selektion (Auswahl) des UZG dauert nur einen Bruchteil einer Sekunde. Die als sinnlos erachteten Informationen werden „vergessen", während die als wichtig erachteten Informationen an das Kurzzeitgedächtnis weitergegeben werden. Die Selektion der als wichtig erachteten Informationen ist subjektiv und hängt ab von

- eigenen Interessen
- Vorerfahrungen
- aktuellen Bedürfnissen
- Konzentration und Aufmerksamkeit.

> ⓒ Es werden die Informationen ins Kurzzeitgedächtnis aufgenommen, die interessant erscheinen. Ganz wichtige Informationen oder solche, die an etwas erinnern, werden eher aufgenommen. Deswegen ist es wichtig, die Informationen, die gespeichert werden sollen, mit Erinnerungen und positiven Assoziationen zu verknüpfen.

Kurzzeitgedächtnis

> **Kurzzeitgedächtnis** *(KZG, Kurzzeitspeicher)*: Zentrale Verarbeitungsinstanz des Gedächtnisses. Es wird deswegen auch als Arbeitsspeicher bezeichnet.

Die aus dem Ultrakurzzeitgedächtnis eingehenden Informationen werden im Kurzzeitgedächtnis sortiert, geordnet, miteinander verknüpft und mit den Informationen aus dem Langzeitgedächtnis verglichen.

Die Kapazität des Kurzzeitgedächtnisses ist beschränkt. Es beinhaltet 10 000 Informationseinheiten (Gedächtnisspanne). Die Kapazität ist individuell, der Umfang der Merkeinheiten schwankt von Mensch zu Mensch. Durch sinnvolles Strukturieren und Kombinieren wird die Gedächtnisspanne des Kurzzeitgedächtnisses optimal genutzt. Die Merkdauer des Kurzzeitgedächtnisses beträgt einige Sekunden bis maximal einige Tage.

Langzeitgedächtnis

Informationen, die längere Zeit gespeichert werden sollen, müssen zum Langzeitgedächtnis weitergeleitet werden.

> **Langzeitgedächtnis** *(LZG)*: Teil des Gedächtnisses, in dem alle bisherigen Erfahrungen und Informationen abgespeichert sind.

Das Langzeitgedächtnis kann etwa 10 Mill. Informationseinheiten speichern, die aber nicht unmittelbar und jederzeit zur Verfügung stehen, sondern erst im Langzeitgedächtnis „gesucht" werden müssen und dann an das Kurzzeitgedächtnis weitergegeben werden. Im Langzeitgedächtnis gespeicherte Informationen gehen vermutlich nicht mehr verloren, können aber trotzdem „vergessen" werden. Dann sind sie sozusagen „falsch eingeordnet" oder „zu weit weggelegt". Jede Information hinterlässt im Langzeitgedächtnis Spuren in Form von chemischen und strukturellen Veränderungen an den Nervenzellen, die nicht mehr rückgängig zu machen sind. Die Kapazität ist sehr

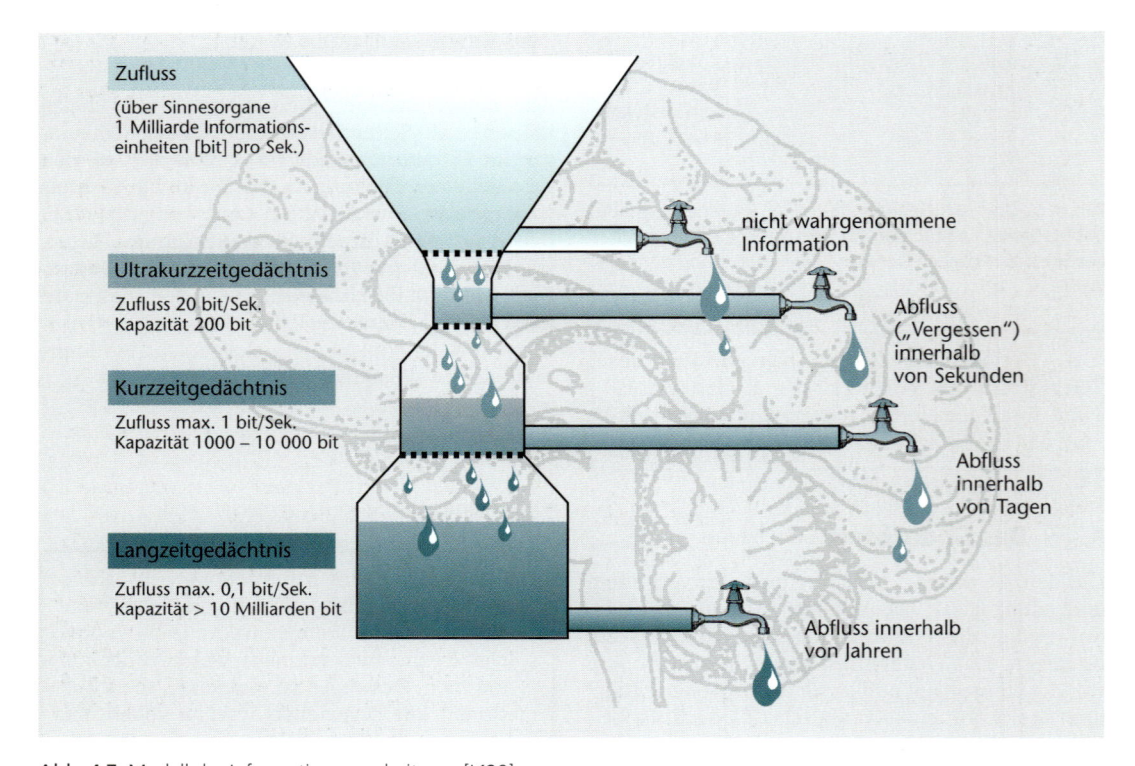

Abb. 4.7: Modell der Informationsverarbeitung. [L190]

groß, so dass nicht das Speichern, sondern das Erinnern ein Problem sein kann (☞ Abb. 4.7).

> 🧠 Wird erlerntes Wissen regelmäßig angewendet, kann es aus dem Langzeitgedächtnis eher abgerufen werden. Nicht angewandtes Wissen braucht längere Zeit der Aktivierung oder benötigt einen Anstoß zur Aktivierung.

> ☑ Je besser ein Inhalt verarbeitet ist und in andere Informationen und Erfahrungen eingebunden ist und je häufiger diese Informationen benötigt werden, desto leichter kann das Wissen aus dem Langzeitgedächtnis abgerufen werden.

Lernen und Gedächtnis im Laufe des Lebens

Das Lernen und eine intakte Gedächtnisfunktion sind nicht altersabhängig. Es gibt kein altersbedingtes Nachlassen der Lern- und Gedächtnisfähigkeit. Allerdings benötigen alte Menschen für neuen Lernstoff mehr Zeit, weil Stoffwechselvorgänge im Alter verlangsamt sind und der Lernstoff häufiger wiederholt und angewandt werden muss. Außerdem ist es im Alter schwieriger, abstrakte Dinge zu lernen.

Lernen ist in jedem Alter, also auch bei alten Menschen, von Interessen, Stimmungen, Selbstvertrauen, Grundeinstellungen und Umgebungsfaktoren (Ruhe, Reize) abhängig.

> 🧠 Die Lernfähigkeit hängt von dem geistigen Training und der geistigen Kondition ab. Deswegen ist zur Erhaltung der geistigen Vitalität Anregung, Motivation und Training wichtig. Allerdings sollte ein Training nicht als schulisches Lerntraining verstanden werden, sondern an die Lebenserfahrungen und die Lebenswelt des alten Menschen angepasst sein.

Das Gehirn mit seiner Gedächtnisfunktion ist zu vergleichen mit einem riesengroßen Vorratsschrank mit vielen kleinen und verschachtelten Schubladen, Ecken und Wegen. Die Sachen, die täglich gebraucht werden, liegen vorne und sind griffbereit, weniger benötigte Dinge liegen weiter hinten und sind weniger griffbereit, andere werden ganz wenig benutzt und sind, wenn man sie tatsächlich benötigt, nicht sofort parat und müssen sogar länger gesucht werden oder werden gar nicht gefunden. Je häufiger ein Pfad im Gedächtnis begangen wird und je häufiger eine Information abgefragt wird, desto eher wird sie gefunden (☞ Abb. 4.8).

> ☑ Gelerntes Wissen muss regelmäßig angewendet werden, sonst ist es schwer verfügbar. Wenn eine gelernte Sprache jahrelang nicht gesprochen wird, fällt ein erstes Sprechen nach einer langen Zeit schwer.

> **Fallbeispiel**
>
> Die Gehirntrainerin fragt in einer Gruppenstunde zu dem Thema „Brücken und Wege" nach bekannten Brücken in verschiedenen Ländern. Frau Keller überlegt und überlegt, aber trotz größter Bemühung fällt ihr die „Rialtobrücke" nicht ein. „Dort war ich doch vor 50 Jahren. Da bin ich selbst drübergegangen! Wie heißt sie denn bloß …" Die Information ist im Langzeitgedächtnis „versteckt". Erst als die Gruppenleitung den Hinweis gibt, dass die gesuchte Brücke mit „R" beginnt, ruft Frau Keller sofort: „Die Rialtobrücke!"

Abb. 4.8: Es ist gut vorstellbar, dass man Dinge, die man immer wieder benutzt, schnell parat hat. Selten Gebrauchtes versteckt sich dagegen in den hintersten Winkeln und muss erst mühsam hervorgekramt werden. So ähnlich kann man sich auch die Arbeitsweise des Gedächtnisses vorstellen. [L119]

Ernährung und Gedächtnis

Ein funktionsfähiges Gehirn und Gedächtnis ist vom Ernährungszustand und vom Flüssigkeitshaushalt abhängig. Eine ausreichende, abwechselungsreiche und altersgerechte Ernährung und ein ausgeglichener Flüssigkeitshaushalt sind grundlegende Voraussetzungen.

Kohlenhydrate

Die Gehirnzellen erhalten ihre Energie hauptsächlich aus **Kohlenhydraten** (Zuckerverbindungen), die in pflanzlicher Nahrung wie Getreideprodukten, Kartoffeln oder Hülsenfrüchten, aber auch in Milchprodukten, vorkommen. Kohlenhydrate unterscheiden sich durch die Anzahl der Zuckermoleküle:

- **Monosaccharide** *(Einfachzucker):*
  - Glukose (Traubenzucker)
  - Fruktose (Fruchtzucker)
  - Galaktose (Schleimzucker)
- **Disaccharide** *(Zweifachzucker):*
  - Saccharose (Rohr- und Rübenzucker)
  - Laktose (Milchzucker)
- **Polysaccharide** *(Mehrfachzucker):* Große Zuckermoleküle, z. B. Stärke, die in Kartoffeln, Getreide und Mais vorkommt.

Abb. 4.9: Die Palette an Vollkorn-Backwaren ist groß, da findet jeder etwas für seinen Geschmack. [W177]

> ☑ Gehirnzellen müssen kontinuierlich mit Energie versorgt werden. Bei Unterzuckerung kommt es zu Störungen der Gehirnfunktion. Daher ist ein gleichmäßiges Zucker- bzw. Energieangebot wichtig, das durch viele kleine Mahlzeiten (Zwischenmahlzeiten, Spätmahlzeiten) erreicht werden kann.

Die Zufuhr von einfachen Zuckermolekülen wie Glukose lässt den Blutzuckerspiegel zwar schnell ansteigen, dieser wird dann aber durch eine hohe Insulinausschüttung aus der Bauchspeicheldrüse sehr schnell wieder gesenkt, oft sogar unter den Ausgangswert. Um einen kontinuierlichen Blutzuckerspiegel zu erreichen, sollten vor allem Mehrfachzucker in Form von Gemüse und Vollkornprodukten (☞ Abb. 4.9) verzehrt werden.

Eiweiße

Eiweiße *(Proteine)* sind u. a. zum Erhalt und zur Erneuerung von Zellen und für die Herstellung wichtiger Botenstoffe im Gehirn (Neurotransmitter) von Bedeutung.

> ⓒ Ein Mangel an Eiweiß kann zu Konzentrationsstörungen und Einschränkungen der Gedächtnisfunktion führen.

Eiweiße sind große Moleküle, die aus einzelnen Aminosäuren bestehen. Es gibt 20 verschiedene Aminosäuren, die der Körper durch eine ausgewogene Ernährung zu sich nehmen muss. Nach Empfehlung der Bundeszentrale für gesundheitliche Aufklärung sollte der Eiweißbedarf jeweils zur Hälfte aus tierischem und pflanzlichem Eiweiß bestehen (☞ Abb. 4.10):

- **Tierisches Eiweiß** kommt in Fleisch, Fisch, Eiern, Käse, Milch und Milchprodukten vor
- **Pflanzliches Eiweiß** findet sich in Sojaprodukten, Hülsenfrüchten, Getreideprodukten, Nüssen und Pilzen.

> [!] Bei schweren Leber- und Nierenerkrankungen muss die Eiweißzufuhr kontrolliert werden. Bei Gicht darf mit der Nahrung kein Purin zugeführt werden. Purine kommen in eiweißhaltigen Lebensmitteln wie bestimmten Fleischsorten (Wild), Innereien oder Sardinen vor. Milch und Eier sind dagegen unproblematisch.

Fette

Fette *(Lipide)* liefern Energie in konzentrierter Form. Sie erfüllen wichtige Funktionen im Organismus und sind für eine intakte Hirnzellenfunktion von Bedeutung. Bei einem Mangel an bestimmten Fetten und Fettsäuren kann es zur Müdigkeit, Abgespanntheit und verringertem Antrieb kommen. Für einen gesunden Organismus und eine ausgewogene Ernährung ist die Zufuhr ungesättigter Fettsäuren unerlässlich.

Zu den Fetten gehören:
- **Triglyzeride** *(Neutralfette)* bestehen aus gesättigten, einfach oder mehrfach ungesättigten Fettsäuren. Ungesättigte Fettsäuren sind besonders wichtig und in Sonnenblumenöl, Rapsöl, Distelöl, Erdnussöl, in einigen Fischarten und Meerestieren enthalten.
- **Cholesterin** wird vom Körper selbst hergestellt und über tierische Nahrung aufgenommen. Zu hohe Cholesterinwerte erhöhen das Risiko der Arteriosklerose.
- **Phospholipide** sind Lezithine, die für den Aufbau der Zellmembran wichtig sind.

Vitamine

Vitamine sind lebenswichtige Stoffe, die keine Energie liefern und vom menschlichen Körper nicht oder nur in unzureichender Menge selbst hergestellt werden können (☞ Tab. 4.11). Besondere Bedeutung für das Nervensystem hat der Vitamin-B-Komplex.

Vitamine werden unterschieden in
- **Wasserlösliche Vitamine:** Vitamine werden über den Urin ausgeschieden (z. B. Vitamin C).
- **Fettlösliche Vitamine:** Sie benötigen Fett zur Resorption und werden gespeichert. Deshalb kann eine zu hohe Gabe zu Hypervitaminosen führen (z. B. Vitamin A-Hypervitaminose).

> ☑ Eine altersgerechte Ernährung muss unbedingt eine ausreichende Vitaminzufuhr sichern. Das gelingt durch regelmäßige Aufnahme von frischem Obst und Gemüse, Getreideprodukten, Fleisch und Fisch.

> ⚠ Viele Vitamine werden durch Hitze geschädigt. Deswegen auch alten Menschen frische Obst- und Gemüsespeisen, z. B. in Form von passiertem Obst, frischem Kompott oder geriebenen Salaten anbieten.

Mineralstoffe und Spurenelemente

Mineralstoffe und Spurenelemente sind Salze, die der Körper in vergleichsweise großer Menge (Mineralstoffe) oder nur in geringer Menge (Spurenelemente) benötigt. Manche Mineralstoffe und Spurenelemente sind für die Gehirntätigkeit wichtige Voraussetzung und für die Reizweiterleitung von Nervenzelle zu Nervenzelle zuständig.
- **Mineralstoffe:** Kalium, Natrium, Magnesium, Kalzium, Phosphor, Schwefel, Chlor

Abb. 4.10: Milch und Milchprodukte enthalten viel Eiweiß. [W178]

Vitamin	Funktion	Vorkommen	Tagesbedarf
A (Retinol)	Einfluss auf den Sehvorgang, Eiweißstoffwechsel	Gemüse, Innereien, Fischöl, Milch	1,0–1,5 mg
D (Calciferol)	Knochenbildung, Aufnahme von Kalzium und Phosphaten	Fisch, Eier*	0,05 mg
E (Tokopherol)	Schutz der Nahrungs- und Körperfette	Fette, Öle	15 mg (geschätzt)
K	Förderung der Blutgerinnung	Gemüse*	1 mg
B1 (Thiamin)	Einfluss auf Abbau der Kohlenhydrate, Herzfunktion und Nerventätigkeit	Getreide, Fleisch	1–2 mg
B2 (Riboflavin)	Einfluss auf den gesamten Stoffwechsel und die Hormonproduktion	Milchprodukte	1,5–2 mg
Niazin	Zentrale Stellung im Stoffwechsel, Leberfunktion	Nüsse, Innereien, Milchprodukte*	15–20 mg
B6 (Pyridoxin)	Einfluss auf den Stoffwechsel	Getreide, Gemüse, Innereien	2 mg
B12 (Cobalamin)	Bildung der roten Blutkörperchen, Einfluss auf den Eiweißstoffwechsel	Fleisch, Innereien	5–10 µg
Folsäure	Aufbau von Nukleinsäuren und roten Blutkörperchen	Gemüse, Obst*	0,1 mg (geschätzt)
Pantothensäure	Zentrale Stellung im Stoffwechsel	Milch, Fleisch, Fisch, Eier	10 mg
Bioton (Vitamin H)	Beteiligung am Stoffwechsel	Getreide, Gemüse, Fisch	2 mg
Vitamin C (Ascorbinsäure)	Beteiligung am Aufbau von Bindegewebe, Hormonen, Wundheilung	Kartoffeln, Gemüse, Obst	75 mg

* Erhebliche Anteile werden auch im Körper selbst gebildet.

Tab. 4.11: Vitamine: Funktionen, Vorkommen und Bedarf.

- **Spurenelemente:** Eisen, Kobalt, Jod, Fluor, Chrom, Kupfer, Mangan, Selen, Zink u.a.

☑ Neuere Hirnforschungen haben gezeigt, dass der Kalziumtransport in und an der Nervenzelle auf die Gedächtnisleistung einwirkt. Zinkmangel kann zu Störungen des Kurzzeitgedächtnisses führen.

☑ **Flüssigkeitsbedarf pro Tag**
Faustregel: 30–40 ml/kg Körpergewicht
Mindestens: 1,5 l–2 l
Ideal: 2,5 l und mehr
Ausnahme: Herz- und Nierenerkrankungen (Arztanordnung).

Flüssigkeitshaushalt

Die Gesamtkörperflüssigkeit ist beim alten Menschen geringer als beim jungen Menschen. Im Gegensatz zum jüngeren Menschen hat der alte Mensch daher zur Aufrechterhaltung des Stoffwechsels und der Körperfunktionen einen höheren Flüssigkeitsbedarf.

Nicht alle Getränke eignen sich gleichermaßen, um den täglichen Flüssigkeitsbedarf zu decken.
- **Empfehlenswerte Getränke** sind Mineralwasser, Tee (keinen Schwarztee wegen entwässernder Wirkung), verdünnte Säfte (nicht für Diabetiker), Mixgetränke aus Milch- und Sauermilchprodukten (☞ Abb. 4.12)

4.1 Didaktische Grundmodelle für die Geragogik

Abb. 4.12: Die Palette der empfehlenswerten Getränke, aus denen alte Menschen nach ihren Vorlieben wählen können, ist groß. [W173]

- **Nicht empfehlenswerte Getränke:** Kaffee und Schwarztee wegen entwässernder Wirkung, alkoholhaltige Getränke, sehr süße Getränke wie Limonaden oder Cola.

☑ Das Gehirn reagiert sehr früh auf einen Flüssigkeitsmangel, indem die Nachrichtenübermittlung von Zelle zu Zelle gestört wird. Störungen der Gehirnfunktion und akute Verwirrtheitszustände können erste Anzeichen eines Flüssigkeitsmangels sein.

4.1.4 Didaktisches Grundmodell nach Klingberg

Der Pädagoge Lothar Klingberg hat in seinem didaktischen Modell die Wechselwirkungen zwischen den verschiedenen Aspekten, die den Lernprozess beeinflussen, deutlich gemacht. Klingberg geht von einem systemischen Modell aus, bei dem alle Elemente miteinander verbunden und voneinander abhängig sind.

Didaktisches Grundmodell

Das Modell besteht aus einem didaktischen Handlungsfeld mit den Elementen **Inhalt** und **Methode, Lehren** und **Lernen** (☞ Abb. 4.13), die in

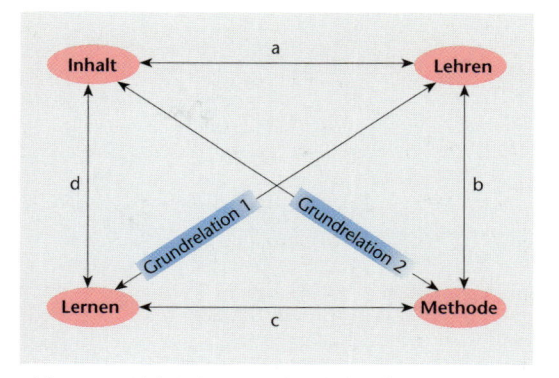

Abb. 4.13: Didaktisches Grundmodell nach Klingberg:
Linie a: Lehren und Inhalt (Wer vermittelt was?)
Linie b: Lehren und Methode (Wer vermittelt Wie?)
Linie c: Lernen und Methode (Wer lernt Wie?)
Linie d: Lernen und Inhalt (Wer lernt Was?)
Grundrelation 1: Beziehung zwischen Lehren und Lernen
Grundrelation 2: Beziehung zwischen Inhalt und Methode
[E155]

wechselseitiger Beziehung zueinander stehen. Verändert sich ein Element, hat das Auswirkungen auf das ganze Gefüge und verändert alle anderen Elemente.

Eine geragogische Veranstaltung erfordert eine pädagogische Leitung, um fachlich auf das didaktische Handlungsfeld einwirken zu können.

Fallbeispiel
Die Ergotherapeutin übt mit der an Morbus Parkinson erkrankten Frau Schneider das selbstständige Schreiben mit einer Schreibhilfe. Die Ergotherapeutin sensibilisiert die alte Frau für ihre Fähigkeiten und lobt ihre Bemühung und die Fortschritte. Frau Schneider signalisiert der Therapeutin ihre Zufriedenheit um ihre therapeutische Bemühung und der Geduld und Verständnis. Das Verhalten von Frau Schneider motiviert wiederum die Therapeutin, in diesem Sinne weiterzumachen.

Didaktisches Prozessmodell

Im didaktischen Prozessmodell fügt Klingberg zu den Elementen **Inhalt** und **Methode** aus dem didaktischen Grundmodell die Elemente **Ziel** und **Organisation** hinzu (☞ Abb. 4.14). Mit Organisation ist hier die Organisation von Lehren und Lernen gemeint. Organisation fasst alle Schritte, Maßnahmen und Bedingungen zusammen, die

4 Didaktik und Methodik in der Geragogik

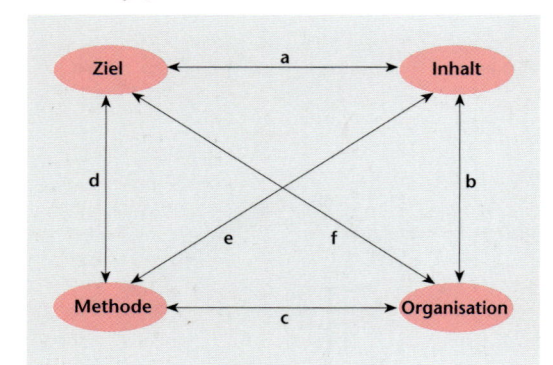

Abb. 4.14: Didaktisches Prozessmodell nach Klingberg.
Linie a: Warum wird Was vermittelt
Linie b: Wann, Wo und Womit wird was vermittelt
Linie c: Wie wird etwas Wann, Wo und Womit vermittelt
Linie d: Warum wird Wie vermittelt
Linie e: Was und Wie wird etwas vermittelt
Linie f: Warum, Wann, Wo und Womit wird etwas vermittelt
[E155]

zum Lernerfolg führen (☞ 4.3). Dazu könnte z.B. gehören, in welchem Abstand sich die Lernenden treffen und wie lange jeweils. Auch räumliche Rahmenbedingungen spielen eine Rolle. Soll alleine gelernt werden oder in einer Gruppe?

> **Fallbeispiel**
>
> In einem Internetcafe eines Altenclubs trifft sich wöchentlich eine Gruppe von 4–6 Senioren (Organisation), um miteinander das erworbene Kurswissen praktisch zu üben (Ziel). Das Üben betrifft die Anwendung von Internetseiten und den Umgang mit dem Versenden und Empfangen von E-Mails (Inhalt). Das Üben geschieht in gemeinsamen, kleinen Schritten mit mehrfachen Wiederholungen und Anwendungen; für Fragen steht eine Kontaktperson des Altenclubs zur Verfügung (Methode).

4.1.5 Didaktische Dimensionen

Um Themen und Inhalte zu vermitteln und um einen alten Menschen ganzheitlich zu erreichen, werden verschiedene Erfahrungsmöglichkeiten des Menschen angesprochen und genutzt. Die unterschiedlichen Erfahrungs- und Lernmöglichkeiten des Menschen werden als didaktische Dimensionen bezeichnet. In der Geragogik sind Kenntnisse über die didaktischen Dimensionen wichtig, um – entsprechend der Fähigkeiten und Einschränkungen des alten Menschen – die Dimensionen gezielt unterstützend einsetzen zu können. Der alte Mensch lernt durch:

- **Kognitive Dimension:** Lernen „über den Kopf" auf rationaler Ebene
- **Emotionale Dimension:** Erfahrung und Lernen über das Erleben von Gefühlen
- **Pragmatische Dimension:** Lernen durch Tun und Handeln auf der pragmatischen und instrumentellen Ebene
- **Sinnliche Dimension:** Lernen durch Wahrnehmung über die Sinnesorgane (Eingangskanäle der Wahrnehmung):
  – visuelle Wahrnehmung (sehen) über die Augen
  – akustische Wahrnehmung (hören) über die Ohren
  – haptische Wahrnehmung (fühlen) über die Haut
  – olfaktorisch Wahrnehmung (riechen) über die Nase
  – gustatorische Wahrnehmung (schmecken) über die Zunge.

> Der Mensch lernt nicht nur über eine Dimension, sondern mit „Kopf, Bauch, Händen und allen Sinnen".

Ein Lernerfolg ist umso größer und nachhaltiger, je mehr didaktische Dimensionen beim Lernprozess aktiviert werden. In der Geragogik heißt das, dass in einer Gruppenstunde immer mit einer großen Methodenvielfalt gearbeitet wird, die den alten Menschen auf verschiedenen Ebenen anspricht (☞ Abb. 4.15). Ein Gehirntraining, das ausschließlich die kognitive Ebene anspricht, ist aus pädagogischer Sicht einseitig und schließt einen ganzheitlichen Lernprozess aus.

> **Fallbeispiel**
>
> Bei einem Erinnerungsnachmittag zum Thema „Winter" werden winterliche Lieder gesungen und gehört (akustisch), Informationen zu Winteranfang und -ende und Wetterkunde gegeben (kognitiv), winterliche Speisen erraten (kognitiv), Bratäpfel gegessen und Tee getrunken (gustatorisch), winterliche Gerüche wie Zimt und Apfel erschnuppert (olfaktorisch) und Dias mit Wintermotiven betrachtet (visuell).

Abb. 4.15: Bei dieser Nachmittagsveranstaltung zum Thema Frühling und Ostern werden gleich mehrere Sinne angesprochen. Zu Beginn singen alle Teilnehmer gemeinsam das Lied „Im Märzen der Bauer". Die Blüten der Forsythienzweige lassen durch ihre gelbe Farbe und den zarten Duft Frühlingsstimmung aufkommen. Das Bemalen von Ostereiern weckt Erinnerungen an die eigene Kinderzeit und an die Zeit, als die eigenen Kinder klein waren. [K157]

Bei der Planung einer Gruppenstunde müssen nicht alle Dimensionen eingearbeitet werden, aber eine Vielfalt sollte schon berücksichtigt werden, zumal die Teilnehmer unterschiedlich auf die verschiedenen Methoden reagieren: Während ein Teilnehmer mehr auf eine visuelle Methode anspricht, weckt bei einem anderen Teilnehmer ein akustischer Reiz das Interesse.

> [!] Methodische Vielfalt darf nicht zur Reizüberflutung führen: Verschiedene Methoden nacheinander einsetzen, so dass jede Methode für sich gut wahrgenommen und verarbeitet werden kann.

4.2 Settings in der Geragogik

Geragogische Angebote können als Einzelarbeit, Partnerarbeit oder als Gruppenarbeit angeboten werden. Je nach Lernziel wird das passende Setting ausgesucht.

> **Setting:** Methode oder Sozialform für ein geragogisches Angebot oder eine Therapie.

4.2.1 Einzelarbeit

Eine **Einzelarbeit** ermöglicht den Teilnehmern, ihre individuellen Erfahrungen, Fähigkeiten und Möglichkeiten zu aktivieren und zu fördern. Dabei kann gezielt auf die Bedürfnisse einer einzelnen Person eingegangen werden. Dadurch lassen sich ganz individuelle Lernziele festlegen.

Therapeutische Verordnungen (Ergotherapie) können als Einzeltherapie oder als Gruppentherapie verordnet werden. Eine Einzeltherapie oder eine Einzelarbeit sollte nur dann zum Einsatz kommen, wenn Ziele angestrebt werden, die durch ein Gruppensetting nicht zu erreichen sind oder wenn eine Gruppenteilnahme nicht möglich ist, z. B. bei Immobilität. Gerade bettlägerige Menschen benötigen Anregung und Ansprache durch geragogische Angebote zur Anregung sensorischer und kognitiver Reize, z. B. durch eine 10-Minuten-Aktivierung (☞ 10.5.12).

> **Fallbeispiel**
> Die demenzkranke Frau Gonzales hat einen starken Bewegungsdrang. Ihre ausgeprägten Verhaltensweisen würden den Rahmen einer Gruppe sprengen. Da die Teilnahme an einer Gruppenbetreuung daher nicht möglich ist, entscheidet sich die Ergotherapeutin für wöchentliche Einzelarbeit, da sie so individuell auf Frau Gonzales eingehen kann.

Bei der Frage, ob Einzel- oder Gruppenbetreuung, spielt der Aspekt der sozialen Kommunikation eine große Rolle. In manchen Fällen ist es auch sinnvoll, wenn sowohl Einzel- als auch Gruppenteilnahme angeboten werden.

4.2.2 Partnerarbeit

In der Partnerarbeit bilden zwei Teilnehmer ein Paar und bearbeiten eine Aufgabe. Es wird ein pädagogischer Auftrag gegeben, so dass ein Ergebnis nur durch Zusammenarbeit zweier Personen möglich ist. Beide werden angeregt

- zur Kommunikation
- zum gemeinsamen Handeln
- zur Kooperation
- zur Rücksichtnahme
- zum Austausch.

Bei vielen Gruppenaktivitäten wie Tanz und Gymnastik können Paarübungen durchgeführt werden (☞ 8.2). Bei manchen Angeboten müssen sich Paare selbst finden (Tanz) oder die Paarfindung kann durch den Gruppenleiter unterstützt werden, z.B. mit 1 und 2 abzählen oder alle Personen, die in der 1. und alle die in der 2. Jahreshälfte geboren sind (☞ Abb. 4.16).

> In einer Gruppenstunde finden sich immer zwei nebeneinander sitzende Teilnehmer als Paar zusammen. Zur Entspannung massiert die eine dem anderen mit einem Igelball den Rücken, dann werden die Rollen getauscht. Diese kleine Übung ist in einer vertrauensvollen Gruppensituation sehr wohltuend.

Abb. 4.16: Bei der Seniorengymnastik gibt es viele Partnerübungen wie diese hier mit einem großen Ball. Ohne, dass beide Partner miteinander kooperieren und ihre Bewegungen aufeinander abstimmen, würde die Übung nicht gelingen. [K157]

4.2.3 Gruppenarbeit

> **Gruppe:** Eine Anzahl von Personen, die innerhalb einer bestimmten Zeitspanne häufig miteinander Kontakt und Umgang haben und deren Anzahl so groß ist, dass alle Gruppenmitglieder miteinander persönlich in Kontakt treten können.

Gruppen im Alter

Der Mensch ist ein Gemeinschaftswesen und sucht normalerweise die Gesellschaft anderer Menschen. Eine gut geleitete Gruppe kann für den alten Menschen einen Schutzraum bieten, in dem jedes Mitglied Akzeptanz und Unterstützung durch die anderen erfährt. Die Gruppenarbeit hat in der Altenarbeit besondere Bedeutung, weil sie sehr viele **Vorteile** bietet und mehrere **Ziele** miteinander verbinden kann:

- Möglichkeit sozialer Kontakte
- Erleben von Vertrauen und Sicherheit
- Erleben von Gemeinschaft und Eingebundensein
- Austausch mit anderen und deren Schicksalen
- Selbsterfahrung durch Selbst- und Fremdwahrnehmung
- Anerkennung und Selbstvertrauen durch andere Gruppenmitglieder
- Erkennen der eigenen Grenzen und Möglichkeiten
- Erleben von Unterhaltung und gemeinsamer Freude.

> **!** Die Bedeutung von Kleingruppen wird oft unterschätzt. Alte Menschen fühlen sich in Kleingruppen häufig sehr wohl. Sie können in Kleingruppen gut ein Gefühl der Zugehörigkeit, des Vertrauens und der Gemeinschaft entwickeln.

Das Gruppensetting bietet zudem den Vorteil, dass mehrere Personen gleichzeitig angesprochen und in den geragogischen Prozess einbezogen werden können. Außerdem lassen sich viele Übungen und Beschäftigungen in der Gruppe leichter durchführen, z.B. Ball spielen, Schunkeln, gemeinsam singen und Gespräche führen.

Die Anleitung einer Gruppenarbeit erfordert fachliches Wissen und Kenntnisse über die in einer Gruppe anzuwendenden Methoden. Innerhalb einer Gruppe können auch nochmals Kleingruppen gebildet werden. Das bietet den Vorteil, dass z. B. auch stille Teilnehmer zu Wort kommen.

> **Fallbeispiel**
>
> In der Altenpflegeeinrichtung „Zur schönen Aussicht" finden regelmäßige Diskussionsrunden statt. In der größeren Gruppe werden dann Kleingruppen von 3–5 Personen gebildet, die genau 6 Minuten Zeit haben, sich über ein Thema zu unterhalten. Ein Teilnehmer wird von der Kleingruppe ausgewählt und trägt das Besprochene im Plenum zusammen.

Um gezielt gegenseitige Unterstützung zu fördern, können Partner- und Gruppenarbeiten mit einem speziellen Auftrag vergeben werden.

> **Fallbeispiel**
>
> Beim Gehirntraining werden von der Gruppenleitung 2er- oder 3er-Gruppen gebildet. Jede Kleingruppe erhält für eine Übung ein Päckchen Buchstaben für ein Wortpuzzle, aus dem ein bestimmtes Wort oder auch mehrere Wörter gebildet werden, z. B. Rosenstrauch oder Waffelessen. Die Kleingruppenmitglieder können sich gegenseitig unterstützen und gemeinsam etwas erarbeiten.

Gruppenformen

Die Gruppenform und die Gruppengröße sind von der Zielgruppe, dem Thema und Inhalt, den geplanten Arbeitsformen und den Umgebungsfaktoren (z. B. Räumlichkeiten) abhängig.

Offene Gruppe

Eine **offene Gruppe** ist durch eine wechselnde Teilnahme gekennzeichnet: Es kann jeder kommen, der will. Die Gruppe ist jederzeit für neue Mitglieder offen. Für eine offene Gruppe ist es gut, wenn sie durch einen festen Kern von Teilnehmern getragen wird. Allerdings können ständiger Wechsel und Fluktuation zur Instabilität führen und die Gruppendynamik und die Vertrauensbildung innerhalb der Gruppe erschweren. Offene Gruppen eignen sich gut dazu, „Neulinge" aufzunehmen. **Beispiele** für offene Gruppen sind
- Singkreise in Altenpflegeeinrichtung
- Gesprächskreise in Altenclubs
- Film- und Dianachmittage.

Geschlossene Gruppe

Eine **geschlossene Gruppe** besteht aus einem festen Kern von Teilnehmern. Meist ist ein gewisser Zeitraum festgelegt (z. B. Jahresgruppe). Geschlossene Gruppen beginnen gemeinsam eine Gruppenarbeit und beenden diese auch gemeinsam. Ein **Beispiel** für eine geschlossene Gruppe ist eine Seniorentheatergruppe eines Altenzentrums, die sich wöchentlich trifft und gemeinsam an kleinen Theaterstücken arbeitet. Bei einer geschlossenen Gruppe werden ausscheidende Mitglieder meistens nicht ersetzt.

Halboffene Gruppe

Eine halboffene Gruppe besteht wie die geschlossene Gruppe aus einem festen Kern von Teilnehmern. Wenn Teilnehmer dieser Gruppe ausfallen, wird die Gruppe für neue Gruppenmitglieder geöffnet, so dass eine bestimmte Gruppengröße erhalten bleibt. Durch Wechsel der Mitglieder entsteht auch immer eine Veränderung der Gruppendynamik. Solche Veränderungen müssen von der Gruppenleitung gut aufgefangen und gelenkt werden, damit wieder ein neues, stabiles Gruppengefüge entstehen kann.

> **Fallbeispiel**
>
> Eine Tagesgruppe für Demente einer Tagespflegeeinrichtung ist eine halboffene Gruppe. Einige Besucher kommen an wenigen Wochentagen, manche nur an 1–2 Tagen oder ein anderer Besucher nur 2 × im Monat. Wenn eine Person sich abmeldet, wird der Tagespflegeplatz durch ein neues Gruppenmitglied ersetzt.

Abb. 4.17: Die Tagesgruppe einer Tagespflegeeinrichtung wird kontinuierlich von geragogischen Mitarbeitern betreut. Sie sorgt dafür, dass sich neue Gruppenmitglieder schnell in die Gruppe eingliedern. [K157]

4.3 Didaktische Planung einer geragogischen Veranstaltung

Die wissenschaftlichen Erkenntnisse der Didaktik sind sehr hilfreich bei der Planung von geragogischen Veranstaltungen. Die Planung kann anhand der **10-W-Fragen** vereinfacht und strukturiert werden. Die 10-W-Fragen bieten dem Geragogen ein Gerüst, mit dem im Vorfeld z.B. die Struktur, der Inhalt und die Rahmenbedingungen festgelegt werden.

> **10-W-Fragen: Wer** soll **Was, Wann** mit **Wem, Wo, Wie, Womit, Warum, Wozu** tun. **Wie** war die Veranstaltung?

Eine geragogische Veranstaltung kann in vier Schritten vorbereitet und durchgeführt werden:
- Vorplanung und Zielbeschreibung
- Vorbereitung der Veranstaltung
- Durchführung der Veranstaltung
- Reflexion der Veranstaltung.

4.3.1 Vorplanung und Zielbeschreibung

Wer, Was, mit **Wem** und **Warum** sind zentrale Aspekte in der Vorbereitungsphase. Zur Vorplanung gehören:
- Analyse und Festlegung der Zielgruppe und der Inhalte, die vermittelt werden sollen
- Überlegungen, wer die Veranstaltung durchführt
- Zusammentragen der finanziellen Ressourcen
- Kalkulation der Kosten (welche Kosten entstehen und wer übernimmt sie?).

Je gründlicher die Vorüberlegungen sind, desto erfolgreicher verspricht die Veranstaltung zu werden.

> **Fallbeispiel**
>
> Ein Seniorenzentrum plant einen Begegnungsnachmittag mit Kindern einer Kindertagesstätte. Die Sozialpädagogin nimmt Kontakt zu der Pädagogin des Kindergartens auf und plant mit ihr ein erstes Treffen. Gleichzeitig bespricht sie mit den Senioren deren Interesse an der gemeinsamen Veranstaltung mit den Kindern. Nach ausführlichen Diskussionen wird sich für das Thema „Spiele und Freizeit" entschieden.

10-W-Fragen	Auskunft über	Beispiele
Wer?	Geragogen	Altenpfleger, Sozialpädagoge, Ergotherapeut, Geragoge
Was?	Thema, Inhalt	Gehirntraining, Reisebericht, Adventfeier, Ernährung im Alter, gesetzliche Betreuung, Erinnerungsstunde über Schule früher
Wann?	Zeit	Datum, Uhrzeit, Zeitspanne, offenes Ende, nachmittags, vormittags, Wochenende
Mit wem?	Teilnehmer	Bewohner, Tagespflegegäste, Besucher, Angehörige, Stadtteilbewohner, Altenclub-Besucher, alle Interessierten
Wo?	Ort	Gruppenraum, Gemeinderaum, Cafeteria, Speiseraum, Zimmer
Wie?	Methode	Gruppenarbeit, Partnerarbeit, Einzelarbeit, Gespräch, Vortrag, Selbsterfahrung, kreativer Ausdruck, Spiel, Bewegungsübung, Wahrnehmungsübungen, Training durch Vormachen und Nachmachen
Womit?	Medien	Gymnastikgeräte, Malutensilien, Fotos, Schreibmaterialien, Dia-Gerät, Flipchart, Wandtafel, Wortkarten, thematische Gegenstände, Erinnerungskoffer
Warum?	Ziele	Orientierungsfähigkeit, soziale Integration, Information, Tagesstruktur, Ausdrucksfähigkeit, kognitive Funktionen
Wozu?	Organisation	Tagesstruktur geben, Selbstständigkeit erhalten, Mobilität erhalten
Wie war es?	Veranstaltung	Richtige Zielgruppe? Interessantes Thema? Teilnahme? Interesse? Richtige Methoden? Rahmenbedingungen? Verbesserungen? Kritik?

Tab. 4.18: Mustertabelle mit 10-W-Fragen für die Planung geragogischer Veranstaltungen.

4.3.2 Vorbereitung der geragogischen Veranstaltung

In der Vorbereitungsphase geht es um die didaktische und methodische Planung der Veranstaltung. **Was**, **Wo** und **Wie** wird etwas vermittelt. Festgelegt werden

- Inhalt
- Zeitplan
- Methodisches Vorgehen
- benötigte Materialien und Medien
- Rahmenbedingungen.

Zeitplanung

- Häufigkeit, Dauer, Tag und Stunde des Angebotes bestimmen
- Den für die Zielgruppe geeigneten zeitlichen Rahmen festlegen. Für Angebote, die Konzentration benötigen wie z. B. Gehirntraining, sind eher die Vormittagsstunden, für gesellige Angebote wie Singen oder Kaffeenachmittage eher die Nachmittags- und frühen Abendstunden geeignet.
- Mahlzeiten und Abläufe anderer Funktionsbereiche, z. B. der Pflege in stationären Einrichtungen, berücksichtigen
- Pausen und eine Getränkeversorgung in den Pausen einplanen.

Methodisches Vorgehen und Methodenvielfalt

- Methoden wählen, die möglichst viele didaktische Dimensionen einbeziehen (☞ 4.1.5)
- Das Angebot in drei Phasen gliedern (☞ 4.3.3).
- Grundsatz „Vom Bekannten zum Unbekannten" und vom „Leichten zum Schwierigen" berücksichtigen
- Einen thematischen Schwerpunkt festlegen, er vermittelt Orientierung und Sicherheit.
- Bei der Planung die Lebenswelt und die Biografie der Teilnehmer berücksichtigen.

Auswahl der Medien und Materialien

- Welche Materialien und Medien werden benötigt?
- Kostenvoranschläge einholen und mit Entscheidungsträgern absprechen.
- Die Auswahl der Materialien an den didaktischen Dimensionen (☞ 4.1.5) orientieren, z. B. Flip-Chart, Wandtafel, Wandzeitung, Diaprojektor, Lautsprecher, Karten, Großschriftdrucke, Stifte und Schreibpapier, Hilfsmittel wie Griffverstärker, Erinnerungskoffer (☞ 6.3.6) und Alltagsgegenstände (Alltagsmuseum).

Räumlichkeiten

Wichtige Voraussetzung ist ein geeigneter Raum, der auf die Zielgruppe und das geplante Thema ausgerichtet ist. Ein angenehmes Ambiente fördert die Motivation.

Der Raum sollte

- für die geplante Dauer einer Veranstaltung zur Verfügung stehen, gut zu beleuchten, zu beheizen und zu durchlüften sein
- für kleine Veranstaltungen (z. B. für die Erinnerungsgruppe) gemütlich sein, bei der Seniorengymnastik werden Platz und Stühle ohne Armlehne benötigt, für die Kreativgruppe muss der Raum zusätzlich zweckmäßig und gut zu reinigen sein
- über einen Telefonanschluss in greifbarer Nähe verfügen
- nicht allzu weit von einer gut erreichbaren Toilette liegen
- für Rollstuhlbenutzer geeignet sein.

Sitzordnung

Je nach Angebot und Teilnahme ist die Sitzordnung vorher zu planen:

- Wie viele Personen sind zu erwarten?
- Wer möchte evtl. neben wem sitzen?
- Gibt es genügend Platz für Rollstuhlbenutzer?
- Soll die Sitzordnung offen gelassen oder vorgegeben werden?

Ankündigung der Veranstaltung

Die Veranstaltung sollte angemessen angekündigt werden, so dass die gewünschte Zielgruppe gezielt angesprochen wird, z. B. durch

- Zeitungsartikel
- Gemeindeblatt
- Aushänge in der Altenpflegeeinrichtung oder im Seniorenzentrum
- Rundschreiben
- Einladungen.

4.3.3 Durchführung der geragogischen Veranstaltung

Die **Durchführung** orientiert sich am Handlungsrahmen der Planung, sollte aber genügend Spielraum für Spontanität und Neues lassen. Vor allen Dingen sollte für Interessen und Bedürfnisse des alten Menschen genügend Raum bleiben. Es nützt nichts, wenn Inhalte gut methodisch vorbereitet und vermittelt, aber nicht mit den Lebenserfahrungen und der Lebenswelt des alten Menschen verknüpft werden.

Jede geragogische Veranstaltung wird nach dem **Drei-Phasen-Modell** aufgebaut (☞ Abb. 4.19).

> **Fallbeispiel**
>
> Der Begegnungsnachmittag mit Kindern soll zum Thema „Spiele" stattfinden und mit einer Pause, in der Snacks und Getränke gereicht werden, ca. 1,5 Std. dauern. Das Treffen findet im Gemeinschaftsraum des Seniorenzentrums in einem großen Stuhlkreis statt. Nach einer spielerischen Vorstellung mit einem Ball (Aufwärmphase) erzählen Alt und Jung, welche Spiele sie kennen. Die Sozialpädagogin und die Erzieherin haben einige gemeinsame Spiele vorbereitet (Kreisspiele, Ratespiele, Pantomime), die mit Freude von allen angenommen werden. Bei einem Snack entsteht ein ungezwungenes Interesse aneinander. Einige Kinder probieren neugierig die Rollstühle und Gehwagen aus. Zum Abschluss (Ausklangphase) werden gemeinsam Lieder gesungen, die alle Teilnehmer, Alt und Jung, kennen.

Aufwärmphase

Die **Aufwärmphase** ist sozusagen die Vorkontaktphase, in der die Teilnehmer erst einmal „warm" werden, ersten Kontakt zu anderen Gruppenmitgliedern aufnehmen und Inhalte und Methoden vorgestellt bekommen. Die Aufwärmphase dient der Orientierung der Teilnehmer und vermittelt erste Sicherheit (☞ Abb. 4.20). Zu dieser Phase gehören:

- Vorstellung der Gruppenleitung
- Vorstellung der Teilnehmer
- Kennenlernspiele (☞ 9.2.1)
- Aufwärmübungen (☞ 8.2)
- Vorstellung des Themas
- Hinweise auf den Verlauf
- Festhalten von Erwartungen und Befürchtungen (z. B. auf einer Wandtafel)
- Gespräch über alltägliche Dinge (v. a. in kleineren Gruppen, z. B. in der Gehirntrainingsgruppe)
- Gemeinsames Begrüßungsritual, z. B. ein Lied singen.

In neuen Gruppen oder bei neuen Gruppenmitgliedern tritt oft Unsicherheit auf, wenn sie nicht wissen, was auf sie zukommt. Deswegen immer am Anfang einer Stunde oder eines Kurses Hinweise auf Verlauf, Methoden und Zielsetzungen geben. Es kann auch hilfreich sein, am Anfang Erwartungen und Befürchtungen (Ängste) anzusprechen.

> Vom Gelingen der Aufwärmphase hängt der Verlauf der gesamten Gruppenstunde ab. Deswegen immer eine angemessene Aufwärmphase einplanen.

Aktivitätsphase

Der Aufwärmphase folgt die **Aktivitätsphase** *(auch: Kontaktphase, Leistungsphase)*, die je nach Thema, Gruppe und Leistungsfähigkeit bis zu 60 Minuten dauert. In diese Phase gehört das eigentliche Thema bzw. die Auseinandersetzung mit dem Thema und dem Inhalt, z. B. Lesen und Gespräch über einen Text oder Malen zu dem gehörten Text. In der Aktivitätsphase werden viele Methoden angewandt, um den alten Menschen möglichst mit all seinen Sinnen anzusprechen (☞ 4.1.5). Die Aktivitätsphase wird nicht abrupt abgebrochen, sondern klingt langsam aus und geht allmählich in die Ausklangphase über.

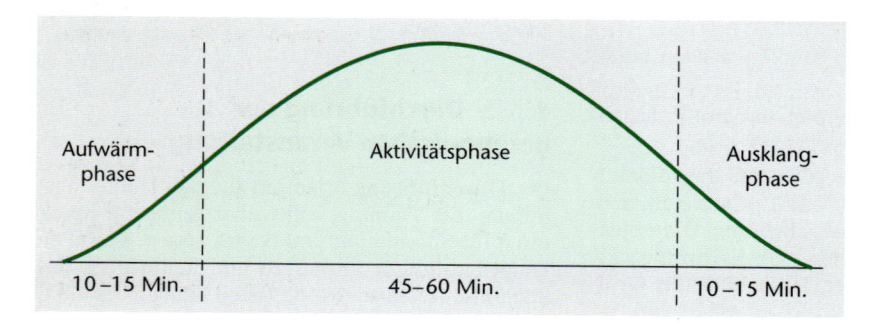

Abb. 4.19: Drei Phasen einer geragogischen Veranstaltung. [M283]

Aufwärmphase 10–15 Min. | Aktivitätsphase 45–60 Min. | Ausklangphase 10–15 Min.

4.3 Didaktische Planung einer geragogischen Veranstaltung

Abb. 4.20: Die Teilnehmer werfen sich ein Wollknäuel zu. Jeder, der den Knäuel fängt, wirft ihn zu jemand anderem und nennt dabei seinen Namen. Es ist fast nicht zu vermeiden, dass dabei auch gelacht wird. Das lockert die Atmosphäre auf und ist ein guter Einstieg in eine geragogische Veranstaltung. [K157]

Trotz guter Planung kann es zu „Lücken" im Ablauf kommen. Für eine Gruppenleitung ist es daher sinnvoll, „Lückenfüller", die zum Thema und der Gruppe passen, bereitzuhalten. Lückenfüller werden im Zusammenhang mit der Veranstaltungsplanung ausgewählt.

Fallbeispiel

In der Aufwärmphase einer Korbflechtgruppe für Senioren zeigt der Ergotherapeut schon bereits hergestellte Arbeiten, gibt Hinweise auf die Techniken und nimmt Ängste und Befürchtungen der Teilnehmer auf. .Es werden einige Hand- und Fingerbewegungsübungen durchgeführt, bevor mit den Korbflechtarbeiten begonnen wird. Die Teilnehmer werden individuell und gezielt unterstützt und erleben im gemeinsamen Tun Sinnfindung und Lebensfreude. In der Ausklangphase werden die Arbeiten nochmals gemeinsam angeschaut und bewundert, es wird ein Ausblick auf die nächsten Stunden gegeben und weitere Vorschläge gesammelt

Ausklangphase

Durch die **Ausklangphase** wird der Abschluss eingeleitet. In der Abschlussphase wird eine Ergebnissicherung vorgenommen, Resümee gezogen und auf das Ende der Gruppenstunde vorbereitet. In diese Phase gehören z. B.:
- Gespräch zum vorangegangenen Thema
- Gedicht oder Lied zum vorangegangenen Thema
- Ergebnissicherung, z. B. die gemalten Bilder nochmals zeigen
- Resümee
- Wünsche und Verbesserungsvorschläge
- Hinweise auf nächste Gruppenstunde
- Blitzlicht (☞ 4.4)
- Stimmungsbarometer (☞ 4.4)
- Schriftliche Auswertung
- Ausblicke für die Zukunft
- Gemeinsames Abschiedsritual, z. B. ein Lied singen oder die Hände reichen.

4.3.4 Reflexion der geragogischen Veranstaltung

Die **Reflexion** ist eine Nachbesinnung, bei der über die Planung, die Durchführung und das Gelingen einer geragogischen Veranstaltung nachgedacht wird. Die Reflexion erfordert Selbstkritik, Selbstkontrolle und Selbstdisziplin des Gruppenleiters.

Zu empfehlen ist eine
- gemeinsame Nachbesinnung mit einem Kollegen (vier Augen sehen mehr als zwei)
- zeitnahe Reflexion (möglichst am gleichen Tag)
- (evtl. standardisierte) Checkliste (☞ Tab. 4.21)
- Berücksichtigung der Rückmeldungen von Teilnehmern
- schriftliche Fixierung der Ergebnisse der Reflexion.

Eingangs- und Rahmenbedingungen
• War ich als Anleiter gut vorbereitet? Was könnte ich verändern? • Wurden die Bedürfnisse und Interessen der Teilnehmer angesprochen und berücksichtigt? • Wurde das Erleben und die Erfahrungen der Teilnehmer einbezogen? • Wurde die Belastbarkeit der Teilnehmer angemessen berücksichtigt? • Wurde Motivation aufgebaut und gehalten? • Wie war die Atmosphäre während des Angebotes? • Waren die räumlichen Bedingungen in Ordnung? Was muss verändert werden? • Waren die materiellen Bedingungen in Ordnung? Was muss verändert werden?
Didaktische Analyse
• Wurden die Themen und Inhalte richtig dargestellt und bearbeitet? • Wurden die Schwerpunkte richtig gewählt? • Wurden Zusammenhänge deutlich gemacht? • Welche Themen haben gefehlt oder waren überflüssig? • Wurden alle didaktischen Dimensionen angesprochen? • Waren die Lernziele richtig gewählt und umsetzbar? • Welche Ziele fehlten oder waren überflüssig?
Methodische Analyse
• War die Zeit richtig geplant? • Waren die Aktivitäten richtig geplant und durchgeführt? • Wurden die Vermittlungsformen gewechselt? • Wurden die Sozialformen gewechselt? • Waren die Medien richtig gewählt? Wurden mehrere benutzt? • Waren die Methoden richtig gewählt? Wurden sie gewechselt? • Wurden die Ergebnisse angemessen kontrolliert? • Muss Verlaufsplanung verändert werden?

Tab. 4.21: Checkliste zur Nachbesinnung.

4.4 Methoden

Methode: Planmäßiges Verfahren, um Fähigkeiten, Fertigkeiten und Kenntnisse zu vermitteln oder ein praktisches Ziel zu erreichen.

Um geragogische Ziele zu erreichen, ist ein breites Spektrum an pädagogischen Methoden notwendig. Die Methoden sollen auf die Lebenswelt des alten Menschen abgestimmt sein und deren Bedürfnisse und Fähigkeiten berücksichtigen. Sinnvoll ist die Anwendung einer **Methodenvielfalt,** weil jeder Mensch auf verschiedene Reize unterschiedlich reagiert und eine möglichst hohe Motivation und Teilnahme erreicht werden soll (☞ 4.1.5). Unterschiedliche Methoden werden in den verschiedenen Kapiteln inhaltsbezogen dargestellt und an dieser Stelle nur noch einmal kurz genannt.

> Methodenwechsel machen ein geragogisches Angebot für den alten Menschen interessanter und fördern die weitere Motivation.

Das Gespräch

Das Gespräch ist bei den meisten geragogischen Angeboten zentrales Element und fördert den Austausch und das gesellige Beisammensein. Je nach Zielsetzung kann das Gespräch von der Gruppenleitung gelenkt werden.

Das gebundene Gespräch

Das Gespräch ist an ein Thema oder Inhalt gebunden, das vorgeben oder von den Gruppenmitgliedern selbst gewählt wird. Die Gruppenleitung leitet das Gespräch ein, achtet auf Einhaltung von Gesprächsregeln (☞ unten) und führt bei Abschweifungen auf das Thema zurück. Sie wirkt als Regulativ.

Das freie Gespräch

Beim freien Gespräch ist ein Themenwechsel möglich. Die Themen werden von den Teilnehmern oft selbst gewählt und dann von der Gruppenleitung aufgenommen. Von der Leitung kann ein freies Gespräch mit einem Alltagsthema, z. B. das Wetter, eingeleitet werden. Ansonsten hält sie sich zurück und achtet nur auf die Einhaltung von Gesprächsregeln.

Aufgaben der Gruppenleitung

Die Gruppenleitung
- führt das Gespräch und weist auf Gesprächsregeln (☞ unten) hin
- gibt weiterführende Impulse, themenbezogene Anregung, stellt Fragen und begründet, warum die Frage wichtig ist
- fasst Meinungen, Zwischenergebnisse und Ergebnisse zusammen
- bezieht auch eher „stille" Teilnehmer in das Gespräch ein
- achtet auf zeitlich begrenzte Redezeit und kürzt mit Einverständnis des Sprechenden überlange Beiträge
- klärt Störungen in der Gruppe, z. B. störende Nebengespräche oder Dominanz einer Person
- gibt einzelnen Gesprächsteilnehmern und der Gruppe Feedback
- lässt Emotionen zu, fängt sie auf, geht darauf ein und bindet sie in einen positiven Rahmen ein.

Gesprächsregeln für Gruppengespräche

- Jeder entscheidet selbst über Teilnahme am Gespräch
- Andere ausreden lassen, nicht durcheinander reden, keine Nebengespräche führen
- Beiträge der anderen Mitglieder wertschätzen, nicht korrigieren, kritisieren oder bewerten
- Ratschläge nur auf ausdrücklichen Wunsch hin geben
- Nur von sich selbst reden („ich" statt „man" oder „wir" sagen)
- Aktives Zuhören als Regel einführen (☞ unten)
- Gesprächskiller vermeiden.

> [!] **Gesprächskiller** sind
> - Anweisungen und Befehle
> - Herunterspielen und Nichternstnehmen von Gesprächsbeiträgen
> - fertige Lösungsvorschläge
> - Überredungen, Bewertungen, Kritik, Vorwürfe
> - Verallgemeinerungen
> - Ironie
> - Du-Botschaften.

Gesprächsregeln für Einzelgespräche

Eine intakte Beziehung, die von einer akzeptierenden Grundhaltung getragen wird, ist Voraussetzung für das Gelingen einer Gesprächssituation. Eine akzeptierende Grundhaltung kann durch aktives Zuhören signalisiert werden. Ziel ist es, Empathie (Einfühlsamkeit) zu vermitteln und die „innere Welt" des anderen zu verstehen und sich darin einzufühlen.

> ☑ Eine akzeptierende Grundhaltung ist ein Prozess und kann professionell erlernt werden.

Grundsätze des aktiven Zuhörens

Aktives Zuhören ermuntert den Gesprächspartner, seine Gefühle und sein Erleben auszudrücken.

- Eigene Gefühle und eigenes Erleben in Bezug zum Gesprächspartner verbalisieren, z. B.: „Sie machen heute einen niedergeschlagenen Eindruck"
- Die Aussagen des Gesprächspartners umformuliert wiederholen und Inhalte zusammenfassen. Durch dieses Reverbalisieren (Spiegeln) spürt er, dass er verstanden wurde und ist in der Lage, etwas richtig zu stellen, falls etwas falsch verstanden wurde
- Sich dem Gesprächspartner offen zuwenden, ihn ausreden lassen, zuhören, nachfragen und erzählen lassen (vermittelt Wertschätzung)
- Wertungen wie z. B. „Das ist aber übertrieben" unterlassen (zerstören eine positive Zuwendung und das Vertrauen in einer Beziehung)
- Gesprächspartner möglichst bedingungslos als ganze Person annehmen, nicht nur einzelne Verhaltensweisen akzeptieren, andere ablehnen
- Selbst echt sein und keine Fassade vortäuschen
- Pausen aushalten können, auch wenn mal eine unangenehme Spannung entsteht. Spannungen, unangenehme Situationen oder Empfindungen nicht „wegreden"
- Respektvolle und freundliche Distanz zum Gesprächspartner halten. Das bedeutet, mitfühlen zu können ohne mitzuleiden. Persönlichkeit des anderen respektieren, aber klar unterscheiden: Ich bin ich und du bist du.

> **Gesprächsförderer** einsetzen:
> - Feedback geben
> - Nachfragen, wenn etwas nicht verstanden wurde
> - Ich-Botschaften senden
> - Denkanstöße und Impulse geben
> - Reverbalisieren

Die Diskussion

Die **Diskussion** ist themen- und inhaltsbezogen. Die Teilnehmer nehmen zu einem bestimmten Inhalt einen Standpunkt ein und tauschen sich darüber aus. Klassische Form ist die Pro-Kontra-Diskussion.

Die Gruppenleitung übernimmt die Funktion der Diskussionsleitung, indem sie Wortmeldungen entgegennimmt, Beiträge fördert, das Wort erteilt, die unterschiedlichen Positionen darstellt und Beiträge zusammenfasst. Diskussionen können auf alte Menschen anregend wirken und sollten daher durch eine entsprechende Themenwahl gefördert werden, z. B. „Sollten Kinder streng erzogen werden oder nicht?"

Aufgaben der Diskussionsleitung

Die Diskussionsleitung
- bereitet Inhalte, Pro und Kontra gut vor
- leitet und moderiert die Diskussion
- macht zu Beginn auf die Gesprächsregeln (☞ oben) aufmerksam
- stellt provokante Thesen auf (z. B. „Die Jugend war früher besser als heute")
- nimmt Wortmeldungen entgegen
- lässt spontane Beiträge auch außer der Reihe zu, die sich direkt auf den Vorredner beziehen
- gibt Störungen Vorrang, z. B. wenn sich jemand falsch verstanden fühlt
- bringt die Diskussionsbeiträge auf den Punkt und fixiert sie schriftlich auf einer Wandtafel oder Flip-Chart
- führt bei Abweichungen zum Thema zurück und begrenzt die Redezeit von „Langrednern" (vorab für alle Teilnehmer eine Redezeitbschränkung festlegen)
- motiviert zurückhaltende Teilnehmer vorsichtig
- hält sich mit eigener Meinung zurück
- beendet die Diskussion mit Zusammenfassung und Resümee.

Vortrag

Ein **Vortrag** kann Element einer geragogischen Veranstaltung sein, z. B. ein Reisebericht über Südtirol. Er sollte aber nicht ausschließlich im Mittelpunkt stehen, weil sonst durch mangelnde Beteiligung der Teilnehmer schnell Desinteresse und Langeweile aufkommen können. Folgende Kriterien sind **Strukturelemente** für einen Vortrag:
- Einfache und verständliche Formulierungen
- Klar formuliertes Thema
- Übersichtliche Gliederung
- Kurze und prägnante Ausführung
- Anregende, lebendige und humorvolle Gestaltung.

> Ein Vortrag kann mit anderen Methoden (Musik, Bilder, Film) kombiniert werden, damit er nicht zu langweilig wird.

Rollenspiele

Das **Rollenspiel** ist eine gruppendynamische Methode, bei der durch Rollenübernahme Verhaltensmuster und Reaktionen der Teilnehmer dargestellt und reflektiert werden. Beim Spiel sind die aktiven Rollenspieler und die Zuschauer beteiligt. Beide können vom Rollenspiel profitieren und daraus lernen.

Das Rollenspiel erfordert eine professionelle und gezielte Anleitung. Alte Menschen werden vorsichtig an das Rollenspiel herangeführt, weil ihnen diese Methode zumeist vollkommen unbekannt ist.

Rollenspiele können der Selbsterfahrung und -reflexion dienen.

Dargestellte Rollen können z. B. sein:
- Heimleitung
- Arzt
- Altenpfleger
- Alter Mensch im Renteneintrittsalter
- Alter Mensch im Straßenverkehr
- Frau als Mutter.

Eine leichte Hinführung zum Rollenspiel ist das Pantomimespiel, bei dem leichte Handlungen, Verhaltensweisen oder Gefühle eines Menschen dargestellt werden.

> **Fallbeispiel**
>
> Die Teilnehmer der Gehirnjogginggruppe mögen das pantomimische Darstellen von Alltagshandlungen wie z. B. Ei pellen, Briefmarke aufkleben, Nagelmaniküre, Telefonieren oder Brief öffnen. Aber es hat eine ganze Weile gedauert, bis die Angst vor dem Neuen der Freude am darstellenden Spiel gewichen ist.

Übungen

Durch **Übungen** werden Fähigkeiten direkt und gezielt trainiert und angewandt. Übungen werden vom Anleiter kurz, deutlich und anschaulich erklärt und praktisch vorgeführt. Die Erklärungen sollen eher knapp und klar und ohne Ausschweifungen formuliert sein. Die Erklärung zu einer Übung muss meistens mehrmals wiederholt werden. Auf jeden Fall sollte sich der Anleiter von den Teilnehmern rückmelden lassen, ob die Übungsanleitung von allen verstanden wurde.

Beispiele für Übungen sind

- Bewegungsübungen
- Entspannungsübungen
- Selbsterfahrungsübungen
- Körperwahrnehmungsübungen
- Konzentrationsübungen
- Kreativitäts- und Gestaltübungen
- Motorische und feinmotorische Übungen
- Wahrnehmungsübungen
- Denkübungen
- Interaktions- und Kontaktübungen.

Abb. 4.22: Seniorengruppe bei Entspannungsübungen. [K157]

> **!** Bei Anleitung von Übungen für alte Menschen darauf achten, dass die Anleitung nicht zu „schulisch" wirkt, da sich der alte Mensch sonst leicht in eine Schülerrolle gedrängt fühlt.

Sinnesbezogene Methoden

Sinnesbezogene Methoden sind auf die Wahrnehmung durch die Sinnesorgane (Hören, Riechen, Schmecken, Sehen, Fühlen) bezogen und zielen auf die Förderung von Fremd- und Eigenwahrnehmung ab. Wahrnehmungsübungen können spielerisch (☞ Kap. 9) oder als angeleitete Übung, z. B. beim Gehirntraining (☞ 10.5.11) durchgeführt werden. Sinnesbezogene Methoden lassen sich gut miteinander kombinieren.

> **Fallbeispiel**
>
> Bei einer Gruppenstunde „Malen nach Musik" werden nicht nur die visuelle und akustische Wahrnehmung gefördert, sondern zusätzlich die Fantasie angeregt und im anschließenden Gespräch Erfahrungen ausgetauscht.

Meditationen

Meditation *(Nachdenken, sinnende Betrachtung)* vertieft ein Thema oder einen Eindruck und kann zum Beginn oder Ende einer Gruppenstunde eingesetzt werden. Eine Meditation benötigt eine ruhige, entspannte Atmosphäre.

> **Fallbeispiel**
>
> Zum Thema „Frühlingserwachen" steht in der Mitte eines Stuhlkreises eine Schale mit verschiedenen Frühlingsblumen. Zum Abschluss einer Stunde wird ein Frühlingsgedicht vorgelesen (z. B. „Frühlingsglaube") und zu Musik (z. B. „Der Frühling" aus „Die vier Jahreszeiten") die Frühlingsblumen in der Mitte des Kreises betrachtet.

Spielerische Methoden

Spielerische Methoden sind entweder spielerische Übungen oder aber auch einfach Spielstunden oder -runden, die dem zweckfreien Spiel dienen (☞ Kap. 9). Spielerische Methoden unterstützen Interaktionsprozesse, fördern Wahrnehmung und andere Fähigkeiten, bieten Geselligkeit und

Freude. Spielerische Methoden werden aber nur dann eingesetzt, wenn sie von den Gruppenmitgliedern nicht als zu „kindisch" erlebt werden.

> **Fallbeispiel**
>
> Als spielerische Konzentrationsübung oder als Lückenfüller lässt der Gruppenleiter verschiedene Gegenstände, z. B. einen roten und einen blauen Igelball, ein Kirschkernsäcken oder einen Stein, in verschiedene Richtungen des Stuhlkreises wandern: roter Ball nach rechts, blauer Ball nach links, Kirschkernsäckchen nach rechts, Stein egal, welche Richtung.

Blitzlicht

Zum Abschluss einer Stunde oder eines Kurses wird das **Blitzlicht** eingesetzt: Jeder Teilnehmer sagt in Kürze (nicht mehr als 1–2 Sätze), wie er persönlich die Veranstaltung empfunden hat. So können Gruppenleitung und die anderen Teilnehmer etwas über die Stimmung in der Gruppe und das Interesse am Thema erfahren. Zudem hat jeder Teilnehmer nochmals die Möglichkeit, zu Wort zu kommen.

Stimmungsbarometer

Um zu Beginn oder zum Schluss einer Veranstaltung (Tagesseminar, Workshop, Gruppenaktivität) die Stimmung in einer Gruppe einzuschätzen, kann die Leitung ein **Stimmungsbarometer** vorbereiten (☞ Abb. 4.23). An ihm lassen sich die Zufriedenheit und die persönliche Befindlichkeit der Teilnehmer ablesen. Es ist eine Methode, um evtl. verstärkt auf einzelne Teilnehmer einzugehen und den Gruppenprozess entsprechend zu lenken.

Für das Stimmungsbarometer bereitet der Leiter ein Din-A3-Blatt mit einer Skala von 0–10 vor. Aufgabe für jede Teilnehmer ist es, die persönliche und momentane Befindlichkeit in Form einer Skalenangabe festzulegen: 0 = sehr schlechte Stimmung, 10 = sehr gute und optimale Stimmung.

> **Fallbeispiel**
>
> Zu Beginn einer Montagsgruppe eines Altenclubs fragt die Gruppenleitung mit dem Stimmungsbarometer nach der momentanen Befindlichkeit. Viele Gruppenmitglieder liegen im mittleren bis oberen Bereich. Die 82-jährige Frau Steffen schätzt sich nur mit 3 ein und erzählt warum: Wegen Unregelmäßigkeiten ihres Zuckerstoffwechsels wird sie neu auf Insulin eingestellt und soll womöglich nochmals in die Klinik. Im Verlauf der Gruppe wird auf Frau Steffen besonders eingegangen. Sie erfährt Empathie und schätzt ihre Stimmung zum Abschluss des Treffens eher mit 5 ein.

Einzel-, Paar- und Gruppenübungen

Übungen können mit Einzelpersonen oder als Paar- bzw. Gruppenübung durchgeführt werden. Der Gruppenleiter entscheidet sich je nach Zielsetzung und Gruppenzusammensetzung für eine Methode (☞ 4.2).

4.5 Themen und Inhalte

Themen und Inhalte einer geragogischen Veranstaltung sind entscheidend für das Interesse und die Motivation zur Teilnahme. Themen und Inhalte richten sich nach den
- Bedürfnissen und Interessen der Teilnehmer
- Kenntnissen und Fähigkeiten des Gruppenleiters.

Die Eruierung der Bedürfnisse, z. B. durch Vorgespräche, sind Voraussetzung für die Planung (☞ 4.3.1) der Inhalte.

Bedürfnisse und Interessen der Teilnehmer

Die Bedürfnisse der Teilnehmer hängen entscheidend von der Zielgruppe ab (☞ Kap. 2). Jüngere Ältere sind z. B. eher für neue Medien zu motivieren, während Hochbetagte eher bekannte und an

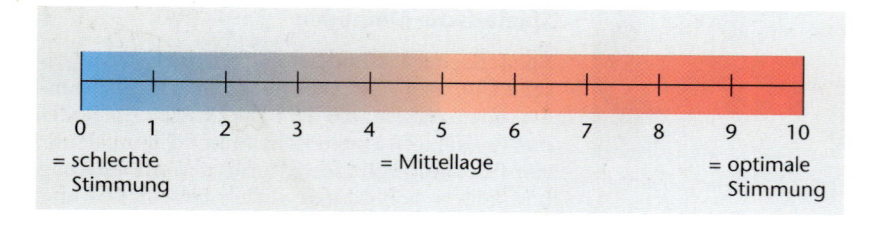

Abb. 4.23: Stimmungsbarometer. [M283]

der eigenen Biografie angelehnte Angebote annehmen.

> 🍃 Zur Themenfindung sind verschiedene Wege möglich:
> - Entweder steht zuerst die Zielgruppe fest, und es soll ein Inhalt gefunden werden
> - Oder der Inhalt steht zuerst fest, und die Zielgruppe wird dazu gebildet.

Checkliste für die Themenfindung

Wenn die Zielgruppe feststeht, hilft folgende Checkliste bei der Themenfindung:
- Welchen biografischen Hintergrund hat die Zielgruppe?
- An welche Erfahrungen kann angeknüpft werden?
- Ist das Thema sinngebend für die Zielgruppe?
- Welche Bedeutung hat der Inhalt für die Zielgruppe?
- Welche Ressourcen bestehen und wie können sie gefördert werden?
- Welche Einschränkungen bestehen und wie können diese ausgeglichen oder integriert werden?
- Welche Interessen können angesprochen werden?
- Welche Bedürfnisse können befriedigt werden?
- Wie kann die Zielgruppe motiviert werden?
- Sind die kognitiven Anforderungen angemessen?

Angebote für jüngere Alte

Angebote für jüngere Alte (☞ Kap. 2) können z. B. sein:
- Seniorenreisen
- Ausflugs- und Kulturangebote
- Theaterfahrten
- Kultur- und Bildungsveranstaltungen
- Theatergruppen
- Literaturkreise
- Gymnastik- und Sportangebote für junge Alte
- Computerführerscheine für Senioren
- Gesundheits-, Präventions- und Wellnessangebote
- Tanz- und Bewegungsangebote

Angebote für Ältere und Hochbetagte

Angebote für Ältere und Hochbetagte (☞ Kap. 2) können z. B. sein:

- Erzählcafés und Erzählrunden
- Gesellige Nachmittage
- Seniorentanz und -gymnastik; Sitztänze
- Gehirntraining
- Sinnliche Wahrnehmungsförderung
- Bastel- und Gestaltangebote
- Musikalische Angebote
- Spielangebote
- Biografiearbeit.

> 🍃 Für Demenzkranke eignen sich am besten bekannte, an der Biografie orientierte und leichte Angebote, bei denen nichts Neues erlernt werden muss (☞ Kap. 5).

Kenntnisse und Fähigkeiten des Gruppenleiters

Ebenso wichtig wie die Bedürfnisse der Teilnehmer sind die Interessen des Geragogen. Jeder Anleiter kann nur mit Freude und Motivation das vermitteln, was ihm selbst Spaß macht und ihm „am Herzen" liegt.

> 🍃 Alte und auch demenzkranke Menschen merken sehr genau, wenn der Anleiter „aus dem Buch" anleitet und nicht mit Herz und Seele dabei ist. Dann springt der Funke nicht über.

Selbsterfahrung und -reflexion, Sinnfindung, Hobbys und Interessen sind wichtige Elemente über Selbstkenntnisse des Pädagogen. Ein Anleiter ist sich seiner Fähigkeiten und Fertigkeiten be-

Abb. 4.24: Diese Tanzanleiterin ist mit vollem Engagement bei der Sache. Würde sie nur aus Einsicht in die Notwendigkeit von Bewegungsangeboten die notwendigen Tanzschritte „abarbeiten", wären Desinteresse und Unlust bei den Teilnehmern vorprogrammiert. [K157]

wusst und setzt diese gezielt ein. Dabei müssen es nicht immer die großen Talente sein. Freude und Spaß an bestimmten Beschäftigungen wie z.B. Musizieren und Singen oder Rätseln und Denken sind ausschlaggebend und richtungsweisend.

> Jeder Mensch kann besonders gut vermitteln, was ihm selbst viel wert ist und womit er innerlich sehr verbunden ist (hohe Identifikation). Jeder Anleiter bringt am besten die eigenen Hobbys und Fähigkeiten in die geragogische Arbeit mit ein.

4.6 Motivationsarbeit

Motivationsarbeit (Motive, Motivation ☞ Kap. 1) ist eine wichtige Aufgabe der Geragogen. Motivationsarbeit bedeutet, alte Menschen kontinuierlich dazu anzuregen, an sozialen und geragogischen Angeboten teilzunehmen. Sie umfasst alle Anregungen und Bemühungen, die ein Interesse beim alten Menschen wecken, um an einer Aktivität oder einer geselligen Veranstaltung teilzunehmen.

Gefahr des sozialen Rückzugs

Bei vielen alten Menschen schlummern die Ressourcen und Interessen und müssen erst geweckt werden. Infolge von körperlichen, seelischen oder geistigen Einschränkungen trauen sich alte Menschen häufig nichts mehr zu und ziehen sich immer mehr zurück.

Ein solcher sozialer Rückzug verstärkt sich, wenn der alte Mensch immer weniger Kontakte hat, weniger Austauschmöglichkeiten und keine Rückmeldungen durch seine Umwelt erfährt. Verunsicherung, Depression und Vereinsamung sind Folgen, die wiederum Selbstzweifel und Einsamkeitsgefühle hervorrufen und letztendlich eine Verstärkung der Einschränkung der sozialen Aktivitäten zur Folge hat. So entsteht ein Teufelskreis (☞ Abb. 4.25).

Motivationsarbeit zielt bei einem sozialen Rückzug darauf ab, diesen Teufelskreis an irgendeiner Stelle zu durchbrechen. Dabei hilfreich können sein:
- Einfühlende Gespräche
- Bestärken von Fähigkeiten
- Erfolgserlebnisse
- Positive Rückmeldungen
- Eingebundensein in eine soziale Gruppe
- Beziehungen zu Vertrauenspersonen.

> [!] Bei der Motivationsarbeit keine zu großen Ziele setzen: Große Ziele mindern die Motivation. Vielmehr kleine, erreichbare Ziele anstreben, die realistisch sind und im Alltag erlebt werden können.

Fallbeispiel

Frau Winter, eine alte Dame mit leichter Demenz, hatte fast keine sozialen Kontakte mehr. Sie zog sich in ihre Wohnung zurück und litt zunehmend an Einsamkeit, mangelndem Selbstwert und Depressionen. Seitdem sie eine Tagespflege besucht und dort soziale Kontakte und Erfolgserlebnisse hat, ist sie wieder aufgeschlossener und zufriedener. Sie hat an Lebensqualität hinzugewonnen.

Motivationsarbeit gegen sozialen Rückzug

In welcher Art und Weise Motivationsarbeit geleistet werden kann, ist individuell unterschiedlich. Es gilt der Grundsatz, „den alten Menschen da abzuholen, wo er gerade steht." Es muss sich für den alten Menschen lohnen, aus seiner Wohnung oder seinem Zimmer zu gehen und ein Angebot anzunehmen. Allein die Anregung z.B. zu mehr Bewegung ist unnütz, wenn mit der Bewegung kein attraktives Ziel, z.B. die Teilnahme an einer interessanten musikalischen Veranstaltung, verbunden ist.

Bestandteile von Motivationsarbeit können sein:
- Vertrauensbeziehung aufbauen
- Informationen anbieten
- Mehrmalige zugehende Besuche (Hausbesuche)
- Angebot zur Begleitung zu einer Gruppe
- Einfühlende Gespräche
- Ressourcen suchen und ansprechen
- Biografische Hintergründe beachten
- Kleine, erreichbare Ziele setzen
- Ziele vom alten Menschen bestimmen lassen
- Neugier und Interesse wecken
- Erfolgserlebnisse schaffen
- Positive Rückmeldungen geben
- Methodenvielfalt und Abwechselung anbieten (☞ 4.4).
- Kontakte zu Personen mit gleichen Interessen herstellen
- Anbindung an soziale Gruppe fördern.

4.6 Motivationsarbeit

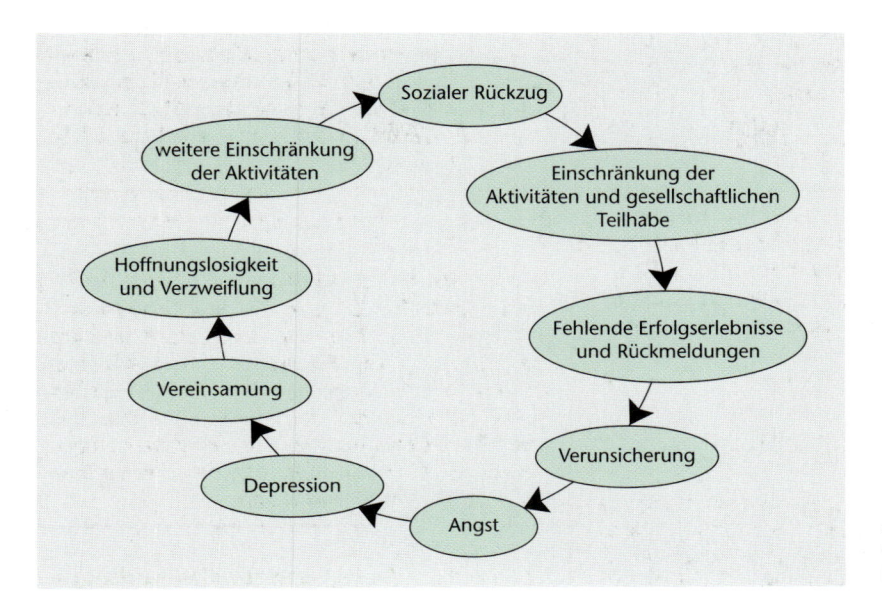

Abb. 4.25: Teufelskreis des sozialen Rückzuges. [M283]

> 🌀 Um alte Menschen zum Besuch einer Gruppe z. B. in einer Tagesbegegnungsstätte oder in einem Seniorenclub zu motivieren, sind persönliche Gespräche notwendig. Um Schwellenängste abzubauen, können Hausbesuche und ein Angebot zur Begleitung zur Gruppenveranstaltung notwendig sein.

Alte Menschen, die ihre Ängste und Befürchtungen abgebaut haben und sich einer Gruppe im Altenclub, der Gemeinde, einem Tageszentrum oder einer Begegnungsstätte angeschlossen haben, können sich später häufig das Leben ohne eine solche Gruppe nicht mehr vorstellen. Ein solcher Begegnungstreffpunkt bietet Struktur und kann ein zentrales Element im Leben des alten Menschen werden.

> ❗ Besonders schwer ist es, depressive alte Menschen zu motivieren. Sie dürfen nicht durch zu hohe Anforderungen überfordert werden. Es ist erfolgversprechender, kleine Schritte zu gehen, kleinste Ziele festzulegen und Aufgaben nach einem Stufenplan einzuüben.

5 Aktivitäts- und Beschäftigungsangebote für chronisch verwirrte und für nicht verwirrte alte Menschen

- **5.1 Betreuungsangebote für Menschen mit Demenz** **60**
  - 5.1.1 Krankheitsbild Demenz 60
  - 5.1.2 Betreuung von Menschen mit Demenz . 63
  - 5.1.3 Aktivitäten und Beschäftigungen mit Demenzerkrankten 70
  - 5.1.4 Segregative Konzepte für Menschen mit Demenz 82
- **5.2 Integrative Konzepte für demente und nicht-demente alte Menschen** **85**

Die Zahl der chronisch verwirrten, demenzkranken alten Menschen steigt. In vielen stationären Einrichtungen ist der Anteil der gerontopsychiatrisch Erkrankten auf 70–80 % gestiegen, und es ist zu erwarten, dass der Anteil Demenzerkrankter weiter zunimmt. Die in den letzten Jahrzehnten praktizierte integrative Betreuung von verwirrten und nicht verwirrten alten Menschen stößt zunehmend an ihre Grenzen und wird in den letzten Jahren diskutiert und in Frage gestellt.

Das folgende Kapitel reiht sich nicht in die allgemeine Pro-und-Kontra-Diskussion ein, sondern gibt Anregungen für die Praxis. Für Demenzkranke stehen integrative und segregative Betreuungskonzepte zur Verfügung. Standardkonzepte gibt es nicht, weil jeder Kranke individuell ist und eine Einrichtung die Dementenbetreuung an ihren Möglichkeiten und Strukturen ausrichten muss.

5.1 Betreuungsangebote für Menschen mit Demenz

5.1.1 Krankheitsbild Demenz

> **Demenz** *(lat.: der Geist ist weg, der Verstand ist verloren):* eine chronische Verwirrtheit, im medizinischen Sinn eine Abbauerkrankung des Gehirnes mit einer kontinuierlich zunehmenden Verschlechterung der intellektuellen und geistigen Fähigkeiten und der Alltagskompetenz.

Ursachen und Verlauf

Es werden **primäre** und **sekundäre Demenzen** unterschieden (☞ Tab. 5.1).
- Bei primären Demenzen ist die Ursache der Demenz eine direkte Hirnschädigung.
- Bei sekundären Demenzen ist die Ursache die Folge von anderen Erkrankungen wie Hirntumoren, Schädel-Hirn-Traumen oder Stoffwechselerkrankungen.

Demenz ist ein fortschreitender Prozess, der z.Zt. noch nicht heilbar, nur in seinem Verlauf beeinflussbar ist. Dem irreversiblen Krankheitsprozess liegt ein Degenerations- und Abbauprozess im Gehirn zugrunde. Die Demenzerkrankung führt nach einer Erkrankungsdauer von durchschnittlich 6–8 Jahren, manchmal auch nach bis zu 12 Jahren und länger, zum Tod.

Eine sichere Demenzdiagnose kann erst gestellt werden, wenn die typische Symptomatik seit mindestens einem halben Jahr besteht, alle anderen in Frage kommenden Diagnosen ausgeschlossen sind und keine Bewusstseinsstörungen vorliegen.

Demenzerkrankungen	
Primäre Demenzen (ca. 85 %)	**Sekundäre Demenzen (ca. 15 %)**
DAT = Demenz Alzheimer Typ	Hirntumoren
DVT = Vaskuläre Demenzerkrankung oder Multi-Infarkt-Demenz (MID)	Schädel-Hirn-Trauma
Mischformen von DAT und DVT	Folge von Herz- und Kreislauferkrankungen
Selten: Morbus Pick, Chorea Huntington, Creutzfeld-Jacob-Syndrom	Folge von Alkohol- und Medikamentenmissbrauch
Selten: Nach Reanimation	Folge von Infektionen
Parkinson-Demenz	Avitaminosen und Stoffwechselerkrankungen

Tab. 5.1: Primäre und sekundäre Demenzen

> ✓ Die Demenz vom Alzheimer Typ ist mit ca. 60 % am häufigsten. Mit zunehmend hohem Alter treten sehr häufig die Mischformen von DAT und DVT auf.

Symptome und Lebenssituation der Demenzerkrankten

Typische Symptome

Zu den **typischen Symptomen** gehören:
- Gedächtnisstörungen: Zuerst Beeinträchtigung des Kurzzeitgedächtnisses (Unfähigkeit zu lernen und neue Informationen aufzunehmen oder sich an kurz Zurückliegendes zu erinnern), später Beeinträchtigung des Langzeitgedächtnisses (☞ 4.1.3)
- Orientierungsstörungen: Zuerst zeitliche und räumliche, später auch situative und persönliche Desorientierung (☞ Abb. 5.2)
- Intelligenzabbau mit kognitiven Ausfallsymptomen:
  – Aphasie (Sprachstörungen)

- Auffassungs- und Konzentrationsstörungen
- Vermindertes Kritik- und Urteilsvermögen
- Apraxie (Unfähigkeit, motorische Aktivitäten auszuüben, trotz Verständnis und intakter Motorik)
- Agnosie (Unfähigkeit, Gegenstände wiederzuerkennen)
- Erschwerte oder unmögliche Entscheidungsfindung
- Rechenunfähigkeit und Verlust von Abstraktionsvermögen
• Verlust der Körpergrenzen-Wahrnehmung
• Einschränkung des Gesichtsfeldes
• Störung der emotionalen Kontrolle und des Sozialverhaltens
• Handlungsunfähigkeit und erhebliche bis völlige Beeinträchtigung der Alltagskompetenzen.

> [!] Die chronische Verwirrtheit bei einer Demenz darf nicht mit einem akuten Verwirrtheitszustand (Delir) verwechselt werden. Akute Verwirrtheitszustände, wie sie z. B. bei Flüssigkeitsmangel oder bei entgleistem Diabetes mellitus auftreten, sind behandelbar. Genaue Beobachtung der Beeinträchtigungen und ärztliche Abklärung sind notwendig.

Abb. 5.2: Desorientierten Menschen fällt es schwer sich zurechtzufinden. Dieser „Schilderwald" überfordert ihre Fähigkeiten. Sie brauchen besondere Hilfen, um sich trotz ihrer Einschränkungen orientieren zu können. [L119]

Die Lebenssituation von Demenzerkrankten

Die **Lebenssituation** von Menschen mit einer Demenz ist schwerwiegend verändert. Sie erleben in allen Bereichen der geistigen Fähigkeiten Einschränkungen und Verluste, die ihre Alltagskompetenzen erheblich bis zur völligen Hilflosigkeit einschränken. Der Demenzerkrankte nimmt die Welt anders wahr. Im wahrsten Sinne des Wortes führt er ein „Leben in einer eigenen Welt". Demenz hat die Auflösung der vertrauten Kontakte und der gewohnten Kommunikation mit anderen Menschen zur Folge. Zu Beginn einer Erkrankung merken Demenzkranke ihre Einschränkungen bewusst, was als Kränkung und Selbstwertminderung erlebt wird. Viele Verhaltensweisen sind keine direkte Auswirkung der pathologischen Beeinträchtigung, sondern die Reaktion auf die Erfahrung, mit den geistigen Einschränkungen leben zu müssen.

Demenzerkrankte nehmen die Welt, die Umwelt, ihre Mitmenschen und sich selbst anders wahr als Nichterkrankte. Trotzdem spüren sie, dass die Mitmenschen anders auf sie reagieren. Diese Reaktionen verunsichern und verängstigen sie. Demenzkranke fühlen sich unverstanden, missverstanden, sie ärgern sich oder reagieren abweisend und abwehrend.

> **Fallbeispiel**
>
> Frau Wieland lebt zu Hause und ist nachts sehr unruhig, läuft hin und her, weil sie eine Orientierung sucht. Sie irrt in ihrem Zimmer umher und ruft: „Hilfe, Hilfe, hilft mir denn keiner?!" Wenn die Tochter hereinkommt, ist sie ungehalten und sagt in einem gereizten Ton: „Was machst du denn da? Es ist doch mitten in der Nacht. Weißt du, wie spät es ist?" Frau Wieland fühlt sich unverstanden und kritisiert, wird ärgerlich und wehrt die Tochter ab.

Verlust der kognitiven Fähigkeiten

Nicht an Demenz erkrankte Menschen erleben und erfahren die Umwelt und ihre Mitmenschen durch
• kognitive Fähigkeiten (Verstand) und
• emotionale Fähigkeiten (Empfindungsfähigkeit).

5 Aktivitäts- und Beschäftigungsangebote für chronisch verwirrte und für nicht verwirrte alte Menschen

Die **kognitiven Fähigkeiten** sind bei dem Demenzerkrankten je nach Betroffenheit der Hirnregion eingeschränkt oder verloren gegangen. Damit verlieren sie den orientierenden Bezug zu ihrer Umgebung. Begegnungen mit Menschen werden nicht mehr mit dem Verstand wahrgenommen, sondern gefühlsmäßig erfasst. Die **Empfindungsfähigkeit** bleibt trotz der kognitiven Verluste erhalten, so dass Gefühle weiterhin erlebt werden und im Gehirn verankert bleiben. Auch die Sensibilität für das Erleben von Sinnesreizen bleibt erhalten.

> ☑ Demenzerkrankte benötigen aufgrund der kognitiven Verluste eine **besondere Betreuung**, die
> - auf die veränderten Verhaltens- und Erlebensweisen eingeht
> - ihnen Wertschätzung und Akzeptanz entgegenbringt
> - die Förderung der verbliebenen Erfahrungs- und Handlungsmöglichkeiten gewährleistet und
> - positive emotionale und sinnliche Erfahrungen ermöglicht.

Fallbeispiel

Für eine Frau mit Demenz, die jeden Morgen in eine tagesstrukturierende Gruppe gebracht wird, ist die Situation immer wieder neu und fremd. Ihre kognitiven Fähigkeiten sind nicht ausreichend, um sich schnell auf eine veränderte räumliche Situation einzustellen. Sie schimpft jeden Morgen von neuem: „Was soll ich denn hier, alles fremde Gesichter!" Nach einiger Zeit gewohnter Rituale wie Begrüßung, Singen und Frühstücksritual hat sie positive gefühlsmäßige Assoziationen zu der Situation und fühlt sich wohl.

Wie erleben Demenzerkrankte die Welt?

Menschen mit Demenz haben aufgrund ihrer Erkrankung ein verändertes Erleben (☞ Abb. 5.3). Sie befinden sich in einem irritierenden Zustand, der sie zutiefst erschüttert. Der Verwirrtheitszustand wird emotional erlebt, aber nicht kognitiv begriffen. Es besteht keine Krankheitseinsicht. Da die Betroffenen innerlich eine Veränderung oder auch veränderte Reaktionen der Umwelt auf ihren Zustand spüren, reagieren sie oft mit Abwehrverhalten oder Erklärungsversuchen. Diese Reaktionen sind emotionale Bewältigungsversuche. Sie reagieren ärgerlich und aggressiv, wenn sie

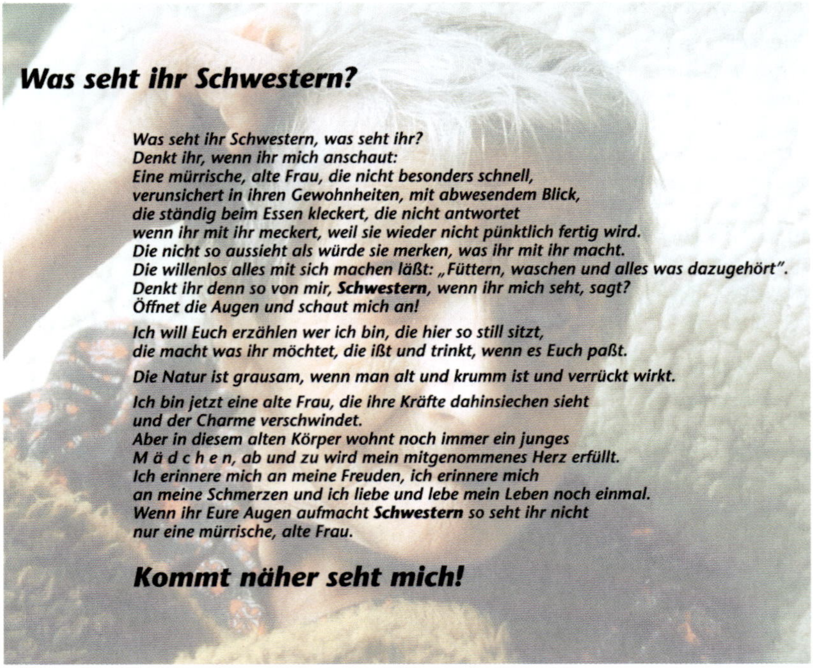

Was seht ihr Schwestern?

Was seht ihr Schwestern, was seht ihr?
Denkt ihr, wenn ihr mich anschaut:
Eine mürrische, alte Frau, die nicht besonders schnell,
verunsichert in ihren Gewohnheiten, mit abwesendem Blick,
die ständig beim Essen kleckert, die nicht antwortet
wenn ihr mit ihr meckert, weil sie wieder nicht pünktlich fertig wird.
Die nicht so aussieht als würde sie merken, was ihr mit ihr macht.
Die willenlos alles mit sich machen läßt: „Füttern, waschen und alles was dazugehört".
Denkt ihr denn so von mir, **Schwestern**, wenn ihr mich seht, sagt?
Öffnet die Augen und schaut mich an!
Ich will Euch erzählen wer ich bin, die hier so still sitzt,
die macht was ihr möchtet, die ißt und trinkt, wenn es Euch paßt.
Die Natur ist grausam, wenn man alt und krumm ist und verrückt wirkt.
Ich bin jetzt eine alte Frau, die ihre Kräfte dahinsiechen sieht
und der Charme verschwindet.
Aber in diesem alten Körper wohnt noch immer ein junges
M ä d c h e n, ab und zu wird mein mitgenommenes Herz erfüllt.
Ich erinnere mich an meine Freuden, ich erinnere mich
an meine Schmerzen und ich liebe und lebe mein Leben noch einmal.
Wenn ihr Eure Augen aufmacht **Schwestern** so seht ihr nicht
nur eine mürrische, alte Frau.

Kommt näher seht mich!

Abb. 5.3: Wie erleben Demenzerkrankte die Welt? [N332]

- nicht mehr weiter wissen
- sich hilflos fühlen
- überfordert sind
- die Situation nicht verstehen.

> Demenzerkrankte fühlen sich in der eigenen Welt wohl, wenn diese nicht von außen angegriffen, beeinflusst oder zerstört wird. Für ihr Wohlbefinden ist es deshalb wichtig, dass man ihnen mit Empathie und Wertschätzung begegnet und sie in ihrer Welt belässt.

5.1.2 Betreuung von Menschen mit Demenz

Demenzerkrankte benötigen aufgrund ihrer besonderen und vielschichtigen Einschränkungen eine spezielle Betreuung. Das bedeutet nicht, dass ein einziges spezielles Konzept für alle Demenzerkrankten zur Verfügung steht, sondern dass ein **Betreuungskonzept nach dem Individualitätsprinzip** praktiziert werden muss, weil jeder Demenzerkrankte in seiner individuellen Art und Weise auf die verloren gegangenen Fähigkeiten reagiert.

> **!** Es gibt nicht „den Demenzerkrankten" und auch kein ideales „Einheitsbetreuungskonzept". Deswegen kann jeder Demenzerkrankte – unter Berücksichtigung von Grundsätzen – nur entsprechend seiner Individualität betreut und gepflegt werden.

Betreuungsziele und -grundsätze für Demenzerkrankte

Jeder Mensch mit Demenz ist eine Persönlichkeit und unterscheidet sich in seinem Erleben, Verhalten und in seinen Bedürfnissen von anderen Erkrankten. Im Umgang mit dem Betroffenen muss immer wieder herausgefunden werden, was ihm gut tut und durch was er Annahme, Vertrauen und Aufgehobensein erfahren kann.

In den letzten Jahren wurden verschiedene therapeutische Methoden und Konzepte in der Dementenbetreuung angewandt. Es hat sich jedoch immer wieder gezeigt, dass jede einzelne Methode ihre Grenzen hat und nur im Rahmen eines individuellen Betreuungskonzepts angewendet werden kann. Welches Konzept auch immer in die Dementenbetreuung Einzug hält, es sollte grundsätzlich folgende Betreuungsziele erreichen.

Allgemeine Betreuungsziele

- Erhalt größtmöglicher Eigenständigkeit bei den Lebensaktivitäten
- Erhalt größtmöglicher Handlungsfähigkeit
- Akzeptanz und Wertschätzung der Persönlichkeit des Demenzerkrankten
- Vermittlung von Sicherheit
- Lebensqualität und Wohlbefinden
- Leben von Alltagsnormalität
- Gefühlsorientierte Kommunikation (☞ 5.1.1)
- Leben in einem therapeutischen Milieu
- Beschäftigungsangebote und Alltagsaktivitäten ohne Überforderung
- Entlastung der Angehörigen.

> ☑ Chronische Verwirrtheit ist ein existenziell bedrohlicher Zustand für den betroffenen Menschen. Schutz und Sicherheit (seelisch und körperlich) sind daher vorrangige Betreuungsziele.

Allgemeine Betreuungsgrundsätze

- Kleinräumige Zuordnung und **Einbindung** in familienähnliche Gruppen
- Orientierung und Sicherheit durch eine **Tagesstruktur,** z. B. mit Hilfe
  - tagesstrukturierender Gruppe
  - strukturiertem Tagesablauf
  - fester Zeiten für Beschäftigungen, Mahlzeiten und Spaziergänge.
- Wiederkehrende **Rituale** im Tagesablauf, z. B. die morgendliche persönliche Begrüßung mit Nennung des Namens und mit Handreichung (vermittelt Sicherheit)
- **Kontinuität** (Gleichmäßigkeit) z. B. bei der Pflege oder bei der Einhaltung einer Sitzordnung. Dabei darauf achten, welche Ordnung der Demenzerkrankte selbst vorgibt
- **Strukturierung der Umgebung** (gibt Sicherheit und Orientierung), z. B. biografieorientierte Sitzecken
- **Therapeutisches Milieu,** d.h. Schaffung eines demenzgerechten Lebens- und Wohnumfeldes (☞ 5.1.2)
- **Vermeidung von Über- und Unterforderung** bei Erhalt einer größtmöglichen Selbstständigkeit (z. B. bei der Nahrungsaufnahme)

- Förderung von Erfolgserlebnissen, **Vermeidung von Misserfolgen**
- **Vermeidung von zu hohen Erwartungen** an den Demenzerkrankten (führt zur Überforderung und löst womöglich Abwehr aus)
- **Vermeidung von Unruhe und Reizüberflutung,** denn Hektik löst zusätzlich Angst und Unsicherheit aus und steigert die Unruhe von Demenzerkrankten. Vielmehr Reize gezielt einsetzen z.B. akustische Stimulation durch Musikeinsatz (☞ 6.5)
- **Behutsame Kontaktaufnahme,** evtl. mit Körperkontakt (Hand auf Schulter), Blickkontakt haben, kein abruptes Zu- oder Abwenden
- **Keine Kritik** oder Maßregelungen, d.h. dem Demenzerkrankten nicht noch zusätzlich seine Defizite vor Augen führen. Keine Kritik für abweichendes Verhalten, z.B. wenn ein Heimbewohner mit Hut am Frühstückstisch erscheint
- Nicht mit einem Demenzerkrankten streiten. Sich auf **keine Machtkämpfe** einlassen. Streit und Machtkämpfe bewirken, dass der Betroffene sich nicht akzeptiert fühlt. Das könnte Abwehr und Aggression auslösen. Mit einer chronisch verwirrten Person streiten heißt: Der verwirrten Person die eigene Realität aufdrängen wollen und sie nicht akzeptieren
- **Anregung körperlicher Betätigung,** z.B. Spaziergänge, spielerische Bewegungsübungen
- **Förderung des sinnlichen Erlebens,** z.B. durch
    - Tasten von Materialien
    - Snoezelen
    - Düfte
    - Blumen
    - Basale Stimulation®
- Pflege und Betreuung durch **Bezugspersonen.** Häufig wechselnde Betreuungspersonen verwirren zusätzlich und mindern die Vertrauensatmosphäre. Wichtigste Bezugspersonen sind die Angehörigen
- **Entlastung der pflegenden Angehörigen,** sie sind die wichtigste Sicherheitssäule für einen Menschen mit Demenz. Entlastung durch
    - Beratung
    - Betreuungsangebote (Tagespflege)
    - Angehörigenabende
    - Selbsthilfegruppen.
- **Validation®**

Validation®

Validation® ist eine verstehende, akzeptierende und respektierende Umgangsweise mit chronisch verwirrten Menschen. Diese spezielle Methode der Gesprächsführung wurde von der amerikanischen Sozialarbeiterin Naomi Feil entwickelt und von der Pädagogin und Psychogerontologin Nicole Richard zur „Integrativen Validation" ausgebaut (☞ Abb. 5.4).

> **Integrative Validation** *(IVA):* Validation heißt Wertschätzung und ist eine konkrete Umgangsweise mit verwirrten alten Menschen, die sich an deren Sicht- und Erlebenswelt orientiert. Über validierende Gespräche wird ein Zugang zum Demenzerkrankten gefunden, der bei dieser Art von Begegnung Verständnis, Geborgenheit und Vertrauen erfährt.

Grundsätze einer validierenden Haltung

Verwirrte Menschen
- nicht verändern wollen
- in ihrer Realität belassen
- mit ihren Gefühlen und ohne Vorbehalte akzeptieren und bestätigen
- mit einer authentischen Sprache und kurzen, direkten Sätze ansprechen
- mit kraftvollen und bekannten Redewendungen, Sprichwörtern und Metaphern begegnen, die ihnen vertraut sind.

In einem **validierenden Gespräch** wird der verwirrte Mensch in seinem Empfinden und Erleben durch eine fachlich qualifizierte Person begleitet

Abb. 5.4: Nicole Richard im Gespräch mit einer demenzerkrankten Frau. [K157]

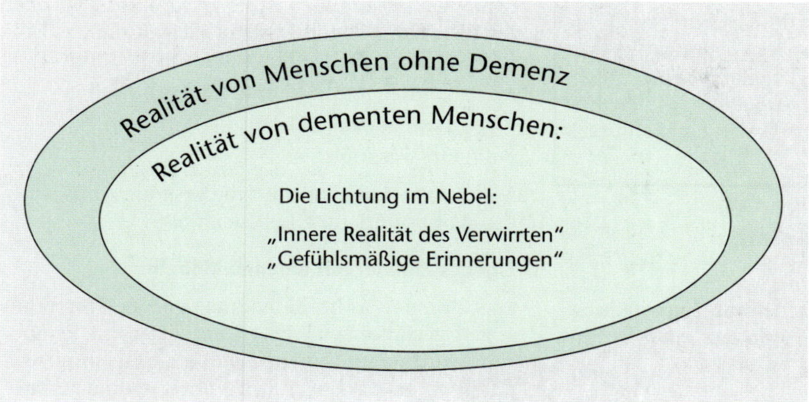

5.1 Betreuungsangebote für Menschen mit Demenz

Realität von Menschen ohne Demenz

Realität von dementen Menschen:

Die Lichtung im Nebel:

„Innere Realität des Verwirrten"
„Gefühlsmäßige Erinnerungen"

Abb. 5.5: Die innere Welt des chronisch verwirrten Menschen (nach Nicole Richard). [M283]

und in seiner gefühlsmäßigen Erinnerung bestätigt. Gelingt diese Begleitung, erfährt das der Betroffene als Annahme und Akzeptanz.

Nicole Richard bezeichnet die Welt des verwirrten Menschen im Vergleich zur Welt des nicht verwirrten Menschen als eine Insel, auf der sich der verwirrte Mensch in einer Nebelwelt befindet (☞ Abb. 5.5). Zu erreichen ist er über seine eigene innere Realität und über seine gefühlsmäßigen Erinnerungen. Es kommt darauf an, mit Empathie und biografischem Wissen die innere Welt des kranken Menschen zu berühren und zu verstehen.

In einem validierenden Gespräch stellt der Begleiter sich immer wieder auf neue und unterschiedliche Befindlichkeiten des Demenzerkrankten ein. Ein **Validationsgespräch** wird in drei Schritten geführt:

- **1. Schritt:** Das zugrundeliegende Gefühl bei einem verwirrten Menschen erkennen: Was will er durch die Worte, Handlungen, Verhaltensweisen ausdrücken?
- **2. Schritt:** Dieses Gefühl erkennen, anerkennen, wertschätzen, ernst nehmen und zulassen.
- **3. Schritt:** Das Gefühl bestätigen und „spiegeln". Durch Bestätigung und „Spiegelung" fühlt sich die verwirrte Person akzeptiert und wertgeschätzt.

> Die Gefühls- und Verhaltensäußerungen werden nicht korrigiert, abgeschwächt oder weggenommen. Auch die Konfrontation mit „unserer" Realität ist eine Nichtwertschätzung des demenzkranken Menschen.

Fallbeispiel

Die Altenpflegerin Steffi kommt in das Zimmer von Frau Müller. Diese putzt gerade mit dem Fellschuh kräftig das Waschbecken. Immer wieder hält sie inne und schaut sich das Waschbecken kritisch an, ob es auch richtig sauber ist.

- **1. Schritt**
  Was könnte das dahinterliegende Gefühl sein: Ordnungssinn, Tüchtigkeit, Gewissenhaftigkeit, Pflichtgefühl, Stolz und Ehre der Hausfrau.
- **2. Schritt**
  Das Gefühl von Frau Müller anerkennen und ernst nehmen: Eigene Wahrnehmung: „Aha, Frau Müller erfüllt in ihrer Welt gerade eine ganz wichtige Aufgabe."
- **3. Schritt**
  Gefühle von Frau Müller bestätigen: „Oh, Sie sind heute aber wieder tüchtig." Oder: „Ja, bei Ihnen ist alles ganz gewissenhaft sauber." Oder: „Richtig, hier muss auch mal wieder geputzt werden."

Mit einem Sprichwort oder einer altbekannten Redewendung kann das Gespräch zum Abschluss gebracht werden: „Es soll hier auch nicht aussehen wie bei Hempels unterm Sofa." Oder: „Ja, Ordnung ist das halbe Leben."

> [!] Validation® ist eine Methode zur Kommunikation und zur besseren Verständigung mit sehr verwirrten alten Menschen. Es ist aber kein eigenständiges Betreuungskonzept. Vielmehr ist es ein unverzichtbarer Bestandteil eines gesamten Betreuungskonzeptes.

> Für eine validierende Grundhaltung ist Wissen und Einbeziehen der Biografie des Demenzkranken notwendig, weil mit den gefühlsmäßigen Erinnerungen gearbeitet wird. Die Erinnerungen sind manchmal wie ein Schlüssel zum Schloss.

Milieutherapeutischer Ansatz

> **Milieu:** Gesamtheit der die Entwicklung des Menschen beeinflussenden natürlichen und gesellschaftlichen Umwelt.

Unter Milieutherapie in der Dementenbetreuung wird ein pflegerisch-therapeutisches Handeln verstanden, das die Organisation und Gestaltung des Lebensumfeldes auf die krankheitsbedingten Veränderungen der Demenzkranken abstimmt. Das krankheitsbedingte Erleben und Verhalten wird durch den milieutherapeutischen Ansatz gestützt. Neben einer demenzorientierten Kommunikations- und Umgangsform (Integrative Validation ☞ oben) und einem speziellen Betreuungskonzept spielt die dementengerechte Umgebung eine besondere Rolle.

> ✓ Ein dementengerechtes Milieu wird nicht unbedingt durch ein neues, perfekt durchorganisiertes Dementenprojekt erreicht. Es kommt darauf an, bestehende Einrichtungen mit ihren Strukturen dementengerecht zu gestalten und zu organisieren, auch wenn das in neu geplanten Einrichtungen leichter möglich ist.

Abb. 5.6: In diesem wohnlich mit eigenen Möbeln eingerichteten Bewohnerzimmer kann sich ein demenzkranker alter Mensch wohl und geborgen fühlen. [K157]

Milieugestaltung für Demenzerkrankte geht über die bauliche Ausstattung und Gestaltung des Umfeldes hinaus. Zur Milieugestaltung gehören
- die baulichen und räumlichen Faktoren
- das psychosoziale Milieu
- die Organisation.

Milieugestaltung erfordert die gesamte Anpassung des Wohn- und auch Lebensumfeldes.

Eigenes Zimmer mit eigenen Möbeln

Das Zimmer sollte individuell und bewohnerbezogen gestaltet sein. Das Einrichten mit Erinnerungsstücken und eigenen Möbeln ist wichtig, weil damit positive Assoziationen und Gefühle verbunden sind (☞ Abb. 5.6). Durch das Gewohnte fühlt sich der Demenzkranke „zu Hause". Das Anbringen biografieorientierter Gegenstände, z. B. Hundebild vom eigenen Hund an der Zimmertür, unterstützt die Orientierung. Die Zimmertür sollte sich farblich deutlich von der Wand abheben.

Zentrale Wohngruppe oder Gemeinschaftsraum

Tagesräume sollten zentral gelegen, einsehbar und offen sein, damit sie zur Kommunikation einladen (☞ Abb. 5.7). Es ist wichtig, dass der Tagesraum von den Zimmern der Demenzkranken eigenständig erreicht werden kann und der Weg dahin übersichtlich und einfach ist. Gemeinschaftsräume sollten anregend, aber nicht reizüberflutend wirken. Großgemusterte Teppiche, Tapeten und Gardinenmuster wirken eher verwirrend als anregend. Eine gemütliche Atmosphäre mit Tischgemeinschaften für 4–5 Personen hat sich als sehr positiv erwiesen. Die Wohngruppe oder der Gemeinschaftsraum sollte mit einer kleinen Kochecke oder Küche verbunden sein, so dass in der Wohngruppe Alltagsnormalität hergestellt werden kann. Bequeme, altersgerechte Sitzgelegenheiten und Rückzugsecken laden zur Kommunikation oder einfach zum „Dabeisein" in der Gemeinschaft ein. Als Einrichtungsmobiliar bieten sich biografieorientierte Möbelstücke an, die eine behagliche Wohnatmosphäre schaffen.

> ✓ Ideal sind zentrale Wohngruppen mit Küche, um die herum die Bewohnerzimmer angeordnet sind, so dass ein Rundweg zum sicheren Gehen und Bewegen möglich ist. Bei Rundwegen können die alten Menschen sich weniger verlaufen und kommen dann immer wieder bei der Wohngruppe an. Dies ist allerdings nur bei Neu- oder größeren Umbauten zu ermöglichen.

Abb. 5.7: Wer hier vorbeigeht, fühlt sich eingeladen, den Raum zu betreten, und sei es auch nur, um eine Weile in Gemeinschaft zu verbringen. [K157]

Kleine Tischgemeinschaften von 4–5 Personen

Kleine Tischgemeinschaften fördern die Kommunikation und die soziale Integration. In kleinen Gemeinschaften fühlt sich ein Demenzkranker eher geborgen und sicherer als in größeren Gruppen. Ein Gemeinschaftsraum kann so nach Bedarf in kleine Gruppen aufgeteilt werden. Es sollte auch immer die Möglichkeit bestehen, dass sich jemand von der Gemeinschaft zurückziehen kann, wenn er es mag. Einzelne Sitznischen bieten dazu die Möglichkeit.

Vertraute und persönliche Gegenstände

Durch vertraute, individuell bedeutsame und biografieorientierte Gegenstände können in der Umgebung Orientierungshilfen gegeben werden. Türen und Räume sind deswegen eher mit Gegenständen zu versehen, zu denen die verwirrten Menschen einen biografischen Bezug haben (☞ Abb. 5.8).

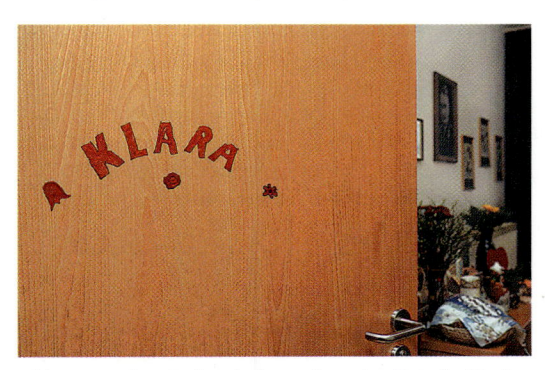

Abb. 5.8: Diese Türbeschriftung hat eine Enkelin für ihre demenzkranke Oma gebastelt und bietet deshalb einen individuellen biografischen Bezug. [K157]

> ☑ Hinweisschilder sind wenig sinnvoll, weil sie von alten Menschen mit fortgeschrittener Demenz kognitiv nicht umgesetzt werden können. Schilder mit Hinweisen können höchstens im Anfangsstadium einer Demenz erkannt werden.

Vertraute und „antike" Möbel

Durch vertrautes und individuell bedeutsames Mobiliar wird der institutionelle Charakter vermieden und eine vertraute Atmosphäre geschaffen. Eigene, von früher bekannte Möbel sind deswegen ein „Muss". Auch die Gemeinschaftsräume und Flure können durch alte und „antike" Möbel anheimelnd eingerichtet werden.

> ❗ Eine für Demenzerkrankte ausgestattete Wohngruppe braucht nicht gleich wie ein Museum auszusehen. Wohngruppen oder auch Flure können aber durch vertraute Möbel zu beliebten Aufenthaltsorten werden.

Funktionelle Möbel und Schränke, z.B. in der Wohnküche, können wegen komplizierter Türen und Öffnungsmechanismen für Demenzkranke schwer zugänglich und damit frustrierend sein. Manchmal sind offene Schränke oder Regale sinnvoll, damit der Demenzkranke ungehinderten Zugang dazu hat.

> ✋ Zur taktilen Stimulation sind in einer Wohngruppe verschiedene Gegenstände und Materialien in einem offenen Schrank verstaut: Stoffe, Kissen, Körbe, Wäsche, Handtücher, Schmusetiere liegen sichtbar im Schrank und können von den Demenzkranken selbstständig entnommen werden.

Helle, warme und freundliche Farben

In der Praxis mit Demenzerkrankten hat sich gezeigt, dass **warme Pastelltöne** oder auch Pastelltöne in Kombination mit gebrochenem Weiß als angenehm empfunden werden. Zu viele verschiedene Farben oder auch große und bunte Muster wirken hingegen eher verwirrend. Manche Muster sind halluzinationsfördernd und stören die Wahrnehmung, z.B. unruhig gemusterte Tischdecken.

Farbkontraste sollten gezielt eingesetzt werden. So kann z.B. die eigene Zimmertür besser wahrgenommen werden, wenn die angrenzende Wandfarbe einen deutlichen Kontrast bildet. Türen, die eher selten benutzt werden wie z. B. die Türen von Arbeits- und Funktionsräumen können eher den gleichen Farbton wie die Wand haben.

> [!] Spiegelnde Flächen und Fußböden wirken auf Demenzerkrankte irritierend und führen zusätzlich zu Wahrnehmungsstörungen. Hochglänzende Fußböden deswegen vermeiden. Auch Muster in Fußbodenbelägen sind ungeeignet, da sie oft als unüberwindbare Hindernisse gesehen werden und so die Sturzgefahr erhöhen.

Sitz- und Wohnecken

Sitz- und Wohnecken laden zum Hinsetzen ein und bieten die Möglichkeit, innezuhalten, sich zurückzuziehen oder Kontakte zu anderen zu pflegen. Lange Flure in älteren Einrichtungen sollten immer wieder durch Sitznischen unterbrochen sein, damit optisch keine langen Endlosflure entstehen, in denen sich Menschen mit Demenz verloren fühlen.

> Lange Flure mit einem blinden Ende führen bei einem Demenzerkrankten, der das Ende des Flures erreicht, häufig zur Überforderung mit Angst oder Unruhezuständen. Das Gefühl, in einer „Sackgasse" gelandet zu sein, kann vermieden werden, indem am Flurende eine einladende Sitzgelegenheit angeboten wird. Im Sitzen hat der alte Mensch dann wieder einen freien Blick in Richtung des Flures und kann wieder zurückgehen.

Helle und indirekte Beleuchtung

Die Lichtverhältnisse wirken sich sehr direkt auf Demenzerkrankte aus. In Demenzwohnbereichen hat sich eine indirekte, helle, schattenfreie und warme Beleuchtung von 500 Lux bewährt. Das Licht sollte sich abdunkeln lassen, so dass der Biorhythmus zum Abend langsam auf Nacht umgestellt werden kann. Eine klare Unterscheidung der Lichtverhältnisse von Tag und Nacht beeinflussen den Tag-Nacht-Rhythmus positiv.

> [!] Dämmerlicht mit Schattenbildungen begünstigt das Entstehen von optischen Halluzinationen und Ängsten.

Raumtemperatur

Die Raumtemperatur sollte nicht zu warm sein, weil die Demenzkranken dann schnell ermüden. Eine Temperatur von 21–23 °C ist angemessen.

Ruhige Umgebung

Eine für den Demenzerkrankten undefinierbare Geräuschkulisse und laute Geräusche wie lautes Rufen überfordern Demenzerkrankte und lösen Beunruhigung und Angst aus. Deshalb sollten Wohnbereiche für Demenzerkrankte eine ruhige Atmosphäre ausstrahlen. In großen Wohnbereichen mit langen Fluren ist das nur schwer möglich, da zu viele Geräusche entstehen, die der Demenzkranke nicht zuordnen kann.

> Das ständige „Berieseln" mit Musik und Geräuschen durch Radio oder Fernsehen ist für demenzkranke Menschen verwirrend und führt zur Überforderung, da die Reize kognitiv nicht verarbeitet werden können. Dagegen fördern gezielt ausgewählte und an der Biografie orientierte Hörreize, wie z. B. Musik, das Wohlbefinden und lassen ein Geborgenheitsgefühl entstehen.

Anregendes Umfeld

Die unmittelbare Umgebung sollte Reize bieten, die aber nicht zusätzlich verwirrend und überfordernd auf den Kranken wirken dürfen. Geeignet sind z. B. Gegenstände wie Tücher, Zeitschriften, Taschen, Kissen, Puppen oder Kleidungsstücke zum Herumtragen. Verstaut in gut zugänglichen und offenen Körben, Kisten und Schränken können sich die alten Menschen jederzeit bedienen, wenn sie ein Bedürfnis danach haben.

> [✓] Das offene Herumliegen jederzeit greifbarer Gegenstände ist für Demenzkranke wichtig, kann aber den Ordnungssinn der Mitarbeiter stören. Mitarbeiter sollten in der Lage sein, ihre eigenen Ordnungswerte zu reflektieren und dem Milieu der Demenzerkrankten anzupassen.

Garten

Ideal für eine Wohneinrichtung für Menschen mit Demenz ist ein Garten (☞ Abb. 5.9), weil er Bewegung, Sinneswahrnehmung, Orientierung durch Wahrnehmung der Jahreszeiten oder Beschäfti-

Abb. 5.9: Ein Garten ist für viele Demenzkranke und ihre Angehörigen eine Wohltat. [K157]

gung durch Gärtnern ermöglicht. Ein Garten kann sowohl Treffpunkt und Ort der Kommunikation als auch eine stille Oase für Ruhe und Entspannung sein.

Ein Garten für Demenzkranke braucht
- feste, geh- und trittsichere Wege, um eine Sturzgefahr zu vermeiden
- Endloswege in 8-Form, damit der Bewegungslauf des Demenzkranken nicht gehemmt wird und keine Unsicherheiten bei Erreichen einer „Sackgasse" entstehen
- eine jahreszeitliche Bepflanzung, um zeitliche Orientierung zu vermitteln
- geschützte Sitzgelegenheiten (seniorengerechte Bänke) und kuschelige Plätze zum Verweilen, z. B. eine geschützte Laube.

> [!] Abschüssige Flächen (Sturzgefahr) und giftige Pflanzen wie Fingerhut, Goldregen, oder Tollkirsche sind in einem Garten für Demenzkranke fehl am Platz.

Tagesstrukturierung

Menschen mit Demenz werden durch einen geregelten und gewohnten Tagesablauf ruhiger und zeigen weniger auffällige Verhaltensweisen, denn sie erfahren durch die Tagesstruktur Sicherheit und Orientierung.

Eine Tagesstruktur ist aber kein dogmatisch festgelegtes Tagesprogramm mit Therapien. Sie ist eher als Angebot oder Rahmen zu verstehen, der um die individuellen Bedürfnisse der Menschen mit Demenz geplant wird und dem Grundsatz einer normalen Alltagsgestaltung folgt.

Angebote für eine Tagesstrukturierung können sein:
- Mahlzeitenvorbereitungen
- Gemeinsame Mahlzeiten
- Hauswirtschaftliche Tätigkeiten
- Erinnerungspflege (☞ 6.3)
- Musik und Singen (☞ 6.5)
- Unterhaltungsangebote mit Spielen
- Gedichte, Märchen, Zeitung lesen
- Wahrnehmungsförderungen (☞ 5.1.3).

> Wiederkehrende **Rituale** vermitteln Sicherheit und Orientierung und sollten deswegen in den Tagesablauf eingebaut werden, z. B. das morgendliche Singen oder das morgendliche Begrüßen durch Händereichen.

Alltagsnormalisierung

Peter Dürrmann hat mit seinem Betreuungskonzept für Demenzerkrankte den Begriff des **Normalisierungsprinzips** geprägt. Das Normalisierungsprinzip ist eine Leitvorstellung für das soziale, pädagogische und pflegerische Handeln mit demenzerkrankten Menschen, nach der das Leben für den Demenzerkrankten so normal wie möglich sein soll.

Das **Normalisierungsprinzip** beinhaltet:
- **Alltagsorientierung:** Orientierung an einem normalen Tagesrhythmus, einer normalen Alltagsgestaltung und an einer biografieorientierten Alltagsbewältigung.
- **Partizipation:** Größtmögliche Einbeziehung des Demenzkranken bei der Lebensgestaltung. Hinweise zur Selbstbestimmung können Gefühle, Antriebe, Äußerungen, Rhythmen und Rituale geben. Hierzu gehören auch die Respektierung der individuellen Bedürfnisse und eine angemessene, auf den Demenzkranken abgestimmte Kommunikationsform.
- **Dezentralisierung:** Dezentralisierung bedeutet eine Aufteilung in kleine und übersichtliche Bereiche, die in Eigenverantwortung arbeiten. Kleine Gruppen, z. B. bei den Mahlzeiten, eine eigenverantwortliche Bezugspflege und eine übersichtliche Milieugestaltung unterstützen eine dementengerechte Lebenswelt.
- **Entwicklungsorientierung:** Förderung und Erhalt von vorhandenen Ressourcen und eine immer wieder an den Bedürfnissen des Demenzkranken angepasste Betreuung. Dies erfordert

flexible Betreuungskonzepte und die Bereitschaft der Betreuenden, sich auf die Wirklichkeit der Demenzkranken einzulassen, eigene Vorstellungen nicht auf den Demenzkranken übertragen zu wollen und die Welt des Dementen wirklich zu achten.

> ☑ Das Konzept von Peter Dürrmann mit Finanzierungshinweisen findet sich in seinem Buch:
>
> Besondere stationäre Dementenbetreuung, Vincentz Verlag, Hannover 2001
>
> Das Buch basiert auf den Erkenntnissen und positiven Erfahrungen, die bei einem Hamburger Modellprojekt gesammelt werden.

5.1.3 Aktivitäten und Beschäftigungen mit Demenzerkrankten

Die Möglichkeiten der Aktivitätsangebote für Demenzerkrankte sind abhängig von den Einschränkungen der Gedächtnis- bzw. Gehirnleistung (☞ 4.1.2). Bei den Angeboten geht es nicht darum, kognitive Gehirn- oder Gedächtnisfunktionen zu trainieren und auszubauen, sondern den Demenzkranken an ihren Ressourcen ausgerichtete Angebote zu machen, die von ihnen mit Interesse und Freude aufgenommen werden. Mit leichten, spielerischen oder am Langzeitgedächtnis orientierten Fähigkeiten können Impulse gegeben werden, die den demenzkranken Menschen „erreichen". Wichtig ist, die vorhandenen oder auch verschütteten **Ressourcen des Langzeitgedächtnisses** herauszufinden, um gezielt entsprechende Fähigkeiten beleben und aktivieren zu können. Über die Erinnerungen des Langzeitgedächtnisses kann ein Zugang zum Demenzkranken gefunden werden.

> ☑ Gedächtnis- oder Gehirntraining ist bei Demenzkranken fehl am Platz. Menschen mit Demenz sind aufgrund ihrer kognitiven Einschränkungen vom üblichen Gehirntraining überfordert und würden ihre „Defizite" zu sehr vor Augen geführt bekommen. Es werden nur Aktivitäten angeboten, die das Selbstwertgefühl stärken, den Kranken nicht überfordern oder ihn in eine für ihn schwierige Situation bringen.

Der Demenzkranke benötigt angemessene **Stimulation durch Reize** aus der Umgebung oder durch Aktivitätsangebote. Dabei ist zu beobachten, ob der Demenzkranke

- durch Reize unterfordert ist und sein Bedürfnis nach Reizen ausdrückt (so ist z. B. das Nesteln an der Kleidung Ausdruck für das Bedürfnis nach taktiler Stimulation) oder
- durch Reize überfordert ist, was sich in unruhiger Ängstlichkeit oder Aggressivität ausdrückt.

Es gilt, den Mittelweg zwischen Reizunter- und Reizüberforderung zu finden.

Musik und Singen

Rhythmus ist ein menschliches Urelement. Alles, was mit Rhythmus verbunden wird, lässt sich gut merken, weil es im Langzeitgedächtnis gespeichert wird. Musik ist der „Königsweg zum demenzkranken Menschen".

Musik und Singen lösen bei den meisten alten Menschen positive Erinnerungen und Gefühle aus. Singen und Musizieren können deshalb vielfältig bei Menschen mit Demenz eingesetzt werden:

- Singen von bekannten Volksliedern, Schlagern oder Kirchenliedern
- Hören von oder auch Bewegungen nach Marschmusik, z. B. Klatschen oder Fußstampfen
- Einsatz von Rhythmusinstrumenten
- Schunkeln nach bekannter Musik (Schneewalzer, Polka)
- Tanzen nach bekannter Musik (Walzer, einfache Schritte hin und her)
- Einsatz musiktherapeutischer Elemente.

Mehr Anregungen und Anleitungen ☞ 6.5.

> **Fallbeispiel**
>
> Die schwer demente Frau Kern kann sich nur noch minimal bewegen. Ertönt jedoch ihre Lieblingsmusik, der Radetzkymarsch, wippt sie sogar mit dem Oberkörper und den Füßen im Takt der Musik.

Erinnerungspflege

Durch **Erinnerungspflege** werden die Orientierung und die Kommunikation demenzkranker Menschen gefördert, indem Erinnerungen geweckt und vorhandene Gedächtnisinhalte aus dem Langzeitgedächtnis angesprochen werden (☞ 6.3). Erinnerungen knüpfen an den Lebenserfahrungen des Menschen an, die als Kompetenzen gewürdigt werden. Durch biografisch orientierte Beschäftigungen werden dem Demenzkranken emotionale Wärme und Wertschätzung vermittelt.

Alte Fotos und Erinnerungsstücke

Durch gemeinsames Betrachten von alten **Fotos** und **Erinnerungsstücken** kann an frühere Erinnerungen und Erfahrungen angeknüpft werden. Themen wie
- Kindheit
- Schulzeit (☞ Abb. 5.10)
- Leben auf dem Land (☞ Abb. 5.11)
- Berufsarbeit
- Haushalt

lösen häufig rege Gespräche aus (☞ 6.3).

Zu einzelnen Themenbereiche können auch kleine Alltagsmuseen gestaltet werden. Ein **Alltagsmuseum** ist eine Sammlung alltäglicher Gegenstände zu einem Thema. Für das Thema Schule können z.B. schultypische Utensilien aus alten Zeiten zusammengetragen werden wie
- Schulranzen
- Schultafel und -schwamm
- Griffeldose
- Schulhefte und -bücher
- Tintenfass mit Tintenfeder
- Gedichtband
- Poesiealbum
- alte Schulfotos.

> ☑ Bei sehr fortgeschrittener Demenz können Bilder oder Gegenstände nicht mehr erkannt werden. Daher müssen andere Methoden der Aktivierung ausgewählt werden, die die Demenzkranken ansprechen.

Sprichwörter und Redewendungen

Früher haben viele **Sprichwörter und Redewendungen** den Alltag der Menschen begleitet. Deshalb lassen sie sich gut in der Erinnerungspflege sowohl mit gesunden als auch mit demenzkranken Menschen einsetzen:
- Vielen Demenzerkrankten sind Sprichwörter und Redewendungen noch im Langzeitgedächtnis erhalten geblieben, so dass sie wieder ins Bewusstsein geholt werden können (☞ 10.5.6).
- Nicht dementen alten Menschen macht z.B. Sprichwortraten großen Spaß, sie erfahren dabei Bestätigung und Anerkennung.

Abb. 5.10: Das Anschauen von alten Bildern weckt Erinnerungen an die Schulzeit von früher. [M283]

Abb. 5.11: Erinnerungsfoto von früher: Leben und Arbeiten auf dem Lande. [M283]

Sprichwortraten

Der Anfang eines Sprichwortes wird vom Geragogen vorgelesen und soll von den alten Menschen ergänzt werden, z.B.:
- Viele Köche verderben …
- Wer einmal lügt, …
- Eine Schwalbe macht …

> Es ist sinnvoll, eine Sprichwortkartei anzulegen. Inzwischen gibt es auch sehr gute Sprichwortsammlungen für die Altenarbeit zu kaufen.

Rhythmisches Sprechen

Sprichwörter und Redewendungen lassen sich gut rhythmusbetont sprechen. Man kann den Sprachrhythmus auch durch in die Hände klatschen unterstützen, z.B. bei:
- Hunger ist der beste Koch
- Liebe geht durch den Magen
- Morgenstund hat Gold im Mund

> Auch alte Kinderreime sind lange im Gedächtnis gespeichert und können rhythmisch gesprochen werden.

Bilder

Bilder bieten umfangreiche Kommunikationsmöglichkeiten und können themenbezogen eingesetzt werden. Im Handel gibt es themensortierte Bildkarteien (Color-Bibliotheken). Es können aber auch eigene Bildersammlung erstellt werden, z.B. mit Postkarten oder Kalenderkarten. Beliebt sind Tierbilder, Blumen, Bäume, Gegenstände, Obst und Gemüse, Berufe.

> ☑ Mit Hilfe von Bildern kann herausgefunden werden, welche Motive und Farben einen dementen Menschen ansprechen. Es kommt dabei nicht darauf an, dass der demenzkranke Mensch das Bild **richtig** erkennt, sondern, dass Neugierde und Interesse geweckt wird.

Allerdings nimmt die Fähigkeit, Bilder zu erkennen und visuell umzusetzen, im Verlauf einer Demenzerkrankung schon relativ frühzeitig ab, so dass Menschen mit fortgeschrittener Demenz sich häufig mit den zweidimensionalen Bildern überfordert fühlen. Zur Aktivierung bieten sich dann eher dreidimensionale Gegenstände zum Anfassen und Ertasten wie Stoff- und Kuscheltiere an.

Assoziationen

Beim **Assoziieren** wird eine Verknüpfung von Begriffen oder Gegenständen hergestellt, indem ein Begriff den nächsten nach sich zieht. Assoziieren ist eine ganz leichte Form von Gedächtnistraining, die auch für Menschen mit leichter Demenz gut geeignet ist. Der Gruppenleiter wirft einen Begriff in den Raum, und die Gruppenteilnehmer fügen Wörter hinzu, die ihnen dazu spontan einfallen, z.B. zum Begriff Frühling: Sonne, Wärme, Blumen, Ostern.

> Wenn bei fortschreitender Demenz die Assoziationsleistung des Gehirnes nachlässt, können Erinnerungen durch taktile und visuelle Stimulation geweckt werden, z.B. Betrachten und Anfassen von Blumen, Kräutern, Naturmaterialien, Gegenständen.

Symbolkorb

In einem offenen Korb werden Erinnerungsstücke gesammelt, die Symbol- und Erinnerungswert für den Demenzkranken haben (☞ Abb. 5.12), z.B.
- Naturmaterialien
- kleine Puppe
- Blume
- Samentüte
- Haushaltsgegenstände.

Über die visuelle und taktische Stimulation werden Erinnerungen geweckt. Der Reiz des Symbols wirkt oft wie ein „Schneeball beim Schneeballsystem," und es fallen den Teilnehmern viele Ge-

Abb. 5.12: Symbolkorb mit Erinnerungsstücken. [M283]

schichten oder Assoziationen aus dem eigenen Leben ein.

> **Fallbeispiel**
>
> Beim Anschauen des Symbolkorbes hat der leicht demenzkranke Herr Holgerson gleich nach der kleinen Holzgans gegriffen. Die Gans weckte in ihm Kindheitserinnerungen und war der Anlass, von seinem früheren Leben auf einem Landgut zu erzählen. Als Kind hatte er manchmal mit seiner Schwester den ganzen Tag lang die Gänse gehütet. Auch den anderen Teilnehmern fallen ähnliche Erinnerungsgeschichten zum Leben auf dem Land ein.

10-Minuten-Aktivierung

Die **10-Minuten-Aktivierung** (☞ auch 10.5.12). ist ebenfalls eine Form von Erinnerungspflege, mit der Verknüpfungen zum Langzeitgedächtnis hergestellt werden. Es ist eine gute Methode der Wahrnehmungsförderung für Demenzkranke und berücksichtigt ihre unterschiedlichen Fähigkeiten.

Spiele

Spiele (☞ auch Kap. 9) mit Regeln erfordern Konzentration, Aufmerksamkeit und kognitive Fähigkeiten. Solche Spiele, z.B. Gesellschaftsspiele, sind nur begrenzt und speziell auf die Fähigkeiten des Demenzkranken zugeschnitten einsetzbar.

> Bei dementen Menschen müssen ihre Fähigkeiten berücksichtigt werden, damit geeignete Spiele ausgewählt werden können. Außerdem gilt es herauszufinden, welche Spiele von früher bekannt und so im Langzeitgedächtnis gespeichert sind.

Spielerische Bewegungen und spielerische Übungen sind aber sehr beliebt, wenn sie nicht überfordern und kein neues Erlernen von Regeln oder Zusammenhängen erfordern. Zu den bei alten Menschen besonders beliebten Spielen gehören:

- **Mensch ärgere Dich nicht:** Viele alte Menschen kennen dieses Spiel von früher. Bei beginnender Demenz kann „Mensch ärgere Dich nicht" häufig noch gut in einer Gruppe gespielt werden. Bei fortschreitender Demenz lassen sich die Regeln auch reduzieren. Wichtig ist, dass der Demenzerkrankte Freude am geselligen Spiel hat und während des Spiels nicht mit seinen Defiziten konfrontiert ist. Wegen eingeschränkter Feinmotorik sollten nur Großbrettspiele, z.B. auf Magnetspielfeldern, benutzt werden (☞ 9.2.2).
- **Vertellekes:** Eine Frage- und Antwortspiel, bei dem es um das gemeinsame Erzählen geht (☞ 9.2.4).
- **Sonnenuhr:** Ebenfalls ein Erzähl- und Kommunikationsspiel, das durch Fragen und Antworten die Erinnerungsfähigkeit stimuliert (☞ 9.2.4).
- **Dominospiel:** Dominospiele gibt es als Farb-, Zahlen- oder Formendomino. Domino kann gemeinsam gespielt werden. Jeder kann sich bei allen Karten beteiligen oder es werden einfach Karten angeschaut und sortiert.
- **Memory:** Memorykärtchen mit Vögeln, Tieren oder Blumen werden angeschaut, gleiche Karten können einander zugeordnet werden. Das klassische Memoryspiel mit Aufdecken ist eine Kurzgedächtnisleistung und überfordert Demenzkranke.
- **Bewegungsspiele:** Leichte Bewegungsspiele ohne schwierige Regeln oder Zusammenhänge regen an und motivieren zur Bewegung (☞ 9.2.3). Spiele auf die Fähigkeiten der Gruppe abstimmen:
  - Ballzuwerfen mit einem therapeutischen Ball (Overball, Softball)
  - Ballzurollen auf dem Tisch (☞ Abb. 5.13)
  - Zuspielen mit Luftballons (Luftballons lassen sich allerdings schwierig treffen und fangen)
  - Pusten mit bunten Federn
  - Bewegungsspiele mit bunten Tüchern nach Musik
  - Herumreichen von verschiedenen Gegenständen im Kreis
  - Leichte Bewegungsübungen mit Gymnastikhandgeräten (☞ 8.5)
  - Übungen mit dem Igelball.

> Bei Spielen wie „Mensch ärgere Dich nicht" kann es leicht zu Streit zwischen den Mitspielern kommen, weil die Regeln demenzkranke Teilnehmer überfordern. Deswegen muss im Vorfeld beurteilt werden, wer mit welchen Regeln mitspielen kann. Es kann auch sinnvoll sein, einen Teilnehmer z.B. nur würfeln zu lassen.

Abb. 5.13: Einen Ball hin und her zu rollen erfordert kein kompliziertes Regelwerk, sondern regt zu leichten Bewegungen an und macht Spaß. [K157]

Bewegungsaktivitäten

Bewegung ist für das physische und psychische Wohlbefinden unabdingbar (☞ 8.1). Menschen mit Demenz leiden aufgrund ihrer Erkrankung an **Bewegungseinschränkungen** bis hin zur Bewegungsunfähigkeit. Störungen des Antriebes führen zu Apathie, Passivität und Verlangsamung der Motorik. Spontane (automatische) Bewegungen werden durch zentrale Gehirnabbauprozesse gestört, so dass selbstverständliche Bewegungsmuster gehemmt werden oder nicht mehr möglich sind.

Es gibt aber ebenso Demenzkranke, die unter Unruhe und einem starken Bewegungsdrang leiden, der sich in ständigem Umherlaufen ausdrückt.

Therapeutische und pflegerische Bewegungsaktivitäten geben sinnvolle Bewegungsreize und können einer Bewegungsunfähigkeit entgegenwirken.

Bewegungsaktivitäten für Demenzkranke können z. B. sein:
- Regelmäßige Spaziergänge
- Umherwandern bei Bewegungsdrang, wenn ein dementengerechtes Milieu vorhanden ist wie z. B. Rundwege, Endloswege mit Sitzecken zum Ausruhen oder ein dementengerechter Garten
- Regelmäßige spielerische Bewegungsübungen (☞ 5.1.3, 9.2.3)
- Tanzen, z. B. Gesellschaftstanz, Seniorentanz, Sitztanz, Schunkeln
- Bewegung nach Musik, z. B. Klatschen, Fußstampfen, verstärkt durch Einsatz von Rhythmusinstrumenten
- Führen von Bewegungen bei Alltagsaktivitäten, wenn demenzkranke Menschen nicht mehr in der Lage sind, sie allein auszuführen, z. B. beim Essen.

> **Führen von Bewegungen:** Die Hände der Betreuungsperson liegen auf den Händen des Demenzerkrankten und führen diese bei Ausführung einer Bewegung, z. B. beim Fassen des Balles zum Werfen. Dabei wird die Bewegung von dem Demenzkranken ausgeführt, die Betreuungsperson unterstützt nur.

Sturzgefahr bei Demenzerkrankten

Unruhige Demenzkranke mit Umherwanderungs- und Weglauftendenzen bei gleichzeitigen kognitiven Defiziten sind besonders sturzgefährdet, weil sie
- Gefahrenquellen nicht richtig oder gar nicht als solche einschätzen
- häufig viel umherwandern
- einen gestörten Tag-Nacht-Rhythmus haben.

Es ist eine Gratwanderung, einerseits dem Bewegungsdrang eines Demenzkranken nachzugeben, ihn aber andererseits nicht einem erhöhten Sturzrisiko mit der Gefahr der Immobilität auszusetzen. Im Sinne des alten Menschen ist es geboten, größtmögliche Bewegungsfreiheit und Lebensqualität zu erhalten. Es ist nicht sinnvoll, Einschränkungen durch Schutz- und Sicherheitsmaßnahmen so auszudehnen, dass ein mobiles Leben nicht möglich ist. Die **Fixierung** ist Mittel der letzten Wahl und kommt nur in Betracht, wenn alle anderen Schutzmaßnahmen gescheitert sind. Fixierungen sollten mit großer Zurückhaltung eingesetzt werden, weil sie oft einen gegenteiligen Effekt haben und dann das Sturzrisiko erhöhen.

> ☑ Fixierungen, die nicht in akuter Gefährdungssituation eingesetzt werden und länger als 24 Stunden nötig sind, müssen durch **richterlichen Beschluss** genehmigt werden.

> Bei allen Demenzkranken sollte die Sturzgefährdung eingeschätzt und bei Bedarf **Maßnahmen zur Sturzprophylaxe** eingeleitet werden:
> - Für eine sichere Umgebung sorgen: keine Stolperfallen, kein blendendes Licht, keine im Weg stehenden Möbelstücke, keine defekten Hilfsmittel wie Gehwagen, Rollstuhl, Haltegriffe Medikamentenüberprüfung, z. B. Psychopharmaka
> - Hüftprotektor: beugt Oberschenkelhalsbrüchen vor
> - Auf Demenzerkrankte zugeschnittenes Muskel- und Gleichgewichtstraining.

Familien- und hausarbeitsorientierten Beschäftigungen

Familien- und hausarbeitsorientierte Beschäftigungsangebote, die sich an der Alltagsnormalität orientieren, sind für viele demenzkranke Menschen sinngebende Aufgaben, die sie fördern und zufrieden stellen (☞ Kap. 12). Als Tätigkeiten kommen z. B. in Frage:
- Gemeinsames Vorbereiten von Mahlzeiten, z. B. Obstsalat zubereiten, Kartoffeln schälen
- Kaffee in einer alten Kaffeemühle mahlen (☞ Abb. 5.14)
- Tisch decken
- Geschirr abwaschen und abtrocknen
- Aufräumen
- Wäsche zusammenlegen
- Wäsche bügeln
- Gärtnern und Pflanzen pflegen (Sinnesgarten ☞ Kap. 12)

> Es gilt, die früher gelebte Rolle des alten Menschen, z. B. als Hausfrau, Handwerker oder Hobbygärtner, aufzunehmen und diese durch Tätigsein zu bestätigen. Mit der Bestätigung der Rolle wird die Ich-Identität gestärkt.

Gestalterische und handwerkliche Tätigkeiten

Mit leichten **gestalterischen und handwerklichen Tätigkeiten** können sowohl der taktile Sinn angesprochen als auch das Selbstwertgefühl („Ich kann noch etwas") gestärkt werden. Für Demenzkranke eignen sich insbesondere biografieorientierte Tätigkeiten mit wiederkehrenden Bewegungsabläufen.

Demenzkranke fühlen sich mit schwierigen gestalterischen Angeboten, die sie mit ihren Defiziten konfrontieren, schnell überfordert.

Geeignete Tätigkeiten können z. B. sein:
- Ausmalen von einfachen Motiven
- Flechtarbeiten mit Peddigrohr
- Arbeiten mit Therapieknete
- Ausschneiden von einfachen Formen
- Klebearbeiten

Weitere gestalterische und handwerkliche Tätigkeiten ☞ Kap. 11.

> ❗ Betreuungspersonen fällt es oft leichter, hausarbeitsnahe Beschäftigungen für demenzkranke Frauen zu finden. Die Männer kommen bei den Angeboten häufig zu kurz, können aber – je nach Biografie – leichte Handwerkertätigkeiten, Aufräumarbeiten wie Kehren und Ordnungsarbeiten übernehmen.

Abb. 5.14: Kaffee mahlen ist für demenzkranke Menschen eine gute Beschäftigungsmöglichkeit. Es erinnert an alte Zeiten, regt den Geruchssinn an und erfordert keine komplizierten Bewegungsabläufe. [K157]

Wahrnehmungsförderung

Wahrnehmung und **sinnliches Erleben** sind bei demenzkranken Menschen häufig gestört oder stark eingeschränkt. Es ist eine wichtige Aufgabe geragogischer Angebote, die Sinneswahrnehmung durch gezielte Stimulation zu fördern. Um die Betroffenen nicht mit Sinneseindrücken und Reizen zu überfordern, sollten entsprechende Angebote in einem ruhigen Umfeld und in entspannter Atmosphäre durchgeführt werden.

> ☑ Eine vertrauensvolle Beziehung zwischen Betreuungsperson und demenzkrankem Menschen ist Voraussetzung, um Wahrnehmung und sinnliches Erleben zu stimulieren. Die Reaktionen des Demenzkranken auf die Wahrnehmungsreize müssen gut beobachtet werden, damit die Stimulation sofort beendet werden kann, wenn sie einen gegenteiligen oder nicht erwünschten Effekt hat.

Stimulation verschiedener Wahrnehmungsbereiche bei der Basalen Stimulation®		
Bereich	**Definition**	**Möglichkeit der Stimulation**
Vibratorischer Bereich	Wahrnehmung von Schwingungen, körperliches Spüren von akustischen Signalen über somatische, vestibuläre Kanäle	Vibration erzeugt wache Aufmerksamkeit. Einsatz von Vibrationsgeräten wie z.B. Massagegerät, menschliche Stimme oder Lautsprecher
Vestibulärer Bereich	Wahrnehmung der Schwerkraft, des Gleichgewichts, der Raumlage und Beschleunigungskraft	Erhaltung bzw. Wiedererlangen des Körpergefühls durch Wipp-, Dreh-, Schaukel-, Auf- und Abwärtsbewegungen
Somatischer Bereich	Wahrnehmung von Haut als größtes Sinnesorgan, Muskel, Berührung	Hauptbestandteil der basalstimulierenden Pflege durch Ganzkörperwäsche, atemstimulierende Einreibung, Massage
Geruch und Geschmack	Wahrnehmung von Geruch und Geschmack (sind wesentliche Erinnerungsauslöser)	Angebot individuell bevorzugter Nahrung und Duftrichtung (Mundbeschaffenheit und Schluckstörung berücksichtigen)
Auditiver Bereich	Akustische Wahrnehmung	Hörangebote (Geräusch, Stimme, Musik), die der alte Mensch zuordnen kann, Vermittlung eindeutiger Information, Ansprache mit körperstammnaher Berührung kombinieren
Taktil-haptischer Bereich	Wahrnehmen durch Tastsinn, „Begreifen der Welt" v.a. durch Hände, Mund und Fußinnenflächen	Materialien, die beispielsweise bei Pflegehandlungen verwendet werden, vorab (be-)greifen lassen, Angebot eines „Tastbretts"
Visueller Bereich	Wahrnehmung der Umwelt und der eigenen Persönlichkeit	Klare Umrisse und eindeutige Gestaltung der Umgebung zur Reaktivierung des Sehvermögens, Wahrnehmung hell, dunkel, Tag, Nacht fördern, Seherfahrung aus unterschiedlichen Positionen ermöglichen
Autostimulation	Immer monoton, häufig selbstschädigend. Somatisch, z.B. Nesteln an Bettdecke oder Kleidung, Reiben, Kratzen Vibratorisch, z.B. Brummen, Zähne knirschen Vestibulär, z.B. Schaukelbewegung mit dem Oberkörper	Autostimulation signalisiert, dass der alte Mensch etwas zur Stimulation seiner Körperwahrnehmung braucht, deshalb sinnvolle Stimulation anbieten, z.B. zum Fühlen, Tasten und Spüren

Tab. 5.15: Stimulation verschiedener Wahrnehmungsbereiche bei der Basalen Stimulation®.

Förderung der Körperwahrnehmung

Der kinästhetische Sinn dient der Körperwahrnehmung und ist entwicklungsgeschichtlich der älteste Sinn des Menschen. Er bleibt auch bei fortgeschrittener Demenz lange erhalten. Selbst wenn die Körperwahrnehmung sehr eingeschränkt ist, kann sie bei entsprechender Stimulation wieder geweckt oder belebt werden. Dazu können einfache alltägliche Berührungen und therapeutische Methoden eingesetzt werden:

- Blickkontakt
- Körperberührung durch Hautkontakt, Berührung durch die Hände, Hand reiben, Massagen, alle Berührungen, die als wohltuend empfunden werden
- Spüren des Atems, z. B. Pusten von Federn, Luftballons
- Bewegungen, z. B. nach Musik (Schunkeln, Strecken, Recken, Ball spielen)
- In den Arm nehmen, wenn es der Demenzkranke mag
- Basale Stimulation® als therapeutische Methode, die von Fachkräften ausgeführt wird (☞ Tab. 5.15).

> **Basale Stimulation®:** Durch den Sonderpädagogen Andreas Fröhlich entwickelte Methode zur Körperwahrnehmungsförderung bei geistig behinderten Menschen, bei der durch elementare Wahrnehmungsangebote Kontaktmöglichkeiten zur Umwelt erschlossen werden.

Förderung der taktilen Wahrnehmung

> **Taktil-haptischer Sinn:** Wahrnehmung über Berührungs- und Tastreize.

Die taktile Wahrnehmung kann durch Befühlen und Tasten stimuliert werden. Hierzu ist die Fantasie der Betreuungspersonen gefragt. Es gibt zwar inzwischen zahlreiche Stimulationsgegenstände im Fachhandel, aber viele alltägliche und natürliche Materialien sind als Tast- und Fühlgegenstände ebenso gut geeignet. Es kommt nur darauf an, auf eine breite Auswahl verschiedener Reize zu achten, z. B. weich, hart, fest, kratzig, noppig usw.

Beispiele

- Tasten von Naturmaterialien, z. B. Blätter, Tannenzapfen, Kastanien, Moos, Blumen, im Winter auch Schnee
- Fühlen von verschiedenen Stoffen, z. B. Seide, Leder, Baumwolle, echte Schafwolle
- Fühl- und Tastbälle, z. B. Noppenbälle, Igelbälle, Schaumstoffbälle, Koosh-Bälle, Bürstenbälle
- Befühlen von Stoffsäckchen, die mit Sand, Erbsen oder Linsen gefüllt sind
- Tasten von schönen Steinen
- Fühlen von Naturschwämmen und Sisal
- Fühlen von Wolle und Wollknäueln
- Mit unterschiedlichen Materialien gefüllte Fühlboxen oder Fühlbeutel oder farblich ansprechende Beutel und Kisten
- Stoff- und Kuscheltiere
- Tasttafeln oder Fühlbretter, die mit Kontrastmaterialien wie hart und weich, rund und spitz, beweglich und fixiert, ausgestattet sind und die es im Handel gibt oder selbst hergestellt werden können (☞ Abb. 5.16).
- Bei Menschen in den Anfangsstadien einer Demenz können auch Tastkimspiele eingesetzt werden (☞ 9.3).

> ✓ Häufig bleibt für eine Kontaktaufnahme zu schwerstdementen Menschen nur noch die Stimulation der taktilen Wahrnehmung, um sie aus ihrer „regungslosen" Haltung herauszuholen.

Abb. 5.16: Tasttafeln mit verschiedenen Materialien. [V381]

Abb. 5.17: Demenzerkrankte Frau mit Schmusetier, das die Bedürfnisse nach Kontakt, Fürsorge und Berührung befriedigt. [K157]

Förderung des Fürsorgebedürfnisses

Das Fürsorgebedürfnis für andere, egal ob Menschen, Kinder, Tiere oder Pflanzen, ist ein Urtrieb des Menschen. Zugrunde liegt der Hegetrieb, der auch bei vielen demenzkranken Menschen erhalten ist. Viele Frauen mit schwerer Demenz nehmen gerne Schmusetiere oder babyähnliche Puppen an und kümmern sich fürsorglich darum. Neben der taktilen Wahrnehmungsförderung wird der ursprüngliche Fürsorgetrieb angesprochen und gefördert. In der Praxis kommen von Außenstehenden häufig Einwände, solche Angebote seien für die Kranken kindisch oder entwürdigend. Letztendlich ist aber entscheidend, dass der demenzkranke Mensch sich wohl fühlt und positive Gefühle geweckt werden (☞ Abb. 5.17).

Förderung des Geschmacks- und Geruchssinnes

Geschmacks- und Geruchseindrücke sind Sinneserfahrungen, die im Langzeitgedächtnis gespeichert werden und bedeutende Erinnerungsauslöser sein können. Düfte erreichen „das Innerste" des Menschen, berühren ihn tief und können ihn in bestimmte Stimmungen versetzen. Sie sind mit den Gefühlen des Menschen eng verbunden. Mit gezielten Reizen können **positive Assoziationen** und **Wohlbefinden** ausgelöst werden:

- Anbieten individuell bevorzugter Nahrung und Duftrichtungen
- Duft von frisch gebackenem Kuchen oder Brot
- Riechen, Schmecken und auch Fühlen von Obst, z. B. Erdbeeren, Äpfel, Birnen
- Riechen von Blumen, z. B. Rosen, Veilchen, Lavendel
- Kräuterkissen
- Aromatherapie mit Duftlampen oder Duftautomaten (☞ Abb. 14.5 und 14.6)
- Küchengerüche.

Sinnvoll ist es, diese Wahrnehmungsförderungen in normale Alltagstätigkeiten einzubinden, z. B. beim Kochen, Backen, Gärtnern, Nahrung zubereiten oder Blumenstecken.

> **Fallbeispiel**
>
> Die demenzkranke Frau Bauer erinnert sich beim Herstellen von Kräuterkissen gefühlsmäßig an früher. Sie hatte ihre Hochzeitsreise nach Südfrankreich in die Provence gemacht. Die Pension, in der sie unbeschwerte Tage verbrachte, lag direkt an einem Lavendelfeld. Jetzt riecht Frau Bauer immer wieder mit frohem Gesicht an ihrem Kissen und steckt es wiederholt fest unter ihre Jacke.

> ☑ Eine umfassende Sinnesförderung ist das Erleben in der Natur. Alle Sinne werden auf natürliche Weise angeregt. Ein Sinnesgarten ist für den Demenzkranken eine besonders intensive Erfahrung (☞ 12.2.4).

Snoezelen

> **Snoezelen** *(sprich: snuselen):* Wortverbindung aus dem Niederländischen: snuffelen = schnüffeln und doezelen = dösen. Eine Entspannungs- und Wahrnehmungsförderungsmethode aus den Niederlanden, die ursprünglich für Schwerst- und Mehrfachbehinderte eingesetzt wurde, zunehmend aber auch als Methode bei alten Menschen mit Demenz eingesetzt wird.

Snoezelen ist eine Methode aus den 70er-Jahren, die zur Wahrnehmungsförderung, zur Entspannung und als Freizeitbeschäftigung für schwerst geistig behinderte Menschen eingesetzt wurde. Seit den 90er-Jahren wird Snoezelen auch in der Altenhilfe genutzt, insbesondere im Umgang mit demenzerkrankten alten Menschen. Beim Snoezelen wird die Wahrnehmung in entspannter Atmosphäre durch unterschiedliche Reize stimuliert, wobei alle Sinne angesprochen werden. Menschen mit Demenz können auf diese Weise sinnliche Erfahrungen machen, die ihnen im Alltag nicht möglich sind. Stimulierende Reize werden ganz gezielt gesetzt und unter Ausschluss von störenden Alltagsreizen erlebt, so dass die Sinneseindrücke besonders intensiv wahrgenommen werden können.

Ziele von Snoezelen

Die Wahrnehmung ist die Grundlage jedes Kontaktes mit der Umwelt und den Mitmenschen. Eine gestörte und reduzierte Wahrnehmung stört auch immer die Beziehung und Gestaltung zur Umwelt. Die Wahrnehmungsförderung ist somit Globalziel und impliziert weitere Ziele:
- Förderung der Wahrnehmungsfähigkeit aller Sinne (Sehen, Hören, Fühlen und Tasten, Riechen und Schmecken)
- Förderung von Wohlbefinden und Zufriedenheit
- Förderung von Entspannung
- Förderung der Kommunikation und Beziehung
- Genießen von Atmosphäre und Eindrücken
- „Seele baumeln lassen".

> ☑ Das Snoezelen selbst stellt in der Regel eine ganz eigene Sinneserfahrung dar. Dennoch können durch das Snoezelen Erinnerungen geweckt werden. Deswegen spielen Informationen über lebensgeschichtliche Erfahrungen immer eine Rolle, um evtl. Abneigungen und Ablehnungen zu erkennen.

Formen von Snoezelen

Die klassische Form des Snoezelens ist das Snoezelen in einem extra dafür eingerichteten Snoezelraum. Der alte Mensch kann alleine, in Begleitung mit einer Betreuungsperson oder in einer Gruppe den Entspannungsraum besuchen. Durch die Abschirmung des Raumes von störenden Einflüssen und durch seine vielen Möglichkeiten ist ein Snoezelraum die optimale Form des Snoezelens. In der Praxis der Altenhilfe haben sich aber wegen der unterschiedlichen Bedingungen der Einrichtungen und Strukturen unterschiedliche Formen herausgebildet. Mobile oder wohnbereichsbezogene Snoezelecken haben sich ebenfalls als wertvolle Entspannungsoasen erwiesen.

Der Snoezelraum

Der Snoezelraum ist ein gesonderter Raum mit spezieller Einrichtung nur für das Snoezelen (☞ Abb. 5.18). Es gibt keine Standards für Snoezelräume. Sie können nach den Bedürfnissen der Benutzer und den Möglichkeiten der Einrichtung ausgestattet werden. Der Raum sollte ruhig gelegen und für den alten Menschen gut erreichbar sein. Es gibt Firmen, die die Ausstattung von Snoezelräumen übernehmen. Der Raum kann aber auch durch eigene Ideen gestaltet werden. Zum Zubehör können gehören:
- Gemütliche Sitz- und Liegeflächen, auch Sitzsäcke
- Spiegelkugel, Leuchtschnüre, Wassersäulen, Sternenhimmellicht, Lichtfaserobjekte, Effektprojektoren, Objektbilder zur visuellen Stimulation
- Ruhige Musik, verschiedene Geräusche (z. B. Wassergeräusche, Vogelstimmen, Entspannungsmusik) und Töne durch Klanginstrumente (z. B. Klangschalen, Glockenspiele, Musikspieluhren, Regenmacher-Klangrasseln) zur akustischen Stimulation

Abb. 5.18: Zwei unterschiedliche Snoezelräume: links ein eher wohnlicher Raum, rechts ein modern eingerichteter Raum. [V380]

Abb. 5.19: Snoezelecke einer stationären Wohngruppe. [K157]

- Tastwände, Tastsäulen, Fühlboxen, Stoff- und Wollmaterialien, Kuscheltiere, Naturmaterialien, therapeutische Tastelemente, Massagezubehör, Kuscheldecken und -kissen zur taktilen Stimulation
- Aromaöle zur olfaktorischen Stimulation. Sinnvoll sind elektrische Aromaverbreiter, weil sie in einem Raum mit wenigen Tropfen Öl einen intensiven Geruch verteilen können. Aber auch Geruchssteine können eingesetzt werden. Duftlampen dürfen wegen der Brandgefahr nicht genutzt werden. Zu weiterem Einsatz von Düften ☞ 14.2.2.

> Beim Snoezelen sollen verschiedene Sinne angesprochen werden, allerdings sollten nicht mehr als drei Licht-, Form-, Bilder- oder Farbreize gesetzt werden. Bei jedem Snoezelnden darauf achten, welche Reize der alte Mensch bevorzugt und welche eher als ablehnend empfunden werden. Reizüberflutung durch zu viele Reize vermeiden.

Wohnbereichsbezogenes Snoezelen

Wenn kein besonderer Raum zum Snoezelen zur Verfügung steht oder um die Snoezelerfahrung mehr in den Lebensalltag der alten Menschen zu integrieren, können z. B. in stationären Altenpflegeeinrichtungen oder Tagesstätten Wohnecken, Flure oder Sitznischen als Snoezelecken eingerichtet werden (☞ Abb. 5.19). Ein Flur mit einer solchen Snoezelecke lädt zur Ruhe und Entspannung ein. Ein Snoezelbad lässt das wöchentliche Baden zu einem besonderen Erlebnis werden.

> **Fallbeispiel**
>
> Die demenzkranke Bewohnerin Frau Schröder ist sehr unruhig und läuft oft ruhelos lange Zeit den Flur in einem Pflegeheim umher. Seit am Ende des Flures eine gemütliche Snoezelecke mit einer Sitzgelegenheit eingerichtet wurde, bleibt sie dort häufig sitzen und beobachtet die Luftblasen in der Wassersäule und die Lichteffekte. Das hilft ihr, für kurze Zeit zur Ruhe zu kommen.

Mobiles Snoezelen

Wenn keine Möglichkeiten zur Einrichtung eines Snoezelraumes bestehen oder um das bestehende Angebot zu erweitern, kann Snoezelen auch ins Bewohnerzimmer gebracht werden. Gerade für immobile und bettlägerige Menschen kann das **mobile Snoezelen** ein individuelles Angebot zur Wahrnehmungsförderung und Sinnesanregung sein (☞ Abb. 5.20).

Zubehör für mobiles Snoezelen:
- Fahrbarer Wagen oder fahrbares Regal
- Stereoanlage, CDs
- Aromaverbreiter
- Kleinere Tastelemente wie Kuscheltiere, Kissen, Tastwand, Fühlkiste, Igelbälle
- Mobiler Effektprojektor
- Montierbare Spiegelkugel
- Vorhang, um evtl. eine Art Zelt um ein Bett zu ziehen.

☑ Im Fachhandel werden inzwischen auch fertige **Snoezelwagen** angeboten, die mit einem Vorhang für einen Zeltbau ausgestattet sind. Ein großer Vorhang schließt ungünstige visuelle Außenreize aus und fördert die Intensität der Snoezelenerfahrung.

Snoezelen als Einzelsitzung

In der Regel wird Snoezelen als **Einzelsitzung** angeboten, damit individuell auf die Wünsche des alten Menschen eingegangen werden kann. Musik, Effekte, Gerüche und andere Stimulanzien werden nach den Vorlieben des Snoezelnden ausgewählt. Demente Menschen werden durch einen Mitarbeiter begleitet, der sich in dieser Zeit ausschließlich ihm widmen kann.

☑ Snoezelen ist immer Beziehungsarbeit. Der Betreuer ist während der Snoezelzeit ausschließlich für den alten Menschen da und bietet Sicherheit, Vertrauen, Nähe und Geborgenheit an.

Einzelsitzungen sind während der ersten Snoezelstunden wichtig, um den alten Menschen positiv an diese neue Erfahrung heranzuführen. Auch Menschen mit erheblichen psychischen Störungen wie Depressionen oder schweren Verhaltensauffälligkeiten bei fortgeschrittener Demenz lassen sich mit Einzelsitzungen besser an das Snoezelen heranführen, weil ein Gruppensnoezelen überfordernd wäre oder gegenseitige Störungen und Ablehnung entstehen könnten.

Snoezelen als Gruppensitzung

Snoezelen ist auch als **Gruppensitzung** möglich. Die Gruppe wird vom der Betreuer bzw. Team ausgesucht und zusammengestellt. Allerdings sind nur kleine Gruppen von ca. 3–4 Teilnehmern sinnvoll, weil sonst zu viel Unruhe entsteht. Voraussetzung für Gruppensnoezelen ist, dass die Teilnehmer sich akzeptieren, gruppenfähig sind und andere nicht durch auffällige Verhaltensweisen stören.

⚑ Snoezelen bietet eine strukturierte und selektive Reizumwelt und wirkt daher bei unruhigen Menschen beruhigend und entspannend.

Organisation und Planung einer Snoezeleinheit

Vorbereitung und Durchführung liegen beim Snoezelbetreuer. Je nach Möglichkeiten der Einrichtung wird zu festen Zeiten oder spontan nach Bedürfnis gesnoezelt. Grundsätzlich ist eine Begleitung für die snoezelnde Person anwesend. Es ist allerdings auch möglich, dass jemand allein snoezeln geht, wenn es ihm angenehm ist und er das Snoezelen bereits kennt. Das Snoezelen bedarf einer auf die snoezelnde Person oder Gruppe abgestimmte

Vorbereitung:
- Eine zeitliche Snoezeleinheit von ca. 20–30 Minuten ist üblich, die Zeit richtet sich aber vor allem nach den Bedürfnissen der snoezelnden Person
- Ruhige Gestaltung des Raumes
- Lieblingsduft verbreiten
- Ruhige und warme Lichteffekte für den Anfang aussuchen
- Lieblingsmusik laufen lassen
- Tastelemente vorbereiten
- Kuschelige Sitzgelegenheiten vorbereiten
- Begleitung des alten Menschen in ruhiger Atmosphäre (auf das Snoezelen einstimmen)
- Snoezelelemente sind beim Betreten eingeschaltet.

Während des Snoezelens
- Auf die Bedürfnisse und Impulse des alten Menschen achten
- Wünsche möglichst erfüllen
- Bei Bedarf körperlichen Kontakt anbieten, z. B. Massage mit Massageball, Handmassage, Schultermassage.

⚑ Da der Snoezelnde seine „Seele baumeln" lassen soll, sorgt die Begleitperson nur für optimale Rahmenbedingungen, drängt ihm nichts auf und ist einfach nur für den alten Menschen da.

Abb. 5.20: Mobiles Snoezelen. [K157]

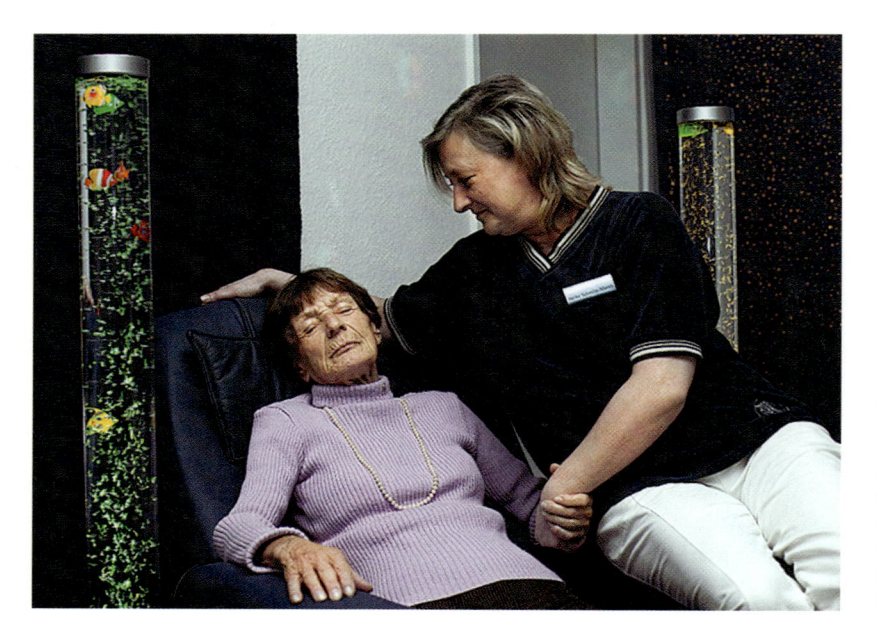

Abb. 5.21: Eine vertrauensvolle Beziehung lässt das Snoezelen für Begleiter und Snoezelnden zu einem schönen Erlebnis werden. [K157]

Ablehnung des Snoezelns

Es kann auch passieren, dass das Snoezelen abgelehnt wird. Ablehnung kann unterschiedliche **Ursachen** haben, z. B.:

- Überforderung durch zu viele Reize
- Angst bei Einsatz zu dunkler Farben oder bei als aufdringlich empfundenen Reizen
- Angst vor Unbekanntem
- Ablehnung der künstlichen Atmosphäre
- Auslösen unangenehmer Erinnerungen und Assoziationen.

Manche Ursachen können beseitigt werden. So kann man dem alten Menschen, wenn er sich vor Unbekanntem fürchtet, den Raum bei heller Beleuchtung zeigen und alle Snoezelelemente erklären. Andere Ursachen lassen sich möglicherweise nicht ausschalten, dann muss akzeptiert werden, dass der Pflegebedürftige das Snoezelen ablehnt.

> Eine vertrauensvolle Beziehung zur Begleitperson ist für demenzkranke Menschen die beste Voraussetzung, dass sie das Snoezelen genießen und wirklich entspannen können (☞ Abb. 5.21).

5.1.4 Segregative Konzepte für Menschen mit Demenz

> **Segregative Konzepte:** gesonderte Betreuung von Demenzkranken. Konzepte stammen aus den 90er Jahren, als die gemeinsame Betreuung von dementen und nicht-dementen Menschen an ihre Grenzen stieß, weil die Zahl der Demenzkranken prozentual zunahm. Segregative Konzepte richten sich speziell an den Problemen dementer Menschen aus.

Homogene Gruppenstruktur

Während sich Menschen mit Demenz zu Beginn ihrer Erkrankung noch gut in integrative Wohn- und Betreuungsgruppen (☞ 5.2.1) integrieren lassen, wird bei fortschreitender Demenz eine gemeinsame Betreuung mit nicht-dementen Menschen immer schwieriger. Segregative Konzepte setzen die Homogenität der Gruppe voraus.

> [!] Um Homogenität zu erreichen, reicht es nicht aus, Menschen mit der Diagnose Demenz in einer Gruppe zu betreuen. Es wird zusätzlich differenziert nach

5.1 Betreuungsangebote für Menschen mit Demenz

Abb. 5.22: Bewohner in einer Wohngruppe bei der Mahlzeitenvorbereitung. [K157]

- Form und Ausmaß der Demenz
- Auffälligkeit von Verhaltensweisen
- Mobilität
- körperlicher Pflegebedürftigkeit.

Segregative Konzepte haben sich bewährt, wenn
- Menschen mit Demenz sehr verhaltensauffällig werden
- sich nicht-demente Menschen durch die Verhaltensauffälligkeiten demenzkranker Menschen beeinträchtigt fühlen
- bestehende Betreuungsangebote dem Demenzkranken nicht mehr gerecht werden können
- durch unangepasstes Verhalten der Demenzkranken Ängste und Spannungen innerhalb eines Wohnbereiches entstehen
- Demenzkranke im fortgeschrittenen Stadium ein höheres und anderes Maß an Sicherheit und Schutz benötigen
- Demenzkranke sich nicht mehr auf die Realität der nicht-dementen Bewohner einstellen können.

☑ Segregative Konzepte schließen Demenzkranke nicht aus, weil sie Störfaktoren sind, sondern bieten fachgerechte und auf die Erkrankung abgestimmte Betreuung an.

Wohngruppen und Demenzstationen

Wohngruppen und **Demenzstationen** sind baulich, sozial und kulturell auf die besonderen Bedürfnisse von demenzerkrankten alten Menschen ausgerichtet (☞ 5.1.2) und eine Alternative zu den klassischen Versorgungssystemen stationärer Einrichtungen. Sie beinhalten die pflegerische, therapeutische und soziale Betreuung für Demenzkranke, sind kleinräumiger organisiert und bieten überschaubare Territorien und stressfreie Lebensräume, in denen nach dem Normalitätsprinzip gelebt wird. Dabei ermöglichen sie den Demenzkranken eine größtmögliche Selbstständigkeit in einem geschützten und sicheren Milieu (☞ Abb. 5.22).

☑ Eine zusammenfassende Darstellung der Erfahrungen von Wohngruppen mit Demenz gibt Thomas Klie (Hrsg.) in dem Buch „Wohngruppen für Menschen mit Demenz", Vincentz Verlag, Hannover 2003.

Grundsätze von Wohngruppen

- Kleine Wohneinheiten für 6 bis maximal 12 Bewohner
- Familienähnliche Gemeinschaft
- Alltagsorientierung
- Tätigkeiten rund um den Haushalt als Mittelpunkt

83

- Biografische Orientierung
- Einbeziehen von Angehörigen und Ehrenamtlichen.

> ☑ Wohngruppen sind aufgrund ihrer Größe kostenintensiver, wirtschaftlich sehr labil und erfordern ein gutes Finanz- und Personalmanagement.

Ambulante Wohngruppen

Ambulante Wohngruppen oder Wohngemeinschaften sind nicht an eine stationäre Versorgungseinrichtung gebunden und haben eine dezentralisierte Versorgungsstruktur. Eine zentrale Rolle bei den ambulanten Wohngruppen nimmt die Hauswirtschaft ein, die im Gegensatz zur Pflege vordergründig ist.

Es sind unterschiedlich konzipierte Wohngemeinschaften denkbar, z.B. pflegerische Versorgung durch einen ambulanten Pflegedienst oder durch eine anwesende Pflegefachkraft. Im Alltag können Wohngruppen durch einen Alltagsmanager begleitet werden (☞ 3.1).

> ☑ Ambulante Wohngruppen haben in Deutschland noch Modellcharakter und sind sehr kostenintensiv. Einen Überblick über „Wohngruppen für Menschen mit Demenz" gibt Thomas Klie in seinem gleichnamigen Buch, erschienen im Vincentz Verlag, Hannover 2003.

Tagesstrukturierende Gruppen

Tagesstrukturierende Gruppen für Menschen mit Demenz stellen in stationären oder teilstationären Einrichtungen einen wichtigen Bestandteil des Pflege- und Betreuungskonzeptes dar. Sie bieten einen strukturierten Tagesablauf und durch ihre Kontinuität Sicherheit und Geborgenheit.

Grundsätze von tagesstrukturierenden Gruppen
- Feste und kontinuierliche Gruppen
- Gleiche Tageszeiten
- Betreuung in Kleingruppen (je nach Ausprägung der Demenz 6–8 Gruppenmitglieder)
- 1–2 Betreuungspersonen
- Verzahnung von Pflege und Therapie
- Interdisziplinäres Team aus Altenpflegern, Ergotherapeuten, Altentherapeuten, Pflegehelfern

- Mahlzeiten als „Säule" der Tagesstruktur (☞ Abb. 5.23).
- Gemütliche Atmosphäre in übersichtlicher Gemeinschaft
- Beschäftigungsangebote (☞ 5.1.3), 10-Minuten-Aktivierung (☞ 10.5.12); Erinnerungspflege (☞ 6.3).

> 🕐 **Praxisidee für den Vormittag einer tagesstrukturierenden Gruppe**
> - Persönliche Begrüßung mit Namen
> - Gemeinsamer Tagesbeginn mit Lied oder Gebet
> - Gemeinsames Frühstück mit Tischbuffet; selbstständiges und gemeinsames Vorbereiten des Frühstücks
> - Gemeinsames Abräumen des Frühstückstisches
> - Bei Bedarf Ruhephase
> - Toilettengang
> - Gehübungen, Bewegungsübungen
> - Beschäftigungsangebot, z.B. Zeitung lesen, Bewegungsspiele, Erinnerungspflege
> - Gemeinsames Tisch decken für das Mittagessen
> - Gemeinsames Gebet oder Lied vor dem Mittagessen
> - Gemeinsames Mittagessen
> - Abräumen des Mittagstisches, Geschirr spülen
> - Toilettengang
> - Mittagsruhe im Sessel oder im Zimmer.

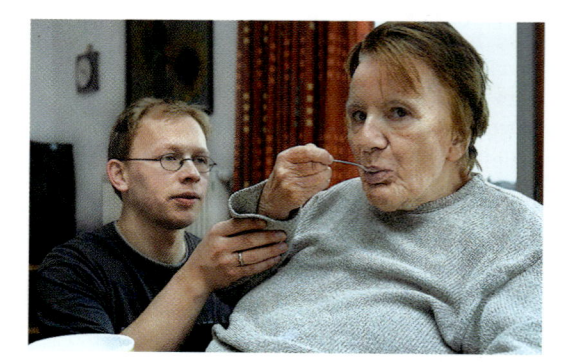

Abb. 5.23: Die Mahlzeiten bilden in einer tagesstrukturierenden Gruppe für Demenzkranke die Fixpunkte im Tagesablauf. Die betreuten alten Menschen werden in ihrer Selbstständigkeit unterstützt. [K157]

5.2 Integrative Konzepte für demente und nicht-demente alte Menschen

> **Integrative Konzepte:** gemeinsame Betreuung von körperlich erkrankten und an Demenz erkrankten alten Menschen. Das Konzept stammt aus den 70er Jahren, als die Integration der chronisch verwirrten Menschen Vorrang hatte und von dem Grundsatz der gegenseitigen Partizipation ausgegangen wurde: Verwirrte werden von den Nicht-Verwirrten unterstützt und lernen von diesen; unterstützende Personen erleben Selbstwertstärkung durch gebende Hilfe (☞ Abb. 5.24).

Abb. 5.24 Integrative Konzepte gehen davon aus, dass nicht-verwirrte Menschen die Demenzkranken, wie hier beim Essen, unterstützen und dadurch ihr Selbstwertgefühl stärken. [K157]

Das **Integrationsprinzip** ist ein bedeutender konzeptioneller Ansatz in der vollstationären Pflege und hat jahrelang eine gute Betreuung gewährleistet. Auf dem Weg zur Wertschätzung des Demenzerkrankten mit dem Ziel, den Kranken nicht vom gesellschaftlichen Leben auszuschließen, ist dieser Ansatz sinnvoll und anerkennenswert. Im letzten Jahrzehnt, besonders seit Einführung der Pflegeversicherung, ist der Anteil der Demenzerkrankten in der teil- und vollstationären Betreuung drastisch gestiegen, und es ist in der Praxis zu beobachten, dass das Integrationskonzept mit der wachsenden Anzahl der dementen Menschen nicht mehr oder nur ungenügend funktioniert. Viele Einrichtungen gehen mit segregativen Konzepten neue Wege und versuchen, eine auf diese Gruppe bezogene bedürfnisorientierte und spezialisierte Pflege durchzuführen (☞ 5.1.4).

Grenzen integrativer Konzepte

Steigt der Anteil von Demenzerkrankten in einer Gruppe, kommen integrative Konzepte an ihre Grenzen. Demente und nicht-demente Personen haben einen gemeinsamen Lebens- und Erfahrensraum, den sie miteinander teilen und in dem ihre Bedürfnisse befriedigt werden müssen. Die Bedürfnisse beider Gruppen driften mit fortschreitender Demenz immer weiter auseinander, so dass es immer schwieriger wird, Akzeptanz durch nicht-demente alte Menschen zu erreichen.

Mangelnde Akzeptanz

Gerade in stationären Einrichtungen, in denen Hochbetagte leben, treten vielfältige Schwierigkeiten auf. Die Nicht-Dementen sind täglich mit Verhaltensweisen der Dementen konfrontiert, die für sie nicht verständlich sind und die massiv in ihr eigenes Leben eingreifen.

Nicht-Demente fühlen sich häufig

- gestört, wenn z. B. Verwirrte umherlaufen und in fremde Räume gehen
- in ihren eigenen Wertvorstellungen angegriffen, z. B. wenn Demente bei den Mahlzeiten kleckern
- belästigt, wenn verwirrte Menschen immer das Gleiche fragen.

Nachteile integrativer Konzepte

Nicht-demente alte Menschen

- distanzieren sich von den Demenzerkrankten
- feinden die Demenzerkrankten an (Kritik und Aggressionen)
- haben keinen eigenen Schutzraum
- fühlen sich in ihren Bedürfnissen (z. B. nach Ruhe und geschütztem Raum) benachteiligt
- fühlen sich bei Aktivitäten unterfordert

Demente alte Menschen

- fühlen sich bei Aktivitäten überfordert
- reagieren auf Spannungssituationen zusätzlich akut verwirrt und unruhig
- spüren die Anfeindungen ihres Umfeldes und reagieren gekränkt, mit Rückzug, Abwehr, Ärger oder auch Aggression.

> [!] Integrative Konzepte sind nicht generell schlecht. Viele Einrichtungen haben nur die Möglichkeit, integrative Konzepte anzubieten. Wichtig ist, die negativen Auswirkungen integrativer Konzepte zu berücksichtigen und das Integrationsprinzip bei negativer Auswirkung nicht als einen Ausschließlichkeitswert zu betrachten.

> **Fallbeispiel**
> Beim Mittagstisch wird eine demente alte Frau immer wieder von den anderen wegen ihrer Verhaltensweisen kritisiert: Weil sie das Besteck nicht in der richtigen Reihenfolge benutzt, nach dem Salz statt nach dem Zucker greift, den Pudding zuerst isst oder mit dem Teelöffel die Suppe löffelt. Die demenzerkrankte Frau wird unter der Kritik zunehmend unsicherer, unruhiger und fühlt sich nicht wohl, bis sie schließlich ärgerlich und aggressiv reagiert.

Gruppenübergreifende Beschäftigungs- und Betreuungsangebote

> **Gruppenübergreifende Angebote**: Geragogische Angebote, die nicht nur auf eine Zielgruppe z.B. „Bewohner des Wohnbereiches Seeblick" bezogen sind, sondern alle Bewohner einer Einrichtung ansprechen.

Gruppenübergreifende Angebote richten sich an eine breite Zielgruppe. In stationären Altenhilfeeinrichtungen mit integrativen Konzepten werden häufig gruppenübergreifende Beschäftigungs- und Aktivitätsangebote gemacht, die Menschen ohne Demenz und/oder mit Demenz ansprechen. Menschen mit leichter Demenz lassen sich zumeist in solche Angebote gut integrieren. Aber spätestens, wenn die Menschen mit Demenz durch ihren krankheitsbedingten Leistungsabfall oder veränderte Verhaltensweisen auffallen, geraten diese Gruppen an ihre Grenzen.

> [!] Geragogische Mitarbeiter müssen sich häufig „verbiegen", um allen Bewohnergruppen gerecht zu werden. Wenn sich Menschen mit Demenz nicht mehr so gut in integrativen Gruppen betreuen lassen, entsteht Stress für die Geragogen und die Teilnehmer. Es ist dann besser, segregative Angebote zu machen (☞ 5.1.4).

Gruppenübergreifende Angebote

Gemeinsame Angebote für nicht verwirrte und demenzkranke Menschen können sein:
- Musikalische Angebote (☞ 6.5)
- Erinnerungspflege (☞ 6.3), z.B. Erinnerungsstunden (☞ 6.3.2)
- Film- und Dianachmittage (☞ 6.4)
- Feiern von Festen (☞ Kap. 7)
- Gesellige Runden
- Seniorengymnastik (☞ Kap. 8)
- Spielnachmittage (☞ Kap. 9; Abb. 5.25)
- Kreativangebote (☞ Kap. 11)
- Familien- und hausarbeitsnahe Aktivitätsangebote (☞ Kap. 12).

Abb. 5.25: Spiele sind beliebt und können auch gruppenübergreifend angeboten werden. [K157]

6 | Kulturelle Angebote

6.1 Warum, für wen, wie – das Management. 88
  6.1.1 Bedeutung kultureller Angebote 88
  6.1.2 Ziele der Kulturarbeit 89
  6.1.3 Zielgruppen 89
  6.1.4 Planung und Organisation 90

**6.2 Literatur- und Lesekreise,
   Schreibwerkstätten** **90**
  6.2.1 Lesen 90
  6.2.2 Hauszeitung 92
  6.2.3 Lesestunde 93
  6.2.4 Literaturkreise 96
  6.2.5 Kreatives Schreiben und
     Schreibwerkstätten 97

6.3 Erinnerungspflege **104**
  6.3.1 Erzählcafé 105
  6.3.2 Erinnerungsstunde 106
  6.3.3 Zeittafel 108
  6.3.4 Biografische Milieugestaltung durch
     Erinnerungsplätze und -ecken 109
  6.3.5 Lebensbaum 109
  6.3.6 Erinnerungskoffer 110

6.4 Film- und Dianachmittage **111**
6.5 Musikalische Angebote **113**
6.6 Vorträge und Informationsnachmittage . **122**
6.7 Theaterarbeit **124**
6.8 Einsatz von neuen Medien **128**

6 Kulturelle Angebote

6.1 Warum, für wen, wie – das Management

Kultur ist ein Grundbedürfnis von Menschen aller Altersstufen und bringt die geistigen und künstlerischen Lebensäußerungen einer Gemeinschaft oder einer ethnischen Gruppe zum Ausdruck.

Kulturarbeit ist immer auch Begegnungsarbeit. In der Altenhilfe berücksichtigt sie die Besonderheiten dieser Lebensphase und die Bedürfnisse und Biografie der älteren und alten Menschen.

Kulturelle Angebote in der Altenarbeit umfassen ein breites Spektrum von Angeboten, z. B.
- Nachmittagsveranstaltungen der Altenkreise
- Bildungsangebote der Volkshochschulen, Hochschulen oder Gemeinden
- Ausflüge
- Gesprächskreise
- Dia- und Filmvorträge.

Im folgenden Kapitel werden Kulturangebote für ältere und alte Menschen vorgestellt, allerdings ohne Anspruch auf Vollständigkeit, weil dies den Rahmen des Buches sprengen würde.

Abb. 6.1: Lebenslange Interessen und Hobbys bleiben in der Regel auch im Alter bestehen. [M221/W167]

6.1.1 Bedeutung kultureller Angebote

Die Altersphase ist bunt geworden. Kulturarbeit muss sich an einem breiten Spektrum von Lebenslagen, -entwürfen, -stilen, Bedürfnissen und Interessen orientieren und darf keine starren Programme anbieten, in denen Inhalte, Ziele und Aktivitäten dogmatisch festgelegt sind. Nur **offene Programmstrukturen** ermöglichen allen Beteiligten großen Handlungsspielraum, damit die Teilnehmer sich, ihre Lebenswelt und ihre Biografie „wiederfinden" und integrieren können.

> ☑ Welche Neigungen, Bedürfnisse, Vorlieben und Gewohnheiten ein Mensch im Laufe seiner Biografie entwickelt, ist u. a. auch von den kulturellen Einflüssen abhängig, denen er in seinem bisherigen Leben ausgesetzt war. Zu den kulturellen Einflüssen gehören z. B. Sprache, Bildung, Religion, Kunst, Sitten und Gebräuche.

Die Erfahrung zeigt, dass alte Menschen nicht an Bildungsveranstaltungen teilnehmen, um spezielle Kenntnisse oder Fachkenntnisse zu erwerben, sondern um im weitesten Sinn etwas über Lebenshaltungen zu erfahren, z. B.
- Wie kann ich mich verhalten, wenn ich Osteoporose habe?
- Wie kann ich zufriedenstellend die dritte Lebensphase für mich gestalten?
- Was ist, wenn ich nicht mehr eigenständig für mich entscheiden kann?

Ein wichtiger Ansatz für die Kulturarbeit ist die **gemeinwesenorientierte Arbeit,** die mit ihren niedrigschwelligen Angeboten und Projekten sozialer und kultureller Isolierung vorbeugen können und auch Beratungen anbieten.

Kulturelle Angebote sollten eng **mit der Biografie verknüpft** sein. Das Wissen über die Biografie der Zielgruppen ist unerlässlich. Bei einem Menschen, der ein Leben lang musiziert hat, bleibt wahrscheinlich im Alter auch Interesse an einem Konzert oder einer Musikveranstaltung erhalten, während jemand mit einem lebenslangen Desinteresse an Musik sicherlich auch im höheren Alter nicht für Konzerte zu begeistern ist (☞ Abb. 6.1). Das heißt aber nicht, dass Menschen im Alter nicht auch für neue Erfahrungen offen sein können.

Kulturelle Angebote können von
- Sozial- oder Kulturpädagogen
- Pädagogen
- Altentherapeuten
- interessierten Altenpflegern oder
- Künstlern

durchgeführt werden.

> Ein Leiter kann nur dann zu bestimmten Themen und Inhalten motivieren, wenn er selbst Interesse daran und an dem alten Menschen mit seiner Lebenserfahrung hat. Ausschlaggebend für den Erfolg sind das gemeinsame Handeln und die gemeinsame Erfahrung im kulturellen Kontext.

6.1.2 Ziele der Kulturarbeit

Die **Ziele der Kulturarbeit** orientieren sich an den geragogischen Ansätzen mit ihren lebensweltlich-biografischen Bezügen und sind nicht ausschließlich auf die Vermittlung von kulturellem Wissen und Inhalten ausgerichtet:
- Berücksichtigung der persönlichen Biografie
- Unterstützung und Bezug auf die individualisierte Lebenswelt des alten Menschen
- Unterstützung selbstbestimmter Lebensführung
- Mitgestaltung kultureller Angebote bei größtmöglicher Autonomie der alten Menschen
- Reflexion der eigenen Lebensphase oder Lebensspanne
- Finden von Ausdrucksmöglichkeiten
- Förderung von Kommunikation und Kontakten
- Förderung sozialer Integration (☞ Abb. 6.2)
- Öffnung von Altenhilfeeinrichtungen nach außen
- Schaffen von Treffpunkten, die über die Altenhilfeeinrichtung hinausgehen
- Unterstützung von Lern- und neuen Erfahrungen
- Vermittlung von Lebensfreude und positivem Erleben
- Interessen- und Sinnfindung
- Information, Beratung und Begleitung.

> [!] Ziele in der Altenarbeit sollten mit dem alten Menschen gemeinsam gefunden und von ihm selbstbestimmt gewählt werden. Es dürfen keine eigenen Vorstellungen aufgedrängt werden.

Abb. 6.2: Gemeinschaftliche kulturelle Aktivitäten beugen der sozialen Isolation vor. [K157]

Ältere Menschen, die aktiv sein wollen, möchten gerne ihr Erfahrungswissen und ihre Fähigkeiten weitergeben, trauen sich aber oft nicht oder meinen, ihr Wissen hätte keinen Wert. Kulturarbeit kann auch da anknüpfen: Ressourcen, Fähigkeiten, Erfahrungswissen als Produktivität erkennen, zum Ausdruck bringen und gestalten.

> Bei Kulturarbeit kommt es weniger auf das Ergebnis an. Der Weg ist das Ziel.

6.1.3 Zielgruppen

Generell richtet sich Kulturarbeit an alle gesellschaftlichen Gruppen und Gruppierungen und ist altersunabhängig. Da sich die Kulturarbeit in der Altenhilfe aber an den Lebenswelten der alten Menschen orientieren soll, sind die **Zielgruppen** explizit nach den Lebensbezügen, Interessen und Bedürfnissen einzugrenzen. Bei jeder Projektplanung und Organisation einer Veranstaltung ist die Zielgruppe genau zu benennen, um das kulturelle Angebot spezifisch auf diese Gruppe ausrichten zu können, z. B.
- Seidenmalerei für Senioren ab 60, die noch keine Vorerfahrung haben
- Gehirntraining für Frauen ab 50, die bereits Vorerfahrung haben und das Anfängertraining absolviert haben
- einen Vortrag über die Hospizbewegung für alle, die sich allgemein über die Hospizarbeit informieren möchten
- Theatergruppe für alle Bewohner, die Interesse am gemeinsamen Tun, Darstellen, Spielen, an allem Kreativen und Freude am Umgang mit Sprache haben.

6.1.4 Planung und Organisation

Am Anfang jeder Planung werden die Bedürfnisse einer Zielgruppe ermittelt. Gut bewährt als Leitfaden für die Planung und Organisation eines kulturellen Angebotes hat sich das **10-W-Fragen-Modell** (☞ Tab. 6.3).

6.2 Literatur- und Lesekreise, Schreibwerkstätten

Der Umgang mit Sprache und Schrift ist seit Urzeiten eine Kulturtechnik, die Menschen hilft, sich auszudrücken und in Kontakt miteinander zu treten. Verbaler und schriftlicher Gebrauch von Sprache sind kreative Ausdrucksmöglichkeiten und werden im Laufe des Lebens unterschiedlich genutzt. Kinder lernen auf spielerische Weise den Umgang mit Sprache und Schrift. Bei alten Menschen kommt es eher darauf an, diese Fähigkeiten wieder neu zu beleben, um damit die eigene Aktivität zu entdecken und gemeinsame Gesprächsinhalte zu finden.

Sprache und Schrift können in der Altenarbeit vielfältig eingesetzt werden. Von der passiven Vorlesestunde, die allerdings interessiertes Zuhören und damit die Fähigkeit, sich konzentrieren zu können, voraussetzt, führt das breite Spektrum der Möglichkeiten bis hin zu aktiv gestalteten Schreibwerkstätten oder Erzählcafés.

6.2.1 Lesen

Lesen ist oder war für viele alte Menschen eine anregende Beschäftigung. Alte Menschen mit Seh- oder kognitiven Einschränkungen können nicht mehr so gut lesen wie in früheren Jahren oder glauben, ganz darauf verzichten zu müssen.

Zu jeder Pflegeanamnese gehört das Ergründen von Gewohnheiten. Die Fortführung von Lesegewohnheiten und die therapeutische Unterstützung ist eine wichtige Aufgabe von Pflege- und Betreuungsmitarbeitern. Zeitungen und Zeitschriften bieten Informationen, Gesprächs- und Diskussionsstoff und Orientierung. Darüber hinaus binden z. B. der Regionalteil einer Zeitung oder ein Gemeindebrief den alten Mensch in sein soziales Gefüge ein. Auch das Weiterreichen und Ausleihen von Zeitungen schafft Kontakt, Gespräch und Unterhaltung.

W-Frage	Auskunft über	Beispiele
Wer?	Lehrende/Anleitung/Leitung	Pädagoge, Sozialpädagoge, Altentherapeut, Musikpädagoge, Kulturpädagoge
Was?	Thema, Inhalt (genau definieren)	Ernährung bei Osteoporose, Theaterspielen im dritten Lebensalter
Wann?	Zeitpunkt	15.00–17.00 Uhr 19.00–20.30 Uhr
Mit wem?	Lernende, Zielgruppe	Bewohner, Angehörige, interessierte Gäste
Wo?	Ort	Gruppenraum der Altenpflegeeinrichtung, Gemeinderaum der Kirchengemeinde
Wie?	Methode	Zuhören, Übungen, Mitmachen und Gestalten
Womit?	Medien	Musikgeräte, Dia-Projektor, Flip-Chart, Filmkamera
Warum?	Ziele	Information, Beratung, Selbsterfahrung, Kreatives Gestalten
Wozu?	Organisation	Verbesserung der Lebensqualität, soziales Eingebundensein; kreativen Ausdruck finden
Wie war es?	Veranstaltung	Reflexion der Kulturveranstaltung

Tab. 6.3: Mustertabelle für die 10-W-Fragen zur Planung und Organisation von kulturellen Angeboten.

Ziele von Lesen

- Wiederentdeckung eigener Erfahrung im gelesenen Text
- Selbstreflexion
- Auseinandersetzung und Akzeptanz der eigenen Biografie
- Fantasieanregung
- Gesprächsanregung
- Kommunikation und Kontakt
- Soziale An- und Einbindung
- **Bibliotherapie:** Therapeutische Wirkung durch Heilkraft der Sprache. Gelesene oder vorgelesene Texte können trösten und Leid, Schmerzen und seelische Not lindern.

> ⚠ Texte können das ganze Spektrum von Gefühlen auslösen: Freude, Frohsinn, Heiterkeit, aber auch Betrübnis, Melancholie, Wut, Ärger und Trauer. Deswegen dürfen Texte nicht wahllos, sondern immer gezielt und mit Bedacht eingesetzt werden.

Leseförderung im Alltag von Altenhilfeeinrichtungen

- **Persönliche Tageszeitung** (evtl. gemeinsames Abonnement mit einer weiteren Person)
- **Zeitungs- und Leseecke:** In gemütlichen Sitzecken in Altenpflegeeinrichtung, in der Tagespflege oder in der Klinik liegen die aktuelle Tageszeitung und Zeitschriften zum Lesen aus. Alte Menschen nach ihren Interessen und Wünschen fragen und Zeitschriftenauslage darauf ausrichten
- **Bücherecke** oder **Bücherei** einrichten (☞ Abb. 6.4). Eine Büchersammlung anschaffen, die dem Interesse von männlichen und weiblichen Lesern entspricht. Bücher mit Großschrift anschaffen. Spendenaktion „Beliebte Bücher für die zweite Lebenshälfte" aufrufen
- So genannte. **„Mobile Bibliotheken"** der Gemeinde oder Kirchengemeinde nutzen. Auskunft und Vermittlung über Pflegedienste, Gemeindehelfer, Pfarrer, Büchereien
- Für Menschen, die nicht mehr lesen können, **Hörbücher** auf CD und Kassette aus Büchereien vermitteln
- Eine **Textecke** an der Informationstafel einrichten und alte Menschen oder Mitarbeiter motivieren, interessante und lustige Texte oder Sprüche in Großschrift kopiert auszuhängen
- Anlegen einer **Textmappe,** in der ständig Texte für unterschiedliche Gelegenheiten gesammelt werden: Witze, Gedichte, Lieder, Rätsel, kleine Geschichten und Anekdoten, Geburtstagstexte, Kalendersprüche, Psalme
- **Sprichwortsammlung** anlegen
- **Weisheits- und Pointensammlung** anlegen. In der Betreuungsarbeit mit alten Menschen kommen wahre Schätze von Pointen, Weisheiten und eigenen Gedichten zum Vorschein. Dies alles mit Einverständnis der Urheber „archivieren".
- **Vorlesen** der Post oder der Zeitung z. B. durch gesetzliche Betreuer oder ehrenamtliche Helfer organisieren
- Besuche von Gemeindehelfern organisieren, die das **Gemeindeblatt** der Kirchengemeinde bringen und Neuigkeiten von der Gemeinde erzählen; einen Geburtstagsgruß bringen und etwas vorlesen
- Herausgabe einer monatlichen oder zweimonatlichen **Hauszeitung**
- **Verwendung von kleinen Texten** in Gruppenbetreuungen:
  - Kleine Texte als Pause beim Musiknachmittag
  - Textübungen beim Gehirntraining
  - Texte oder Gebete zur Tagesbegrüßung
  - Gedichtvortrag bei Geburtstagen und Veranstaltungen
- **Geburtstagsgrüße in Gedichtform** für den Frühstückstisch gestalten: DIN-A4-Blatt in der Mitte knicken, vorne eine Blumenkarte aufkleben, darunter den Namen des „Geburtstagskindes" und innen ein Geburtstagsgedicht in Großschrift schreiben
- Hilfsmittel zum Lesen einsetzen.

Abb. 6.4: Eine Leseecke ist beliebter Kommunikationsplatz im Altenzentrum. [K157]

Hilfsmittel

Eine optimale Versorgung mit Hilfsmitteln und eine gute fachärztliche Betreuung sind Grundvoraussetzungen, die das Lesen auch für seheingeschränkte und blinde Menschen ermöglicht. Es steht eine Reihe von **Sehhilfen** zur Verfügung, z. B.

- Brillen
- Lupen und Lupenbrillen (☞ Abb. 6.5)
- Lesegeräte
- Fernsehlesegerät
- Buchstützen (☞ Abb. 6.6)
- Großdruckbücher
- Bücher und Zeitschriften in Blindenschrift
- Blindenhörkassetten
- Hörbücher (Hörkassetten, Hör-CDs).

> Die **Sehhilfen** sind im **Hilfsmittelkatalog** verzeichnet und können auf Hilfsmittelrezept verordnet werden.

Wenn die Sehstärke in kurzer Zeit enorm stark abgenommen hat, kann mit einem augenärztlichen Attest beim überörtlichen Träger der Sozialhilfe ein Antrag auf **Blindengeld** gestellt werden. Blindengeld erhält, wer gar nichts mehr sieht oder auf dem besseren Auge nicht mehr als 1/50 sehen kann. Leistungen der Pflegeversicherung und Heimpflege werden verrechnet.

Abb. 6.6: Große Buchstütze zur Leseerleichterung. [V380]

> ☑ **Beratung und Information für Sehbehinderte und Blinde**
> - **Blinden- und Sehbehindertendienst,** Lessingstraße 5, 35039 Marburg, Tel. 06421/94808-0
> - **Blindenhörbücherei GmbH,** Am Schlag 6, 35039 Marburg, Tel. 06421/686146
> - **Informationen zum Thema Lesen:** Stiftung Lesen, Fischtorplatz 23, 55116 Mainz, Tel. 06131/28890-0
> - **Großdruckbücher für Sehbehinderte:** Verlag der Deutschen Friedrich-Schiller-Stiftung GmbH, Darmstadt

6.2.2 Hauszeitung

Für eine Altenhilfeeinrichtung, Wohnanlage oder eine stationäre Altenpflegeeinrichtung ist eine **Hauszeitung** ein geeignetes Informationsblatt für interne Nachrichten (☞ Abb. 6.7). Sie bietet Kontakt, Austausch, Gespräch und Unterhaltung. Wenn es die personellen Ressourcen erlauben, kann eine Hauszeitung monatlich oder zweimonatlich herausgegeben werden. Herausgeber ist die Einrichtung, verantwortlich sollte die Hausleitung sein. Die Redaktion kann mit unterschiedlichen Personen, z. B. Sozialdienst und Heimbeirat, Ergotherapeut, Altentherapeut und interessierten Hausbewohnern, besetzt werden.

Eine Hauszeitung ist ein gutes Medium, das einerseits allein schon durch das Lesen eine Teilhabe am gesellschaftlichen Leben der Einrichtung sichert, andererseits aktiv von den Bewohnern gestaltet werden kann. Eine Hauszeitung sollte

Abb. 6.5: Lupen und Lupenbrillen ermöglichen das Lesen trotz starker Seheinschränkung. [K157]

6.2 Literatur- und Lesekreise, Schreibwerkstätten

Abb. 6.7: Wer regelmäßig eine Hauszeitung liest, weiß, was um ihn herum passiert. [K157]

- eine feste Struktur haben
- in großer Schrift gestaltet und
- mit anschaulichen Bildern versehen sein.

Bestandteile und Inhalte einer Hauszeitung
- Betitelte und mit Einrichtungsnamen und Ausgabedatum versehene Titelseite
- Inhaltsangabe
- Impressum
- Vorwort der Redaktion
- Zum Monat passender kleiner Text oder ein zur Jahreszeit passendes Gedicht
- Begrüßungswort und eine Begrüßungsseite für neu eingezogene Bewohner mit Namen, Einzugsdatum, evtl. Wohnbereich, Zimmernummer oder auch ein Foto des „Neulings" (ist allerdings aufwändig und setzt Einverständnis voraus)
- Veranstaltungen für den Monat, z. B. Maifest, Gottesdienste, Gymnastik, Singen
- Mindestens zwei kleine Geschichten: Eine ernsthafte Geschichte zum Nachdenken und eine lustige zum Erheitern
- Glückwunschseite und Mitteilung von Geburtstagen und Jubiläen
- Eine Lachseite mit Witzen und Anekdoten (keine hauseigenen Anekdoten)
- Ein Kreuzworträtsel (kann aus einem Seniorenrätselheft entnommen werden), Rätselfragen und Knobelfragen, Gehirntrainingsaufgaben
- Bildbetrachtungen
- Hausneuigkeiten (auf Datenschutz achten)

- Sammelsurium wie Verwendung von Spendengeldern für eine neue Sitzecke im Garten, Ideensammlung für Sommerfest, Bericht von der Theaterfahrt
- Name, evtl. Bild und dienstliche Telefonnummern verantwortlicher Mitarbeiter: Heim- bzw. Hausleitung, Pflegedienstleitung, Sozialdienst, Verwaltungsleitung, Küchen- und Hauswirtschaftsleitung, Hausmeister, Wohnbereichsleitungen.

6.2.3 Lesestunde

Eine **Lesestunde** sollte die Teilnehmer anregen, Interesse wecken und zu einer thematischen Auseinandersetzung mit den Textinhalten motivieren.

Sowohl das Lesen als auch das Zuhören sind aktive Handlungen und erfordern Konzentration, Aufmerksamkeit, ein gutes Gehör, Interesse und das Verarbeiten der Informationen.

Hochbetagte verfügen oft nicht mehr über die erforderliche Konzentration und sind mit langen Texten überfordert. Ein Gruppenleiter muss die Fähigkeiten, Ressourcen und Interessen von Teilnehmern genau kennen, um eine Stunde entsprechend vorbereiten zu können. Entweder sucht der Leiter einen Text aus, oder aber die Gruppe schlägt dem Leiter ein Thema vor, das alle interessiert.

> Wer eine Lesestunde vorbereitet, ist gut beraten, auch andere Menschen wie Gemeindemitglieder, Ehrenamtliche, Pfarrer oder Kulturpädagogen in die Organisation der Veranstaltung einzubinden, um den „Horizont" zu erweitern.

> **!** Müdigkeit und Einschlafen bei der Lesestunde sind meistens Zeichen dafür, dass der Text zu lang ist, akustisch nicht verstanden wird oder die Zuhörer ihn kognitiv nicht verarbeiten können. Insbesondere demenzkranke Menschen sind mit dem Vorlesen längerer Texte häufig überfordert.

Grundsätze für eine Lesestunde

Damit eine Lesestunde gelingt, sollten einige **Grundsätze** beachtet werden:
- Eine Lesestunde methodisch vielseitig gestalten: nicht nur vorlesen oder lesen, sondern kleine

- Übungen, Gesprächsanteile, Diskussionen, Spiele und Singen einplanen
- Thema, Länge und Inhalt des Textes sowie Verständlichkeit auf die Zielgruppe ausrichten und an der Biografie und Lebenswelt der Zuhörer orientieren
- Werden die Texte nur vorgelesen, müssen sie leicht verständlich und frei von komplizierten Satzgefügen sein
- Kurze Texte zum Mitlesen für alle Teilnehmer in Großschrift kopieren (☞ Abb. 6.8)
- Wenn möglich Teilnehmer zum Mitsprechen und Lesen motivieren. Geeignet dafür sind bekannte Gedichte oder Sprichwörter
- Kommunikation und Gespräch über die vorgelesenen Texte anregen
- Ablauf einer Lesestunde in drei Phasen gliedern: Einführung – Hauptteil – Ausklang (☞ Abb. 4.19)
- Benutzer von Hörgeräten daran erinnern, dass sie ihr Hörgerät tragen.

Ablauf einer Lesestunde – ein Beispiel

In einer stationären Altenhilfeeinrichtung findet an einem Vormittag immer eine offene Lese- und „Schnuddelgruppe" statt, die interessierte Bewohner des Wohnbereiches zur Teilnahme einlädt. Die Sozialpädagogin kennt die Teilnehmer. Heute kommen sechs orientierte und zwei leicht demente Bewohner zur Lesestunde. Es ist ein hochsommerlicher Tag, und es geht um das Thema Blumen, das alle Frauen interessiert. Auf dem Tisch steht ein bunter Sommerblumenstrauß, und auf dem Tisch liegen viele Blumenpostkarten.

Die Gruppenleiterin hat folgenden **Ablauf** geplant:
- Begrüßung aller Teilnehmer
- Gemeinsames Singen eines jahreszeitlichen Liedes: „Geh aus, mein Herz, und suche Freud in dieser schönen Sommerzeit" (Singvorlage in Großschrift)
- Alltagsgespräch über Wetter, Befindlichkeit und ähnliche Themen
- Vorstellungsrunde mit einer Rosenblüte, die reihum gereicht wird. Wer die Rose in der Hand hält, hat das Wort. Jeder Teilnehmer stellt sich mit Namen und seiner Lieblingsblume vor
- Allgemeines Gespräch über Blumen, Gärten, Blumenpflege. Möglichst alle Teilnehmer zu Wort kommen lassen und zur Gesprächsteilnahme motivieren
- Die Blumen des Straußes auf dem Tisch raten lassen
- Nach einer Pause Vorstellung des Textes und die Blumengeschichte von K. Allert-Wybranietz vorlesen (Text ☞ Kasten)
- Anschließend nachfragen, ob alles verstanden wurde und Gesprächsanregung geben: An was haben Sie bei dem Text gedacht? Was denken Sie, um welche Blume es sich handelt? Was meinen Sie, was die Autorin im übertragenen Sinne mit dieser Geschichte mitteilen will?

Abb. 6.8: Wenn kopierte Texte mitgelesen werden können, werden die Teilnehmer einer Lesestunde zu aktiv Beteiligten. [K157]

Jeder ist eine Blüte

(von Kristiane Allert-Wybranietz)

Sie stand in einem Garten, wie es viele Gärten gibt. Inmitten von gelben, roten und blauen Blumen – ach, es waren alle Farben vorhanden. Doch sie meinte, eine besondere Blume zu sein. Schon im Frühjahr beschloss sie, auf keinen Fall zu früh zu blühen. Sie könnte ja einem Spätfrost zum Opfer fallen! Schließlich war ihr Leben begrenzt, da wollte sie nichts riskieren und ja nicht zu früh ihren Knospenmantel verlassen. Als im Frühling die ersten Blumen zaghaft zu blühen begannen, dachte sie: „Wie leichtsinnig meine Mitblumen ihre Blüte riskieren!" Und sie fühlte sich bestätigt, als einige davon wirklich einmal einen Nachtfrost nicht überstanden. Traurig sahen sie aus, die Opfer, mit ihren verknüllten Blütenblättern auf dem gesenkten Stängel. Im Mai und Juni erblühte dennoch eine Blume nach der anderen in voller Pracht. Die Nelken verströmten ihren Duft und die Pfingstrosen leuchteten um die Wette. Nur diese eine Blume stand noch immer trotzig in ihrer Knospe und weigerte sich, ihre Blütenblätter zu öffnen: „Sollen doch die andern schon blühen", sagte sie sich. Schlimmeres hatte sie schon darüber gehört, was einer Blume alles zustoßen kann, wenn sie erst einmal blüht. Waren es im Frühjahr die Nachtfröste, vielleicht auch noch etwas Schnee, so konnte der Regen im Sommer die Blätter abschlagen. Und wie würde sie dann wirken, so ohne Blütenblätter? Vorbei wäre es mit dem Blütenzauber. Und erst die Vorstellung, jemand könnte sie pflücken, weil sie so schön blüht! Nein, in einer Vase wollte sie nicht landen! Niemand pflückt Knospen, dachte sie und kam sich sehr klug und vernünftig vor. Sie wollte sich erst ganz sicher fühlen, um sich dann mit aller Kraft zu entfalten. Allerdings bewunderte sie heimlich die Pracht all ihrer Freundinnen: Wie die ihre Blätter in der Sonne räkelten, mit ihrem Duft betörten, ihre Farben ausbreiteten. Diese lebendige Vielfalt war ihr, die noch immer ängstlich in der Knospe hockte, manchmal ein wenig ungeheuer, bedrohlich – vielleicht, weil sie es insgeheim erstrebenswert und herrlich fand? Tief in ihrem Blumenherzen fühlte sie, dass sie gerne mitblühen wollte. An manchen Tagen wurde sie dann unsicher: Ob sie überhaupt mit all dieser Blütenpracht mithalten konnte? Immer, wenn solche Fragen ihr Unruhe bereiteten, fiel ihr ein, dass sie auf jeden Fall in ihrer Knospenhülle sicher war, dass all diese Ängste sie nicht berühren würden, so lange sie einfach in ihrer Knospe bliebe. Außerdem gab ihr die Knospe ihr Halt und Wärme in den manchmal doch recht windigen und kühlen Sommernächten. Aber die Blume fühlte auch Einsamkeit und Enge, die sie oft bedrängten. Und sie spürte, dass sie ausgeschlossen war von dem prallen Leben und Blühen auf ihrem Beet. Nach und nach wurde sie immer ratloser. Auf der einen Seite wollte sie die Sicherheit ihrer Knospe nicht aufgeben, auf der anderen Seite wollte sie aber auch nicht recht in ihr bleiben. Was nun?

„Wer weiß", dachte sie, „wie die anderen Blumen reagieren, wenn sie mich blühen sehen. Immerhin kennen sie mich nur als Knospe. Wenn ich jetzt mein Innerstes nach außen kehre, würden manche möglicherweise lachen." Da fielen ihr auch wieder alle Bedrohungen ein, die draußen auf sie lauern konnten. War nicht gerade erst der stolze Rittersporn vom Nachtwind umgeweht worden? Und die Margariten: Fast das ganze Beet hat das Mädchen gestern abgepflückt, einfach abgerissen. Nein, danke! Das sollte ihr nicht passieren. Trotzdem – irgendwie drängte es sie, auch mitblühen zu können, die Sonnenstrahlen mit ihren Blütenblättern aufzufangen und den kühlen Regen zu genießen, sich einfach in die wunderbare Farbenvielfalt einzufügen. Überhaupt: Wie mochten ihre Blütenblätter wohl aussehen? Sie fürchtete sich, vielleicht hässlich zu sein – war aber auch neugierig auf sich selbst. Wenn wirklich mal ein Blatt abfallen sollte, schien das so schlimm nun auch wieder nicht zu sein. Schließlich wurde es Ende August. Immer schwerer wurde ihr die Entscheidung. Angst und Neugier, Sicherheit und Lebenslust kämpften in ihrer Blumenseele, ohne dass eine Seite die Oberhand gewann. Konnte die Blume jetzt noch so ein hohes Risiko eingehen? Immerhin war sie jetzt eine alte Knospe. In mancher Sommernacht gestand sie sich ein, dass sie in ihrer Sicherheit immer unsicherer wurde. Sie war immer nur Knospe gewesen und hatte keinerlei Erfahrung im Blühen. Und doch – in ihr wuchs immer mehr eine Ahnung, wie schön das Blühen sein musste. Wie gut stand den Malven ihr Rosa zu Gesicht. Wie fröhlich wippten die Wicken im Wind! Wie beeindruckend erhoben sich über alle die sattgelben Sonnenblumen. Und so wurde sie eine immer traurigere Knospe. Von Tag zu Tag fühlte sie deutlicher, wie sich in all ihrer Sicherheit Stillstand und Leere zeigten. Sie war zwar eine sichere Knospe – im Herzen aber eine Blume, die sich nicht zu entfalten wagte! Im September wurden die Sonnenstrahlen milder und das Blumenbeet langsam leerer. Da wusste die Blume plötzlich, dass sie sich jetzt entscheiden musste. Mit dem September nahte auch schon der Herbst. Womöglich könnte sie dann erfrieren, obwohl sie sich beinahe schon erfroren fühlte hinter ihren Knospenmauern. Und dann, an einem besonders schönen Septembermorgen, arbeitete sie sich doch noch aus ihrer inzwischen harten Schale hervor. Sie wurde eine fantastische Blüte und erntete viel Bewunderung. Am meisten aber freute sie sich, dass sie endlich den Mut zum Blühen gefunden hatte. Sie ließ ihre Farben weithin leuchten, spielte mit Wind und Sonne und war einfach glücklich. Sie wusste jetzt, dass Blühen nichts mit Können zu tun hatte, sondern mit SEIN. Es ist nicht überliefert, was aus ihr geworden ist. Vermutlich hat sie nur kurz geblüht, da sie sich so lange nicht entscheiden konnte. Aber sie war noch zu einer herrlichen Blume aufgeblüht, damals im September.

- Bei einer Gruppe ist eine lebhafte Diskussion über die Erkenntnis, ob man sich im Leben zurückhalten und zurücknehmen solle oder nicht, entstanden. Die Geschichte liefert viel Diskussionsstoff über Frauenthemen
- Die Gruppenleiterin fasst verschiedene Meinungen zusammen und lässt sie akzeptierend nebeneinander stehen. Sie bewertet die Meinungen nicht, sondern sammelt Pro- und Kontra-Argumente
- Zum Schluss sucht sich jeder Teilnehmer von den Blumenpostkarte eine zum Mitnehmen aus
- Abschlusslied: zwei Strophen von „Geh aus mein Herz..."
- Verabschiedung.

> ❗ Die Teilnehmer nicht mit dem Text „überfallen", sondern den Text in ein Rahmenprogramm einbinden und an passender Stelle vorlesen.

6.2.4 Literaturkreise

Literaturkreise für ältere Menschen haben sich an Hochschulen und Volkshochschulen etabliert, inzwischen aber auch Einzug in Einrichtungen der offenen Altenarbeit gehalten. Die Finanzierung ist unterschiedlich geregelt und vom Träger und Modell abhängig. Autoren, Künstler, Stadtkünstler, Personen des öffentlichen Lebens, aber auch interessierte Laien, Kultur- und Sozialpädagogen können Literaturkreise leiten und mitgestalten (☞ Abb. 6.9). Literaturkreise sind Begegnungskreise, z. B. in

- Stadtteilzentren
- Altenclubs
- stationären Altenpflegeeinrichtungen
- Gemeinden
- Kirchengemeinden.

Ziele von Literaturkreisen

Literaturkreise bieten
- Austausch über Literatur
- soziale Kontakte
- Möglichkeiten zur Reflexion der eigenen Lebensgeschichte
- Anregungen und neue Erfahrungen

- Belebung der Fantasie und der Kreativität
- Training kognitiver Fähigkeiten.

Organisation und Planung eines Literaturkreises

Um möglichst viele Interessenten zu erreichen und ihnen den Zugang zu erleichtern, ist es sinnvoll, den Literaturkreis als niedrigschwelliges Angebot zu konzipieren. Bei der Organisation von Literaturkreisen sind zu berücksichtigen:

- **Zeit:** Der Nachmittag ist wegen günstiger Verkehrsanbindungen und dem Sicherheitsbedürfnis alter Menschen, die häufig nicht gern im Dunkeln auf die Straße gehen, geeigneter als der Abend. Außerdem motiviert ein Nachmittag mit Kaffee und Kuchen zusätzlich.
- **Ort:** Einen zentralen, gut erreichbaren und bekannten Ort, z. B. die Kirchengemeinde oder das Stadtteilzentrum, auswählen
- **Weg:** Der Weg zum Literaturkreis sollte kurz, gut erreichbar und ohne Hindernisse sein. Ein vom Träger organisierter Hol- und Bringdienst (Gemeinde, Kommune oder Wohlfahrtsverband) kann bewegungseingeschränkte oder behinderte Teilnehmer abholen.

Darüber hinaus gibt es noch eine Reihe anderer Dinge im Vorfeld zu klären und zu organisieren:

- Träger, z. B. Stadtteilzentrum, Altenclub, Altenpflegeeinrichtung, Bibliothek, Gemeinde, gewinnen
- Zusammenarbeit mit anderen Vortragenden anstreben, z. B. mit Autoren, Kulturpädagogen und -beauftragte, Pfarrer. Kontakt zu Volkshochschulen, der ortsansässigen Bücherei, dem Kulturamt und zum Stadtarchiv nutzen
- personelle Begleitung und Unterstützung klären. Organisator (kann je nach Modell und Träger Sozialpädagoge, Kulturpädagoge, Ergotherapeut oder Geragoge sein); Lesende, evtl. Helfer für Getränkeausschank suchen
- klären, ob der Organisator oder eine andere Person moderieren soll
- Zielgruppe eingrenzen und gezielt ansprechen. Dabei entscheiden, ob es eine offene Ausschreibung geben soll oder ob sich die Teilnehmer vorher anmelden müssen
- Ausschreibung konkret mit Thema, zeitlichem Umfang, Methoden, Gesprächs- und Diskussionsumfang formulieren

6.2 Literatur- und Lesekreise, Schreibwerkstätten

- klare zeitliche Absprache treffen, z. B. 1 × im Monat, z. B. jeden 1. Dienstagnachmittag im Monat, oder als Kurs, z. B. vier Donnerstagnachmittage
- biografieorientierte Themen auswählen und Themenwünsche erfragen und erfüllen
- an Bedürfnissen orientieren: Steht z. B. das Interesse an sozialem Zusammensein im Vordergrund, dann sollte dieser Wunsch durch geselligen Kreis, Kaffeerunde oder Austauschrunden erfüllt werden
- Lesungen und Literaturkreise vielseitig gestalten und z. B. mit Singen, Theaterszenen oder Schreibübungen verbinden.

Abb. 6.9: Ein Literaturkreis findet treue Teilnehmer, wenn die Organisatoren, die richtigen Themen auswählen und so „den Nerv" der älteren Generation treffen. [K157]

Themen und Ausschreibungen für einen Literaturkreis

Die folgenden Themen sind **Vorschläge** und lassen sich je nach Interesse und regionalen Möglichkeiten gestalten.

- Märchenerzähler liest und erzählt regionale, verschollene, komische, seltene und schöne Märchen. Austausch über die Symbolik der Märchen durch anschließenden Gesprächskreis. Fünf Nachmittage.
- Märchen und Tanz: Märchenerzähler erzählt und gestaltet das Märchen „Der Zaubergarten". Zentrale Aussagen und Symbolik werden in alten Kreistänzen gemeinsam getanzt. Es ist keine Tanzerfahrung notwendig. Ein Nachmittag.
- Lesung aus: „Die Asche meiner Mutter". Für alle Interessierte dieses Romans. Eine Lesung der Stadtbücherei. Eröffnung des vorangehenden Buffets um 15.00 Uhr.
- Lesung jüdischer Erzählungen und Hören jiddischer Lieder. Humorvolle Geschichten aus der jüdischen Folkloretradition, gemischt mit jiddischen Liedern voll Witz und Wehmut. Ein Nachmittag.
- Geschichten aus der Region. Gelesen werden ernste und komische Geschichten aus dem Stadtarchiv. Abschluss mit einigen Liedvorträgen des regionalen Gemischten Chores.
- Geschichten und Bilder aus den 50er Jahren: Gelesen werden kleine Geschichten aus den 50er Jahren: Käfergeschichten, Urlaubsgeschichten aus Italien, Kühlschrank- und Fernsehgeschichten. Begleitet wird die Lesung von Dia-Bildern aus dieser Zeit.
- Weihnachtliche Geschichten: Ein Mitarbeiter der Bücherei liest weihnachtliche Geschichten bei Kaffee und Weihnachtsgebäck.

6.2.5 Kreatives Schreiben und Schreibwerkstätten

Das Schreiben ist ein uraltes Medium zur Vermittlung von Sprache und wichtigstes Kommunikationsmittel unserer Kultur. Die heute alten Menschen sind es gewohnt, sich schriftlich auszudrücken. In einer Zeit, in der das Telefon kaum verbreitet und E-Mails noch nicht erfunden waren, ließen sich Kontakte über größere Entfernungen fast ausschließlich über Briefe aufrechterhalten. Die Generation der heute älteren und alten Menschen wird deshalb häufig auch als Schreib- oder **Briefschreibergeneration** bezeichnet.

> **Fallbeispiel**
>
> Die 88-jährige Frau Schilling schwärmt in einer kreativen Schreibstunde vom Briefe schreiben: „Ach, was habe ich früher gerne geschrieben. Mein Verlobter war woanders und ich hier, da haben wir uns fast jeden Tag geschrieben. Die schönen Briefe, die habe ich alle jahrelang aufgehoben. Auch heute schreibe ich meinem Sohn noch jede Woche einen Brief, obwohl ich auch telefonieren könnte."

Im Geschriebenen drücken sich Gedanken und Gefühle des Schreibenden aus. Deshalb können Texte und Gedichte einen Zugang zum „Innenleben" schaffen und mitunter sogar einen therapeutischen Wert haben. Beim Schreiben können ungewollt Gefühle freigesetzt werden. Der Gruppenleiter muss in der Lage sein, die Gefühle aufzufangen. Meistens übernimmt auch die Gruppe diese Funktion.

Kreatives Schreiben

> **Kreatives Schreiben:** Spielerisch ungezwungener Umgang mit Sprache und Texten ohne Konkurrenz- und Leistungsdruck. Mit unterschiedlichen Methoden wird ein produktiver Schreibprozess aktiviert und mit Fantasie in Worte und Texte umgesetzt. Kreatives Schreiben kann einzeln oder in der Gruppe durchgeführt werden.

Ziele

- Entfaltung der eigenen Ausdrucksmöglichkeiten
- Mobilisation von Fantasie und Kreativität
- Stärkung von Selbstwert und Selbstständigkeit
- Förderung der Kommunikation und Erleben sozialer Kontakte durch die literarische Geselligkeit
- Schriftliches Festhalten von persönlichen Erfahrungen und Erfahrungsaustausch mit Gleichgesinnten
- Biografie- und Erinnerungsarbeit
- Selbsterkenntnis
- Zum Ausdruck bringen von Gefühlen und Gedanken.

Methoden

Es gibt sehr viele Methoden des Kreativen Schreibens. Sie regen die Fantasie an und reduzieren durch spielerische Elemente den hohen Anspruch, den manche Teilnehmer an sich und ihre Texte stellen.

Für das Kreative Schreiben werden „Türöffner" für die Fantasie benutzt. Türöffner sind Wörter mit Signalcharakter, z. B. persönliche Themen, optische Reize, andere Sinnesreize wie Gerüche, Tastempfindung, Erinnerungen.

> [!] Texte, die beim Kreativen Schreiben entstehen, werden nicht bewertet. Oft entsteht, nachdem die geschriebenen Texte vorgelesen wurden, ein reger Austausch in der Gruppe. Der Anleiter muss darauf achten, dass nicht die Qualität der Texte zum Diskussionsgegenstand wird.

Folgende Methoden des Kreativen Schreibens haben sich insbesondere in der Praxis mit alten Menschen bewährt.

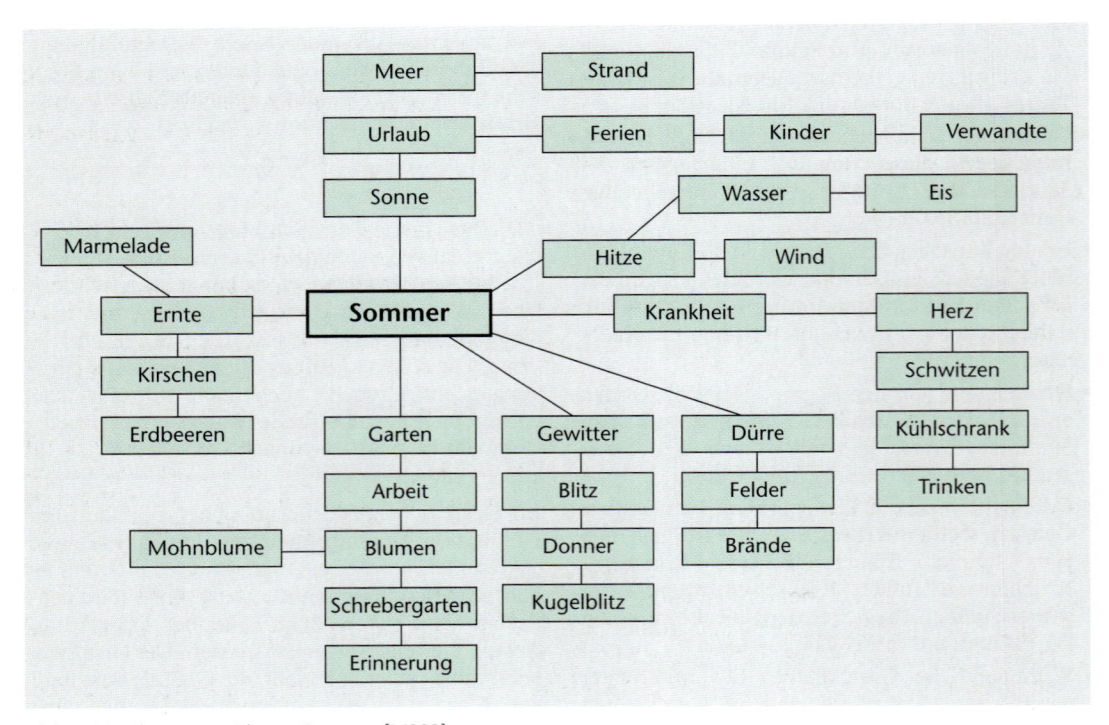

Abb. 6.10: Cluster zum Thema Sommer. [M283]

Blitzlicht

In einem vorgegebenen (kurzen) Zeitraum werden alle Gedanken, die gerade durch den Kopf gehen, aufgeschrieben. Anschließend kann das Geschriebene in der Gruppe besprochen werden. Das geschriebene Blitzlicht ist eine gute Aufwärm- und Kennenlernübung.

Cluster (Gedankenschwarm)

Ein einzelnes Wort (z. B. Sommer, Glück, Himmel) in die Mitte eines Blattes schreiben. Nun werden schnell und ohne Wertung alle Gedanken, Gefühle, Einfälle, und Erinnerungen um das Wort in der Mitte geschrieben. Dabei lassen sich Assoziationsketten bilden. Fällt einem z. B. zum Sommer das Wort Sonne, dann Urlaub, dann Reisen usw. ein, werden diese Begriffe aneinander gereiht. Ist die Assoziationskette beendet, kann mit einer neuen Assoziationskette wieder beim Kernwort in der Mitte begonnen werden (☞ Abb. 6.10).

In einer Gruppe kann jeder Teilnehmer ein eigenes Cluster entwerfen. Es ist aber ebenso möglich, in Gemeinschaftsarbeit ein Gruppen-Cluster entstehen zu lassen.

Das Clustern wird nach etwa 10 Minuten beendet, weil dann die meisten spontanen Einfälle aufgeschrieben sind. Aus dem so gewonnenen Material können nun interessante Aspekte herausgegriffen und freie Texte und Gedichte geschrieben werden. Eine andere Möglichkeit ist es, zu jedem Wort aus dem Cluster einen Satz zu bilden und die Sätze zu einem Gedicht oder zu einem Text zusammenzufügen (☞ Kasten).

Schreiben nach Bildvorlagen

Beim Schreiben nach einer Bildvorlage kommt es nicht darauf an, das Bild nach objektiven Kriterien exakt zu beschreiben. Vielmehr sollen die Teilnehmer eigene Gefühle, Gedanken, Assoziationen und die Beziehungen, die zu dem Bild entstehen, in den Text einfließen lassen.

Ablauf

- Zuerst wird das Bild (z. B. Postkarte, Kalenderbild) in Ruhe betrachtet
- Anschließend äußert jeder Teilnehmer einen ersten Eindruck oder ein spontanes Gefühl
- Danach werden die Teilnehmer aufgefordert, die Gefühle, die das Betrachten des Bildes bei ihnen ausgelöst hat, aufzuschreiben. Dazu ist es auch möglich, zuerst ein Cluster zu bilden

---

Sommer

Alle haben auf den Sommer gewartet.

Mit großer Hitze ist der Sommer ein Jahrhundertsommer geworden.

Von morgens bis abends waren wir am Schwitzen.

Gut, dass es heutzutage Kühlschränke mit Eis und kalten Getränken gibt.

Der Sommer ist nicht die schönste Jahreszeit.

Durch Dürre sind viele Felder und Ernten zerstört worden.

Blitz und Donner machen den Kindern angst.

Und auch das Herz macht im Alter den Sommer nicht mehr so mit.

In den Ferien freut sich aber alles auf den Urlaub.

Im Sommer sind wir oft in den Seen geschwommen.

Kirschen und Beeren wurden geerntet.

Und wir haben tagelang Marmelade eingekocht.

Erdbeeren sind meine Lieblingsfrucht.

- Nun können auch alle weiteren Gedanken und Assoziationen aufgeschrieben werden
- Im Anschluss werden die Texte vorgelesen und sich darüber ausgetauscht.

> **!** Jeder Teilnehmer entscheidet selbst darüber, ob er seinen Text vorlesen möchte oder nicht. Seine Entscheidung wird akzeptiert, ohne dass er sich gezwungen fühlt, begründen zu müssen, warum er nicht vorlesen möchte.

Schreiben nach Gegenständen

Mit alten Menschen ein Alltagsmuseum, z. B. zum Thema Schule, zusammenstellen. Dazu verschiedene Gegenstände, Erinnerungsstücke, Fotos und anderes zum Thema mitbringen lassen.

Ablauf

- Das Alltagsmuseum wird vorgestellt
- Die Teilnehmer tauschen sich über die Exponate aus
- Anschließend werden persönliche Erinnerungen, Geschichten oder Assoziation zu einem

Gegenstand oder allgemein zum Thema Schule aufgeschrieben
- Wer möchte, kann seinen Text vorlesen
- Abschließend werden noch einmal Erfahrungen und Erinnerungen ausgetauscht.

Akrostichon – ein Wort und viele Gedanken

Es wird ein Begriff vorgegeben, der Signalcharakter hat und zu dem die Teilnehmer einen Bezug haben, z. B. Weihnachten, Familie, Kinder, Herbst, Alter. Die Buchstaben werden von oben nach unten in Großbuchstaben auf ein Blatt Papier geschrieben. Zu jedem Anfangsbuchstaben wird ein Wort, ein Ausdruck, eine Wortgruppe oder ein Satz gefunden, der mit dem Ausgangsbegriff in Zusammenhang steht. Diese Übung eignet sich gut für eine Gruppe.

Beispiel

W Wann ist es soweit?
E Eigentlich ist es eine Zeit der Stille!
I Ich wünsche mir…
H Hast Du auch Wünsche?
N Natürlich haben wir einen Weihnachtsbaum.
A Alle Jahre wieder…
C Christus ist geboren!
H Hoffentlich schneit es!
T Tannenbaum und Tannenzapfen!
E Es ist ein Familienfest.
N Niemand hat gerne Ärger an Weihnachten!

Das Akrostichon mit den Buchstaben des eigenen Namens eignet sich auch gut als Kennenlernübung.

ABC-Assoziationen

Eine Aufwärmübung für die Fantasie. Das ABC wird untereinander an den linken Rand eines Blattes geschrieben. Zu jedem Buchstaben soll ein Wort oder ein Satz zum gestellten Thema gefunden werden.

Beispiel zum Thema „Alles, was ich nicht will"

A Alles glauben, was andere erzählen
B Butterbrote zum Mittag
C Christstollen
D Dumme Freunde
E Eselsohren im Lieblingsbuch
F Frühstück nach Neun
G Gift und Galle spucken
H Herzinfarkt bekommen

Die Aufzählung bis zum Buchstaben „Z" fortführen.

Faltgeschichten

Faltgeschichten dienen der Unterhaltung und sind lustig. Sie sind als Lockerungsübung und zum Kennenlernen der Teilnehmer einer Schreibgruppe geeignet. Bei Faltgeschichten ist der Weg das Ziel, nicht das Endprodukt, der Text.

Ablauf

- Eine Person schreibt einen kurzen Satz oder Teilsatz auf die linke Hälfte des Blattes, die nächste Person ergänzt den Satz oder schreibt einen neuen dazu.
- Dann wird das Stück Blatt mit den Sätzen in Ziehharmonikaform umgefaltet, die nächste Person ist mit Schreiben an der Reihe.

Zuletzt das Gemeinschaftswerk vorlesen. Meist kann herzlich darüber gelacht werden, mitunter sind auch ein paar literarische Kunstwerke dabei.

Schreiben nach Düften

Der Geruchssinn ist einer der ältesten Sinne in der Stammesgeschichte. Gerüche lösen Erinnerungen, starke Bilder und Gefühle aus (☞ Abb. 6.11). Deswegen können Gerüche gut als Türöffner für Schreibideen genutzt werden. Folgende Übung eignet sich besonders für eine Kleingruppe:

- Es werden verschiedene frische und getrocknete Kräuter vorbereitet, z.B. Lavendel, Rosmarin, Salbei, Pfefferminze, Lorbeer, Melisse oder frisch geriebene Zitronen- und Orangenschalen. In der kalten Jahreszeit eignen sich Winterdüfte wie Zimt, Vanille, Kardamom oder Honig, die in kleinen Schälchen gereicht werden.
- Mit geschlossenen Augen und mit dem Tastsinn werden die Kräuter befühlt, zwischen den Fingern zerrieben und „beschnuppert", an den Winteraromen wird nur gerochen.
- Dabei soll jeder Teilnehmer darauf achten, welchen Geruch er am liebsten mag und welcher Bilder, Erinnerungen und Gefühle in ihm wach werden.
- Die Teilnehmer werden aufgefordert, die Augen zu öffnen und Stichpunkte oder einen Text aufzuschreiben, sobald sich eine Szene vor dem „inneren Auge" abzeichnet. Variante für zwei

6.2 Literatur- und Lesekreise, Schreibwerkstätten

Abb. 6.11: Düfte lösen bei der alten Dame längst vergessen geglaubte Erinnerungen aus. [K157]

Abb. 6.12: Senioren einer Schreibwerkstatt. [K157]

Teilnehmer: Geruchsproben gemeinsam mit Partner „beschnuppern", sich anschließend darüber austauschen, erst dann beginnt jeder mit dem Schreiben.
- Abschließend Austausch in der Gruppe oder mit dem Partner.

Fallbeispiel

Den folgenden Lavendeltext hat eine alte Dame bei einem Schreibworkshop mit Düften geschrieben: „Lavendel und Rosmarin sind zwei zusammengehörige Pflanzen für mich. Aber eigentlich doch so unterschiedlich. Rosmarin anregend – der Lavendel beruhigend. Aber ich liebe den Lavendel. Meine Liebe zum Lavendel hat mit einer wunderbaren Reise in die Provence – das ist jetzt schon über 20 Jahre her – begonnen. Mit meiner Freundin Erika waren wir mit einer Gruppenreise unterwegs, ganz im Süden der Provence. Ich vergesse seitdem die blühenden, intensiv duftenden Lavendelfelder, den überall sich verbreitenden Duft der Provencekräuter und die Provencesonne nicht mehr. Auch Erika werde ich nie vergessen. Es war ihre letzte Reise. Ein Jahr später ist sie gestorben."

☑ Es gibt zahlreiche Methoden und Übungen für Kreatives Schreiben. Wer sich mehr damit beschäftigen will, sollte selbst einmal einen Kurs oder eine Schreibwerkstatt besuchen. An allen Volkshochschulen und Bildungsstätten werden inzwischen Workshops zum Kreativen Schreiben angeboten. Standardwerk: Lutz von Werder: Lehrbuch des Kreativen Schreibens, Schibri-Verlag, Milow 1993.

Schreibwerkstatt

Als Gruppenarbeit für das Schreiben bietet sich die Organisation einer Schreibwerkstatt an, die als fortlaufender Kurs oder an einem Nachmittag stattfinden kann.

☑ Eine Schreibwerkstatt kann gut in der offenen Altenhilfe (Altenbegegnungsstätten, Gemeinden, Seniorenclubs) oder auch im kleinen Rahmen und mit einfachen Themen in einer stationären Einrichtung durchgeführt werden.

Planung und Organisation einer Schreibwerkstatt

- Einen Träger, z. B. Altenclub, Gemeinde oder Stadtteilzentrum, finden und mit einem Konzept Interesse wecken
- Zielgruppe festlegen, z. B. für eine biografisch orientierte Schreibwerkstatt eine geschlossene Gruppe mit bis zu 8 Frauen (keine zu großen Gruppen bilden) zwischen 60 und 90 Jahren
- Für die Schreibwerkstatt einen ruhigen Raum mit angenehmer Atmosphäre aussuchen
- Zeit, z. B. 1 × wöchentlich nachmittags oder abends, und Dauer, z. B. 120 Minuten (in Altenpflegeeinrichtungen auch kürzer), festlegen
- Konkretes Thema wählen, z. B. „Biografisches Schreiben"
- Mit Plakaten und persönlichen Gespräche Teilnehmer werben.

Vier-Phasen-Modell einer Schreibwerkstatt

1. Inspirationsphase: Einleitung des kreativen Prozesses durch Ideen, Spontaneinfälle, Entdeckungen, Erkenntnisse, Informationssammlung, Auseinandersetzungen mit sich und der Umwelt.

Diese Phase wird durch Schreibanregungen wie z. B. Assoziationen, Blitzlichter oder Cluster unterstützt.

2. Inkubationsphase: In dieser „Ausbrützeit" wird mit dem entstandenen Material aus der ersten Phase probiert, spielerisch umgegangen, es wird verknüpft, ergänzt und Neues hinzugefügt. Mit Übungen wird diese Phase initiiert, z. B. werden aus dem Cluster Sätze gebildet.

3. Illuminationsphase: In dieser Phase erhalten die bisher noch ungeordneten Elemente eine feste Gestalt, oft verbunden mit einem plötzlichen Einfall oder einer Idee für einen Text, für ein Gedicht oder eine Geschichte. Gedanken und bisher Entstandenes werden überprüft, zusammengefügt und aufgeschrieben.

4. Verifikation: In dieser letzten Phase wird das Geschriebene überprüft, vorgelesen und evtl. für eine Publikation oder eine Lesung vorbereitet. In dieser Phase findet auch immer ein Austausch mit den anderen Teilnehmern statt.

Schreiben nach kulturellen, gesellschaftlichen und (sozial)politischen Themen

Viele kulturelle, gesellschaftliche und (sozial)politische Themenbereiche berühren die Biografie der Teilnehmer und bedürfen einer sensiblen Begleitung. Voraussetzung für das Gelingen einer solchen Schreibwerkstatt ist eine intensive Vor- und Nachbereitung sowie ein stabiles Vertrauensverhältnis innerhalb der Gruppe.

Ablauf

- Thema vorschlagen oder Vorschläge der Teilnehmer aufnehmen. Themen können z. B. sein
  - Frauenberufstätigkeit
  - Arbeitslosigkeit
  - Gleichberechtigung der Frau
  - Grenzgeschichten
  - Wiedervereinigung
- Gemeinsame Eingrenzung und Entscheidung für ein Thema
- Austausch von Erfahrungen und Erinnerungen zu dem Thema
- Vorbereitend das Thema mittels Film, Bildern, Dias oder Literatur von verschiedenen Seiten beleuchten
- Lebenserfahrungen und Verbindungen des Themas mit einem Lebensabschnitt in der Biografie aufschreiben lassen
- Texte gemeinsam lesen und besprechen.

Beispiel

Nach Betrachten von Bildern ist in einer Stadtteilgruppe mit alten Menschen ein Brainstorming zum Thema Alter durchgeführt worden. Anschließend ist folgender Reihumtext entstanden. Die beginnende Person hat den Text an passender Stelle abgeschlossen:

Im Alter kommt die Weisheit – sagen die anderen.

Alter schützt vor Torheit nicht.

Mit dem Alter ist es wie mit der Jugend: Es geht vorbei.

Keiner weiß, wann das Alter beginnt.

Im Alter hat man endlich Zeit, aber viel mehr Termine als früher.

Die Zeit geht mit jedem Tag Älterwerden schneller vorbei.

Der Jugend gehört die Welt – dem Alter nicht.

Wer hat das Alter gemacht?

Das Schöne am Alter ist, dass man gelassener wird.

Man ist so alt wie man sich fühlt.

Alt und Jung passen nicht zusammen.

Der Glaube hält bis ins hohe Alter.

Wer weiß das schon?

Ehre dem Alter!

Biografisches Schreiben

Beim biografischen Schreiben ist die eigene Lebensgeschichte Schreibanlass. Themen sind lebensgeschichtlich orientiert, z. B. Kindheit, Jugend, Schulzeit, Freunde, Eltern, Vater, Mutter, Geschwister, Liebe, Ehe, Alter, Trauer, Tod. Alltägliche Begebenheiten, Wendepunkte, Träume, Orte, Menschen usw. können Platz finden in Geschichten, Gedichten und Texten. Anregungen, Übungen und Methoden des Kreativen Schreibens helfen bei Wort- und Textfindungen, Fantasie- und Ideenentwicklung. Das Anschauen alter Fotos kann helfen, einen Zugang zum Thema zu finden (☞ Abb. 6.13).

Ablauf

- Themen vorschlagen, mit Gruppe auswählen und entscheiden
- Erinnerungen, Erfahrungen sammeln
- Eingangsübung: Cluster bilden, evtl. in der Gruppe vorstellen
- Gemeinschaftlichen Text schreiben

6.2 Literatur- und Lesekreise, Schreibwerkstätten

Abb. 6.13: Um eine Idee für einen Text zu finden, sucht sich jeder Teilnehmer ein Foto von der Wäscheleine aus, das ihn inspiriert. [L119]

- Jeder Teilnehmer schreibt eigenen Text
- Texte gemeinsam lesen und besprechen
- Erfahrungsaustausch.

> ⚠ Das Schreiben über biografische Themen kann schmerzliche Gefühle, Erinnerungen und Verlusterlebnisse wachrufen. Die Leitung muss in der Lage sein, solche Situationen gruppendynamisch zu lenken; evtl. zum Schutz des Einzelnen Grenzen zu setzen und eine vertrauensvolle Atmosphäre zu schaffen. Vorher mit einer Gruppe besprechen, dass schmerzliche Gefühle auftreten können.

Schreibförderung im Alltag von Altenhilfeeinrichtungen

Viele hochbetagte Menschen mit neurologischen Erkrankungen, Gelenkerkrankungen und Bewegungseinschränkungen trauen sich das Schreiben immer weniger zu und müssen dazu ermutigt werden.

Schreibanregungen

Auch wenn alte Menschen aufgrund ihrer Einschränkungen nicht mehr in der Lage sind, längere Texte zu schreiben, so kann das Schreiben dennoch gefördert werden, indem die alten Menschen

- Briefe oder Postkarten mit ihrem Namen unterschreiben
- gemeinsam einen Brief oder eine Karten schreiben, z. B. an eine im Krankenhaus liegende Mitbewohnerin
- leichte Spiele spielen, die zum Schreiben motivieren, z. B. Bingo, kleine Schreibspiele
- angeregt werden, ein Tagebuch oder einen Terminkalender zu führen
- motiviert werden, Gedanken, Poesiealbumsprüche oder Sprichwörter aufzuschreiben
- zum Malen angeregt werden, um das Halten des Stiftes zu üben
- eigene Ideen oder Mitteilungen auf einen dafür vorgesehenen Platz am „Informationsbrett" des Hauses (oder an einer Art Litfasssäule) notieren können
- ermutigt werden, bei körperlichen Einschränkungen Hilfsmittel zum Schreiben zu verwenden.

Hilfsmittel zum Schreiben

Wenn aufgrund Einschränkungen und Erkrankungen das Schreiben nur schwer oder gar nicht mehr möglich ist, können Schreib- und therapeutische Hilfen sinnvoll sein, um das eigenständige Schreiben zu unterstützen oder wieder zu erlernen (☞ Abb. 6.13). Auch Ergotherapie kann eigenständiges Schreiben fördern, z. B. bei Parkinsonerkrankten.

- **Schreibgriffe und Stiftverdickungen:** Stifthalter aus weichem Gummi (gibt es in verschiedenen Größen), werden einfach über Stift und Pinsel gestülpt, entlasten Finger und wirken entkrampfend, hilfreich bei feinmotorischen Störungen
- **Kugelschreiberdreikant:** Kugelschreiber mit Dreikantverdickung zum besseren Fassen bei feinmotorischen Störungen

Abb. 6.14: Schreibhilfen zur Unterstützung des selbstständigen Schreibens. [V381]

- **Superdicke Buntstifte:** verhindern Verkrampfungen der Hand
- **Schreibhilfe:** besteht aus Kunststoff und gleitet leicht über Papier, für Menschen mit eingeschränkter Handkoordination oder schwacher Handmuskulatur
- **Schreibhilfe mit Handgelenkfixierung:** Vorrichtung, die hilft, die Hand beim Schreiben ruhig zu halten (z.B. bei Tremor).

6.3 Erinnerungspflege

Erinnern *(Lebensrückschau):* Handlung oder der Prozess, sich die Vergangenheit in das Gedächtnis zu rufen. Die Erinnerung hat immer mit der Lebensgeschichte des Menschen zu tun und bringt etwas ganz Persönliches zum Ausdruck.

Erinnerungspflege *(Erinnerungs-, Biografiearbeit):* Einbeziehen der Vergangenheit in die aktuelle Gegenwart und die mögliche Zukunft. Erinnerungspflege ist daher nicht das „ständige Wandern und Graben in der Vergangenheit", sondern ein produktiver Prozess, der die ganze Lebensspanne eines Menschen umfasst und verknüpft.

Die Erinnerung im Sinne von Lebensrückschau wird in der Geragogik gezielt eingesetzt, um einen produktiven und bereichernden Prozess für den alten Menschen in Gang zu setzen, der letztendlich in mehr Lebenszufriedenheit und einer akzeptierenden Selbstannahme mündet. Die Erinnerungspflege wird also genutzt, um die Gegenwart zu bereichern.

Ziele

- Positive Nutzung der Lebensrückschau
- Selbstannahme
- Akzeptanz eigener Lebensgeschichte
- Bewältigung von schwierigen Lebensabschnitten und -krisen
- Aussöhnung mit schwierigen Lebensabschnitten
- Verbesserte Lebensqualität und Zufriedenheit
- Wohlbefinden
- Förderung von Spaß und Freude an positiven Erinnerungen
- Verbesserung der Kommunikationsfähigkeit
- Auseinandersetzung mit dem Alter
- Förderung vorhandener und verborgener Ressourcen

Ob Erinnerung als ein bereichernder Prozess erlebt wird oder aber in das Verharren in negativen Erinnerungen mündet, hängt entscheidend von der Persönlichkeit des alten Menschen ab.

> ✓ Die Beschäftigung mit der eigenen Vergangenheit kann positive, aber auch unangenehme Emotionen hervorrufen. In der eigenen Vorstellung wird gern das noch einmal vom Menschen erlebt, was sehr schön war und glücklich gemacht hat, weil daran Selbstwertgefühl, Hoffnung und Stärken gebunden sind. Eine Beschäftigung mit der Vergangenheit und den positiven Erlebnissen bedeutet immer auch eine Stärkung der Ressourcen.

Methoden

Um Zugang zu den Erinnerungen zu finden, bedarf es einiger Anregungen und Anstöße. Es müssen **Schlüssel** gefunden werden, um die Tür zu den Erinnerungen zu öffnen. Solche Schlüssel können sinnliche Eindrücke, Bilder, Musik, Lieder, Gegenstände, Geschichten, Gedichte, Reime oder andere alt bekannten Dinge sein.

Erinnerungspflege kann sich an **Einzelpersonen** oder **Gruppen** älterer und alter Menschen richten. Es sind auch Gruppen mit Teilnehmern verschiedener Generationen möglich.

Erinnerungspflege ist für **demente** und **nicht-demente Menschen** geeignet. Für Demenzkranke geht es aber weniger um die bewusste und reflektierte Lebensrückschau, sondern um das Aktivieren von Ressourcen aus dem Langzeitgedächtnis.

> [!] Bei der Erinnerungspflege stehen die angenehmen Seiten der „Erinnerungspflege" im Vordergrund. Es wird keine kritische Durchleuchtung und Bewertung hinsichtlich persönlicher Schwächen oder Verfehlungen vorgenommen. Erinnerungspflege ist keine Therapie.

Im Folgenden werden einige Möglichkeiten dargestellt, die sich besonders für Gruppenarbeiten in stationären Altenpflegeeinrichtungen, Altenbegegnungsstätten, Tagesgruppen und Institutionen der Altenhilfe eignen.

6.3.1 Erzählcafé

> **Erzählen:** Mündlich überlieferte Geschichte. Ältere Menschen als Zeitzeugen erzählen über ihr Leben, ihre Erfahrungen und liefern authentisches Material.

Ein **Erzählcafé** wendet sich, im Gegensatz zu einem biografischen Beschäftigungsangebot, das üblicherweise in einer kleinen, überschaubaren Kleingruppe stattfindet, an die Öffentlichkeit. Es gibt unterschiedliche Formen und Variationen von Erzählcafés, die mit unterschiedlichen Schwerpunkten arbeiten. Die Grundidee ist, dass ältere und alte Menschen ein öffentliches Forum haben, um sich mit anderen, auch jungen Menschen zu treffen, mit denen sie Erinnerungen teilen wollen, Erzählungen austauschen und soziale Kontakte schließen können. In Erzählcafés finden regelmäßige Erzählnachmittage in einer anregenden „Kaffeehausatmosphäre" statt.

Ziele

- Soziales Forum für ältere Menschen
- Soziale Kontakte
- Stadtteilbezogene Arbeit
- Auseinandersetzung mit Alltagsgeschichten
- Auseinandersetzung mit eigener Lebensgeschichte
- Wertschätzung und Nutzung der Lebens- und Zeitgeschichte von Menschen
- Kreativer Arbeitsansatz mit Geschichte
- Generationsübergreifende Begegnungen
- Erfahrungsaustausch
- Biografieorientierung
- „Öffnung" von Altenheimen und anderen Institutionen.

> ☑ In Erzählcafés wird der biografischen Geschichte vorrangige Bedeutung zugemessen. Dadurch erhält sie eine besondere Wertschätzung: die Wertschätzung des Menschen durch Wertschätzung seiner Biografie.

Organisation und Planung

- Träger für ein Erzählcafé suchen, z. B. die Stadt, die Gemeinde, der Altenclub, das Stadtteilzentrum oder eine stationäre Altenpflegeeinrichtung
- Zusammenarbeit mit anderen Institutionen anstreben, z. B. das Kulturamt, die Bibliothek, das Stadtarchiv, die Volkshochschule
- Organisation durch professionelle Mitarbeiter, um Bedeutung und Kontinuität des Erzählcafés beibehalten zu können und um Begleitung des alten Menschen zu gewährleisten
- Geeignete Räumlichkeiten auswählen, z. B. gemütlicher Raum mit Caféhauscharakter
- Regelmäßige Nachmittage vereinbaren, z. B. erster und letzter Donnerstagnachmittag im Monat
- Klare Ausschreibung mit Angaben zu Zeit, Ort, Themen, Zeitzeugen, Methoden, Diskussions- und Gesprächsumfang
- Themenfindung durch Organisator oder durch Gruppe
- Zeitzeugen durch Plakate und Ausschreibungen finden und Kontakte zu Institutionen herstellen, z. B. zum Stadt- oder Geschichtsarchiv, zu Medien, zu Privatpersonen
- Erzählcafé mit Kaffeenachmittag kombinieren: 15.00 Uhr Kaffee und Erfrischungen mit Küchenbuffet, ab 16.00 Uhr Beginn des Erzählcafés
- 1–2 Moderatoren benennen
- Begleitende Ausstellungen organisieren, z. B.
  - „Alltagsmuseum" zum Thema „Schule früher": alte Tafel, Griffel, Schwamm, Schulhefte, alte Bücher, Schultüte, Fotos
  - Ausstellung „Bademoden früher": Junge und alte Menschen führen Bademoden von früher vor. Passend dazu werden Bilder, Prospekte und Plakate ausgehängt.

> ❗ Das Erzählcafé ist für demenzkranke Menschen nicht geeignet, da es auf die reflektierte Auseinandersetzung mit der persönlichen Geschichte angelegt ist. Für demente Menschen sollten eher kleine, übersichtliche Angebote von Erinnerungspflege organisiert werden.

Themen

Die Themenvielfalt ist groß, hier nur einige Anregungen:
- Zeitzeugen berichten
  - zu einem Thema aus ihrer Lebensgeschichte
  - zu Themen wie z. B. frühere Berufe, technische Errungenschaften, Schule früher, Kriegserlebnisse, Nachkriegszeit
  - und initiieren Gespräche, Fragen und Diskussionen

- Regionale Themen, z. B. Stadtentwicklung der hiesigen Stadt oder Gemeinde
- Stadtteilbezogene Themen, z. B. Entstehung und Erhalt der hiesigen Klosteranlage
- Historische Themen wie „Kindheit und Krieg"

> **!** Alte Menschen nicht nur das Material zu den Veranstaltungen liefern lassen, dann wären sie ausschließlich Informanten, sondern in die Vorbereitung und Durchführung einbeziehen, damit für ihn ein Prozess der Beschäftigung mit eigener Lebensgeschichte stattfindet. Es sind professionelle Mitarbeiter nötig, die sensibel mit diesem Prozess umgehen und die alten Menschen begleiten können.

6.3.2 Erinnerungsstunde

Erinnerungsstunden sind ein geragogisches Angebot zur Pflege von Erinnerungen. Sie richten sich an verwirrte und nicht-verwirrte Menschen. Eine Erinnerungsstunde ist ein niedrigschwelliges und beteiligungsorientiertes Gruppenangebot und kann in jeder stationären Altenpflegeeinrichtung, Kurzzeitpflege, Tagespflege, Tagesstätte oder in anderen Einrichtungen durchgeführt werden. Zu einer Erinnerungsstunde finden sich ca. 10 Teilnehmer zu einem regelmäßigen Gruppentreffen zusammen, das methodisch und thematisch vom Gruppenleiter vorbereitet wird. Erinnerungsstunden basieren auf Methoden der gesprächsorientierten Biografiearbeit. Je nach Schwerpunktlegung durch die Gruppenleitung kann eine einzelne Person mit ihrer Biografie oder alle Personen mit ihren Erfahrungen im Mittelpunkt stehen.

Organisation und Planung

- Vorhaben im Team besprechen und Unterstützung der Teammitglieder einholen
- Sich die Unterstützung durch leitende Mitarbeiter (Heimleitung, Betriebsleitung, Pflegedienstleitung) sichern
- Geeigneten, gemütlichen Raum auswählen, in dem an Tischen oder im Stuhlkreis gesessen werden kann
- Angebot durch Plakat, Ausschreibung, persönliche Mitteilung oder Einladung bekannt machen
- Repertoire an Methoden und Materialien zusammentragen, z. B. alte Schlager und Musik, Bilder, Fotos zu bestimmten Themen, Sammelalben, Themenhefte, Erinnerungsbücher, Naturmaterialien, Erinnerungskisten, typische Gegenstände
- Spiele zu Erinnerungsaktivitäten: Vertellekes, Lebenslauf, Sonnenuhr (☞ Kap. 9)
- Für eine Stunde ein Thema aussuchen und damit die Stunde gestalten, z. B. „Hausarbeit früher"
- Grobplanung mit Themen wie z. B. Kindheit, Kinderspiele damals und heute, Schulzeit, Familienleben, Festtage, regionale Sitten und Bräuche, Berufstätigkeit der Frau, Hausarbeit damals und heute, Verkehr und Technik, Liebe
- Gleicher dreiphasiger Ablauf einer Stunde mit Einstimmung (Hinführung zum Thema, Kennenlernen, Aufwärmen), zentrale Aktivitäten (Betrachten von Alltagsmuseen, Gespräch, Erinnerung), Abschlussrunde (Lied, Abschlusssatz, Abschlussübung).
- Feinplanung einer Stunde kommt auf Gruppengröße und -struktur, Niveau der Gruppe, Gruppendynamik, technischen Möglichkeiten an
- Seh-, Hör- und Gehbehinderungen berücksichtigen
- Gruppengröße bis max. 10 Personen
- 90-minütige Aktivität; bei manchen Gruppen auch weniger. Bei Demenzerkrankten evtl. nur 45 Minuten.

> **!** Eine Erinnerungsaktivität kann für homogene Gruppen (ausschließlich Demenzkranke) oder für heterogene Gruppen angeboten werden. Heterogene Gruppen sind nur möglich, wenn sich verwirrte Personen gut in die Gruppe integrieren lassen, sich wohl fühlen und akzeptiert werden.

Themen

Jede Stunde kann unter einem thematischen Schwerpunkt stehen. Manche Themen erlauben auch eine Bearbeitung über mehrere Stunden. Die Themen sollten aber nicht zu lang ausgedehnt werden, damit es nicht langweilig wird. Neben Themen aus allgemeinen Lebensbereichen können speziell für die Gruppe interessante Themen gewählt werden, z. B.:

- Meine Heimat
- Meine Familie (☞ Abb. 6.15)

6.3 Erinnerungspflege

Abb. 6.15: Alte Familienfotos sind beliebte Erinnerungsauslöser. [K308]

Abb. 6.16: Alte Schulfotos lassen Erinnerungen lebendig werden. [M283]

- Lebenslauf und Lebenskreis
- Kindheit, Schulzeit, Jugend, frühes Erwachsenenalter, mittleres Alter, Rentenalter
- Freunde
- Naturthemen: Bäume, Blumen, Gärten, Wasser
- Berufstätigkeit
- Hobbys und Interessen
- Tiere
- Mode
- Technik.

Ist das Thema gut gewählt (z. B. Schulstreiche), verlaufen Erinnerungsstunden im Schneeballsystem: Fängt einer an zu erzählen, fällt dem nächsten gleich etwas ein, ein Dritter erinnert sich ebenfalls usw.

> **Fallbeispiel**
>
> Zum Thema Mode hat eine Gruppe Älterer eines Altenzentrums ein kleines Museum mit eigenen Sammelstücken angelegt. Es wurden Bilder und Modestücke der 30er bis 50er Jahre zusammengetragen und ausgestellt. Die Gruppe arbeitete mit dem Museum der Stadt zusammen, die mit eigenen Stücken die Ausstellung bereicherte.

Ablauf einer Erinnerungsstunde zum Thema „Schule früher"

Das Thema Schule ist ein Thema, das sowohl positive als auch negative Erinnerungen und Erfahrungen hervorrufen kann. Für eine Gruppe, die sich schon kennt, ist es ein lebhaftes und interessantes Thema, das viel Erzählstoff bietet und bei dem jeder Teilnehmer mitreden kann.

Der Gruppenleiter bereitet die Stunde gut vor, strukturiert den Ablauf und lässt dabei genug Freiraum für Gespräche und Diskussionen.

- **Material:** alte Schulutensilien aus der Erinnerungskiste, Wandtafel, Stifte
- **Sitzanordnung:** Teilnehmer sitzen im Sitzkreis oder um einen Tisch
- **Anzahl:** 6 max. 10 Personen
- **Einstimmung** durch Erraten und Betrachten von Erinnerungsgegenständen, z. B. alte Schulhefte, Tintenfass, Füller, Tafel, Griffel, Schwamm, Schulranzen, Schultüte, Fotos aus der Schulzeit, Farbstifte, Malblock, Griffelbox. Erste Gesprächsideen werden aufgenommen, aber noch nicht vertieft
- **Brainstorming:** Was fällt Ihnen zum Thema Schule ein? Dazu ein Cluster an der Wandtafel aufmalen.
- **Aussuchen eines Schulerinnerungsstückes:** Teilnehmer auffordern, sich mit den Gegenstän-

den, die in der Mitte des Kreises oder des Tisches liegen, zu beschäftigen und sich einen Gegenstand, der besonders an etwas erinnert, gefällt oder anziehend wirkt, aussuchen
- **Wer will oder reihum erzählen lassen**, welche Geschichten, Einfälle, Erinnerungen mit den Gegenständen verbunden sind
- **Pause mit Getränken einlegen,** gleichzeitig kann ein Gespräch über damalige Pausenmahlzeiten und -getränke angeregt werden
- **Gesprächsanregung geben:** Welche Fächer haben Sie gerne in der Schule gelernt? Können Sie sich an Ihren Klassenlehrer erinnern? Haben Sie strenge oder wenige strenge Lehrer gehabt? Sollten Lehrer streng sein? Was halten Sie von der Züchtigung durch Lehrer? Was waren die Kopffächer? Können Sie sich an Schulstreiche erinnern?
- Geschichten und Anekdoten aufschreiben und sammeln
- Wenn der Gesprächsfluss nur langsam in Gang kommt, kann auch durch eine kleine Schulgeschichte das Gespräch angeregt werden
- Das Thema bietet oft so viel Gesprächsstoff, dass mehrere Erinnerungsstunden dazu angeboten werden können
- **Ausklang:** Reihum sagt jeder Teilnehmer mit 1–2 Sätzen, was schön an der Schule war
- **Abschluss** mit einem gemeinsamen Lied, das alle von früher kennen, z.B. Kein schöner Land, Das Wandern ist des Müllers Lust, Lasst doch der Jugend ihren Lauf, Der Mai ist gekommen.

6.3.3 Zeittafel

Mittels **Zeittafel,** die in chronologischer Reihenfolge wichtige Zeitabschnitte im Leben aufführt, kann festgehalten werden, wann und wo prägende Lebensereignisse stattgefunden haben. Sie kann von der Gruppenleitung erstellt und dann von jedem Teilnehmer individuell bearbeitet werden. Die Zeittafel ist ein wichtiges Hilfsmittel, um den Lebenslauf zu rekonstruieren. Durch die Gruppenleitung können Schwerpunkte festgelegt werden.

Die Zeittafel ist eine Idee für die Dauer einer Gruppenstunde. Sie kann auch in Einzelarbeit mit einer Person durchgeführt werden.

Vorbereitung

Für jeden Gruppenteilnehmer wird eine Zeittafel vorbereitet. Aus festem Papier (gut geeignet ist buntes Tonpapier) werden ca. 15–20 cm breite Streifen geschnitten und in Zehnjahresabschnitte eingeteilt. Die Tafel beginnt mit dem Geburtstag und endet bei dem aktuellen Tag. Für jedes Lebensjahr ist eine Spalte von ca. 1,5–2 cm Höhe vorgesehen. Die Spalten sollten breit genug sein, damit gut hineingeschrieben werden kann. Bei 80-Jährigen wäre eine Zeittafel dann ungefähr 160 cm lang (☞ Tab. 6.17).

4.4.1923	
1924	
1925	
1926	
1927	
1928	
1929	
1930	
1931	
1932	
1933	
1934	
1935	
1936	
usw.	

Tab. 6.17: In der Zeittafel können wichtige Lebensereignisse festgehalten werden.

Durchführung

Die Gruppenleitung erklärt die Zeittafel und gibt vor, welche Ereignisse eingetragen werden sollen, z.B. alle freudigen Höhepunkte. Jeder trägt nun für sich die wichtigen Ereignisse seines Lebens mit farbigen Stiften auf der Tafel ein, wobei diejenigen Teilnehmer unterstützt werden, die schlecht sehen und schreiben können. Es ist auch möglich, dass alle Teilnehmer ihre persönlichen Ereignisse in eine Gruppenzeittafel eintragen, die an die Wand gehängt wurde. Im Anschluss an die Schreibarbeit wird über die ereignisreichen Jahre und Vorkommnisse gesprochen.

Variante: Die Teilnehmer können sich selbst wünschen, welchen Aspekt (z.B. Krankheit oder Hochzeiten) sie in der Zeittafel aufnehmen möchten.

> [!] Die Zeittafelarbeit sollte nur mit Gruppenmitgliedern, die sich gut kennen und gegenseitig vertrauen, durchführt werden, weil mit dieser Arbeit immer Gefühle (angenehme und unangenehme) hervorgerufen werden. Akzeptieren, wenn Teilnehmer in der Gruppe nicht über Gefühle und emotionale Ereignisse erzählen möchten.

6.3.4 Biografische Milieugestaltung durch Erinnerungsplätze und -ecken

Erinnerungsplätze und -ecken in stationären oder teilstationären Einrichtungen einzurichten ist lebendige Biografiearbeit durch Milieugestaltung.

Beispiele

Gemütlich und nicht funktional-modern eingerichteten Wohnecken und Sitznischen mit alten Möbeln und Erinnerungsstücken laden zum Beisammensein und Plaudern ein:

- **Küchenecke** mit einem alten Herd, Kochgeschirr, einer Eckbank und einem Tisch (☞ Abb. 6.18)
- **Sitzecke** mit alten Sesseln und einem alten, aufgearbeiteten Sofa, mit einem alten Schrank und alten Bildern

Organisation und Planung

- Unterstützung durch Betriebsleitung und Pflegedienstleitung sichern
- Finanzierung mit Betriebsleitung abklären
- Arbeitsgruppe mit anderen Mitarbeitern bilden (Qualitätszirkel)
- Idee des Erinnerungsplatzes im Rahmen von biografischer Arbeit und Milieugestaltung vorstellen
- Ideen sammeln
- Aufruf, Annonce, Ausschreibung
- Schulung und Fortbildung (über Leitungskräfte) organisieren
- Aufgaben unter den Mitarbeitern aufteilen
- Gegenstände sammeln
- Erinnerungsecke einrichten
- Ergebnisse auswerten (Evaluierung)

Abb. 6.18: Gemütliche Küchenecke in einer Altenhilfeeinrichtung. [M283]

6.3.5 Lebensbaum

Mit dieser spielerischen und kreativen Übung wird das Leben in Form eines Baumes reflektiert. Die Übung ist für eine Gruppenstunde und für Personen, die schreiben können, geeignet (☞ Abb. 6.19).

Durchführung

Jeder Teilnehmer erhält ein Blatt mit einem abgebildeten Baum und soll anhand der folgenden Fragen persönliche Eintragungen am Baum vornehmen:

- Wurzeln: Wo sind meine Wurzeln? Woraus schöpfe ich meine Kraft?
- Stamm: Was trägt und hält mich? Wie stark bin ich?
- Früchte: Was sind meine Fähigkeiten und Ressourcen? Welche Früchte meines Lebens habe ich?
- Blätter: Was brauche ich zum Leben? Was macht mir Freude und Spaß?

Abb. 6.19: Dieser Apfelbaum mit Krone, Blättern, Früchten, Stamm und Wurzeln symbolisiert das Leben. [L119]

Abb. 6.20: Ein Erinnerungskoffer beinhaltet viele Gegenstände für die Erinnerungsarbeit. [L119]

Wer nicht schreiben kann, wird unterstützt. Zum Schluss der Stunde stellt jeder die Ergebnisse seiner Überlegungen vor. Die Blätter mit den Bäumen können an einem schönen Platz an der Wand oder an einem Strauch aufgehängt werden.

Variante: Diese Übung kann mit einem Gespräch über Bäume allgemein oder mit einem Gedicht oder einer Baumgeschichte kombiniert werden. Als Abschlusslied eignet sich z. B. das Lied der Sängerin Alexandra: „Mein Freund, der Baum" oder „Am Brunnen vor dem Tore".

6.3.6 Erinnerungskoffer

In einem Koffer oder in einer Kiste werden typische Erinnerungsstücke einer Personengruppe, einer Generation oder einer Zeitspanne gesammelt. Die Erinnerungsstücke können sich auch auf ein Thema beziehen, z. B. Haushalt früher. Mit dem Erinnerungskoffer entstehen kleine Museen mit Erinnerungsstücken (☞ Abb. 6.20).

Die gesammelten Gegenstände sind Gesprächsanlässe, geben Impulse, lösen neue Erinnerungen und Gedanken aus und wirken bei Demenzerkrankten wie ein „Schlüssel" zum Langzeitgedächtnis und zur Persönlichkeit.

Ein Erinnerungskoffer ist flexibel, kann mitgenommen werden und sowohl in stationären Einrichtungen als auch in der ambulanten Betreuung und Begleitung Demenzerkrankter eingesetzt werden.

Organisation und Planung

- Mitarbeiter für das Projekt gewinnen
- Ausschreibung zum Sammeln von Erinnerungsobjekten, z. B. Anschreiben und Ansprache der Angehörige und Mitarbeiter, Aufruf in Zeitungen
- Kleinen bis mittelgroßen Gegenständen zu Themen wie Haushalt, Mode, Werkzeuge oder Schule sammeln, z. B. zum Thema Haushalt alte Kaffeemühle, Lindes Kaffeepackung, Zuckerdose mit Silberlöffel, Malzkaffee, alte Rührlöffel, Fleischwolf, Backformen, Staubtuch, persönliche Fotos
- Gegenstände angemessen präsentieren, z. B. im Koffer ausgebreitet auf der Erde eines Sitzkreises, ausgebreitet auf dem Tisch oder der geöffnete Koffer wird reihum in einer Gruppe präsentiert
- In Einzel- oder Gruppenarbeit Gegenstände betrachten und je nach Interesse aussuchen lassen und als Gesprächanlass (als „Schlüssel") nutzen
- Die Gegenstände mit Gesprächen über Erinnerungen, Erfahrungen und Wissen verknüpfen
- Wertschätzung der Erinnerung vermitteln.

> Erinnerungspflege mit Dementen kann helfen, das Langzeitgedächtnis zu aktivieren.

> ⚠️ Bei der Erinnerungs- und Biografiearbeit können auch immer schmerzliche Gefühle und Trauer ausgelöst werden. Schmerzliche Gefühle sollten nicht „weggeredet" und verdrängt, sondern in liebevoller Atmosphäre zugelassen werden. Es ist nicht schlimm, wenn auch mal geweint wird! Ein Gruppenleiter ist gefordert, Gefühle der Trauer aufzunehmen und im Gruppenprozess zu verarbeiten.

> ✓ Die Londoner Altersbörse hat sich der Erinnerungsarbeit gewidmet und ein Erinnerungsmuseum aufgebaut. Informationen sind zu erhalten: Age Exchange, The Reminiscence Centre, 11 Blackheath Village, London SE 39 LA, Tel.: 004481/2970807.

6.4 Film- und Dianachmittage

Film- und Dianachmittage sind beliebt und kommen dem Bedürfnis nach Kultur und Bildung entgegen. Die alten Menschen, die Interesse an Bildung, Informationen, Austausch und Kultur haben, zeigen hohes Interesse und sind durch passende Angebote gut zu erreichen.

Mit entsprechender Technik lassen sich Film- und Dianachmittage in jeder Einrichtung organisieren und mit mäßiger Vorbereitungszeit planen. Film- und Dianachmittage werden in stationären oder auch offenen Altenhilfeeinrichtungen gerne als Unterhaltungs- und Bildungselement eingesetzt. Für Menschen, die mobilitätseingeschränkt sind und dadurch nicht oder nur eingeschränkt an Reisen, Unternehmungen und Kulturangeboten teilnehmen können, sind Film- und Dianachmittage besonders bereichernd.

> ⚠️ Film- und Diaangebote genau den Bedürfnissen einer Gruppe anpassen und thematisch an der Biografie und den Interessen der Teilnehmer ausrichten, sonst werden die Angebote als langweilig und uninteressant empfunden.

Ziele

- Gesellschaftliche Teilhabe und Zugehörigkeit erleben, z. B. in der Kirchengemeinde
- Unterhaltung und Abwechslung im Alltag
- Interesse für bestimmte Themen wecken und fördern
- Kulturelles Interesse fördern
- Das besondere „Kinoerlebnis" als Großprojektion erleben
- Austausch mit anderen Teilnehmern haben
- Erinnerungspflege
- Bildungsbedürfnis befriedigen.

Themen für Filmveranstaltungen

Für viele alte Menschen ist das tägliche Fernsehen Alltagsprogramm und Unterhaltung, Erleben und Kontaktersatz. Filmveranstaltungen sollten unter Berücksichtigung der oben genannten Ziele etwas Besonderes bieten und immer auch Kontakt- und Gesprächsmöglichkeiten beinhalten.

Alte Spiel- und Unterhaltungsfilme

- Die drei von der Tankstelle (Film mit Heinz Rühmann und Lilian Harvey)
- Goldrausch, Lichter der Großstadt, Moderne Zeiten (Filme mit Charlie Chaplin)
- Der blaue Engel (Film mit Marlene Dietrich)
- Lily Marleen
- Der Glöckner von Notre Dame (Amerikanischer Film von 1939 mit Anthony Quinn)
- Drei Männer im Schnee (mit Karl-Heinz Böhm)
- Sissi (mit Romy Schneider)
- Dick und Doof (Lustige Filme mit Laurel und Hardy)
- Die Abenteuer des Grafen Bobby (mit Peter Alexander)
- Ein Herz geht auf Reisen (Unterhaltungsfilm von 1969 mit Heintje)
- Freddy unter fremden Sternen (Unterhaltungsfilm von 1959 mit Freddy Quinn)
- Die Feuerzangenbowle (mit Heinz Rühmann)
- Der Hauptmann von Köpenick (deutsche Verfilmung des Theaterstücks von Zuckmayer; 1931 mit Heinz Rühmann, 1997 mit Harald Juhnke)
- Casablanca (amerikanischer Kultfilm von 1942 mit Humphrey Bogart)
- Don Camillo und Peppone (italienisch-französischer Spielfilm von 1952 über den italienischen Pfarrer Don Camillo).
- Alexis Sorbas (Griechischer Kultfilm von 1964 mit Anthony Quinn)
- Anna Karenina (USA-Spielfilm von 1996 nach dem Roman von L. Tolstoi)

- Herbstmilch (Verfilmung des Romans von A. Wimschneider)
- Jenseits der Stille (Caroline-Link-Verfilmung von 1996)
- Das Leben ist schön (italienischer Film über eine jüdische Familiengeschichte während des 2. Weltkrieges)
- Das Geisterhaus (Verfilmung des 1. Buches von Isabelle Allende von 1993)
- Aus der Mitte entspringt ein Fluss (Film mit Robert Redford; Geschichte von zwei Brüdern)
- Comedian Harmonists (Film von 1997 über das Gesangs-Ensemble)
- Die Vögel (Hitchcock-Verfilmung aus dem Jahre 1963).

Besonders beliebt sind Filme, die auf der Leinwand laufen. Sie sind interessant, auch wenn sie schon mal im Fernsehen gesehen wurden.

Seniorenfilme
- Unter Fremden (Kanadischer Film von 1990 über das Leben von verschiedenen alten Frauen, die gemeinsam zu einem Ausflug aufgebrochen sind)
- Wilde Erdbeeren (Ingmar-Bergmann-Film von 1957 über das Leben eines Mannes, der Lebensrückschau hält)
- Lina Braake (deutscher Film von 1974 über das Leben von L. Braake, die in eine Altenpflegeeinrichtung einzieht)
- Children of Nature (Spielfilm über einen alten Bauern, der seinen Hof aufgibt)
- Grüne Tomaten (amerikanischer Spielfilm von 1992 über eine alte Dame in einer Altenpflegeeinrichtung)
- Buena Vista Social Club (Wim Wenders-Verfilmung über alte kubanische Musiker)
- Dein ist mein ganzes Herz (Dokumentarfilm über eine Liebe über 60)
- Späte Liebe (deutscher Kurzfilm über eine späte Liebe)
- Harold und Maude (Kultfilm von 1971 über Tabus im Alter).

Sonstige geeignete Filme
- Naturfilme
- Reisefilme
- Tierfilme
- Tanz- und Musikfilme.

Filme müssen nicht immer nur der ausschließlichen Unterhaltung dienen, sondern können auch Anregung für Gespräch, kritische Auseinandersetzung mit dem Filmstoff und Diskussionsgrundlage sein.

Themen für Diavorstellungen
- Reisebilder, z. B. Tirol, Österreich, deutsche Alpen, Nordsee
- Berge und Seen
- Stadtbilder
- Dorf und Umgebung
- Heimatliche Chronologie
- Osterbräuche in Bildern
- Bauernhöfe und Türen
- Menschen von Jung bis Alt
- Tier und Mensch
- Blumen
- Meditationsbilder
- Altersbilder
- Kunstwerke
- Gebäude.

Organisation und Planung eines Film- oder Dianachmittages
- Interessen erkunden
- Sich über Film- und Diamaterial sowie die und Beschaffungsquellen, z. B. Kreisbildstellen, Landesfilmdienste, kirchliche Filmdienststellen oder Verlage, informieren
- Für ein Thema und ein Medium entscheiden
- Leitungskräfte und Mitarbeitern informieren
- Technik beschaffen: Videobeamer, 16-mm-Filmgerät oder Fernsehapparat mit Videogerät, Diaprojektor mit Ständer, Verlängerungsschnur, Leinwand, Verdunkelung
- Bedienung der Geräte erlernen: Filmvorführungsschein durch Kreisbildstelle, Einweisung durch Sicherheitsberater des Hauses, Einweisung durch anderen technischen Berater
- Raumsituation klären: Gibt es eine Leinwand oder weiße Fläche und eine Verdunkelungsmöglichkeit? Für genügend Sitzplätze sorgen, günstigen Stellplatz für Geräte suchen

- Film, Diabilder oder Tonbildbände evtl. bestellen (Zeit einkalkulieren)
- Zeit und Vorstellung planen, den Zeitplan auf die Teilnehmer abstimmen (für Altenheimbewohner max. 60 Minuten Vorführung einkalkulieren)
- Bei eigener Vorführung Vorbereitung und Ablauf planen, Kosten für Veranstaltung und Verleih erfragen und Kostenübernahme mit Einrichtungsleitung abklären
- Bei Fremdvorführung rechtzeitig erkundigen, welche Veranstaltungen angeboten werden und nach Kosten und Rahmenbedingungen fragen
- Vorankündigung über einen attraktiven Aushang, über Mitteilungsblätter wie z. B. Hauszeitung, Gemeindeblatt oder regionale Presse (je nach Veranstaltungsort)
- Einladungen, in stationären Einrichtungen auch für Angehörige, vorbereiten und verteilen (☞ Abb. 6.21)
- Je nach Konzept und Veranstaltungsort einen Hol- und Bringdienst sowie Unterstützung organisieren, z. B. Transferdienst von Rollstuhlbenutzern durch Pflegekräfte, Praktikanten und Zivildienstleistende in einer stationären Einrichtung
- Ablauf planen (z. B. Begrüßung, Vorführung, anschließende Gesprächsrunde)
- Rückmeldung der Teilnehmer erbitten und zukünftige Wünsche erfragen.

☑ Filme, Diareihen und Tonbildreihen können kostenlos oder gegen Entgelt z. B. bei den Kreisbildstellen, Landesfilmdiensten, den kirchlichen Medienzentralen oder privaten Verleihern ausgeliehen werden. Internetinfo: www.landesfilmdienste.de, www.rehadat.de, www.ekkw.de. Es lohnt sich auch, nach privaten Sammlern von Filmen oder Dias zu suchen und Kontakte zu knüpfen, z. B. zu Volkshochschulen, Stadtarchiven, Museen oder Schulen. Dadurch können Mitarbeiter für Film- und Dianachmittage gewonnen werden.

Fallbeispiel

Der leicht demenzkranke Bewohner Herr Lichtig war früher Leiter eines Altenclubs und hat schon immer sehr gern Diavorträge gehalten. Im Rahmen von biografischer Kulturarbeit hat Steffen, ein Praktikant der stationären Altenhilfeeinrichtung, einen Diavortrag über die Lüneburger Heide zusammen mit Herrn Lichtig überarbeitet und auf die Bewohner abgestimmt. Gemeinsam haben sie ihn vor den Bewohnern vorgetragen. Der alte Mann war sehr stolz, dass sein Vortrag gewürdigt wurde und er den Bewohnern damit eine große Freude machen konnte. Auch Steffen hatte großen Spaß an dieser Arbeit. Diese gemeinsame Arbeit wurde ein gelungener, von Bewohnern und Angehörigen gut besuchter Dianachmittag, der am Ende musikalisch durch ein gemeinsames Lied „Auf der Lüneburger Heide" beendet wurde.

Dianachmittag
Die Lüneburger Heide

Wann:	Freitag, 14. Nov. 2005 15.30 – 16.30 Uhr
Wo:	Herkulesstube
Wer:	Herr Schmidt und Frau Müller

Alle BewohnerInnen, Angehörige und Gäste sind herzlich willkommen.

Abb. 6.21: Eine ansprechende Einladung motiviert zur Teilnahme am Dianachmittag. [Foto: J660]

6.5 Musikalische Angebote

Mit Musik kann eine breite Zielgruppe erreicht werden, da viele alte Menschen Musik lieben. Außerdem sind Musikangebote auch für körperlich, geistig und seelisch beeinträchtigte alte Menschen geeignet.

☑ Musik berührt die Gefühlswelt und kann deshalb ein „Königsweg" sein, um Zugang zu demenzkranken Menschen zu finden.

6 Kulturelle Angebote

Musik- und Liederfahrungen lösen häufig schöne Erinnerungen aus, schaffen positive Erfahrungen und stärken das gemeinschaftliche Erleben. Musik kann selbst auf sehr passive Menschen motivierend wirken. Deshalb gehören musikalische Veranstaltungen inzwischen zum Aktivierungsangebot in dem meisten stationären Altenpflege- und anderen Altenhilfeeinrichtungen.

Ziele

- Aktivierung durch z. B. Musizieren, Klatschen, Singen
- Lebensfreude und Spaß empfinden
- Kommunikation und Unterhaltung fördern und Gemeinschaft erleben
- Entspannung und Ausgeglichenheit finden
- Aggressionen abbauen
- Positive Erinnerungen wecken
- Selbstheilungskräfte aktivieren
- Selbstwertgefühl verbessern (Erkennen vorhandener Fähigkeiten)
- Gedächtnistraining
- Atemtraining (durch Singen)
- Gefühlen wie z. B. Freude, Trauer oder Wehmut ausdrücken.

> Singen ist ein wichtiges Element in der Altenarbeit. Alte Menschen haben in der Regel weniger Hemmungen zu singen als die jüngere Generation, da früher mehr und häufiger gesungen wurde. Die meisten alten Menschen kennen viele Lieder, die zu allen und unterschiedlichen Gelegenheiten und Festen gesungen wurden.

Mitarbeiter sollten sich mit den bekannten Volksliedern, Schlagern und Musikrichtungen der älteren Generation vertraut machen und selbst Freude daran haben. Wer meint, selbst nicht musikalisch genug zu sein, kann „Hilfsmittel" einsetzen, z. B. Begleitmusik auf CDs.

Methoden und Gestaltungsmöglichkeiten mit Musik

Je nach Rahmenbedingung, Kompetenz, Neigung und Interesse der geragogischen Mitarbeiter kann Musik auf vielfältige Weise eingesetzt werden. Selbst für wenig musikalische Mitarbeiter lassen sich leicht praktikable Möglichkeiten finden, alte Menschen mit Musik zu erfreuen und anzuregen, z. B.

- Lieder und Schlager singen
- Musik hören (keine wahllose „Berieselung", sondern einem Musikstück oder Lied richtig zuhören)
- Bewegungsübungen und Bewegungslieder nach Musik
- Seniorentänze
- Mit Instrumenten musizieren
- Spiele und Übungen mit Musik.

Singen

Das **Singen** ist eine Möglichkeit, Musik in die Altenarbeit einzubinden, und sollte bei keinem geragogischen Angebot fehlen. Die heute ältere Generation hat früher sehr häufig und bei vielen Gelegenheiten gesungen. Deshalb ist Singen für viele alte Menschen mit positiven Assoziationen verbunden und kann so häufig wie möglich in den Alltag eingebunden werden, z. B. in Form von Begrüßungs- und Abschiedsliedern bei Gruppenveranstaltungen, Geburtstagsständchen oder ganz spontan bei verschiedenen Aktivitäten. Auch Singnachmittage sind in der Regel sehr beliebt.

Singen hat darüber hinaus aber auch rein körperlich sehr positive Wirkungen: Es verbessert die Atmung und trägt zu einem positiven Körpergefühl bei. Menschen mit motorischen Sprachstörungen können häufig leichter und störungsfreier singen als sprechen.

> ☑ Die Fähigkeit zum Singen, das Rhythmusgefühl und das Empfinden für die Melodie bleiben auch im Alter erhalten, auch wenn die Stimme mit dem Alterungsprozess tiefer und „brüchiger" wird und sich das Stimmvolumen verringert. Regelmäßiges Singen trainiert die Stimme, steigert das Stimmvolumen und lässt auch eine zittrige Stimme wieder stabiler werden.

Die **Lieder** können nach Beliebtheit, Bekanntheitsgrad und Geschmack ausgesucht werden. Zu Beginn von Sing- und Musikstunden sollten bekannte Lieder gesungen werden, die spontan mitgesungen werden können. Danach können evtl. auch unbekannte und neue Lieder eingeübt werden.

Viele alte Menschen singen gerne mit **Liederbüchern.** Im Fachhandel gibt es gute Liederbücher in Großschrift für Senioren, oft mit Begleit-CD, zu

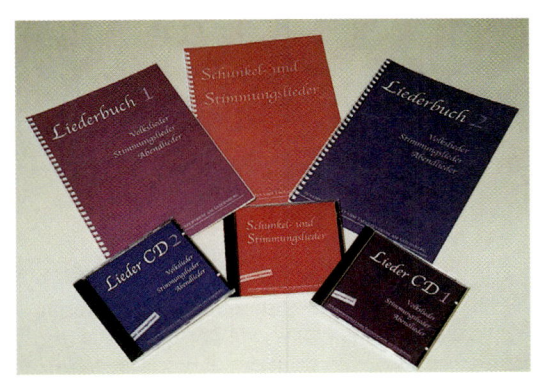

Abb. 6.22: Für Senioren sind Liederbücher mit Großschrift geeignet. [M283]

kaufen (☞ Abb. 6.22). Liederbücher können aber auch selbst zusammengestellt werden, indem auf der einen Seite der Liedtext und auf der andere Seite ein passendes Bildmotiv abgedruckt wird.

Noten sind bei den Liederbüchern in der Regel überflüssig, weil die Melodie zumeist fest im Langzeitgedächtnis gespeichert und daher allen bekannt ist. Für Demenzerkrankte hat die Alzheimer Gesellschaft in Wetzlar (Hessen) ein interessantes Angebot: Liederhefte und CD mit instrumentaler Begleitung oder mit Stimmbegleitung, z. B. mit beliebten Volksliedern, Schlagern, Karnevalliedern, Weihnachts- und Kirchenliedern. Die Lieder werden etwas langsamer als gewohnt gesungen, um sie dem verzögerten und langsamen Verhalten demenzkranker Menschen anzupassen.

Liedvorschläge

Für alte Menschen kommen insbesondere Volkslieder, Kinderlieder, alte Schlager, Kirchenlieder oder auch Lieder aus dem Bereich der klassischen Musik in Frage. Nicht jede Gruppe mag alle Liedarten. Volkslieder und Schlager sind erfahrungsgemäß bei sehr vielen alten Menschen beliebt.

> **! Kinderlieder** nur singen, wenn sie thematisch passend sind und selbst von den alten Menschen gewünscht werden. Das Singen von Kinderliedern birgt sonst die Gefahr, eine Musikstunde und ihre Teilnehmer zu „verkindlichen". Manche Kinderlieder werden aber auch von alten Menschen immer wieder gern gesungen, z. B. „Ein Männlein steht im Walde" zum Herbst oder „Ihr Kinderlein kommet" zu Weihnachten. Gegen Kinderlieder ist auch nichts einzuwenden, wenn alte Menschen Kinderlieder gemeinsam mit Kindern singen.

Regelmäßig stattfindende (z. B. wöchentliche) Singnachmittage sollten abwechslungsreich gestaltet werden. Einer singgeübten Gruppe kann auch das Einüben von fremden Texten zugemutet werden. Mit Demenzerkrankten werden ausschließlich bekannte Lieder nach einem gleichbleibenden Ritual gesungen.

Volkslieder

Jahreszeitliche Lieder
- Jetzt fängt das schöne Frühjahr an (Kanon)
- Im Märzen der Bauer
- Der Mai ist gekommen
- Komm lieber Mai und mache
- Kuckuck, Kuckuck, ruft´s aus dem Wald
- Geh aus mein Herz und suche Freud
- Hab' Sonne im Herzen
- Lachend kommt der Sommer (Kanon)
- Bunt sind schon die Wälder
- Hejo spann den Wagen an
- Schneewalzer
- Es ist für uns eine Zeit angekommen

Wanderlieder
- Das Wandern ist des Müllers Lust
- Auf, du junger Wandersmann
- Wem Gott will rechte Gunst erweisen
- Wer recht in Freuden wandern will
- Im Frühtau zu Berge
- Wohlauf, die Luft geht frisch und rein

Natur- und Heimatlieder
- Kein schöner Land
- Im schönsten Wiesengrunde
- Auf der Lüneburger Heide
- Wo die Nordseewellen trecken
- Schön ist die Welt
- Am Brunnen vor dem Tore
- Tief im Böhmerwald
- Ein Jäger aus Kurpfalz
- Oh wie ist es am Rhein so schön

Liebes- und Freundschaftslieder
- Wenn alle Brünnlein fließen
- Du, du liegst mir im Herzen
- Ännchen von Tharau
- Horch, was kommt von draußen rein
- Jetzt gang i ans Brünnele
- Sabinchen war ein Frauenzimmer
- In einem Polenstädtchen

- Ach, wie ist's möglich dann
- Mädle ruck, ruck, ruck
- Wahre Freundschaft darf nicht wanken

Abschiedslieder
- Winter ade
- Liebchen ade
- Nun ade, du mein lieb Heimatland
- Muss i denn
- Es, es, es und es
- Guten Abend, gute Nacht
- Gold und Silber lieb' ich sehr
- Innsbruck, ich muss dich lassen

Geburtstagslieder
- Viel Glück und viel Segen (Kanon)
- Freut euch des Lebens
- Wie schön, dass du geboren bist
- Happy Birthday
- Sei zufrieden mit dem Leben
- Ich wünsch' dir zum Geburtstag alles Gute
- Wir gratulieren

Lustiges
- Lustig ist das Zigeunerleben
- Grün, grün, grün sind alle meine Kleider
- Die Vogelhochzeit
- Wenn die Bettelleute tanzen
- Oh du lieber Augustin
- Eine Seefahrt, die ist lustig
- Hab' mein Wage vollgelade
- Bolle reiste jüngst zu Pfingsten
- Wenn der Topp aber nun 'n Loch hat.

Alte Schlager
- Lilly Marleen
- Es geht alles vorüber
- Auf der Reeperbahn nachts um halb eins
- Schön ist die Liebe im Hafen
- Bel ami
- Liebling, mein Herz lässt dich grüßen
- Wenn der weiße Flieder wieder blüht
- Man müsste nochmals 20 sein
- In einer kleinen Konditorei
- Das muss ein Stück vom Himmel sein
- Auf Wiedersehen

> ☑ Alte Schlager werden gern gehört und mitgesungen. Leider fehlen dazu oft die Texte. Das Alzheimer Zentrum in Wetzlar verkauft Liederbücher und auch Schlagerhefte mit CD:
>
> Tageszentrum am Geiersberg
> Geiersberg 15
> 35578 Wetzlar
> Tel.: 06441 / 43742
>
> Weitere CD-Empfehlung: 20 CD-Box: Deutsche Schlager und Filmmusik vom Verlag Zweitausendeins (www.zweitausendeins.de)

Bewegungsübungen und Bewegungslieder

Wenn Bewegung und Musik kombiniert werden, hat die Musik hauptsächlich unterstützende und begleitende Funktion. Bewegungsübungen und Bewegungslieder werden gerne in der Seniorengymnastik verwendet und sind sehr beliebt. Zur Abwechslung und Bereicherung können sie auch bei einem Singnachmittag oder einem anderen Gruppenangebot eingesetzt werden. Bewegungslieder können auch von Mitarbeiter und alten Menschen erfunden werden. Ein bekanntes Lied ist „Ein kleiner Matrose" (☞ Abb. 6.23):

Ein kleiner Matrose umsegelte die Welt.
Er liebte ein Mädchen, das hatte gar kein Geld.
Das Mädchen musste sterben und wer war schuld daran?
Ein kleiner Matrose in seinem Liebeswahn.

Weitere Lieder ☞ 8.8

Planung und Organisation eines Singnachmittags

Die Gestaltung eines Singnachmittags richtet sich nach den Interessen, Bedürfnissen, Fähigkeiten und Einschränkungen der Teilnehmer (☞ Abb. 6.24), die der Gruppenleitung gut bekannt sein sollten, um eine hohe Motivation zu erreichen und Frustration zu vermeiden. Das Singen kann in andere Gruppaktivitäten integriert oder als eigenständiger Singnachmittag geplant werden.

- Leitung und Vorgesetzte informieren und Unterstützung sichern
- Entscheiden, ob der Singnachmittag einmalig oder regelmäßig stattfinden soll
- Raum auswählen, der gemütliche Atmosphäre ausstrahlt, eine gute Akustik, genügend Platz (für mehrere Stuhlreihen, Stuhlkreis oder -halbkreis und für Bewegungsspiele) und eine Toilette in der Nähe bietet

6.5 Musikalische Angebote

| Ein | kleiner | Matrose | umsegelte | die Welt |

| er liebte | ein Mädchen | das hatte kein Geld |

| Das Mädchen | mußt sterben | und wer war schuld daran? |

| Ein | kleiner | Matrose | in seinem Liebeswahn |

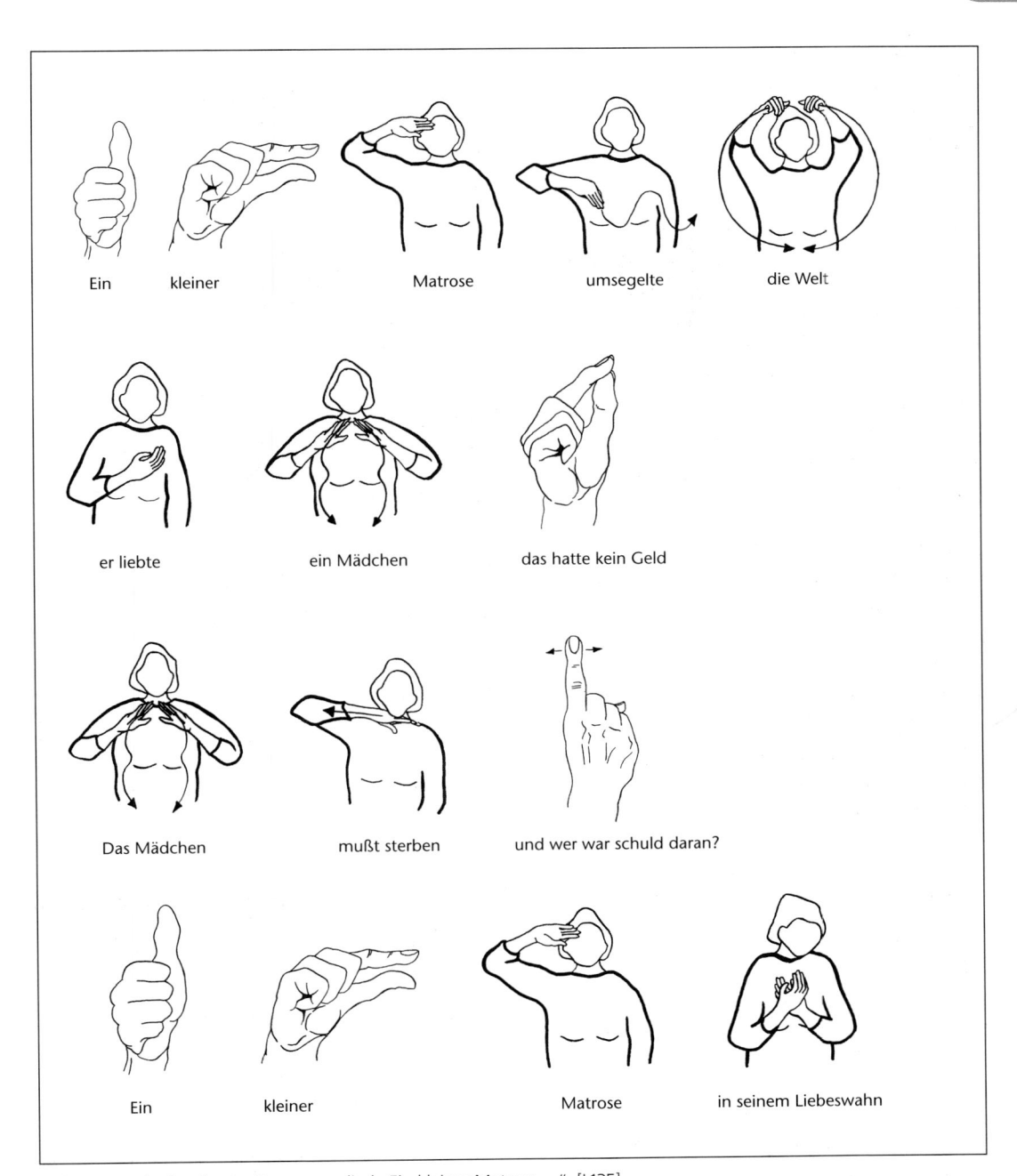

Abb. 6.23: Die Gestik zum Bewegungslied „Ein kleiner Matrose …". [L135]

6 Kulturelle Angebote

Abb. 6.24: Gemeinsames Singen und Musizieren stärkt die Lebensfreude und Gemeinschaft. [K157]

- Teilnehmerzahl (15–30) festlegen und Gruppe als offene Gruppe konzipieren, weil sich neue Teilnehmer relativ problemlos in eine Singgruppe integrieren lassen
- Dauer und Zeitpunkt festlegen, z.B. 1 oder 1¼ Std. am Nachmittag. Bei regelmäßig stattfindenden Singnachmittagen Veranstaltungsrhythmus festlegen, z.B. immer Montagnachmittag. Bei der Zeitplanung Absprache mit Pflege treffen, damit es nicht zu Überschneidungen kommt
- Mit einem Aushang für den Singnachmittag werden, z.B.: „Einladung zum Senioren-Singen – Sie sind recht herzlich eingeladen, mit uns alte und neue Lieder zu singen. Sie kennen keine Noten und haben eine fürchterliche Brummstimme? Das ist kein Problem! Es genügt Ihre Freude am Gesang. Unsere Musikpädagogen werden Ihnen helfen, diese kleinen Hemmnisse zu überwinden."
- Hilfe organisieren und Absprachen treffen: Wer unterstützt beim Transport von Teilnehmern? Wer kann telefonisch erreicht werden, wenn Hilfe benötigt wird?
- Ausreichende Liederbücher im Großdruck besorgen
- Medien wie Tonträger (am besten mit beweglichen Lautsprechern) oder Musikgeräte und -instrumente besorgen, evtl. auch Tücher oder Gymnastikhandgeräte (z.B. Luftballons)
- Getränke und Gläser für die Pause bereithalten
- Wenn möglich, für eine musikalische Begleitung sorgen: Singen mit Begleitmusik macht einfach mehr Spaß und „trägt" besser
- Ein Repertoire an ausgesuchten Lieder bereithalten, aber auch spontan auf Wünsche eingehen
- Ablauf: Einleitung mit bekannten Liedern und Lockerungsübungen. Hauptteil mit Üben, Vertiefen, Erarbeiten, Festigen und Spielen. Schlussteil mit fröhlichen Liedern, entspannenden und ausgleichenden Elementen. Zwischendurch Pausen einlegen (Getränke, Vorlesen). Evtl. als Ritual immer das gleiche Schlusslied singen, z.B. „Ade zur Guten Nacht".
- Beginn mit bekanntem Lied (entweder zur Jahreszeit passend z.B. „Geh aus mein Herz", oder zum Anlass passend, z.B. „Freut Euch des Lebens". Es gilt der Grundsatz: Vom Bekannten zum Unbekannten und vom Leichten zum Schweren
- Lieder nicht nur einfach nacheinander „heruntersingen", sondern in die Thematik einbinden und mit Lesung von Gedichten und kleinen Geschichten verbinden. Zwischendurch Witze erzählen, kleine Bewegungsübungen oder auch Denkübungen anbieten. Auch Gelegenheit zum Zwischendurchgespräch geben
- Tonangabe und Einsatz durch Musikleiter: Den Ton meistens etwas tiefer angeben als es in den Liederbüchern angegeben ist. Vorher ausprobieren, welche Tonhöhe angemessen ist. Tonangabe mit deutlichem Signalcharakter: Deutliche Stimme, Blickkontakt zur Gruppe, deutliches Luftholen und mit dem Lied beginnen, dabei einsetzende Handbewegung
- Stunde abwechselungsreich gestalten. So kann man zum Singen immer noch ein zweites Ele-

ment hinzunehmen, z. B. Instrumente, Bewegungslied, Sitztanz.

> **Fallbeispiel**
>
> In einer Altenpflegeeinrichtung gestaltet die Ergotherapeutin Frau Wolke den Musiknachmittag gemeinsam mit dem Heimbeirat. Frau Wolke ist für den musikalischen Teil verantwortlich und übt immer mehrer Lieder mit dem Heimchor „Goldene Stimmgabel" ein und begleitet die Lieder auf der Gitarre. Der Heimbeirat übernimmt die literarische Begleitung und trägt kurze Texte und Geschichten in den Pausen vor. Die Bewohner verfügen inzwischen über einen ganzen Ordner von geeigneten Texten, Geschichten, Witzen und Gedichten. Frau Wolke und der Heimbeirat treffen sich wöchentlich und stimmen die musikalischen und literarischen Beiträge aufeinander ab.

Singen mit **Begleitinstrumenten** wie z. B. Akkordeon oder Gitarre ist immer schöner und hinterlässt ein positives Grundgefühl (☞ Abb. 6.25). Wenn möglich, selbst mit einem einfachen Instrument begleiten oder andere, z. B. Ehrenamtliche, Angehörige oder Gäste motivieren, in der Einrichtung zu musizieren.

Abb. 6.25: Akkordeon ist ein geeignetes Begleitinstrument zum Singen von fröhlichen Liedern. [K309]

Musizieren mit Instrumenten

Eine Instrumentenbegleitung beim Singen oder Musizieren ist immer bereichernd und sehr beliebt. Aufgrund von Einschränkungen und hohem Alter sind die alten Menschen zumeist nicht in der Lage, schwierige Instrumente zu handhaben. Begleitinstrumente sollten deswegen leicht bedienbar sein und keine Vorkenntnisse oder langes Üben erfordern.

Rhythmusinstrumente

Rhythmusinstrumente können ohne Vorkenntnisse sofort eingesetzt werden und sollten in keinem musikalischen Fundus fehlen. Es gibt Holz-, Geräusch-, Metall- und Fellinstrumente (☞ Abb. 6.26). Rhythmusinstrumente sind zu erschwinglichen Preisen im Fachhandel und in Musikgeschäften erhältlich (☞ Abb. 6.27). Sie können aber auch leicht und günstig selbst hergestellt werden, z. B. Schlaghölzer aus Besenstielen, Glöckchen an Handschuhen, Kronkorkenstäbe, Rasseln aus Jogurtbechern. Die Instrumente gemeinsam mit den alten Menschen herzustellen ist eine sinnvolle Beschäftigung, die Spaß macht. Allerdings ist der Klang der gekauften Instrumente besser.

Einsatz von Rhythmusinstrumenten

- Rhythmische Liedbegleitung beim Singen, z. B. bei volkstümlichen Liedern
- Rhythmische Begleitung vorgegebener Musikstücke, z. B. Amboss-Polka, Fliegermarsch, Radetzkymarsch
- Rhythmische Begleitung zur Untermalung von Geschichten oder Gedichten
- Instrumentenbegleitung nach einem Musizierplan, indem Instrumente bei einem Musikstück nach vorgegebenem Plan eingesetzt werden

Spiele mit Musik

> Musikangebote sind immer auf die Fähigkeiten einer Gruppe abzustimmen. Menschen mit Demenz haben oft ein verlangsamtes Reaktionsvermögen, eine eingeschränkte Merkfähigkeit und Koordinationsfähigkeit.
>
> **Für Demenzkranke** ist daher Musik geeignet, die
>
> - im Langzeitgedächtnis gespeichert ist und
> - kein allzu schnelles Tempo hat.
>
> Bewegungen und Aufgaben dürfen nicht zu kompliziert sein.

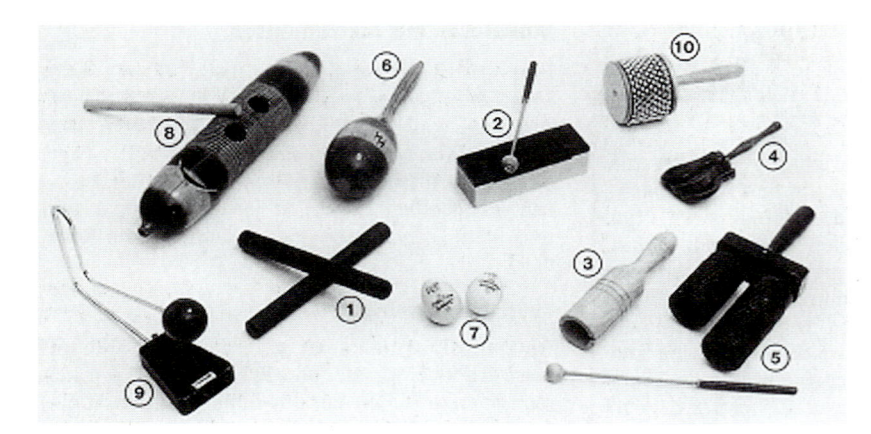

Abb. 6.26:
Holzinstrumente:
1. Schlagstäbe
2. Holzblocktrommel
3. Röhrentrommel
4. Kastagnetten
5. Doppelguiro
Geräuschinstrumente:
6. und 7. Rasseln (Schütteleier),
8. Guiro
9. Vibraslap (Eselsgebiss)
10. Cabasa
[K309]

Instrumentenpantomime

Ein unterhaltsames Ratespiel für Pausen eines Musiknachmittages oder als Teil einer Gruppenstunde ist die **Instrumentenpantomime.** Der Leiter stellt pantomimisch das Spielen auf verschiedenen Instrumenten dar, die Teilnehmer müssen das Instrument erraten, z. B. Blockflöte, Querflöte, Klavier, Schifferklavier, Keyboard, Orgel, Gitarre, Mandoline, Trompete, Horn, Trommel, Pauke. Bei einer musikgeübten Gruppe macht die Person weiter, die das Instrument richtig geraten hat.

Instrumentenkim

Instrumentenkim ist ein musikalisches Ratespiel für eine kleinere Gruppe. Alle Teilnehmer sitzen im Kreis oder rund um einen Tisch. In der Mitte liegen für alle sichtbar Rhythmusinstrumente, z. B. aus Holz oder Metall. Der Leiter bedeckt die Instrumente mit einem Tuch und spielt sie verdeckt. Die Teilnehmer müssen raten, um welches Instrument es sich handelt. Wer erraten hat, erhält das Instrument zum Spielen.

Instrumentenraten

Instrumentenraten ist ein einfaches Ratespiel für eine größere oder kleinere Gruppe und sorgt für Abwechselung bei einem musikalischen Unterhaltungsnachmittag. Der musikalische Leiter lässt die Namen einfacher Rhythmusinstrumente wie Schellenring (☞ Abb. 6.28), Schellenkranz, Handtrommeln, Rasseln, Triangel, Glocken oder Klanghölzer raten. Wer errät, darf das Instrument spielen.

Drei-Farben Spiel

Das **Drei-Farben Spiel** ist ein lustiges und unterhaltsames Spiel für eine größere Gruppe. Es werden Instrumente aus drei Instrumentengruppen

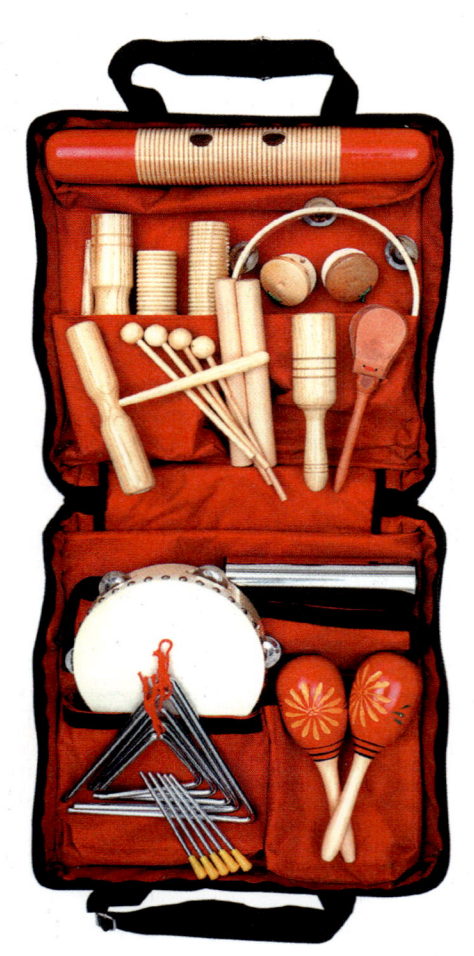

Abb. 6.27: Diese Musiktasche mit Rhythmusinstrumenten kann bezogen werden über den Arnulf Betzold Versand, Ellwangen. [V382]

6.5 Musikalische Angebote

Abb. 6.28: Ein selbst geschmückter Schellenring ist ein beliebtes Rhythmusinstrument. [M283]

Ballspiel nach Musik

Das **Ballspiel nach Musik** ist ein leichtes Spiel, das auch für Demenzerkrankten geeignet ist. Die Teilnehmer sitzen am Tisch und spielen sich einen Softball zu. Der Ball soll möglichst nicht herunterfallen. Dazu werden Lieblingsmusiken der Teilnehmer gespielt.

Klangmelodien mit Gläsern

Mit unterschiedlichen gefüllten Gläsern verschiedener Stärke und Größe lassen sich unterschiedliche Klänge und Melodien erzeugen (☞ Abb. 6.29). Dieses musikalische Spiel kann mit einer Gruppe von ca. 10 Personen großen Spaß machen, viele alte Menschen kennen das Klangprobieren aus ihrer Kindheit. Wein- und Sektgläser eignen sich besonders gut, da sie dünnwandig sind. Die Gläser werden zunächst mit wenig Flüssigkeit gefüllt. Der befeuchtete Finger fährt vorsichtig den Glasrand entlang. Dabei entstehen die Töne. Anschließend ausgesucht, und jeder Gruppe wird eine Farbe zugeordnet: Rot, Blau und Grün. Der Leiter erzählt eine interessante Geschichte, in der ständig diese drei Farben vorkommen. Wenn eine der vereinbarten Farben genannt wird, muss die entsprechende Instrumentengruppe musizieren. Dabei ist es von Vorteil, wenn eine Instrumentengruppe zusammensitzt. Je nach Leistungsstärke der Gruppe kann der Leiter die Anzahl der Farben variieren.

Planetenspiel mit Instrumenten

Das **Planetenspiel** mit Instrumenten ist ein Spiel mit Rhythmusinstrumenten, das Konzentration, Aufmerksamkeit und Geschicklichkeit erfordert. Die Teilnehmer sitzen im Stuhlkreis. Der Leiter lässt verschiedene Instrumente im Kreis herumwandern, dabei müssen die Instrumente immer zum Nachbarn weitergegeben werden. Die Weitergabe erfolgt nach einer bestimmten Regel: Holzinstrumente nach rechts, Schellen und Glocken nach links, Rasseln müssen eine Person überspringen. Je nach Leistungsstärke der Gruppe kann die Anzahl der umherwandernden Instrumente variieren.

Stoppspiel

Das **Stoppspiel** ist ein unterhaltsames Spiel mit Musik, das auch mit einer großen Gruppe gespielt werden kann. Der Leiter gibt beim Abspielen einer flotten Musik wie Polka oder Marsch eine Bewegung vor, z.B. Winken. Die Teilnehmer müssen diese Bewegung nachmachen. Beim Stopp der Musik überlegt ein nächster Teilnehmer eine Bewegung und gibt diese vor, die bis zum nächsten Musikstopp durchgeführt wird. Wenn einem Teilnehmer keine Bewegung einfällt, sollte der Leiter mit einem Vorschlag „einspringen".

Abb. 6.29: Mit Gläsern lassen sich unterschiedliche Klangmelodien erzeugen. [L119]

kann mit unterschiedlich voll gefüllten Gläsern experimentiert werden.

> [!] Klangmelodien mit unterschiedlich gefüllten Gläsern zu erzeugen ist kein Angebot für demenzkranke Menschen.

Seniorentanz

Seniorentänze sind gesellige Tänze für Menschen ab 50, die sich unter Berücksichtigung der Bedürfnisse und des Könnens der Zielgruppe aus einfachen Formen des Gesellschaftstanzes, der Folklore, aus Tanzspielen, Bewegungsfiguren und Sitztänzen zu einer eigenen Disziplin entwickelt haben. Veranstaltungen und Fortbildungen werden laufend vom Bundesverband Seniorentanz angeboten.

> ☑ Bundesverband Seniorentanz e.V.
> Insterburger Straße 25
> 28207 Bremen
> 0421/441180
> www.seniorentanz.de

Seniorentanz bietet Gemeinschaft, bereitet Freude, fördert die Kommunikation und die Gesundheit und ist ein Beitrag zur Verbesserung der Lebensqualität. Jeder kann mitmachen, gemeinsam mit Gleichgesinnten aktiv sein und Freude an der Bewegung finden. Seniorentänze sind auf alle noch vorhandenen Fähigkeiten von älteren und alten Menschen abgestimmt. Wer nicht mehr so beweglich ist, kann sich leichte und langsame Tänze auswählen, sehr bewegungseingeschränkte Personen können an Sitztänzen teilnehmen. Seniorentanz ist weit verbreitet, es gibt ihn überall in Deutschland, z.B. in allen Einrichtungen der Erwachsenenbildung, in Kirchengemeinden, bei Sportvereinen, Begegnungsstätten sowie in Altenpflegeeinrichtungen. Seniorentanzleiter haben in der Regel eine Ausbildung absolviert und sind mit dem Ausbildungsschein berechtigt, Tänze anzuleiten und weiterzugeben (☞ 8.9).

6.6 Vorträge und Informationsnachmittage

Sehr viele ältere und alte Menschen haben – entgegen dem häufigen Vorurteil, sie würden sich nicht genügend über ihre Möglichkeiten informieren – das Bedürfnis nach Information, Beratung und Begleitung. Die Praxis zeigt, dass alte Menschen sich sehr wohl informieren möchten, allerdings inhaltlich bezogen auf ihre Lebenswelt und -situation. Für alte Menschen sind niedrigschwellige Beratungs- und Informationsangebote sinnvoll.

> ☑ Angebote mit **Kommstrukturen** sind hochschwellig, denn der alte Mensch muss die Initiative ergreifen und die entsprechende Institution aufsuchen. Diese zu überwindende Barriere macht Kommstrukturen für ältere Menschen weniger geeignet. Dagegen sind Angebote mit **Gehstrukturen** niedrigschwellig, da der Berater zu den alten Menschen geht.

Beratungs- und Informationsangebote sind wichtiger Bestandteil des Angebotsspektrums der offenen Altenhilfe. In Altenclubs und Altenbegegnungsstätten werden solche Angebote gerne angenommen (☞ Abb. 6.30).

Themen für Vorträge und Informationsnachmittage

- Ernährung im Alter oder bei bestimmten Krankheitsbildern, z.B. Osteoporose, Herzinfarkt, Bluthochdruck
- Information über bestimmte Krankheitsbilder, z.B. Depression, Demenzerkrankung, Osteoporose
- Fitness, Beweglichkeit, Sport und Gymnastik im Alter
- Wellness und Entspannung
- Internet und EDV für Senioren

Abb. 6.30: Vorträge zu Themen, die alte Menschen interessieren, weil sie auf ihre Lebenssituation zugeschnitten sind, sind in der Regel gut besucht. [K157]

- Pflegebedürftigkeit
- Wohnmöglichkeiten im Alter oder bei Hilfebedürftigkeit
- Gesetzliche Betreuung und Vorsorgevollmacht
- Patientenverfügung
- Hospizbewegung und Sterbebegleitung

> Vorträge mit Informations- und Beratungscharakter können bei Interesse in vielen Institutionen eingebunden werden und sich an alte Menschen, Angehörige oder andere Interessierte wenden. Geeignete Institutionen sind z.B. Geriatrische Kliniken, stationäre Pflegeeinrichtungen, Tageseinrichtungen, ambulante Dienste, Altenberatungszentren, Gemeindezentren oder Stadtteilzentren.

Organisation und Planung einer Vortragsveranstaltung

- Thema eruieren und eingrenzen (z.B. „Die gesetzliche Betreuung und die Vorsorgevollmacht") und ausreichende Planungszeit einkalkulieren
- Zielgruppe festlegen, z.B. Bewohner, Angehörige und sonstig Interessierte. Rücksprache halten, z.B. mit dem Heimbeirat, dem Heimfürsprecher und der Angehörigenvertretung und Teilnehmerzahl abschätzen
- Leitung (z.B. Betriebsleitung, Pflegedienstleitung) informieren
- Organisator, z.B. Sozialpädagoge, und Moderator für den Vortrag festlegen
- Geeignete **Fachperson** für das Thema finden und auf die Zielgruppe vorbereiten
  - Beim oben genannten Thema können das sein: Leiter des ansässigen Betreuungsvereines, Mitarbeiter des Amtsgerichtes der Abteilung „Gesetzliche Betreuung"
  - Vortragende auf Besonderheiten der Zuhörer vorbereiten, z.B. schwerhörige und hochbetagte Bewohner, Angehörige ohne Vorkenntnisse
  - Rahmenbedingungen und Termin mit Fachperson absprechen: Honorar, Zeitrahmen, Zielgruppe, Niveau und Inhalte des Vortrages, Ablauf, Räumlichkeiten, notwendige Technik
- Bekanntmachung durch Aushang, Information, Zeitungs- und Hauszeitungsmitteilung, persönliche Mitteilung
- Räumlichkeiten klären: Ausreichend Sitzplätze mit Tischen (Schreibunterlage) vorbereiten, einige „Notsitzgelegenheiten" zur Verfügung halten; Sitzanordnung festlegen, so dass alle Teilnehmer die Vortragenden und den Moderator gut verstehen können
- Wenn benötigt Mikrofon, Overheadprojektor und Flipchart bereitstellen; Informationsblätter in großer Schrift
- Getränke anbieten
- Ablauf: Begrüßung und Vorstellung durch den Moderator; kurzer Vortrag (je nach Klientel) der Fachperson, anschließende Fragen und Diskussion. Leitung und Festhalten der wichtigsten Ergebnisse durch Moderator, z.B. auf einem Flipchart oder Informationsblatt, Abschluss mit Rückblick und Ausblick.

> Die vortragende Fachperson muss in der Lage sein, sich auf das Klientel „alte Menschen" einzustellen. Fachinformationen sollten in knappe und einfache Informationsanteile zerlegt und den Zuhörern „portionsweise" angeboten werden. Zu komplizierte und ausufernde Informationen langweilen und überfordern alte Menschen.

Wenn möglich, sollte der Vortragende in der Lage sein, die Zuhörer in das Vortragsgeschehen einzubinden, damit sie nicht nur passive Zuhörer sind.

> **Fallbeispiel**
>
> Das Altenreferat einer Gemeinde hat auf Wunsch von älteren Gemeindemitgliedern und pflegenden Angehörigen einen Informationsnachmittag zum Thema „Gesetzliche Betreuung und Vorsorgevollmacht" durchgeführt. Der Vortrag wurde durch eine sozialpädagogische Mitarbeiterin geplant und moderiert. Als Fachperson wurde der Leiter der Betreuungsbehörde eingeladen. Der Informationsnachmittag fand im Gemeindezentrum statt und wurde von ca. 30 Personen besucht. Nach einem offiziellen Teil mit Vortrag, Fragen und Antworten stand die Betreuungsfachperson für persönliche Beratung zur Verfügung, die von einigen Teilnehmern auch in Anspruch genommen wurde. Im Anschluss wurden Termine für spätere Beratungsgespräche vereinbart.

6.7 Theaterarbeit

Eine Theatergruppe unter theaterpädagogischer Leitung ist eine experimentelle Arbeit, an der Jung und Alt Interesse und Freude haben können. In der Altenhilfepraxis leiten oft geragogische Mitarbeiter mit einer Zusatzausbildung in Theaterpädagogik solche Gruppen an. Aber auch ohne Zusatzausbildung lassen sich mit pädagogischer Qualifikation einige Methoden vom Seniorentheater anwenden. Es gibt vielfältige Einsatzmöglichkeiten in der Altenarbeit, z. B. Theaterarbeit als

- Gemeinschaftsprojekt von Jung und Alt
- Ausdruck und Darstellung eigener Lebensgeschichte und -erfahrung
- Ausdruck und Darstellung eigener Lebenswelt und -problematik
- Form körperlichen Ausdrucks (Mimik, Gestik, Spiel, Tanz, Pantomime)
- Darstellung von Sketchen oder eigenen Stücken.

> ☑ In der Seniorenarbeit werden seltener Stücke nachgespielt. Meistens stammt der Theaterstoff aus der eigenen Lebenswelt.

Ziele

- Ausdruck von Gefühlen
- Ausdruck von eigenem Erleben
- Körperliche Aktivierung
- Selbsterfahrung im Spiel und Kontakt mit anderen
- Kommunikation
- Soziales Erleben und Eingebundensein in der Gruppe.

Elemente der Theaterarbeit

Theater wirkt nicht nur durch das gesprochene Wort. Verschiedene Elemente können eingesetzt werden, um dem Zuschauer eine Aussage möglichst intensiv zu vermitteln und sein Aufmerksamkeit zu fesseln (☞ Abb. 6.31).

Raum- und Körpererfahrung durch Bewegung

Bei diesen Übungen erleben sich alte Menschen körperlich im Raum und im Kontakt mit den anderen Gruppenteilnehmern. Jeder Teilnehmer macht nach seinen persönlichen Fähigkeiten mit. Die Übungen werden bewegungseingeschränkten Menschen und Rollstuhlbenutzern angepasst.

Beispiele

- Nach Musik durch den Raum bewegen, jeder Teilnehmer zunächst für sich. Nach Empfinden Kontakt zu anderen aufnehmen und auch wieder aufgeben
- Durch den Raum bewegen und durch Mimik und Gestik Gefühle darstellen, z.B. Freude, Sorge, Gehetztsein
- Sich durch den Raum bewegen, einen besonders angenehmen Platz suchen und dort eine besonders angenehme Position einnehmen
- Alle Teilnehmer stellen sich nach Alter der Reihe nach auf. Variante: Die Gruppe stellt sich nach ABC-Reihenfolge der Nachnamen aus (kann sehr lebhaft sein)
- Durch den Raum gehen und sich einen Partner durch Augenkontakt suchen. Bei gegenseitigem Einverständnis macht ein Partner Bewegungen vor, der andere macht nach.

Weitere Übungen ☞ 8.2 und 9.2.1.

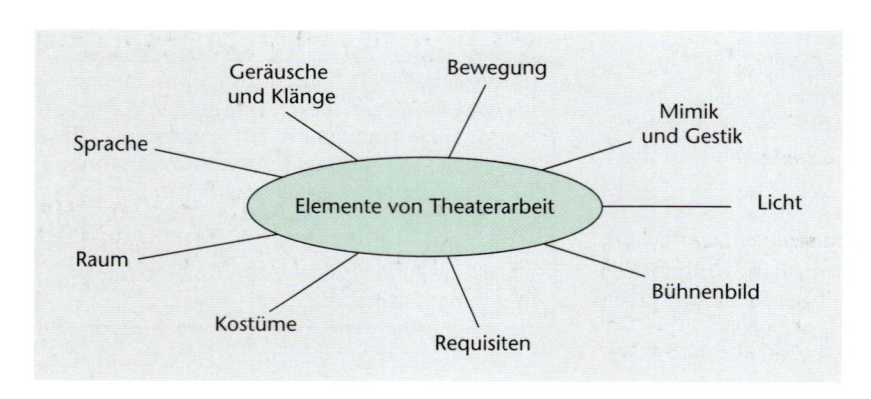

Abb. 6.31: Elemente der Theaterarbeit. [M283]

Sprache und Sprechübungen

Mit dem Lesen kleiner Texte, Gedichte oder Geschichten werden Sprechübungen verbunden und durchgeführt. Es sollten Lieblingstexte oder autobiografisches Material zum Lesen verwendet werden. Folgende **Grundsätze** sind zu beachten:

- Vorherige Lockerungsübungen
- Tiefe, regelmäßige Bauchatmung beim Sprechen
- Deutliches Artikulieren, Mund und Zunge deutlich bewegen
- Einsatz von Mimik und Gestik beim Sprechen
- Kurze Abschnitte sprechen, Pausen einlegen.

> ❗ Durch undeutliche Artikulation und ungenügenden Einsatz der Sprachmuskulatur kann die Sprache undeutlich und unklar werden. Eine leichte Übung zur deutlichen Aussprache ist das Sprechen mit einem Korken zwischen den Zähnen: Korken zwischen den Zähnen festhalten und dann einen kleinen Text lesen (Artikulation wird deutlicher).

Übungstexte
- Das Frühstücksei (von Loriot)
- Knecht Ruprecht (Weihnachtsgedicht)
- Frühlingsankunft (Frühlingsgedicht)
- Zungenbrecher
  - Fischers Fritze fischte frische Fische
  - Blaukraut bleibt Blaukraut und Brautkleid bleibt Brautkleid
  - Die Katze tritt die Treppe krumm

Darstellungen von Texten, Begriffen und Geschichten durch Dialoge
- Aussuchen von Texten
- Selbstgeschriebene Texte und biografisches Material verwenden
- Lesen von Texten in kleinen Abschnitten
- Sprechen über die Texte
- Versuchen, Texte in kleine Dialoge umsetzen
- Dialoge sprechen und darstellen.

Mimik und Gestik

Durch Mimik und Gestik, verbunden mit Bewegungen des gesamten Körpers, werden Gefühle ausgedrückt und dargestellt. Der Leiter drückt eine Situation verbal aus, die Spieler sollen sie sich vorstellen und durch Mimik und Gestik darstellen, z. B.:

- **Hören:** Jemand hört eine ganz schöne, leise Musik, die ihn sehr berührt
- **Tasten:** Die Hände werden nach einem Kaminfeuer ausgestreckt, das die Person wärmt und ganz unter die Haut geht, bis der gesamte Körper schön warm ist
- **Sehen:** Etwas Schönes sehen, z. B. die Geliebte, die auf einen zukommt, und etwas Abstoßendes sehen, z. B. einen Unfall
- **Schmecken:** Eine leckere Süßspeise kosten und in einen ganz sauren Apfel beißen
- **Riechen:** Etwas Schönes und etwas Ekelhaftes riechen
- **Gefühle:** Verschiedene Gefühle darstellen, z. B. Angst, Freude, Trauer, Ärger.

Requisiten

Requisiten sind unentbehrliche Zubehörteile des Theaters. Gegenstände werden zu Mitspielern eines Stückes und sind genauso wichtig wie die Sprache.

Requisiten unterstützen – richtig eingesetzt – die Aussage eines Theaterstückes. Ihre Wirkung beruht auf ihren optischen, haptischen und akustischen Eigenschaften.

Beispiel aus dem „Musikalischen Verhör" (☞ unten unter „Sketche"):
- Der Hammer des Richters
- Der Richtertisch
- Die Schnapsflasche des Landstreichers.

Kostüme

Kostüme sollen den Zuschauer ansprechen und sind wesentliches Element einer Darstellung. Kostüme brauchen nicht absolut perfekt, also genau passend, zu sein. Es reicht aus, wenn einzelne und wichtige Details das Typische verdeutlichen (☞ Abb. 6.32).

Beispiel aus dem „Musikalischen Verhör" (☞ unten unter „Sketche")

Der Landstreicher zeichnet sich aus durch
- zerlumpte Kleidung
- ungepflegtes Äußeres.

Das Kostümieren macht gemeinsam großen Spaß. Oft finden sich im Bekanntenkreis oder in der Familie passende Kostüme oder Teile, die der Verkleidung dienlich sind.

6 Kulturelle Angebote

zuschwächen. Nicht jede Theateraufführung benötigt eine professionelle Beleuchtung mit großem Aufwand, aber einige Grundsätze können leicht und sinnvoll eingesetzt werden:

- Langsame Beleuchtung einer Szene stimmt erwartungsvoll und erhöht die Spannung
- Langsames Wegnehmen des Lichtes von einer Szene verbreitet Ruhe und evtl. Melancholie
- Häufig wechselnde Beleuchtung kann auch Unruhe und Unklarheit auslösen
- Plötzliche Beleuchtung überrascht den Zuschauer und konfrontiert ihn plötzlich mit der Szene.

Wenn Unsicherheiten durch die Beleuchtung entstehen, ist eine stete, einfache und gleichmäßige Beleuchtung am besten.

Themenstellung

Es wird ein **Thema** gestellt, z.B. „Geschichten rund ums Herz herum". Für dieses Thema ist Vertrauen in der Gruppe eine wichtige Voraussetzung.

- Auf dem Tisch liegen Herzen aus verschiedenen Materialien, z.B. aus Stein, Papier, Lebkuchen, Pappe, Glas oder Perlen
- Jeder Teilnehmer kann sich ein bereitliegendes Herz aussuchen
- Blitzlicht (☞ 4.4) zum Herz machen: An was denke ich beim Anblick des Herzen zuerst?
- Herzenserfahrungen in der Gruppe zusammentragen
- Cluster bilden (☞ Abb. 6.10)
- Jeder Teilnehmer schreibt einen kleinen Text zum Thema Herz oder erzählt eine Herzensgeschichte, die jemand anderes aufschreibt
- Geschichten in Dialoge umsetzen
- Einzelne Szenen werden von Teilnehmern dargestellt
- Requisiteneinsatz je nach Themenstellung.

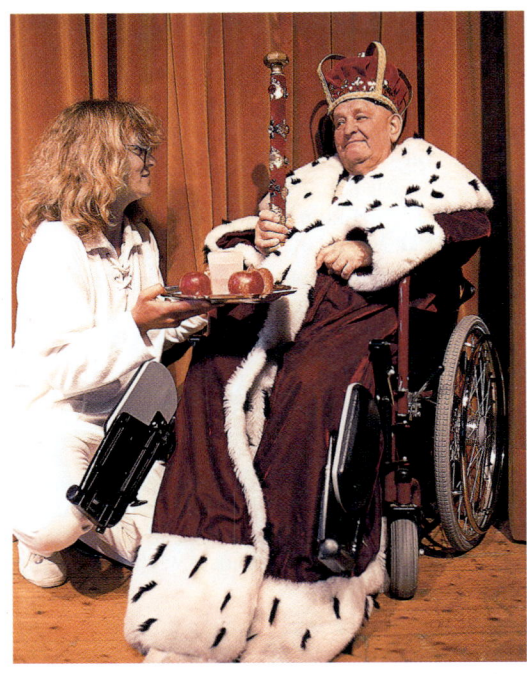

Abb. 6.32: Kostüme müssen nicht perfekt sein. Auch mit einfachen Mitteln können Figuren charakterisiert werden. [K157]

Bühne und Bühnenbild

Die **Bühne** ist der Spielraum für die Theateraufführung und gibt einer Darstellung Halt und Form. Die Bühne ist der Raum, in dem agiert wird und wo Darsteller und Zuschauer zusammentreffen. Eine Bühne kann offen oder abgegrenzt sein, z.B. durch einen Vorhang, und durch Farbigkeit und Formelemente gestaltet werden.

Beim „**Musikalischen Verhör**" (☞ unten unter „Sketche") ist das **Bühnenbild** ganz einfach:
- Offene Bühne
- Richtertisch mit Stuhl
- Eine Tür, aus der der Landstreicher kommt.

Wird ein Stück in mehreren Szenen aufgeführt, ist meistens ein Bühnenumbau nötig. Eine Bühnengestaltung braucht aber nicht aufwändig sein. Es kann auch mit wenigen, ganz einfachen Gestaltelementen gearbeitet werden.

Beleuchtung

Eine gute **Beleuchtung** ist notwendig, um das Bühnenbild zu unterstützen, um entsprechende Szenen hervorzuheben, zu betonen oder auch ab-

Darstellende Übungen

Pantomime

Durch Gestik und Mimik werden Alltagshandlungen dargestellt; die anderen Teilnehmer müssen die Handlung erraten.

Einfache Beispiele:
- Ei pellen
- Briefmarke aufkleben

- Augentropfen einträufeln
- Spiegelei braten
- Strümpfe stopfen
- Eine Liebeserklärung machen
- Blumenstrauß pflücken
- Auto starten.

Sketche

Sketche sind beliebt und können gut zur Unterhaltung bei einer Festgestaltung oder einer geselligen Runde eingesetzt werden. Zum folgenden Sketch sind zwei Darsteller notwendig.

Das musikalische Verhör

Das musikalische Verhör ist ein Sketch in Dialogform, bei dem der Richter spricht und der Landstreicher musikalisch in Liedform antwortet. Die Zuhörer können sich durch Mitsingen aktiv beteiligen.

Benötigt werden
- Personen: ein Richter und ein Landstreicher.
- Bühnenbild: ein Tisch mit Büchern und Akten, Telefon, dahinter der Richter
- Kostüme: Richter in Robe mit einem Holzhammer in der Hand, Landstreicher in zerlumpter Kleidung, Rucksack, aus der eine Schnapsflasche guckt, evtl. ein Musikinstrument in der Hand oder über der Schulter, z. B. Gitarre

Richter (R) und Landstreicher (L) unterhalten sich, wobei der Landstreicher ausschließlich singt (evtl. mit Gitarrenbegleitung). Das Publikum kann spontan mitsingen.

♫♪ **Das musikalische Verhör**

R: Sie sind angeklagt, einen Mädchenraub begangen zu haben. Beantworten Sie mir jetzt alle Fragen wahrheitsgemäß. Zunächst möchte ich Auskunft über Ihre Personalien haben. Wie heißen Sie?

L: Hänschen klein, ging allein …

R: Wie alt sind Sie?

L: Schier dreißig Jahre bin ich alt, hab' manchen Sturm erlebt (kann auch gesprochen werden)

R: Wo sind Sie geboren?

L: Im schönsten Wiesengrunde ist meiner Heimat Haus …

R: Was sind Sie von Beruf?

L: Ein Jäger aus Kurpfalz, der reitet durch den grünen Wald und schießt das Wild daher …

R: Berichten Sie jetzt wahrheitsgemäß den ganzen Verlauf der strafwürdigen Handlung? Wo haben Sie das Mädchen getroffen?

L: Im Wald und auf der Heide, da sucht' ich meine Freude …

R: Wie haben Sie es aus dem Wald gelockt?

L: Mädel, ruck', ruck', ruck' an meine grüne Seite …

R: Machen Sie sich denn keine Vorwürfe, das Mädchen so alleine angesprochen zu haben?

L: Das kann doch einen Seemann nicht erschüttern …

R: Wie heißt das Mädel?

L: Rosemarie, Rosemarie, sieben Jahre mein Herz nach dir schrie …

R: Können Sie irgendwelche Zeugen angeben?

L: Amsel, Drossel, Fink und Star und die ganze Vogelschar …

R: Waren das die einzigen Zeugen?

L: Ein Männlein stand im Walde …

R: Um welche Zeit war es?

L: Guten Abend, gute Nacht …

R: Was sagten Sie zu dem Mädchen?

L: Du, Du liegst mir im Herzen …

R: So, das sagten Sie. In welchem Verhältnis stehen Sie denn zu dem Mädchen?

L: Das Lieben bringt große Freud, das wissen alle Leut …

R: So, dann haben Sie wohl vor, das Mädchen zu heiraten. Wann soll das geschehen?

L: Wenn der weiße Flieder wieder blüht …

R: Im nächsten Jahr also. Meinen Sie denn, dass Sie dann wieder aus dem Gefängnis entlassen sind? Sie sind doch auch für das Herumstrolchen angeklagt. Wie denken Sie darüber?

L: Es geht alles vorüber, es geht alles vorbei …

R: Ich sehe wohl ein, dass mit Ihnen nicht viel anzufangen ist. Sie sind entlassen.

L + Alle: Ade zur guten Nacht, jetzt wird der Schluss gemacht …

Organisation und Planung einer Theatergruppe

- Planung und Durchführung durch Theaterpädagogen, Kultur- und Sozialpädagogen, Ergotherapeuten oder Altentherapeuten
- Zusammenarbeit mit anderen Institutionen, z. B. Kleinkunstbühnen, Volkshochschulen, Bildungseinrichtungen, Schulen, Heimatmuseen, Kultureinrichtungen
- Ort der Durchführung: z. B. Gemeinden, Altenpflegeeinrichtungen, Altenclubs, Altentageseinrichtungen
- Werbung durch Plakate, Ausschreibung und persönlichen Kontakt
- Projektvorstellung bei Vorgesetzten und im Team
- Regelmäßige Gruppentermine (2 × wöchentlich)
- Gruppenstunden planen: Kennenlernübungen, Aufwärmübungen, Theaterübung oder Rollenspiel durchführen, Besprechung und Rückmeldungen
- Requisiten bereitlegen, z. B. Tücher, Stoffe, Kleidungsstücke, Hüte, Schminke
- Auftritte planen: Auftritte nur bei Freude und Einverständnis der Teilnehmer planen. Bei der Planung unbedingt alle Bedürfnisse der Teilnehmer berücksichtigen.

☑ Der Bundesverband Theaterpädagogik e.V. informiert über Fort- und Weiterbildungen und kann Bildungsinstitute benennen, an denen Theaterpädagogik gelehrt wird:

Bundesverband Theaterpädagogik e.V.
Genter Straße 23
50672 Köln
049/221–9521095
www.but.bkj.de

6.8 Einsatz von neuen Medien

Der Umgang mit neueren Informations- und Kommunikationstechnologien trifft zwar auf kein besonders breites Interesse bei Senioren, aber zunehmend nutzen einige ältere und alte Menschen die vielfältigen Möglichkeiten der neuen Medien. Volkshochschulen, Altenclubs, Begegnungsstätten und nicht zuletzt Pflegeeinrichtungen haben sich auf diese Bedürfnisse eingestellt und werden den Seniorenbedürfnissen mit speziell auf sie zugeschnittenen Bildungsangeboten gerecht. Ältere Menschen, die wagen Neues zu lernen, erleben dies als einen Zuwachs von Selbstwert und Selbstvertrauen.

☑ Es ist wichtig, dass die „jungen Alten" schon früh genug den Umgang mit neuen Techniken erlernen, damit sie im höheren Alter sinnvoll und effizient genutzt werden kann.

Ziele

- Interesse für neue Medien wecken
- Neue Informations- und Kommunikationstechnologien kennen lernen
- Sich mit dem Internet vertraut machen
- Schwellenängste abbauen
- Selbstwertgefühl stärken
- EDV-Kenntnisse vermitteln
- Grundlagen der Handynutzung erlernen.

⚠ Es ist oft schwierig, ältere Menschen für die neuen Medien zu interessieren und ihre Schwellenängste zu überwinden. Interesse kann durch Anbindung an die Biografie geweckt werden, z. B. indem zusätzlicher Kontakt mit der Enkelin oder schneller Kontakt zur Tochter in Aussicht gestellt werden.

Organisation und Planung

Ein Angebot zu Informations- und Kommunikationstechnologien muss speziell auf die Gruppe Älterer (z. B. Menschen ab 60) abgestimmt sein und erfordert aufgrund der Barriereängste eine **besondere Herangehensweise:**

- Projekt an Einrichtung für Ältere anbinden, z. B. Seniorenbüros oder Altenclubs
- Zentralen Standort für Kursangebot wählen
- Kleine und homogene Gruppen bilden (Anfänger- und Fortgeschrittenenkurs)
- Sicherstellen, dass jeder Teilnehmer Zugang zum PC oder zum Handy hat
- Schulung möglichst nicht durch junge, sondern durch ältere Mitarbeiter
- Senioreninteresse wecken, z. B. durch Aufsuchen von Seniorenreisen, Seniorenseiten, Kuratorium Deutscher Altershilfe im Internet
- Vernetzung der Teilnehmer ermöglichen, z. B. Seniorenintercafé oder Computerselbsthilfegruppe für Senioren

6.8 Einsatz von neuen Medien

Abb. 6.33: Senioren-computerkurse liegen im Trend. [L119]

- Unterstützungsmöglichkeiten für zu Hause anbieten (Telefonkette)
- Beratung und Unterstützung bei Kauf eines Computers anbieten
- Gymnastik und Lockerungsübungen, Kaffee und andere Getränke zwischendurch anbieten.

> ☑ Viele Volkshochschulen, Seniorenbüros oder andere offene Senioreneinrichtungen bieten inzwischen Computer- und Internetkurse an, die von den „jüngeren Alten" gern angenommen werden. In Altenpflegeeinrichtungen gehören solche Kurse manchmal zum Beschäftigungsangebot und werden z.Zt. meist in Häusern mit höheren Pflegesätzen (Seniorenresidenzen) angeboten.

Kursangebote

Thematische Schwerpunkte sollten unbedingt in der Kursausschreibung deutlich werden, so dass jede interessierte Person eigene Interessen wählen kann. Angebote können sein:

- Grundkurs für Neulinge
- Bedienung und Handhabung eines PCs
- Einführung in Hardware
- Einführung in Windows und Grundlagen der Textverarbeitung
- Programmaufbau
- Internet für Anfänger
- Internet für Fortgeschrittene, dann werden z.B. Suchstrategien im Internet angeboten
- Modem und ISDN-Anschluss
- Homebanking
- CD-Brennen
- Scannen
- Umgang mit dem Handy

Entgegen vieler Vorurteile, dass alte Menschen sich nicht für neue Medien interessieren, gibt es einen Zuwachs an Computerkursen für Ältere, es entstehen Seniorinternetcafés und Seniorensurfergruppen. Allerdings ist die Gruppe der über 55-Jährigen hier am aktivsten.

Besonderheiten bei Kursangeboten für Ältere

Bei älteren Teilnehmern sind folgende Bedürfnisse besonders zu berücksichtigen:
- Das Lerntempo den Senioren anpassen
- Keine Vorgabe von einer bestimmten Stoffmenge machen
- Langsame, einfache Erklärungen geben
- Kleine Schritte gehen
- Häufige Wiederholungen von kleineren Arbeitsabschnitten
- Biografiebezug herstellen, z.B. Brief oder E-Mail an Enkelin schreiben
- Spaß und Freude auf spielerische Art vermitteln
- Übungsmöglichkeiten für die Zeit nach dem Kurs vermitteln.

> [!] Informations- und Kommunikationstechnologien können bestehende Kontakte ergänzen und erweitern, ersetzen aber nicht den normalen sozialen Kontakt des alten Menschen. Es ist eine Fehlannahme, dass Kontakte über die neuen Medien eine Vereinsamung und Isolierung vermeiden können.

7 Feste gestalten und feiern

7.1 Warum, für wen, wie – das Management. 132
    7.1.1   Bedeutung von Festen. 132
    7.1.2   Ziele von Festgestaltungen 132
    7.1.3   Zielgruppen und Anlässe 133
    7.1.4   Planung und Organisation. 133

7.2 Festbeispiele 135
    7.2.1   Frühlings- und Maifest 135
    7.2.2   Sommerfest 137
    7.2.3   Herbstfest 139
    7.2.4   Weihnachten 141
    7.2.5   Fasching 146
    7.2.6   Geburtstagsfeste und Jubiläen 148

7 Feste gestalten und feiern

7.1 Warum, für wen, wie – das Management

7.1.1 Bedeutung von Festen

Feste sind Ausdruck von Lebensfreude und Gemeinschaft und spiegeln die kulturellen Traditionen, Bräuche und Rituale eines Kulturkreises wider. Zu allen Zeiten haben Menschen bestimmte Anlässe und Jahreshöhepunkte mit festlichen Ritualen gefeiert, z. B.:
- Winter- und Sommersonnenwende
- Religiöse Feste
- Lebensübergänge wie Geburt und Tod.

> ☑ Die Art und Weise, wie Feste gefeiert werden, ist ein Ausdruck der Kultur, in die der Mensch eingebunden und verwurzelt ist. Feste zu feiern stärkt die kulturelle Identität und damit auch das Selbstwertgefühl.

Feste und Feiern unterbrechen den Alltag und bieten Zeit für Besinnung, Fröhlichkeit und geselliges Beisammensein. Alltagssorgen treten in den Hintergrund, so dass die Gemeinschaft und soziale Kontakte sorgenfrei erlebt werden können.

7.1.2 Ziele von Festgestaltungen

Für den alten Menschen haben Feiern immer einen physiologischen, psychologischen und sozialen Aspekt, denn sie befriedigen körperliche, seelische, geistige und soziale Bedürfnisse (☞ Abb. 7.1). **Hauptziel** ist es, den alten Menschen aus seinem Alltag herauszulösen, damit etwas Besonderes in Gemeinschaft erlebt werden kann (☞ Abb. 7.2).

Körperliche Ziele
- Körperliche Entspannung
- Anregung der Kreislauffunktionen
- Anregung zur Bewegung
- Anregung der Sinnesorgane

Psychische Ziele
- Wohlbefinden
- Lebensfreude und Gefühlen wie Freude, Trauer oder Rührung Ausdruck verleihen
- Fröhlichkeit, Spaß und Lebensmut
- Ablenkung von Sorge, Kummer, Krankheit, Problemen
- Alltagssorgen vergessen
- Anerkennung vermitteln
- Erinnerungspflege (☞ 6.3), schöne Erinnerungsmomente schaffen

Soziale Ziele
- Isolation und Einsamkeit unterbrechen
- Soziale Kontakte beleben oder herstellen
- Geselligkeit erleben
- Kulturelle Traditionen pflegen
- Zugehörigkeit und Gemeinschaft erleben
- Aufgeschlossenheit und Toleranz gegenüber anderen fördern.

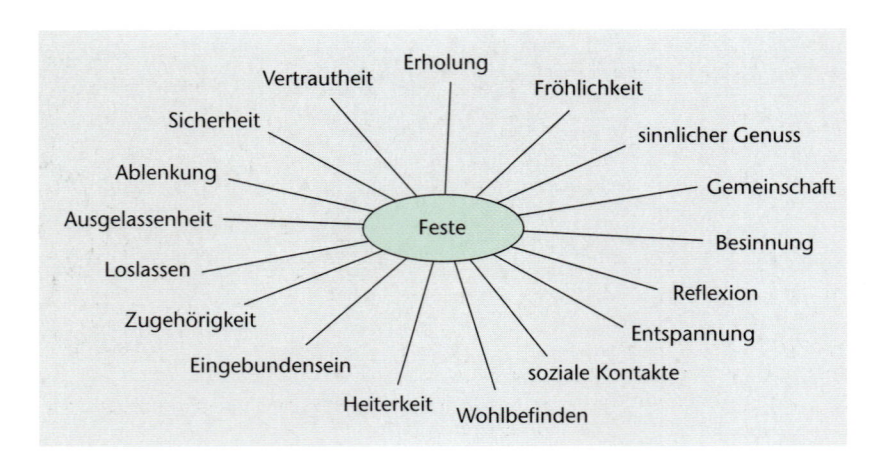

Abb. 7.1: Feste und Feiern haben vielschichtige Bedeutung. [M283]

7.1 Warum, für wen, wie – das Management

Abb. 7.2: Die Geburtstagsfeier gehört zu den regelmäßig wiederkehrenden Familienfesten, die nur in Ausnahmefällen „ausfällt". [L119]

7.1.3 Zielgruppen und Anlässe

Die Zielgruppen für Feste richten sich nach den Anlässen von Feiern und Festen.

> ☑ Es ist wichtig, auch verwirrte alte Menschen in das Feste feiern einzubeziehen. Für verwirrte Menschen ist es wichtig, auch beim Feiern
> - eine gewohnte, vertrauensvolle Atmosphäre zu schaffen
> - eine angemessene Kommunikation zu ermöglichen (☞ 5.1.2)
> - Bezugspersonen und Angehörigen einzubeziehen.

7.1.4 Planung und Organisation

Das Gelingen einer Feier hängt entscheidend von einer gründlichen Vorbereitung ab. Je nach institutionellem Rahmen – ob in der ambulanten, offenen oder stationären Altenhilfe – ist die Planung und Organisation früh genug durch ein Team durchzuführen. Dazu sind bereichsübergreifende Zusammenarbeit und Absprachen notwendig (☞ Abb. 7.3).

Das Festkomitee

Sinnvoll ist es, die Arbeit einem **Festkomitee** zu übertragen, zu dem Vertreter verschiedener Funktionsbereiche gehören, z. B.
- Küchenleitung
- Hauswirtschaftsleitung
- Pflegemitarbeiter und Wohnbereichsleitungen
- Sozialdienstmitarbeiter und Ergotherapeuten
- Betriebsleitung und Pflegedienstleitung
- Heimbeirat.

Abb. 7.3: Gemeinsames Planen erhöht den Erfolg einer Festplanung. [K157]

Der **Protokollführer** des Komitees hält alle Beschlüsse und Absprachen schriftlich fest. Die Gesamtplanung liegt in der Hand eines **Moderators**, der sozusagen „alle Fäden in der Hand" hat.

> Es lohnt sich, eine **Kartei für Festideen** anzulegen, in der die Verantwortlichen das ganze Jahr über Ideen für kommende Feste sammeln, z.B. Gedichte, Sprüche, Sketche, Musikdarbietungen, „Festtalente" oder einzelne Programmpunkte und entsprechende Kontaktpersonen.

Im Vorfeld eines Festes sollte ein **Rahmen** abgesteckt werden, der genügend Raum für Spontanes und Improvisiertes lässt.

> **Fallbeispiel**
>
> Die Tageseinrichtung „Sonnental" legte für ihr Frühlingsfest sowohl den Beginn und das Ende als auch einige Programmpunkte wie das Kaffeetrinken, die Frühlingsbowle, die musikalische Darbietung und eine Tanzvorführung fest. Der Festmoderator behielt den geplanten Ablauf „im Auge", konnte aber spontane Wünsche nach Tanzen und Singen problemlos in den Ablauf einbauen, weil dafür von Anfang an genügend Raum eingeplant war.

10-W-Fragen

Bei der Organisation und Planung ist eine Checkliste oder die 10-W-Fragen (Mustertabelle ☞ Tab. 4.18) sinnvoll.

1. Wer: Wer organisiert die Veranstaltung? Wer ist Moderator? Wer gehört zum festvorbereitenden Team? In welcher Form können alte Menschen einbezogen werden? Können Angehörige, Ehrenamtliche, Freiwillige und Gäste einbezogen werden?

> Das Programm kann durch Mitarbeit von Ehrenamtlichen, Vereinen, Musikgruppen, Chören, Kirchengemeinden, Volkshochschulen, Schulen und Kindergärten gestaltet werden. Eine wichtige Aufgabe für Verantwortliche ist es, einen guten Kontakt zu den ortsansässigen Vereinen, Chören, Musikgruppen und Kirchengemeinden herzustellen und zu pflegen.

2. Was: Um was für ein Fest handelt es sich? Gibt es Rituale und Traditionen zu dem geplanten Fest? Ist das Fest öffentlich oder soll es mehr einen privaten Charakter haben? Soll das Fest ein Motto haben oder nur unter dem Festnamen bekannt gegeben werden?

3. Wann: Am Anfang des Jahres die Festtermine für das ganze Jahr festlegen. An welchem Tag soll das Fest stattfinden? Genaue Zeiten festlegen. Anfang und Ende bestimmen. Zeiten für pflegerische Maßnahmen (Medikamente, Toilettengänge, Hilfestellung bei der Nahrungsaufnahme) einplanen.

4. Mit wem: Wer ist eingeladen? Soll es ein offenes oder geschlossenes Fest werden? Bei einem geschlossenen Fest wird nur eine bestimmte Zielgruppe eingeladen, z.B. bei dem Monatsgeburtstagskaffeetrinken nur die Personen, die Geburtstag hatten. Werden Ehrenamtliche und Gäste eingeladen? Bei offenen Festen werden auch z.B. Angehörige und weitere Gäste eingeladen (evtl. mit Anmeldung). Einladung über Aushänge, persönliche Einladung mit Erinnerungsschreiben oder Zeitungsannonce im Gemeindeblatt, in der Hauszeitung und in der regionalen Zeitung. Plakat oder ähnliches 10–12 Tage vorher aushängen.

5. Wo: In welchen Räumlichkeiten wird das Fest durchgeführt? Soll das Fest drinnen oder draußen stattfinden? Müssen Tische und Stühle ausgeliehen werden? Wer ist für die Vorbereitung der Räumlichkeiten zuständig? Technische Vorbereitungen und Zuständigkeiten abklären: Tische und Bestuhlung, Musikanlage, Lautsprecher, Bühne oder Auftrittsplatz, Fahrdienste, z.B. durch Hausmeister. Platz einplanen für Rollstuhlbenutzer, Gehwagen und fahrbare Wagen für die Bewirtung. Eine Anordnung in Sitzblöcken, die zur Kommunikation anregen, ist sinnvoll.

> **!** Lange Tischreihen oder Tische in U-Form sind ungünstig, weil sie sich erschwerend auf die Kommunikation auswirken, und die Gespräche sich nur auf die Tischnachbarn beziehen.

6. Wie: Verantwortlichkeiten für Dekoration, Essen und Trinken, Bewirtung, Programmgestaltung festlegen. Zeitlichen Ablauf von Programmpunkten und Essen und Trinken planen. Aber auch Zeiten für Spontanes und Unvorhergesehenes einkalkulieren. Langfristig z.B. 6–8 Wochen vorher Bestellungen für Essen und Trinken und Dekoration aufgeben. Etwas Besonderes, nicht Alltägliches bei der Bewirtung und der Programmgestaltung anbieten.

7. Womit: Welche Dekoration wird benötigt, z. B. Tischschmuck, Servietten, Wand- und Raumschmuck? Kann Dekoration selbst hergestellt werden? Können alte Menschen an der Herstellung beteiligt werden? Welche musikalische Begleitung ist möglich, z. B. Musik durch Musikanlage, festgemäße Musik, Live-Begleitung durch Keyboard, Akkordeon oder kleine Blaskapelle? Können Ehrenamtliche zur musikalischen Begleitung herangezogen werden? Welche kreativen Ressourcen bestehen bei Mitarbeitern oder Angehörigen? Mehrere kleine Programmpunkte und einen Festhöhepunkt einplanen, aber den Ablauf nicht mit zu vielen Punkten überhäufen.

8. Warum: Festplanung als Gemeinschaftserleben, das Erinnerungen weckt, Traditionen und Rituale pflegt und zur Freude und Lebensqualität beiträgt. Jahreszeitliche Orientierungen, die regionale Traditionen einbindet, bieten Ordnung und Sicherheit für den alten Menschen. Neue Impulse durch etwas Besonderes geben.

9. Wozu: Jahres- oder Monatshöhepunkte für die alten Menschen einer Einrichtung bieten und damit die Lebensqualität und das Zugehörigkeitsgefühl bestärken. Aber auch Öffentlichkeitsarbeit und Repräsentation, z. B. bei einem Sommerfest als „Tag der offenen Tür" können Ziel eines Festes sein. Im Mittelpunkt steht dabei aber immer der alte Mensch mit seiner Lebensgestaltung.

10. Wie war's? (Reflektion): Nach dem Fest findet zeitnah eine Reflektion (Auswertung) der Veranstaltung statt. Dazu setzen sich Vertreter des Festkomitees zusammen und werten aus, ob das Fest zur Zufriedenheit aller abgelaufen ist. Kleine Fehler und Pannen lassen sich bei keinem Fest vermeiden, sind aber dazu da, bei einer nächsten Planung berücksichtigt zu werden. Wichtig sind die Rückmeldungen der Beteiligten. Bewohner, Tagespflegegäste, Senioren und Angehörige werden direkt um ihre Meinung, Wünsche und Verbesserungsvorschläge gebeten.

> ☑ Ein Fest ist gelungen, wenn die Teilnehmer für ein paar Stunden den Alltag vergessen haben und Gemeinschaft und ein Moment des Glücks erlebt haben. Dafür lohnt sich ein Mehraufwand der Festvorbereitung.

7.2 Festbeispiele

Als Festanlässe in der Altenarbeit bieten sich insbesondere jahreszeitliche und religiöse Feste sowie die persönlichen Feste wie Geburtstage und Jubiläen, die mit ganz persönlichen Erinnerungen aus der Biografie verknüpft sind, an. Aber auch neuere Feste wie der Valentinstag oder ein Straßen- und Stadtteilfest können gebührend gefeiert werden. Im Folgenden werden einige Beispiele zu den bekannten Jahres- und persönlichen Feiern aufgezählt.

7.2.1 Frühlings- und Maifest

Mit einem Frühlings- oder Maifest wird der Freude über die erwachende und blühende Natur, über die Leichtigkeit und Unbeschwertheit der bevorstehenden Jahreszeit und über den kommenden Sommer Raum gegeben. Dieser zentrale Inhalt des Festes bestimmt Motto, Programmgestaltung, Dekoration, Essen und Trinken.

Thema

Das Motto kann, auch wenn das Thema „Frühling" ist, ein wenig variieren, z. B.:

- Tanz in den Mai
- Frühlingserwachen
- Ab in den Frühling
- Frühlingsfest

Räumlichkeiten

- Speisesaal oder Festsaal
- Platz für Bühne oder Tanzfläche berücksichtigen
- Tische in Blöcken (6–8 Personen) stellen, wenn sehr viele Plätze benötigt werden in Tischreihen
- Plätze für Rollstuhlbenutzer einplanen

Dekoration

- Tische dekorieren mit
  - Frühlingstischdecken
  - Servietten mit Frühlingsmotiven in Ziehharmonikaform (ist einfach und wirkt dekorativ)
  - Frühlingsblumensträußen aus Tulpen, Narzissen, Osterglocken, Hyazinthen, Vergissmeinnicht, Flieder, Forsythien, Jasmin oder Holunder
  - künstlichen Marien- und Maikäfern
- Den Raum dekorieren mit
  - selbsthergestellten Papierblumen oder Vögeln (☞ 11.2.7)

- einem Maibaum
- großen Maisträußen, z. B. Birke oder Buche mit bunten Stoff- oder Kreppbändern.

Essen und Trinken

Kaffeenachmittag mit
- verschiedenen Obstkuchen und -torten
- Frühlingsbowle, z. B. Waldmeister- oder Erdbeerbowle, wobei die Bowlegläser frühlingshaft dekoriert werden können.

> Für Festteilnehmer mit motorischen Störungen Spezialgeschirr einplanen.

Programmgestaltung

Ein harmonisches Fest hat immer ein gemeinsames Einstimmen, einen Höhepunkt und einen gemeinschaftlichen Ausklang. Zum Einstimmen und für den Ausklang eignen sich bekannte Lieder zum Mitsingen. Aber auch zwischendurch passen fröhliche Musik- und Tanzangebote zu einem Frühlingsfest, z. B.:
- Volkstümliche Musik mit beschwingten und bekannten Frühlingsweisen (Hintergrundmusik von der Musikanlage, Keyboardbegleitung, Akkordeon)
- Lieder zum Mitsingen wie „Komm, lieber Mai und mache", „Der Mai ist gekommen", „Das Wandern ist des Müllers Lust"

Abb. 7.4: Bei Kaffee und einem Stück frischer Erdbeertorte gelingt die Einstimmung auf Frühling und Sommer garantiert. [O149]

Abb. 7.5: Eine Folkloregruppe mit Kostümen bietet etwas für Augen und Ohren. [M283]

- Kleines Frühlingskonzert durch Gesangverein oder eine Kindergruppe
- Tanzvorführung durch Folkloretanzgruppe (☞ Abb. 7.5)
- Kreis- oder Sitztanz mit Senioren
- Geselliger Paartanz zu beschwingter Musik, z. B. Schneewalzer, Kufsteinlied, Rheinländer

Zwischen den musikalischen Einlagen können Frühlingsgedichte vorgetragen werden.

> ☑ Das Programm abwechslungsreich gestalten, aber nicht mit einem zu großen Angebot überfrachten. Ein überladenes Programm überfordert die Teilnehmer und lässt zu wenig Raum für die Kommunikation.

Gesamtablauf

In einem gedruckten Programm wird der Gesamtablauf mit den einzelnen Programmpunkten übersichtlich und mit Zeitangaben bekannt gegeben. Der Festmoderator führt durch das Programm.

Beispiel
- 15.00: Begrüßung durch die Einrichtungsleitung
- 15.05: Begrüßung durch den Heimbeirat und Anstimmung des Liedes „Der Mai ist gekommen"
- 15.15: Kaffee und Kuchen bei leiser Hintergrundmusik; anschließend wird Frühlingsbowle ausgeschenkt
- 16.00: Tanzvorführung einer Folkloregruppe in Kostümen (Höhepunkt des Festes)
- 16.30: Geselliger Paartanz auf der Tanzfläche

- 16.45: Ausklang mit einem Gedicht oder einer kurzen Frühlingsgeschichte, vorgetragen durch eine Seniorin
- ca. 17.00: Abschluss durch einige Sätze des Festmoderators, der Einrichtungsleitung, des Heimbeirats oder einer anderen verantwortlichen Person. Musikalischer Ausklang mit dem Schlager „Auf Wiedersehen" oder dem volkstümlichen Lied „Nehmt Abschied Brüder".

Beispiel für einen Begrüßungstext

Ich grüße Euch alle recht herzlich **miteinander**.

Rückt ruhig etwas näher **zueinander,**

dann wird es auch gemütlich **untereinander.**

Seid auch recht nett **zueinander**

Und redet nicht zuviel **übereinander.**

Nehmt auch Rücksicht **aufeinander**

Und trinkt nicht zuviel **durcheinander.**

Stoßt nicht – wenn Ihr zuviel getrunken habt **aneinander.**

Geht, wenn Ihr mal raus müsst, schön **hintereinander.**

Auf dem Heimweg geht dann artig **nebeneinander.**

Vorläufig bleiben wir aber noch gemütlich **beieinander.**

Und erst wenn Schluss ist, gehen wir alle **nacheinander**

Auseinander.

> [!] Wird nicht mit dem Mikrofon gesprochen, kann das Publikum das Gesagte nur schlecht verstehen. Ein geragogischer Mitarbeiter sollte deshalb den Gebrauch eines Mikrofons einige Wochen vorher mit den alten Menschen einüben, die am Programm beteiligt sind.

Das Vortragen von Texten und Gedichten ist für Senioren einerseits aufregend, stärkt aber sehr das Selbstwertgefühl und sollte daher unbedingt – auch wenn es mal kleine Pannen gibt – unterstützt werden.

7.2.2 Sommerfest

Ein Sommerfest findet in der Mitte des Jahres statt und kann, je nach Träger oder Einrichtung, auch der Festhöhepunkt des Jahres sein. Warme Witterung und Sonnenschein ermöglichen das Feiern im Freien auch im größeren Rahmen. Ein Sommerfest ist gut geeignet, um gleichzeitig einen „Tag der offenen Tür" anzubieten, bei dem Gäste und Angehörige willkommen sind.

Thema

Ein Sommerfest kann einfach Sommerfest genannt werden, oder aber das Thema enger eingrenzen, z. B.
- Gartenfest
- Grillfest
- Blumenfest
- Rosenfest

Räumlichkeiten

- Ein Sommerfest sollte draußen stattfinden. Sonnenschirme, Zeltüberdachungen, sonnen- und windgeschützte Plätze sind für alte Menschen wichtig
- Parallel muss allerdings auch eine Schlechtwettervariante eingeplant werden, die kurzfristig realisierbar ist, wenn das Wetter „nicht mitspielt"
- Notwendige Tische und Bestuhlungen für draußen über Verleihe und Vereine ausleihen (muss rechtzeitig angemeldet werden)
- Tische in kleinen Reihen und Blöcken anordnen
- Große Sonnenschirme aufstellen
- Zelt und Überdachung über den Zelt- und Vereinsverleih organisieren
- Wege und Platz einplanen für
  - Rollstuhlbenutzer
  - die Bühne und für Auftritte
  - Spiele, Wettbewerbe und Scharaden

Dekoration

Freundliche, ausgelassene, helle und lichte Dekoration, z. B.:
- Raum- und Außendekoration mit bunten Girlanden und Luftballons
- Bunte Tischdecken oder einfarbige Tischdecken mit bunten Servietten, die dekorativ gefaltet werden (aus praktischen Gründen können auch Papiertischdecken verwendet werden)
- Tische mit Sommerblumen dekorieren; alternativ Sonnenblumen oder auch Schwimmkerzen in kleinen Wasserschalen
- Bei einem Rosenfest Rosen und Rosenblätter auf den Tischen verteilen

- Selbstgefertigte Papierblumen (☞ 11.2.7) auf den Tischen verteilen.

> ❗ Die Dekoration für ein Sommerfest mit alten Menschen sollte nicht mit Luftballons und Luftschlangen überladen sein, damit kein Kindergeburtstagseindruck entsteht.

Essen und Trinken

Sommerliche Temperaturen bieten sich wunderbar für ein **Grillfest** an, entweder als reines Grillvergnügen am Spätnachmittag oder frühen Abend, oder im Anschluss an eine nachmittägliche Kaffeetafel.

- Kuchenbuffet mit verschiedenen Kuchensorten (evtl. Angehörige, Ehrenamtliche und Mitarbeiter in die Kuchenherstellung einbeziehen) und Sahne in Sprühdosen (wegen Säuerung bei ungünstiger Witterung)
- Verschiedene Sorten Grillgut wie Würstchen, zarte Filetsteaks, Putensteaks, Holzfällersteaks, Fleischspieße
- Verschiedene Marinaden zum Fleisch
- Vegetarische Grillangebote wie Folienkartoffeln mit Kräuterbutter oder -quark, Gemüsespieße
- Verschiedene frische Salate, dazu Stangenweißbrot und Fladenbrot, und der allseits beliebte Kartoffelsalat
- Kühle und erfrischende Getränke, z.B. Wein- und Saftschorlen, Mineralwässer, Bier oder eine Sommerbowle.

Programmgestaltung

Ein Sommerfest zeichnet sich durch eine fröhliche, ausgelassene und heitere Atmosphäre aus, die sich mit verschiedenen Programmpunkten erreichen lässt, z.B. durch

- volkstümliche Musik, z.B. Livemusik mit einer kleinen Blaskapelle oder mit einem Akkordeonorchester
- einen Alleinunterhalter, einen Clown, einen Animateur für alte Menschen oder durch Comedy
- Vorführungen von Kinder- und Jugendsportgruppen, Stelzengängern und Kleinkünstlern
- Kindertanzgruppe oder Luftballontänze von Kindergartenkindern
- Sommertombola (☞ unten)
- Wettbewerbsspiele und eine Seniorenscharade mit Staffeln und seniorengerechten Spielen (☞ 8.6)
- Informationsstände zu einem „Tag der offenen Tür"
- Musizieren mit Rhythmusinstrumenten nach temperamentvollen Melodien (☞ 6.5), z.B. Rhythmen von südamerikanischen oder italienischen alten Schlagern
- gemeinsames Singen von sommerlichen Liedern wie „Geh aus mein Herz und suche Freud"; „Am Brunnen vor dem Tore" oder „Wenn alle Brünnlein fließen".

Abb. 7.6: Gegrilltes bei sommerlichem Ambiente ist für alle ein Hochgenuss. Die Anschaffung eines Elektrogrills ist langfristig für jede Altenhilfeeinrichtung ein Gewinn. [K157]

Abb. 7.7: Sommerfest im Gartenpark eines Pflegeheims. [W184]

Vorbereitung einer Tombola

Die Vorbereitung einer Tombola ist zeitintensiv, lohnt sich aber als Unterhaltungsprogrammpunkt immer:
- rechtzeitig Firmen und Privatpersonen ansprechen, die Gewinne spenden könnten
- einen Hauptgewinn festlegen, bei einem Sommerfest könnte das z. B. ein Sonnenschirm für den Balkon sein
- Lospreise festlegen (z. B. 1 Euro)
- Lose anfertigen oder fertig im Schreibwarenhandel kaufen
- „Verkäufer" für die Lose bestimmen
- Geschenke attraktiv einpacken
- einen schönen Gewinntisch gestalten
- Zeitpunkt für Gewinnausgabe festlegen (entweder in der Mitte oder zum Ende des Festes)
- Person festlegen, die die Gewinne ausgibt.

Gesamtablauf

Der Ablauf eines Festes im Freien kann entweder offen oder nach einer festgelegten Programmfolge gestaltet werden.

Beispiel für eine feste Programmfolge
- 15.00: Begrüßung durch Einrichtungsleitung, Begrüßung von Gemeindevertretern
- 15.10: Begrüßungsständchen der ortsansässigen Blaskapelle
- Anschließend gemeinsames Singen des Sommerliedes „Geh aus mein Herz"
- Kaffee und Kuchen, dazu unterhaltsame, nicht zu laute Blasmusik
- 16.00: Auftritt einer Kindergruppe mit einem Luftballontanz; Kinder überreichen anschließend den alten Menschen einen Luftballon und setzen sich mit in die Kaffeerunde
- Erfrischungsgetränke und Blasmusik
- Auftritt eines auf alte Menschen ausgerichteten Alleinunterhalters, der die Tombola durchführt und den Hauptgewinn präsentiert
- Abendessen mit Gegrilltem, dazu leise Hintergrundmusik
- 18.00: Ausklang mit Schlusswort von Leitungsperson, Seniorenvertretung oder Festmoderator. Gemeinsames Singen des Abschiedsliedes „Kein schöner Land in dieser Zeit" oder „Ade nun zur Guten Nacht".

> In stationären Altenhilfeeinrichtungen sollten
> - Feste nicht länger als 2 Stunden dauern, da zu lange Feste die Bewohner anstrengen und überfordern
> - auch die Bedürfnisse von verwirrten alten Menschen berücksichtigt werden (zusätzlich Personal und Betreuung einplanen, ☞ 5.1).

7.2.3 Herbstfest

Ein Herbstfest bietet sich im Oktober an. Den meisten alten Menschen ist vor allem das Erntedankfest als traditionelles Herbstfest bekannt. In ihm drücken sich Glück und Dank über eine gelungene Ernte aus. Das herbstliche Flair spiegelt sich in satten, warmen Farben wider.

Thema
- Herbstfest
- Erntedankfest
- Weinfest
- Schunkelfest
- Traubenfest
- Bayerisches oder schwäbisches Herbstfest
- Kartoffelfest

Räumlichkeiten
- Tische in kleinen Blöcken
- Freier Platz oder Bühne für Auftritte

Dekoration
- Herbstfarbene Tischdecken, z. B. in Goldgelb, Ocker oder in einem warmen Grünton
- Servietten in herbstlichen Farben und mit herbstlichen Motiven
- Herbstliche Blumensträuße, z. B. herbstliche Äste
- Auf den Tischen bunte Blätter verstreuen, besonders dekorativ ist rotes Weinlaub
- Weinranken mit Trauben an die Wände hängen, am besten eignen sich künstliche Ranken
- Erntekrone oder Getreidekranz mit bunten Bändern zum Aufhängen
- Herbstliche Dekorationsecken, z. B. mit Strohhaufen, Getreide, Kürbissen, Äpfeln, einem Kartoffelkorb, Wein- und Saftflaschen (☞ Abb. 7.8).

Abb. 7.8: Mit entsprechenden Utensilien lässt sich das herbstliche Flair auch in stationäre Altenpflegeeinrichtungen zaubern. [L119]

Essen und Trinken

Zu einem Herbstfest passt deftige Kost, z. B.
- Zwiebel-, Gemüse- oder Kartoffelkuchen
- Käsegebäck und kräftige Knabbereien
- Federweißer, Wein und Weinschorle
- Traubensaft und andere Obst- und Gemüsesäfte

Programmgestaltung

- Vortragen von herbstlichen Gedichten durch Senioren, z. B.
  - „Oktoberlied" von Theodor Storm (☞ Seite 141)
  - „Herr von Ribbeck auf Ribbeck im Havelland" von Theodor Fontane
  - „Die Blätter fallen" von Rainer Maria Rilke
  - „Nun lass den Sommer gehen" von Josef Freiherr von Eichendorff
  - „Die Apfelkantate" von Matthias Claudius
- Gemeinsames Singen von herbstlichen oder Trinkliedern, z. B.
  - „Bunt sind schon die Wälder"
  - „Hejo, spann den Wagen an"
  - „Trink, trink, Brüderlein trink"
- Vom Senioren- oder Männerchor gesungenes Trinklieder, z. B.
  - „Von der Traube in die Tonne"
  - Mozartlied „Freunde, lasset uns beim Zechen"
- Sitztänze von der Sitztanzgruppe (☞ 8.9.2)
- Kreistänze, z. B. Ernte-, Dank- und Segenstänze von H. M. Lander (☞ Literatur)
- Herbsträtsel und -quiz
- Volkstümliche Musik, Unterhaltungs- und Tanzmusik.

> Lange Gedichte können bei Festen auch von zwei Personen vorgetragen werden. Schön sind bekannte Gedichte, die Erinnerungswert haben. Muss in größeren Räumen mit Mikrofon gesprochen werden, sollte das mit den vortragenden Senioren rechtzeitig eingeübt werden.

Gesamtablauf

Im Folgenden wird der Gesamtablauf für ein Herbstfest in einem Altenzentrum oder -club, das am späten Nachmittag stattfindet und ein kräftiges Abendessen einschließt, vorgestellt.

Beispiel für den Ablauf eines Herbstfestes

- 16.30: Beginn mit Ansprache der Einrichtungsleitung
- 16.35: Gemeinsames Singen eines Herbstliedes; Musikbegleitung mit dem Keyboard

> **❦ Oktoberlied**
>
> Der Nebel steigt, es fällt das Laub;
> Schenk ein den Wein, den holden!
> Wir wollen uns den grauen Tag
> Vergolden, ja vergolden!
>
> Und geht es draußen noch so toll,
> Unchristlich oder christlich,
> Ist doch die Welt, die schöne Welt,
> So gänzlich unverwüstlich!
>
> Und wimmert auch einmal das Herz –
> Stoß an und lass es klingen!
> Wir wissen' s doch, ein rechtes Herz,
> Ist gar nicht umzubringen.
>
> Der Nebel steigt, es fällt das Laub;
> Schenk ein den Wein, den holden!
> Wir wollen uns den grauen Tag
> Vergolden, ja vergolden!
>
> Wohl ist es Herbst; doch warte nur,
> Doch warte nur ein Weilchen!
> Der Frühling kommt, der Himmel lacht,
> Es steht die Welt in Veilchen.
>
> Die blauen Tage brechen an,
> Und ehe sie verfließen,
> Wir wollen sie, mein wackrer Freund,
> Genießen, ja genießen!
>
> *Theodor Storm*

- 16.45: Ausschank von Getränken und Käsegebäck, Käsehäppchen mit Weintrauben
- 17.00: Gedichtvortrag von zwei Senioren (Oktoberlied von Theodor Storm), Liedvortrag von Männergesangverein „Von der Traube in die Tonne" u.a. fröhliche Trinklieder
- 17.30: Zwiebel- und Gemüsekuchen, dazu Federweiser und Wein
- 18.00: Herbstquiz mit kleinen herbstlichen Gewinnen (☞ unten)
- 18.30: Ausklang mit Musik und Verabschiedung mit einem Erntedanktanz der Seniorentanzgruppe des Altenzentrums

Herbstquiz

Das Herbstquiz kann je nach Anzahl der Teilnehmer in mehreren kleinen oder zwei großen Gruppen durchgeführt werden. Das Quiz wird vom Festmoderator oder einer anderen Person geleitet. Benötigt wird eine große Wandtafel oder ein Overheadprojektor. Als Gewinne eignen sich kleine herbstliche Geschenke wie z.B. Holundersaft, Brombeermarmelade, Wein oder ein Blumentopf mit einer Erika.

Quizfragen

H: Ein robustes Geißblattgewächs, dessen Früchte sehr vitaminreich sind und auch bei Infekten eingesetzt werden

E: Kleine Sträucher, die im Herbst mit kleinen Glöckchen blühen

R: Seit über 5000 Jahren bekannte und in der Bibel genannte Pflanze, die viel Sonne braucht und aus deren Früchte man allerlei machen kann

B: Anspruchslose und robuste Pflanze, dessen leckere dunkle Früchte im frühen Herbst geerntet werden

S: Von welchem berühmten Dichter, der 1888 gestorben ist, stammt das bekannte Gedicht „Oktoberlied?"

T: Eine Delikatesse, die auch als Erdschwamm bezeichnet wird.

Ergebnis

Holunder

Erika

Rebe

Brombeere

Storm, Theodor

Trüffel

7.2.4 Weihnachten

Die (vor)weihnachtliche Zeit und die damit verbundenen Advents- und Weihnachtsfeiern sind für viele (nicht nur alte) Menschen die bedeutendsten Feste des Jahres. Sie symbolisieren Nächstenliebe, Verwurzelung in christlicher Gemeinschaft, Aufgehobensein und Geborgenheit.

Weihnachten ist ein Familienfest und daher sehr emotional besetzt. Dabei werden nicht nur positive, sondern häufig auch unangenehme Erinnerungen und Assoziationen wach. Die Trauer über den Verlust von Familienangehörigen oder das Zerbrechen des Familienzusammenhalts kann ebenso reaktiviert werden wie Enttäuschungen, nicht erfüllte Erwartungen und Einsamkeitsgefühle.

> ❗ Die Advents- und Weihnachtszeit wird von alten Menschen – je nach ihrer Lebenserfahrung – unterschiedlich erlebt: Für manche ist es eine besinnliche Zeit, die im Kreise der engsten Angehörigen verbracht wird, für andere ist es eine schwierige Zeit, die Ängste und Trauer bis hin zur Depression auslösen kann.

Den Altenhilfeeinrichtungen kommt in dieser Zeit eine besondere Verantwortung zu. In der Adventszeit sollte mit gemeinsamen Vorbereitungen, entsprechendem Ambiente und Besinnungszeiten auf das Weihnachtsfest vorbereitet werden. Mitarbeiter sollten in dieser Zeit besonders sensibel und offen für die Bedürfnisse und Probleme der alten Menschen sein.

> 🌿 Durch gemeinsame Vorbereitungen und gemeinsames Gestalten kann die Freude über das kommende Fest zum Ausdruck gebracht werden. Plätzchen backen, Weihnachtsdekorationen gestalten, einen Weihnachtsbasar vorbreiten und die Weihnachtsfeier gestalten sind Aktivitäten, die die Ressourcen stärken und eine positive Bewältigung der schwierigen Zeit unterstützen (☞ Abb. 7.9).

Weihnachtsfeier

Eine Weihnachtsfeier benötigt kein besonderes Motto, da die Freude über die christliche Geburt und die christliche Botschaft das Thema ist. Es kann aber ein besonderer Schwerpunkt wie „Geburt des Lichtes" oder „Friedensfest" vorgegeben werden. Die gemeinsame Weihnachtsfeier wird in Altenhilfeeinrichtungen meist einige Tage vor Weihnachten gestaltet. Am Heiligabend findet dann eine kleine Feier auf den einzelnen Wohnbereichen statt.

Räumlichkeiten

- Speisesaal oder Festsaal
- Tische in Blöcken (6–8 Personen) oder sternförmig anordnen
- Genügend Platz für Rollstühle einplanen
- Platz für Vorführungen berücksichtigen

Dekoration

Raumdekoration mit
- weihnachtlicher Beleuchtung
- traditionellem Weihnachtsbaum
- einer beleuchteten Krippe in einer Ecke oder unterm Weihnachtsbaum
- weihnachtskutsche oder -schlitten mit verpackten Geschenken
- weihnachtlich geschmückten Tannenzweigen an den Wänden
- weihnachtlichem Fensterschmuck

Tischdekoration:
- weihnachtliche und festliche Tischdecken in den klassischen Weihnachtsfarben Tannengrün, Rot und Gold
- Weihnachtsgestecke oder niedrige Blumengestecke mit Weihnachtssternen auf den Tischen
- Kerzen im schützenden Glas
- festliches Geschirr
- Weihnachtsservietten

Essen und Trinken

Ein festliches Menü ist Bestandteil einer Weihnachtsfeier und wird auch von den meisten Teilnehmern erwartet. Das Weihnachtsessen kann traditionell sein oder etwas Besonderes bieten. Das Menü wählen Heimbeirat, Angehörigenbeirat oder Mitarbeiter aus. Ein dreigängiges Menü ist für viele ein festlicher Höhepunkt, so z. B. dieser Menüvorschlag:

- Rinderkraftbrühe „Royal" mit buntem Eierstich
- Wildschweinfiletspitzen in Wacholderpreiselbeersauce, Apfelrotkohl, Butterkartoffeln und hausgemachten Spätzle
- Festliches Zimtdessert
- Weißer und roter Tischwein und andere, auch alkoholfreie Getränke.

Abb. 7.9: Wer aktiv in die Festvorbereitungen eingebunden ist, hat weniger Zeit zum Grübeln. Außerdem setzen die gemeinschaftliche Aktivität und der Stolz über das gute Gelingen positive Akzente, so dass wehmütige Gefühle nicht überhand nehmen. [K157]

> 🌿 Die Festlichkeit des Menüs lässt sich durch eine auf den Tischen ausgelegte Menükarte unterstreichen.

Programmgestaltung

Das Weihnachtsfest wird mit nicht zu vielen Programmpunkten überfrachtet. Aus folgenden Vorschlägen können einige ausgewählt werden:
- Gemeinsames Singen von bekannten Weihnachtsliedern
- Weihnachtlicher Chorgesang durch Männerchor, gemischten Chor oder Kinderchor
- Sternenkindersingen
- Gedichtsvorträge (☞ unten)
- Traditionelle oder moderne Weihnachtsgeschichte vorlesen
- Märchen- oder Geschichtenerzähler
- Krippenspiel mit Kindergarten- oder Schulkindern oder Konfirmanden
- Gespielte Gedichte oder Geschichte mit Senioren
- Tanzvorführung Lichtertanz (☞ unten)
- Weihnachtsmann, der in einem Schlitten oder einer Kutsche mit Pferd ankommt und die Geschenke übergibt. Alternativ: Geschenkübergabe durch Engel
- Überbringen des Friedenslichtes
- Servieren des Nachtisches mit Wunderkerzen bei feierlicher Musik, z. B. Feuerwerksmusik von Händel

> 🌿 Es ist sinnvoll, eine Weihnachtsmappe anzulegen, in der das ganze Jahr über Gedichte, Erzählungen, Geschichten, Spiele, Lieder und Bastelvorschläge für Weihnachten gesammelt werden.

Gesamtablauf

Eine Gesamtplanung richtet sich nach der Zielgruppe. Hier ein Beispiel für ein Altenzentrum:
- 16.30: Begrüßung durch Einrichtungsleitung
- 16.35: Weihnachtlicher Liedvortrag durch einen gemischten Chor
- 16.50: Begrüßung durch den Pfarrer der Gemeinde
- 17.00: Anstimmung des Liedes „Alle Jahre wieder"
- 17.10: Gebet und Segen

🎄 Knecht Ruprecht

Von drauß vom Walde komm' ich her;
Ich muss euch sagen, es weihnachtet sehr!

Allüberall auf den Tannenspitzen
Sah ich goldene Lichtlein sitzen;

Und droben aus dem Himmelstor
Sah mit großen Augen das Christkind hervor,

und wie ich so strolcht' durch den finstern Tann,
da rief's mich mit heller Stimme an.

„Knecht Ruprecht", rief es, „alter Gesell,
hebe die Beine und spute dich schnell!

Die Kerzen fangen zu brennen an,
das Himmelstor ist aufgetan,

Alt und Jung sollen nun
Von der Jagd des Lebens einmal ruh'n;

Und morgen flieg ich hinab zur Erden,
denn es soll wieder Weihnachten werden!"

Ich sprach: „O lieber Herre Christ,
meine Reise fast zu Ende ist;

ich soll nur noch in diese Stadt,
wo's eitel gute Kinder (Leute) hat."

„Hast denn das Säcklein auch bei dir?"
Ich sprach: „Das Säcklein, das ist hier:

Denn Äpfel, Nuss und Mandelkern
essen fromme Kinder (Leute) gern."

„Hast denn die Rute auch bei dir?"
Ich sprach: „Die Rute, die ist hier;

doch für die Kinder (Leute) nur, die schlechten,
die trifft sie auf den Teil, den rechten."

Christkindlein sprach: „So ist es recht;
So geh mit Gott, mein treuer Knecht!"

Von drauß vom Walde komm' ich her;
Ich muss euch sagen, es weihnachtet sehr!

Nun sprecht, wie ich's hierinnen find!
Sind's gute Kind, sind's böse Kind?"

Theodor Storm

7 Feste gestalten und feiern

Abb. 7.10: Weihnachtsfeier in einem Altenzentrum. [K157]

- 17.20: Anstimmung des Liedes „O du Fröhliche"
- 17.30: Gemeinsames Abendessen mit leiser Weihnachtsmusik im Hintergrund
- 18.00: Servieren des Nachtisches mit brennenden Wunderkerzen (großes Format); dabei den Raum abdunkeln und „Feuerwerksmusik" von Händel spielen
- 18.15: Lichtertanz „Navidadau", ein Tanz zu Ehre von Jesus Christus (☞ 8.9.1), aufgeführt durch Mitarbeiter und Senioren
- 18.30: Ausklang mit Übergabe von Weihnachtsgeschenken durch Engel, z. B. durch Kinder von Mitarbeitern.

Weihnachtsbasar

Ein Weihnachtsbasar ist ein Gemeinschaftsereignis, dass physisch und psychisch aktiviert. Ein Basar kann als ein „Tag der offenen Tür" in der Vorweihnachtszeit, z. B. zum 1. Advent, durchgeführt werden. Er bringt frohe vorweihnachtliche Stimmung, ist ein festlicher und geselliger Höhepunkt und intensiviert den Kontakt zwischen Bewohnern, Senioren, Angehörigen, Gästen und der Öffentlichkeit.

Ein Basar kann im kleinen oder größeren Rahmen einer Einrichtung stattfinden und lässt sich sowohl in ambulanten wie auch stationären und teilstationären Einrichtungen planen. Der Erlös des Basars kann für einen bestimmten Zweck, eine besondere Anschaffung oder für eine besondere Investition verwendet werden, z. B. zur Anschaffung einer neuen Stereoanlage, eines Videobeamers oder für Beschäftigungs- und Aktivitätsmaterialien.

Abb. 7.11: Nachdem der Weihnachtsbasar jedes Jahr ein großer Erfolg war, kamen engagierte Bewohner und Mitarbeiter auf die Idee, auch einen „Sommerbasar" im Freien zu organisieren, um sich vom Erlös einen Ausflug zu finanzieren. [K157]

> ☑ Ein Weihnachtsbasar bedeutet für alle Beteiligten eine Menge Arbeit. Deswegen in der Vorbereitungsphase unbedingt realistisch einschätzen, wie viel Zeit für die Organisation des Basars benötigt wird, wie viel Zeit davon als Arbeitszeit abgegolten werden kann und wie viel Zeit von der Freizeit investiert werden muss.

Ideen für einen Weihnachtsbasar

Es ist ratsam, dass sich bereits lange vor dem eigentlichen Ereignis ein Organisationsteam bildet, das bereits frühzeitig (möglichst schon zu Beginn des Jahres) Ideen sammelt und mit der Planung beginnt. Einige Monate vorher wird dann genau festgelegt, wer welche Aufgaben übernimmt und welche Angebote es für den Basar geben soll. Attraktive und kostengünstige Verkaufsangebote von selbsthergestellten Dingen sind Mittelpunkt eines Weihnachtsbasars und bieten jedem Besucher die Möglichkeit zu einem „Schnäppchen" (☞ Abb. 7.11).

> ⓖ Eine wichtige Aufgabe der geragogischen Mitarbeiter ist es, die alten Menschen zu motivieren, eigene Ideen zu entwickeln und eigene Produkte für den Markt herzustellen.

Ein buntes und breitgefächertes Angebot erhöht die Qualität und Attraktivität des Weihnachtsbasars. Wenn die Herstellmöglichkeiten im eigenen Haus eingeschränkt sind, können auch „einrich-

tungsfremde Personen" gefragt werden, ob sie sich an dem Basar beteiligen wollen, z. B.
- Angehörige
- Ehrenamtliche
- Kirchgemeinde
- Kindergärten
- Schulen
- Jugendgruppen
- Vereine, z. B. Landfrauenvereine.

Basarartikel

Selbsthergestelltes hat Vorrang vor fertigen Artikeln. Folgende Basarartikel haben erfahrungsgemäß großen Zuspruch:
- Selbstgestrickte Strümpfe und Handschuhe
- Handarbeiten wie Stickereien
- Kleine Korbflechtarbeiten mit weihnachtlichen Gestecken
- Weihnachtliche Gestecke
- Kerzengestecke
- Holzarbeiten
- Gestecke mit künstlichen Lichtern (wegen Brandgefahr in Altenhilfeeinrichtungen)
- Weihnachtliche Wandkränze und Adventskränze
- Weihnachtliche Mobiles
- Weihnachtliche Karten
- Serviettentechnik
- Sterne aus Salzteig
- Adventkalender
- Selbstgebackene Plätzchen
- Selbsthergestellte Weihnachtsmarmelade und -gelee mit Zimt und anderen Weihnachtsgewürzen
- Selbstgepresste Säfte, z. B. Holundersaft, Himbeersaft
- Selbstgemachte Liköre, z. B. Eierlikör, Holunderlikör.

Räumlichkeiten

Die Räumlichkeiten können in einen Bereich für Verkauf und einen Bereich zur Bewirtung und Programmgestaltung aufgeteilt werden. Basaratmosphäre entsteht durch
- eine weihnachtliche Dekoration
- Lichteffekte
- dekorierte Verkaufstische
- weihnachtliche Hintergrundsmusik.
- Ein Aromagerät oder die Backwaren sorgen für die Verbreitung von weihnachtlichen Düften.

Abb. 7.12: Alte Menschen freuen sich, wenn Kinder singen oder musizieren. [L119]

Essen und Trinken

Für Speisen und Getränke können bei einem Basar angemessene Preise festgesetzt werden, die in den Erlös einfließen. Für eine Basarbewirtung bieten sich an:

- Frische Waffeln mit Kirschen und Zimtsahne
- Heißer Apfelstrudel
- Bratäpfel mit Vanillesauce
- Stollen und weihnachtliches Gebäck
- Glühwein
- Heiße Schokolade mit Rum
- Heißer Orangensaft.

> Ein buntes weihnachtliches Kuchenbuffet ist immer ein großer Erfolg: Freiwillige Mitarbeiter bringen jeweils etwas Selbstgebackenes mit. Unbedingt vorher eine Liste anfertigen, wer was mitbringt.

Programmgestaltung

Je nach Größe und Möglichkeiten der Einrichtung:
- Weihnachtliche Hintergrundmusik
- Adventliches Bläserkonzert
- Auftritt des Kirchenchores
- Zitherkonzert mit weihnachtlichen Klängen
- Flötenkonzert von Schulkindern (☞ Abb. 7.12)
- Leierkastenmann mit Weihnachtsliedern
- Vorführung alter Handwerkstechniken wie Weben, Spinnen oder Korbflechten (Kontakt zu Landfrauen, Handwerkern, regionalen Vereinen und Heimatmuseum herstellen)
- Kleine Theateraufführungen (Kontakt zu Laienspielgruppen und Schultheater nutzen)
- Verlosung oder Tombola.

Verlosungsidee für Weihnachtsbasar

Einen Sack mit Haselnüssen und einen Sack mit Walnüssen in einem Geschäft ausleihen. Es muss geraten werden, wie viel Nüsse jeweils in dem Sack sind. Wer mit seiner Schätzung der richtigen Anzahl am nächsten kommt, erhält einen Gewinn, z. B. einen weihnachtlichen Geschenkkorb.

7.2.5 Fasching

Die Faschingszeit ist Narrenzeit und liegt zeitlich vor dem Beginn der Fastenzeit zu Ostern. Traditionsgemäß wird dem weltlichen Leben mit Genuss und Ausgelassenheit Ausdruck verliehen. In dieser Zeit der Ausgelassenheit wird all das im Überfluss genossen, auf das in der kommenden Fastenzeit verzichtet werden muss.

Die Faschingszeit wird je nach Region unterschiedlich gewertet und gefeiert. Entsprechend sollte auch in Altenhilfeeinrichtungen nur dann Fasching oder Karneval gefeiert werden, wenn dieses Fest traditionsgemäß in der Region gepflegt wird.

> [!] Nicht jeder alte Mensch mag Karneval. In einer Altenhilfeeinrichtung, die in einer „faschingsmüden" Region liegt, Karneval anzubieten, kann leicht ein Reinfall werden. In Altenhilfeeinrichtungen deswegen vorher die Bedürfnisse der Bewohner erfragen und berücksichtigen.

Thema
- Faschingsfeier
- Faschingsfest mit Clownerie
- So bunt wie möglich
- Bunt durcheinander
- Drunter und Drüber

Abb. 7.13: Bei einem Faschingsfest ist alles, was Spaß und Freude bringt, erlaubt, hier nach dem Motto „Die wilden Zwanziger". [L119]

> **Fallbeispiel**
>
> Zu einer Faschingsfeier mit dem Motto „Bunt durcheinander" erscheinen die Senioren eines Altenclubs in bunt zusammengewürfelter Kleidung, mit lustigen Hüten und anderen Faschingsutensilien. Da kein Kostümzwang besteht, fühlen sich auch nichtkostümierte Senioren motiviert, am Fasching teilzunehmen. Die 77-jährige Frau Möller ist eigentlich ein „Faschingsmuffel", geht aber auch dieses Jahr wieder auf die Faschingsfeier. „In meiner Heimat wurde früher nie Fasching gefeiert", sagt sie, „aber es macht Spaß, die anderen in ihren Verkleidungen zu sehen." Dass Frau Möller auch ohne Kostüm an der Feier teilnehmen kann, empfindet sie als sehr angenehm.

Räumlichkeiten

Einen Raum, in dem genügend Platz ist
- um Tische in Blöcken und kleinen Reihen aufzustellen
- für geheingeschränkte alte Menschen und Rollstuhlbenutzer
- für eine Bühne.

Dekoration

Die Dekoration zum Faschingsfest bestimmt einen großen Teil der Stimmung:
- Große bunte Girlanden durch den Raum spannen
- Girlanden und Luftschlangen an den Wänden
- Luftballons
- Bunte Tischdekoration mit bunten Tischdecken und Luftschlangen
- Konfetti.

> Alte Menschen können kleine Luftschlangen selbst falten und verschiedene, bunte Faschingshütchen anfertigen (☞ 11.2.11).

Essen und Trinken

Eine Faschingsfeier kann mit einem Kaffeenachmittag oder einem Abendessen verbunden werden. Angeboten werden:
- traditionelle Berliner
- Krapfen und Fettgebackenes
- Käsegebäck
- Partyhäppchen
- bunte Salate
- Hackbällchen und Würstchen
- Bowle sowie Drinks u.a. leicht alkoholische Getränke in bunt dekorierten Gläsern
- Säfte, Mineralwässer.

Programmgestaltung

Bei einem regionalen Fest wie Fasching richtet sich das Programm nach den traditionellen Gewohnheiten; es kann aber auch Neues eingebaut werden.
- Kleine Büttenreden von Senioren und Mitarbeitern (es kommt gut an, wenn sich Mitarbeiter selbst „auf die Schippe nehmen" können)
- Tanzvorführung mit „Tanzmariechen"(dazu früh genug die ortsansässigen Karnevalvereine anfragen)
- Sketche von karnevalsbegabten Senioren und Mitarbeitern (☞ 6.7)
- Kleine Ratespiele (☞ unten)
- Gemeinsames Singen von Karnevalsliedern wie z.B.
  - „Gell, Du hast mich Gellegern"
  - „Heile, heile Gänschen"
  - „Rheinlieder"
- Polonaise durch den Raum
- Seniorenorientierter Alleinunterhalter oder Animateur, Spaßtherapeuten und Clowns

Abb. 7.14: Ein Faschingsfest bringt Farbe und Frohsinn in die letzten trüben Wintermonate. [W167]

> **??? Drei kleine Ratespiele für zwischendurch**
>
> **Armleuchter**
>
> Eine Person steht mit seitlich ausgebreiteten Armen, Handflächen nach oben, vor den Festteilnehmern. Der Moderator stellt jeweils 1 Teelicht – in einem Teelichthalter – auf die Handfläche und fragt: „Was ist das?"
>
> Die richtige Antwort lautet: Ein Armleuchter.
>
> **Geregelter Stuhlgang**
>
> Es werden 10 Stühle (2 × 5 im Rechteck, Stuhllehnen aneinander, Sitzflächen nach außen) auf der Bühne aufgestellt. Der Moderator bittet nun 10 Personen (Teilnehmer, Gäste, Mitarbeiter), auf die Bühne zu kommen und an dem Ratespiel teilzunehmen.
>
> Die zehn Teilnehmer gehen im Takt einer Musik um die Stühle herum. Der Moderator bittet die Personen, nun quer durch den Raum zu gehen und dann wieder im Takt einer ruhigen Musik geregelt um die Stuhlreihen zu gehen. Frage: „Was ist das?"
>
> Die richtige Antwort lautet: Geregelter Stuhlgang.
>
> **Überspanntes Frauenzimmer**
>
> Eine Teilnehmerin oder Mitarbeiterin wird gebeten, auf die Bühne zu kommen. 4 Mitarbeiter breiten bzw. spannen ein großes Bettlaken über dem Kopf der Teilnehmerin auf. Frage des Moderators: „Was ist das?"
>
> Die richtige Antwort lautet: Ein überspanntes Frauenzimmer.

> Bei einer Karnevalsfeier sollten gezielt die Mitarbeiter eingesetzt werden, die selbst Spaß und Freude am Fasching haben, damit der „Funke überspringen" kann.

7.2.6 Geburtstagsfeste und Jubiläen

Geburtstagsfeste und Jubiläen sind ganz persönliche Feste, die gewöhnlich mit engsten Freunden und Verwandten gefeiert werden. Für alte Menschen ist es ein besonderes Ereignis, wenn sie an ihrem Ehrentag Wertschätzung erfahren. Persönliche Feiern mit den nächsten Lieben werden in der Regel von den Senioren selbst oder den Angehörigen organisiert und finanziert. Altenhilfeeinrichtungen stehen mit ihren Dienstleistungen gern zur Seite oder stellen auch Räumlichkeiten zum Feiern zur Verfügung.

In welcher Form ein Geburtstag begangen wird, hängt von der Einrichtung ab. In einer kleinen Tagesgruppe ist ein kleines feierliches Beisammensein möglich, während in einer stationären Altenpflegeeinrichtung eher Geburtstagsrunden oder Monatsgeburtstage gefeiert und dann auch vom Haus aus organisiert werden.

Monatliche Geburtstagsrunde

Geburtstagsrunden können in Altenhilfeeinrichtungen wie Altenclubs, Tagespflegeeinrichtungen und Altenbegegnungsstätten monatlich oder zweimonatlich begangen werden. In einer Altenpflegeeinrichtung mittlerer Größe fallen jeden Monat einige Geburtstage an. Vorbereitungen für eine Geburtstagsrunde können Gruppenleitungen, Sozialpädagogen oder andere geragogische Mitarbeiter übernehmen. Am Monatsende werden alle „Geburtstagskinder" persönlich und zur Erinnerung mit einer schriftlichen Einladung zu einer gemeinsamen Geburtstagsfeier eingeladen.

Teilnehmer

- Alle in dem jeweiligen Monat Geborene
- Eventuelle Angehörige
- 1–2 Mitarbeiter, je nach Größe und Hilfebedürftigkeit der Gruppe
- 1–2 Mitglieder des Heimbeirates
- Einrichtungsleitung

Räumlichkeiten

Für monatliche Geburtstagsrunden eignet sich ein gemütlicher, abgeschlossener Raum, in dem eine feierliche Geburtstagstafel vorbereitet wird. Tische können je nach Größe in einer kleinen Hufeisenform oder in T-Form aufgestellt werden. Dabei muss genügend Platz für Gehwagen und Rollatoren bleiben.

Dekoration

- Festliche Tischdecken (weiß oder pastellfarben) mit jahreszeitlich passenden Mitteldecken (Dunidecken)
- Jahreszeitlich passende Servietten
- Besonderes Geburtstagsgeschirr
- Jahreszeitlicher Blumenschmuck in der Tischmitte
- Geburtstagskerzen
- Jahreszeitliche Dekoration wie Efeublätter, Weinlaub, Blumen- und Teelichterschalen
- Namenskarten mit einem Geburtstagsgedicht
- Schön angerichteter Kuchen oder Torte

> [!] Wegen Brandgefahr Kerzen nur in Anwesenheit von Mitarbeitern brennen lassen. Am sichersten ist es, Teelichter oder kurze Kerzen in kleine Gläser zu stellen.

Essen und Trinken

Zu einer besonderen Feier sollte es auch besonderen Kuchen bzw. Torte geben, je nach Wünschen der Bewohner z. B.

- Schwarzwälderkirschtorte
- Nusstorte
- Obsttörtchen
- Diabetikergebäck für Diabetiker.

Programmgestaltung

Mit der Programmgestaltung werden die „Geburtstagskinder" geehrt und gewürdigt:

- Begrüßungsansprache durch Einrichtungsleitung
- Ansprache durch Heimbeirat
- Ständchen von Musikern, z. B. Akkordeon, Klavier, Keyboard
- Ein Geburtstagsständchen des Singkreises
- Gedichtvortrag (☞ unten)
- Kleines Geschenk des Hauses
- Namenskärtchen mit einem Gedicht
- Kleine Basteleien
- Gemeinsames Singen, z. B. „Lobe den Herren" oder „Freut Euch des Lebens"
- Reime auf das Lied „Danke für diesen guten Morgen ..."
- Vorlesen aus den Lebensgeschichten

> [!] Eine Geburtstagsfeier braucht nicht mit zu vielen Programmpunkten überhäuft werden. Wichtiger ist es, die Kommunikation untereinander zu fördern, z. B. Gespräche über das erreichte Alter, Wünsche zum Geburtstag, Austausch über lebensgeschichtliche Themen.

🎂 Zum Geburtstag

Wohl hat der Frühling seine Feste,
die Jugend hat ihr freudig Spiel,
doch auch der Herbst hat frohe Gäste,
sein Fest hat jedes Lebensziel.

Wir fühlen's heut, und nicht vergebens
Verbindet sich am schönsten Tag
Des Jahres Herbst, der Herbst des Lebens
Zu einem freundlichen Gelag.

Die Sonne strahlt im milden Lichte,
in leichtem Duft ruht das Tal,
die Rebe spendet ihre Früchte,
der Baum die seinen unserem Mahl.

Und er (die), um den (die) wir uns vereinen,
wie glänzt ihm (denen) heut ein heitrer Stern!
Er (sie) ist (sind) gesegnet von den Seinen,
er (sie) ist (sind) gesegnet von dem Herrn.

Ludwig Uhland

Jubiläum

> **Jubiläum** *(lat.: jauchzen, jodeln):* Eine freudige Jubelfeier zum Feiern und Gedenken eines bestimmten Anlasses, z. B. Goldene Hochzeit.

Einem Jubiläum können unterschiedliche Anlässe zugrunde liegen, die in der Altenhilfe gemeinschaftlich gefeiert werden, z. B.

- Goldene Hochzeit
- Runder Geburtstag
- 100-jähriger Geburtstag
- 50-jährige Mitgliedschaft, z. B. bei einem Wohlfahrtsverband
- 25-jährige Mitgliedschaft im Seniorenmännergesangverein.

Im Mittelpunkt der Feierlichkeit steht immer der Jubilar oder das Jubiläumspaar, die mit einem entsprechenden Programm geehrt werden.

Programmideen

- Feierliches Ständchen durch Blasorchester
- Gesangsständchen durch Seniorenchor, Männerchor, Frauenchor
- Auf die Person und das Jubiläum bezogene Reime und Gedichte
- Auf die Person bezogene, umgedichtete Lieder
- Überreichung eines Erinnerungsbuches, das in unterschiedliche Lebensetappen gegliedert ist
- Lesung und Vortrag aus der Biografie
- Biografische Diabilder als Diafilm oder einfach Diabilder an die Wand projizieren
- Gästebuch, in dem jeder Gast eine oder mehrere Seiten eines schönen Buches gestaltet
- Überreichung von Jubiläumsnadel, -strauß oder -kranz.

Abb. 7.15: Zur goldenen Hochzeit eines Bewohnerpaares sind viele Gäste gekommen. Die Stimmung ist sehr feierlich. [K157]

8 Bewegung und Gymnastik

8.1	**Warum, für wen, wie – das Management**	**152**
	8.1.1 Bedeutung von Bewegung	152
	8.1.2 Ziele von Bewegung und Seniorengymnastik	153
	8.1.3 Zielgruppen von Seniorengymnastik	153
	8.1.4 Übungsleiter in der Seniorengymnastik	155
	8.1.5 Grundsätze von Seniorengymnastik	155
	8.1.6 Planung und Organisation einer Seniorengymnastikstunde	156
8.2	**Aufwärm- und Lockerungsübungen**	**158**
8.3	**Dehn- und Streckübungen**	**163**
8.4	**Kräftigungsübungen**	**165**
8.5	**Verschiedene Handgeräte**	**167**
	8.5.1 Übungen mit Bällen	168
	8.5.2 Übungen mit Tüchern	169
	8.5.3 Übungen mit dem Doppelklöppel	170
	8.5.4 Übungen mit Säckchen	170
	8.5.5 Übungen mit Stäben	171
	8.5.6 Gemeinschaftsübungen mit der Zauberschnur	172
8.6	**Bewegungsspiele**	**173**
8.7	**Entspannungsübungen**	**178**
	8.7.1 Entspannungsübungen	179
	8.7.2 Atemunterstützung	181
8.8	**Bewegungslieder**	**182**
8.9	**Seniorentänze**	**183**
	8.9.1 Tänze im Gehen	184
	8.9.2 Sitztänze	186

8 Bewegung und Gymnastik

8.1 Warum, für wen, wie – das Management

Mobilität ist für die Lebensqualität von alten Menschen und für eine selbstständige Lebensführung von großer Bedeutung. Bewegungsförderung und Gymnastik im Alter beugen einem Mobilitätsverlust vor, müssen aber an die Fähigkeiten und Einschränkungen alter Menschen angepasst sein.

Im Folgenden werden Bewegungs- und Gymnastikübungen vorgestellt, die durch fachliche Betreuungskräfte oder Übungsleiter für Seniorengymnastik angeboten werden können. Dieses Kapitel ersetzt kein Lehrbuch über Seniorengymnastik, sondern behandelt Grundlegendes und einige Basisübungen.

Ob eine Übung für chronisch verwirrte Menschen geeignet ist, lässt sich nicht pauschal beantworten. Leichte und speziell für demenzkranke Menschen geeignete Bewegungsübungen werden auch im Kap. 5.1.3 vorgestellt.

> **Seniorengymnastik** *(Altengymnastik):* Gymnastikform, die mit verschiedenen Methoden speziell auf die Bedürfnisse und Einschränkungen der älteren, alten und hochbetagten Menschen eingeht. Seniorengymnastik berücksichtigt typische Alterserkrankungen wie Herz- und Kreislauferkrankungen, Hirndurchblutungsstörungen, Diabetes mellitus, Erkrankungen des Bewegungsapparates, Atemwegserkrankungen und neurologische Erkrankungen.

8.1.1 Bedeutung von Bewegung

Bewegung ist ein elementares Grundbedürfnis. Beweglichkeit ermöglicht Mobilität und ist die Voraussetzung für alle Lebensaktivitäten und für eine eigenständige und selbstbestimmte Lebensführung. Eine Einschränkung der Beweglichkeit bedeutet immer auch eine Einbuße der Lebensqualität und der Alltagskompetenz.

> **Mobilität:** Fähigkeit, die durch Bewegung erreicht wird. Durch Mobilität ist der Mensch in der Lage, in Kontakt zu seiner Umwelt und seinen Mitmenschen zu kommen, seinen Interessen nachzugehen, sich Bedürfnissen zu erfüllen und für eine größtmögliche Selbstständigkeit zu sorgen.

Mobilitätsverlust wird von alten Menschen als große Bedrohung empfunden, die Unsicherheiten und Ängste auslöst. Erste Mobilitätsverluste werden von vielen alten Menschen zunächst nicht wahrgenommen, verharmlost, verdrängt oder verleugnet. Umso wichtiger ist es, alle Möglichkeiten und Präventivmaßnahmen zum Mobilitätserhalt so früh wie möglich einzusetzen.

Bewegungseinschränkungen sind ein Risikofaktor für viele Erkrankungen und können körperlich, seelisch und sozial schwerwiegende Folgen haben (☞ Tab. 8.1).

Folgen von Bewegungseinschränkungen		
Körperlich	**Seelisch**	**Sozial**
• Abnahme der Kraft • Haltungsschäden • Kontrakturen • Dekubitus • Thrombosegefahr • Atembeschwerden • Pneumonie • Sturzgefährdung • Immobilität • Schmerzen	• Unsicherheit • Selbstwertverlust • Verlust von Lebensfreude • Depression • Suizidgedanken • Verlust von Alltagskompetenz • Hilfebedürftigkeit • Wahrnehmungseinschränkung • Mangelnde Reize • Verlust von Lebensqualität	• Sozialer Rückzug • Kommunikationsstörungen • Einsamkeit • Soziale Isolation • Identitätsverlust • Rollenverlust

Tab. 8.1: Bewegungseinschränkungen ziehen körperliche, seelische und soziale Einschränkungen nach sich.

> **Fallbeispiel**
>
> Ein Gesprächskreis mit alten und hochbetagten Frauen beschäftigt sich mit dem Thema Altern. Ein nicht einfaches Thema. Auf die Frage der Gruppenleitung, was das Schwierigste am Altern sei, wird geantwortet:
>
> „Wenn ich nicht mehr eigenständig laufen kann."
>
> „Wenn ich mich nicht mehr so beweglich bin, dass ich meinen Haushalt führen kann."
>
> „Wenn ich mich nicht mehr bewegen kann."
>
> „Wenn ich all das, was ich früher machen konnte, nicht mehr machen kann."

8.1.2 Ziele von Bewegung und Seniorengymnastik

Bewegungsmangel wirkt sich ungünstig auf den menschlichen Organismus aus und lässt sowohl körperliche, seelische, geistige als auch soziale Fähigkeiten verkümmern. Seniorengymnastik vergrößert den Bewegungsraum von alten Menschen und hilft, die körperliche Leistungsfähigkeit bis ins höhere Lebensalter zu erhalten. Der Seniorengymnastik kommt somit eine wichtige präventive Rolle zu. Bewegung und Seniorengymnastik haben folgende übergeordnete **Ziele:**

- Stärkung der Muskulatur
- Verbesserung und Erhaltung der Beweglichkeit von Gelenken und Wirbelsäule
- Förderung von Bewegungssicherheit und Aktionsradius
- Förderung der Feinmotorik (Hände, Finger)
- Schulung von Gleichgewicht und Koordination
- Verbesserung der eigenen Körperwahrnehmung
- Stärkung von Selbstwert und Selbstvertrauen
- Schulung des Reaktionsvermögens
- Akzeptanz und positive Einstellung zum eigenen Alterungsprozess
- Förderung von Lebensfreude und Spaß
- Steigerung des Wohlbefindens
- Förderung der Kommunikation und des gemeinschaftlichen Erlebens.

> ☑ Seniorengymnastik ist keine Krankengymnastik. Krankengymnastik gehört zur Physiotherapie, wird ärztlich verordnet und setzt gezielt Methoden zur Behandlung von Erkrankungen des Bewegungsapparates, also von Defiziten, ein (Therapie). Seniorengymnastik verbessert und fördert hingegen die vorhandenen Fähigkeiten (Prävention). Krankengymnastik und Seniorengymnastik müssen sich aber nicht ausschließen. Beides kann parallel durchgeführt werden, sollte allerdings mit dem Arzt und Physiotherapeut abgesprochen werden.

Seniorengymnastik stärkt den

- **motorisch-biologischen Bereich:** Seniorengymnastik verbessert die körperliche Beweglichkeit und Leistungsfähigkeit und versetzt den alten Menschen so in die Lage, den Alltag besser zu bewältigen, Ressourcen zu erhalten und Folgen von Bewegungseinschränkungen vorzubeugen.
- **affektiv-psychischen Bereich:** Seniorengymnastik fördert nicht nur körperliche, sondern auch seelische Ressourcen wie Wohlbefinden, Lebensfreude, ein positives Selbstwertgefühl sowie ein Gleichgewicht zwischen Spannung und Entspannung.
- **sozial-kommunikativen Bereich:** Seniorengymnastik lässt die Gruppenteilnehmer soziale Zugehörigkeit erleben. Sie fördert die Wahrnehmung von und den Austausch mit anderen Gruppenmitgliedern. In der ungezwungenen Atmosphäre einer Gymnastikgruppe können Kontakte und Bindungen entstehen.
- **kognitiv-rationalen Bereich:** Seniorengymnastik vermittelt durch verschiedene Übungen neue Erfahrungen, die der alte Mensch auch in seinem Alltag einsetzen kann. Manche Übungen lassen sich selbstständig auch allein zu Hause durchführen, andere tragen dazu bei, dass der alte Mensch ein Problembewusstsein und demzufolge eine gesundheitsförderliche Haltung entwickelt.

> ☑ „Bewegtes Altern" ist das Ziel von Bewegungsförderung im Alter. Mit Hilfe von Bewegungsaktivitäten werden alte Menschen dabei unterstützt, im Einklang mit dem Prozess des Alterns zu leben und konstruktiv damit umzugehen.

8.1.3 Zielgruppen von Seniorengymnastik

Seniorengymnastik erfreut sich bei Senioren zunehmender Beliebtheit. In der offenen Altenhilfe, in Seniorenclubs, Volkshochschulen und in den stationären Altenhilfeeinrichtungen gehört die Altengymnastik zu den Standardangeboten.

Die Übungen der Gymnastik nehmen Rücksicht auf typische Alterseinschränkungen und sind für geschlechtlich gemischte Gruppen, für Geübte und Ungeübte, gesunde und gesundheitseingeschränkte Teilnehmer geeignet.

> Auch verwirrte alte Menschen bewegen sich sehr gerne und lassen sich je nach Persönlichkeit, Gewohnheiten, Interessen und Schweregrad der Desorientierung in Sitzgymnastikgruppen integrieren. Entscheidend ist, dass der Demenzerkrankte sich in der Gruppe wohl fühlt, angeregt und von den anderen akzeptiert wird.

> Das Leistungsniveau zwischen Demenzkranken und Nicht-Demenzkranken sollte aber nicht zu sehr differieren, weil sonst auf der einen Seite Überforderung, auf der anderen Seiten Intoleranz und Unzufriedenheit entstehen können.

Das Alter der Teilnehmer

Nach einer allgemeinen Altersrichtlinie richtet sich Seniorengymnastik an Menschen, die 60 Jahre und älter sind. In der Praxis zählen aber auch Angebote für jüngere Teilnehmer, wie z.B. die Gruppe „Sport für 50 Plus", zu den Seniorensportgruppen (☞ Abb. 8.2). Da Alter unterschiedlich definiert wird und das kalendarische und biologische Alter häufig nicht übereinstimmen (☞ 1.3), gibt es **keine festen Altersgrenzen** für die Seniorengymnastik.

> Gymnastikgruppen nach dem Alter der Teilnehmer zusammenzustellen, ist wenig sinnvoll. Es kann sein, dass eine 80-Jährige sehr vital und bewegungsfreudig ist, während eine 60-Jährige schon fast greisenhaft wirkt. In Seniorengymnastikgruppen sollten Menschen mit ähnlichem Leistungsvermögen zusammengefasst werden. Das Alter ist dabei nicht wichtig.

Abb. 8.2: Die Generation 50 Plus zeichnet sich durch lebhafte Aktivität und ein ausgeprägtes Gesundheitsbewusstsein aus. [K157]

Zielgruppe eingrenzen

Für einen Übungsleiter der Seniorengymnastik ist es nur schwer möglich, verschiedenen und voneinander abweichenden Bedürfnissen der Teilnehmer gerecht zu werden. Deshalb ist es unbedingt erforderlich, die Zielgruppe eines Angebotes einzugrenzen, um Menschen mit ähnlichen Einschränkungen und Bedürfnissen in einer Gruppe zusammenzufassen. „Alte Menschen" sind als Zielgruppe viel zu undifferenziert. Vielmehr müssen z.B. auch die körperliche Kondition und Leistungsfähigkeit sowie die körperliche und geistige Belastbarkeit der Teilnehmer einer Gruppe auf vergleichbarem Niveau liegen.

Merkmale zur Zielgruppenbestimmung einer Seniorengymnastikgruppe

Die Zielgruppe für eine Seniorengymnastikgruppe kann nach verschiedenen Faktoren eingegrenzt werden:

- Soziodemographische Merkmale, z.B. Geschlecht, Sport- und Bewegungserfahrung (Anfänger oder Wiedereinsteiger)
- Spezifische Lebenssituationen, z.B. nur für Bewohner einer Altenpflegeeinrichtung
- Gesundheitszustand, z.B. Angebote für Menschen mit Herz-Kreislauferkrankungen oder chronischen Rückenbeschwerden
- Grad der Einschränkungen, z.B.
  – Ältere mit kleineren Beschwerden und Handicaps
  – Ältere mit chronischen Beschwerden und Erkrankungen
  – Ältere mit schweren und schwersten Behinderungen
- Mobilität, z.B.
  – normal gehfähige Menschen
  – mit Hilfe gehfähige Menschen
  – sitzfähige Menschen
  – Rollstuhlbenutzer.

Beispiel für eine zielgruppenorientierte Ausschreibung

Ein niedrigschwelliges Gymnastikangebot für alte und hochbetagte Menschen im Stadtteil hat der MTV Köln gemacht. Das Angebot berücksichtigt Verkehrsunsicherheit, ungünstige Verkehrsbedingungen und Geheinschränkungen der alten und hochbetagten Menschen. Mit einem Hol- und Bringdienst wird es den Teilnehmern leichter gemacht, die Angebote wahrzunehmen.

> **Fallbeispiel**
>
> **Wir kommen zu Ihnen**
>
> Sitzgymnastik für Alte und Hochbetagte
>
> Die Gymnastik findet in Wohnortnähe statt. Voraussetzung ist eine Teilnahme von mindestens 6 Personen. Räumlichkeiten werden von der Kommune und der Kirchengemeinde zur Verfügung gestellt.

8.1.4 Übungsleiter in der Seniorengymnastik

Die Seniorengymnastik erfordert fachliches Wissen und die Fähigkeit, das Leistungsvermögen der Teilnehmer sowie die Grenzen und Gefahren der Übungen einzuschätzen. Deswegen ist es unabdingbar, dass die Gymnastik durch einen Übungsleiter mit entsprechender Aus- und Fortbildung durchgeführt wird.

Das Bild des Übungsleiters in Seniorensport und -gymnastik ist nicht klar definiert. Der Übungsleiter kann sowohl aus einem „sportlichen" als auch aus einem „pflegerischen" Beruf kommen. Es gibt eine Reihe Institutionen oder Verbände, die Ausbildungen zum Übungsleiter in Seniorengymnastik anbieten.

Altenpfleger erhalten nach den Ausbildungsplänen – wenn auch in unterschiedlicher Qualität – eine Grundausbildung in Durchführung von Bewegungs- und Gymnastikübungen für alte Menschen.

Egal, aus welchem Beruf der Übungsleiter auch kommt, er sollte in jedem Fall über einige grundlegende **Schlüsselqualifikationen** verfügen:

- Freude und Interesse an der Arbeit mit älteren und alten Menschen
- Empathie für die Zielgruppe
- Pädagogisches Geschick und eine entsprechende Ausbildung
- Wissen über Methodik und Didaktik der Gymnastikarten
- Gruppenpädagogische Fähigkeiten
- Rhythmusgefühl und Interesse an Musik
- Verantwortungsgefühl
- Kenntnisse in Erster Hilfe
- Kreativität und Fantasie
- Verständnis und Geduld
- Interesse an Organisation und Planung.

> Neben der fachlichen Qualifikation ist es wichtig, dass der Übungsleiter von den Teilnehmern akzeptiert wird. Er muss bereit sein, eine emotionale Beziehung aufzubauen und Ansprechpartner für die Sorgen und Ängste der Teilnehmer zu sein.

Wer sich für eine Ausbildung zum Seniorengymnastikanleiter interessiert, kann sich bei den Landessportverbänden, Landesturnverbänden, örtlichen Sportverbänden oder den regionalen Wohlfahrtsverbänden erkundigen. Es werden verschiedene staatlich anerkannte Ausbildungen angeboten, bei der eine Übungsleiterlizenz erworben werden kann.

> ☑ Wichtige Informationen zur Übungsleiterausbildung auf den Internetseiten der Landessportverbände oder:
>
> **Deutscher Sportbund**
>
> Homepage: www.dsb.de
> E-Mail-Kontakt Geschäftsbereich Seniorensport: blessing-kapelke@dsb.de
>
> **DRK Generalsekretariat**
>
> Team 62
> Carstennstr. 58
> 12205 Berlin
> Tel. 030 / 85404 – 0

8.1.5 Grundsätze von Seniorengymnastik

Die Gestaltung einer Seniorengymnastik-Stunde kann sehr unterschiedlich sein und hängt vom Stil des Übungsleiters ab. Es gilt der **teilnehmerorientierte Ansatz,** der bei der Auswahl der Übungen, bei den angewandten Methoden, bei den verwendeten Materialien und Geräten die Bedürfnisse der Gruppenteilnehmer zugrunde legt.

Grundsätze

Bei der Seniorengymnastik sind einige **Grundsätze** zu beachten:
- Die **Teilnahme** erfolgt
  - freiwillig
  - mit Einwilligung und nach Beratung vom Hausarzt

- Der Übungsleiter muss **Kenntnisse** über Gesundheitszustand, Einschränkungen, Erkrankungen und Medikamente der Teilnehmer haben
- **Dauer:** 45–60 Minuten, bei Gruppen in stationären Altenpflegeeinrichtungen kann die Dauer auch verkürzt werden
- **Tageszeit:** Vormittags oder 2 Std. nach einer Hauptmahlzeit
- **Häufigkeit:** 1–2 × wöchentlich, in Altenpflegeeinrichtung eher kürzer, dafür häufiger
- Die Teilnehmer sollen luftige, keine einengende **Kleidung**, Gymnastikschuhe tragen, bei Sitzgruppen bequeme Tageskleidung und Schuhe
- Geeigneter **Raum:** Hell und licht, gut durchlüftet und gut beheizbar, rutschfester Fußboden. Bei der Sitzgymnastik Stühle ohne Armlehnen und mit geradem Rückenteil, Sitzanordnung im Stuhlkreis
- **Erste-Hilfe-Ausrüstung** und Telefon oder Notruf für evtl. Notfall
- **Gruppengröße:** max. 18 Personen, bei Teilnehmern mit starken Einschränkungen weniger Personen
- Leistungsdruck und Konkurrenzverhalten vermeiden
- Freude und Spaß vermitteln
- Zeit lassen beim Üben, Pausen einlegen. Teilnehmer entscheiden selbst wie intensiv, lange und welche Übungen sie mitmachen. Nicht bis an Schmerzgrenzen gehen
- Fordern, aber nicht überfordern
- Loben und auf Fortschritte hinweisen
- Häufiges rhythmisches Üben mit Musik.

> [!] Bei allen Übungen Vitalzeichen beobachten. Übung **sofort beenden** bei
> - Schwindel
> - Unwohlsein
> - Schmerzen
> - Schwäche
> - Müdigkeit.

Abb. 8.3: Die Gymnastikgruppe im Altenzentrum findet 2 × wöchentlich statt. [K157]

Stürzen besonders „ungeschickt". Muskeln, Sehnen und Gelenkkapseln sind durch Flüssigkeits- und Elastizitätsverluste anfällig für Zerrungen und Risse. Degenerative Veränderungen der Gelenke und des Knorpels schränken diese in ihrer Beweglichkeit ein, Osteoporose lässt die Knochen brüchiger werden. Alle Faktoren zusammen erhöhen die Verletzungsgefahr bei sportlicher Betätigung im Alter.

> [!] Wegen Verletzungsgefahren folgende Übungen vermeiden und nicht durchführen lassen:
> - **Schnellkraftübungen,** z.B. Hüpfen und Springen, Wettlaufen, Medizinballstoßen (Zerrungs- und Rissgefahr von Bändern, Muskeln und Sehnen)
> - **Gelenkübungen,** z.B. Kopfkreisen, Kopfneigen nach hinten, Kniebeugen, Übungen im Kniestand (Gelenkgefährdungen)
> - **Gleichgewichtsübungen,** z.B. Stehen auf einem Bein, Gehen auf erhöhten Geräten wie z.B. Schwebebank, schnelle Drehungen im Stand (Sturz- und Schwindelgefahr)
> - **Schneller Positionswechsel,** z.B. zu tiefes Senken des Kopfes, tiefe Körperschwünge, Kerze (Kreislaufgefährdung).

Verletzungsgefahr

Bei der Seniorengymnastik sind eine Reihe altersbedingter organischer Veränderungen zu berücksichtigen. Alte Menschen reagieren langsamer auf Reize. Dadurch können sie ihre Bewegungen schlechter koordinieren und fallen bei

8.1.6 Planung und Organisation einer Seniorengymnastikstunde

Zu einer Gymnastikstunde kommen die Teilnehmer nur dann gern und sind motiviert, wenn sie gut vorbereitet ist. Eine Stunde sollte immer nach dem **Drei-Phasen-Modell** geplant werden:

- Aufwärmphase
- Aktivierungsphase
- Ausklangphase.

Es ist darauf zu achten, dass die Gymnastikstunden **abwechselungsreich** gestaltet werden, um die Motivation der Teilnehmer zu fördern. Bekannte Übungen bilden ein Grundgerüst und werden durch neue Übungen ergänzt. Für eine Stunde sollte **nur ein Handgerät** eingesetzt werden. Mehrere Geräte in einer Stunde überfordern die alten Menschen.

Oft bilden sich in Gruppen **Rituale** (Gewohnheiten, Lieblingsspiele), die vom Gruppenleiter unbedingt in die Stunde eingebaut werden sollten. Sie schaffen Sicherheit, stärken das Gemeinschaftsgefühl und fördern die Motivation. Musik darf in keiner Gymnastikstunde fehlen.

10-W-Fragen

Hilfreich für den Planungsentwurf einer Gymnastikstunde, wie z. B. im folgenden **Beispiel** für einen Personenkreis einer Kurzzeitpflege, sind die **10-W-Fragen**.

1. Wer: Durchführung der Seniorengymnastikstunde durch eine Honorarkraft mit Ausbildung als Übungsleiter für Seniorengymnastik.

2. Was: Seniorengymnastik als Sitzgymnastik.

3. Wann: Die Seniorengymnastik findet 2 × wöchentlich für interessierte Teilnehmer einer Kurzzeitpflegegruppe statt: Dienstag und Freitag. Zeit: 10.00 – 11.00 Uhr. Das Angebot wird durch Aushang und persönliche Mitteilung bekannt gegeben.

4. Mit wem: 6–8 Personen der Kurzzeitpflege. Eine offene Gruppe, die Teilnahme ist freiwillig. Einige Pflegebedürftige kennen die Gymnastik der Kurzzeitpflege von früheren Aufenthalten und kommen deswegen gern. Für sie ist es eine willkommene Abwechselung. Für andere ist das Angebot neu. Es ist also eine gemischte, teilweise gymnastikungewohnte Gruppe, die nicht mit zu vielen und schwierigen Übungen überfordert werden sollte. Nach Rücksprache mit Pflegepersonal liegt für jede Person eine ärztliche Einwilligung vor. Im Vordergrund stehen neben der Bewegung die sinnvolle Tagesgestaltung, das Gemeinschaftsleben und die Integration. Die Kurzzeitpflegegäste werden von den Pflegemitarbeitern auf die Gymnastik aufmerksam gemacht und teilweise zum Gymnastikraum begleitet; Rollstuhlbenutzer werden gebracht.

5. Wo: Die Gymnastik findet im Gruppenraum der Kurzzeitpflege statt. Der Raum ist hell und freundlich, die Gäste kennen ihn und können teilweise allein hinfinden, der Fußboden ist rutschfest. Für die Gymnastik wird Platz für einen geräumigen Stuhlkreis geschaffen. Die Honorarkraft kommt ¼ Std. vor Stundenbeginn und trifft Vorbereitungen: Absprache mit Pflegekräften, evtl. Stühle stellen, Musik und Geräte vorbereiten.

6. Wie: Die Gymnastik wird im Sitzkreis durchgeführt; ein Teilnehmer bleibt im Rollstuhl sitzen. Begrüßung: Persönliche Begrüßung und Beginn mit einem Bewegungslied „Wir sind noch recht müde". Die Übungsleiterin singt die Strophen vor, beim Refrain singen alle mit. Bewegungen werden nach Anleitung von allen im Sitzen mitgemacht. In der Stunde werden Tücher als Hilfsmittel eingesetzt, die im bunten Kreis in der Kreismitte liegen. Gesprächsanregung: Was sind Ihre Lieblingsfarben? Welche Farbe möchten Sie?

- **Aufwärmphase:** Lockerungsübungen mit den Tüchern: Freies Schwingen nach Walzermusik; Lockerungsübungen nach Anleitung. Pause. Frage nach Befindlichkeiten. Weitere Lockerungsübungen ohne Tuch für Finger, Hände und Arme. Pause. Lockerungsübungen für die Schultern; anschließend Beine und Füße. Partnerübung mit Tüchern: Jeweils zwei Teilnehmer sitzen sich im Kreis gegenüber (Stühle umschieben), einer macht eine Bewegung vor, der andere macht nach, nach einigen Minuten Wechsel. Nach Musik bewegen beide Partner ihre Tücher möglichst im Einklang.

- **Aktivierungsphase:** Dehnungs- und Streckungsübungen für Nacken- und Schulterbereich, Tuch wird als Hilfsmittel für die Armstreckung genutzt. Kräftigungsübungen für Hände und Arme ohne Tücher; Kräftigungsübungen für die Füße und Beine. Partnerübung: Stühle so umstellen, dass sich jeweils vier Personen gegenübersitzen und als Gegenüber einen Partner haben (Gasse bilden):

  – Übung mit einem Tuch: Das Tuch wird von 2 Teilnehmern gemeinsam bewegt und soll dabei gestreckt bleiben. Ein kleiner Ball wird mit dem Tuch hochgeworfen und wieder aufgefangen.

  – Übung mit zwei Tüchern. Jeweils ein Paar hält zwei Tücher in gestreckter Lage; die Arme werden nun entgegengesetzt so bewegt, dass das Tuch gestreckt bleibt (Lokomotive).

- **Ausklangphase:** Rhythmische Bewegungen mit Tüchern nach einer langsamen Sitztanzmusik im Viererrhythmus: Tuch rechts schwingen, Tuch nach links schwingen, mit dem Tuch den Himmel grüßen (nach oben schwingen), mit dem Tuch die Erde grüßen (nach unten schwingen). Abschied mit freien Schwingen nach dem Schlager „Adieu, mein kleiner Gardeoffizier". Übungsleiter geht im Kreis umher und winkt zum Abschied jeder Person persönlich zu und berührt das Tuch des Besitzers nochmals.

7. Womit: 12 bunte Jongliertücher, tennisballgroße Schaumstoffbälle, Musikgerät und verschiedene CDs, z. B. Straußwalzer, Schlager, Märsche, Polka, Sitztanzmusik, Text mit Bewegungslied.

8. Warum: Gymnastikangebot zum Trainieren der allgemeinen Bewegungsfähigkeit, Unterhaltung und sozialen Integration der Kurzzeitpflegegäste.

9. Wozu: Standardangebot der Kurzzeitpflege zur Tages- und Wochenstruktur für die Gäste.

10. Wie war es: Dokumentation der Teilnahme und der Besonderheiten. Überforderung? Unterforderung? Zu viele Übungen? Wie war die Atmosphäre? Motivation? Konnte Spaß und Freude vermittelt werden? Wie war die Befindlichkeit der einzelnen Teilnehmer?

> [!] Die manchmal so benannte „Hockergymnastik" ist die Sitzgymnastik. Sitzgymnastik darf wegen der Unfallgefahr nicht auf Hockern, sondern nur auf Stühlen ohne Armlehne, durchgeführt werden.

> Musik und Bewegung stehen in enger Beziehung zueinander und bilden eine Einheit. Klang und Rhythmus lassen sich in Bewegung umsetzen und umgekehrt. Musik und Rhythmusvorgaben
> - unterstützen Bewegungsübungen
> - fördern die Kreativität und
> - dienen der Inspiration.
>
> Es können Tonträger, aber auch Klanghölzer, Trommeln, Handinstrumente, Geräusche, Klatschen und Stampfen eingesetzt werden.

8.2 Aufwärm- und Lockerungsübungen

Jede Übungsstunde wird nach der Begrüßung mit einer Aufwärmphase begonnen. Aufwärmübungen steigern die Durchblutung und erwärmen und lockern so die Muskulatur. Dadurch werden Verletzungen an Muskeln, Sehnen und Bändern vermieden.

Aufwärm- und Lockerungsübungen sind so konzipiert, dass sie ohne starke Muskelanspannungen auskommen. Verschiedene Übungen können nach Bedarf und Interesse der Gruppe kombiniert werden.

> [!] Ohne vorherige Aufwärm- und Lockerungsübungen dürfen keine Dehnungs- und Kraftübungen durchgeführt werden.

Massieren mit Igelball

Eine ganz leichte Erwärmungsübung. Geeignet für Teilnehmer im Sitzen.

Abb. 8.4: Igelbälle sind beliebt und vielseitig einsetzbar. Es gibt sie in verschiedenen Farben und Größen. [M283]

Material: Igelbälle (Noppenbälle), Musik.

Durchführung: Nach Musik mit Igelball Hände, Arme, evtl. Schultern unter Einbeziehung des vorderen Oberkörpers, Oberschenkel und Knieregion massieren. Bei Mobilität der Teilnehmer können diese sich – mit Einverständnis gegenseitig den Rücken massieren. Den Druck des Igelballs nach Empfindung der Teilnehmer ausüben lassen: Die Massage soll als wohltuend empfunden werden.

Variante: Der Igelball kann auch durch einen tennisballgroßen, festen Schaumstoffball ersetzt werden.

Massieren nach Musik

Ebenfalls eine „softe" Aufwärmübung, die auch gut Körperwahrnehmung und Sensibilität schult. Geeignet für Teilnehmer im Sitzen oder Stehen.

Material: Musik.

Durchführung: Nach einer angenehmen Musik je nach Geschmack der Gruppe (Walzermusik, Klassik, Schlager) den Körper selbst massieren lassen. Bei den Händen beginnen: Hände reiben bis sie warm sind, dann massieren, alle einzelnen Finger berücksichtigen und weiter zu den Armen, Schultern und allen erreichbaren Körperregionen vorarbeiten. Die Selbstmassage soll Wohlbefinden auslösen. Bei der Massage unterschiedliche Massagetechniken ausprobieren lassen und fühlen, was am meisten Wohlbefinden auslöst: leichtes Kneten, festeres Kneten, Zupfen mit zwei Fingern, Klopfen.

> Nach einer angeleiteten Aufwärmphase die Teilnehmer immer fragen, wie das Körpergefühl ist, ob Hände und Füße warm sind und ob irgendwo am Körper etwas „zwickt".

Wachklopfen nach Musik

Diese Übung kann als Einzel- oder als Partnerübung, im Sitzen oder im Stehen durchgeführt werden.

Material: Musik.

Durchführung: Nach einer rhythmischen Musik gut geeignet ist Trommelmusik den Körper wach klopfen (☞ Abb. 8.5): Vorsichtig auf dem Kopf beginnen und die Kopfdecke sacht mit einigen Fingern beklopfen „so, als ob Regen darauf fallen würde". Vom Kopf zum Gesicht wechseln, dieses ebenfalls sachte beklopfen. Die Teilnehmer sollen dabei spüren, was angenehm ist und was nicht. Vom Gesicht

Abb. 8.5: Partnerübung: Wachklopfen. [L119]

zum Hals, zur Schulterregion und zu den Armen vorarbeiten, zuerst die Oberseite von oben nach unten beklopfen, dann die Unterseite von unten nach oben, Hände und Finger nicht vergessen. Weiter die Schulterregion, den vorderen Oberkörper, die Flanken und Beine beklopfen. Als Partnerübung steht die aktiv klopfende Person hinter der passiven Person und vergewissert sich verbal, was der anderen Person angenehm oder unangenehm ist.

> **!** Nierengegend, Wirbelsäule und schmerzhafte Körperstellen auslassen.

Zum Schluss sich selbst oder Partner von oben nach unten ausstreichen, dabei beide Hände flach und mit leichtem Druck am Körper entlang führen. Das Ausstreichen kann

- akustisch unterstützt werden, z.B. mit dem Laut „Schschsch"
- visuelle unterstützt werden, in dem die Teilnehmer sich vorstellen, Sorgen, Müdigkeit oder Kummer wegzustreichen.

Einstimmen auf den Tag

Eine sanfte und spirituelle Wachwerd- und Aufwärmübung zur Einstimmung auf den bevorstehenden Tag. Im Stehen oder im Sitzen.

Material: Leise Hintergrundmusik.

Durchführung: Der Übungsleiter sagt die einzelnen Bewegungen an und macht sie vor, dann 2 × hintereinander durchführen lassen.

- Kontakt zum Boden:
    - zuerst mit den Füßen stampfen, später im Rhythmus
    - die Arme in Richtung Boden ausschütteln
- Einschwingen auf mich selbst und auf das, was größer ist als ich:
    - Arme am Körper entlang vor und zurück schwingen
    - dann dabei abwärts (etwas in die Knie) gehen
    - in Richtung aufwärts sich zum Himmel strecken
    - mehrmals hintereinander wiederholen
    - zum Schluss einen Moment gestreckt bleiben
- Einschwingen auf mich selbst und auf das, was außerhalb von mir ist:
    - Arme am Körper entlang vor und zurück
    - dann beim Zurückschwingen die Arme zur Seite ausbreiten
    - mehrmals hintereinander wiederholen
    - zum Schluss mit ausgebreiteten Armen eine Weile stehen
- Ich spüre meine Hände, ich spüre mich in meinen Händen: Die eigenen Hände reiben, streicheln, kneten
- Ich öffne meine Hände, ich öffne mich in meinen Händen, zum Empfangen und zum Geben:
    - Hände mit den Handflächen nach oben heben
    - nach vorn oder zur Seite öffnen; kurz so stehen bleiben.
- Ausschütteln, loslassen, freiwerden von …(in Gedanken oder wer will, kann es aussprechen)
    - rechten Arm und rechtes Bein nacheinander ausschütteln
    - mit dem rechten Fuß aufstampfen, dann mit dem linken
    - mehrmals hintereinander wiederholen und dabei laut oder im Geiste nacheinander die Worte wiederholen.

Schattengehen

Eine leichte und beliebte Übung bei der Seniorengymnastik, die Kommunikation und Kontakt fördert. Durchführung im Gehen.

Material: Beschwingte Musik.

Durchführung: Die Gruppe bildet kleine Gruppen von zwei, drei oder vier Personen (je nach Gruppengröße). Einer in jeder Gruppe, z.B. der Älteste, gibt Bewegungen vor, die anderen machen nach. Nach einigen Minuten Rollenwechsel, bis alle einmal die Führungsrolle hatten.

Lockerungsübungen mit Tüchern

Beliebte Übungen mit dünnen Jongliertüchern. Als Einzel- oder Partnerübungen, im Sitzen, Stehen oder Gehen (☞ Abb. 8.6).

Material: bunte Jongliertücher, Musik.

Durchführung: Tücher werden nach melodischer Musik (Walzer, Wassermusik von Händel, Sitztanzmusik) frei in der Luft geschwungen, es werden Figuren gebildet. Der Gruppenleiter geht um die Gruppe herum und begrüßt jeden Teilnehmer. Danach macht der Übungsleiter einzelne Übungen vor:

- Tuch seitlich schwingen lassen („Fußboden säubern")
- Tuch nach oben schwingen lassen („zum Himmel")
- Tuch nach unten, vor den Füßen, schwingen lassen („Fußboden säubern")
- Armwechsel, wenn es zu anstrengend wird
- Tuch zwischen die Hände nehmen und wirbeln
- Tuch so klein wie möglich zusammendrücken, hochwerfen und wieder fangen
- Mit dem Tuch vor dem Körper einen liegenden Mond oder Schaukel schwingen
- Eine liegende Acht malen oder schwingen
- Mit dem Tuch den Nachbarn winken und einen „Guten Tag" wünschen
- Jeder Teilnehmer fasst rechts und links ein Tuch an, gemeinsam im Kreis nach dem Takt der Musik wiegen
- Tücher an zwei Spitzen der Reihe nach zusammenknoten, im Kreis herumreichen, die Richtung mehrmals wechseln und stoppen, wenn jeder Teilnehmer sein Tuch wieder hat.

8.2 Aufwärm- und Lockerungsübungen

⚠ Die Übungen nicht schnell aufeinanderfolgen lassen, sondern Pausen einlegen, auf Wohlbefinden und die Atmung der Teilnehmer achten. Kreative und spontane Entwicklung der Teilnehmer berücksichtigen und aufnehmen.

Partnerübungen mit Tüchern

Zwei Teilnehmern finden sich zu einem Paar zusammen, z. B. zwei nebeneinander sitzende Teilnehmer oder zwei mit gleicher Farbe der Oberbekleidung:

- Ein Teilnehmer macht die Übungen vor, die andere macht sie nach. Nach einigen Minuten auf Ansage der Gruppenleitung Wechsel
- Teilnehmer stehen oder sitzen sich gegenüber und halten jeweils einen Zipfel des lang gespannten Tuches fest
- Im Takt der Musik werden die gespannten Tücher nun bewegt:
  – Lokomotive fahren
  – Tücher hoch und runter schwingen
  – Seitlich schwingen
  – Wiegen
- Tücher werden als Ball zusammengeknotet und sich abwechselnd zugeworfen
- Verabschiedung von Partnerübung mit Winken des Tuches.

Rhythmische Aufwärmübung

Bei rhythmischen Übungen wird eine Folge wiederkehrender Bewegungen eingeübt und mit einem Klatschrhythmus zur Musik ausgeführt. Diese leichte Übung kann auch ohne Musik durchgeführt werden, macht aber mehr Spaß mit einer Musik im Vierertakt. Im Sitzen.

Material: Musik.

Im Viererrhythmus:

- 4 × mit gestreckten Armen in die Hände klatschen
- 4 × abwechselnd Füße aufstellen (stampfen)
- 4 × abwechselnd Arme hochheben und senken
- 4 × mit gebeugten Knien Beine anheben
- Abfolge kann mehrmals wiederholt werden.

Varianten

- Je nach Leistungsstärke der Gruppe kann diese Übung von der Gruppenleitung variiert werden, z. B. bei einer schwachen Gruppe nur drei verschiedene Bewegungsabläufe durchführen.
- Es können auch andere Bewegungsabläufe hinzugenommen werden, z. B. Arme vor der Brust kreuzen oder Hände zur Faust, Arme anziehen und dann wieder strecken, Faust öffnen.

🌿 Das Tempo sollte an das Leistungsniveau der Gruppe angepasst und als angenehm empfunden werden. Für eine weniger leistungsstarke Gruppe langsame Begleitmusik aussuchen.

Lockerungsübungen ohne Rhythmusvorgabe

Übungen, die im Sitzen und Stehen durchgeführt werden können:

- Hände in unterschiedlicher Armhaltung schütteln (nicht zu stark wegen Verletzungsgefahr)
- Beide Handgelenke nach rechts, nach links und entgegengesetzt kreisen lassen
- Mit den Händen Klavier oder Flöte spielen; Schreibmaschine schreiben
- Hände reiben und Finger aneinanderlegen
- Hände falten und mit einzelnen Fingern winken, z. B. der gegenübersitzenden Person zuwinken
- Schultern kreisen; zusammen nach vorn und nach hinten
- Schultern heben und fallen lassen
- Arme rechts und links schwingen lassen
- Eine Hand auf die eigene Schulter legen und den Ellbogen kreisen: von oben nach hinten, unten nach vorn und wechseln, dann beide zusammen
- Kopf leicht nach rechts drehen, Oberkörper mitnehmen, anschließend Kopf nach links drehen und Oberkörper mitnehmen

Abb. 8.6: Gymnastikübung mit Tüchern. [K157]

- Klatschen, z. B. Hände über dem Kopf, vor dem Körper, mit angezogenen Armen, Faust auf Handfläche
- Mit den Beinen marschieren, mit den Händen dazu auf Oberschenkel klatschen
- Füße beide gleichzeitig oder gegenläufig in Hacke-Spitze-Stellung
- Beide Fußgelenke einzeln, im Sitzen auch zusammen in gleiche und gegenläufige Richtung kreisen lassen
- Oberschenkel mit beiden Händen unterfassen und anheben; Beine im Sitzen baumeln lassen
- Zehen in Schuhen bewegen
- Leichtes Rumpfdrehen nach beiden Seiten
- Leichtes Rumpfbeugen nach vorn und Wirbel für Wirbel aufrichten, dabei aber nicht den Kopf zu weit nach unten halten
- Nach Bedarf Wiederholungen.

> ❗ Kein Kopfkreisen wegen Gefahr der Halswirbelkörperverletzung bei Osteoporose und chronischer Polyarhtritis.

Aufwärmübung mit Polonaise

Leichte und lebhafte Aufwärmübung für gehfähige Teilnehmer.

Material: Flotte Musik wie z. B. Walzer, Rheinländer, Polka

Durchführung: Alle Teilnehmer gehen nach Musik im Raum umher und machen Bewegungen nach Lust und Laune (☞ Abb. 8.7). Nach einigen Minuten führt der Gymnastikleiter eine Polonaise an und gibt Bewegungen vor: Arm hoch, Winken, mit Rumpf nach rechts und nach links. Folgende **Polonaisefiguren** sind möglich:

- Schlangenlinien durch den Raum
- Eine Schnecke und dann mit 180-Grad-Drehung wieder zurück
- Umstülpen: Die ersten beiden wenden sich gegen die Bewegungsrichtung der Reihe um und bilden im Gegenzug Tore. Alle anderen folgen in gleicher Musik

Zum Schluss Schneewalzer spielen und gemeinsam schunkeln.

Lockerungsübungen im Gehen und mit Handgeräten

Lockerungsübungen fallen mit Musikbegleitung und mit Einsatz von Handgeräten leichter: Für Lockerungsübungen im Gehen und Stehen müssen die Teilnehmer gehsicher sein.

Material: Doppelklöppel, Musik.

Durch den Raum gehen

Im Schritttempo bei beliebter Musik kreuz und quer durch den Raum gehen, Blickkontakt zu den anderen Teilnehmern aufnehmen und diese mit Mimik und Gestik begrüßen. Auf Befehl, wenn die Musik etwas lauter wird, das Tempo etwas erhöhen und auf dritten Befehl des Übungsleiters nochmals erhöhen. Das Gehen soll aber nicht in Laufen übergehen. Anschließend folgen im Stehen Lockerungsübungen mit und ohne Handgeräte.

Variante: Wenn die Musik aufhört, sich den Nachbarn als Partner nehmen und mit diesem bei Einsatz

Abb. 8.7: Eine Polonaise bringt alle in Schwung und macht Spaß. [W184]

der Musik weitergehen. Beim nächsten Musikstopp sich ein weiteres Paar suchen, so dass eine Vierergruppe entsteht. Anschließende Lockerungsübungen dann in der Vierergruppe durchführen.

Lockerungsübungen mit Doppelklöppel

Nach dem Gehen nimmt sich jeder Teilnehmer einen Doppelklöppel.
- Klöppel rechts vom Körper, anschließend links vom Körper und dann vor dem Körper schwingen lassen
- Vor dem Körper mit dem Klöppel einen liegenden Mond malen lassen
- Vor dem Körper mit dem Klöppel eine liegende Acht malen lassen
- Wieder schwingen lassen, dabei leicht in den Knie federn
- Mit dem einen Klöppelende die Schultern berühren
- Leichte Rumpfdrehungen bei leichter Grätschstellung der Beine; Arme pendeln dabei leicht mit

Sitztanz zum Aufwärmen

Ein leichter Sitztanz nach rhythmischer Musik, für den Sitzkreis geeignet (☞ Abb. 8.8).

Material: Musik „Rucki Zucki" von Ernst Neger (Text: Rucki zucki - Rucki zucki - Rucki zucki, das ist der neueste Tanz).

Durchführung Sitztanz
- Bei „Rucki" die Hände schütteln und nach unten halten
- Bei „Zucki" die Hände schütteln und nach oben halten
- Bei „das ist der neueste Tanz" 2 × rechts, 2 × links und 1 × in der Mitte klatschen
- Wiederholung

Weitere Sitztänze ☞ 8.9.2.

8.3 Dehn- und Streckübungen

Dehn- und Streckübungen erhalten die Elastizität der Muskeln und Bänder und wirken einer Verkürzung von Muskelpartien entgegen. Sie erweitern den Bewegungsumfang des alten Menschen.

Wenn der Körper erwärmt und die Muskulatur gut durchblutet ist, kann mit Dehn- und Streckübungen begonnen werden. Sie müssen allerdings wegen der Verletzungsgefahr sehr vorsichtig und langsam ausgeführt werden. Nach Möglichkeit sollte die Spannung der Dehnung einen Moment (nach Möglichkeit ca. 2–3 Sekunden, aber nicht erzwungen) gehalten werden.

Nach jeder dehnenden oder streckenden Bewegung schließt sich eine beugende und lockernde Bewegung an. Dehnungsübungen können mehrmals wiederholt werden. Die Übungen können im Stehen oder Sitzen, mit oder ohne Musik durchgeführt werden.

Material: Musik oder zur Unterstützung Handgeräte.

> [!]
> - **Überdehnungsgefahr:** Bei Dehnübungen darf nie nachgefedert werden. Es darf nur soweit geübt und gedehnt werden, dass die Spannung gespürt wird. Es darf nicht wehtun! Wenn es wehtut, die Übung sofort unterbrechen.
> - **Kontraindikationen:** Durch das Aufbauen einer Spannung erhöht sich der Muskeltonus. Dehn- und Streckübungen dürfen deswegen nicht angewendet werden bei
>   – Morbus Parkinson
>   – Multipler Sklerose (MS)
>   – spastischen Lähmungen.

Kopf und Nacken
- Kopf abwechselnd nach links und nach rechts zum Nachbarn drehen, dem Nachbarn zuzwinkern, Oberkörper dabei leicht mitnehmen

Abb. 8.8: Aufwärmphase mit einem Sitztanz. [K157]

- Kopf abwechselnd auf die linke und die rechte Schulter legen und einige Sekunden so halten
- Kopf aus dem Schultergürtel nach oben ziehen, dabei den Kopf nicht nach vorn oder hinten bewegen
- Ohr zur linken Schulter führen, dabei die linke Hand über den Kopf zum rechten Ohr führen und gleichzeitig die rechte Handfläche Richtung Boden drücken (dehnt die rechte Nackenpartie) und einige Sekunden so halten, lockern, Seitenwechsel.

Finger und Hände

- Fäuste schließen und öffnen, Finger dabei abwechselnd spreizen und fest schließen, die Spannung 2–3 Sekunden halten (☞ Abb. 8.9)
- Handflächen mit geschlossenen Fingern locker gegeneinander legen, dann drücken und die Spannung einen Moment halten
- Gespreizte Finger beider Hände aneinanderlegen und alle Finger gleichzeitig vorsichtig gegeneinander drücken, Spannung halten, wieder lockern
- Gespreizte Finger beider Hände aneinanderlegen und einzelne Fingerpaare abwechselnd gegeneinander drücken, Spannung halten, lockern.

Hände und Arme

- Arme leicht vorstrecken, Hände abwechselnd nach oben anwinkeln und senken
- Arme leicht vorstrecken, Hände abwechselnd nach vorn abkippen, dann die Handrücken nach oben in Richtung Gesicht ziehen
- Arme und Hände strecken, die gestreckten Hände nach oben anwinkeln, Spannung etwas halten und wieder zurück
- Arme und Hände einige Sekunden in verschiedene Richtungen strecken
- Arme strecken, dabei die geöffnete Handfläche etwas nach vorn wegschieben lassen; in Streckung die Hand zur Faust machen (etwas imaginär nehmen lassen) und mit Faust den Arm wieder zurückziehen
- Übungen abwechselnd vor dem Körper und über dem Kopf, jeder Teilnehmer so gut er kann
- In die Hände klatschen
- Arme abwechselnd über den Kopf heben und strecken (Wäsche aufhängen).

☑ Die Teilnehmer auffordern, auch während der Anspannungsphase (Strecken) gleichmäßig weiterzuatmen und nicht die Luft anzuhalten. Hilfreich kann es sein, die Teilnehmer zum lauten Mitzählen aufzufordern: „1 – 2 – halten". Wer spricht, muss atmen.

Arme und Schultern

- Einen oder beide Arme gleichzeitig oder abwechselnd in verschiedene Richtungen ohne Drehung der Wirbelsäule bewegen, „aus der Schulter herauszuziehen"
- Hände hinter den Kopf falten, Ellenbogen nach hinten führen und Spannung einige Sekunden halten
- Beide Schultern gemeinsam und anschließend rechte und linke Schulter im Wechsel zu den Ohren anheben, Spannung halten und wieder fallen lassen
- Die Fingerspitzen beider Hände auf die seitengleichen Schultern legen. Die Ellenbogen nach vorn führen, bis sie sich berühren. Ellenbogen aus der Vor- und Seithaltung nach oben und unten und nach hinten führen (nicht so leicht)
- Die Hände hinter dem Rücken falten (im Sitzen hinter dem Stuhl). Die Arme abspreizen, dabei aufrechte Körperhaltung. Nur für Teilnehmer,

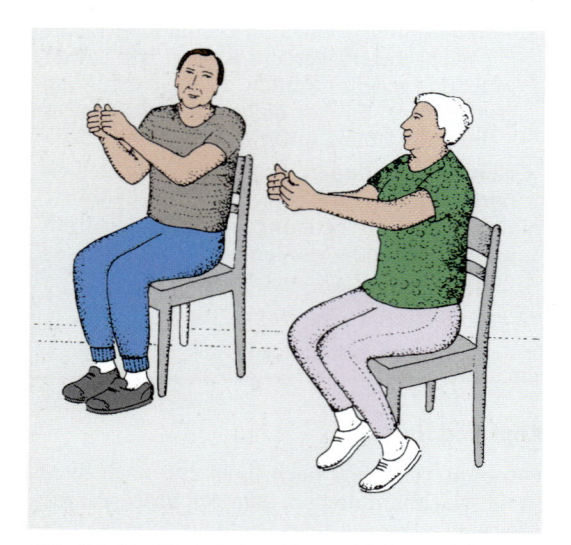

Abb. 8.9: Die Hände fest zur Faust schließen und die Spannung halten. [L119]

Abb. 8.10: Schulter- und Nackenübungen zur Lockerung. [L119]

die diese Übung ohne Beschwerden durchführen können!

- Im Stand Grätschstellung: Den rechten Arm gestreckt von rechts unten weit nach links oben führen und zurück. Dann entsprechende Bewegung mit dem linken Arm ausführen.

Rücken

Auf dem vorderen Teil eines Stuhles sitzen und die gebeugten Beine schulterbreit grätschen, Füße gerade stellen. Nun den Oberkörper langsam zwischen die Beine absinken lassen, dabei ruhig und gleichmäßig atmen. Nur soweit vornüberbeugen, wie es noch angenehm ist. Kopf nicht zu tief absenken (Schwindelgefahr). Wirbel für Wirbel wieder aufrichten.

Beine, Hüften und Füße

- Im Sitzen oder im Stehen:
  - Beine in Grätschstellung, Hände in die Hüfte und Rumpf abwechselnd zur Seite drehen, Spannung halten und wieder zurück
  - Beine in Grätschstellung, die Arme im Nacken falten, den Rumpf zur Seite neigen, wieder zurück, lockern
  - Ein Bein seitwärts abspreizen, Oberkörper bleibt aufrecht, Beine strecken, Fuß ebenfalls strecken oder beugen, Seitenwechsel
  - Im Stehen die rechte Hand am rechten Oberschenkel entlang fahren lassen; Kopf neigt sich mit zur gebeugten Seite. Seitenwechsel. Alternativ im Sitzen: Die rechte Hand gleitet am rechten Stuhlbein hinunter; die linke Hand hält sich am Stuhl fest. Seitenwechsel
  - Alle Zehen spreizen und wieder lockern (Bewegung mit Händen mitmachen)
  - Fuß auf Spitze und Ferse stellen im Wechsel; erst rechten Fuß, dann linken, dann beide
  - Beide Füße auf die Zehen heben, Spannung etwas halten und dann auf Fersen absenken.
- Nur im Stehen:
  - Ein Bein rückwärts spreizen, die Fußspitze aufsetzen. Fußspitze tippt hinter dem Körper rechts und links. Oberkörper bleibt aufrecht
  - Hände in die Hüfte stemmen und kleine Kreise mit der Hüfte schwingen, Kreise größer werden lassen und ab und zu die Richtung wechseln.
- Im Sitzen: Rechte Fußsohle an die Innenseite des linken Knies legen, Spannung etwas halten und wieder zurück. Seitenwechsel.

> [!] Für alle Übungen gilt: Bei Schmerzen und Unwohlsein die Bewegung nicht erzwingen, das richtet größeren Schaden an als es nutzt.

8.4 Kräftigungsübungen

Schon im jungen Erwachsenenalter beginnt sich die Muskelmasse zurückzubilden. Diese Defizite werden in der Regel über viele Jahre nicht bemerkt. Erst im Alter tritt die eingetretene „Kraftlosigkeit" zutage, wenn nicht bereits in jungen Jahren durch Muskeltraining gegengesteuert wurde. Verschlimmernd zu diesem physiologischen Abbau der Muskelmasse kommt hinzu, dass viele alte Menschen sich im Alltag kaum noch bewegen und so dem Verlust an Muskelkraft weiter Vorschub leisten.

Mit Kräftigungsübungen wird die Muskelkraft verschiedener Muskelgruppen gezielt gestärkt. Der Zuwachs an Muskelmasse setzt in der anschließenden Erholungsphase ein. Deshalb muss nach jeder Kräftigungsübung eine Pause eingelegt oder eine Lockerungsübung eingeschoben werden. Anschließend wird die Kräftigungsübung ein- oder mehrmalig wiederholt. Die Übungen können im Sitzen und Stehen durchgeführt werden

> [!] Kräftigungsübungen erst dann durchführen, wenn der Körper gut erwärmt und ausreichend gelockert ist.

8 Bewegung und Gymnastik

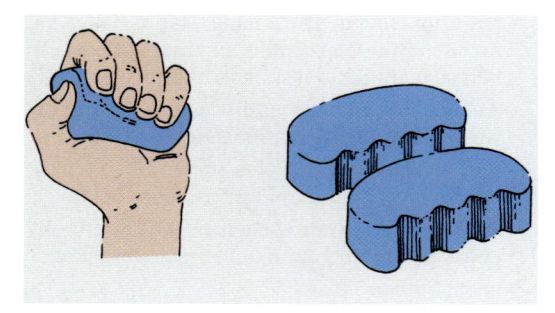

Abb. 8.11: Handtrainer für Kräftigungsübungen der Hände und Unterarme. [L119]

Hände

- Die Hände fest zur Faust schließen, wieder öffnen
- Finger weit spreizen und mit großer Kraft zur Faust schließen (Daumen bleibt draußen), so als ob ein Schwamm ausgedrückt wird
- Mit den Fäusten kräftig gegen einen imaginären Widerstand boxen, z. B. gegen einen imaginären Sandsack
- Mit den Fäusten in alle Richtungen boxen
- Mit den Fingerspitzen der rechten Hand gegen die der linken Hand drücken, so dass diese etwas weggedrückt wird, dann umgekehrt
- Eine Hand liegt auf einer Unterlage oder dem Oberschenkel, nacheinander die Fingerkuppen in die Unterlage oder Oberschenkel drücken
- Handtrainer (☞ Abb. 8.11) in die Hand nehmen (Daumen außen), die Finger nacheinander mit Kraft in den Handtrainer drücken.

Hände, Arme und Schultern

- Imaginäres Gewicht mit aufgestellten Händen nach vorn schieben, z. B. 5 kg Zucker wegschieben
- Imaginäres Gewicht nach allen Seiten wegschieben, Rumpf dabei mitnehmen
- Hände neben den Kopf mit nach oben zeigenden Handflächen, Arme nach oben stemmen mit imaginärem Gewicht
- Die Arme vor dem Körper, mit aneinanderliegenden Handflächen, strecken. Dann die Arme nach innen und nach außen so drehen, dass mal die Handflächen, mal die Handrücken aneinander liegen. Jeweils die Handrücken und -flächen kräftig aneinanderdrücken
- Mit Kraft eine imaginäre Zitrone auspressen

- Hände an imaginärer Stange vor dem Körper festhalten und mit imaginären Gewicht nach oben drücken
- Die Arme abwechselnd in alle Richtungen führen
- Im Sitzen oder Stehen: Mit Rumpf, Armen und Händen Bewegungen ausüben, als solle mit einem Seil ein Boot aus dem Wasser gezogen werden
- Beide Hände gestreckt, Hände aneinandergelegt, vor dem Körper von der einen Seite zur anderen führen.

> ✓ Führende Bewegungen sind für Kräftigungsübungen typisch, weil sie mehr Muskelkraft beanspruchen als Lockerungsübungen (z. B. Pendeln des Armes).

Beine, Hüften und Füße

- Zehen kräftig krallen und dann loslassen (Finger machen mit)
- Bein strecken und Fuß langsam strecken und beugen
- In den Ballenstand gehen und Fersen langsam senken (nur für Teilnehmer, die wirklich sehr stehsicher sind, evtl. am Stuhl abstützen)
- Mit angezogenem Bein in verschiedene Richtungen treten
- Fußspitzen anheben und wieder ausstrecken
- Führende Bewegungen des Beines im Stand in verschiedene Richtungen (bei stehsicheren Personen mit Hilfe eines Stuhls)
- Führende Bewegungen des Beines im Sitzen in verschiedene Richtungen
- Im Stehen mit Hilfe eines Stuhles: Mit einem Arm am Stuhl festhalten, das andere Bein führt einen Kreis in beide Richtungen aus. Seitenwechsel
- Im Sitzen: beide Beine gestreckt vom Boden abheben, Füße übereinanderschlagen und gegeneinanderdrücken, anhalten, danach wieder loslassen und lockern.

> ⓒ Übungen ohne Handgeräte sind sehr „trocken". Als Hilfe können – je nach Fantasie des Übungsleiters – imaginäre Vorstellungen gegeben werden. Alte Menschen können sich „trockene" Übungen gut vorstellen, wenn sie mit bekannten Alltagshandlungen verknüpft sind, z. B. Strecken wie beim Wäsche aufhängen, Fußkicken wie beim Steine wegstoßen.

8.5 Verschiedene Handgeräte

Abwechslungsreicher und leichter sind Gymnastikübungen, wenn sie mit Handgeräten durchgeführt werden. Handgeräte lenken die Aufmerksamkeit der Teilnehmer weg vom eigenen Körper auf das Gerät, so dass die Anspannung als weniger anstrengend wahrgenommen wird. Darüber hinaus unterstützen Handgeräte bestimmte Übungen. So wird z. B. das Führen beider Arme nach oben durch das Festhalten und Führen eines Stockes einfacher als ohne Hilfsgerät.

Inzwischen gibt es im Fachhandel eine Reihe zweckmäßiger und guter Handgeräte zu kaufen, manche sind auch gut selbst herstellbar. Es lohnt sich, einen kleinen, aber abwechselungsreichen Bestand an Geräten anzuschaffen (☞ Abb. 8.13).

Abb. 8.12: Bälle für die Seniorengymnastik: Großer Gymnastikball, Noppen- und Igelbälle, Schaumstoffbälle, Overball. [M283]

> Auch wenn Übungsleiter aus einem großen Fundus an Handgeräten auswählen können, sollten sie dieser Versuchung widerstehen und pro Übungsstunde nur ein Handgerät einsetzen.

Bälle: Bälle gehören in jede Gymnastikstunde und bereiten in der Regel viel Freude. Allerdings sollten Bälle den für Senioren bestimmten Erfordernissen entsprechen, vor allen Dingen sollten sie wegen der Verletzungsgefahr nicht zu fest und zu schwer sein (☞ Abb. 8.12). Im Fachhandel und Sportgeschäften gibt es
- therapeutische Soft- und Overbälle, sie sind griffig, leicht und bergen keine Verletzungsgefahr
- Schaumstoffbälle in allen Größen, sie sind leicht und fliegen langsam, keine Verletzungsgefahr
- Noppen- und Igelbälle für die Wahrnehmungsförderung
- Zeitlupenbälle (Bälle mit verzögerter Flugzeit)
- verschiedene Gymnastikbälle und Luftballons.

Tücher: Leichte, gut fliegende Tücher in ansprechenden Farben eignen sich sehr gut zur Gymnastik für bewegungseingeschränkte Personen und sprechen gleichzeitig die visuelle Wahrnehmung und das ästhetische Empfinden an. Geeignet sind Chiffontücher (Jongliertücher) oder dünne Seidentücher. Gibt es im Fachhandel und Spielwarengeschäften.

Doppelklöppel: Ein Doppelklöppel besteht aus einem Bambus- oder Hartplastikstab mit je einem Gummiball an den beiden Enden. Doppelklöppel sind für rhythmische Übungen und für Balance- und Partnerübungen bestens geeignet. Gibt es im Fachhandel und in Sportgeschäften.

Säckchen: Säckchen bestehen aus einem hübschen, bunten und griffigen Stoff (Baumwolle), die mit einem körnigen Material gefüllt sind. Sie können selbst hergestellt oder über den Fachhandel bezogen werden. Als Füllung eignen sich z. B. Bohnen, Kirschkerne, Sand, Dinkel, Erbsen oder Kunststoffkugeln. Für unterschiedliche Erfordernisse können sie verschieden groß und schwer sein (Durchschnittswert: ca. 200 g schwer, 15 × 22 cm groß). Säckchen können gut bei bewegungseingeschränkten Personen, z. B. mit Halbseitenlähmung, eingesetzt werden. Sie sind deshalb so gut für manche Übungen geeignet, weil sie nicht wegrollen.

Stäbe: Es gibt Stäbe in unterschiedlicher Länge, z. B. von 50 bis 100 cm, im Fachhandel zu kaufen. Längere Gymnastikstangen sind für Senioren umständlich zu handhaben, bereiten Koordinationsschwierigkeiten und bergen ein erhöhtes Verletzungsrisiko. Für Sitzgruppen sind kurze Stäbe, z. B. von 50–60 cm Länge geeignet, die sich auch gut selbst herstellen lassen: 50–60 cm lange dünne Bambus- oder Holzstäbe dicht mit Zeitungspapier und dann mit selbstklebender Folie umwickeln (alternativ mit d-c-fix bekleben), die Enden polstern und mit buntem Tesaband umwickeln oder ebenfalls bekleben.

Zauberschnur: Ein beliebtes Handgerät zum rhythmischen Üben gegen Widerstand. Besteht aus einer Kordel aus Sisal. Gibt es in Sportgeschäften.

Weitere Geräte: Therabänder, Klanghölzer, Heulschläuche, Mini-Expander, Gymnastikreifen, Schwungtuch, Hand- und Fußtrainer, Wurfringe.

Abb. 8.13: Verschiedene Handgeräte für die Seniorengymnastik: Schaumstoffbälle, Tücher, Doppelklöppel, Kirschkernsäcken, Stab, Theraband, Igelbälle. [M283]

> ❗ Wegen erhöhter Verletzungsgefahr sind folgende Geräte **ungeeignet:**
> - Lange Stäbe und Stöcke
> - Spitze Stöcke
> - Schwere Bälle, Medizinbälle
> - Schwere Gymnastikkeulen.

8.5.1 Übungen mit Bällen

> Vor jeder Übungsstunde das richtige Fangen von Bällen erläutern: Bälle nicht mit gespreizten Fingern fangen (Verletzungsgefahr), sondern mit geöffneten, nach oben gerichteten Handflächen annehmen und dann an den Körper heranführen.

Einzelübungen

Kennenlernen des Handgerätes: Dem Verteilen der Bälle folgt ein Kennenlernen des Geräts: Ball betasten, bekneten, mal hochwerfen, eigene Übungen ausprobieren lassen.

Dehnungsübung der Finger: Den Ball im Stehen oder Sitzen mit den Fingerspitzen beider Hände halten und abwechselnd beide Zeigefinger, Mittelfinger usw. in den Ball drücken.

Drehen: Ball im Stehen oder Sitzen mit den Fingerspitzen halten und drehen; Ball mit Fingerspitzen halten und mit gestreckten Armen vom Körper weg bewegen.

Ball übergeben: Ball im Stehen oder Sitzen von einer Hand in die andere übergeben und kleine Bögen vor dem Körper werfen.

Um den Kopf und über den Kopf: Ball im Stehen oder Sitzen mit Hilfe beider Hände um den Kopf herumführen; mit beiden Händen fassen und über den Kopf heben und wieder herunter.

Seitschwünge: Im Stehen mit dem Ball Seitschwünge ausführen, den Ball dabei seitlich von Körper hochwerfen.

Hochwerfen: Ball hochwerfen und wieder auffangen, von Mal zu Mal etwas höher werfen. Variante: Ball hochwerfen und einmal oder zweimal vor dem Fangen in die Hände klatschen. Im Stehen und im Sitzen.

Unter's Knie: Ball im Stehen oder Sitzen unter das hochgezogene Knie hindurchführen, Knie in Richtung Oberkörper ziehen, dann Seitenwechsel.

Auf die Beine: Im Sitzen Beine geschlossen nebeneinander stellen und hochheben, Ball darauf balancieren.

Mit einer Hand: Ball im Stehen und im Sitzen auf die rechte Handfläche legen und vor dem Körper balancieren. Ball mit einem Bogen von unten nach oben und wieder nach unten vor dem Körper entlang führen. Seitenwechsel.

Ball prellen:
- Im Stehen: Ball beliebig prellen, auch im Gehen und Laufen. Ball hochwerfen und prellen.
- Im Sitzen: Ball einmal auf dem Boden aufkommen lassen, zum Übungsleiter in die Mitte werfen, er den Ball an den nächsten Teilnehmer zurückwirft.

Partnerübungen

Stuhlprellball: Zwei Teilnehmer sitzen oder stehen sich gegenüber, zwischen ihnen liegt ein Gymnastikreifen. Mit der Faust wird der Ball in den Reifen geschlagen und vom anderen aufgefangen oder mit der Faust zurückgeprellt. Kann auch mit Punkten gespielt werden: Wer nicht direkt auffängt oder zurückprellt, erhält einen Minuspunkt.

Zuwerfen: Partner stehen oder sitzen sich im Stuhl gegenüber. Der Ball wird sich gegenseitig zugeworfen. Eine Person gibt die Übung vor, die andere macht nach; nach einigen Wiederholungen Rollenwechsel.

Gruppenübungen

Ball über die Schnur: Ein Spiel für die gesamte Gruppe. Mit einer Schnur zwei Spielfelder schaffen (Schnur 60 cm hoch). Beide Parteien versuchen, den Ball über die Schnur ins andere Spielfeld zu bringen. Alle Körperteile dürfen eingesetzt werden. Im eigenen Feld darf der Ball 3 × zugespielt werden. Wird diese Zahl überschritten gibt es einen Fehlerpunkt.

Variante: Für eine sitzende Gruppe die Schnur niedrig halten oder den Ball unten durch die Schnur werfen oder rollen lassen.

Fußball im Sitzkreis: Ein leichtes Ballspiel für einen Sitzkreis. Kann auch als Aufwärmübung oder Lückenfüller eingesetzt werden. Ein großer Ball wird in die Mitte des Sitzkreises gerollt, die Teilnehmer kicken sich den Ball zu.

Weitere Ballspiele ☞ 9.2.3

> Ballspiele sind sehr beliebt und können häufig eingesetzt werden. Auch verwirrte Menschen können gut bei leichten Ballspielen mitmachen.

8.5.2 Übungen mit Tüchern

Bunte Chiffontücher liegen als bunter Kreis in der Mitte des Sitz- oder Stehkreises. Jeder Teilnehmer sucht sich ein Tuch aus. Die Übungen werden so lange mit einem Arm ausgeführt, bis der Übungsleiter den Armwechsel ansagt oder es für die Teilnehmer anstrengend wird.

Einzelübungen

Kennenlernen: Tuch in der Hand fühlen, probieren wie es fliegt, wie man es hochwerfen und fangen kann.

Figuren malen: Mit dem klein gefassten Tuch können Figuren in die Luft „gemalt" werden: Ein großer liegender Mond vor dem Oberkörper, eine große Sonne, eine liegende Acht, eine stehende Acht, eine 0, einen Heiligenschein über dem Kopf.

Über die Schulter: Mit der rechten Hand das Tuch über die linke Schulter werfen und diagonal über den Rücken ziehen, so dass mit der linken Hand ein Zipfel an der linken Schulter gehalten wird und mit der rechten Hand ein Zipfel an der rechten Hüfte. Nun den Rücken diagonal mit dem Tuch massieren, lockern, Seitenwechsel.

Tuch zum Himmel und zur Erde: Tuch gespannt und etwa schulterbreit zwischen die Hände nehmen und mit gestreckten Armen nach oben führen; langsam wieder zurück zu den Oberschenkeln führen; kurze Pause und das Tuch ebenso Richtung Füße (oder Knie) führen. Kopf dabei nicht zu tief beugen (Schwindelgefahr).

Ballwerfen: Tuch zum Ball zusammenknüllen, hochwerfen und fangen.

Strecken und Beugen der Arme: Tuch an den Längsseiten gefasst vor dem Körper durch wechselseitiges Strecken und Beugen der Arme nach rechts und nach links hin- und herziehen.

Tuch um die Schultern: Tuch um die Schultern legen, an den Enden fassen, Arme zur Hochhalte strecken und beugen, dabei das Tuch mit den Augen verfolgen.

Zehenspiel: Wenn die Schuhe leicht ausziehbar sind, Tuch mit den Zehen greifen lassen und mit dem Bein schwingen, lockern, Seitenwechsel.

Partnerübungen

Partnerübung mit einem Tuch: Die Partner sitzen oder stehen sich gegenüber und fassen jeder das Tuch mit einer Hand an den Ecken der Schmalseite. Jetzt wie zum Wäschestrecken das Tuch gleichmäßig zusammenraffen und wieder glätten.

Variante: Das Tuch wird gestreckt, jeder Partner hält zwei Zipfel des Tuches. Die Partner bewegen sich vor und zurück, das Tuch muss gestreckt bleiben.

Partnerübung mit zwei Tüchern: Partner sitzen oder stehen sich gegenüber. Das längs zusammengerollte Tuch wird jeweils bei gestreckten Armen in einer Hand gehalten. Die Arme bewegen sich nun abwechselnd beugend und streckend, dabei müssen beide Teilnehmer gut darauf achten, dass sie einen gemeinsamen Rhythmus finden – Lokomotive fahren. (☞ Abb. 8.14)

Gruppenübungen

Begrüßungsübung: Nach einer melodischen Musik (Walzer, Klassik) wird das Tuch frei in der Luft geschwungen. Die Bewegungen werden nach eigener Initiative und Fähigkeiten durchgeführt. Die Übung lässt sich im langsamen Gehen, Stehen oder im Stuhlkreis durchführen. Dabei kann versucht werden, mit dem Nachbarn Kontakt aufzunehmen, indem beide Tücher sich berühren und „begrüßen". Eine schöne Begrüßungsübung zum

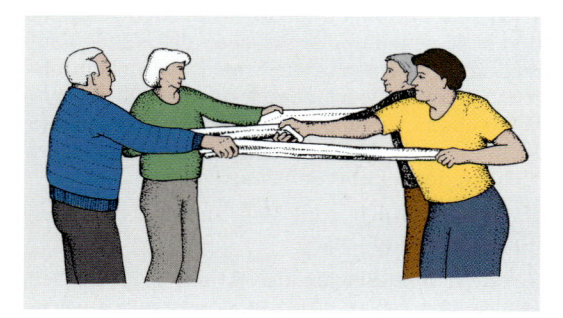

Abb. 8.14: Mit Tüchern eine Lokomotive imitieren. [L119]

Abb. 8.15: Übung mit Doppelklöppel. [O419]

Anfang einer Stunde. **Variante**: Der Gruppenleiter geht herum und begrüßt mit Bewegungen und Berührungen der Tücher alle Teilnehmer persönlich.

Bewegungsübung zum Abschluss: Nach Musik gehen alle Teilnehmer im Kreis erst im Uhrzeigersinn, nach Aufforderung der Gruppenleitung entgegen dem Uhrzeigersinn, dann gemeinsam in die Mitte des Kreises und wieder zurück. Wichtig: Bewegung und Zeit müssen vorher vom Gruppenleiter genau ausprobiert werden und auf die Kreisgröße abgestimmt werden. **Variante**: Im Sitzkreis können die Tücher zum Schlager „Auf Wiedersehen" gemeinsam und im Rhythmus der Musik bewegt werden. Zum Schluss winken sich alle nochmals zu. Der Gruppenleiter geht im Kreis umher und verabschiedet sich mit dem Tuch bei jedem Tuch des jeweiligen Teilnehmers.

8.5.3 Übungen mit dem Doppelklöppel

Ein Doppelklöppel besteht aus einem Stab mit je einem Gummiball an den beiden Enden. Doppelklöppel werden zu den Übungen am Gummiball angefasst.

Kennenlernen: Doppelklöppel anfassen und Bälle bekneten, Finger in Bälle drücken und einige freie Bewegungen ausprobieren.

Balancieren: Doppelklöppel auf der Handfläche oder auf 1–2 Fingern balancieren.

Lockerungsübungen: Doppelklöppel mit beiden Armen in verschiedenen Richtungen schwingen lassen: rechts, vor dem Körper, links, vorn, diagonal von vorn nach hinten.

Formen schreiben: Mit Doppelklöppel Formen in der Luft beschreiben: Liegender Mond, Sonne, Sterne, Zahlen, Buchstaben.

Halbkreis schlagen: Mit einem Ball in kurzen Abständen einen Halbkreis auf den Boden schlagen, mehrmals wiederholen.

Schulterklopfen: Ball in die rechts Hand nehmen und mit dem anderen Ball auf die linke Schulter klopfen. Sich dabei selbst mit 3 Dingen loben. Seitenwechsel. Wer kann: Klöppel mit der rechten Hand über linke Schulter zum Rücken führen und rechten Arm dabei dehnen, lockern, Seitenwechsel.

Rollen: Im Sitzen Doppelklöppel vor den Stuhl legen, beide Füße darauf stellen und den Klöppel rollen.

Führen mit gestreckten Armen: Doppelklöppel mit beiden Händen an den Bällen anfassen und die Arme abwechselnd strecken und beugen, die gestreckten Arme nach rechts und nach links führen, dabei den Oberkörper mitnehmen, lockern, Wiederholung. Doppelklöppel mit gestreckten Armen nach oben führen, zurück und lockern, Wiederholung.

Über den Kopf: Doppelklöppel über die Hochhalte mit beiden Armen hinter den Kopf führen, am Kopf anlegen und kurz so halten, lockern, Wiederholung.

Fußsohlenschlagen: Einen Ball mit der rechten Hand fassen und mit dem anderen Ball die linke Fußsohle beschlagen, lockern, Seitenwechsel.

8.5.4 Übungen mit Säckchen

Baumwollsäckchen, die z. B. mit Bohnen, Kirschkernen, Sand, Dinkel, Erbsen oder Kunststoffkugeln gefüllt sind, eignen sich für unterschiedliche Übungen wie Tragen, Stapeln, Werfen, Fangen oder Balancieren. Außerdem stimulieren sie die visuelle und taktile Wahrnehmung (☞ Abb. 8.16).

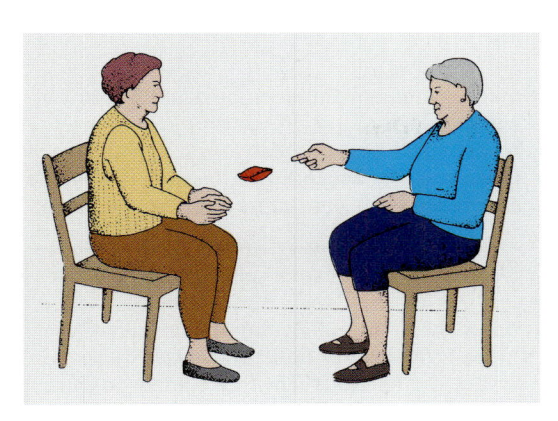

Abb. 8.16: Wenn Säckchen einmal nach unten fallen, rollen sie nicht gleich weg. [L119]

Einzelübungen

Kennenlernen: Säckchen befühlen, massieren, an andere Körperstellen halten, raten, mit was das Säckchen gefüllt ist.

Lockerungsübungen: Säckchen hochwerfen und fangen, auf einer Hand balancieren, von einer Hand in die andere werfen, Abstand vergrößern. Wie hoch kann ich werfen? Mit beiden Händen hochwerfen, dann nur mit einer Hand.

Bogen werfen: Vor dem Körper einen Bogen werfen: Von rechts nach links, mit linker Hand fangen und umgekehrt; Bogen vergrößern.

Hochwerfen: Säckchen hochwerfen und 1 × oder 2 × in die Hände klatschen.

Schwingen: Säckchen in die rechte Hand nehmen und den Arm rechts vom Körper locker schwingen lassen. Seitenwechsel.

Auf dem Kopf: Säckchen auf den Kopf legen und Kopf langsam nach rechts und links bewegen; gehsichere Personen können im Raum umhergehen, so dass das Säckchen nicht herunterfällt.

Um den Körper kreisen: Säckchen um den Körper herum kreisen lassen.

Arm führen: Säckchen in beide Hände nehmen und Arme gestreckt nach oben führen, wieder zurück und rechts und links nach oben führen; zurück und lockern. Säckchen nur in die rechte Hand nehmen und Arm gestreckt nach oben führen, zurück; lockern und anschließend seitlich nach oben führen und Schulter leicht nach hinten drehen, Rumpf dabei mitnehmen; zurück; Seitenwechsel.

Partnerübungen

Partnermassage: Die Übung ist geeignet zur Entspannung und zum Abschluss. Es bilden sich Paare, die sich gegenseitig mit dem Säckchen den Rücken massieren (Wirbelsäule und Nierengegend auslassen). Die massierte Person gibt Rückmeldung, ob die Massage angenehm, unangenehm, zu fest oder zu weich ist.

> Säckchen lassen sich aus buntem Baumwollstoff auch leicht selbst nähen und mit körnigem Material füllen, bis sie etwa 200–250 g schwer sind.

8.5.5 Übungen mit Stäben

Gymnastikstäbe sind Stäbe aus Holz oder Hartkunststoff, ca. 50–80 cm lang. Sehr lange Stäbe (1 m) sind sehr unhandlich für die Seniorengymnastik. Stäbe sind in der Seniorengymnastik nur bedingt einsetzbar.

> **!** Bei Gruppen mit Koordinationsschwächen keine Stäbe einsetzen, weil beim Hantieren Verletzungsgefahr besteht.

Kennenlernen: Stab befühlen, betasten, Länge schätzen, kurzen Stab auf einer Hand balancieren, zwischen beide Handflächen nehmen, eigene Übungen ausprobieren.

Übungen im Stehen

Grundposition: In Grätschstellung gehen, Knie dabei etwas beugen, Becken nach vorn kippen, Brustbein aufrichten, Kinn in Hals drücken, Stab so fassen, dass zwischen Oberarm und Unterarm und zwischen Unterarm und Stab ein rechter Winkel entsteht. Arme, Körper und Stab bilden ein Rechteck.

- Stab zur Hochhalte, Vorhalte und Tiefhalte führen, mehrmals im Wechsel
- Gleiche Übung, aber jedes Mal die Arme dazwischen beugen
- Stab seitwärts schwingen
- Mit Stab in Schulterhöhe Zirkelbewegungen um den Körper durchführen, erst rechts, dann links
- Stab schulterbreit vor dem Körper halten und leicht nach beiden Richtungen drehen

- Stab vor sich aufstellen, mit rechter Hand festhalten, einmal herumgehen
- Stab schulterbreit festhalten, an die Stirn anlegen, Kinn dabei in Hals drücken, aus dieser Position Kinn parallel zum Boden vor- und zurückschieben
- Grundposition einnehmen, Stab vor dem Körper halten und so weit wie möglich nach oben schieben; Rechteck zwischen Stab und Arme soll dabei nicht verändert werden.

Übungen im Sitzen

- Stab mit der rechten Hand in der Mitte fassen und nach rechts und links drehen, Seitenwechsel
- Stab rechts und links fassen und die gestreckten Arme nach oben führen und zurück, mehrmals wiederholen
- Stab rechts und links fassen und über die Hochhalte der Arme hinter den Kopf führen, dabei auf aufrechte Haltung achten
- Nur für kurze Stäbe geeignet: Stab mit der rechten Hand an einem Ende fassen und seitlich kleine Kreise damit „malen", Kreise immer größer werden lassen, lockern, Seitenwechsel. Vorsicht: Genug Abstand zum Nachbarn halten
- Mit dem Stab rechts und links Schwünge ausführen
- Im Grätschsitz aus der Vorhalte abwechselnd das rechte Stabende in einiger Entfernung neben den rechten Fuß aufsetzen, die linke Hand geht mit, bis Stab senkrecht steht, das gleiche zur linken Seite
- Mit dem Stab vor den Füßen einen Halbkreis ziehen
- Stab am unteren Ende mit beiden Händen festhalten, Hände kurz öffnen und schnell wieder schließen, so dass der Stab Stück für Stück nach unten rutscht. Wiederholen, bis sich die Hände am oberen Ende des Stabes angekommen sind.

> Stäbe können auch selbst hergestellt werden: 50–60 cm lange dünne Bambus- oder Holzstäbe dicht mit Zeitungspapier und dann mit selbstklebender Folie umwickeln (alternativ mit d-c-fix bekleben), die Enden polstern und mit buntem Tesaband umwickeln oder ebenfalls bekleben.

8.5.6 Gemeinschaftsübungen mit der Zauberschnur

Eine Zauberschnur ist ein mehrere Meter langes Gummiseil, das zu gemeinsamen rhythmischen Übungen und Kräftigungsübungen eingesetzt werden kann.

Übungen mit der Zauberschnur sind beliebt und stärken das Gemeinschaftsgefühl. Mit der Zauberschnur ist der Sitz- oder Stehkreis geschlossen und entspricht der Urform von Gemeinschaft, dem geschlossenen Kreis.

Teilnehmerzahl: Mindestens 8 Personen.

Material: Geschlossene Zauberschnur, Musik.

Abb. 8.17: Übungen mit Stäben sind nicht ganz ungefährlich, bieten aber interessante und abwechslungsreiche Übungsmöglichkeiten. [K157]

Übungen im Stehkreis

Folgende Übungen sind für den Stehkreis geeignet:
- Alle Teilnehmer fassen mit beiden Händen die Schnur, so dass die Schnur gespannt ist
- Nach Musik Schnur federn lassen und mit dem Körper leicht nach rechts und links wiegen
- 4 Schritte in die Kreismitte gehen, 4 Schritte zurück
- 4 Schritte nach rechts gehen in Kreisrichtung, 4 Schritte rückwärts entgegen Kreisrichtung gehen
- Schnur gemeinsam über die gestreckten Arme nach oben führen und zurück; mehrmals wiederholen
- Schnur gemeinsam zum Knie führen
- Schnur gemeinsam über den Kopf führen und hinter dem Kopf festhalten
- Seitlich zur Schnur stehen, Schnur mit einer Hand festhalten und nach rechts in Kreisrichtung gehen, Körper dabei leicht nach außen lehnen, Schnur soll gespannt sein
- Grätschstellung: Schnur mit beiden Händen fassen, gleichmäßiges Schwingen mit Gewichtsverlagerung nach rechts und links
- Jede 2. Person hält Schnur vor dem Körper fest, Schnur etwas tiefer, die anderen Personen halten sich an den Schultern der Nachbarn fest und steigen über die Schnur und zurück.

Übungen im Sitzkreis

Folgende Übungen sind für den Sitzkreis geeignet:
- Alle Teilnehmer fassen mit beiden Händen die Schnur
- Im Takte einer Musik gemeinsam schunkeln; Schnur festhalten
- 4 × Zauberschnur nach vorne zur Mitte führen und zurück
- Schnur gespannt halten und mit gestreckten Armen 4 × nach oben führen
- Versuchen, ob die Schnur hinter den Kopf geführt werden kann
- Schnur mit einem gestreckten und einem gebeugten Arm 4 × weit nach rechts und nach links führen
- Mit Zauberschnur 4 × vorwärts kreisen und 4 × rückwärts kreisen
- 4 × Schnur gemeinsam bis unter die Knie führen
- Jede 2. Person hält Schnur etwas tiefer fest, die anderen versuchen, mit dem rechten Fuß auf die Schnur zu treten
- Einen Wurfring oder Scheibenring so schnell wie möglich an der Zauberschnur entlang wandern lassen
- Mit der rechten Hand die Schnur festhalten und hochhalten
- Mit der rechten Hand die Schnur festhalten, mit der linken winken, Seitenwechsel
- Zauberschnur mit beiden Händen in Hüfthöhe festhalten und versuchen mit dem rechten Knie daran zu stoßen, Seitenwechsel
- Abschluss: Nach dem Schneewalzer im Kreis mit der Zauberschnur schunkeln.

Rhythmische Übung

Übung kann im Stehen und im Sitzen mit der Zauberschnur durchgeführt werden.

Musik: Schneewalzer.
- 4 × Vorderkreise beschreiben (hoch, vor, tief, zurück)
- 2 × Schnur rechts und links vor dem Körper hin- und herschwingen
- 2 × Schnur hoch und runter bewegen
- 2 × Schnur rechts und links hin- und herpendeln
- 4 × Rückwärtskreise beschreiben (hoch, hinten, tief, zurück)
- Wiederholung.

> [!] Bei Teilnehmern mit starken Bewegungseinschränkungen in den Armen darauf achten, dass keine zu heftigen, ruckartigen Bewegungen mit der Zauberschnur durchgeführt werden.

> Die Übungen machen Spaß, können aber auch anstrengend sein. Deshalb Pausen einlegen, in denen die Zauberschnur in den Schoß gelegt wird.

8.6 Bewegungsspiele

Spielerische Bewegungsübungen nehmen der Übungsstunde ihre Ernsthaftigkeit und verhindern Zwang und Leistungsdruck. Spiele fördern und vermitteln die Freude an der Bewegung, haben einen großen Kommunikations- und Sozialisationseffekt, können zum Abbau von Aggressionen und Spannungen beitragen und fördern das Gemeinschaftserleben. Bewegungsspiele lassen sich gut in die Aktivierungsphase einer Gymnastikstunde einbauen.

> [!] Manche Bewegungsspiele sind für Senioren nicht oder nur bedingt geeignet, z.B. Spiele, in denen Springen, Hüpfen und Schnellkraft gefragt sind. Berücksichtig werden muss auch, dass alte Menschen ein verzögertes Reaktions- und eingeschränktes Koordinationsvermögen haben, so dass Übungen, die darauf keine Rücksicht nehmen, zu Verletzungen führen können.

Die Auswahl an Spielen ist so groß, dass sich für verschiedene Seniorengruppen etwas finden lässt, sowohl für ältere Sportgewohnte als auch für hochbetagte Sitzgymnastikteilnehmer.

> ☑ Zahlreiche Spiele für Erwachsene und Senioren finden sich in der Seniorenspielekartei von Brigitte Becker, Verlag gruppenpädagogischer Literatur, Wehrheim

Atomspiel

Ein unterhaltsames und beliebtes Spiel für gehfähige und gehsichere Teilnehmer. Es eignet sich auch als Einstiegs- oder Aufwärmspiel. Geeignet für eine größere Gruppe.

Teilnehmerzahl: 12 Personen.

Material: Eine lebhafte Musik.

Durchführung: Die Teilnehmer gehen und bewegen sich ziellos im Raum umher. Bei einer schnellen Musik kann schneller gegangen oder gelaufen werden. Bei Musikstopp ruft der Gruppenleiter eine Zahl aus, z.B. „Vier". Nun müssen sich vier Teilnehmer so schnell wie möglich zusammenfinden. Zusätzlich wird eine Aufgabe ausgerufen, die von der Gruppe erfüllt werden muss, z.B. „Im Kreis sitzen". Hat eine Gruppe mehr oder weniger als ausgerufene Teilnehmer, scheidet sie aus.

Variante: Die Gruppe, die zuerst die Aufgabe erfüllt hat, erhält Pluspunkte.

Haltet das Feld frei

Ein lebendiges Wettkampfspiel für eine mittelgroße bis große Gruppe gehfähiger und gehsicherer Teilnehmer.

Teilnehmerzahl: 8–20 Personen.

Material: 4 große Luftballons oder 4 Schaumstoffbälle oder Softbälle, Ständer mit Netz für die Spielfeldabgrenzung, Trillerpfeife.

Durchführung: Der Raum oder die Halle werden in zwei Spielfelder eingeteilt. Die Luftballons oder Bälle sollen möglichst schnell auf die andere Seite geworfen oder gestoßen werden. Alle Teilnehmer versuchen, ihr eigenes Feld immer sauber zu halten, d.h., die ankommenden Ballons abzuwehren und zu Boden fallende schnell auf die andere Seite zu befördern. Das Grundspiel wird meistens so durchgeführt, dass ein Ball über die Mittellinie zurückgerollt oder -geworfen werden darf. Bei der Seniorengruppe sollte über eine Höhe von mindestens 1 m gespielt werden. Wer nach Abpfiff die wenigsten Ballons in seiner Spielhälfte hat, gewinnt.

Ringwurf-Spiel

Ein geselliges Wettkampfspiel, das im Sitzen und im Stehen gespielt werden kann. Für eine kleine bis mittelgroße Gruppe.

Teilnehmerzahl: 4–10 Personen.

Material: Ringwurf-Set.

Durchführung: Es werden Wurfringe gezielt auf die fünf bunten Stifte geworfen (☞ Abb. 8.18), jeder Stift wird mit einer bestimmten Punktzahl bewertet. Sieger ist, wer die meisten Punkte erzielt hat.

Variante: Das Spiel kann auch in zwei Wettkampfgruppen gespielt werden.

Schuhkartonabschuss

Ein lustiges Spiel für eine sportgeübte Gruppe. Kann im Stehen oder im Sitzen durchgeführt werden.

Teilnehmerzahl: 10–20 Teilnehmer.

Material: So viele Schuhkartons (ohne Deckel) wie Teilnehmer, zwei Gymnastikbälle.

Durchführung: Auf der Mittellinie des Raumes oder der Halle werden auf einer Erhöhung (ideal ist eine Gymnastikbank) die Schuhkartons nebeneinander aufgebaut; immer abwechselnd mit der offenen Seite und dem Boden in eine Richtung. Es werden zwei Mannschaften gebildet. Jede Mannschaft versucht, mit dem Ball so viele Schachteln wie möglich umzuwerfen, dabei darf die Linie, die sich vor der Bank mit den Schachteln befindet, nicht überschritten werden. Die Mannschaft, die

8.6 Bewegungsspiele

Abb. 8.18: Ringwurfspiel. [K157]

die wenigsten Schachteln auf ihrer Seite liegen hat, hat gewonnen.

Schuhsohle an Schuhsohle

Ein lustiges, lebendiges Spiel, das viel Spaß macht. Es ist auch als Aufwärmspiel geeignet. Geeignet für eine Gruppe, die sich nicht ganz fremd ist.

Teilnehmerzahl: Beliebig viele Teilnehmer.

Material: Keines.

Durchführung: Das Spiel erfordert ein schnelles Umsetzen von Aufgabenstellungen und fordert das Reaktionsvermögen. Alle bewegen sich dazu im Raum. Von einem Mitspielenden genannte Körperteile müssen von den durcheinander laufenden Teilnehmern möglichst schnell paarweise aneinander gehalten werden (☞ Abb. 8.19). Der Spielleiter spielt, nachdem er zwei Körperteile genannt hat, mit. Die Gruppe muss eine ungerade Zahl haben, da ein Spieler bei der Paarbildung übrig bleiben soll. Dieser muss dann als nächste ein Körperteil ansagen. Das Spiel wird so lange gespielt, wie es Spaß macht.

Kreisfußball

Ein einfaches, aber beliebtes Fußballspiel, bei dem es darum geht, Punkte zu erzielen.

Teilnehmerzahl: Bis 10 Personen.

Material: 1 Schaumstoffball.

Durchführung: Die Teilnehmer fassen sich an den Händen und bilden einen Kreis. Jeder Teilnehmer

Abb. 8.19: Paar beim Schuhsohlenspiel. [L119]

versucht nun, den Ball aus dem Kreis herauszuschießen. Der Spieler, an dessen rechter Seite oder durch dessen Beine (die „Tore") der Ball den Kreis verlassen hat, erhält einen Minuspunkt.

Fußball im Sitzkreis

Ein ganz leichtes, aber immer wieder beliebtes Spiel ist das Fußball spielen im Sitzkreis, bei dem auch körperlich und kognitiv sehr eingeschränkte Menschen mitspielen können.

Teilnehmerzahl: 8–14 Personen.

Material: Schaumstoffball oder Softball.

Durchführung: Ohne Regel wird der Ball von einer Person zur anderen gekickt – Hauptsache, er wird getroffen.

> Für Gymnastik und Spiele gibt es senioren- und anwendungsgerechte Bälle (☞ oben):
> - Die weichen Softbälle verhindern durch ihre Weichheit, Griffigkeit und Leichtigkeit Verletzungen und sind vielseitig einsetzbar. Sie sind aufblasbar und erhalten dadurch eine unterschiedliche Spannungsoberfläche.
> - Auch Schaumstoffbälle sind griffig, leicht und weich und bergen kein Verletzungsrisiko.

Gordischer Knoten

Ein interessantes Gemeinschaftsspiel, das Geduld, Konzentrations- und Bewegungsfähigkeit fördert. Für geh- und bewegungssichere Personen im Stehen.

Teilnehmerzahl: 6–12 Personen.

Material: Pro Teilnehmer einen Strumpfzopf oder ein Handtuch.

Durchführung: Alle Teilnehmer stehen in einem engen Kreis zusammen, jeder hat in der rechten Hand einen Strumpfzopf oder Handtuch und greift nun ein freies Ende von einem anderen Zopf oder Handtuch, bis alle verknotet sind. Durch Drunter- und Drübersteigen, jedoch immer, ohne die Handfassung zu lösen, sollen die Teilnehmer gemeinsam einen Weg zum Lösen des Knotens finden.

Das Spiel gelingt nicht, wenn man nur mit einem anderen Spieler eine Verbindung eingeht, d.h. der freie Zipfel des eigenen Zopfes oder Handtuch muss wenigstens von jemand anderem gefasst werden als wiederum von der Person, deren freies Ende des Zopfes man selbst in der Hand hält.

Abb. 8.20: Spiel mit dem Schwungtuch. [V383]

Spiel mit dem Schwungtuch

Ein beliebtes Gemeinschaftsspiel für eine sitzende und stehende Gruppe, das den ganzen Körper, besonders die Grobmotorik trainiert. Je nach Größe des Schwungtuches kann die teilnehmende Gruppenzahl unterschiedlich groß sein.

Teilnehmerzahl: je nach Schwungtuchgröße 8–16 Personen

Material: Schwungtuch.

Durchführung: Im Schwungtuch können leichte Gegenstände bewegt und den einzelnen Partnern zugespielt werden. Besonders Spaß macht es, sich im Schwungtuch einen leichten Ball mittlerer Größe zuzuspielen. Das Schwungtuch kann gemeinsam auf- und abgeschwungen werden (☞ Abb. 8.20). Ziel ist es, die gemeinsamen Bewegungen zu koordinieren, so dass es sich aufbläht und fast in der Luft steht. Dies erreicht man am leichtesten, wenn alle Mitspielenden bei der Aufwärtsbewegung einen kleinen Schritt nach innen gehen und die Arme anschließend strecken. Darauf achten, dass nicht so große Größenunterschiede bei den Teilnehmern vorhanden sind.

Variante im Stehen: bei einer Ansage des Spielleiters werden die Plätze gewechselt, z.B. „Alle, die im Mai Geburtstag haben" oder „Alle, die nicht älter als 80 sind".

Wollknäuelspiel

Ein Kommunikations- und Bewegungsspiel, das im Sitzen gespielt wird und für bewegungseingeschränkte Menschen geeignet ist.

Teilnehmerzahl: 6–12 Personen.

Material: Ein farbiger Wollknäuel.

Durchführung: Der Spielleiter wirft einem Teilnehmer im Sitzkreis das Knäuel zu und hält den Fadenanfang fest. Der Teilnehmer, der das Knäuel fängt, soll z. B. erzählen, was er in der letzten Woche gemacht hat. Wenn er fertig ist, hält er den laufenden Faden fest und wirft das Knäuel einem anderen Teilnehmer zu. So entsteht zwischen den einzelnen Teilnehmern ein Fadenspinnennetz. Zuletzt wird das Netz wieder aufgelöst, indem das Knäuel den Faden entlang wieder zurückgeworfen wird. Das Spiel kann auch als Kennenlernspiel eingesetzt werden (☞ 9.2.1).

Drucksprache

Ein leichtes Bewegungs- und Gehspiel mit Ratepausen, das für gehfähige, aber auch sitzfähige Menschen geeignet ist.

Teilnehmerzahl: 6–12 Personen.

Material: leichte und beschwingte Musik, z. B. Polka, Rheinländer

Durchführung: Alle Teilnehmer gehen zur Musik im Raum umher. Stoppt die Musik, finden sich zwei Partner zusammen. Eine Person malt nach Zuruf des Spielleiters dem Partner einen Buchstaben auf den Rücken, der erraten werden soll. Anschließend Rollentausch. Wenn beide Partner dran waren, geht es weiter mit Musik und neuer Partnersuche beim nächsten Musikstopp. Auf Zuruf „Zahl" oder „Wort mit drei Buchstaben" wird wieder die Partneraufgabe in gleicher Weise durchgeführt. Einige Durchgänge.

Ballontausch

Ein Geschicklichkeitsspiel mit Luftballons, das im Sitzen gespielt werden kann.

Teilnehmerzahl: 6–12 Personen.

Material: Pro Person einen Luftballon.

Durchführung: Die Teilnehmer sitzen im Kreis. Jeder hat einen Ballon und versucht, ihn durch leichtes Schlagen in der Luft zu halten. Auf ein Zeichen tippen ihn alle schräg links vorwärts, so dass der linke Nachbar ihn bekommt, während man selbst von rechts annehmen muss. Pro richtige Flugrichtung gibt es einen Punkt. Schlägt man den Ballon zu ungenau, gibt es einen Punktabzug. Gespielt wird nach Zeit oder Punkten.

Variante: Bei leistungseingeschränkten Gruppen ohne Punkte spielen, weil sonst ein zu großer Leistungsdruck entsteht.

> Beim Spielen sind Spaß und Erfolgserlebnisse von Vorrang. Deswegen sind Spielregeln immer so abzuwandeln, dass sie dem Leistungsniveau der Gruppe entsprechen.

Spielen mit Riesenhänden

Ein spaßiges Bewegungsspiel für einen kleinen Sitzkreis. Geeignet für Teilnehmer mit Einschränkungen.

Teilnehmerzahl: 3–6 Personen.

Material: Riesenhände aus dem Fachhandel (☞ Abb. 8.21).

Durchführung: Die Riesenhände aus weichem Schaumstoff dienen als Schlagverstärker und können Ballons und leichte Bälle mühelos wegschlagen. Die Hände sind leicht zu greifen und zu führen. Mit den Händen werden die Ballons von einer Person zur anderen gestoßen. Einen Minuspunkt erhält, wird den Ballon fallen lässt.

Variante: Für dieses Spiel lassen sich zahllose Varianten finden, der Fantasie von Spielleiter und Teilnehmern sind keine Grenzen gesetzt.

Gerätewandern

Ein einfaches Bewegungsspiel, das bei Sitzgymnastikgruppen immer wieder großen Anklang findet. Geeignet für Personen mit Einschränkungen und Sitzgruppen mit leistungsschwachen Teilnehmern.

Teilnehmerzahl: 6–14 Personen.

Material: Kleiner Ball, Kirschkernsäckchen, Klöppel, Noppenball.

Durchführung: Ein Handgerät aus der Gymnastikgruppe wird im Sitzkreis herumgegeben. Auf Zuruf des Gruppenleiters wird die Richtung gewechselt oder das Handgerät wird auf eine bestimmte Art und Weise weitergegeben, z. B. hinter dem Rücken oder über dem Kopf.

Variante: Das Spiel kann auch nach Zeit gespielt werden.

Abb. 8.21: Spielspaß mit Riesenhänden. [V383]

Bewegungskreise

Ein Bewegungsspiel, das Konzentration und Reaktionsvermögen trainiert. Geeignet für Sitzgymnastikgruppen.

Teilnehmerzahl: 6–14 Personen.

Material: 3 Gymnastikreifen.

Durchführung: Die Reifen werden in die Mitte gelegt. Jedem Reifen ist eine Bewegung zugeordnet: 1. Händeklatschen. 2. Mit den Armen über dem Kopf winken. 3. Füße hoch und runter. Der Gruppenleiter tritt nun in einen Kreis und alle machen die dazugehörige Bewegung. Dann wechselt der Leiter den Kreis, die Teilnehmer müssen dementsprechend reagieren. Der Reifenwechsel kann problemlos dem Reaktionstempo der Gruppe angepasst werden.

Variante: Der Leiter steht mit jeweils einem Bein in einem Kreis. Was nun?

Bechertennis

Ein Geschicklichkeitsspiel für eine Gruppe im Sitzen.

Teilnehmerzahl: Geeignet für eine kleine bis mittlere Tisch- oder Sitzkreisgruppe.

Material: Pro Spieler einen Tennisball und einen Jogurtbecher.

Durchführung: Der in dem Jogurtbecher liegende Tennisball wird hochgeworfen und mit dem Becher wieder aufgefangen. Eine Runde zur Probe. Danach Paarbildung. Die Paare sitzen sich gegenüber und spielen sich den Tennisball zu. Der Ball darf nur 1 × auf den Boden prellen. Prellt er öfter oder kann nicht gefangen werden, gibt das einen Punkt für den Gegner.

Variante: Regeln können abgewandelt werden, z. B. ohne Punkte spielen.

Staffeln

In der Seniorenarbeit können „sanfte" Staffeln in lockerer Leistungsatmosphäre und mit dosierter Belastung durchgeführt werden. Staffeln bringen Stimmung, stärken den Gruppencharakter eines Spieles und machen Spaß. Es gibt viele Möglichkeiten und Varianten. Ein Spielleiter kann je nach Leistungsfähigkeit und Interesse eine Staffel zusammenstellen.

Teilnehmerzahl: so viele Teilnehmer, dass sich zwei Mannschaften bilden lassen

Material: 2 große Luftballons, 2 Schaumstoffwürfel, 2 Gymnastikstäbe, Luftballons oder andere Handgeräte und Gegenstände.

Durchführung: Es werden zwei Mannschaften gebildet, die sich in einem Abstand von ca. 8–10 m gegenüberstehen. Zwei Mitspielende jeder Mannschaft müssen nun einen Gegenstand, z. B. den Schaumstoffwürfel, zwischen ihre Körper nehmen und zum nächsten Paar transportieren. Der Gegenstand darf dabei nicht herunterfallen.

Variante: Gegenstand kann zwischen Hüfte, Brust, Gesäß oder andere Körperteile genommen und transportiert werden.

> Viele interessante Spiele und Anregungen für fitte Ältere finden sich in dem Buch: „Bewegungsspiele – 50 plus" von Bärbel Schöttler, Meyer & Meyer Verlag, Aachen

8.7 Entspannungsübungen

Entspannungsübungen tragen zum allgemeinen Wohlbefinden bei, in dem sie helfen, Spannungen abzubauen. Jede Anspannung geht mit einem erhöhten Muskeltonus einher, der sich durch körperliche Symptome wie Schmerzen bemerkbar machen kann, aber auch durch innere Unruhezustände, motorische Unruhe oder ständig kreisende und nicht abschaltbare Gedanken (Grübeln).

> **!** Sind Unruhe und Anspannungszustände chronisch und langanhaltend, muss der Hausarzt oder der behandelnden Facharzt hinzugezogen werden.

Den alltäglichen „normalen" Anspannungen kann in der Seniorengymnastik mit Entspannungsübungen begegnet werden. Sie können bei großer Unruhe zwischendurch oder in der Ausklangphase einer Gymnastikstunde eingesetzt werden.

> ☑ Entspannungsübungen wie Autogenes Training sollten nur von erfahrenen und dafür ausgebildeten Übungsleitern durchgeführt werden, weil sie zu Angstzuständen und Störungen der Atmung führen können.

8.7.1 Entspannungsübungen

Entspannungsübungen können im Sitzen oder im Liegen durchgeführt werden, eine ruhige, reizarme Atmosphäre ist wichtig. Die Übungen können durch leise Musik begleitet werden.

Entspannung im Kutschersitz

Eine Entspannungsübung im Sitzen auf einem Stuhl (☞ Abb. 8.22).

Teilnehmerzahl: Beliebig.

Material: Keines.

Durchführung: Die Teilnehmer sitzen im Sitzkreis im Kutschersitz auf der vorderen Hälfte des Stuhls, Füße stehen mit ganzer Sohle fest auf den Boden, Beine schulterbreit auseinander, Rücken möglichst lang und gerade, Unterarme oder Ellbogen auf Oberschenkel stützen. Der Kutschersitz ermöglicht durch Dehnung des Brustkorbs eine tiefe Atmung. Der Übungsleiter gibt Hinweis auf gleichmäßiges und ruhiges Atmen und fordert zur Konzentration auf: „Wir tasten jetzt unseren Körper in Gedanken von oben nach unten ab, ob alle Gliedmaßen und Körperpartien entspannt und gelöst sind. Wie sieht es aus mit dem Kopf? Gesicht? Hals? Brustkorb? Oberarme? Unterarme? Hände? Bauch? Schultern? Rücken? Gesäß? Oberschenkel? Unterschenkel? Füße?" Die Teilnehmer auffordern, dass Unwohlsein verbal auszudrücken, evtl. gezielt nachfragen. Zum Abschluss ein passendes Gedicht oder eine kleine Kurzgeschichte lesen.

Palmieren

Eine kurze Entspannungsübung im Sitzen.

Teilnehmerzahl: Beliebig.

Material: Keines.

Durchführung: Die Handflächen aneinander warm reiben; die Augen schließen, die warmen Hände als „Schale" auf die geschlossenen Augen legen. Wärme, Stille und Dunkelheit ca. eine Minute genießen, dabei die Gedanken vorbeifließen lassen. Hände langsam wieder von den Augen nehmen, Augen langsam öffnen, blinzeln, tief durchatmen, recken und strecken.

Gegenseitige Massage

Eine angenehme und beliebte Übung für eine gemischte Gruppe, in der einige Teilnehmer sitzen, die anderen stehen.

Teilnehmerzahl: Beliebig.

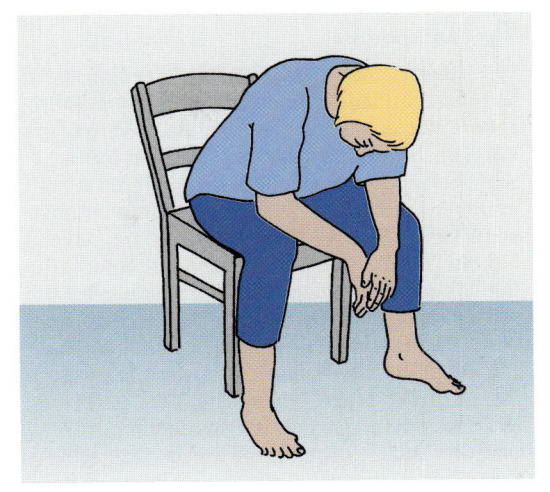

Abb. 8.22: Der Kutschersitz entspannt und erleichtert das Atmen. [A500-119]

Material: Ruhige Entspannungsmusik, evtl. Igelbälle.

Durchführung: Es werden Paare gebildet; bei einer ungeraden Zahl der Teilnehmer macht der Gruppenleiter mit. Jeweils ein Teilnehmer steht hinter der Stuhllehne eines sitzenden Teilnehmers und beginnt, nach einer leisen Begleitungsmusik erst Schultern und Nackenbereich, danach Arme und Rücken zu massieren (Wirbelsäule und Nierengegend auslassen). Nach einigen Minuten Rollenwechsel.

Variante: Wer möchte, kann sich mit einem Igelball massieren lassen. Vielen Massierenden fällt es auch leichter, mit einem Igelball als mit der eigenen Hand zu massieren.

Fantasiereisen

Fantasiereisen sind Entspannungsübungen, bei denen die Teilnehmer mit Hilfe ihrer Fantasie eine „innere Reise" unternehmen. Der Gruppenleiter erzählt mit ruhiger Stimme eine entspannende Geschichte, die das visuelle Vorstellungsvermögen der Teilnehmer anregt und sie in einen gelösten Zustand versetzen kann. Geeignet für Teilnehmer, die sich auf diese Übung einlassen können. Die Übung kann im Sitzen oder Liegen durchgeführt werden.

Teilnehmerzahl: 4–12 Personen.

Material: Musik-CD mit Wassergeräuschen.

Durchführung: Der Anleiter spricht mit ruhiger Stimme einen Text (☞ Beispieltext im farbigen Kasten S. 80).

8 Bewegung und Gymnastik

🎈 Fantasiereise

Wir haben heute so geschwitzt bei der Gymnastik und draußen ist hochsommerliches Wetter, sodass wir eine kleine frische Brise vertragen können. Bitte setzen Sie sich bequem hin und schließen Sie die Augen. Lassen Sie Ihren Atem kommen und gehen, wie er will. Langsam und stetig stellen sich alle Sinne auf Ihre Innenwelt ein. Stellen Sie sich vor, Sie sind auf einer großen Wanderung in den Bergen. Es ist herrliches Wetter, Sonnenschein, Wärme und eine bezaubernde Landschaft. Sie genießen die wunderbaren Berge und Ausblicke, und die Sonne prickelt auf der Haut. Überall blüht es, und die Welt strotzt vor Farben. Es ist ziemlich warm, und die Luft ist flirrend. Sie ziehen sich schon ihre dünne Überziehjacke aus und setzen den Sonnenhut auf den Kopf, damit Sie keinen Sonnenstich bekommen. Sie sind auf einem schmalen Alpenpfad und rechts und links von Ihnen blüht es: Ein wildes Alpenveilchen, echter Enzian, ganz viele davon, Margariten, Glockenblumen und viele Blumen und Kräuter, die Sie gar nicht kennen. Der Pfad geht immer leicht bergauf. Uff, bei dem Wetter ganz schön anstrengend. Bei der nächsten Wegbiegung ist ein kleiner Vorsprung, da machen Sie erst mal Rast und holen Ihren Eistee aus dem Rucksack. Super, die neue Kühlflasche hat den Tee richtig kalt gehalten. Sie trinken einen ordentlichen Schluck, dann geht's weiter. Der Weg führt stetig bergan, und Sie müssen sich jetzt schon ganz auf das Gehen und auf Ihre Kräfte konzentrieren. Und Sie denken: Wie lange muss ich noch laufen bis zu dem Rastplatz? Ob mein Trinken bis dahin reicht? Hoffentlich wird es nicht noch wärmer. Uff, es geht weiter – lange kann es jetzt nicht mehr sein. Vorn macht der Weg eine scharfe Biegung nach rechts. Man kann nicht sehen, wohin der Weg führt. Links sind die hohen Berge und viele Bäume. Jetzt sind Sie an der Biegung und hören ein Geräusch wie Tosen. Was ist das? Sind Autos hier? Nun sind Sie an der Wegbiegung und sehen, woher das Tosen kam. Rechts fällt von einer 50 m hohen Felswand ein Wasserfall herunter (Musik mit Wassergeräuschen anstellen). Die Sonne von links fällt darauf und alles glitzert im Sonnenlicht. Im Wasserfall ist ein Regenbogen mit allen Farben zu sehen. Sie genießen den Regenbogen und das Wasser. Zu Ihren Füßen sammelt sich das klare Wasser in einem Sammelbecken und Sie können davon etwas in Ihre Handschalen nehmen und sich erfrischen. Sie lassen das Wasser über Ihre Hände laufen, über die Arme, tun sich etwas in den Nacken und sagen ganz laut „Hah". Hier machen Sie Rast und nun geht es den Weg weiter abwärts zurück zur Herberge. Es war ein schöner Tag".

Pause

„Nun kommen bitte alle wieder an den Ort unseres Zusammenseins zurück. Dehnen und strecken Sie sich nochmals und sagen nochmals laut „Hah". Seien Sie erfrischt und erholt".

☑ Für schwerhörige Menschen sind Fantasiereisen irritierend oder langweilig, wenn sie nicht alles hören können. Deshalb darauf achten, dass schwerhörige Teilnehmer ihr Hörgerät tragen oder direkt neben dem Gruppenleiter sitzen.

Schunkeln im Kreis

Diese Übung eignet sich gut zum entspannenden Abschluss einer Runde, wenn die Gruppe sich ganz gut kennt, miteinander wohlfühlt und ein gutes Vertrauensverhältnis besteht.

Teilnehmerzahl: mindestens 6 Personen.

Material: Ruhige, stimmungsvolle Schunkelmusik, z. B. Biserka Bojarka oder Harimon von der CD „Sacred Dance" oder der Bändertanz von der Sitztanz-CD aus dem Fidula-Verlag.

Durchführung: Die Teilnehmer stehen im Kreis und legen die Arme und Hände jeweils auf den Rücken der linken und rechten Nachbarn. So entsteht ein Kreis, der sich hält. Im Takte der Musik wiegen sich die Teilnehmer sachte hin und her. Geeignet zum Ausklang einer Stunde.

Variante: Das Schunkeln kann auch im Stuhlkreis durchgeführt werden, dazu fassen sich alle an die Hände und wiegen sich im Takt der Musik.

Progressive Muskelentspannung nach Jakobsen

Diese Entspannungsübung ist als Selbsthilfeübung von dem schwedischen Arzt Edmund Jakobsen entwickelt worden. Er hat herausgefunden, dass durch Anspannung und Lösen der Muskeln eine Entspannung möglich ist. Geeignet für Personen, die sich leicht verkrampfen, anspannen oder unruhig sind: Im Liegen und Sitzen möglich.

Teilnehmerzahl: 1–14 Personen.

Material: Matten zum Liegen, ganz leise Entspannungsmusik im Hintergrund.

Durchführung: Die Teilnehmer schließen die Augen und kommen zur Ruhe. Auf gleichmäßige Atmung achten. Nacheinander werden die Muskelpartien jeweils 2 × angespannt, einige Sekunden in der Spannung gehalten und dann wieder gelöst (Entspannungsphase dauert ca. 2 Minuten).

Füße
- Zehen mit aller Kraft zur Fußsohle hinbiegen, Spannung halten, lösen
- Zehen in Richtung Fußrücken ziehen, Spannung halten, lösen

Beine
- Ferse (beim Sitzen die Fußsohle) kräftig auf die Unterlage drücken, Spannung halten, lösen
- Knie durchdrücken, Beine etwas von der Unterlage abheben, Spannung halten, lösen
- Knie durchdrücken, Waden gegen die Unterlage drücken, Spannung halten, lösen
- Im Sitzen: Oberschenkel gegen Sitzunterlage drücken, Spannung halten, lösen

Becken
- Gesäßmuskeln anspannen, Schließmuskel von Darm und Blase anspannen, Spannung halten, lösen

Bauch
- Bauch so weit wie möglich vorwölben, Spannung halten, lösen
- Bauch kräftig nach innen ziehen, Spannung halten, lösen

Schultern
- Schultern so weit wie möglich nach vorn ziehen, Spannung halten, lösen
- Schulterblätter nach oben ziehen, als ob man die Ohren erreichen will, Spannung halten, lösen

Arme
- Hände zu Fäusten ballen, zu den Oberarmen ziehen und kräftig anspannen, Spannung halten, lösen

Gesicht
- Augen fest zukneifen, Mund zu einem schmalen Strich zusammenkneifen, Mundwinkel Richtung Ohren, Spannung halten, lösen.

> ❗ Entstehen bei irgendeiner Anspannung Schmerzen, Anspannung sofort lösen. Wenn Schmerzen anhalten, Arzt benachrichtigen.

8.7.2 Atemunterstützung

Mit therapeutischen Atemübungen kann auch Entspannung herbeigeführt werden. Atemübungen greifen in das organische Funktionssystem ein und gehören deswegen nur in „Fachhände".

> ☑ Atemübungen sind therapeutische Übungen und sollten nur von geschulten Fachkräften (Atemtherapeuten, Physiotherapeuten, Entspannungstherapeuten) durchgeführt werden.

Übungsleiter der Seniorengymnastik sollten bei allen Übungen die Atmung der Teilnehmer beobachten und auf eine gleichmäßige und ruhige Atmung achten. Häufige Gefahr bei Dehnungs- und Kräftigungsübungen ist das „Luft anhalten". Bei zu großer Anstrengung, Stress und Angst hingegen wird die Atmung schneller.

> ❗ Durch das Anhalten der Atmung erhöht sich der Druck im Bauch- und im Brustraum. Auf diese Weise lässt sich die Kraft steigern, weil das Blut nicht aus der Muskulatur weichen kann. Diesen Effekt nutzen Gewichtheber, um „alles aus sich herauszuholen." Doch das Luftanhalten ist gefährlich, insbesondere für alte Menschen, denn in dieser Phase steigt der Blutdruck auf Spitzenwerte und kann zu Gefäßeinrissen führen.
>
> Ein einfacher Trick hilft, die Teilnehmer zum gleichmäßigen Weiteratmen anzuhalten: Sie sollen während der Übung reden, z. B. mitzählen (1–2–3–hoch) oder mitsprechen („Beine hoch und wieder runter"). Wer spricht, atmet automatisch weiter.

Hier einige leichte Atemübungen, die eine gleichmäßige, ruhige und tiefe Atmung und Entspannung fördern:

- **Verlängertes Ausatmen:** Einatmen, entspannen und langsam ausatmen, so dass die Ausatmungsphase länger dauert als die Einatmungsphase.
- **Wahrnehmung fördern:** Eine Hand auf die Brust legen, eine Hand auf den Bauch; tief ein-

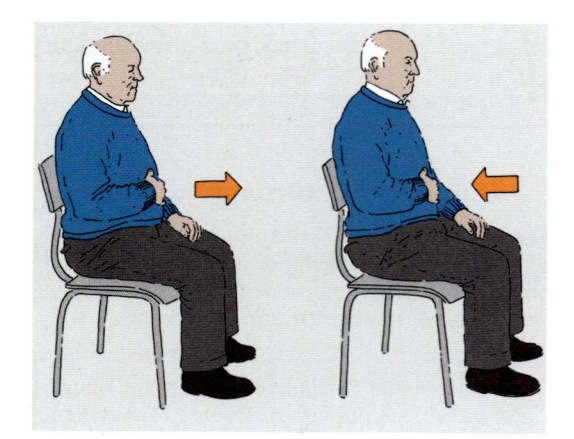

Abb. 8.23: Man kann sich die Bauchatmung mit Hilfe der eigenen, locker auf den Bauch gelegten Hände bewusst machen. [L119]

atmen und darauf achten, welche Hand weiter vom Körper wegbewegt wird. Das Ziel besteht darin, dass sich die auf dem Bauch liegende Hand mehr vom Körper weg bewegt (Bewusstwerden der Bauchatmung).

- **Bauchatmung:** Beide Hände auf den Bauch legen, tief einatmen und der Bauchdecke erlauben, sich auszudehnen (☞ Abb. 8.23).
- **Atmen mit einem Seufzer:** Entspannen, tief einatmen und mit einem hörbaren Seufzer (wie er gerade kommt) ausatmen.

8.8 Bewegungslieder

Bewegungslieder sind sehr beliebt und können auch gut als Einstieg, als Aufwärmübung oder als Abschluss einer Gymnastikstunde eingesetzt werden. Gemeinsames Singen ist bei alten Menschen ohnehin beliebt, da sie es aus alten Zeiten kennen, in denen es üblicher war als heute.

> **Bewegungslieder:** Nach bekannten Liedern, z. B. nach Liedern aus der Kindheit, nach Volksliedern oder nach Schlagern werden typische Bewegungen gemacht. Jede wichtige Aussage des Liedes erhält eine Geste. Neben der Bewegung werden Konzentrations- und Reaktionsvermögen trainiert.

Der Gruppenleiter singt das Lied langsam vor und führt die dazugehörigen Bewegungen für alle sichtbar aus. Das Lied dann gemeinsam singen und dazu bewegen. Wenn das Lied unbekannt ist, erst das Lied singen und lernen, in einem zweiten Schritt die Bewegungen hinzufügen.

Für die Gymnastik ist folgendes Lied wunderbar passend, gesungen wird nach der Melodie „Da droben auf dem Berge", bewegt wird sich nach Textanweisung des Liedes. Bei „Holladihia ..." wird geschunkelt.

> 🎵 **Gymnastiklied**
>
> 1. Wir sind noch recht faul und sitzen müde im Kreis,
>
>   doch mit der Gymnastik wird's uns dann schon heiß.
>
> Refrain (alle):
>
>   Nach vorne, nach hinten, nach links und nach rechts,
>
>   nach oben, nach unten, das ist gar nicht schlecht.
>
>   Holladihia, holladiho, holladihopsassa, holladiho.
>
> 2. Denn für uns'ren Kreislauf ist Gymnastik stets gut,
>
>   sie bringt uns in Schwung und schafft frisches Blut.
>
> Refrain (alle):
>
>   Nach vorne, nach hinten, nach links und nach rechts,
>
>   nach oben, nach unten, das ist gar nicht schlecht.
>
>   Holladihia, holladiho, holladihopsassa, holladiho.
>
> 3. Jetzt geht's uns schon besser und alle machen mit,
>
>   wir sind nicht mehr müde und fühlen uns fit.
>
> Refrain (alle):
>
>   Nach vorne, nach hinten, nach links und nach rechts,
>
>   nach oben, nach unten, das ist gar nicht schlecht.
>
>   Holladihia, holladiho, holladihopsassa, holladiho.

Ein weiteres beliebtes Lied ist „Hab Sonne im Herzen", das nach der Melodie „Der Mai ist gekommen" gesungen wird.

🎵 Bewegungslied „Hab Sonne im Herzen"

Hab Sonne im Herzen,	Vor dem Oberkörper eine runde Sonne mit den Armen malen und Hände auf das Herz kreuzen
ob's stürmt oder schneit,	Mit Armen und Händen schüttelnde Bewegungen vor dem Oberkörper andeuten
ob der Himmel voll Wolken,	Wolken in die Luft malen
die Erde voll Streit!	Die Arme wie zwei Säbel vor dem Körper kreuzen
Hab Sonne im Herzen,	Vor dem Oberkörper eine runde Sonne mit den Armen malen und Hände auf das Herz kreuzen
dann komme, was mag!	Handflächen vor dem Körper aneinander und Kopf nach rechts und links wiegen
Das leuchtet voll Licht dir	Arme mit Handflächen nach oben ausbreiten
den dunkelsten Tag!	Mit dem Oberkörper schunkeln

Weitere Lieder, die sich für Bewegungslieder eignen:
- Ein kleiner Matrose
- Das Wandern ist des Müllers Lust
- Es klappert die Mühle am rauschenden Bach
- Muss i denn, muss i denn zum Städtele hinaus.

8.9 Seniorentänze

Da das Tanzen eine ganz ursprüngliche Bewegungsform ist, sprechen Tanzangebote sehr viele Menschen an. Sie sind wichtiger Bestandteil der Bewegungsförderung im Alter.

> **Seniorentänze:** Alle auf die Bedürfnisse und das Können älterer Menschen abgestimmte Tanzformen, die aus einfachen Formen des Gesellschaftstanzes, aus Folkloretänzen, Tanzspielen, Bewegungsfiguren und Sitztänzen bestehen. Seniorentänze sind seit einigen Jahrzehnten sehr verbreitet und stellen so etwas wie eine eigene Tanzdisziplin dar.

Seniorentänze sind also nicht für spezielle Tanzgruppen gedacht, sondern bieten ganz allgemein gesellige Gemeinschaftstänze für alte Menschen an.

Das Anleiten von Seniorentanzstunden erfordert einige praktische Erfahrung, Freude am Tanzen und eine methodische Grundausbildung. Die Erfahrung zeigt, dass allein nach theoretischen Tanzbeschreibungen Tänze nicht angeleitet werden können. Eine Tanzlehrerweisheit besagt, dass jeder Tanz, der angeleitet werden soll, mindestens 3 × vom Anleiter selbst getanzt worden sein muss.

> ☑ Der Bundesverband Seniorentanz e.V. hat es sich zur Aufgabe gemacht, Seniorentänze zu entwickeln und Tanzleiter für Seniorentanz auszubilden.

Der Tanzanleiter
- kennt die von ihm angeleiteten Tänze und deren Schwierigkeitsgrade gut (sind ihm „in Fleisch und Blut" übergegangen)
- schätzt die Gruppe ein: Welche Tanzfähigkeiten bringen die Teilnehmer mit? Welche Tänze können der Gruppe zugetraut werden?
- achtet bei der Auswahl der Tänze auf einfache, sich wiederholende Tanzformen, die keine schnellen Drehungen, kein Hüpfen oder Springen erfordern. Besonders geeignet sind Tänze mit gleichberechtigten Partnern, z. B. Kreistänze, Polonaisen
- arbeitet sich während der Tanzstunde von Bekanntem zu Unbekanntem vor und vermittelt schwierige Tänze mit mehreren Schrittfolgen „portionsweise"
- gibt kurze und präzise Anweisungen, aber nicht zu viele Erklärungen
- gibt den Rhythmus vor
- tanzt 1–2 × die Schrittfolge „trocken" vor, bevor mit Musik geübt wird
- gibt Einsätze und Bewegungswechsel verbal an, tanzt selbst mit und achtet auf ein gleichmäßiges Tempo.

> ☑ Das Tempo der Musik sollte nicht zu schnell und den Bedürfnissen der alten Menschen angepasst sein. Es können Kassettenrecorder mit Geschwindigkeitsregelung eingesetzt werden. Eine andere Möglichkeit der Tempodrosselung ist es, die Anzahl der Bewegungen zu verringern.

8 Bewegung und Gymnastik

Abb. 8.24: Tanzen entspannt, bereitet Freude und verbindet mit der Gemeinschaft. [K157]

8.9.1 Tänze im Gehen

Im Folgenden einige leichte Tänze, die auch für Anfänger leicht erlernbar sind und keine große Tanzerfahrung erfordern.

Die Eberesche

Ein ganz leichter russischer Tanz (Uralskaya Ryabinushka) aus der Folklore, der als Pilger- oder Wegtanz getanzt wurde. Er ist für alle gehfähigen Teilnehmer geeignet, hat ein ruhiges Tempo und ist deshalb als Entspannungstanz zum Ausklang einer Stunde oder als ruhiger Besinnungstanz zum Einschwingen einer Stunde einsetzbar. Der Tanz kann auch an einem Besinnungsnachmittag oder zu einer anderen ähnlichen Themeneinheit eingesetzt werden.

Musik aus: Kreis- und Reigentänze der Völker 2, Dieter Balsies Versand und Verlag, Kiel.

Tanzschritte
- Ausgangsaufstellung: Der Kreis, in Handhaltung verbindend, die rechte Hand nimmt, die linke Hand gibt (V-Haltung)
- Es wird in Tanzrichtung im Tanzkreis nach rechts getanzt
- Rechts vor, links vor, rechts vor und leicht mit dem Oberkörper wiegen, indem der linke Fuß zurück geht
- Wiederholung
- Mit dieser Schrittfolge tanzen und nach einer Weile den rechten Nachbarn loslassen und in einer Schlange durch den Raum ziehen
- Die Schlange wieder zum Kreis führen und eine Spirale tanzen
- Wenn es in der Spirale in der Mitte eng wird, eine 180-Grad-Wende machen und die Spirale wieder nach außen führen und wieder zum Kreis zusammenkommen
- Wenn zu schwierig, Spirale weglassen und einfach in Schlangenlinien durch den Raum bewegen
- Je nach Tanzkreisgröße die Musik 2 × spielen lassen.

Ulmentanz

Der Ulmentanz ist ein lettischer Folkloretanz von der Tanzleiterin Anastasia Geng. Es ist ein ruhiger und einfacher Kreistanz, der die Tanzenden unterstützen soll, sich auf das Wesentliche zu konzentrieren und neue Kräfte zu schöpfen. Es ist ein beliebter Tanz zu Ehren der Ulmen, die vom Aussterben bedroht sind.

Musik: Musikkassette „Schlüsselblume" von Anastasia Geng, Dieter Balsies Versand und Verlag, Kiel.

Tanzschritte
- Ausgangsaufstellung: Der Kreis, in Handhaltung verbindend: Die rechte Hand nimmt, die linke Hand gibt (V-Haltung)

- Jeder Teilnehmer wiegt sich in ganz kleinen Hüftkreisen im Takte der Musik im Uhrzeigersinn um sich selbst
- Dann 4 kleine Schritte rückwärts (nach links auf der Kreislinie), 4 × wiegen
- 4 Schritte vorwärts (nach rechts auf der Kreislinie), 4 × wiegen
- 4 Schritte zur Mitte, 4 × wiegen
- 4 Schritte zurück, 4 × wiegen
- Immer mit dem rechten Fuß beginnend
- Wiederholung.

> Bei Kreis- oder Sitztänzen ist es schön, eine Mitte zu gestalten. In der Mitte können ein jahreszeitlicher Blumenstrauß, ein Tuch mit jahreszeitlicher Gestaltung, eine Schale mit Naturelementen etc. stehen. Die Konzentration der Mitte steht symbolisch für das Zentrale und die Mitte in jedem Menschen selbst und unterstützt als Kraftquelle.

Der Gang zum Meer

Ein leichter, unbeschwerter Tanz mit leichter Schrittfolge. Er kann im Kreis oder im halboffenen Kreis getanzt werden. Der Tanz ist sofort erlernbar und mitmachbar. Von Gisela Mötzing nach griechischer Musik.

Musik: CD: Sto perigali, Mikes Theodorakis: The Troubadour from Greece.

CD: Zusammenleben. Die schönsten Sirtakis von Griechenland von Theodorakis, Hadjidakis / Xarchakos.

Tanzschritte
- Ausgangsaufstellung: Kreis oder Halbkreis, in Handhaltung verbindend (V-Haltung)
- Tanzeinsatz mit Singbeginn
- 4 Schritte nach rechts in Tanzrichtung, mit links beginnend (links, rechts, links, rechts); Körper mit in Tanzrichtung nehmen
- Linker Fuß kreuzt vorn den rechten Fuß, dann kreuzt er nach hinten, Körper dabei etwas zur Kreismitte nehmen
- Wiederholung
- Dann mit linkem Fuß ganz leicht stampfen und wieder mit links entschieden weiter gehen
- Wiederholung.

Tiene

Ein beschwingter und lebendiger Paartanz (Aya Po Logu), der auf der Kreislinie getanzt wird. Ein Tanz nach Bernhard von Wosien, der ihn ursprünglich als Wiesentanz bezeichnet hat. Der Tanz ist als Paartanz ein Begegnungstanz und leicht zu lernen, erfordert durch das Tempo der Musik aber etwas Tanzerfahrung. Die Musik ist ein folkloristisches Lied im russischen Dialekt. Getanzt wird in Mann-Frau-Aufteilung, die Männerrolle kann aber auch von Frauen übernommen werden. Teilnehmer mit 1 und 2 abzählen lassen: diejenigen mit Nr. 1 übernehmen die Männerrolle und stehen rechts, die mit Nr. 2 sind Frauen und stehen links.

Musik: Musikkassette „More Beginners Dances", Tape 2, Dieter Balsies Versand und Verlag, Kiel.

Tanzschritte
- Aufstellung in Kreisform, V-Haltung der Hände, Männer stehen rechts, Frauen stehen links
- Tanzeinsatz beim Singbeginn
- Männer bleiben am Platz stehen, Frauen bewegen sich mit jeweils 8 Schritten zum nächsten männlichen Partner
- Mit 8 kleinen Schritten tanzt die Frau einen Halbkreis vor dem Mann und landet dann mit dem 8. Schritt neben dem nächsten Partner:
  – 1. Schritt rechts
  – 2. Schritt links
  – 3. Schritt rechts
  – Schritt links hinter rechten Fuß aufsetzen; 2 × Wiederholung
  – Beim 4. Schritt (auf halbem Weg) der Frau stehen Mann und Frau sich gegenüber und schauen sich freundlich in die Augen und halten sich einen Moment an den Händen, dann geht es für die Frau mit dem 5. Schritt weiter
  – Der Mann bleibt am Platz stehen und schaut mit Kopf in Richtung der ankommenden Frau nach links, streckt ihr die Arme und Hände entgegen, heißt sie willkommen und verabschiedet sie in Tanzrichtung nach rechts wieder, indem die Hände losgelassen werden und ihr kurz nachgeblickt wird, dann kommt von links schon wieder eine neue Partnerin.

Navidadau

Ein Lichtertanz zu Weihnachten. Ein Tanz unbekannter Herkunft zu einem Weihnachtslied aus

Bolivien. Der Kreistanz wird zur Ehre von Jesus Christus, der Freude über die Geburt Jesus und der damit verbundenen Hoffnung für die Menschen getanzt. In der rechten Hand wird eine kleine Glasschale mit einem brennenden Teelicht gehalten. Ein sehr berührender Tanz.

Musik von der CD „Weihnachtslieder aus Lateinamerika" von Olivia Molina.

Tanzschritte
- Aufstellung in Kreisform
- Linke Hand liegt auf der rechten Schulter der Nachbarn
- Rechte Hand mit Teelicht vor dem Herz
- Tanzrichtung ist nach links
- Tanzbeginn nach dem Vorspiel
- Linker Fuß nach links, rechter Fuß ran
- Linker Fuß nach links, rechter Fuß ran
- Etwas innehalten
- Füße tippen Kreuz
    - Rechts Tipp zur Mitte, Rechts Tipp nach Rechts, Rechts Tipp nach hinten, Rechts ran
    - Links Tipp zur Mitte, Links Tipp nach links, Links Tipp nach hinten, Links ran
- Wiederholung.

8.9.2 Sitztänze

In stationären und teilstationären Pflegeeinrichtungen nimmt die Hilfe- und Pflegebedürftigkeit beständig zu, so dass Seniorentänze im Gehen immer weniger angeboten werden können. Jedoch erfreuen sich die Sitztänze immer größerer Beliebtheit. Von den Tanzleitern des Bundesverbandes Seniorentanz sind sehr viele schöne und interessante Sitztänze entwickelt worden.

> ☑ Auch für den Sitztanz gilt, dass die Bewegungen nach Musik wie von selbst ausgeführt und nicht als anstrengend empfunden werden soll. Die Musik „trägt".

Sirtaki im Sitzen

Ein Sirtaki (griechischer Volkstanz) im Sitzen ist ein beliebter, leicht erlernbarer Tanz, der auch auf einem Stuhl sitzend getanzt werden kann. Der Tanz ist von Frau Hilda-Maria Lander.

Musik: CD „Zorba`s Dance, Trio Hlrique, Paradiso Record" oder CD „Zorba. Die schönsten Sirtakis aus Griechenland von Theodorakis, Hadjidakis / Xarchakos".

Tanzbewegungen
- Auf 4 Takte hin und her wiegen (Fantasie: Wind)
- Auf 4 Takte mit dem rechten Arm wellige Bewegungen von unten nach oben machen (Fantasie: Wir imitieren die Wasserwellen)
- Auf 4 Takte mit dem linken Arm Wasserwellen von links nach rechts
- Auf vier Takte: Rechte Hand vor, linke Hand vor, beide Hände nach unten (Fantasie: Sprung ins Wasser)
- Wie die letzten Takte, nur Hände zurücknehmen (Fantasie: Vom Wasser zurück)
- Wiederholung so lange, bis der schnelle Teil kommt
- Schnelle Teil: Grundstruktur schnell tanzen oder Tücher schwenken.

Rheinländer im Sitzen

Leichter Tanz im 2/4-Takt. Ein Tanz von Ilse Spieß vom Bundesverband Seniorentanz. Sitz-Aufstellung paarweise nebeneinander.

Musik: Rheinländer, CD 39508: Tänze im Sitzen 2, Bundesverband Seniorentanz, Versand, Bremen.

Tanzbewegungen
- Auf den 1. Takt Hände in die Hüften stemmen und zum Partner drehen
- Auf den 2. Takt wie oben zum Nebenpartner drehen
- Auf 3. Takt rechten Arm anwinkeln, rechter Daumen zeigt nach rechts, dabei linke Hand unter rechten Ellenbogen legen

Abb. 8.25: Auch im Sitzen kann Tanzen Spaß machen. [K157]

- Takt 4 wie Takt 3, gegengleich
- Takt 5–8 wie Takt 1–4
- Takt 9: Arm zum Partner hin wie einen Halbbogen hochheben und durchschauen
- Takt 10 wie Takt 9, zum Nebenpartner gewandt
- Bei Takt 11 wird 3 × leicht mit den Füßen gestampft (rechts, links, rechts)
- Bei Takt 12 wird 3 × in die Hände geklatscht (kurz, lang, kurz)
- Takt 13–16 wie Takt 9–12.

Tzadik Katamar im Sitzen

Tzadik Katamar ist ein bewegter Tanz aus der israelischen Folklore. Als Sitztanz kann er mit einfachen Bewegungen getanzt werden.

Musik: Tzadik Katamar, CD „Sacred Dance", Dieter Balsies Verlag und Versand, Kiel. Oder: CD 4497, Tänze im Sitzen 1, Bundesverband Seniorentanz, Versand, Bremen.

Tanzbewegungen
- Ausgangsaufstellung: Sitzkreis, wobei die Stühle dicht nebeneinander stehen
- 8 × Gehschritte auf der Stelle im Sitzen
- 8 × in die eigenen Hände klatschen
- 2 × auf den linken Oberschenkel des rechten Nachbarn tippen
- 2 × in die eigenen Hände klatschen
- 2 × auf den rechten Oberschenkel des linken Nachbarn tippen
- auf 8 Takte Arme hoch und über dem Kopf schwenken (Hände parallel nebeneinander)
- Wiederholung.

Walzerkreis

Ein mittelschwerer Sitztanz nach Walzermusik. Der Tanz ist von Sofia Meißner vom Bundesverband Seniorentanz.

Musik: CD 39508, Tänze im Sitzen 2, Bundesverband Seniorentanz, Versand, Bremen.

Tanzbewegungen
- Ausgangsaufstellung: Im Sitzkreis und Hände durchgefasst
- Auf 1. Takt Arme vorschwingen
- Auf 2. Takt Arme zurückschwingen
- Auf Takt 3 und 4 Füße im Rhythmus stampfen

- Takt 5–16 wie Takt 1–4 (3 × wiederholen)
- Dann Hände lösen
- Bei Takt 17–18 Hände in Kopfhöhe, Handflächen nach vorne, 2 × die Hände nach rechts kreisen
- Bei Takt 19–20 2 × die Hände nach links kreisen
- Takt 21–24: Wie Takt 17–20
- Takt 25–26: Handflächen aneinandergelegt, Arme im flachen Bogen nach rechts schwingen, nachfedern
- Takt 27–28: Wie Takt 25–26, gegengleich
- Takt 29–30: Hände auf die Knie legen, ausruhen.
- Hände durchfassen.

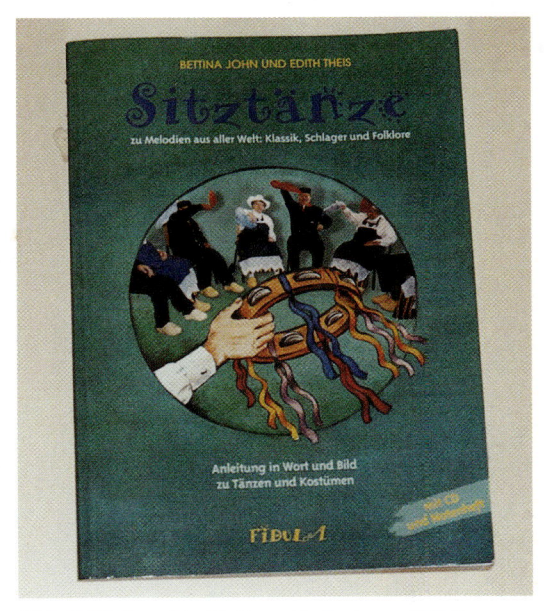

Abb. 8.26: Erprobte Sitztänze für Senioren. [E264]

> ☑ Der Bundesverband Seniorentanz hat viele Tänze im Gehen und Sitzen entwickelt und zusammengetragen. Die Tänze können mit Anleitungsheft und CD bestellt werden:
>
> Bundesverband Seniorentanz e.V.
> Insterburger Str. 25
> 28207 Bremen
> Tel.: 0421/441180
> www.seniorentanz.de

Ich lobe den Tanz

Ich lobe den Tanz,
denn er befreit den Menschen von der Schwere der Dinge,
verbindet den einzelnen zur Gemeinschaft.

Ich lobe den Tanz,
denn er fordert und fördert:
Gesundheit und klaren Geist
Und eine beschwingte Seele.

Tanz ist Verwandlung des Raumes,
der Zeit, des Menschen,
der dauernd in Gefahr ist zu zerfallen,
ganz Hirn, Wille oder Gefühl zu werden.

Der Tanz dagegen fordert den ganzen Menschen,
der in seiner Mitte verankert ist,
der nicht besessen ist von der Begehrlichkeit
nach Menschen und Dingen
und von der Dämonie der Verlassenheit
im eigenen Ich.
Der Tanz fordert den befreiten,
den schwingenden Menschen
im Gleichgewicht der Kräfte.

Ich lobe den Tanz.
Oh Mensch, lerne tanzen,
sonst wissen die Engel im Himmel
mit Dir nichts anzufangen.

(St. Augustinus, 4. Jahrhundert)

9 Spiele

9.1 Warum, für wen, wie – das Management . 190
    9.1.1   Bedeutung von Spielen 190
    9.1.2   Ziele von Spielen 190
    9.1.3   Zielgruppen 191
    9.1.4   Settings für Spiele 192
    9.1.5   Grundsätze beim Spielen 192
    9.1.6   Planung und Organisation einer Spielstunde 193

9.2 Verschiedene Spiele 194
    9.2.1   Kennenlernspiele 194
    9.2.2   Gesellschafts- und Unterhaltungsspiele . 198
    9.2.3   Bewegungsspiele 204
    9.2.4   Gedächtnis- und Ratespiele 207

9.3 Vorgefertigte und selbstentworfene Spiele. 209

9 Spiele

9.1 Warum, für wen, wie – das Management

> **Spielen:** Tätigkeit, die mit Lust und Freude ausgeübt wird, sich zwischen Spannung und Entspannung bewegt und keinen unmittelbaren Zweck erfüllt. Von Erwachsenen werden Spiele deswegen oft als Gegensatz zur Arbeit, Pflicht, Mühsal und Zwang empfunden.

Spiele sind in der Altenarbeit unverzichtbar, um Körper, Geist und Seele gleichermaßen zu aktivieren. Sie setzen auf natürliche, entspannte und nicht leistungsorientierte Art und Weise Ressourcen und Kräfte frei und besitzen einen hohen pädagogischen und therapeutischen Wert. Verbunden mit Spaß und Fröhlichkeit sind sie ein bedeutender Beitrag zur Verbesserung der Lebensqualität. Spielen ist keineswegs „Kinderkram", sondern drückt Lebenskraft, Lebendigkeit und Menschsein aus. Das Bedürfnis zu spielen bleibt bis ins hohe Alter bestehen und hält lebendig.

Abb. 9.1: „Mensch ärgere dich nicht" als Magnetspiel mit großen Figuren. [K157]

> ☑ Das Spiel ist eine Quelle der Kraft. Wer nicht mehr spielen kann, hat ausgespielt. (Unbekannte Quelle)

9.1.1 Bedeutung von Spielen

Spiele gab es schon zu allen Zeiten und in jeder Kultur. Sie fördern die Kommunikation und das gesellschaftliche Leben.

Für **Kinder** ist das Spiel eine Form der Entwicklung, durch das es die Welt kennen und begreifen lernt. Das Kind bildet durch das Spiel seine kognitiven und sozialen Fähigkeiten aus. Zuerst spielt es allein, später in der Gruppe.

Auch für **Erwachsene** hat Spielen eine weitreichende **Bedeutung:**
- Einerseits unterstützt das Spiel die Entwicklung bestimmter Fähigkeiten wie strategisches Denken, Toleranz und Teamarbeit.
- Nach der psychoanalytischen Theorie dient das Spiel andererseits als Ventil, um Gefühle, Spannungen und Impulse zu entladen.

Beide Bedeutungen können in der Altenhilfe nutzbar gemacht werden. Das Spiel in der Altenhilfe kann Fähigkeiten erhalten bzw. verbessern und zur Entspannung und zum Ausgleich beitragen. Es bietet Gelegenheit, sich mit Gleichgesinnten zu treffen, sich kennen zu lernen und miteinander ins Gespräch zu kommen. Oft macht es einfach Spaß, miteinander und nicht gegeneinander zu spielen. Die Erfahrung des helfenden Miteinanders ist wichtiger als die Erfahrung der Konkurrenz.

> ☑ Das Spiel ist zweckfrei und wird deswegen zumeist als spontaner Ausdruck von Lebensfreude erlebt. Lachen und Spaß haben sind zentrale Elemente des Spiels. In der Altenhilfe ist jede Förderung von Lebensfreude ein Beitrag zur Verbesserung der Lebensqualität und somit wichtiger Bestandteil von Geragogik.

Spielen ist eine Tätigkeit, die bis ins hohe Alter ausgeführt werden kann. Die so genannten Gesellschaftsspiele erlebten in den 60er Jahren einen Höhepunkt, so dass die heute alten Menschen bestens mit diesen Spielen vertraut sind und dem Spiel in der Regel offen gegenüberstehen. Viele Spiele können bei Einschränkungen entsprechend angepasst werden. So gibt es inzwischen ein breites Angebot an Behinderten- und Seniorenspielen, das auf die Bedürfnisse alter Menschen mit gesundheitlichen Einschränkungen abgestimmt ist (☞ Abb. 9.1).

9.1.2 Ziele von Spielen

Je nach Art des Spiels können unterschiedliche **Ziele** erreicht werden:
- Freude und Spaß haben
- Neue Kontakte knüpfen, Geselligkeit erleben und Kommunikation fördern
- Sozialverhalten erhalten und verbessern

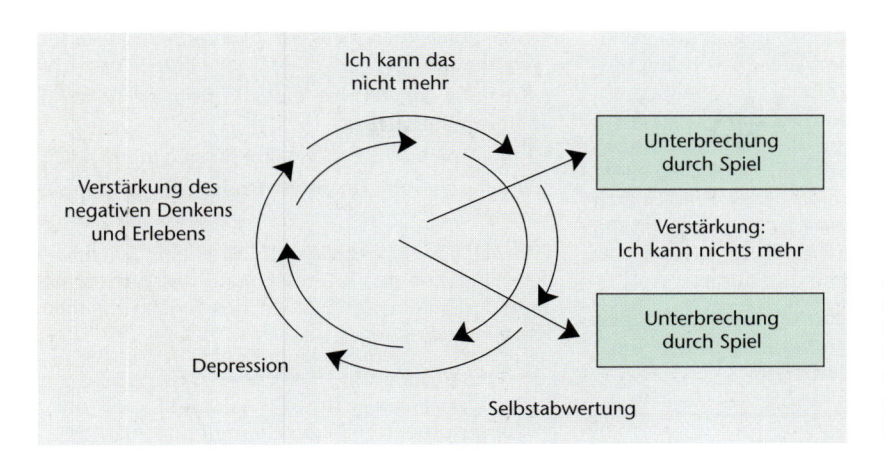

Abb. 9.2: Circulus vitiosus: Negatives Denken und Erleben wird zu einem Teufelskreis. Das Spiel kann diesen Teufelskreis unterbrechen. [M283]

- Ein Miteinander und Gemeinschaft ohne Konkurrenz erleben
- Gedächtnis und anderen Hirnleistungen wie logisches Denken, Kreativität, Gedächtnis und kognitives Wissen trainieren
- Entspannung fördern und Ängste abbauen
- Selbstvertrauen und Selbstwert stärken („Ich kann noch etwas") und Selbstentfaltung fördern
- Von Kummer, Sorgen und Belastungen ablenken.

Spiele helfen, sozial-, alters-, gesundheitlich- und bildungsbedingte Schranken zu überwinden. Durch Einhaltung der Spielregeln wird ein Rahmen der Gleichberechtigung geschaffen. Auch sonst weniger integrierte, zurückgezogene oder isolierte Menschen haben im Spiel die Chance, sich als gleichwertig zu erleben. Das kann das Selbstvertrauen und den Selbstwert stärken.

Das Wir-Gefühl und das Gefühl „Ich gehöre dazu" werden gestärkt. Spieler mit unterschiedlichen Stärken und Schwächen können sich ergänzen und unterstützen. Allein das Würfeln bei einem Spiel, das Weiterreichen zum Nachbarn, das Aufheben und Anstupsen bietet viele Möglichkeiten der Kommunikation und der sozialen Unterstützung.

> Alte Menschen sind oft auf ihre Defizite konzentriert. Ihre Gedanken drehen sich um das, was sie nicht mehr können. Es entsteht ein **Teufelskreis** *(Circulus vitiosus)* mit einer durchgehend negativen Sichtweise, der nicht mehr aus eigener Kraft durchbrochen werden kann. Geeignete Spiele können es schaffen, den Teufelskreis zu unterbrechen und ein positives Erleben herbeizuführen (☞ Abb. 9.2).

Das Spiel hat auch immer **therapeutischen Wert**. Es trainiert Kommunikations- und Sprachverhalten, Sozialverhalten und Beziehungsfähigkeit (☞ Abb. 9.3). Als Ventil für alle möglichen Gefühle können Ärger, Unmut und Missgunst wertungsfrei geäußert werden. Diese „negativen" Gefühle, die sonst vom Umfeld eher als unerwünscht zurückgewiesen werden, haben im Spiel ihren berechtigten Platz. Auch Neckereien, Liebeleien und Flirten werden im spielerischen Rahmen eher akzeptiert und anerkannt. So dient das Spiel ganz allgemein als **Medium für den Ausdruck von Gefühlen**.

9.1.3 Zielgruppen

In der Regel spielen alle alten Menschen gern, egal, welcher Zielgruppe (junge Alte, Alte, Hochbetagte) man sie ansonsten zuordnen kann. Nur wenige empfinden das Spielen als „etwas für Kinder" oder „als verlorene Zeit".

Abb. 9.3: Spielen verbindet auch Familienmitglieder und macht die Familie nach außen stark. [K157]

Welche Spiele für welche Personengruppen geeignet sind, hängt weniger vom Alter als von den Einschränkungen und Ressourcen der Spieler ab. Spiele müssen daher immer auf die Fähigkeiten, auf das Leistungsniveau und die Einschränkungen der Spieler abgestimmt werden. Da Fähigkeiten, Ressourcen, Interessen und Einschränkungen sehr individuell sind, muss eine Gruppenleitung die Spiele auch sehr individuell für eine Person oder eine Gruppe aussuchen und anbieten.

Die im Folgenden aufgeführten Spielaktivitäten sind vorrangig auf die Erfordernisse und Bedürfnisse der Altenpflege ausgerichtet.

> Für **Demenzerkrankte** (☞ 5.1.2) bieten sich Spiele an, die
> - bereits im Langzeitgedächtnis verankert sind, z. B. „Mensch ärgere dich nicht"
> - nach ganz einfachen Regeln funktionieren und
> - keine großen Anforderungen an die Hirnleistung stellen.

> Bei Spielangeboten in der Altenpflege immer die Biografie der alten Menschen einbeziehen, um eine höhere Akzeptanz zu erreichen, die sich in einer besseren Beteiligung am Spiel niederschlägt:
> - Bekannte Spiele aussuchen
> - Spiele mit Themen anbieten, die für alte Menschen interessant sind
> - Wunschspiele der Spielteilnehmer berücksichtigen.

9.1.4 Settings für Spiele

- Es gibt sehr viele **Arten von Spielen.** Spiele lassen sich nach dem **Inhalt** einteilen in
- Gesellschaftsspiele
- Kartenspiele
- Kennenernspiele.

Auch nach **Form und Struktur** lassen sich Spiele einteilen. Interessant für die Altenarbeit sind folgende **Settings:**
- Gruppenspiele als die wichtigste Spielform
- Partnerspiele für zwei Personen, meistens mit Wettkampfcharakter

- Gruppengegnerspiele mit 2 Gruppengegnern im Wettkampf
- Einzelne Spieler vor einer Gruppe, z. B. beim Pantomimespiel
- Einzelspiele, bei denen jeder für sich allein spielt
- Kreisspiele, die im Stehen oder Sitzen gespielt werden.

Für welches Setting sich ein Spielleiter entscheidet, hängt von den Interessen und Ressourcen der Teilnehmer, der Zielsetzung des Spiels und den Rahmenbedingungen ab.

> ✓ Der Favorit für die Altenhilfe ist die **Kleingruppe,** weil in der Kleingruppe individuelle Ressourcen am besten unterstützt und gefördert werden können und weil sich in kleinen Gruppen viele Ziele auf einmal erreichen lassen.
>
> Als Kleingruppe werden Gruppen mit 3–4 Teilnehmern (besonders günstig z. B. für demenzkranke Spieler) oder auch mit bis zu 10 Teilnehmern bezeichnet

9.1.5 Grundsätze beim Spielen

Eine Spielleitung berücksichtigt immer **allgemeingültige Grundsätze** bei jeder Spieleinheit:
- **Spaß und Freude haben:** Alle Teilnehmer sollen Freude am Spiel haben, keiner darf gezwungen werden. Damit der „Spielfunke" überspringt, sollte der Spielleiter selbst mit Begeisterung dabei sein.
- **Gleichgewicht von Spannung und Entspannung:** Spiel bedeutet immer auch Spannung, gerade wenn es um Wissen und Wettkampf geht, darum immer auch für Entspannung in Form von Lachen, Bewegung und Ablenkung sorgen.
- **Zeitplanung eines Spiels:** Die Spieldauer wird auf die Leistungsfähigkeit der jeweiligen Gruppe abgestimmt. Ein Spiel sollte nicht so lange dauern, dass es ermüdet, aber auch nicht aus Zeitmangel vorzeitig abgebrochen werden.
- **Abwechselung bei den Spielen:** Häufig sich wiederholende Spiele werden langweilig und ermüden, daher Wünsche der Teilnehmer erfragen. Rückmeldungen von den Spielteilnehmern einfordern, entgegennehmen und umsetzen.
- **Konkurrenz vermeiden,** stattdessen eher Hilfsbereitschaft und Miteinander unterstützen.

- **Loben:** Nicht nur bei Gewinnen loben, sondern das Lob auch für Ideen, soziales Verhalten, für Witz und Humor aussprechen.
- **Beachtung der Spielregeln:** Am Anfang einer Spieleinheit werden die Regeln des Spiels in einfachen, leicht verständlichen Sätzen erläutert. Fragen ermöglichen. Spielregeln werden als ein Rahmen von Sicherheit erlebt und müssen unbedingt eingehalten werden.
- **Motivation und Animation:** Da für viele das Spiel mit Gewinnen und Verlieren zu tun hat und viele Personen aufgrund ihrer Einschränkungen Angst vor einer „Blamage" haben, ist eine kontinuierliche Motivation und Animation notwendig. Form und Stil sind von der Persönlichkeit der Spielleitung abhängig. Es ist wichtig, dass der Spielleiter selbst gern spielt, denn ein „Spielmuffel" kann die alten Menschen kaum zum Spiel motivieren.
- **Biografieorientierung:** Für die Motivation und Zufriedenheit ist es in der Altenhilfe unerlässlich, die Biografie des alten Menschen zu kennen und zu berücksichtigen. Eine Landfrau, die immer viel gearbeitet hat und keine Zeit für „Freizeitspiele" hatte, wird schwer für einen amüsanten Spielnachmittag zu gewinnen sein. Vielleicht macht sie aber in einer Backgruppe oder bei Bewegungs- und Gedächtnisspielen mit, bei denen sie sich „anstrengen und arbeiten" muss.

9.1.6 Planung und Organisation einer Spielstunde

Spielstunden und -runden finden in unterschiedlichen Einrichtungen der Altenhilfe statt. Ob ein zweiwöchentlicher Spielnachmittag im Stadtteilzentrum, ein wöchentlicher Nachmittag mit Gesellschaftsspielen in der Kirchengemeinde, eine Spielrunde im Altenheim oder einer Tagespflege, in jedem Fall muss die Spieleinheit gut vorbereitet und auf die Teilnehmer abgestimmt werden. Eine Spielleitung sollte wissen, welche Teilnehmer zu erwarten sind und wie sie die Gestaltung auf die Zielgruppe ausrichten kann. Folgend ein Planungsentwurf für einen Spielnachmittag eines Altenzentrums.

10-W-Fragen

1. Wer: Durchführung des Spielnachmittags durch Sozialpädagogen der Einrichtung, die für Aktivitäten und Beschäftigung der Bewohner verantwortlich ist. Heute ist ein Schüler assistierend dabei.

2. Wann: Der Spielnachmittag findet an einem festen Wochentag an einem Nachmittag statt. Inzwischen gehört es zum Ritual der Einrichtung, dass Mittwochnachmittag Spielnachmittag ist. In Absprache mit den anderen Funktionsbereichen des Hauses und vor allen Dingen auf den Ablauf der Pflege abgestimmt, findet die Spielstunde nach dem Kaffeetrinken von 15.15–16.30 Uhr statt. Es zeigt sich, dass für die Zielgruppe Bewohner von Altenpflegeeinrichtung 1¼ Stunde ausreichend sind, mehr Zeit überfordert Konzentrations- und Leistungsfähigkeit. Bekanntgabe des Termins durch Aushang und Mitteilung an Mitarbeiter und Bewohner. Die meisten kennen den Termin bereits.

3. Was: Die Bewohner möchten gern bekannte Spiele spielen, Erfolge haben, gemeinsam spielen, Abwechselung erleben, Herausforderungen annehmen, Anregungen erhalten und sich gut unterhalten. Es gibt immer viele Bedürfnisse auf einmal, deswegen werden die Spiele wöchentlich gewechselt und in einem regelmäßigen Abstand wiederholt. Heute wird Bingo angeboten (☞ 9.2.2), ein bei allen Teilnehmern beliebtes Gewinn- und Unterhaltungsspiel (☞ Abb. 9.8). Bingo eignet sich für diesen Rahmen sehr gut, weil Personen mit unterschiedlichen kognitiven Fähigkeiten – auch leicht Verwirrte – sich beteiligen können und die Teilnehmerzahl nicht festgelegt ist. Je mehr Personen mitspielen, desto spannender wird der Spielnachmittag.

4. Mit wem: Die Spielgruppe ist eine offene Gruppe (☞ 4.2.3). Es werden ca. 10 Personen erwartet. Die meisten Teilnehmer kennen sich von anderen Spielstunden, es besteht ein fester Kern, der miteinander vertraut ist. Eine neu eingezogene Bewohnerin ist persönlich von der Spielleitung eingeladen worden und nimmt das erste Mal mit ihrer Tochter teil. Die Spielleitung kennt die Teilnehmer und weist auf die Bedeutung des Tragens der Hörgeräte und Mitbringen von Lesebrillen hin.

5. Wo: Der Spielnachmittag findet im Gemeinschaftsraum des Wohnbereiches im Erdgeschoss statt. Den meisten Teilnehmern ist der Raum bekannt; einige werden vom Sozialpädagogen und dem Schüler abgeholt. Der Raum für den Spielnachmittag strahlt eine gemütliche Atmosphäre aus und ist lebensweltnah gestaltet. Für das Bingospiel ist eine Sitzordnung an einem langen großen Tisch notwendig, so dass alle die Spielleitung und die anderen Spielteilnehmer sehen können. Tische und Stühle sind seniorengerecht. Der Raum wird vorher von der Spielleitung vorbereitet: Tische werden zur Reihe aneinandergerückt, das Spiel platziert, Bingokarten und Filz-Stifte, Getränke und Gläser zurechtgelegt.

6. Wie: Die Spielstunde beginnt mit einer Begrüßung und einem Alltagsgespräch „Wie war der Vormittag heute im Haus? Wer hat die Handwerker gehört?" Es werden Getränke angeboten. Weil heute zwei neue Teilnehmer dabei sind, schlägt die Spielleitung eine kleine Namensrunde vor, denn dies ist ein Ritual für Gruppen, wenn Besucher das erste Mal dabei sind: Jeder stellt sich mit Nachnamen vor, nennt evtl. seinen früheren Wohnort und sagt, wie lange er schon hier wohnt. Danach werden die Regeln des Bingospiels vorgestellt. Geplant ist eine erste Hauptrunde: Bingo sind 10 Richtige von den 15 Zahlen der Bingokarte. Wer Bingo hat, erhält einen Gewinn. Nach einer Trink- und Gesprächspause mit einem Gespräch über Glück, Gewinnen und Verlieren und Pech im Leben, geht es weiter mit einer zweiten kleinen Bingorunde: Bingo sind 3 Richtige, die senkrecht, waagerecht oder diagonal ohne Lücke zueinander stehen müssen. Für den zweiten Bingogewinner gibt es einen Trostpreis.

7. Womit: Gespielt wird mit einem Seniorenbingospiel (Spieltrommel und Spielbrett für die gezogenen Kugeln), das die Einrichtung für die psychosoziale Betreuung angeschafft hat (☞ Abb. 9.8). Als Gewinn gibt es einen kleinen Obstkorb und als Trostpreis ein kleines Fläschchen trockenen Sekt (auch für Diabetiker geeignet). Die Bingokarten mit den Zahlen sind auf DIN-A5-Blätter vergrößert, weil einige Teilnehmer trotz Brille seheingeschränkt sind, für eine Teilnehmerin liegt eine Griffverstärkung für den Stift bereit, damit sie diesen besser fassen kann. Als Stifte eignen sich gut dunkle Filzstifte.

8. Warum: Bingo ist spannend, unterhaltsam, fördert eine gelöste Spielatmosphäre und macht Spaß. Es ist ein Spiel für eine größere Spielgruppe und fördert Akzeptanz und Hilfsbereitschaft, denn einige Teilnehmer unterstützen sich gegenseitig bei der Zahlensuche. Es fördert die soziale Integration und Kommunikation.

9. Wozu: Bingo gehört zum Standardangebot der sozialen Betreuung der stationären Altenpflegeeinrichtung.

10. Wie war es: Anschließende Nachbereitung der Spielstunde, evtl. schriftliches Protokoll anlegen, Dokumentation auf dem Dokumentationsblatt der Pflegedokumentation.

9.2 Verschiedene Spiele

Ein Spielleiter in der Altenhilfe sollte mit einem möglichst breiten Repertoire an Spielen vertraut sein, um auf die unterschiedlichen Gruppen, Bedürfnisse und Zielsetzungen eingehen zu können. Die verschiedenen Arten von Spielen lassen sich in unterschiedliche Gruppen einteilen.

9.2.1 Kennenlernspiele

Kennenlernspiele dienen dem Kennenlernen und Kontakt finden der Teilnehmer. Solche Spiele bauen am Anfang einer Spielstunde Hemmungen und Spannungen ab und bringen Lebendigkeit und Aufmerksamkeit. Kennenlernen ist eine kognitive Leistung. Deswegen sind viele Kennenlernspiele auf nicht-demente Menschen ausgerichtet. Bei einigen leichten Kennenlernspielen können aber auch Menschen mit Demenz mitmachen.

Namensrunde

Ein Kennenlernspiel für Menschen ohne nennenswerte Gedächtniseinschränkungen. Nicht geeignet für Demenzerkrankte. Teilnehmer sitzen im Kreis.

Teilnehmerzahl: Beliebig.

Material: Keins.

Durchführung: Spielleitung beginnt und nennt ihren Namen mit einer lustigen Assoziation, z.B. „Ich bin Frau Müller und mahle gerne". Der Nächste nennt Namen der vorherigen Person und den eigenen dazu usw. Die Namensrunde wird mit zunehmender Anzahl der Teilnehmer schwierig, deswegen darf natürlich von den anderen mitgeraten werden (☞ Abb. 9.4).

Ballrunde

Leichtes Kennenlernspiel, bei dem leicht verwirrte Menschen integriert werden können. Teilnehmer sitzen am Tisch.

Teilnehmerzahl: Beliebig.

Material: Softball oder Overball (Therapiebälle).

9.2 Verschiedene Spiele

Abb. 9.4: Kennenlernspiele helfen, die anfänglich gespannte Atmosphäre zu überwinden, wenn sich die Teilnehmer noch fremd sind. [A300-119]

Durchführung: Spielleitung kann beginnen und hat einen Softball in der Hand. Spielleitung nennt eigenen Namen und erzählt 1–2 Sätze von sich und rollt oder wirft den Ball einem Teilnehmer zu, der sich wiederum mit Namen vorstellt und in kurzen Sätzen etwas von sich erzählt. Der Ball wird von diesem Teilnehmer dann wieder in gleicher Art und Weise weitergegeben, bis alle dran waren.

Leichte Variante: Der Ball wird zugeworfen, es werden der Name und der Geburtsort genannt. Demenzkranke können von der Spielleitung mit Namen angesprochen und nach dem Geburtsort gefragt werden.

Alter sortieren

Ein lebendiges, mit viel Bewegung und Kommunikation verbundenes Kennenlernspiel, das Mobilität und eigenes Gehen und Stehen voraussetzt. Nicht geeignet für verwirrte Menschen. Teilnehmer stehen im Raum.

Teilnehmerzahl: Beliebig.

Material: Keins.

Durchführung: Die Spielleitung gibt den Auftrag, dass die Teilnehmer sich nach Alter in einer Reihe sortieren und aufstellen sollen. Die Teilnehmer müssen sich dazu sehr genau austauschen: „In welchem Jahr und Monat sind Sie geboren?". Das Spiel kann einige Zeit (bis 10 Minuten) in Anspruch nehmen, deswegen ist eine entsprechende körperliche Kondition notwendig.

Variante: Das Sortieren kann alphabetisch nach den Nachnamen vorgenommen werden.

> **Fallbeispiel**
>
> Die Teilnehmer eines Altennachmittags haben die Aufgabe bekommen, sich nach dem Alter in einer Reihe aufzustellen. Frau Junge, eine besonders aktive Bewohnerin, läuft sofort auf Frau Weiß zu und fragt: „Wann sind Sie denn geboren?" „Am 23.6.1929" „Ach, was für ein Zufall", antwortet Frau Junge, „da haben Sie ja am selben Tag Geburtstag wie mein Bruder Hans. Ich bin am 14.11.1930 geboren, also bin ich jünger. Sie müssen sich vor mich stellen." Zusammen gehen die beiden alten Damen auf andere Teilnehmer zu, Frau Weiß fühlt sich im Beisein von Frau Junge ermutigt, andere anzusprechen. Nachdem sich alle Teilnehmer richtig aufgereiht haben, ist die Stimmung wesentlich lockerer und entspannter als zuvor.

Gegenseitiges Vorstellen

Ein Kennenlernspiel, das Kommunikation und Orientierung voraussetzt. Nicht geeignet für verwirrte Menschen. Teilnehmer sitzen im Kreis oder am Tisch.

Teilnehmerzahl: Beliebig.

Material: Keins.

Durchführung: Es werden Paare gebildet, bei ungerader Teilnehmerzahl spielt die Spielleitung mit. Es wird die Aufgabe gestellt, dass jeder dem Partner den Namen sagt und drei weitere wichtige Persönlichkeitsmerkmale aufzählt. Dafür stehen einige Minuten zur Verfügung. Gemeinsam in der Runde stellt anschließend jeder Teilnehmer den Partner vor, z.B.: „Neben mir sitzt Frau Schmidt, die vorgestern 79 Jahre alt geworden ist, sie kommt aus Lüdenscheid und wohnt seit 2 Jahren hier – und Frau Schmidt spielt gerne Karten."

Variante: Jede Person stellt sich mit Namen vor und sagt welche Blume sie heute gern wäre. Anschließende Vorstellung durch Partner. Es sind auch andere Varianten möglich.

Umgekehrte Namen

Ein lebhaftes Kennenlern- und Ratespiel zum Einprägen von Namen. Nicht geeignet für verwirrte Menschen. Teilnehmer sitzen im Kreis oder am Tisch.

Teilnehmerzahl: Maximal 8.

Material: Bunte DIN-A4-Blätter, dicke Filzstifte.

Durchführung: Die Spielleitung hat Blätter mit den Namen (bzw. Vornamen) aller Spieler in umgekehrter Schreibweise, also Sennah statt Hannes, beschrieben. Der Spielleiter ruft den Namen in umgekehrter Schreibweise auf und zählt bis 10 (**Variante:** Und / oder hält das Blatt mit dem umgekehrten Namen für alle lesbar hoch). Wenn der Spielteilnehmer den eigenen Namen rät, meldet er sich, sagt den Namen richtig und erhält einen Punkt. Wenn er ihn nicht rät, dürfen die anderen Spielteilnehmer mitraten. Wer geraten hat, erhält einen Punkt. Spielleitung sagt vorher an, dass der Namensträger mit Raten Vorrang hat und legt eine Zeitspanne zum Raten fest. Wenn Zeitspanne überschritten ist, dürfen sich andere Teilnehmer zum Mitraten melden.

Partnersuche

Spannendes Kennenlern- und Kontaktspiel. Leicht verwirrte Personen können unterstützend integriert werden, wenn die Gruppe nicht so groß ist. Im Kreis oder Tisch sitzend oder frei im Raum.

Teilnehmerzahl: Maximal 12 Personen.

Material: Klappkarten, Stifte.

Durchführung: Für die Hälfte der Gruppe werden vom Spielleiter Klappkarten mit einigen Persönlichkeitsmerkmalen wie z. B. Vorname, Haarfarbe, Alter, Augenfarbe, Hobby oder Kleiderfarbe ausgeteilt. Diese Karten müssen ausgefüllt werden und sollen nicht weitergegeben werden. Anschließend werden die Karten von der Spielleitung eingesammelt und von der zweiten Gruppe zieht sich jeder Spielteilnehmer eine Karte. Mit dem gezogenen „Pass" müssen die Teilnehmer nun ihre Partner finden. Ist es eine sehr mobile, jüngere Gruppe, kann beim Finden des Partners ein Tänzchen gewagt werden(Abb. 9.5). Oder aber es findet einfach ein Austausch statt.

Wo wohnst Du?

Ein lebhaftes Kennenlern- und Gedächtnisspiel für Menschen ohne Einschränkungen des Reaktionsvermögens. Im Kreis oder am Tisch sitzend.

Teilnehmerzahl: 8–12 Personen.

Material: Keins.

Durchführung: Die einzelnen Spieler erheben sich nacheinander (es kann auch sitzen geblieben werden) und sagen ihren Namen und ihre Heimatstadt (oder Straße, wenn sie aus einem Ort kommen). Der Spielleiter sagt nun: „Schmidt, Kassel, ruft Müller,

Abb. 9.5: Bei einem gemeinsamen Tänzchen lernt man sich schnell kennen. [K157]

Korbach". Müller muss nun sofort einen anderen Spieler aufrufen „Müller, Korbach ruft Schmidt, Arolsen". Bei Fehlern darf geholfen werden.

Variante: Der Spieler, der sich irrt oder stumm bleibt, muss einen Pfand abgeben. Zum Schluss werden alle Pfänder mit Namenraten zurückgegeben.

Monatsgeburtstagsraten

Ein Ratespiel zum Namen merken und Geburtstagsraten. Die Teilnehmer sitzen im Kreis oder am Tisch. Leicht verwirrte Menschen können integriert und vom Spielleiter unterstützt werden.

Teilnehmerzahl: 8–12 Personen.

Material: Keins.

Durchführung: Die Teilnehmer stellen sich reihum mit Namen vor und verpacken ihren Geburtsmonat in ein Rätsel. Die anderen müssen den Monat raten. Wenn den Teilnehmern das Rätselfinden zu schwierig ist, kann die Spielleitung unterstützen. Die Spielleitung kann beginnen: „Ich bin Frau Schmidt und bin in dem Monat geboren, der macht, was er will" (April). Zum Schluss kann reihum nochmals der Name und Geburtsmonat (diesmal ohne Rätsel) genannt werden.

> Kennenlernspiele wirken auf alte Menschen oft ungewohnt und befremdend. Deswegen erst einmal mit biografisch orientierten Spielen wie Monatsgeburtstagsraten beginnen.

9.2 Verschiedene Spiele

Vorstellung mit Kirschkernsäckchen

Ein Kennenlernspiel für eine sprachgewandte Gruppe. Die Teilnehmer sitzen im Kreis.

Teilnehmerzahl: 8–12 Personen.

Material: Kirschkernsäckchen, alternativ ein Knotentuch.

Durchführung: Um eine Vorstellungsrunde in eine lustige Form zu bringen und sich Namen besser einzuprägen, beginnt ein Spieler (oder die Spielleitung) aus dem Anfangsbuchstaben des Nachnamens einen Satz zu bilden; in dem möglichst viele Worte mit dem Anfangsbuchstaben des Namens beginnen. Beispiel: „Ich bin Frau Müller, mit Mühe mag ich Marmorkuchen mit Margarine backen." Nun bekommt ein anderer Teilnehmer das Kirschkernsäckchen (oder Knotentuch) zugeworfen und stellt sich mit seinem Namen und einem entsprechenden Satz vor.

Vorstellung mit Gegenstand in der Hand

Ein ganz einfaches Vorstellungsspiel, bei dem jeder Teilnehmer zu Wort kommen soll, auch für Menschen mit Demenz geeignet. Die Teilnehmer sitzen im Kreis oder am Tisch.

Teilnehmerzahl: 8–12.

Material: Stein, kleiner Gegenstand, Herz.

Durchführung: Die Spielleitung lässt einen schönen kleinen Gegenstand, z. B. einen Stein oder ein Herz aus Stein herumgehen. Die Person, die den Stein in der Hand hält, hat das Wort und stellt sich mit Namen, Alter (Geburtsjahr bei Demenzkranken) oder Geburtsort/Wohnort vor. Jeder Teilnehmer kann einige Sätze sagen, auch Assoziationen sind erlaubt (☞ Abb. 9.6).

Abb. 9.6: Wenn man sich an einem Gegenstand in der Hand „festhalten" kann, fällt das Sprechen leichter. [K157]

Puzzlepartner finden

Ein lebendiges Kennerlernspiel für eine Gruppe, die sich noch fremd ist. Das Spiel ist für zum größten Teil mobile und gehfähige Personen geeignet; einige Personen können aber auch sitzend teilnehmen.

Teilnehmerzahl: 6–16 Personen.

Material: Postkarten.

Durchführung: Der Spielleiter bereitet Postkarten vor: Diese werden nicht gerade, sondern in Zacken und ungeraden Linien, in der Hälfte durchgeschnitten. Jeder Spielteilnehmer erhält eine Hälfte von einer Karte und muss den zu der Karte zugehörigen Partner finden. Die Teilnehmer bewegen sich dazu im Raum, einige können auch sitzen. Wenn der Puzzlepartner gefunden ist, kann ein Austausch, z. B. über Name, Herkunft stattfinden. Das Spiel ist beendet, wenn alle einen Partner bzw. das Gegenstück der Karte gefunden haben.

Wollknäuel

Gruppenteilnehmer sitzen im Stuhlkreis oder am Tisch. Die Gruppenleitung hat ein Wollknäuel in der Hand und wirft es einem Teilnehmer mit der Aufforderung zu, Name, Wohnort oder sonstige Merkmal zu nennen. Die „Wollknäuelperson" erzählt von sich und wirft dann einer weiteren Person das Knäuel zu. Nach und nach kommen so alle Teilnehmer zu Wort, es entsteht ein Fadengeflecht. Das Geflecht kann zum Schluss wieder aufgelöst werden. Ein sehr dynamisches Kennenlernspiel.

> Das Wollknäuelspiel erfordert motorisches Geschick und ist deshalb nicht für alle Gruppen geeignet.

Steckbriefe schreiben

Ein sehr ausführliches Kennenlernspiel für orientierte Personen. Geeignet für eine Gruppe, die längerfristig zusammen sein wird (Projektgruppe, Jahresgruppe). Das Steckbriefe schreiben setzt das Einverständnis aller Teilnehmer voraus. Es kann – je nach Gruppengröße – 1 bis 2 Std. in Anspruch nehmen.

Teilnehmerzahl: 6–20 Personen.

Material: Polaroidkamera, bunte Din-A4-Bögen, Schreibstifte, Filzer, Klebestifte.

Erna Schmidt

92 Jahre, verwitwet
3 Kinder, 5 Enkel, 2 Urenkel
Bauersfrau aus kleinem hessischen Dorf
im Dorf früher selber engagiert
aktives Kirchenmitglied
seit 1 Jahr in der stationären Altenhilfeeinrichtung
leidet an fortgeschrittener Osteoporose und Herzinsuffizienz
möchte gerne mit anderen Menschen zusammen sein

Abb. 9.7: Steckbrief einer 92-Jährigen. [M283]

Durchführung: Die Gruppe teilt sich in 2er-Paare auf; wenn es nicht aufgeht, dann auch ein 3er-Paar bilden. Wichtige Merkmale, Informationen und Daten werden im Gespräch gegenseitig erfahren. Jeder Teilnehmer nimmt diese Daten mit dem Einverständnis des Partners in Form eines Steckbriefes auf. Dazu wird ein Polaroidfoto gemacht. Der Steckbrief mit Foto und Informationen wird auf ein buntes Blatt aufgebracht und an der Wand oder Wandtafel befestigt. Zeitvorgabe: ½ Stunde für 2 Personen. Anschließend wird in der großen Gruppe im Sitzkreis der Partner anhand des Steckbriefes vorgestellt. Das Spiel kann viel Spaß machen, wenn alle Personen sich darauf einlassen können. Ein Beispiel aus einer stationären Altenhilfeeinrichtung ☞ Abb. 9.7.

9.2.2 Gesellschafts- und Unterhaltungsspiele

Gesellschaftsspiele sind für zwei oder mehr Personen konzipiert, werden zumeist am Tisch gespielt und benötigen das entsprechende Spielmaterial. Sie sind der Favorit bei älteren Spielern, weil viele diese Spielformen aus früheren Zeiten kennen. Im Folgenden werden die Klassiker der Gesellschaftsspiele, aber auch neue Seniorenspiele vorgestellt. Die Gesellschaftsspiele können folgendermaßen eingeteilt werden:

- Brettspiele
- Strategiespiele
- Kartenspiele
- Wortspiele
- Würfelspiele
- Schreibspiele.

Bingo

Bingo ist ein beliebtes Unterhaltungs- und Brettspiel. Es kommt aus England und Amerika und wird dort gern von Frauen gespielt. Bingo ist ein einfaches Gewinnspiel, das etwas Aufmerksamkeit, Ankreuzfähigkeit und Glück erfordert. Es wird im Sitzen am Tisch gespielt, auch leicht verwirrte Personen können integriert werden. Bingo macht Spaß mit möglichst vielen Teilnehmern.

9.2 Verschiedene Spiele

Teilnehmerzahl: 6–20 Personen.

Material: Bingo-Spieltrommel, Spielbrett für Kugeln, Bingo-Karten und Stifte, evtl. Hilfsschreibmittel (verdickte Griffe der Stifte).

Durchführung: Der Spielleiter dreht die Bingotrommel, in der sich 90 Kugeln mit den Zahlen 1–90 befinden. Ein Spielteilnehmer sollte beauftragt werden, nach einigen Drehungen der Trommel das Stoppsignal „Halt" zu geben. Dann wirft die Trommel eine Kugel aus, die von der Spielleitung ausgerufen wird. Jeder Teilnehmer hat eine Bingokarte mit 15 abgebildeten Zahlen vor sich. Jede Person hat eine andere Zahlenkombination. Es empfiehlt sich, dass die Spielleitung die Karten vergrößert kopiert, damit sie für Schlechtsehende gut zu erkennen sind. Wenn eine richtige Zahl dabei ist, wird diese vom Teilnehmer angekreuzt. Das Spiel bietet sich auch zur gegenseitigen Unterstützung an, leicht Verwirrte können beim anderen mitgucken. Ziel ist es, eine vorher festgelegte Summe von richtigen Zahlen zu erreichen. Wer diese Zahlen erreicht hat, hat Bingo und muss dies anmelden. Bingo können 10 richtige Zahlen sein oder alle 15 Zahlen auf der Karte oder alle Zahlen in einer Reihe. Mit welchen Regeln gespielt wird, hängt vom Zeitrahmen und der Konzentrationsfähigkeit der Gruppe ab. Für Hochbetagte sind z. B. 2 Durchgänge mit 8 Richtigen = Bingo und 6 Richtige = Bingo für 1¼ Std. empfehlenswert. Längere Spiele sind überfordernd. Die Gewinner erhalten ein Geschenk. Das Spiel ist immer ein Renner, kann in der Altenpflegeeinrichtung, in Clubs, Freizeiten oder bei Festen eingesetzt werden und verspricht immer Erfolg.

Anmerkung: Bingo wird ursprünglich mit Geldeinsatz gespielt, was in der Altenhilfe nicht möglich ist.

Gesellige Würfelrunde

Ein sehr beliebtes, leicht verständliches Gemeinschaftsspiel für Senioren mit Zahlen und Würfeln (☞ Abb. 9.9). Spielerisch werden Kopfrechnen, Erkennen und Umgehen mit Farben und das richtige (strategische) Legen der Spielsteine auf das Spielfeld geübt. Die Mitspieler werden zum Denken und zu eigenen Entscheidungen angeregt. Geeignet für Personen mit einem nicht so hohen Spielniveauanspruch.

Teilnehmerzahl: 4–8 Personen.

Material: Spielset vom Fachhandel sentreff.

Durchführung: Jeder Spieler hat ein Spielfeld mit 18 bezifferten Feldern, die blau, rot, gelb und grün umrandet sind. Mit einem Farb- und zwei Zahlenwürfeln können je nach Entscheidung der Spielleitung die 18 Felder mit der gewürfelten Farbe und/oder Zahlenkombinationen besetzt werden. Wer zuerst alle 18 Felder besetzt hat, hat gewonnen. Der Gewinner erhält einen Preis. Oft gefällt das Spiel nicht beim ersten Spielen. Fast alle Spielliebhaber mögen es aber nach einiger Zeit sehr gerne. In Altenpflegeeinrichtungen ist es ein Renner.

Schach

Schach ist der König unter den Strategiespielen und wohl das anspruchsvollste und geistreichste Spiel überhaupt. In der Altenhilfe spielen es diejenigen, die es früher auch gespielt haben und die mit den Regeln vertraut sind. Sicherlich ist Schach durchaus zu erlernen, wenn eine gute Auffassungsgabe und ein guter Lehrer vorhanden sind. In der Altenhilfe geht es aber eher darum, Ressourcen zu erhalten oder verborgene Ressourcen wiederzuerlangen. Wegen des hohen Anspruchs ist es in Senioreneinrichtungen nicht einfach, für

Abb. 9.8: Bingo ist ein unterhaltsames Seniorenspiel. [V383]

Abb. 9.9: Gesellige Würfelrunde. [V382]

Schachspieler einen geeigneten Partner zu finden. Aber der Versuch ist es wert. In der offenen Altenhilfe ist schon eher ein monatlicher Schachnachmittag denkbar. Über die Spielregeln gibt es viele gute Veröffentlichungen auf dem Büchermarkt. Es werden auch große, seniorengerechte Spielfiguren angeboten. Im Sommer eignen sich besonders Schachanlagen im Freien als Begegnungszentrum.

Teilnehmerzahl: 2 Personen.

Material: Schachbrett und große Schachfiguren.

Mensch ärgere dich nicht

Sehr beliebtes und bekanntes Unterhaltungsspiel. Auch für verwirrte Personen geeignet, wenn sie es von früher kennen. Es sollte in keinem Spielrepertoire fehlen. Das Spiel ist ideal für motorisch eingeschränkte Menschen und hochbetagte Senioren. Wegen seines hohen Bekanntheitsgrades ist es bei vielen Älteren beliebt. Es erzeugt Spannung, fördert die Kommunikation und schafft Erfolgserlebnisse. Je nach Einschränkungen müssen Spielteilnehmer unterstützt werden.

Teilnehmerzahl: 2–4 Personen.

Material: Magnetisches Großbrettspiel oder behindertengerechtes Holzbrettspiel mit Vertiefung. Besonders beliebt und seniorengerecht für Altenhilfeeinrichtungen sind die magnetischen Großbrettspiele mit einem Holzrahmen, Magnetfeld, damit die Figuren nicht umfallen, einer Aufhängevorrichtung und großen Holzspielfiguren von ca. 4 cm Größe, die gut angefasst werden können.

Durchführung: „Mensch ärgere dich nicht" ist so bekannt, dass es hier nicht erläutert werden muss.

Halma

Halma ist ein traditionelles Strategiespiel, ebenfalls sehr beliebt bei allen, die es kennen. Halma hat nicht so einen großen Bekanntheitsgrad wie „Mensch ärgere dich nicht" und findet deswegen in der Altenhilfe und auch wegen des höheren Leistungsanspruchs an strategischer Denkleistung nicht so einen großen Anklang. Es sollte trotzdem in keiner Spielsammlung fehlen.

Teilnehmerzahl: 2–3 Personen.

Material: Magnetisches Großbrettspiel mit jeweils 15 großen Spielfiguren in Rot, Grün und Blau.

Durchführung: Bei Halma versucht jeder Spieler durch Ziehen oder Überspringen, egal in welcher Richtung, seine 15 Figuren in die gegenüberliegende Sternspitze zu bringen. Sieger ist, wer seine Figuren dort zuerst in Reih und Glied stehen hat.

Dame – Mühle

Zwei bekannte Strategiespiele, meistens als Doppelspiel. Beliebt als ruhiges Gesellschaftsspiel mit Anspruch zum strategischen Denken.

Teilnehmerzahl: 2 Personen.

Material: Magnetisches Großbrettspiel mit großen Spielfiguren.

Dame: Schachbrett mit 12 weißen und 12 schwarzen Steinen. Die Spieler sitzen sich gegenüber. Jeder hat eine Farbe. Es wird nur auf den schwarzen Feldern gespielt. Aufstellung: Vor jedem Spieler 3 Reihen mit 4 Steinen. Aufgabe ist es, mit möglichst vielen Steinen zur gegnerischen Grundlinie zu gelangen. Dazu darf man nur vorwärts ziehen, jeweils um ein Feld in der Diagonalen. Dabei auf Rückendeckung achten, denn sobald man vor einem gegnerischen Stein steht, und das Feld dahinter frei ist, kann dieser ihn durch Überspringen aus dem Spiel nehmen. Ist ein Stein an der Grundlinie des Gegners angelangt, wird ein gleichfarbiger draufgesetzt; das ist dann die „Dame". Die Dame darf vorwärts und rückwärts diagonal springen und alle gegnerischen Steine, die sie überspringt, aus dem Spiel nehmen. Sie selber wird geschlagen, wie jeder andere Stein. Hat ein Spieler keine Steine mehr, hat er verloren.

Mühle: Mühlebrett, pro Spieler 9 Steine (weiß und schwarz). Weiß beginnt. Die Steine werden abwechselnd auf die Ecken oder Schnittpunkte des Brettes gesetzt, wobei jeder Spieler versucht, eine „Mühle" zu bekommen, sie gleichzeitig aber beim Gegner zu vereiteln. Eine Mühle ist eine Reihe von 3 Steinen der eigenen Farbe. Sie berechtigt zum Entfernen eines gegnerischen Steins, der aber nicht aus einer geschlossenen Mühle genommen werden darf. Sind alle Steine gesetzt, wird durch Ziehen versucht, neue Mühlen zu bilden. Hat ein Spieler nur noch 3 Steine, darf er mit jeweils einem springen, wohin er will. Beendet ist das Spiel, wenn ein Spieler weniger als 3 Steine hat.

Beide Spiele haben als strategische Spiele ein hohes Leistungsniveau und sind sicherlich nur von einer kleineren Personengruppe zu spielen. Es lohnt sich aber immer, nach verschütteten Ressourcen in der Altenhilfe zu suchen. Manche alte Menschen freuen sich und haben große Erfolgserlebnisse, wenn sie nach Jahren wieder einmal Mühle oder Dame spielen und merken, dass sie dies noch können. Eine Unterstützung der vorhandenen Ressourcen ist hier die Aufgabe der Spielleitung.

Abb. 9.10: Seniorengerechte Großbrettspiele als Magnetspiel und als Steckspiel. [M283]

Abb. 9.11: Selbstgefertigtes Großdominospiel. [M283]

Domino und ähnliche Spiele

Domino ist ein bekanntes und beliebtes Anlegspiel. Es ist ein leichtes Spiel, verwirrte Menschen können integriert werden. Ein Spielleiter kann auch mit einer Kleinstgruppe von Verwirrten dieses Spiel spielen (je nach Ressourcen). Domino kann am Tisch sitzend oder auch mit bettlägerigen Personen durchgeführt werden.

Anlegspiele gibt es in vielen Variationen. Inzwischen sind viele für die Altenhilfe sinnvolle Anlegspiele auf dem Markt.

> Solche Spiele können mit wenig Aufwand selbst hergestellt werden: Aus dicker und einfarbiger Pappe Spielkarten ausschneiden (z. B. 12 cm × 6 cm) und mit dickem Filzstift die Augenzahlen darauf malen (☞ Abb. 9.11).

Teilnehmerzahl: 2–8 Personen.

Material: Großdomino mit großen Punktziffern, Form- und Farbdomino, Domino für Seheingeschränkte mit erhabenen Punkten.

Durchführung: Die Steine und Figuren sind zweigeteilt, jede Hälfte hat eine andere Augenzahl oder Farbe, außer wenigen Paschsteinen, deren Hälften gleich ist. Reihum legt jeder Spieler aus seinem Vorrat (je nach Gruppengröße z. B. 6–8 Spielkarten oder -steine) mit dem Zeichen an, mit dem der Vorgänger endet. Es gibt immer 2 Möglichkeiten, weil an jeder Seite des beginnenden Steines angelegt werden kann. Das Spiel ist spannend und kann in beliebigen Variationen gespielt werden.

Kartenspiele

Beliebte und bei vielen Personen bekannte Spiele.

Teilnehmerzahl: 1–8 Personen.

Material: z. B. Senioren-Skat, Senioren-Rommé, Senioren-Tarock, Schafskopfkarten. Karten gibt es in Großformat im Fachhandel, ebenso Kartenhalter, die das Spielen erleichtern (☞ Abb. 9.12).

Kartenspiele gibt es in solch großer Vielzahl, dass sie hier in diesem Rahmen nicht einzeln aufgeführt werden können. Es gibt auf dem Büchermarkt ausreichend Literatur und Beschreibungen. Viele alte Menschen spielen gern Karten, trauen es sich aber nicht mehr zu. Es lohnt sich, mit Hilfsmitteln, z. B. Großformat, Großdruck und Kartenhaltern, und Zuspruch, die Ressourcen wieder zu wecken und zu fördern. Idee: Wöchentliche Männergruppe mit Kartenspielangebot, z. B. Skat in Altenpflegeeinrichtung, Stadtteilzentrum oder in der Tagesgruppe. Bei Frauen ist eher ein geselliger Romménachmittag beliebt.

Abb. 9.12: Ein Kartenhalter erleichtert Senioren das Halten der Spielkarten. [M221]

SET-Kartenspiel

Ein weniger bekanntes und modernes Kartenspiel, das als Hirn- und Kombinationstraining eingesetzt werden kann. Das Kartenspiel hat normale Kartenspielgröße. Die Karten können aber durch vergrößerte Farbkopien oder Computerausdrucke auf DIN-A5-Größe seniorengerecht vergrößert werden. Geeignet für orientierte Personen, die Interesse an einer kognitiven Herausforderung haben. Kein leichtes Spiel.

Teilnehmerzahl: 4–10 Personen.

In der Altenhilfe kann dieses Spiel im Sitzkreis gespielt werden, die vergrößerten Karten werden zum Spielen von der Spielleitung in die Mitte des Kreises gelegt, so dass alle die Karten gut sehen können. Die Spielkarten sind mit 1, 2 oder 3 Symbolen mit verschiedenen **Merkmalen** versehen:

- Farbe
- Form
- Anzahl
- Füllung.

Die Symbole variieren bei jeder Karte. Nun werden 9 Karten (3 × 3) von der Spielleitung auf dem Boden ausgelegt. Aufgabe ist es, ein Set aus diesen 9 Karten herauszufinden. Ein Set sind 3 Karten mit der vorgegebenen Anzahl gleicher Eigenschaften (☞ Abb. 9.13).

Eigenschaften:

- **Menge:** Es können sich 1, 2 oder 3 Symbole auf einer Karte befinden.
  Frage: Sind die Symbole alle gleich oft oder alle verschieden oft da? Bei einem SET: 1,1,1 oder 2,2,2 oder 3,3,3 oder 1,2,3.
- **Form:** Es befindet sich eines von drei Symbolen auf einer Karte: Welle, Rechteck oder ovales Symbol.
  Frage: Haben die Symbole alle die gleiche Form oder sind drei unterschiedliche Formen zu sehen? Bei einem SET: 3 × Welle oder 3 × Rechteck oder 3 × Oval oder 1 × Welle, 1 × Rechteck, 1 × Oval.
- **Füllung:** Es gibt drei Möglichkeiten, wie die Symbole ausgefüllt sind: leer, halb (gepunktet) oder voll (ganz).
  Frage: Sind die Symbole alle gleich ausgefüllt oder alle unterschiedlich? Bei einem SET: 3 × leer oder 3 × halb oder 3 × voll oder 1 × leer, 1 × halb und 1 × voll.
- **Farbe:** Die Symbole können rot, grün oder violett sein.
  Frage: Haben die Symbole alle die gleiche Farbe oder ist jede Farbe einmal vorhanden? Bei einem SET: 3 × rot oder 3 × grün oder 3 × violett oder 1 × rot, 1 × grün, 1 × violett.

SET bei gleichen Eigenschaften:

- Form + Farbe
- Form + Menge
- Form + Füllung
- Menge + Farbe
- Menge + Füllung
- Farbe + Füllung

SET bei unterschiedlichen Eigenschaften:

- Menge: 1, 2, 3
- Farbe: rot, grün, violett
- Form: Welle, Rechteck, Oval
- Füllung: voll, halb, leer

Kombinationen wie oben sind möglich. Man kann gleiche und unterschiedliche Eigenschaften kombinieren. Wer ein Set geraten hat, darf die 3 Karten behalten. Wer am Schluss die meisten Karten hat, hat gewonnen.

Wortspiele

Wortspiele gibt es häufig als Legespiele, die sehr beliebt sind und gleichzeitig auch eine gute Hirntrainingsfunktion haben. Wegen möglicher Überforderung nicht für Demenzerkrankte geeignet.

Scrabble

Eine Sprach- und Wortschatzspiel für eine Kleingruppe.

Teilnehmerzahl: 2–5 Personen.

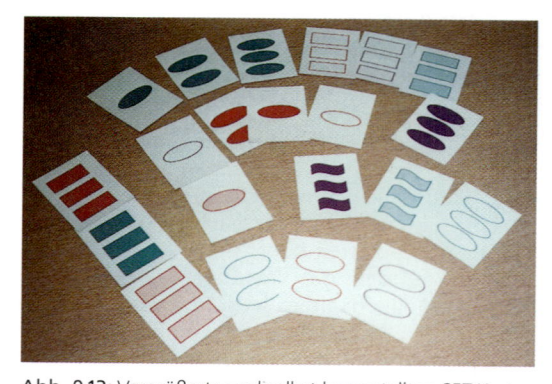

Abb. 9.13: Vergrößerte und selbst hergestellten SET-Karten in Großformat. [M283]

Material: Scrabble-Spielbrett mit Buchstaben. Inzwischen ist es auch als Magnetspiel mit Großbuchstaben im Fachhandel erhältlich.

Durchführung: Jeder Spieler erhält eine bestimmte Anzahl von Buchstaben. Reihum werden daraus Wörter gebildet, die wie beim Kreuzworträtsel zusammenhängen müssen.

Haste Worte

Ein anregendes Wortratespiel.

Teilnehmerzahl: 2–8 Personen.

Material: Haste-Worte-Spiel aus dem Fachhandel. Das Spiel besteht aus einer Klappbox mit 100 Wortkarten in Großschrift.

Durchführung: Die Buchstaben der Wörter sind durch 1–6 Klappen verdeckt und werden durch eine gewürfelte Augenzahl nach und nach aufgedeckt. Ab 2–3 geöffneten Klappen kann begonnen werden, das verdeckte Wort zu raten. Der Spieler, der das Wort geraten hat, bekommt die Punktzahl der geschlossenen Klappe als Gutschrift. Der Klappenkasten kann während des Ratens am Tisch rundherum gegeben werden, wenn er ansonsten nicht von allen gesehen werden kann.

Tick-Tack ... Bumm

Ein Wort- und Silbenratespiel, das nicht nur nach Spielanleitung gespielt, sondern von der Spielleitung variabel eingesetzt werden kann.

Teilnehmerzahl: 1–12 Personen.

Material: Spielset „Tick-Tack...Bumm" aus dem Fachhandel. Für die Altenhilfe geeignet; die Silbenkarten sind vielseitig einsetzbar.

Durchführung: Aufgabe ist es, dass jeder Spieler versucht, ein passendes Wort zu den Buchstabenkarten zu finden. Es wird nach Zeituhr gespielt. Die 55 Spielkarten bestehen aus verschiedenen Silben und Buchstaben. Ein Spezialwürfel gibt vor, an welcher Stelle des Wortes die Silbe oder die Buchstaben stehen sollen. Würfel kann von der Spielleitung auch weggelassen werden und die Angaben werden – je nach Leistungskapazität der Gruppe – vom Spielleiter vorgegeben.

Alles oder Nichts

Ein leichtes Würfelspiel, das spannend und kommunikativ ist.

Teilnehmerzahl: 2–10 Personen.

Material: 3 große Würfel, Stifte, Papier.

Durchführung: Ältester (oder jüngster) Spieler in der Runde beginnt mit einem Wurf. Es wird mit drei Würfeln gleichzeitig gewürfelt. Gültig ist der Wurf nur, wenn eine 1 oder eine 5 dabei ist. Eine 1 = 100 Punkte, eine 5 = 50 Punkte. Zeigen alle Würfel eine 1 oder eine 5 an, gibt es 1000 Punkte. Bei einem 1000-Wurf kann der Spieler entscheiden, ob er die Punkte gutschreiben lässt oder ob er weiterspielt. Beim Weiterspielen zählen die Punkte beider Würfe zusammen. Evtl. kann eine Person auch mehrere Male hintereinander würfeln. Wenn der letzte Wurf keine 1 oder 5 enthält, sind alle Punkte zunichte (großes Risiko). Es wird reihum gespielt.

Schreibspiele

Lückentext: Ein verfasster Text mit Lücken anstelle von Eigenschaftswörtern. Ein humorvolles Schreibspiel, das zum Lachen anregt.

Teilnehmerzahl: 3–10 Personen.

Material: Text, Stift, Papier.

Durchführung: Die Spielleitung hat einen Lückentext verfasst und dabei für die Eigenschaftswörter Lücken gelassen. Die Teilnehmer kennen den Text nicht und rufen der Spielleitung Eigenschaftswörter zu, die diese in die Lücken des Textes einsetzt. Zuletzt wird der Text vorgelesen (☞ Beispieltext im Kasten).

ABC Lückentext

Heute ist ein **bunter** Tag. Die **fleißigen** Senioren aus dem Norden der Stadt möchten einen **heftigen** Ausflug machen. Alle freuen sich schon **herzlich** darauf. Am frühen Nachmittag soll es losgehen. Alle sind schon sehr **hungrig**. Endlich ist es soweit. Mit viel Geplauder und **komischem** Spektakel steigen alle in den Bus ein. Die **blauen** Plätze sind gleich besetzt. Übrig bleiben nur noch die **sauren** und **grünen** Plätze. Das macht nichts: Platz ist Platz...

Variante: Der Text wird als Brief für eine Person verfasst.

Stadt, Land, Fluss

Ein Begriff-Ratespiel, das vielen bekannt ist. Kann auch zum Gehirntraining eingesetzt werden.

Teilnehmerzahl: 2–12 Personen.

Material: Stift, Papier oder Wandtafel.

Durchführung: Zu verschiedenen Oberbegriffen werden mit einem bestimmten Anfangbuchstaben, der vorher von der Gruppenleitung oder der Gruppe festgelegt wird, Unterbegriffe gefunden.

Oberbegriffe: Stadt – Land – Fluss – Beruf – Name – Tier – Pflanze

- Städte mit B: Berlin, Bremen, Brilon, Bonn, Bremerhaven, Baden-Baden ...
- Länder mit B. Bundesrepublik Deutschland, Belgien, Bosnien ...
- Flüsse mit B: Biber, Breitenbach, Bode ...
- Berufe mit B: Busfahrer, Beamter, Briefträger, Bäcker, Bandagist ...
- Namen mit B: Berthold, Beate, Beatrix, Bernd, Bernhard, Brunhilde, Berta ...
- Tiere mit B: Bär, Biene, Bernhardiner, Braunbär, Buntspecht, Biber ...
- Pflanzen mit B: Birnenbaum, Brombeere, Bärenklau, Begonie, Butterblume ...

9.2.3 Bewegungsspiele

Bewegungsspiele können im Rahmen der Seniorengymnastik durchgeführt werden und geben der Seniorengymnastik einen fröhlichen und aufgelockerten Charakter (☞ 8.6). Sie können aber auch einzeln im Rahmen einer Spielstunde, beim Gehirntraining oder einfach zwischendurch im Rahmen einer Betreuungsgruppe durchgeführt werden. Möglichkeiten für Bewegungsspiele gibt es immer.

Gemeinsame Bewegung mit Bambusstöcken

Eine Kontakt-, Bewegungs- und Geschicklichkeitsspiel, bei dem es darum geht, sich aufeinander einzulassen und ein Miteinander zu finden. Das Spiel ist nur mit mobilen Personen, die eigenständig gehen und stehen können, möglich.

Teilnehmerzahl: Beliebig.

Material: 1 m lange Bambusstöcke (dünn) je nach Anzahl der Teilnehmer.

Durchführung: Die Teilnehmergruppe geht locker im Raum umher. Dabei wird eine ruhige Musik gespielt, z. B. Wassermusik von Händel, Vier Jahreszeiten von Vivaldi. Nach einigen Minuten finden sich nach Aufforderung der Spielleitung jeweils ein Paar zusammen, das zusammen einen Bambusstock erhält. Jeder hält mit einem Zeigefinger das Ende des Stöckchens fest. Aufgabe ist es, den Stock gemeinsam – ohne dass er nach unten fällt – im Rhythmus der Musik zu bewegen. Dabei können alle möglichen Bewegungen gewagt werden:

- Gemeinsam gehen
- In die Hocke gehen
- Stock hochheben
- Stock senken.

Nach weiteren 5 Minuten wird das Paar um 1 oder 2 Personen erweitert (je nach Gruppengröße), so dass von einer Dreiergruppe drei Stöcke und von einer Vierergruppe vier Stöcke gehalten und bewegt werden müssen. Die Kommunikation sollte ohne Sprechen stattfinden.

Bowling

Bowling ist ein beliebtes sportliches Gesellschaftsspiel (☞ Abb. 9.14). Beim Seniorenbowling können auch bewegungseingeschränkte Personen mitmachen, selbst das Mitspielen im Rollstuhl ist möglich.

Teilnehmerzahl: 8–14 Personen.

Material: Seniorenbowlingspiel bestehend aus 10 leichten Kunststoffkegeln und einem leichten Bowlingball oder einer richtigen Bowlingkugel mit den typischen 3 Grifflöchern.

Es kann in einem Gymnastikraum, einem langen Flur oder draußen auf dem Rasen oder Steinboden gespielt werden.

Abb. 9.14: Das Seniorenbowlingsspiel kann draußen und drinnen gespielt werden. [V383]

Durchführung: Die Teilnehmer stehen oder sitzen neben der Bowlingschneise. Der Spieler, der mit dem Wurf dran ist, wirft von vorn im Stehen oder im Sitzen. Gespielt wird nach einem Aufstellplan, z. B. 9 Kegel im Kreis und der König in die Mitte oder Tannenbaum. Je nach Gruppe können die Durchgänge von der Spielleitung gestaltet werden. Jeder umgeworfene Kegel zählt eine gewisse Punktzahl z. B. 10, König 20. Der Teilnehmer mit der höchsten Punktzahl hat gewonnen und erhält eine kleine Belohnung oder eine selbst angefertigte Urkunde.

Variante: Es gibt Tischkegelspiele mit einem Spielfeld, das auf einen Tisch passt. Geeignet für Personen im Sitzen.

Boccia (Boules)

Boccia ist ein Wettkampfspiel und beliebtes Seniorenspiel für gehfähige Teilnehmer. Das Spiel wird im Freien gespielt, am besten auf Sand oder ganz kurzem Rasen.

Teilnehmerzahl: 2–8 Personen.

Material: Ein Bocciaspiel mit 8 Kugeln und 1 Setzkugel. Je ein Satz (2 oder 4) der Kugeln sollten in einer Farbe gehalten sein.

Durchführung: Auf einem Spielfeld von etwa 5 × 30 m mit einem ebenen Untergrund wird gespielt. Zuerst wird die Setzkugel von der Partei, die verloren hat, ausgeworfen. Im Wechsel versuchen zwei Parteien, ihre Kugeln möglichst nahe an die Setzkugel zu werfen oder einen Gegner wegzustoßen. Jede Kugel, die der Setzkugel näher liegt als die nächste der Gegner, zählt einen Punkt.

Ball über die Schnur

Ein lebhaftes Wettkampfspiel für Personen mit Geschick zum Werfen. Das Spiel kann im Sitzen (Rollstuhl) oder im Stehen gespielt werden.

Teilnehmerzahl: 6–14 Personen.

Material: Eine Schnur, ein Gymnastikball (Overball, Softball).

Durchführung: Die Größe des Spielfeldes hängt von der Spieleranzahl ab. In der Mitte des Spielfeldes wird eine ca. 1,80 m hohe Leine gespannt (für sitzende Spieler niedriger). In jedem Spielfeld verteilt sich nun die Partei, die den Ball über die Schnur möglichst so wirft, dass er beim Gegner den Boden berührt. Im eigenen Feld darf der Ball dreimal zugespielt werden. Wenn der Ball den Boden des Spielfeldes berührt, erhält die gegnerische Mannschaft einen Punkt.

Planetenspiel

Ein Kreisspiel mit Bällen für Personen im Sitzen.

Teilnehmerzahl: 8–14 Personen.

Material: 3 oder 4 Softbälle in unterschiedlichen Farben.

Durchführung: Teilnehmer sitzen im Kreis, alle können sich gut sehen. Jeder Ball unterliegt einer bestimmten Regel, z. B. roter Ball wandert immer eine Person nach rechts, blauer Ball wandert immer eine Person nach links, grüner Ball wandert immer nach rechts, wobei eine Person übersprungen wird, gelber Ball wird beliebig unter den Mitspielern zugeworfen. Die Spielleitung gibt nacheinander die unterschiedlichen Bälle in die Runde.

> Je nach Schwierigkeitsgrad werden 2, 3 oder 4 Bälle eingesetzt. Das Spiel erfordert Konzentration, ist aber wegen seiner gewissen Herausforderung sehr beliebt und kann auch von leicht verwirrten Personen mitgemacht werden

Betttuchballfangen

Ein lebhaftes Gruppenwettkampfspiel, das auch für bewegungseingeschränkte Personen im Sitzen geeignet ist. Auch verwirrte Personen lassen sich in dieses Spiel integrieren.

Teilnehmerzahl: 6–12 Personen.

Material: 1 leichter Ball (Schaumstoffball) und ein großes Betttuch mit Löchern.

Durchführung: Es werden zwei Gruppen gebildet, die jeweils sich um eine Hälfte des Betttuches herum sitzend platzieren. Das Betttuch wird von allen nun so gehalten, dass es straff ist. Von der Spielleitung wird der Startschuss des Balls gegeben: Der Ball wird gemeinsam von einer Partei versucht, in das Loch der anderen Partei zu werfen. Dazu muss gemeinsam das Tuch bewegt werden. Die Gegenpartei muss versuchen, den Balleinwurf zu verhindern. Ist der Ball in das Netzloch eingefallen, gibt es einen Punkt für die Gegenpartei.

> Die Materialien für dieses Spiel können selbst hergestellt werden. Dazu wird ein großes Betttuch genommen und in die Mitte der jeweiligen Hälfte des Betttuches ein Loch für den Ball geschnitten. Unter die Löcher wird jeweils ein Einkaufsnetz genäht.

Krocket-Spiel

Ein geselliges Spiel für draußen. Geeignet für bewegungsfähige Personen einer kleineren Gruppe, die sich kennen. Das Spiel ist bei männlichen Senioren beliebt und lädt ein zu Bewegung und Kommunikation.

Teilnehmerzahl: Maximal 6 Personen.

Material: Krocketspielsatz mit fahrbarem Wagen.

Durchführung: Es wird auf kurzem Rasen oder festen Sandwegen gespielt. Dazu werden kleine Tore in einem Parcours aufgestellt bzw. in die Erde gesteckt, durch welche Kugeln mit Schlagstöcken getrieben werden. Die Tore werden gepunktet. Gewonnen hat derjenige, der die meisten Punkte erzielt hat.

Erinnerungsballspiel

Ein Ballspiel, das auch kognitive Fähigkeiten trainiert. Für Teilnehmer im Sitzen. Je nach Ressourcen können auch leicht verwirrte Personen integriert werden.

Teilnehmerzahl: 6–12 Personen.

Material: 1 Softball.

Durchführung: Die Teilnehmer sitzen im Stuhlkreis. Der Spielleiter nennt drei Tiere und wirft den Ball einem Teilnehmer zu. Diese lässt das letzte Tier weg, fügt ein neues hinzu und wirft den Ball jemand anderem zu. Die Tiere können auch durch Farben, Vornamen, Pflanzen etc. ersetzt werden. Ein beliebtes Spiel bei Hochbetagten.

Variante: Falls das Zuwerfen zu schwierig ist, stellt sich die Spielleitung in die Mitte. Der Ball kann dann mit oder ohne Aufkommen auf dem Boden der Spielleitung zugeworfen werden, die ihn dann wiederum an die Mitspieler weitergibt.

Ballstaffel

Ein Mannschaftsspiel im Sitzen, auch für bewegungseingeschränkte Personen. Je nach Ressourcen können leicht verwirrte Personen integriert werden.

Teilnehmerzahl: 10–16 Personen.

Material: 2 Softbälle, 2 Hüte oder Tücher.

Durchführung: Von der Spielgruppe werden zwei Mannschaften gebildet und parallel zueinander in Stuhlsitzreihen aufgestellt. Die Stühle sollten ohne Lehne sein und dicht beieinander stehen. Nachdem die Spielleitung das Startsignal gegeben hat, wird der Ball von vorn nach hinten weitergegeben. Die Mannschaft, die zuerst den Durchgang geschafft hat, hat gewonnen und erhält einen Punkt. Der Schwierigkeitsgrad des Spiels ist variabel und kann erhöht werden. Es können zwei oder drei Durchgänge vorgeben werden. Oder zusätzlich zu dem Ball muss noch ein Hut auf den Kopf oder ein Tuch um den Hals gelegt werden.

Variante: Das Staffelspiel kann auch anstelle des Balles mit einem Stab, Kegel oder einem anderen Gegenstand durchgeführt werden.

Weitere Variante: Das Staffelspiel kann bei gehfähigen Personen natürlich auch im Stehen durchgeführt werden.

> Das Spiel ist gut für eine Seniorenolympiade, z. B. bei einem Sommerfest oder einem Fest mit Kindern, geeignet.

Ringwerfen

Ein beliebtes Bewegungs- und Geschicklichkeitsspiel für Personen im Sitzen oder Stehen. Auch Hochbetagte und Menschen mit Bewegungseinschränken können aufgrund des variablen Schwierigkeitsgrades gut mitmachen.

Teilnehmerzahl: Beliebig.

Material: Ein Ringwerfset bestehend aus einem Holzkreuz und Wurfringen aus Sisal (☞ Abb. 8.18).

Durchführung: Aus einem von der Spielleitung vorher festgelegten Abstand werden die Wurfringe auf die Stäbe des Holzkreuzes geworfen. Treffer erhalten die Punktzahl, die für den jeweiligen Stab vorgesehen ist. Es wird reihum geworfen. Der Teilnehmer mit der höchsten Punktzahl hat gewonnen. Dafür kann es eine kleine Belohnung geben.

Büchsenwerfen

Ein lustiges, lebhaftes Bewegungsspiel. Geeignet für sitzende Teilnehmer im Stuhlkreis oder am Tisch. Auch geeignet für ein Fest im Freien (Sommerfest) oder für Gäste bei einem Fest.

Teilnehmerzahl: Beliebig.

Material: Verschieden große Büchsen, kleine Geschenke, kleine Bälle.

Durchführung: Für einen Wettkampf auf dem Tisch werden verschiedene mittelgroße Büchsen aufgestellt. In den Büchsen sind kleine Geschenke, z. B. Hustenbonbons, Geschenkherzen, kleine Steine. Es wird reihum versucht, einen kleinen, tennisgroßen Schaumstoffball in eine Büchse zu werfen. Bei einem Treffer gibt es eine Überraschung aus der jeweiligen Dose.

Variante: In die Mitte eines Stuhlkreises werden große Dosen – geeignet sind 5 l-Gemüsedosen aus der Großküche – aufgestellt, z. B. fünf Dosen, davon eine in die Mitte.

Weitere Variante: Die Büchsen werden als Turm aufgestellt und müssen mit möglichst wenig Würfen umgeworfen werden. Jede umgeworfene Dose ergibt eine bestimmte Punktzahl. Je weniger Punkte, desto besser. Gewinne nach Anzahl der Punktzahl.

> [!] Das Büchsenwerfen nur für aufgeschlossene Gruppen verwenden, die Lärm und ein bisschen Durcheinander verkraften können. Manche alte Menschen empfinden das Spiel als kindisch.

9.2.4 Gedächtnis- und Ratespiele

Gedächtnis- und Ratespiele sind beliebte Spiele, die kognitive Leistungen herausfordern. Viele Spielvorschläge können für das Gehirntraining eingesetzt werden (☞ Kap. 10). Weitere, speziell für die Altenhilfe entwickelte Spiele, die dem Klientel der Altenhilfe gerecht werden, sind im Folgenden dargestellt.

Vertellekes

Ein speziell für ältere und hochbetagte Menschen entwickeltes Erzähl-, Gedächtnis- und Ratespiel, bei dem es nicht um Gewinnen und Verlieren geht, sondern um gemeinsames Finden von Antworten und Erzählen. In Altenpflegeeinrichtungen ist das Spiel sehr populär geworden, es ist einfach und langfristig einzusetzen und erfordert keine große Vorbereitung. Es können auch verwirrte Personen mitspielen.

Teilnehmerzahl: 4–10 Personen.

Material: Spielset Vertellekes.

Durchführung: Zu verschiedenen lebenswelt- und biografiebezogenen Bereichen gibt es Fragen auf Karten, die mit Symbolen gestaltet sind, z. B. Rätselfragen, Teekesselchen, Pantomime, Liederraten, Fragen zur früheren Arbeitswelt, Fragen zur Jugend und Kindheit. Die Fragen können nach Schwierigkeitsgrad und auf die Gruppe zugeschnitten von der Spielleitung ausgesucht werden. Somit kann das Spiel unterschiedlichen Gruppen angepasst werden. Durch das Würfeln und den Erzählcharakter des Spiels können alle Spielteilnehmer gut einbezogen werden.

> Die Spielkarten mit Fragen können von der Spielleitung auch ohne das Spielbrett eingesetzt werden, z. B. können Fragenkarten im Rahmen einer Spiel- oder Gedächtnisrunde gezogen werden. Das Spiel bietet vielfältige Einsatzmöglichkeiten.

Sonnenuhr

Ein weiteres, speziell für ältere und hochbetagte Menschen entwickeltes leichtes Gedächtnis- und Ratespiel, bei dem es nicht um Gewinnen und Verlieren, sondern Erzählen, Austausch und Kommunikation geht. Bei diesem Spiel können auch verwirrte Menschen mitspielen. Wie bei dem oben genannten Spiel Vertellekes kommt es darauf an, ins Gespräch zu kommen, Gesprächsanregungen zu geben, gemeinsam Freude und Spaß zu erleben und Fragen zu beantworten.

Teilnehmerzahl: 4–10 Personen.

Material: Spielset Sonnenuhr.

Durchführung: Das Spiel ist am Verlauf der Jahreszeiten orientiert, jede Woche des Jahres steht unter einem neuen Motto. Reihum werden von den Teilnehmern Spielkarten gewürfelt, die zusammen mit einem Begleitbuch Rätsel, Fragen zu lebensweltbezogenen Bereichen der alten Menschen, Gedichte, Lieder bieten.

Lebenslauf

Ein Kommunikations-, Gedächtnis- und Ratespiel, das sich in Form von Fragen mit verschiedenen Lebensabschnitten beschäftigt.

Teilnehmerzahl: 3–6 Personen.

Material: Lebenslaufspiel vom Fachhandel.

Durchführung: Lebenslauf ist ein Entwicklungsspiel und beginnt mit 20 Jahren und endet bei 100 Jahren. Die Spieler erhalten in den verschiedenen Lebensabschnitten der Spielfelder Fragen und Aufgaben, die es zu beantworten gilt. Fragen können gemeinsam beantwortet werden. Das Spiel ist interessant für Jung und Alt.

> Manche Fragen sind sehr ernsthaft und haben für einige Senioren nicht genügend spielerischen Reiz.

Berufe raten

Angelehnt an die beliebte Fernsehsendung „Was bin ich?" ein Berufspielratspiel für Senioren. Für verwirrte Menschen wegen Überforderung nicht geeignet.

Teilnehmerzahl: 4–12 Personen.

Material: Keins.

Durchführung: Ein Teilnehmer denkt sich einen bekannten Beruf aus, die anderen stellen Fragen, die der Teilnehmer beantworten muss. Die Fragen sollen eigentlich nur mit Ja und Nein beantwortet werden. Es können aber auch kleine Hinweise gegeben werden, wenn das Spiel sonst zu schwierig wird.

Berufe raten ohne Worte

Ein Pantomimespiel zu Berufen. Spiel kann im Sitzkreis oder am Tisch durchgeführt werden. Leicht verwirrte Personen können noch integriert werden.

Teilnehmerzahl: 4–12 Personen.

Material: Keins

Durchführung: Jeder Teilnehmer der Spielrunde denkt sich einen Beruf aus. Eine Person beginnt und führt die Pantomime für alle sichtbar vor. Wer errät, macht weiter. Wenn die ersten Hemmungen zu diesem Spiel überwunden sind, macht es großen Spaß.

Unterschiede finden

Ein Gedächtnisspiel, das in zwei Gruppen gespielt wird.

Teilnehmerzahl: 6 und mehr Personen.

Material: Keins

Durchführung: Es werden zwei Gruppen gebildet. Die eine Gruppe denkt sich zwei Begriffe aus, die eine Gemeinsamkeit haben und doch unterschiedlich sind. Beispiel: Katze und Bürste (beide haben Haare). Die zweite Partei rät gemeinsam. Wenn die Lösung gefunden ist, findet ein Rollentausch statt und die andere Gruppe denkt sich zwei Begriffe aus.

Variation: Das Spiel kann auch nur mit einer Gruppe gespielt werden. Dann gibt der Gruppenleiter das Rätsel auf.

Versteckte Zahlen

Teilnehmerzahl: 4–12 Personen.

Material: Wandtafel, Flip-Chart.

Die Spielleitung nennt eine Serie von Wörtern, in denen eine Zahl versteckt ist. Wer zuerst die Antwort weiß, ruft sie aus.

- Re **vier**
- Be **acht** ung
- N **acht** schwärmer
- Ver **zwei** flung
- L **ein** samen
- Reno **vier** ung
- Ver **acht** ung
- **Acht** samkeit
- Gem **ein** sam
- Run **drei** se
- Rh **ein** strom

> Alle Ratespiele sind auch gut für das Gehirntraining einsetzbar.

Oberbegriffe

Ein Ratespiel für eine wortgewandte Gruppe.

Teilnehmerzahl: 6–14 Personen.

Material: Keins

Durchführung: Es werden zwei Gruppen gebildet. Die Gruppenleitung nennt einen Oberbegriff, abwechselnd sagt jede Gruppe einen dazugehörigen Begriff, bis eine Gruppe nicht mehr weiter weiß. Diese erhält dann einen Minuspunkt. Verloren hat die Gruppe mit den meisten Minuspunkten.

- **Fahrzeuge:** Auto, Roller, Mopeds, Rollstühle, Rollatoren, Kinderwagen, Einkaufswagen …
- **Küchengeräte:** Kaffeemühle, Mixer, Schüsseln, Quirl, Holzlöffel, Geschirr, Messer …
- **Nadelbäume:** Tanne, Fichte, Eibe, Lärche, Wacholder …
- **Sommerblumen:** Rose, Nelke, Glockenblume, Geranie, Sonnenblume …
- **Vögel:** Amsel, Drossel, Fink, Star, Buntspecht, Elster, Nachtigall …

Quiz

Quizspiele sind beliebte Ratespiele bei Senioren und können in vielerlei Variationen gespielt werden. Quizspiele können mit etwas Fantasie selbst entworfen werden. Es gibt inzwischen auch gute Quizspiele für Senioren auf dem Markt.

Teilnehmerzahl: 4–16 Personen.

Material: Activity-Spiele vom Fachhandel.

> 🐌 Quizspiele sind auch beim Gehirntraining beliebt (☞ 10.5.2).

Ringlein, Ringlein ...

Ein altes Kreisspiel, das Kindergartenkinder gern spielen. Das Spiel kann gemeinsam mit Kindern, Enkeln und Urenkeln gespielt werden, z. B. bei einem Spielnachmittag mit Kindern eines Kindergartens. Auch geeignet für verwirrte Personen.

Teilnehmerzahl: 6 bis beliebig.

Material: Ring und Zauberschnur.

Durchführung: Die Gruppe sitzt im Kreis, jeder Teilnehmer hält ein Stück der Zauberschnur fest. Ein auf der Schnur aufgezogener Ring geht nun von Hand zu Hand und soll geschickt versteckt werden. Eine Person steht in der Mitte und soll durch genaues Beobachten herausfinden, wo der Ring sich befindet. Wird der Ring gefunden, findet ein Rollen- und Platztausch statt. Während der Ring wandert, wird gesungen:

„Ringlein, Ringlein,
du musst wandern,
von dem einen Ort zum andern.
Das ist herrlich, das ist schön,
keiner kann das Ringlein sehn."

Variante: Es wird ohne Zauberschnur gespielt. Die Person, die in der Mitte ist, hat in ihrer Handmulde den Ring und geht von Person zu Person und streicht die Hände, um dann bei einer Person den Ring in die Handmulde fallen zu lassen. Alle müssen raten.

> ❗ Ohne Kinder ist dieses Spiel für Senioren zu „kindisch", deswegen sollte es in ein gemeinsames Spiel mit Kindern eingebunden sein.

9.3 Vorgefertigte und selbstentworfene Spiele

Im Fachhandel gibt es inzwischen viele gute, unterschiedliche und interessante Spiele. Die Seniorenspiele sind den Bedürfnissen der alten Menschen angepasst und auf mögliche Einschränkungen ausgerichtet. So gibt es inzwischen z. B.

- bekannte Gesellschaftsspiele im Großformat – großes Brett und große Spielfiguren, die besser zu fassen sind
- Magnetspiele mit Magnetfiguren, die nicht umfallen können
- Halterungen für Spielkarten
- Stiftverstärkungen für Schreibstifte
- Würfel in verschiedenen Größen.

Die Spiele aus dem Fachhandel sind sicherlich ihren Preis wert, oft ist es aus finanziellen Gründen aber nicht möglich, die gewünschten Artikel zu kaufen. In der Praxis ergeben sich häufig Spielideen, die sich leicht und kostengünstig selbst herstellen lassen. Es ist immer lohnenswert, eigene Ideen mit Kreativität und unter Einbeziehung der alten Menschen selbst umzusetzen.

> ☑ Mit selbstgefertigten Spielen kann genau an die Fähigkeiten und Fertigkeiten der alten Menschen angeknüpft werden. Es können gezielt Kommunikation, Konzentration, Geschicklichkeit oder Wahrnehmung gefördert werden.

Zahlen-Domino

Ein Dominospiel kann leicht selbst hergestellt werden. 50 Pappkarten in der Größe 6 × 12 cm ausschneiden und die Augenzahlen mit einem dicken schwarzen Filzstift aufmalen. In der Mitte einen dicken schwarzen Strich zur Unterteilung ziehen.

Farb-Domino

50 Pappkarten in Großformat ausschneiden und jeweils eine Seite mit unterschiedlichen Farben bekleben. Am besten d-c-fix-Papier, das hält sehr gut.

Form-Memory

Memoryspiele können ebenfalls leicht selbsthergestellt werden. Dazu immer jeweils zwei gleiche Memorykarten herstellen, insgesamt 10 Paare mit verschiedenen Formen. Die Formen mit unterschiedlichen Farben gestalten und auf 8 × 8 cm große Quadrate aus starker Pappe kleben, z. B. Quadrate, gleichschenklige Dreiecke, nichtgleichschenklige Dreiecke, Rechtecke, Ovale, Balken, Sechsecke, Halbkreise, Zylinder, Tortenstücke.

Obst-Memory

Wie beim Form-Memory 10 Paare im Großformat aus starker Pappe herstellen. Der Pappkarton kann auch farbig sein, sollte aber immer den gleichen Hintergrund haben. Aus Zeitschriften, Katalogen oder Computerausdrucken 10 verschiedene Früchte ausschneiden und auf die 8 × 8 cm großen

Quadrate kleben. Wenn möglich, können die Memorykarten laminiert werden (sind dann strapazierfähiger und abwischbar).

Quiz

Für ein Quiz mit 6 Wissensbereichen ca. 60 bunte Karten in Großformat (ca. 6 cm × 12 cm) ausschneiden, am besten eignet sich starker Fotokarton.

Jeder Wissensbereich hat seine eigene **Farbe:**
- Tiere: Braun
- Pflanzen: Grün
- Allgemein: Rot
- Flüsse und Städte: Blau
- Märchen und Lieder: Gelb
- Gesundheit und Krankheit: Lila

Auf jedes Kärtchen 1 Frage in Großbuchstaben drucken bzw. schreiben. Auf der Rückseite ist das Symbol für den Fragebereich abgedruckt oder aufgeklebt, bei Pflanzen z. B. eine Baumgruppe. Die Farben können entsprechend den Kartenfarben mit Lackfarbe übermalt werden.

Die Karten liegen stapelweise in der Tischmitte. Die Fragebereiche werden nun reihum mit einem großen Farbwürfel erwürfelt. Farbwürfel gibt es fertig mit den Farben rot, grün, blau, gelb, weiß und schwarz. Die gewürfelte Frage wird von der Person, die gewürfelt hat, oder vom Spielleiter vorgelesen. Wenn sie beantwortet wurde, gibt es einen Punkt, wenn nicht, kann sie an andere Spieler weitergegeben werden.

Tastkimspiel mit TheraBeans

Tastkimspiele können zur Wahrnehmungsförderung bei vielen Personen eingesetzt werden. Dazu eine Waschschüssel mit TheraBeans (Therapiebohnen, gibt es im Fachhandel) füllen und kleine Gegenstände darin verstecken, z. B. Schlüssel, Fläschchen, Teelöffel, Walnuss, Nähgarn. Die Gegenstände sollen in den Bohnen versteckt ertastet und erraten werden. Erst wenn sie erraten sind, werden sie herausgenommen. Anstelle der Therapiebohnen kann eine Schüssel auch mit sehr kleinen Kieseln oder mit Erbsen gefüllt werden. Alle Materialien fördern den taktilen Wahrnehmungsbereich und regen Fantasie und auch Durchblutung der Hände an.

Tastkim „Zu jedem Topf ein Deckel"

Ein Tastkimspiel, das auch Denkfähigkeit und strategische Fähigkeiten fördert. Für leicht verwirrte Personen und nicht verwirrte Personen geeignet. Aus einem Sortiment von ca. 20 verschiednen Dosen und dazugehörigen Deckeln werden fünf ausgesucht. Diese fünf Dosen werden mit den dazugehörigen Deckeln auf ein Tablett durcheinander gestellt. Mit geschlossenen Augen muss der Spieler versuchen, möglichst schnell die Deckel zu den Töpfen zu finden.

Tastkim mit Beutel und Brett

Ein Tastkimspiel zur Förderung der taktilen Wahrnehmung. Für leicht verwirrte Personen oder auch nicht-verwirrte Personen als Wahrnehmungsförderung geeignet. Es werden 10 kleine Alltagsgegenstände als Paare benötigt: Jeweils 1 Paar Radiergummi, Haushaltsklammern, Kugelschreiber, Streichholzschachteln, Teelöffel, Hälfte von einem Schwamm, Wollknäuel, kleiner Topfkratzer, Wollstofffetzen. Die Gegenstände werden verteilt auf ein ca. 40 × 40 cm großes Brett geklebt. Die entsprechenden Paare kommen in einen nicht-durchsichtigen Beutel. Nun wird von der Spielperson in den Beutel nach einem Gegenstand gegriffen. Dieser bleibt aber in dem Beutel, das Pendant soll auf dem Brett gesucht und zugeordnet werden. Das Spiel wird leichter gestaltet, wenn der Gegenstand aus dem Beutel genommen wird und dann auf dem Brett zum Zwillingsgegenstand zugeordnet wird.

Solitär für stark Seheingeschränkte

Solitär ist ein klassisches Brettspiel für eine Person. Durch überlegtes Überspringen werden nach und nach Spielfiguren abgeräumt, bis nur noch eine Figur übrig bleibt. Ein Spiel für Strategen. Das Brettspiel gibt es im Handel als seniorengerechtes Großspiel. Für stark Sehbehinderte kann das Spiel in einem Supergroßformat selbst hergestellt werden. Dazu ist etwas handwerkliches Geschick und Werkzeug nötig.

Für das Solitärbrettspiel ein rundes Brett mit ca. 45 cm Durchmesser oder ein viereckiges Brett mit den Maßen 45 cm × 45 cm herstellen (lassen). In das Brett nach Anordnung des Solitärspieles 33 Löcher bohren. Als Spielfiguren werden Sektkorken von kleinen Sektflaschen genommen (oder andere Korken). Die Lochgröße richtet sich nach der Größe der Korken.

10 Gehirntraining

10.1 Warum, für wen, wie – das Management 212
    10.1.1 Bedeutung von Gehirntraining 212
    10.1.2 Ziele von Gehirntraining 213
    10.1.3 Zielgruppen 214
    10.1.4 Grundsätze für das Gehirntraining 215
    10.1.5 Planung und Organisation einer
            Gehirntrainingsstunde 216

10.2 Themenzentriertheit beim Gehirntraining **217**

10.3 Methodenvielfalt beim Gehirntraining . . **220**

10.4 Bewegungsübungen und Gehirntraining 221

10.5 Trainings- und Übungsbereiche **222**
    10.5.1 Wort- und Sprachübungen 222
    10.5.2 Rateübungen und Wissensfragen 226
    10.5.3 Bildbetrachtungen und -beschreibungen. 228
    10.5.4 Kreativ- und Fantasieübungen 230
    10.5.5 Suchspiele 231
    10.5.6 Erinnerungsübungen 232
    10.5.7 Denkübungen 235
    10.5.8 Rätsel- und Scherzfragen 236
    10.5.9 Ordnungs- und Einordnungsübungen . . 237
    10.5.10 Assoziationen 239
    10.5.11 Wahrnehmungsübungen 240
    10.5.12 Die 10-Minuten-Aktivierung 241

10 Gehirntraining

10.1 Warum, für wen, wie – das Management

Gehirntraining umfasst die Förderung und den Erhalt vieler und unterschiedlicher kognitiver Fähigkeiten. Hat man früher ausschließlich den Begriff Gedächtnistraining gebraucht, spricht man heute von **ganzheitlichem Gedächtnistraining, Hirntraining** oder **Gehirnjogging.** Gehirntraining umfasst also mehr als nur das Trainieren des Gedächtnisses (☞ Abb. 10.1).

10.1.1 Bedeutung von Gehirntraining

Gehirntraining findet in der Altenhilfe und -pflege, Gesundheitsbildung und Prävention, in der Rehabilitation und der Pädagogik zunehmende Bedeutung. In dem Maße, in dem in den letzten Jahren das Wissen um die Funktion des Gehirnes und auch um Hirnleistungsstörungen zugenommen hat, ist die Entwicklung von Hirntrainingsprogrammen fortgeschritten. Ein gezielt eingesetztes Gehirntraining ermöglicht nicht nur älteren, sondern auch jüngeren Menschen ein hohes Maß an Merkfähigkeit, Konzentration und kognitiver Kompetenz bis ins hohe Alter hinein.

Gehirntraining kann mit unterschiedlichen Methoden praktiziert werden. Für alte Menschen hat sich die ganzheitliche Methode als am besten geeignet erwiesen. In Deutschland hat der Bundesverband Gedächtnistraining e.V. es sich zur Aufgabe gemacht, Trainingsprogramme nach einer ganzheitlichen Methode zu fördern und weiterzuentwickeln.

> **Ganzheitliches Gehirntraining:** Methode des Gehirntrainings nach der Nervenärztin Frau Dr. Franziska Stengel, die an den Alltags- und Lebenserfahrungen des Menschen ansetzt und die gleichermaßen die Beteiligung von Körper, Seele und Geist ermöglicht. Ganzheitlichkeit geschieht durch Integration von Bewegungselementen, Zulassen von Gefühlen, Fördern der Kommunikation, Kreativität, Fantasie und Möglichkeiten der Entspannung.

Beim **ganzheitlichen Ansatz** werden nicht nur isoliert einzelne Leistungen des Gehirnes, z.B. die Merkfähigkeit, sondern durch die Vernetzung vielfältiger Übungen kombiniert trainiert. Auf diese Weise werden alle Ebenen des Menschseins angesprochen, was einen optimalen Lernerfolg zur Folge hat.

> ☑ **Ganzheitlicher Ansatz in der Altenhilfe**
>
> Ein ganzheitliches Gehirntraining in der Altenhilfe und -pflege soll gezielt Sinnesfunktionen fördern, weil die Lebenswelt der alten Menschen einerseits oft durch Reizüberflutung überfordernd, andererseits häufig durch neurologische und andere Erkrankungen eingeschränkt ist. Förderung der Sinnesfunktion soll „sinnvoll" sein. Sinnvoll sind Programme und Übungen, die Freude bereiten und an der Lebens- und Erlebenswelt des alten Menschen anknüpfen. Der alte Mensch soll sich als ganzer Mensch gefordert, gefördert und wertgeschätzt fühlen. Ansonsten besteht die Gefahr, dass der alte Mensch sich auf wenige Körperfunktionen reduziert erlebt.

Abb. 10.1: Gehirntraining umfasst viele Bereiche. [M283]

Gehirntraining kann in Einzelsitzungen (☞ Abb. 10.2) oder in Gruppen durchgeführt werden. Es kann vom Arzt als ergotherapeutische Maßnahme auf Rezept verordnet, gezielt bei unterschiedlichen Krankheitsbildern eingesetzt oder in Altenzentren, Altenclubs oder Altenpflegeeinrichtungen für Gruppen angeboten werden. Solche Gruppenangebote sind Teil der psychosozialen Betreuung und tragen zur geistigen Mobilisation und Aktivierung der alten Menschen bei.

10.1.2 Ziele von Gehirntraining

Aufgrund gerontologischer Forschung lässt sich das Vorurteil entkräften, dass Gedächtnisleistungen und andere Hirnfunktionen im Alter generell „schlechter" werden. Körperfunktionen, so auch die Leistungen des Gehirns, laufen langsamer ab als in jungen Jahren, aber langsamer bedeutet nicht schlechter.

Anders verhält es sich bei Demenzerkrankungen, bei denen die Gehirnzellen geschädigt werden und einen fortschreitenden Abbau der Hirnfunktionen und des Gedächtnisses zur Folge haben.

Gehirntraining wird in der Altenhilfe zur Prävention von geistigem Abbau und zur Erhaltung der kognitiven Fähigkeiten eingesetzt. Es kann Hirnleistungseinbußen vorbeugen oder bereits bestehende bessern.

Abb. 10.2: Gedächtnistraining als Einzeltraining. [K157]

- Entwicklung und Stärkung eines positiven Selbstbildes
- Verbesserung der kognitiven Fähigkeiten und somit auch eine Verbesserung der Alltagskompetenzen
- Erleben von Freude und Spaß
- (Wieder)erlernen von sozialem Verhalten und Erleben von Gemeinschaft
- Verbesserung der Blut- und Sauerstoffzufuhr des Gehirns und Aktivierung der Gehirnzellen
- Förderung von Gemeinschaft und Geselligkeit.

> ☑ Erste Symptome einer Demenz lassen sich manchmal mit einem Training kompensieren, das Fortschreiten von Hirnleistungseinschränkungen verzögern. Die Demenzerkrankung selbst kann auch mit dem besten Gehirntraining weder verhindert noch aufgehalten werden.

> ☑ Durch ein regelmäßiges Gehirntraining werden Endorphine freigesetzt, die eine positive Grundstimmung bewirken.

Neben den allgemeinen Richtzielen können beim ganzheitlichen Gehirntraining auch **spezielle Trainingsziele** verfolgt werden, z. B.

Die **Ziele von Gehirntraining** beruhen auf der wissenschaftlichen Erkenntnis, dass Lernen bis ins hohe Alter möglich ist und dass Vergesslichkeit, Verschlechterung der Merkfähigkeit und geistige Aktivität nicht ein unabdingbares Schicksal des Alters sind.

Die **Richtziele** eines Trainings orientieren sich nicht nur an einzelnen kognitiven Fähigkeiten, sondern am „ganzen Menschen". Dazu gehören:
- Förderung von Selbstvertrauen im Umgang mit geistigen Anforderungen

- Förderung der Wahrnehmung
- Verbesserung der Konzentrationsfähigkeit
- Verbesserung der Aufmerksamkeit
- Förderung des assoziativen Denkens
- Förderung des Kurzzeitgedächtnisses
- Förderung des Langzeitgedächtnisses
- Förderung des Sprachvermögens
- Förderung des logischen Denkens und Problemlösens
- Förderung von Kreativität und Fantasie.

10.1.3 Zielgruppen

Für jüngere Personengruppen oder auch für „junge Alte" werden Gehirntrainingskurse z. B. in Volkshochschulen und Bildungsstätten angeboten. In diesem Kapitel geht es um Gehirntraining für alte und hochbetagte Menschen, also diejenigen, die sich in ambulanter, teil- oder vollstationärer Betreuung befinden. Hier kann das Gehirntraining für geistig orientierte Menschen oder für Menschen mit leichten Orientierungsstörungen eingesetzt werden.

> **!** Bei fortgeschrittener Demenzerkrankung sollte kein Gehirntraining durchgeführt werden, weil die Betroffenen damit überfordert und mit ihren Defiziten konfrontiert würden, was emotional als Kränkung und Abwertung erlebt wird (☞ 5.1.3).

> Bei fortgeschrittener Demenz ist es besser, Erinnerungsarbeit (☞ Kap. 6.3) durchzuführen, da das Langzeitgedächtnis sehr lange erhalten bleibt. Erinnerungsarbeit ist bei Demenzkranken ressourcenorientierter als Gehirntraining, sie stärkt den Selbstwert und die Selbstachtung der Betroffenen (☞ 5.1.3).

In der Praxis stellt sich für Geragogen in Einrichtungen mit heterogener Bewohnerstruktur immer wieder die Frage, wann Menschen mit Orientierungsstörungen aufgrund einer Demenzerkrankung **in Gruppen integriert** werden können. Menschen mit leichten Orientierungsstörungen können in Gruppen integriert werden, wenn sie

- sich in der Gruppe wohl fühlen
- trotz Orientierungsstörung Erfolgserlebnisse haben
- nicht der Kritik der anderen Gruppenmitglieder oder der Leitung ausgesetzt sind
- durch das Programm nicht zu sehr mit ihren Defiziten konfrontiert werden.

Die **Gruppenzusammensetzung** erfordert viel Sensibilität und Fachkompetenz des Leiters einer Gehirntrainingsgruppe. Bei Störungen und Nichtakzeptanz ist es eher sinnvoll, homogene Gruppen entsprechend den segregativen Konzepten zu bilden (☞ 5.1.4).

Gehirntraining kann grundsätzlich mit Einzelpersonen oder **in Gruppen** durchgeführt werden.

Abb. 10.3: Eine Gruppe beim Gedächtnistraining. [K157]

Eine Gruppe bietet jedoch viele **Vorteile,** in ihr können alte Menschen

- soziale Kontakte pflegen
- sich selbst mit Stärken und Schwächen erleben
- Solidarität erfahren
- gemeinsam Freude und Spaß erleben.

Darüber hinaus gelingt es mit Hilfe der Gruppenarbeit, alte Menschen aus ihrer Isolation zu holen und sie zur Teilnahme zu motivieren.

> Im höheren Alter ist ein Gruppentraining sinnvoller als Einzeltraining.

Die **Gruppengröße** hängt sehr von den Teilnehmern ab. Empfehlenswert sind Gruppen mit sechs bis höchstens zwölf Personen. Bei mehr als zwölf Teilnehmern muss die Gruppenleitung genau überlegen und entscheiden, ob die Gruppe weitere Personen verkraften kann. Eine Gruppe kann eher größer sein bei

- einer homogenen Gruppe
- einem vergleichbaren Leistungsniveau
- gegenseitigem Verständnis der Gruppenmitglieder
- ähnlichen Einschränkungen der Teilnehmer.

Gruppen mit großen Unterschieden im Leistungsniveau erfordern ein hohes pädagogisches Geschick, damit auch Teilnehmer mit schwächerem Leistungsniveau Erfolgserlebnisse haben. In der Praxis zeigt sich, dass ⅔ der Gruppe ein ungefähr gleiches Leistungsniveau haben sollte, während ⅓ der Gruppe im Leistungsniveau abweichen kann. Wichtig ist, große Über- und Unterforderungen zu vermeiden.

> [!] Werden verwirrte alte Menschen in Gehirntrainingsgruppen integriert, besteht die Gefahr der Überforderung, während andere Teilnehmer womöglich unterfordert sind. Sowohl Unter- als auch Überforderung schaden der Motivation und sollten deshalb vermieden werden.

10.1.4 Grundsätze für das Gehirntraining

Grundsätze geben eine Struktur für das Gehirntraining vor, die auch den Teilnehmern Sicherheit und einen überschaubaren Rahmen bietet. Ein Trainingsprogramm orientiert sich an einem groben Schema, das allerdings in sich variabel ist. Zeitliche Ausdehnung, Pausen und Schwierigkeitsgrad können je nach Gruppe flexibel gehandhabt werden.

Folgende Grundsätze sind deshalb nur als Grundlagen und Arbeitshilfe für Gruppenleiter in der Altenarbeit zu verstehen.

12 Grundsätze

- **Gehirntraining kontinuierlich durchführen:** Regelmäßiges wöchentliches Training mit Wiederholungen steigert die Gedächtnisspeicherung und vermittelt den Teilnehmern außerdem Sicherheit und Selbstwertgefühl.
- **Ganzheitliches Training durchführen:** Keine isolierten Funktionen trainieren. Das Trainieren verschiedener Funktionsbereiche wird vernetzt. Es werden auch körperliche Bewegungen oder Erfahrungen der Lebenswelt des alten Menschen eingebaut.
- **Lebenswelt und die Biografie des alten Menschen einbeziehen:** Lernen wird durch Anknüpfen an persönliche Erfahrungen und Werte einfacher und sinnvoller. Der alte Mensch wird dadurch eher zum Mitmachen motiviert. Mit einem themenbezogenen Ansatz ist das Anknüpfen an bestehende Wissensinhalte einfacher, die Teilnehmer erkennen leichter einen Sinnzusammenhang.
- **Spielerischer Ansatz:** Gehirntraining soll anregen und Interesse wecken. Spaß und Freude steigern die Lebensenergie, deswegen ist ein spielerischer Ansatz wichtig. Eine heitere, entspannte Atmosphäre, in der viel gelacht wird, wirkt sich positiv auf die Gruppe aus und bietet die beste Voraussetzung für ein erfolgreiches Training.
- **Leistungsdruck und Konkurrenz vermeiden:** Wichtig ist eine kommunikative Atmosphäre, die alle Beteiligten zum Mitmachen motiviert. Die Leitung achtet darauf, dass keine Konkurrenzsituation entsteht, sondern dass das Miteinander und das gegenseitige Helfen im Vordergrund stehen. Dazu ist es auch manchmal nötig, einen sehr aktiven Teilnehmer etwas zu bremsen, damit auch andere eine Chance haben. Nicht die richtigen Antworten sind entscheidend, sondern das Nachdenken über die Fragen. Eine Stunde immer nach dem Prinzip aufbauen: Vom Einfachen zum Schwierigen, vom Bekannten zum Unbekannten.
- **Methodenvielfalt:** Das Gehirntraining soll abwechselungsreich sein und unterschiedliche Funktionen des Gehirnes ansprechen. Auch Gespräche und Diskussionen gehören zum Training. Jede verbale Äußerung ist eine kognitive Leistung.
- **Bewegungsübungen einbeziehen:** Körperliche Bewegung unterstützt die Blutzirkulation und verbessert die Durchblutung und Sauerstoffversorgung des Gehirns. Zudem wirkt Bewegung mobilisierend und auch entspannend.
- **Kommunikation fördern:** Eine Trainingsstunde in der Gruppe soll Austausch, Gespräche und Diskussionen ermöglichen. Nur Frage-Antwort-Situationen sind zu einseitig. Jeder Gesprächsinhalt ist fördernswert, weil er der im Alter so häufigen „Sprachlosigkeit" entgegenwirkt.
- **Zeit, Pausen und Entspannung:** Das Gehirntraining soll nicht anstrengend sein. Pausen und Entspannungsübungen schützen vor Überforderung und fördern die Aufnahme- und Konzentrationsfähigkeit. Je nach Leistungsfähigkeit einer Gruppe kann das Training 1¼–1½ Std. dauern, bei einer Einzelperson eher 45–50 Minuten.
- **Erfolgserlebnisse vermitteln:** Erfolgserlebnisse motivieren, stärken das Selbstwertgefühl und beeinflussen das oft negativ geprägte Selbstbild des alten Menschen positiv. Erfolgserlebnisse können durch Loben, Ermuntern und schriftliches Fixieren der Antworten vermittelt werden. Jeder Gruppenteilnehmer sollte innerhalb einer Gruppe ein persönliches Erfolgserlebnis haben.
- **Ruhige, reizarme Umgebung:** Für alte Mensch ist es schwierig, sich zu konzentrieren, wenn sie abgelenkt werden. Deswegen ist eine ruhige Umgebung wichtige Voraussetzung für das Lernen.
- **Ausreichende Flüssigkeitszufuhr** (ca. 2 Liter in 24 Std.), medizinische Kontrolle und die evtl.

Behandlung von Allgemeinerkrankungen sind für eine stabile Hirnfunktion und ein erfolgreiches Gehirntraining unerlässlich. Während des Gehirntrainings immer schmackhafte Getränke anbieten.

10.1.5 Planung und Organisation einer Gehirntrainingsstunde

Jede Gehirntrainingsstunde, egal ob Einzel- oder Gruppenstunde, bedarf einer gründlichen Vorbereitung. Grundsätzlich gilt, dass ein erfahrener Leiter auf die Erfahrungen der vorherigen Stunden und auf ein breites Spektrum von Möglichkeiten und Methoden zurückgreifen kann. Hilfreich können auch bewährte Stundenentwürfe von Fachkräften sein, die dann einer Gruppe oder Einzelperson angepasst werden. Am Anfang einer Planung stehen die 10-W-Fragen (☞ 4.3).

Folgend ein Planungsentwurf einer Hirntrainingsstunde zum Thema Farben für eine gemischte, hirntrainingsgewohnte Gruppe Hochbetagter.

10 W-Fragen

1. Wer: Durchführung der nächsten Stunde durch Ergotherapeut einer Tagesgruppe. Der Ergotherapeut ist diesmal allein, ohne Unterstützung eines Praktikanten.

2. Was: Es ist Frühlingsende, viele Frühlingsthemen sind schon dran gewesen, aber das Thema Farben passt gut in diese Jahreszeit. Es knüpft an frühere Erfahrungen und an aktuelle Lebenssituationen an, deswegen können sich alle Gruppenteilnehmer an diesem Thema beteiligen. Das Thema kann eine Gruppenstunde füllen, aber auch über mehrere Stunden verlaufen.

3. Wann: Die Gehirntrainingsstunde findet in der Tagesbetreuung einer Altenpflegeeinrichtung statt und ist auf den Alltag der Einrichtung abgestimmt. In Absprache mit der Pflege, Hauswirtschaft und Küche findet die Gruppenstunde von 10.00–11.15 Uhr statt. Da das Gehirntraining hohe Aufmerksamkeit und Konzentration erfordert, ist der Vormittag gut geeignet. Bekanntgabe des Termins durch Aushang und Mitteilung an Mitarbeiter und Tagesbetreuungsgäste.

4. Mit wem: 8–12 Personen der Tagesbetreuung als offene Gruppe. Die Teilnahme beruht auf Freiwilligkeit. Es ist zu rechnen mit einer Kerngruppe von 6–8 Personen, mit einigen „flexiblen Teilnehmern", die nicht regelmäßig kommen, und einem neuen Teilnehmer. Es ist ein männlicher Teilnehmer zu erwarten. 2 Teilnehmer sind schwerhörig und müssen ihr Hörgerät während der Teilnahme tragen. Weitsichtige Personen müssen ihre Lesebrille mitbringen. Die Sitzordnung ist relativ festgelegt. Die Personen der Kerngruppe haben einen Stammplatz, die flexiblen Teilnehmer übernehmen die restlichen Plätze, die neue Teilnehmerin erhält einen Platz in der Nähe der Gruppenleitung.

5. Wo: Das Gehirntraining findet immer in dem gleichen Raum statt, einem Gruppenraum in zentraler Lage, der den meisten Teilnehmern bekannt ist. Der Raum ist beschriftet und wird in der Bekanntgabe der Veranstaltung namentlich bekannt gemacht. Der Raum für das Gehirntraining ist ein ruhiger Raum, der eine Störung durch Außenreize ausschließt. Er bietet eine angenehme Atmosphäre, lässt sich gut lüften, ist angenehm temperiert und mit seniorengerechten Sitzgelegenheiten und Tischen ausgestattet. Der Raum wird eine Stunde vor Beginn vom Leiter vorbereitet, Getränke und Gläser werden bereitgestellt. Es ist mit den Mitarbeitern des Wohnbereiches abgesprochen, dass die Teilnehmer, die den Raum nicht selbstständig aufsuchen können, gebracht oder vom Ergotherapeuten abgeholt werden.

6. Wie: Das Training wird mündlich durchgeführt und enthält viele Anteile zur Gesprächsförderung. Der Leiter orientiert sich an den Grundsätzen der klientenzentrierten Gesprächsführung. Er versucht, durch gezielte Fragen, Rückmeldungen, eigenes Interesse, Diskussionsförderung, Spielanregungen und Lob alle Teilnehmer zur Gesprächsteilnahme zu motivieren.

Die Trainingsstunde enthält unterschiedliche Übungen, die mit leichten und bekannten Aufgaben beginnen. Die schwierigen Übungen liegen zeitlich in der Mitte, abgeschlossen wird die Stunde mit eher bekannten Anteilen. Die Übungen sind vielseitig und durch Methodenvielfalt abwechslungsreich gestaltet. Eine Übung ist mit einer Leseübung verbunden, weitsichtige Personen benötigen daher ihre Brille.

10.2 Themenzentriertheit beim Gehirntraining

Themenzentriert aufgebautes Gehirntraining bietet eine hervorragende Möglichkeit, um an den Erfahrens- und Wissensschatz des alten Menschen anzuknüpfen und aufzubauen. Themenzentrierte Inhalte regen zum Gespräch an, Gedächtnis- und Gehirnfunktionen werden auf eine spielerische und unterhaltsame Art trainiert. Zudem stellen lebenswelt- oder biografiebezogene Themen eine gute Möglichkeit dar, dass alle Teilnehmer einer Gruppe Anknüpfungspunkte finden und sich beteiligen können.

Biografische Themen können „Türöffner" sein, die den Zugang zum Lernen und Mitmachen erleichtern. Je nach Interesse oder Gruppenzusammensetzung lassen sich aus vielen Bereichen Themen finden, zu denen eine Gehirntrainingsstunde aufgebaut werden kann (☞ Tab. 10.5). Teilnehmer können auch gefragt werden, welche Themen sie interessieren und zu welchem Thema sie gern eine Trainingseinheit hätten.

Abb. 10.4: Eine inhaltlich entsprechende Tischdekoration unterstützt die Motivation und Aufmerksamkeit der Teilnehmer. [M283]

7. Womit: Tischdekoration: Bunter Blumenstrauß, bunte Steine, Federn und Papierherzen, bunte Tücher (Chiffontücher) oder als Alternative buntes Seidenpapier (☞ Abb. 10.4).

Arbeitsmaterialien: Schreibmaterialien für den Leiter, Wandtafel oder Flip-Chart, schriftlich festgelegtes Stundenkonzept, Gedicht, evtl. verschiedenfarbige Rosen, Musikgerät, CDs, kopierte Liedertexte in Großbuchstaben, vorbereitete bunte Kärtchen mit Fragen in Großschrift.

Weiteres: Getränke für Diabetiker und Nichtdiabetiker, Gläser und bunte Strohhalme.

8. Warum: Gehirntrainingsstunde für Tagesbetreuungsgäste zum Training kognitiver Eigenschaften und zur sozialen Integration und Kommunikationsförderung.

9. Wozu: Standardangebot der sozialen Betreuung einer Einrichtung zur Förderung von Alltagskompetenzen und sozialer Integration.

10. Wie war es: Nachbereitung der Übungsstunde, schriftliches Protokoll der Stunde anlegen, Dokumentation auf dem Dokumentationsblatt der Pflegedokumentation.

Themenbereiche	Themenbeispiele
Jahreszeitliches	Frühling, Sommer, Herbst, Winter, November, Dezember
Feier- und Festtage	Ostern, Pfingsten, Maifest, Sommerfest, Advent, Weihnachten, Neujahr, Karneval
Natur	Garten, Wald, Blumen, Bäume, Steine, Wetter, Tiere, Vögel, Wasser, Erntezeit
Gesundheit und Krankheit	Gesundheitsthemen, Heilkräuter, Herz, Tanz und Bewegung, Hände
Kultur	Musik, Märchen und Sagen, Gedichte und Lyrik
Aufgaben und Interessen	Berufe und Berufstätigkeit, Elternsein, Mutter- und Großmutter- Sein, Haushalt, Interessen und Hobbys, Markt, Technik
Lebensabschnitts-Themen	Kindheit, Schule, Jugend und Erwachsenwerden, Elternalter, Älterwerden, Liebe
Weitere Themen	Zahlen, Mode, Lachen und Weinen, Glück und Freude, Farben, Spiel und Spaß

Tab. 10.5: Biografische Themenbereiche rufen mit großer Sicherheit großes Interesse bei alten Menschen hervor.

Fallbeispiel einer Gruppentrainingstunde für geübte Hochbetagte zum Thema Farben

Ambientegestaltung

Der vorbereitete Tisch ist mit besonders farbigen Dingen geschmückt (☞ Abb. 10.4): In der Mitte steht ein bunter Blumenstrauß, rundherum farbige Tücher, dazwischen bunte Steine, Federn und farbige Herzen aus Papier.

Einstieg

Nach Begrüßung und allgemeinem Austausch die Teilnehmer raten lassen, um welches Thema es heute geht.

Kennenlernspiel

Jeder Teilnehmer nennt seinen Nachnamen und dazu die Lieblingsfarbe mit einer Assoziation. Bei Zurückhaltung der Teilnehmer kann die Leitung beginnen oder eine Aufforderung an die Gruppe geben: Wer in diesem Monat Geburtstag hat, beginnt. Oder: Der Älteste in der Runde beginnt. Beispiel: „Ich bin Frau Müller, und meine Lieblingsfarbe ist Blau wie Enzianblau."

Erinnerungsübung

Diese Übung kann bei einer geübten Gruppe oder bei Personen, die nicht zu große Einschränkungen des Kurzzeitgedächtnisses haben, angeschlossen werden: Die Leitung fragt in der gleichen Reihenfolge wie zuvor nach den Lieblingsfarben der einzelnen Teilnehmer. Wenn es einen Stau gibt, darf die Lieblingsfarbe genannt und die Assoziation muss gesucht werden.

Gesprächsvorschläge

- Welche Lieblingsfarbe haben Sie?
- Hat sich Ihre Lieblingsfarbe im Laufe des Lebens verändert?
- Welche Farben mögen Sie bei Blumen am liebsten?
- Mit welcher Farbe würden Sie Ihre Zuneigung ausdrücken?
- Mit welcher Farbe würden Sie Ihr Wohnzimmer und Ihr Schlafzimmer tapezieren?
- Welche Farben waren zu Ihrer Jugend modern?
- Welche Farben sind heute modern?
- Welche Farbe können Sie gar nicht leiden?

Rate- und Wissensfragen

Farben von A–Z: Es wird in die Runde gefragt, und wer zuerst eine Antwort weiß, sagt sie einfach. Mitschreiben auf der Wandtafel oder Flip-Chart. Beispiel:

A: aschblond, aschgrau, apricot, aschfahl, azurblau, altrosa
B: blau, braun, blond, bordeaux, blutrot, beige
C: cremefarben
D: dottergelb, dunkelrot
E: enzianblau, eschefarben

Wort- und Sprachübung

Es sollen Doppelwörter gefunden werden, in dem das Wort Farbe am Anfang oder Ende vorkommt, z.B. Farbtopf, Farbkasten, Farbtafel, Farbdruck, Farbstift, Tapetenfarben, Kleiderfarbe. Mitschreiben auf Wandtafel oder Flip-Chart.

Wortkette

Für eine sehr geübte Gruppe kann aus einem Ausgangswort reihum eine Wortkette gebildet werden, z.B. Farbtopf – Topflappen – Lappeneimer – Eimerhenkel – Henkeltopf – Topfdeckel usw. Wenn es an einer Stelle „stockt", können die anderen mithelfen, ein Anschlusswort zu finden.

Erinnerungsübung

Es werden Sprichwörter und Redensarten, die mit Farben zu tun haben, gesucht, z. B.:
- Mit einem blauen Auge davon kommen
- Etwas durch die rosarote Brille sehen
- Bei Nacht sind alle Katzen grau
- Ins Schwarze treffen
- Sich schwarz ärgern
- Die Worte auf die Goldwaage legen
- An der grünen Seite von jemand sitzen
- Jemanden grün und blau schlagen
- Eine Fahrt ins Blaue machen
- Das ist nicht gerade das Gelbe vom Ei
- Eigener Herd ist Goldes wert
- Das Blaue vom Himmel herab lügen
- Reden ist Silber, Schweigen ist Gold.

Variante: Von den o. g. Sprichwörtern den Anfang nennen, die Teilnehmer sollen das Sprichwort vervollständigen.

Ordnungs- und Einordnungsübung

Von verschiedenen Farben soll eine bestimmte Anzahl von Gegenständen genannt werden, die eine bestimmte Farbe haben (☞ Tab. 10.6). Die Anzahl der zu nennenden Gegenstände kann je nach Leistungsfähigkeit variieren.

10.2 Themenzentriertheit beim Gehirntraining

Gelb	Grün	Blau	Rot
Sonne	Blätter	Himmel	Rose
Blume	Bäume	Meer	Blut
Sonnenblume	Algen	Wasser	Abendhimmel
Sterne	Frösche	Enzian	Klatschmohn
Eigelb	Gras	Eisenhut	Mund

Tab. 10.6: Zu einer Farbe sollen typische Gegenstände gesucht werden.

Zuordnungsübung

Zu verschiedenen Farben soll ein passendes Assoziativ gesucht werden. Beispiele:

Rot wie **die Liebe**

Blau wie **der Himmel**

Grün wie **das Gras**

Grün wie **die Hoffnung**

Blau wie **der Enzian**

Grau wie **eine Maus**

Schwarz wie **die Nacht**

Schwarz wie **die Trauer**

Gelb wie **der Neid**

Lila wie **der letzte Versuch**

Rätselfragen

- Eine Krankheit, die auch mit einem Vogel zu tun hat? (grüner oder grauer Star)
- Wie heißt das Märchen, in dem ein kleines grünes Tier eine Hauptrolle spielt? (Froschkönig)
- Welche berühmte Blume ist von Heino besungen worden? (Enzian)
- Welche Krankheiten gehen mit Hautfarbenveränderungen einher?l (Gelbsucht, Masern, Röteln)
- Wie heißt das Lied, das der frühere Politiker und Kanzler Scheel gesungen hat? (Hoch auf dem gelben Wagen)
- Was ist das blaue Wunder? (Brücke)
- Was ist mit der Aussage „Tanz um das goldene Kalb" gemeint? (geldgierig sein)
- Welche Tiere sind blau und/oder tragen die Farbe „Blau" in ihrem Namen? (Blauwal, Blaumeise, Blaufuchs, Schmeißfliege, Blauhai).

Weitere Gesprächsanregungen

Jeder Teilnehmer zieht eine vom Leiter vorbereitete Fragenkarte zur Beantwortung. Diese Übung kann als eine kleine Pro-und-Kontra-Diskussion angelegt sein, sie fördert Denken und Sprache. Die Frage wird zur Diskussion gestellt:

- Darf ein Hochzeitskleid eine andere Farbe als Weiß haben?
- Welche Farbe hat Trauerkleidung?
- Würden Sie auch mit nichtschwarzer Kleidung zu einer Beerdigung gehen?
- Mit welcher Farbe würden Sie heute Ihr altes Sofa beziehen lassen?
- Welche Farbe wünschen Sie sich für Ihr neues Sommerkleid?
- Was waren die Modefarben Ihrer Jugend?
- Welche Farben haben früher die Männer getragen?
- Können Sie sich an die Farbe Ihres ersten Tanz- oder Ballkleides erinnern?
- Wenn Sie diesen Raum mit Farbe streichen müssten, welche würden Sie aussuchen?
- Welche Farbe mögen Sie als Berufskleidung des Pflegepersonals?

Wahrnehmungsübung

Bei einer kleinen Gruppe kann eine rote, weiße und rosafarbene Rose herumgereicht werden: Welche duftet am stärksten? Es schließt sich ein Austausch über den Geruch an.

Ratespiel

Wenn die Gruppe gern spielt und diese Übung nicht zu kindlich findet, kann das Spiel „Ich sehe etwas, was Du nicht siehst" vorgeschlagen werden.

Lieder raten

Es werden Lieder, die mit Farben zu tun haben, geraten. Falls Liederbücher und CDs mit Texten vorhanden sind, kann das Training mit einem gemeinsamen Lied abgeschlossen werden. Singen entspannt und bezieht Atmung und andere Körperfunktionen mit ein. Alternative zur Verabschiedung: Zu einer passenden Musik kann sich jeder Teilnehmer ein farbiges Tuch vom Tisch aussuchen und im Rhythmus der Musik mitschwingen lassen.

- Hoch auf dem gelben Wagen
- Kornblumenblau
- Schneewalzer
- Wenn der weiße Flieder wieder blüht

- Ganz in Weiß
- Schwarzbraun ist die Haselnuss
- Gold und Silber lieb' ich sehr
- Aus grauer Städte Mauern.

Empfehlung zum Vorlesen

> 🎨 **Gefühle**
>
> Man sagte mir, alle Gefühle seien
> weiß oder schwarz oder dazwischen,
> also grau.
> Aber es kamen gelbe dazu, rote, violette,
> braune und sogar zweifarbige.
> Ich war ratlos, bis ich erfuhr,
> dass die meisten Menschen
> ihre farbigen Gefühle verdrängen,
> so dass nur schwarz und weiß und grau
> verbleiben kann.
> Ich spüre aber, dass ich
> mit einer ganzen Farbpalette
> bunter malen kann
> als nur mit einem Bleistift.
>
> (Kristiane Allert-Wybranietz)

Ausklang

Verabschiedung mit Lied oder einem Gedicht. Nochmals eine Lob für die Teilnahme und die Mitwirkung an der gelungenen Stunde aussprechen und einen Ausblick auf die nächste Stunde geben.

10.3 Methodenvielfalt beim Gehirntraining

Werden beim Gehirntraining möglichst viele verschiedene Methoden angewandt, gelingt es zum einen, die Teilnehmer zu „erreichen" und so zu motivieren. Zum anderen lässt sich mit unterschiedlichen und vielseitigen Vermittlungsformen ein breites Spektrum kognitiver Funktionen trainieren.

> 👁 Gehirntraining spricht den alten Menschen nur an und motiviert ihn langfristig, wenn er „dort abgeholt wird, wo er steht". Dazu benötigt der Gruppenleiter biografische Daten von den Teilnehmern, nach denen er die erfolgversprechendsten Methoden auswählt.

Welche Methoden eingesetzt werden, hängt auch von der Gruppenstruktur und den Ressourcen der Gruppe bzw. der Einzelperson ab. Möglich sind z. B.:

- **Einzelarbeit:** z. B. das Bearbeiten von einem Arbeitsblatt.
- **Partnerarbeit:** Zwei oder drei Teilnehmer bilden ein Paar oder Dreiergespann und bearbeiten gemeinsam eine Aufgabe, z. B. eine Partnermassage mit einem Igelball als in das Gehirntraining integrierte Bewegungsübung.
- **Gruppenarbeit:** Die Gruppenarbeit bietet viele Vorteile, vor allen Dingen können gleichzeitig mehrere Personen angesprochen werden.
- **Brainstorming:** heißt so viel wie Geistesblitz und kann zur Ideensammlung und zum assoziativem Arbeiten eingesetzt werden. Beispiel: Was fällt Ihnen zur Farbe Rot ein?
- **Das gebundene und gelenkte Gespräch:** Das Gespräch ist an einem Thema ausgerichtet und wird von der Gruppenleitung gelenkt. Beispiel zum Thema Farben: Was sind Ihre Lieblingsfarben?
- **Diskussion:** Zu einem Thema werden Meinungen und Fakten ausgetauscht. Es werden Pro- und Contra-Argumente vorgetragen. Eine anspruchsvolle Gesprächsform. Beispiel: Welche Farbe kann ein Brautkleid haben? Muss es unbedingt weiß sein?
- **Rollenspiele:** Mit Rollenspielen werden Rollen oder Situationen gespielt und reflektiert, soziales Verhalten wird eingeübt. Eine einfache Form von Rollenspiel für das Gehirntraining mit alten Menschen ist das Pantomimespiel: Eine Person stellt eine Handlung pantomimisch dar, z. B. Ei pellen oder Briefmarke aufkleben. Die anderen Gruppenteilnehmer müssen raten.
- **Medieneinsatz:** Darstellungsmethoden durch verschiedene Medien wie
  – Diaprojektor
  – Flipchart und Wandtafeln
  – Overhead-Projektor
  – Musikgeräte
  – Seniorengymnastikgeräte
  – Spiele
  – Instrumente (Orff'sche Instrumente)
  – Bilder, Schreib- und Malmaterialen
  – Hilfsmittel: Lupe zum besseren Sehen, Griffverdickungen für Stifte.

- **Wahrnehmungsübungen:** Sinnesorganbezogene Methoden, die die unterschiedlichen Wahrnehmungsbereiche (Riechen, Sehen, Hören, Schmecken, Fühlen) berücksichtigen. Beliebt sind die so genannten Kimspiele (☞ 10.5.11).
- **Angeleitete Übungen:** Anleitung zu einer bestimmten Aufgabe, z. B. Wortfindungen zum Thema Farbe.
- **Angeleitete Spiele:** Anleitung zu Spielen zu einem bestimmten Übungs- oder Themenkomplex, z. B. „Ich seh' etwas, was Du nicht siehst".
- **Kennenlern- und Interaktionsspiele:** Methoden zum Kennenlernen und zur Begegnung in einer Gruppe, z. B. Namensrunde: Ich bin Frau Müller und meine Lieblingsblume ist die Rose.

> ☑ Ein geragogisches Hirntrainingsangebot ist dann für die Teilnehmer besonders interessant, wenn die eingesetzten Methoden wechseln.

10.4 Bewegungsübungen und Gehirntraining

Ganzheitlichkeit beim Gehirntraining bedeutet, dass kognitive Fähigkeiten nicht isoliert trainiert, sondern auch Körper und Seele in das Training einbezogen werden. Die Integration von Bewegungselementen in das Training hat unterschiedliche **Funktionen:** Zum einen stellen die Bewegungsübungen den körperlichen Ausgleich zu geistiger Anstrengung dar. Sie fördern die Entspannung, gestalten Pausen und sind Lückenfüller. Darüber hinaus werden ganz bewusst Grob- und Feinmotorik trainiert, um beide Gehirnhälften zu beanspruchen. Bewegungsübungen verbessern die Hirndurchblutung und damit gleichzeitig die kognitive Leistungsfähigkeit. An der Ausführung einer Übung sind zwar nur bestimmte Hirnareale beteiligt. Die Hirnforschung konnte jedoch nachweisen, dass sich das Training auch auf die benachbarten Hirnbereiche positiv auswirkt.

Aktivierungsübungen zum Beginn einer Trainingsstunde

- **Palmieren:** Hände kneten, massieren, drücken, streichen, aneinander reiben. Dann die Hände zu flachen Schalen formen und auf die geschlossenen Augen halten. Stille, Dunkelheit und Konzentration 1 Minute genießen. Dient auch der Entspannung.
- **Leichter Sitztanz nach der Musik „Rucki Zucki" von Ernst Neger:** Bei „Rucki" beide Hände 2 × rechts und 2 × links am Körper ausschütteln, bei „Zucki" die Arme hoch und Hände 2 × schütteln, bei „Das ist der neueste Tanz" in die Hände klatschen. Wiederholung.
- **Ballprellen:** Mit einem Softball nach einer Lieblingsmusik (Walzer) Ballprellen am Tisch. Die Teilnehmer sitzen dazu gemeinsam an dem Tisch, an dem auch das Gehirntraining stattfindet. Aufgabe: Ball zuspielen, so dass er nicht nach unten fällt.

Lockerungsübungen und Pausenfüller

- **Finger- und Handübungen:** Hände ausschütteln, massieren, kneten, Hände im Handgelenk nach rechts, dann nach links drehen, beide Hände zusammen und dann getrennt, Klavier spielen mit den Händen; Schreibmaschine tippen, Flöte spielen, Hände zur Faust und dann spreizen, gespreizte Finger beider Hände nacheinander aneinandertippen, in die Hände klatschen. Hände falten und nach Aufforderung folgende Finger in die Höhe strecken und wackeln lassen: rechter Zeigefinger, rechter Mittelfinger, rechter Ringfinger, rechter kleiner Finger, dann links.
- **Arm- und Schulterkreisen:** Arme rechts und links baumeln lassen und ausschütteln; beide Schultern nach oben ziehen, einen Moment halten, dann fallen lassen und dabei laut „Huch" sagen. Schultern einzeln kreisen lassen, wenn Platz ist, kann ein großer Kreis mit dem Arm beschrieben werden.
- **Füße und Beine:** Nach einer rhythmischen Musik (z. B. Marschmusik: Fliegermarsch, Radetzky Marsch) Füße aufstampfen lassen, Füße kreisen lassen, Zehen bewegen.

Entspannungsübungen

- **Massage:** Mit einem Massage- oder Igelball nach einer ruhigen und entspannenden Musik die eigenen Körperpartien massieren: Erst die Handflächen, die Arme entlang, Schultern, Vorderseite des Körpers und dann die Oberschenkel. Wenn die Gruppe sich gut kennt, kann auch der jeweilige Nachbar mit dem Ball auf dem Rücken massiert werden (Wirbelsäule frei lassen).
- **Atemübung:** Tief einatmen lassen, dabei Arme hochheben lassen, beim Ausatmen mit beiden Armen die zwei Bögen von einem Herz malen

und einen Ton machen lassen, z. B. „Aah".
1 × Wiederholung. Das Herz „gedanklich" einer lieben Person senden.

> [!] Kein Kopfkreisen, weil die Gefahr von Halswirbelkörperverletzung bei Osteoporose und Polyarthritis besteht.

Rateübung

- Mit der Hand oder dem Arm eine einstellige oder zweistellige Zahl in die Luft malen, die anderen Teilnehmer müssen die Zahl raten.
- Wer es geraten hat, macht weiter. Den Ellbogen bei Bedarf mit dem anderen Arm unterstützen.

10.5 Trainings- und Übungsbereiche

Es ist darauf zu achten, dass in einer Trainingsstunde möglichst unterschiedliche Funktionen angesprochen werden. Im Folgenden werden für 12 Funktionsbereiche typische Übungen vorgestellt. Manche Übungen decken auch mehrere Funktionsbereiche gleichzeitig ab.
Die Übungen können variiert und je nach Erfahrung mit der Gruppe oder der teilnehmenden Einzelperson zusammengestellt werden.

10.5.1 Wort- und Sprachübungen

Wort- und Sprachübungen sind sehr beliebt. Es können sich viele beteiligen, auch Menschen mit Sprachstörungen. Die Übung wird von der Leitung mündlich vorgestellt, das Ergebnis kann am Flip-Chart oder einer Wandtafel für alle sichtbar gemacht werden.

Wort-ABC

Diese leichte Übung kann zu vielen Themen eingesetzt werden, macht immer Spaß und führt schnell zu Erfolgserlebnissen. Es werden Worte zu einem bestimmten Thema, die mit einem bestimmten Buchstaben des Alphabets beginnen, gesucht. Es gibt zahlreiche Variationen dieser Übung.

Tiere mit

A: Affe, Antilope, Ameise, Ameisenbär, Alligator ...
B: Bär, Biber, Bock, Buntspecht ...
C: Chow Chow, Chamäleon ...
D: Dachs, Dromedar, Delfin, Drossel ...

Weibliche Vornamen mit

A: Anna, Annegret, Agnes, Anita, Anna-Lena ...
B: Beate, Beatrix, Bea, Berta, Brunhilde ...
C: Charlotte, Christa, Christiane ...
D: Dora, Dorothee, Dietlinde, Dagmar ...

Stadt – Land – Fluss – Name – Beruf – Tier – Pflanze

Dieses Spiel kennen viele noch aus ihrer Jugend oder als Spiel mit den eigenen Kindern. Mit einem bestimmten Anfangsbuchstaben werden so viele Unterbegriffe wie möglich zu den o. g. Oberbegriffen gesucht.

Stadt mit A: Aachen, Amsterdam, Adorf, Alleringhausen...

Land mit A: Albanien, Algerien, Andorra, Australien, Austria, ...

Fluss mit A: Aller, Amazonas, Argens ...

Eigenschaftswörter mit A: artig, affig, arm, armselig, anständig, anstößig ...

> Diese Übung wirkt wie ein Schneeballsystem: Sind erst einmal ein paar Worte eingefallen, so folgen immer mehr, weil die entsprechende Hirnregion aktiviert wird.

Doppelwörter finden

Eine ebenfalls leichte Übung, die sich gut für den Anfang einer Stunde eignet. Zu einem Thema werden Doppelwörter gesucht.

Frühling: Frühlingsanfang, Frühlingsblume, Frühlingsbeet, Frühlingsausstellung ...

Wasser: Wassertopf, Wasserloch, Wasserkessel, Wasserglas, Hochwasser ...

Wetter: Wettervorhersage, Wettermantel, Wetterfrosch, Wetterwechsel ...

Milch: Milchtopf, Milcherzeugnis, Milchbrei, Brustmilch, Babymilch ...

> Die Gruppenleitung bereitet Kärtchen mit Doppelwörtern vor. Reihum zieht jeder Teilnehmer eine Karte und bildet aus dem Doppelwort ein neues Wort.

Themenassoziationen

Eine leichte, anregende und unterhaltsame Übung, die auch vielfache Gesprächseinstiege ermöglicht. Zu einem Thema wird ein Brainstorming gemacht; reihum oder einfach in die Gruppe. Der Leiter schreibt an der Wandtafel mit.

Winter: Schlittschuh laufen, kalt, Schneemann, Bratäpfel, Eiszapfen, Schlittenhund, Schlitten fahren ...

Familie: das Wichtigste, Kinder, Besuche, Freude und Glück, Kummer und Sorgen ...

Tiere: Haustiere, Hund, Katze, Futter, Hundehütte, Hühner, Eier, Schweine, Vögel, Mäuse ...

Garten: Blumen, Gemüse, Arbeit, Einkochen, Blätter, Bäume ...

Bildassoziationen

In die Mitte des Tisches oder des Stuhlkreises werden Bilder, Fotokarten, Ansichtskarten oder Kalenderbilder, für alle sichtbar verteilt. Jeder Teilnehmer sucht sich eine Karte aus, die ihn besonders anspricht. Zu der ausgesuchten Karte werden Assoziationen gesammelt: Jeder Teilnehmer nennt zunächst zu der eigenen Karte eine Assoziationen, danach werden die Gedanken der anderen zu derselben Karte angehört.

Wortkette

Eine etwas anspruchsvollere Wortübung, die nach einer Einübung aber immer sehr beliebt ist. Ein zusammengesetztes Hauptwort wird vorgegeben, aus dem letzten Teil des Wortes muss ein neues zusammengesetztes Wort gebildet werden. Die Übung kann reihum durchgeführt werden, leistungsschwächere Teilnehmer können durch andere unterstützt werden. Die Übung kann zu jedem beliebigen Thema durchgeführt werden.

> **Blumentopf** – Topfdeckel – Deckelrand – Randgruppe – Gruppenraum – Raumpflege ...
>
> **Reisefieber** - Fieberthermometer – Thermometerstand – Standuhr – Uhrzeit – Zeiterleben ...
>
> **Haarfarbe** – Farbentopf – Topflappen – Lappeneimer – Eimerrand – Randerscheinung ...

> 🌿 Die Übung kann auch schriftlich durchgeführt werden. Dazu wird nach jedem aufgeschriebenen Wort das Blatt gefaltet und dann an den Nachbarn weitergegeben.

Synonyme suchen

Eine beliebte Übung, die zu vielen Themenbereichen passt.

Geld: Knete, Money, Kanaster, Pinkepinke ...

Gut: prima, wunderbar, bestens, herrlich ...

Dumm: blöd, dämlich, bescheuert ...

Bildsynonyme

Es werden Bildkarten mit Motiven ausgelegt, zu denen Wortsynonyme gefunden werden müssen.

Anagramm

Durch Umstellen von Buchstaben werden neue Wörter gefunden. Dabei müssen nicht alle Buchstaben eines Wortes wieder benutzt werden. Bei dieser Übung ist es sinnvoll, große Kärtchen, Kärtchen für jeden Teilnehmer oder die Wandtafel zu benutzen. Die Übung kann leicht oder schwer gestaltet werden.

Ameise: Meise, Eis, sei, Mais ...

Himmelblau: Himmel, blau, Bimmel, Laub, lau, lila ...

Winterwetter: Winter, Tinte, Teer, Retter, Wetter, Wette ...

Pseudoanagramm (Wortzerlegung)

Bestehende Wortbilder werden so geteilt, dass sich sinnvolle neue Wörter ergeben, ohne die Buchstabenreihenfolge zu verändern.

Wasser: was, Ass, aß, Asse, er.

Dachdeckermeister: Dach, Deck, Decke, Meister.

Mittagessen: mit, Tag, es, essen.

Verdrehte Worte

Zu einem Thema, z.B. Tiere, werden Worte verdreht auf große Kärtchen geschrieben. Entweder zieht jeder Teilnehmer ein Kärtchen und löst die Aufgabe für sich oder eine große Karte wird allen gezeigt, und es wird gemeinsam geraten. Eine beliebte Übung, die zu jedem Thema passt.

10 Gehirntraining

RÄB	Bär
NIKF	Fink
SCHORF	Frosch
SEMAL	Amsel
NARIENKAGELVO	Kanarienvogel

Wörter suchen und zuordnen

Eigenschaftswörter zu Tieren suchen

Fuchs	schlau
Schwan	stolz
Elster	diebisch
Huhn	dumm
Esel	stur
Biene	fleißig

Tätigkeitswörter zu Tieren suchen

Schafe	blöken
Hunde	bellen
Katzen	miauen
Grillen	zirpen
Ziegen	meckern
Pfauen	kreischen
Krähen	krächzen

> Eine Variation wäre, die Tätigkeitswörter unsortiert vorzugeben und dann ordnen zu lassen.

Vergleiche finden

Ein Mensch ist stumm wie ein **Fisch**.

Das unverheiratete reiche Mädchen ist ein **Goldfisch**.

Ein Mensch, der gern liest ist eine **Leseratte**.

Ein fest schlafender Mensch schläft so fest wie ein **Murmeltier**.

Wortsammlungen zu bestimmten Situationen

Diese Übung ist leicht und kann auch immer ein Gesprächseinstieg für persönliche Themen sein. Die Wortsammlungen können an der Wandtafel festgehalten werden (☞ Abb. 10.7).

Alles, was Spaß macht: Schlafen, Essen, Radio hören, Kino, Besuche, Unterhaltung ...

Alles, was Kummer macht: Schmerzen, Krankheit, Geldsorgen, Liebeskummer ...

Positive Charaktereigenschaften: hilfsbereit, aufmerksam, liebevoll, verständnisvoll ...

Negative Charaktereigenschaften: aggressiv, beleidigend, egoistisch, geizig ...

Abb. 10.7: Eine Seniorengruppe bei Wortsammlungen in der Gedächtnisrunde. [L119]

A Alter schützt vor Torheit nicht
L Liebe im Alter kam auch schon vor
T Tod und Sterben begegnen uns im Alter häufiger
E Es ist alles, wie es ist
R Rot ist die Liebe, und rot ist der Wein

Abb. 10.8: Buchstabenkarten oder Wortsilbenkarten sind vielseitig einsetzbar. [M283]

> ☑ Wortübungen bieten viele Gelegenheiten eines Gespräches. Jedes Gespräch ist in der Altenhilfe „Gold wert", weil es der so häufigen „Sprachlosigkeit" entgegenwirkt. Deswegen immer Raum lassen für entstehende Gespräche und diese nicht „abblocken".

Wortsammlung zu bestimmten Buchstaben

Wörter mit „tt" in der Mitte: Matte, Mitte, Watte, Latte, Retter, Vetter, Butter, Fette …

Wörter aus zwei gleichen Silben: Papa, Mama, Popo, Kerker …

Wörter mit einer bestimmten Silbe, z. B.

Ein: Verein, Leine, Seine, rein, reingehen …

Vor: Vortritt, vorgehen, hervor, Vorgang, Vorstand …

Schwierige Variation: Die Silbe darf nur am Anfang, Ende oder in der Mitte stehen

Wortgerüste

Mit Wortgerüsten können neue Wörter oder auch Sätze gebildet werden. Es sind viele unterschiedliche Übungen mit Wortgerüsten möglich. Mit etwas Fantasie können eine Reihe weiterer Übungen gefunden werden, der Schwierigkeitsgrad ist dabei variierbar.

Ein Ausgangswort sichtbar für alle untereinander aufschreiben (Wandtafel). Zu jedem Buchstaben werden zum Anfangswort passende Wörter oder Sätze gesucht (☞ auch 6.2.5).

S Sonne, Sonnenbrand, See, Seefahrt, siedende Hitze …
O Öl, Oder, Ostsee, Ostseebad …
M Meer, Meerurlaub, Mode, Mittelmeer, Mond …
M Muschel, Morgensonne, Mittagshitze …
E Enten, Endivien, Erde, Erdbeeren, ernten, essen …
R Rose, Rad fahren, Rasen, Rasenmähen…

Spielerische Wortschatzübung: Das Verhör

Eine gruppendynamische Übung mit viel Lebendigkeit, die allen Teilnehmern Spaß und Freude bringt. Es wird ein Buchstabe gewählt, mit dem alle Antworten beginnen müssen. Der Spielleiter stellt folgende Fragen:

Frage	Antwort
Mit welchem Schiffe kamst Du an?	**Boot**
Von wo kam es her?	**Bochum**
Wohin fährt es?	**Berlin**
Wie heißt der Kapitän?	**Berthold**
Und wie heißt seine Frau?	**Berta**
Was hat das Schiff geladen?	**Bretter und Bananen**
Woher kommt die Ware?	**Bremen**
Und wohin wird sie geliefert?	**Biberbach**

Es kann entweder eine gesamte Gruppe befragt werden, dann gilt die erste Antwort. Oder es werden alle Teilnehmer reihum gefragt.

Zungenbrecher

Zungenbrecher sind eine gute Konzentrations- und Sprachübung, bei der die Zungengeschicklichkeit trainiert wird. Zungenbrecher sollten in heiterer und gelöster Stimmung geübt werden. Der Gruppenleiter oder ein anderer Teilnehmer beginnt, einer nach dem anderen spricht nach. Macht sehr viel Spaß und führt immer zum Lachen.

- Blaukraut bleibt Blaukraut und Brautkleid bleibt Brautkleid.
- In Ulm, um Ulm und um Ulm herum.
- Fischers Fritze fischt frische Fische, frische Fische fischt Fischers Fritze.

- Die Katze tritt die Treppe krumm.
- Wer nichts weiß und weiß, dass er nichts weiß, weiß mehr als der, der nichts weiß und nicht weiß, dass er nichts weiß (sehr schwer).

> ☑ Mit Wort- und Sprachübungen lassen sich zahlreiche Übungen zusammenstellen und variieren. Je nach Leistungsniveau einer Gruppe oder nach Themenbezug kann ein Spielleiter mit eigener Fantasie eigene Übungen erfinden. Meistens kommen die eigenen Übungen bei den Teilnehmern gut an, weil sie am besten auf die Bedürfnisse Gruppe abgestimmt sind.

10.5.2 Rateübungen und Wissensfragen

Rateübungen und Wissensfragen sind Herausforderungen für die Teilnehmer einer Trainingsstunde. Der Schwierigkeitsgrad kann problemlos an den oder die Teilnehmer angepasst werden. Die Übungen sollten in ein Themenkonzept eingebunden sein, sonst besteht leicht die Gefahr einer schulischen Situation („Abfragen").

> [!] Bei Wissensfragen besteht leicht die Gefahr von Misserfolgen. Wissensfragen setzen genaue Kenntnisse über das Leistungsniveau der Gruppe voraus. Immer unterschiedlich schwierige Aufgaben stellen oder bei schweren Aufgaben Hilfestellungen und Lösungshinweise geben. Wenn Fragen nicht beantwortet werden können, entweder die Antwort selbst sagen oder ablenken und mit Humor weitermachen.

Quiz

Fragen zu verschiedenen Wissensbereichen liegen mehrfach als bunte Kärtchen auf dem Tisch aus, z.B. Fragen zu Pflanzen, Tieren, Musik, zum Allgemeinwissen, zu Krankheit und Gesundheit, Märchen, Flüssen, Städten.

Bei ungeübten Gruppen mit wenig Wissensbereichen und leichten Fragen beginnen. Jeder Teilnehmer sucht sich ein Wissensbereich aus und erhält eine Frage. Bei Beantwortung gibt es eine kleine Belohnung, z.B. ein kleines Herz oder Blümchen. Wenn die Frage nicht beantwortet werden kann, kann die Frage an die anderen weitergegeben werden, die dann mithelfen. Allen Teilnehmern sollte eine Beantwortung ermöglicht werden.

Pflanzen

- Wie heißt eine bekannte Herbstpflanze mit E am Anfang? Erika
- Nennen Sie 5 Kräuter für eine grüne Soße? Petersilie, Schnittlauch, Dill, Sauerampfer, Bärlauch
- Nennen Sie 5 Nadelbäume? Tanne, Fichte, Eibe, Lerche, Wacholder
- Welche Pflanze ist immergrün? Efeu
- Was sieht aus wie eine Kirsche; ist aber keine und ist giftig? Tollkirsche

Tiere

- Wie heißt der Vater der Ferkel? Eber
- Ein Tier, das große Lasten tragen kann und manchmal sehr störrisch ist? Esel
- Mit welchem Tier haben die Menschen gemeinsame Vorfahren? Affe
- Nach welchem Tier wurde in den 50er Jahren ein berühmtes Auto benannt? Käfer
- Welche Tiere geben außer der Kuh noch Milch? Schafe, Ziegen

Musik

- Wie heißt ein ganz und gar gesungenes Theaterstück? Oper
- Kennen Sie eine berühmte Operette von F. Lehar? Immer nur lächeln
- Nennen Sie drei Weihnachtslieder! Ihr Kinderlein kommet; Stille Nacht; Vom Himmel hoch
- Welche blaue Pflanze wird von Heino besungen? Enzian
- Kennen Sie einen Schlager von Freddy Quinn? Junge, komm bald wieder

Allgemein

- Wie heißt eine Gebärhelferin? Hebamme
- Nennen Sie einen anderen Ausdruck für alter Mensch! Senior, Greis
- Wie heißt eine Erziehungsanstalt und Schule für Kinder und Jugendliche, in der diese wohnen? Internat
- Wie nennt man Erschütterungen der Erde? Erdbeben
- Wie heißt der jetzige Bundeskanzler?

Krankheit / Gesundheit

- Nennen Sie eine gefährliche Kinderkrankheit, an der früher sehr viele Kinder gestorben sind und gegen die heute geimpft wird? Diphtherie
- Ein schlimmer Husten bei Kindern, der mit Erstickungsanfällen einhergehen kann? Keuchhusten
- Welche Krankheit trägt den Namen eines Vogels? Star
- Bei welcher Erkrankung sollte man keinen Zucker essen? Diabetes
- Nennen Sie drei Hausmittel gegen Husten? Zwiebelsaft, Brustwickel, Hustentee

Märchen

- In welchem Märchen hat eine junge Frau 7 Männer bedient? Schneewittchen
- Wer hat die schönsten Märchen gesammelt und aufgeschrieben? Gebrüder Grimm
- In welchem Märchen wird immer wieder gerufen „Blut ist im Schuh?" Aschenputtel
- In welchem Märchen spielt ein kleines grünes Tier eine Hauptrolle? Froschkönig
- Nennen Sie ein Märchen mit einem weiblichen Geschwisterpaar, von der die eine Glück und die andere Pech hat? Goldmarie und Pechmarie

Flüsse

- Welcher Fluss fließt durch den Bodensee und mündet in die Nordsee? Rhein
- Welcher Fluss fließt durch Hamburg? Elbe
- Welcher Fluss fließt durch Heidelberg? Neckar
- Er ist der zweitlängste Fluss in Europa und entspringt im Schwarzwald. Wie heißt der Fluss? Donau
- Wie nennt man ein Beförderungsmittel auf einem Fluss, das ursprünglich aus Baumstämmen bestand? Floß

Städte

- Wie heißt die neue Bundeshauptstadt? Berlin
- Welche große Stadt in Frankreich ist als Modestadt bekannt? Paris
- Wie heißt die größte deutsche Hansestadt? Hamburg
- In welcher Stadt im Osten von Deutschland ist die Semper-Oper? Dresden
- Wie heißt die Stadt am Rhein, in der Beethoven geboren ist? Bonn
- In welcher Stadt haben Goethe und Schiller gewirkt? Weimar

> ✓ Im Fachhandel gibt es Quizfragen für Senioren. Es können aber auch Fragen aus Rätselzeitschriften gesammelt oder auch selbst ausgedacht werden.

Ein Quiz kann auch so gestaltet werden, dass zu einer Frage mehrere Antworten zur Verfügung stehen. Vorbereitung durch Leiter, allerdings ist die Vorbereitung sehr zeitintensiv. Die Antworten können diskutiert werden.

Viererauswahl

Eine tiefblaue Pflanze, die unter Naturschutz steht und aus deren Wurzeln ein Schnaps gebrannt wird?
- Rittersporn
- Kornblume
- **Enzian** (richtig)
- Eisenhut

Dreierauswahl

Welche Sprache sprach Jesus?
- Griechisch
- Arabisch
- **Aramäisch** (richtig)

> ✓ Wissensfragen immer auf das Gesamtkonzept einer Gehirntrainingsstunde beziehen und dem Leistungsniveau anpassen. Erfolgserlebnisse schaffen am ehesten die Wissensfragen, die an der Lebenswelt und Erfahrungen der alten Menschen anknüpfen.

Karnevalquiz

Wissensfragen können auch zu einem bestimmten Thema einer Stunde gestellt werden und werden so in das Gesamtkonzept einer Stunde integriert.
- Aus welcher Gegend Deutschland kommt der Karneval? Rheinland
- Wann beginnt der Karneval? 11.11. um 11.11 Uhr
- Nennen Sie einen anderen Ausdruck für Karneval! Fastnacht
- Welche Bedeutung hat die Fastnacht? Fasten, fleischlose Zeit, Vorfrühlingszeit
- Wie lautet der Karnevalsruf aus Köln? Kölle Alaaf
- Wie lautet der Karnevalsruf aus Düsseldorf? Hellau
- Aus welchen Personen besteht das Kölner Dreigestirn? Bauer, Prinz, Jungfrau

- Welches weiße Federvieh wird in einem berühmten Karnevalslied besungen? Gans: Heile, heile Gänschen.

Weitere Wissensfragen zu unterschiedlichen Themenbereichen

- Welcher Schmuckstein besteht aus altem Baumharz und wird im Meer gefunden? Bernstein
- Was wird immer niedriger, je höher man auf sehr hohe Berge steigt? Sauerstoffgehalt in der Luft
- Eine Pflanze aus dem Süden, die sehr viel Vitamin C enthält? Zitrone
- Wie nennt man einen männlichen Thronfolger in einer Monarchie? Kronprinz
- Berühmter See bei Berchtesgaden? Königsee
- Was ist mit dem Sprichwort „Lieber einen Spatz in der Hand als eine Taube auf dem Dach" gemeint? Sich lieber mit Wenigem zufrieden geben als dem Unerreichbaren nacheifern
- Was ist ein Suppenkasper? Kind bzw. Mensch, das bzw. der viel am Essen kritisiert und schlecht isst
- Heimatstadt von Goethe? Weimar
- Was ist ein Kaiserschnitt? Entbindung durch Operation
- Wie bringen Wale ihre Kinder zur Welt? Wale sind Säugetiere – Steißgeburten
- Was ist eine Sonnenfinsternis? Mond schiebt sich zwischen Sonne und Erde. Mond wirft Schatten auf die Erde und verdeckt die Sonne
- Was ist eine Mondfinsternis? Mond tritt in den Schatten der Erde.

☑ Manche gespeicherten Informationen im Gehirn sind „sehr tief in der Schublade versteckt". Dann liegen die Antworten oft „auf der Zunge". Wenn Teilnehmer dieses Gefühl haben, nicht krampfhaft nach einer Antwort suchen lassen, sondern eher „Nicht - dran - denken" empfehlen und ablenken und zum nächsten Thema gehen. Zu krampfhaftes Nachdenken führt zu Denkblockaden.

10.5.3 Bildbetrachtungen und -beschreibungen

Bildbetrachtungen und -beschreibungen stellen mehrfache Anforderungen an die Hirnleistung: Aufmerksamkeit, Konzentration, Sehen, Erfassen, Merkfähigkeit und der sprachliche Ausdruck werden trainiert. Zudem werden individuelle Wahrnehmung, Erinnerungsvermögen und Gefühle angesprochen. Bildbetrachtungen und -beschreibungen setzen genaue Kenntnisse des Leistungsniveaus einer Gruppe voraus und erfordern häufig erst einmal Motivationsunterstützung durch den Leiter.

☑ Bildbeschreibungen werden eher als schwierig empfunden, deswegen gezielt Bilder aussuchen, zu denen der alte Mensch einen Bezug hat. Durch Auswahl der Bilder und durch die damit verbundenen Aufgaben kann der Schwierigkeitsgrad durch den Leiter festgelegt und variiert werden.

Bildbeschreibung I

Ein abstraktes oder gegenständliches Bild wird gezeigt. Die Teilnehmer sollen es beschreiben oder erzählen, was ihnen dazu einfällt, einen Titel dafür finden und sagen, was ihnen gefällt und/oder nicht gefällt (☞ Abb. 10.9).

Bildbeschreibung II

Es gibt schöne fertige Fotobilder, die sehr für die Arbeit mit alten und behinderten Menschen geeignet sind. Diese Fotokarten sind einfach gestaltet und sprechen alte Menschen an, wenn sie darin einen Bezug zu ihrer Lebenswelt finden. Das trifft auch für demenzkranke Menschen zu (☞ 5.1.3).

Aufgabe: Einige Bildkarten werden auf dem Tisch ausgelegt. Jeder Teilnehmer sucht sich ein Motiv aus und erzählt, was ihm daran gefällt oder woran diese Karte erinnert. Eine leichte Übung.

Bildbeschreibung III

Ein für die Teilnehmer attraktives Bild oder eine Kopie betrachten lassen. Als Aufgabe stellen, sich alles gut innerhalb von 2–3 Minuten einzuprägen. Dann wird das Bild abgedeckt und anschließend findet ein gemeinsamer Austausch über das Bild statt:
- Was war zu sehen?
- Welche Farben waren vorrangig?
- Welchen Inhalt hat das Bild?
- Was ist besonders aufgefallen?
- Welche Einzelheiten waren zu sehen?

Variante: Vor dem Abdecken des Bildes eine Ablenkung durch ein Rätsel oder eine andere Aufgabe. Erst danach abdecken und die Aufgaben zur Bildbeschreibung lösen (erhöhter Schwierigkeitsgrad).

10.5 Trainings- und Übungsbereiche

Abb. 10.9: Bildbeschreibungen stellen vielfache Anforderungen an die Hirnleistung. [K157]

Bilder merken

Diese Übung fordert u.a. auch das Kurzzeitgedächtnis. Jeder Teilnehmer erhält ein Blatt mit 12 Bildern. In 1–2 Minuten sollen sich die Bilder gut eingeprägt werden. Als Merkhilfe können folgende Tipps gegeben werden:

- Jeder Teilnehmer soll sich selbst eine Assoziation zu jedem Bild ausdenken
- Jeder Teilnehmer soll die Bilder innerlich oder leise benennen.
- Dann wird das Blatt umgedreht und zusammengetragen, welche Bilder abgebildet waren (☞ Abb. 10.10).

Abb. 10.10: Bildermerken ist eine gute Übung für das Kurzzeitgedächtnis. [L119]

10.5.4 Kreativ- und Fantasieübungen

Fantasie (Vorstellungsvermögen) ist ein wichtige Hirnfunktion und unerlässlich für das Lernen, um neue Erkenntnisse zu gewinnen, Probleme zu lösen und den Alltag zu bewältigen. Fantasie ist für die allgemeine Alltagsbewältigung und das Anpassen an neue Situationen notwendig. Sie kann mit vielerlei Übungen trainiert werden.

> Fantasie ist wichtiger als Wissen.
> *Einstein*

Geburtstagsgeschenke

- Für einen guten Freund soll ein Geburtstagsgeschenk gekauft werden. Was würden Sie kaufen? Wein, Buch, Rasierwasser, Schlips, Reise, Theaterkarte ...
- Für eine gute Freundin soll ein Geburtstagsgeschenk gekauft werden. Was würden Sie ihr kaufen? Parfüm, Buch, Blumen, Pralinen, Grünpflanze, Schmuck ...
- Sie sollen ein Geschenk für 20 Euro kaufen. Was kaufen Sie? Blumen, Pralinen, Buch, Strümpfe, Tuch, Freikarte ...

Sich einen Gegenstand vorstellen

- **Blumenstrauß:** Sie gehen in ein Blumengeschäft und kaufen einen großen bunten Blumenstrauß. Stellen Sie sich die Blumen vor, die Sie für den Strauß aussuchen. Suchen Sie 10 Blumen aus und benennen Sie diese.
- **Konditorei:** Bei einem Einkaufsbummel kommen Sie an der besten Konditorei der Stadt vorbei. Schon die Auslagen des riesengroßen Schaufensters lassen Ihnen das Wasser im Mund zusammenlaufen. Nach einem Blick in den Geldbeutel gehen Sie hinein und machen Großeinkauf. Schauen Sie sich die Auslagen genau an. Was gibt es alles?

Sich eine Situation vorstellen

- **Schlosspark:** Stellen Sie sich vor, Sie sitzen bei gutem Wetter in einem Schlosspark, vor Ihnen liegt das Schloss mit einem Schlossteich. Auf dem Teich blühen Seerosen. Rundherum duftet alles von den blühenden Rosensträuchern. Sie sitzen auf einer weiß gestrichenen Bank und beobachten das Parkgeschehen. Was beobachten Sie alles?
- **Wiener Ball:** Drehen Sie die Zeit 50 Jahre zurück. Sie sind zum Wiener Ball eingeladen. Sie sind gerade in den Ballsaal hereingelassen worden und sehen die vielen Gäste. So viele wunderbare Kleider wie hier haben Sie noch nie gesehen. Beschreiben Sie die schönen Ballkleider, die Sie auf dem Wiener Ball gesehen haben. Für Frauen: Welches Ballkleid hatten Sie selbst an?

Gedankenspaziergänge

Zu Gedankenspaziergängen können Geschichten erzählt und erfunden werden, die Anreiz zu einer visuellen Vorstellung geben. Gedankenspaziergänge werden in ruhiger Atmosphäre am Tisch sitzend oder in einem Stuhlkreis durchgeführt. Zu einer entspannenden Musik, z. B. zu Meditationsmusik, zu Naturgeräuschen, leichter Walzermusik oder Klassischer Musik wird vom Leiter langsam eine Geschichte erzählt. Die Teilnehmer sitzen entspannt und werden aufgefordert, die Augen zu schließen.

> „Heute machen wir einen Gedankenspaziergang. Wir machen einen Spaziergang in den Wald. Draußen ist ein schöner Sommertag: Die Luft ist ganz lau und angenehm auf der Haut, und die Sonne ist so warm, dass es auf der Haut prickelt. Die Sonne kriecht richtig in unsere Haut hinein, so dass uns im ganzen Körper angenehm warm wird. Zuerst gehen wir einen Spazierweg entlang. Der ist etwas holprig. Rechts von uns ist ein heller, lichter Buchenwald. Dazwischen stehen einige Fichten und Tannen, die dunkler als die Buchen sind. Die Sonne blitzt hell zwischen den Bäumen hervor und blendet uns manchmal. Links vom Weg ist freies Feld. Wir können weit gucken und sehen das nächste Dorf. Die rote Dorfkirche guckt mit ihrem Turm hervor. Direkt am Wegesrand beginnt ein Kornfeld: Weizen oder Roggen? Die langen Ähren wiegen sich im Sommerwind, der uns auch die Haare etwas ins Gesicht bläst. Im Kornfeld wachsen viele Kornblumen. Richtiges schönes Blau! Und am Feldesrand wachsen tiefrote Mohnblumen. Das ist das schönste Rot auf der Welt. Jetzt geht der Weg etwas bergauf und oben auf der Anhöhe steht eine Bank. Neben der Bank wächst ein großer Holunderstrauch. Von der Bank aus hat man einen schönen Blick zum Dorf. Dort setzen wir uns hin, atmen ganz tief durch und lassen nochmals alles an uns vorüberziehen, was wir gesehen haben."

Anschließendes Gespräch und Gedankenaustausch
- Wie war der Spaziergang?
- Haben Sie den Spaziergang genossen?
- Was hat Ihnen gefallen?
- Gab es etwas, was Ihnen nicht gefallen hat?
- Was haben Sie alles in Erinnerung?

Variation zum Gedankenspaziergang

Bei dieser Variation bleiben die Augen der Teilnehmer offen, da begleitend zum Text Bewegungen nachgemacht werden, die der Gruppenleiter vorführt:

„Wir schreiten schnell voraus (marschieren), ich muss über holprige, steinige Wege (Steine wegkicken mit Fuß,) und ich muss durch altes Laub stapfen (Beine heben). Am Himmel fliegt ein Vogel (Arme hoch und mit Finger die Richtung zeigen). Seitlich ist ein Ast, den ich zur Seite schieben muss (Arme gehen zur Seite)."

Symbolkorb

Der Leiter hat einen schönen Korb mit symbolischen Gegenständen darin. Als Symbole kann alles Mögliche gesammelt werden, z. B. Steine, Muscheln, Blätter, Tannenzapfen, Naturmaterialien, kleine Gegenstände, Figuren, Väschen, Federn, Bänder, Blumen.

Jede Teilnehmer nimmt sich einen Gegenstand aus dem Symbolkorb, der auf ihn besonders anziehend wirkt. Nach intensivem Beschauen, Betasten und Erspüren des Gegenstandes erzählt jeder über den Gegenstand oder an was ihn der Gegenstand erinnert und was ihm dazu einfällt.

10.5.5 Suchspiele

Suchspiele können auf Zeit gespielt werden und trainieren unterschiedliche Hirnfunktionen wie Auffassungsgabe, Konzentration, Reaktionsvermögen und Wahrnehmung.

Für geübte Teilnehmer führen Suchspiele zu guten Erfolgserlebnissen („Das schaffe ich schnell"). Für weniger geübte und leistungsschwächere Trainingsteilnehmer besteht die Gefahr der Überforderung und Frustration. Deswegen immer mit leichten Suchspielen beginnen.

Buchstabensuche

Alle Teilnehmer erhalten einen Text (Großschrift und Fettdruck) mit der Aufgabe, in kurzer vorgegebener Zeit – je nach Leistungsniveau der Gruppe – alle Buchstaben „A" anzukreuzen. Wer hat wie viele Buchstaben in welcher Zeit gefunden? Die Übung setzt voraus, dass die Teilnehmer gut sehen und mit einem Stift schreiben können.

> **Guter Rat**
>
> **A**n einem Sommermorgen
> **Da** nimm den **Wa**nderst**a**b,
> Es f**a**llen deine Sorgen
> Wie Nebel von dir **a**b.
>
> Des Himmels heitere Bläue
> L**a**cht dir ins Herz hinein
> Und schließt, wie Gottes Treue,
> Mit seinem D**a**ch dich ein.
>
> Rings Blüten nur und Triebe
> Und H**a**lme von Segen schwer,
> Dir ist, **a**ls zöge die Liebe
> Des Weges nebenher.
>
> So heimisch **a**lles klinget
> **A**ls wie im V**a**terh**a**us,
> Und über die Lerchen schwinget
> Die Seele sich hin**a**us.
>
> *Theodor Fontane*

Wortsuche

Viele Wortspiele (☞ 10.5.1) können auch auf Zeit gespielt werden und erhöhen damit den Schwierigkeitsgrad.

Beispiel ABC-Speisekarte: In drei Minuten Speisen und Getränke mit dem Buchstaben A finden: Apfel, Apfelsaft, Apfelkuchen, Aprikose, Aal, Ananas, Ahle Wurscht.

Zählen

Jeder Teilnehmer erhält ein Blatt, auf dem ein gut erkennbarer Gegenstand oder ein Symbol, z. B. Blätter oder Herzen (☞ Abb. 10.11), vielfach und in unterschiedlichen Größen abgedruckt ist. Jeder Teilnehmer soll in möglichst kurzer Zeit die abgebildeten Gegenstände bzw. Symbole zählen. Wer hat in welcher Zeit wie viele gezählt?

Abb. 10.11: Suchspiele erfordern Konzentration und Aufmerksamkeit.

> 🍃 Die Teilnehmer vorher fragen, ob sie dieses Suchspiel mitmachen möchten, weil es manchen als Kindheitsspiel bekannt ist und dann die Gefahr besteht, dass es als zu kindisch empfunden wird.

10.5.6 Erinnerungsübungen

Alle Erinnerungsübungen sind Übungen zur Aktivierung des Langzeitgedächtnisses. Darüber hinaus bieten sie zahlreiche Gesprächsanlässe und fördern so automatisch das Sprech- und Kommunikationsverhalten der Teilnehmer.

Weil Erinnerungen nicht die Defizite, sondern die Lebenswelt der Teilnehmer und das, was diese noch können, in den Vordergrund stellen, stärken sie positives Erleben und das Selbstwertgefühl (☞ 6.3).

> ☑ Erinnerungspflege ist oft die einzige Möglichkeit, mit demenzkranken Menschen ins Gespräch zu kommen und einen Zugang zu ihnen zu finden. Deshalb wird Erinnerungsarbeit in diesem Zusammenhang oft auch als ein „Königsweg" bezeichnet. Aber auch für nicht-demenzkranke alte Menschen ist Erinnerungspflege gut, weil sie das Selbstwertgefühl stärkt.

Erinnern durch Fragen

Die Fragen können mündlich gestellt oder auf Kärtchen aufgeschrieben werden. Die Kärtchen können auf dem Tisch liegen oder gezogen werden.

Fragen zur Kindheit und Schulzeit

- Mit welchen Spielsachen haben kleine Kinder (Jungen und Mädchen) gespielt, als Sie selbst noch Kind waren?
- Nennen Sie 5 Ballspiele aus Ihrer Kindheit?
- Welche Spiele haben Ihre Eltern mit Ihnen gespielt?
- Haben Sie als Kind im Haushalt mithelfen müssen?
- Welche Fächer hatten Sie früher in der Schule?
- Was war Ihr Lieblingsfach?
- Welches Fach mochten Sie überhaupt nicht?
- Was waren die Kopfnoten im Zeugnis?
- Wie wurde der erste Schultag begangen?

Für diese Übung lassen sich ganz unkompliziert Arbeitsblätter erstellen. Die abgebildeten Motive können dem jeweiligen Thema angepasst werden. Das Arbeitsblatt lässt sich je nach Leistungsniveau der Gruppe leicht oder schwieriger gestalten, indem Anzahl, Größe und Überlagerung der Gegenstände verändert werden.

Unterschiede suchen und finden

Jeder Teilnehmer erhält ein Arbeitsblatt mit zwei (fast) identischen Abbildungen, die sich nur in einigen wenigen Details unterscheiden. Solche Suchbilder mit unterschiedlichem Schwierigkeitsgrad können aus verschiedenen Rätselzeitschriften entnommen und gesammelt werden.

Buchstabensalat

Die folgende Übung ist für Geübte und nicht einfach: Aus bunt zusammengewürfelten Buchstaben soll ein Name, ein Begriff oder ein mehrgliedriger Titel herausgefunden werden. Wortgruppen sind schwieriger als einzelne Wörter und lange Wörter schwieriger als kürzere zusammenzusetzen. So lässt sich die Übung beliebig an verschiedene Leistungsstufen anpassen.

- Welche Dinge waren bei Ihnen in der Zuckertüte?
- Können Sie sich an Schulstreiche erinnern?
- Sind Sie für gute Schulnoten belohnt worden?
- Sind Sie für schlechte Schulnoten bestraft worden?
- Erinnern Sie sich an ein ganz schönes Schulerlebnis?

Fragen zur Jugendzeit

- Können Sie sich an Ihre erste Tanzstunde erinnern?
- Wissen Sie noch, wie Ihr erster Tanzpartner hieß?
- Nennen Sie sieben Tänze aus Ihrer Jugendzeit.
- Wann mussten Sie als junge Frau früher zu Hause sein?
- Können Sie sich an Ihren ersten Kuss erinnern?
- Wie haben früher die jungen Männer die Frauen umworben?
- Können Sie sich noch an Ihren ersten Kinofilm erinnern?
- Nennen Sie drei Lieblingsschlagersänger aus Ihrer Jugendzeit.
- Nennen Sie drei Schlager aus Ihrer Jugendzeit.
- Mit wie vielen Jahren wurde man früher volljährig?
- Wie war die Mode für Frauen und Männer zu Ihrer Jugendzeit?
- Gab es in Ihrer Jugendzeit Aufklärung?

Fragen zum sozialen Leben

- Welche Verkehrsmittel waren üblich, als Sie jung waren?
- Wann gab es die ersten Autos?
- Sind Sie Auto gefahren?
- Können Sie sich noch an die Zeit erinnern, als die Röcke kürzer wurden?
- Welche Berufe gab es früher?
- Welche Berufe waren früher üblich für die jungen Frauen?
- Haben Sie einen Lieblingsberufswunsch gehabt?
- Was halten Sie von der früheren strengen Kindererziehung?
- Welche technischen Hilfsmittel und Maschinen hat man früher in Haushalt gehabt?
- Wie wurde früher die Wäsche gewaschen?
- Wie wurden früher die Nahrungsmittel haltbar gemacht?
- Welches waren die angesehensten Berufe?

Liederraten

Liederraten knüpft an früheres Erleben und Erfahrungen an. Gemeinsam Lieder zu singen ist für alle eine positive Erfahrung, die für das Gehirntraining mit Erinnerungsübungen nutzbar gemacht werden kann. Liederraten kann unterschiedlich gestaltet und zu jedem Themenbereich eingesetzt werden, da sich fast zu jedem Thema irgendein bekanntes Lied findet.

Zusammentragen und gruppieren von Liedern nach ihrem Inhalt:

Heimatlieder
- Kein schöner Land
- Im schönsten Wiesengrunde
- Nun ade du mein lieb Heimatland
- Vor meinem Vaterhaus steht eine Linde
- Am Brunnen vor dem Tore.

Wald- und Jägerlieder
- Im Wald und auf der Heide
- Der Jäger in dem grünen Wald
- Waldeslust, o wie einsam schlägt die Brust
- Der Jäger aus Kurpfalz
- Auf der Lüneburger Heide

Frühlingslieder
- Alle Vögel sind schon da
- Im Märzen der Bauer
- Kuckuck, Kuckuck ruft's aus dem Wald
- Es tönen die Lieder
- Der Mai ist gekommen

Wasserlieder
- Jetzt fahren wir über'n See
- Wo die Nordseewellen trecken
- Wenn das Wasser im Rhein goldener Wein wär
- Wenn alle Brünnlein fließen
- Trink, trink, Brüderlein trink

Ergänzen von Liedanfängen,
z. B. Mein Vater ... (war ein Wandersmann)

Wie heißt das Lied richtig?

Es klappert die Schlange im Wiesengrund (Es klappert die Mühle am rauschenden Bach).

Sprichwörter raten

Sprichwörter haben alte Menschen ein Leben lang begleitet. Es gibt sie zu jeder Lebenslage, deswegen passen sie zu jedem Thema in jede Gehirntrainingsstunde. Alte Menschen kennen erstaunlich viele Sprichwörter. Durch folgende Übungen werden viele Ressourcen aktiviert.

Sprichwörter ergänzen

Der Gruppenleiter liest den Anfang eines Sprichwortes vor, die anderen ergänzen es, z. B.
- Der dümmste Bauer … (hat die dicksten Kartoffeln)
- Alter schützt … (vor Torheit nicht)
- Reden ist Silber … (Schweigen ist Gold)
- Ein Unglück … (kommt selten allein)
- Gleich und gleich … (gesellt sich gern).

Variante: Die Anfänge der Sprichwörter werden in Großschrift auf DIN-A4-Blätter geschrieben, jeder Teilnehmer zieht ein Blatt, es wird reihum vorgelesen und von der Gruppe ergänzt:

Sprichwörter korrigieren

Der Gruppenleiter liest ein falsch verändertes Sprichwort vor, die Teilnehmer sollen es korrigieren. Wie lautet das Sprichwort richtig?
- Das Glas geht solange zum Brunnen, bis es bricht (der Krug).
- Frauenmund tut Wahrheit kund (Kindermund).
- Früh übt sich, wer ein Künstler werden will (Meister).
- Was Du morgen kannst besorgen, verschiebe nie (Was Du heute kannst besorgen, das verschiebe nicht auf morgen).
- Spare an dem Groschen, dann hast Du genug (Spare in der Zeit, dann hast Du in der Not).
- Dem Hochzeitspaar schlägt keine Stunde (dem Glücklichen schlägt keine Stunde).

Sprichwörter zu bestimmten Themen

Sprichwörter zu bestimmten Themen zusammentragen lassen, z. B. rund um das Thema **Essen und Trinken:**
- Liebe geht durch den Magen
- Mit leerem Magen ist nicht gut arbeiten
- Der Appetit kommt beim Essen
- In der Not frisst der Teufel Fliegen
- Viele Köche verderben den Brei

Sprichwortsalat

Die durcheinander geratenen Worte aus einem oder zwei Sprichwörtern sollen wieder sinnvoll zusammengesetzt werden.

Diese Übung ist etwas schwieriger und für geübte Gruppen geeignet. Die Übung kann mündlich oder schriftlich an der Wandtafel durchgeführt werden.
- Hinein – den – heraus – Wie – so – man – schallt – in – ruft – es – Wald
  (Wie man in den Wald hinein ruft, so schallt es heraus.)
- Weiß – Was – nicht – zerronnen – mich – gewonnen – ich – Wie – nicht – macht – heiß – so
  (1. Was ich nicht weiß, macht mich nicht heiß.
  2. Wie gewonnen so zerronnen.)

> ☑ Empfehlenswert sind Sammlungen mit Sprichwörtern oder Bücher mit Redewendungen und Sprichwörtern (☞ Literaturliste).

Gedichte raten

Gedichte sind vielen alten Menschen wohlbekannt. Oft braucht das Gehirn nur einen kleinen „Anstoß", und die Erinnerung an das Gedicht ist wieder da.

Eine beliebte Übung ist Gedichte raten oder das Ergänzen von Gedichten. Dabei kann der Anfang von jeder Gedichtzeile vom Leiter gesprochen werden, der Rest wird durch die Teilnehmer ergänzt oder nur das letzte Wort muss durch die Teilnehmer ergänzt werden. Zum Schluss kann das gesamte Gedicht nochmals von einem Teilnehmer aufgesagt werden.

> **Er ist's**
>
> Frühling lässt sein blaues (Band)
> Wieder flattern durch die (Lüfte);
> Süße wohlbekannte (Düfte)
> streifen ahnungsvoll das (Land).
>
> Veilchen träumen (schon),
> wollen balde (kommen).
> Horch, von fern ein leiser (Harfenton)!
> Frühling, ja du bist's!
> Dich hab' ich (vernommen).

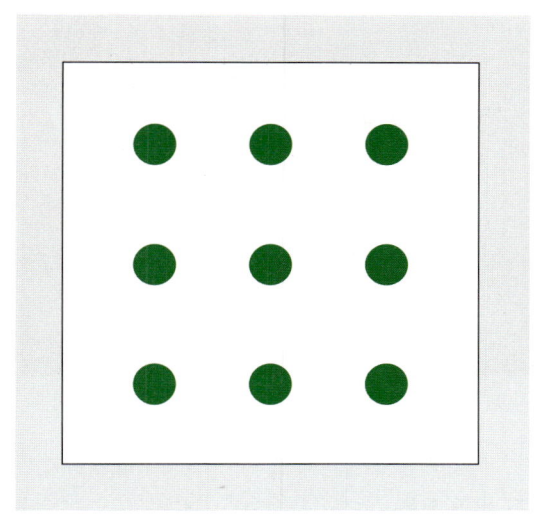

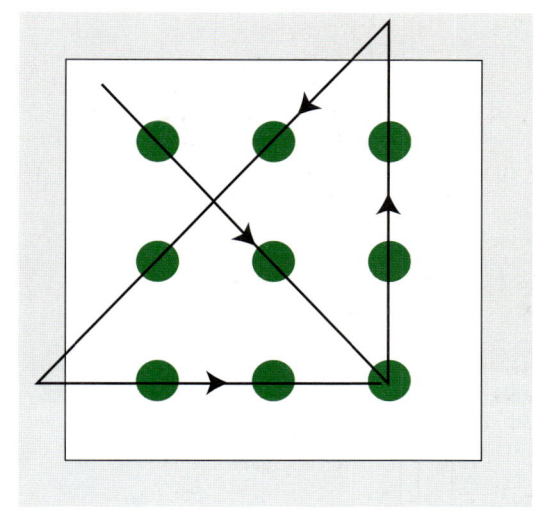

Abb. 10.12: Es sollen alle neun Punkte mit 4 Geraden, die ohne Unterbrechung gezogen werden, verbunden werden. (rechts: Lösung)

10.5.7 Denkübungen

Denkaufgaben sind anspruchsvollere Aufgaben, weil viele Hirnfunktionen gleichzeitig gefordert sind und vernetzt werden müssen. In den Seniorengruppen werden die Denkaufgaben oft als Herausforderung für die Geübten einer Gruppe eingesetzt. Die Gruppenleitung muss das Leistungsniveau der Gruppe gut einschätzen können, um Überforderung zu vermeiden.

Zahlenfolgen erkennen

Die Übung kann schriftlich mit einem Arbeitsblatt oder an der Wandtafel durchgeführt werden. Es soll das zugrundeliegende mathematische Prinzip einer Zahlenfolge herausgefunden werden, z. B.
- 2 5 8 11 14 17 20 23   (+ 3)
- 2 4 3 5 4 6 5 7 6 8   (+2 /-1)

Zahlenfolge

Was ist an der folgenden Zahlenfolge Besonders?

8 3 1 5 9 0 6 7 4 2

(Die Zahlen sind nach ihren Anfangsbuchstaben alphabetisch geordnet.)

Quersummen errechnen

Spaß kann es machen, gemeinsam die Quersumme des Geburtstagsdatums zu errechnen (bis 10) und die Zahlen nach einer Numerologie-Auslegung zu deuten.

$19.3.1920 = 1 + 9 + 3 + 1 + 9 + 2 + 0 = 25 = 2 + 5 = 7$

Numerologiedeutung
1. Der Anfang aller Entwicklung. Die Blüte.
2. Die Vernunft; die Verstehende.
3. Harmonie und Ausgeglichenheit.
4. Liebe und Güte.
5. Stärke und Furchtlosigkeit.
6. Sonne und Glanz; die Glänzende und Schillernde.
7. Die heilige Zahl; Sieg in allen Welten; Festigkeit und starker Wille.
8. Lob und Pracht.
9. Schutz und Weisheit; auch Güte.
10. Das Allumfassende; das Reiche und Unerschöpfliche.

Denkaufgabe „Neun Punkte"

Diese Denkaufgabe kann als Arbeitsblatt einzeln oder auch zu zweit mit dem Tischnachbarn gelöst werden (☞ Abb. 10.12).

Zählen

- Wie viel Augen hat ein Spielwürfel? (Einundzwanzig).
- Die Augen der einander gegenüberliegenden Seiten eines Spielwürfels ergeben addiert immer die Zahl …? (Sieben).

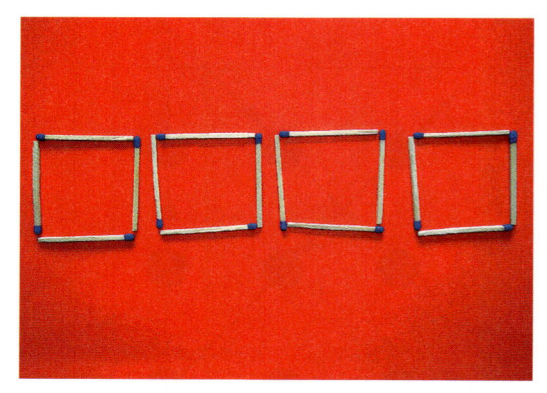

Abb. 10.13: So sieht die Ausgangssituation aus. Aus diesen vier Quadraten sollen fünf gelegt werden, ohne dass ein Streichholz hinzugefügt oder eins übrig gelassen wird.

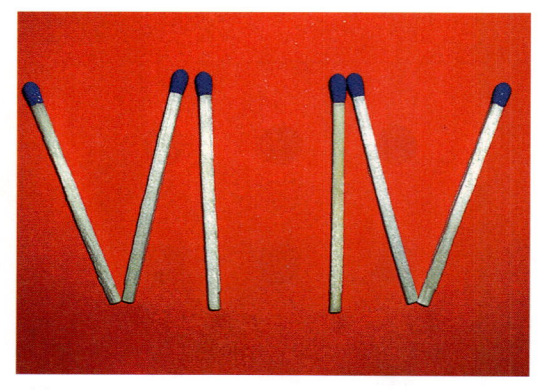

Abb. 10.14: Wenn man erst einmal auf die Idee kommt, römische Ziffern zu legen, ist die Aufgabe ganz einfach.

Denkrätsel

Die Übung kann mit viel Vorstellungsvermögen und logischem Denken gelöst werden. Es können aber auch Steine oder Zeichnungen zur Hilfe genommen werden. Die Übung kann einzeln, mit dem Tischnachbarn oder gemeinsam in der Gruppe gelöst werden.

Spaziergang

Ein Mann geht hinter zwei Frauen, ein Mann geht zwischen einer Frau und einem Mann, eine Frau geht vor zwei Männern und eine Frau geht zwischen einer Frau und einem Mann.
Wie viele Menschen gehen gemeinsam spazieren? (Vier Menschen im Gänsemarsch: Zwei Frauen vorn, zwei Männer hinten).

Aus vier mach fünf

Die Übung ist eine spielerische Denkaufgabe für geometrisches Denken und Vorstellungsvermögen. Aus 16 großen Streichhölzern werden vier Quadrate gelegt (☞ Abb. 10.13). Nun sollen die Hölzchen so umgelegt werden, dass aus der gleichen Hölzchenzahl fünf Quadrate entstehen. Mit großen Streichhölzern können die Teilnehmer die Lösung durch Ausprobieren suchen und finden.

Verwandlungen

Die folgende Übung trainiert spielerisch das räumliche Vorstellungsvermögen. Die Teilnehmer erhalten die Aufgabe, mit 6 großen Streichhölzern eine Sechs und eine Vier zu legen, ohne ein Holz wegzunehmen oder hinzuzufügen. Tipp: „An die alten Römer denken" (☞ 10.14).

10.5.8 Rätsel- und Scherzfragen

Rätsel- und Scherzfragen sind in Gruppen beliebt, weil sie für Heiterkeit und Frohsinn sorgen. Es kommt dabei nicht in erster Linie auf die richtige Antwort an, sondern auf die Ideen und Überlegungen, die zur Antwortfindung entwickelt werden. Jedes Nachdenken über ein Rätsel regt die Hirntätigkeit an und bereichert das Training.

Rätsel

- Loch an Loch und hält doch? Sieb oder Netz
- Sie geht durch Laub und Bäume, knistert nicht und macht keine Geräusche? Sonne
- Jeder kennt ihn, er löst bei allen Menschen Freude aus, man kann ihn nur am Tag sehen, seine Form ist immer gleich, er bewirkt schönes Farbenspiel und ist am Himmel zu sehen? Regenbogen
- Sie führt von hier nach dort, es ist Wasser darunter und Autos fahren darauf? Brücke
- Es hat einen Rücken und kann nicht liegen, es hat zwei Flügel und kann nicht fliegen; es trägt eine Brille und kann nicht sehen; es kann wohl laufen, aber nicht gehen. Was ist das? Die Nase
- Der Blinde sah einen Hasen laufen, der Lahme sprang ihm nach, und der Nackende steckte ihn ein. Was ist das? Eine Lüge
- Welchem Handwerker bringt ein schlechter Absatz Vorteile? Dem Schuster
- Von fremdem Licht ist geschmückt mein Gesicht,

und ohne dies Licht siehst Du nicht mein Angesicht.
Was ist das? Der Mond
- Wir können ihn täglich und stündlich hören. Er kommt auf Wellen zu uns. Unser Tun und Vorhaben richten wir möglichst danach aus.
Was ist das? Der Wetterbericht
- Welches Geheimnis bewahren die Frauen am liebsten? Das Alter.

Teekessel

Teekessel sind Wörter mit zwei Bedeutungen. Der Gruppenleiter verpackt beide Bedeutungen in Rätsel, die Gruppe muss den richtigen Begriff finden.
- Hilfsmittel beim Nähen – Pflanze: Fingerhut
- Teil des Schlüssels – wächst am Männerkinn: Bart
- Jeder hat davon 10 an den Füßen – kann in die Wand geschlagen werden: Nagel
- Geldinstitut – Sitzmöbel: Bank
- Spitzhacke – Erhebung auf der Haut: Pickel
- Vogel – Blumengebinde: Strauß
- Gegenstück zur Schraube – Elternteil: Mutter
- Lehrling – Schreibgerät: Stift
- Getreideteil – Entzündung am Augenlid: Gerstenkorn

Scherzfragen

- Welche Bärte wachsen nicht? Schlüsselbärte
- Wie viel weichgesottene Eier kann man nüchtern essen? Eins, weil man dann nicht mehr nüchtern ist
- Welcher Stein ist immer schwarz? Der Schornstein
- Wer geht über das Wasser und wird nicht nass? Die Sonne
- Wer spricht alle Sprachen und behält immer das letzte Wort? Das Echo
- Was brennt Tag und Nacht und verbrennt doch nicht? Die Brennnessel
- Welcher Ring ist nicht rund? Der Hering
- Welche Mutter hat keine Kinder? Die Schraubenmutter
- Welcher Knecht bekommt keinen Lohn? Der Stiefelknecht
- Wohin will der Spatz, wenn er über die Straße hüpft? Auf die andere Seite
- Welches ist der kürzeste Monat? Der Mai, er hat nur drei Buchstaben
- Welchen Karren zieht kein Gaul? Den Schubkarren
- Was tut der Storch, wenn er auf einem Bein steht? Er hält das andere hoch
- Mit welchem Auge kann man nicht sehen? Hühnerauge
- Wenn jemand 8 Kinder hat und 13 Äpfel, und jedes Kind soll gleich viel davon bekommen, wie macht er das? Er kocht Apfelbrei
- Aus welchen Gläsern kann man nicht trinken? Brillengläser
- Welcher Wurm hat menschliche Gestalt? Der Bücherwurm

10.5.9 Ordnungs- und Einordnungsübungen

Ordnungs- und Einordnungsübungen sind vielseitige Übungen, die immer mehrere Hirnfunktionen trainieren. Die Übungen sind häufig auch mit Wort- und Sprachübungen verbunden. Der Schwierigkeitsgrad kann variiert werden.

Gegensätze zuordnen

Es werden Begriffe vom Gruppenleiter genannt, zu denen das Gegenteil von den Teilnehmern gesucht wird. Über die Wahl des gefundenen Begriffes kann diskutiert werden.
- kalt – warm
- hell – dunkel
- rund – eckig
- schlecht – gut
- krank – gesund
- hoch – tief
- lustig – ernst
- freizügig – geizig
- offen – geschlossen
- offenherzig – verschlossen
- aggressiv – friedlich
- mutig – feige
- schön – hässlich
- hungrig – satt
- glänzend – matt
- stachelig – glatt
- intelligent – dumm

Abb. 10.15: Gegenstände werden so schnell wie möglich in drei Kategorien eingeteilt. [L119]

Oberbegriffe finden

Zu vier Begriffen mit einem gleichen Merkmal wird ein Oberbegriff gesucht. Ergebnisse können diskutiert werden.
- Pfirsich, Zitrone, Apfelsine, Pampelmuse (Südfrüchte)
- Kirsche, Pflaume, Zwetschge, Mirabelle (Steinfrüchte)
- Eibe, Tanne, Fichte, Lärche (Nadelbäume)
- Wirsing, Weißkohl, Rotkohl, Brokkoli (Kohl)
- Rollator, Hörgerät, Brille, Rollstuhl (Hilfsmittel)
- Auto, Schubkarren, Roller, Fahrrad (Fahrzeuge)
- Kino, Fernsehen, Theater, Musik (Unterhaltung)
- Hafer, Roggen, Weizen, Gerste (Getreide)
- Geige, Flöte, Gitarre, Trommel (Musikinstrumente)
- Blockflöte, Klarinette, Oboe, Saxophon (Blasinstrumente)
- Andersen, Hauff, Grimm, Oscar Wilde (Märchendichter)
- Bach, Schumann, Schubert, Mozart (Komponisten)

Welcher Begriff passt nicht in die Reihe?

Es werden vier Begriffe genannt, von denen einer mit einem ungleichen Merkmal nicht in die Reihe passt. Die Antwort soll begründet werden.

Die Übung kann mündlich oder auch schriftlich an der Wandtafel durchgeführt werden:
- Zitrone, Apfel, Pampelmuse, Apfelsine (Apfel ist eine einheimische Frucht)
- Stiefmütterchen, Schneeglöckchen, Aster, Veilchen (Aster ist eine Herbstblume)
- Petunie, Geranie, Lobelie, Rose (Rose ist keine typische Balkonpflanze)
- Löffel, Pfanne, Schraubenzieher, Korkenzieher (Schraubenzieher ist kein Haushaltsgerät)
- Tauchen, Schwimmen, Laufen, Rudern (Laufen ist keine Wassersportart)
- Auto, Rollstuhl, Roller, Fahrstuhl (Fahrstuhl ist kein Fortbewegungsmittel mit Rädern)
- Krampfadern, Masern, Diphtherie, Keuchhusten (Krampfadern sind keine Kinderkrankheit)
- Motorboot, Dampfschiff, Ruderboot, Zeppelin (Zeppelin ist kein Wasserfahrzeug)

Vergleiche finden

- So bunt wie ein (Hund)
- So schnell wie ein (Düsenjäger)
- So schlau wie ein (Fuchs)
- So zickig wie eine (Ziege)
- Dumm wie (Bohnenstroh)
- Schön wie (Aphrodite)
- Dünn wie eine (Bohnenstange)
- Falsch wie eine (Schlange)

Kategoriebildung

Folgende Begriffe sollen mündlich in 3 Gruppen (Kleidung, Schmuck, Accessoires) eingeteilt werden (☞ Abb. 10.15): Rock, Kleid, Ring, Regenschirm, Handtasche, Ohrring, Hose, Uhr, Pullover, Brosche, Kette, Weste, Haarspange, Armreif, Gürtel.

Variante 1: Gegenstände liegen auf dem Tisch, es sollen so schnell wie möglich drei „Häufchen" gebildet werden.

Variante 2: Die Begriffe sind alle auf einem DIN A 4-Blatt abgebildet und sollen dann in Gruppen eingeteilt werden

Wortpaare oder Zwillingspaare

Wortpaare oder Zwillingspaare sind Worte, die in der Umgangssprache zueinander gehören. Der Leiter nennt ein Wort, die Teilnehmer finden das zugehörige Zwillingswort dazu, z. B.

- Ross und (Reiter)
- Schall und (Rauch)
- Auf Schritt und (Tritt)
- Auf Biegen und (Brechen)
- In Samt und (Seide)
- Bei Wind und (Wetter)
- Wie Pech und (Schwefel)
- In Hülle und (Fülle)

Variante: Die Antwort wird reihum gegeben.

10.5.10 Assoziationen

Assoziationsübungen trainieren Erinnerung, Fantasie und Sprache. Sie sind leicht und alle Teilnehmer, auch leicht verwirrte Personen, können zu Erfolgserlebnissen kommen. Zudem ist es eine Übung, bei der alle oder zumindest sehr viele Teilnehmer zu Wort kommen. Assoziationen bieten viele Gelegenheiten zum Gespräch.

Einstiegsübung zu einem Thema

Zu einem Gruppenthema werden am Anfang einer Stunde Assoziationen gesammelt. Mitschreiben auf Wandtafel oder Flip Chart.

Was fällt Ihnen alles zum Thema ... ein?

- **Winter:** z. B. Kälte, Eis, Schnee, Weihnachten, Ofen, Holz hacken, frieren, eingefrorene Zehen, Socken
- **Glück:** z. B. Familie, Kinder, Gesundheit, Natur, Sonne, Blumen, Briefe erhalten, Lachen
- **Garten:** z. B. Blumen, Gemüse, Salat, Arbeit, Säen, Pfingstrosen, Vergissmeinnicht, Freude

Kennenlernübung

Eine mit Spaß verbundene Kennenlernübung ist das Nennen des Namens verbunden mit einer Assoziation oder Eselsbrücke zu der Person (☞ auch 9.2.1). So prägen sich Namen besser in das Gedächtnis ein, z. B.

- Ich bin Frau Müller wie Getreidemahlen.
- Ich bin Herr Bauer wie auf dem Feld arbeiten.
- Ich bin Herr Roth wie Blutrot.

Variante: Bei einer anderen Übung kann der Name mit einer Lieblingsbeschäftigung assoziiert werden, z. B.

- Ich bin Frau Müller und stricke gern Stümpfe.
- Ich bin Herr Bauer und lese gern Krimis.
- Ich bin Herr Roth und spiele gern Skat.

Assoziationskette

Zu einem Einstiegsthema werden 10 Assoziationen genannt. Die zehnte Assoziation wird ausgewählt, um weitere Assoziation zu bilden.

- **Tiere:** Hund, Katze, Mücke, Haustier, Hundehütte, Katzenklo, Hundefutter, Tierheim, Rehkitz, Tiergehege
- **Tiergehege:** Tierheim, Käfig, eingesperrt sein, Rehe, Wildschweine, Zoo, Park, Bäume, Tierpfleger, Tierschutz
- **Tierschutz:** Tierschutzbund, Käfighaltung, Rettung, Tierversuche ...

Assoziationen zu Materialien, Bildern und Gegenständen

Es liegen zu einem Thema, z. B. Schule, verschiedene Gegenstände auf dem Tisch: eine Schreibtafel, Kreide, ein Schwamm, ein Federmäppchen, ein altes Schulheft, ein Schulranzen, Griffel, Bleistifte, und Farbkasten.

Abb. 10.16: Wechselbild: Pokal oder Gesichter können wechselhaft wahrgenommen werden. [A500-119]

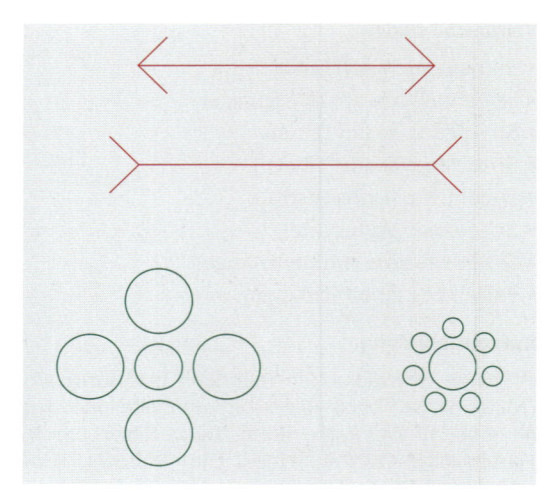

Abb. 10.17: Optische Täuschung: Beide Striche von den obigen Linien und beide Innenkreise der unteren Bilder sind gleichgroß. [A500]

Beim Betrachten der Gegenstände werden erste Assoziationen genannt.

> ☑ Teilnehmer darauf hinweisen, dass auch kleine Geschichten und Anekdoten als Assoziationen gültig sind. Das Gespräch ist vorrangiges Ziel.

Begriffsassoziationen

Es werden mehrere Begriffe genannt, zu der eine Assoziation gefunden werden soll, z. B.:
- Schiffe, Hafen, Elbe, Fischmarkt (Hamburg)
- Ring, Kuss, Freude, Tanzen (Verlobung)
- Kartenspiel, Zeitung, Baum, Salat (Blatt)

10.5.11 Wahrnehmungsübungen

Bei vielen alten und hochbetagten Menschen ist die Wahrnehmung durch verschiedene geriatrische Krankheitsbilder eingeschränkt. Das Gehirntraining bietet mit Wahrnehmungsübungen gute Schulungsmöglichkeiten für alle Sinne. Neben bereits aufgeführten Übungen (z. B. bei den Bildbetrachtungen) stehen noch ganz spezielle zur Verfügung.

Wechselbilder

Bei Wechselbildern sind in einer Abbildung zwei Bilder zu sehen – je nach Ausrichtung der (unbewussten) Wahrnehmung. Bei der Betrachtung des Bildes in Abb. 10.16 ist z. B. entweder ein Pokal oder zwei Gesichter zu sehen. Das Bild kann in einer Gruppe entweder mit dem Projektor an die Wand geworfen werden, oder jeder Teilnehmer hat eine Abbildung vor sich liegen. Eine immer wieder zur regen Diskussion motivierende Übung.

Optische Täuschung

Jeder Teilnehmer erhält eine Abbildung (☞ Abb. 10.17) und soll beurteilen, welcher Kreis in der Mitte größer ist. Es handelt sich um eine optische Täuschung, beide Kreise sind gleichgroß (☞ 9.3).

Kimspiele

Kimspiele sind Wahrnehmungsspiele und -übungen mit verdeckten Materialien. Die Materialien, Gegenstände müssen erraten werden (☞ 9.3).

Tastkim

Zu einem Gruppenthema werden ca. 15 Gegenstände in ein Baumwollsäckchen getan (als Alternative in ein oben zugehaltenes Baumwolltuch). Das Säckchen geht reihum und jeder Teilnehmer ertastet einen Gegenstand, den er erraten und benennen muss. Der erratene Gegenstand wird entweder gleich entnommen oder hinterher gemeinsam angeschaut. Die Gegenstände können auch alle zu einem bestimmten Thema passen, z. B.:
- **Thema Krankheit und Gesundheit:** Medikamentenpackung, Pillendose mit Pillen, Brille, Pflaster, Medikamentenfläschchen, Packung Taschentücher, Teebeutel, Cremetube, Massagehandschuh, kleiner Igelball

- **Thema Haushalt:** Löffel, Gabel, kleiner Schneebesen, Kronkorkenöffner, Nähgarn, Schlüssel, Bleistift, Kugelschreiber, Notizblock, kleine Kartoffel, Knöpfe, Apfel.

Erinnerungskim

Es liegen verschiedene Gegenstände in der Mitte des Tisches, die durch ein Tuch abgedeckt sind, z. B. Stift, Schere, Schlüssel, Garnrolle, Apfel, Messer, Tannenzapfen, Blume, Buch, Zigarettenpackung, Geldbeutel.

Der Gruppenleiter deckt nun die Gegenstände auf mit dem Hinweis, sich alle gut zu merken. Tipp: Hinweis geben, dass sich beim Merken der Gegenstände innerlich der Name des Gegenstandes gesagt wird „das ist ein Buch, das ist ein Schlüssel".

Nach ca. 3 Minuten werden die Gegenstände wieder abgedeckt, danach werden die Gegenstände gemeinsam oder reihum aus der Erinnerung genannt. Bei ungeübten Gruppen mit ca. 8–10 Gegenständen beginnen. Bei geübten Gruppen kann die Anzahl erhöht werden.

Abb. 10.18: Bekannte Düfte aktivieren das Langzeitgedächtnis besonders gut. [L119]

> ☑ Das Gedächtnis merkt sich die Dinge besser, wenn die Gegenstände einen persönlichen Bezug haben. Deswegen sind Alltagsgegenstände oder Gegenstände mit persönlicher Erinnerung gut für Kimspiele geeignet.

Hörkim

Diese Übung setzt voraus, dass alle Teilnehmer gut hören können. Es wird eine Kassette mit verschiedenen hintereinander folgenden Geräuschen abgespielt. Der Gruppenleiter hat die Kassette, entsprechend dem Niveau der Gruppe, vorbereitet und aufgenommen. Gemeinsam wird geraten, um welche Geräusche es sich handelt, z. B. Türknallen, Toilettenspülung, Laufen eines Wasserhahns, Vogelgezwitscher, Autohupen, Donner, Türquietschen, Hundegebell, Töne eines Musikinstrumentes.

Variante: Es gibt gute Vogelstimmenaufnahmen auf dem Markt, die als Hörkim eingesetzt werden können.

Riechkim

Zum Thema Küche werden verschiedene Kräuter, Gewürze und Düfte einzeln in kleine Kästchen verpackt: Curry und Paprika in Streichholzschachteln, Rosenduft von Rosenöl auf einen Wattebausch, Nelken in eine Schachtel, Vanilleöl in ein Fläschchen. Die verschiedenen Gerüche werden mit geschlossenen Augen oder verdeckter Verpackung erraten. Eine Türöffnungsfrage: Was fällt Ihnen zu diesem Geruch ein?

Geschmackskim

Zum Thema Ernte oder Früchte werden verschiedene Obststückchen sehr klein geschnitten. Die Teilnehmer probieren nacheinander einige Stückchen, z. B. Apfel, Birne, Mandarine, Apfelsine, Kiwi, Ananas. Die Obststückchen sollen von den Teilnehmern nicht gesehen werden und nur am Geschmack erkannt werden. Die Übung ist gar nicht so einfach, weil das Auge die Identifikation der Früchte sehr erleichtert und bereits auf einen zu erwartenden Geschmack vorbereitet.

Variante: Kimspielen mit verschiedenen Nüssen.

10.5.12 Die 10-Minuten-Aktivierung

Die 10-Minuten-Aktivierung geht auf Frau Schmidt-Hackenberg zurück. Diese Methode ist als Kurzaktivierung für Einzelpersonen bzw. Kleinstgruppen im Heimalltag entwickelt worden und kann von Pflegemitarbeitern, Ergotherapeuten oder anderen Geragogen durchgeführt werden. Die 10-Minuten-Aktivierung wird bei Menschen mit Demenz eingesetzt (☞ 5.1.3).

10 Gehirntraining

> **10-Minuten-Aktivierung:** Methode zur Aktivierung der Sinneswahrnehmung und des Langzeitgedächtnisses für Hochbetagte und Demenzkranke. Mit einfachen Materialien werden Erinnerungsimpulse an das Langzeitgedächtnis gegeben, die Schlüsselreize rufen Erinnerungen wach. Die wachgerufenen Erinnerungen sind Ressourcen, mit denen gearbeitet werden kann.

Diese Aktivierungsmethode ist aus der Erfahrung von Zeitknappheit aus dem Betreuungsalltag in stationären Altenpflegeeinrichtungen entstanden und ist – wie der Name schon sagt – eine Kurzzeitaktivierung. Die Erfahrung mit der Methode hat gezeigt, dass zwischen 10–15 Minuten Aktivierung sinnvoll sind; keinesfalls sollten 20 Minuten überschritten werden, da die Leistungskapazität und Konzentrationsfähigkeit bei demenzkranken Menschen sehr gering ist (☞ 5.1.1).

Abb. 10.19: Alltägliche Gegenstände für die 10-Minuten-Aktivierung. [O148]

Grundsätze

- Einheitliches Konzept, das in der Organisation und Pflegeplanung verankert ist
- Anleitung aller aktivierenden Mitarbeiter
- Kurze, regelmäßige Aktivierung (z. B. jeden Tag 10 Minuten)
- Individuelles Angebot
- Biografiebezug
- Ausreichende Materialsammlung
- Aktivierung im Alltag
- Aktivierung aller Sinne
- Einbeziehen von Körperübungen

Das Arbeiten mit Materialien

Mit diversen Materialien, die einen Bezug zur Lebenswelt und Biografie der zu aktivierenden alten Menschen haben, werden Erinnerungen geweckt. Dazu werden die Materialien in einem Beutel oder einer ansprechenden Kiste untergebracht und angeboten (☞ Abb. 10.19). Mit den Materialien wird das Langzeitgedächtnis „aufgeschlossen", so dass es Erinnerungen „freisetzt". Die Materialien sind der Schlüsselreiz für diesen Prozess. Allerdings erfordert es Geduld, Einfühlungsvermögen, Verständnis und natürlich das Wissen um die Biografie des alten Menschen. Einem ersten zaghaften Erinnern folgen nach und nach meist eine ganze Reihe weiterer Erinnerungen. Oft sind diese Ressourcen nur verschüttet, mit Geduld und wiederholender „Erinnerungsarbeit" können sie freigelegt werden.

Materialvorschläge zu Aktivierungseinheiten

Zu verschiedenen Themen können mit Fantasie und Erfahrung verschiedene Materialien gesammelt, entwickelt oder selbst entworfen und gebastelt werden. Interessant ist alles, was dem alten Menschen von früher her bekannt sein könnte, z. B.

- **Naturmaterialien:** Kastanien, Eicheln, verschiedene Nüsse, Tannenzapfen, Kiefernzapfen, Baumrinde, Baumpilze, getrocknete Früchte und Beeren, Gewürze
- **Wäscheklammern:** bunte Wäscheklammern, Holzklammern, Klammern von früher
- **Taschentücher:** Taschentücher aller Art, Frauentaschentücher, Männertaschentücher, Spitzentaschentücher, Taschentücher mit Mustern und Motiven
- **Küchengeräte:** kleine Küchengeräte, Quirl, Holzlöffel, altes Besteck, Schöpflöffel, alte Kaffeemühle
- **Stoffkissen:** Kleine Stoffkissen oder -säckchen aus schönen verschiedenen und bunten Stoffen und Materialien
- **Handwerkszeug:** Pinsel, Hammer, Haken, Zollstock, Wasserwaage
- **Wolle, Garne und Nähzeug:** verschiedene Wollknäuel, Garnrollen, Nähzubehör wie Spulen oder Kordeln

> **Fallbeispiel**
>
> Frau Schmidt mag bei der 10-Minuten-Aktivierung am liebsten Dinge aus Stoff oder Karten und Schachteln. Die Praktikantin Katja hat ihr deswegen eine schöne Kiste mit Stoffen und Tüchern und eine Kiste mit kleinen Schachteln, Karten und Papprühren zusammengestellt. Mit beiden Kartons beschäftigt sich Frau Schmidt jedes Mal sehr ausgiebig und gern, indem sie alle Dinge sortiert, ordnet und immer wieder neu gestaltet.

Durchführung einer Aktivierungseinheit mit Naturmaterialien

Diese Aktivierung eignet sich für eine Dementengruppe.

> **Fallbeispiel**
>
> Eine demente alte Frau vom Lande erzählt, dass sie als Kinder immer säckeweise Tannenzapfen aus dem Wald gesammelt und damit den alten Kaminofen geheizt haben. Aus gesammelten Hagebutten wurde Tee gekocht kochen und Marmelade hergestellt. Das Marmelade kochen war immer „ganz, ganz viel Arbeit, und alle Kinder mussten mithelfen".

Aktivierungsbeutel: Bunter Stoffbeutel oder durchsichtiger Plastikbeutel

Materialien: Tannenzapfen, Eicheln, Walnüsse, Haselnüsse, getrocknete Hagebutten, getrocknete Wacholderbeeren am Strauch, ein Stück Baumrinde, Kastanien, getrocknete Pilze, ein Baumpilz, eine Kiefernfrucht, eine getrocknete Sonnenblume, Gewürzsäckchen mit Nelken, Zimt, Lavendel

Ziele: Wahrnehmung fördern, Gespräch und Unterhaltung anregen, Bewegung fördern.

- **Wahrnehmung fördern:** Materialien ertasten lassen, betrachten, riechen, fühlen lassen (z. B. Lavendelsäckchen an die Wange legen)
- **Gespräch und Unterhaltung anregen:**
  - Erzählen lassen, um welche Materialien es sich handelt
  - Fragen, ob die Materialien bekannt sind
  - Fragen, wozu das gebraucht wird
  - Fragen, was man früher z. B. mit Tannenzapfen gemacht hat
  - Fragen, für was alles gesammelt wird
  - Fragen, was alles mit Hagebutten gemacht wird
  - Fragen was besonders gut schmeckt

Naturmaterialien auf den Tisch legen lassen (was interessiert, wird hingelegt, anderes nicht) Alle Impulse von der zu aktivierenden Person aufnehmen und verbal und emotional verstärken.

- **Bewegung fördern:**
  - Materialien auf den Tisch legen lassen, dabei Hände und Arme strecken lassen
  - Materialien nicht bringen, sondern den alten Menschen auffordern, sich zum Anleiter zu bewegen
  - Hagebutten und Nüsse über den Tisch kullern lassen und auffangen
  - Hagebutten und Nüsse sortieren (z. B. in ein Gefäß oder Schachtel), Schachtel schütteln lassen
  - Lavendelsäckchen zuwerfen.

> Damit die Materialien für die Aktivierung immer greifbar sind und keine große Vorbereitungszeit notwendig ist, werden sie in einem besonderen Schrank an einer zentralen Stelle aufbewahrt.

11 | Gestalterische und handwerkliche Beschäftigungsangebote

11.1 Warum, für wen, wie – das Management 246
 11.1.1 Bedeutung gestalterischer und handwerklicher Angebote 246
 11.1.2 Ziele 246
 11.1.3 Zielgruppen 246
 11.1.4 Planung und Organisation 247

11.2 Verschiedene Materialien und Techniken 247
 11.2.1 Maltechniken 247
 11.2.2 Batiktechniken 255
 11.2.3 Collagen 256
 11.2.4 Serviettentechnik 258
 11.2.5 Modellieren 259
 11.2.6 Flechten mit Peddigrohr 262
 11.2.7 Papierarbeiten 265
 11.2.8 Stoff- und Handarbeiten 268
 11.2.9 Werkarbeit mit Speckstein 271
 11.2.10 Drucken 272
 11.2.11 Arbeiten zu Inhalten 273

11 Gestalterische und handwerkliche Beschäftigungsangebote

11.1 Warum, für wen, wie – das Management

11.1.1 Bedeutung gestalterischer und handwerklicher Angebote

Gestalterische und handwerkliche Beschäftigungsangebote sprechen die kreativen und künstlerischen Fähigkeiten des Menschen an. Sie vermitteln Freude am eigenen Tun und Schaffen. Beim Werken, Basteln und Gestalten werden verschiedene Sinnesfunktionen angesprochen, die Grob- und die Feinmotorik trainiert, das Selbstbewusstsein gestärkt, soziale Kommunikation betrieben und kreative Prozesse in Gang gesetzt.

Kreatives Gestalten kann eine Entlastung für den alten Menschen sein, weil es ihn von Sorgen und Kummer ablenkt und die Konzentration auf das Tun ausrichtet. Gestalterisches Tun hat darüber hinaus auch einen therapeutischen Wert, denn es bringt Gefühle und das persönliche Erleben zum Ausdruck. Häufig rücken Erfahrungen, Wünsche und Sehnsüchte erst durch schöpferische Arbeit ins Bewusstsein und können dann „verarbeitet" werden.

> ☑ Viele alte Menschen trauen sich keine gestalterischen Tätigkeiten zu, weil durch Erkrankungen ihre motorischen Fähigkeiten eingeschränkt sind. Aufgabe des Leiters ist es, geeignete Methoden für die Teilnehmer auszusuchen, so dass trotz Einschränkungen Erfolgserlebnisse erzielt werden können.

Kreative Angebote können ergebnis- bzw. produktorientiert ausgerichtet sein oder der Fantasie ohne Bewertung freien Lauf lassen. Es müssen keineswegs Kunstwerke entstehen. Wichtig ist das Gefühl, etwas Schönes selbst hergestellt zu haben.

> Die Welt der Realität hat ihre Grenzen –
>
> Die Welt der Fantasie ist grenzenlos.
>
> (Jean-Jacques Rousseau)

11.1.2 Ziele

Kreative Angebote werden in der Altenhilfe von Ergotherapeuten, Kunsttherapeuten und Pädagogen bzw. Geragogen gemacht. Die Ziele hängen vom Klientel ab: Mit alten Menschen einer Begegnungsstätte sind andere Möglichkeiten des kreativen und künstlerischen Gestaltens denkbar als mit Hochbetagten einer stationären Altenhilfeeinrichtung.

> ☑ Bei einem beschäftigungstherapeutischen Ansatz steht das Tun im Mittelpunkt der Bemühungen. Es gilt das Prinzip „Der Weg ist das Ziel". Im Gegensatz dazu sind Tätigkeiten mit Werktätigen ergebnisorientiert auf das Endprodukt bezogen.

Mögliche Ziele
- Förderung kreativer Gestaltungsmöglichkeit
- Finden eines künstlerischen Ausdruck
- Ausdruck von innerem Erleben
- Bewältigung von Lebenserfahrungen
- Spaß am eigenen Schaffen
- Förderung der Grob- und Feinmotorik
- Förderung von Sinnesfunktionen (Stimulierung des Seh- und Tastsinnes)
- Bestätigung und Anerkennung
- Stärkung des Selbstwertes
- Förderung von Gruppenfähigkeit und sozialem Erleben.

11.1.3 Zielgruppen

Zielgruppen für kreative Arbeiten sind alte Menschen mit und ohne Einschränkungen von geistigen und körperlichen Fähigkeiten.

> ☑ Grundsätzlich gilt: Jeder kann kreativ sein!

Die Auswahl der Technik und der Materialien müssen auf die Zielgruppe abgestimmt sein, damit keine Über- oder auch Unterforderung entsteht. Zu den häufigen **Krankheitsbildern** im Alter, die bei der Planung zu berücksichtigen sind, gehören:
- Rheumatische Erkrankungen
- Arthrosen
- Augenerkrankungen
- Demenzerkrankungen

- Neurologische Erkrankungen wie Morbus Parkinson, Hemiplegie
- Psychische Erkrankungen.

Bei der Auswahl der Techniken und Materialien gilt es folgende **krankheitsbedingte Einschränkungen und Symptome** zu berücksichtigen:
- Störungen motorischer Bewegungsabläufe
- Sensibilitäts- und Wahrnehmungsstörungen
- Muskelschwäche
- Fehlstellungen
- Sinnesfunktionsstörungen
- Konzentrationsstörungen
- Denkstörungen
- Desorientierung
- Motivationsschwäche und Antriebslosigkeit.

> In der stationären und teilstationären Altenpflege muss sich der Geragoge bzw. der therapeutische Mitarbeiter vorab ein Bild von den Fähigkeiten und Einschränkungen machen
> - durch persönliches Kennenlernen der alten Menschen
> - anhand der Dokumentation
> - durch die Teilnahme an Dienstbesprechungen.
>
> Nur so ist es möglich, gezielt die Angebote auf eine Gruppe oder eine Einzelperson abzustimmen.

> ☑ In der offenen Altenhilfe ist es wichtig ein Angebot ganz gezielt auf eine bestimmte Zielgruppe auszurichten (z. B. „Einfache Seidenmaltechnik für Anfänger. Es sind keine Vorkenntnisse notwendig"), damit Anforderungen, Voraussetzungen und Erwartungen nicht so weit auseinanderklaffen

11.1.4 Planung und Organisation

Kreative und gestalterische Beschäftigungen werden in der offenen Altenhilfe als geragogisches Angebot, in der teil- und stationären Altenpflege als therapeutisches, soziales bzw. beschäftigungstherapeutisches Gruppen- oder Einzelangebot angeboten. An erster Stelle steht, den Teilnehmern ein Stück Lebensqualität zu vermitteln, indem ihnen gezeigt wird, dass sie durchaus in der Lage sind, Nützliches und Produktives für sich und die Gemeinschaft zu leisten. Planung und Organisation richten sich nach der Zielgruppe (☞ 11.1.3) und dem Setting, ob Einzel- oder Gruppenarbeit gewünscht ist (☞ 4.2). Eine **Checkliste** (☞ Tab. 11.1) hilft bei der Planung.

> Jede Technik sollte vom Leiter selbst gut beherrscht werden und angeleitet werden können. Bei den Arbeiten, die einem Anleiter am meisten Freude machen, springt am ehesten auch „der Funke" über.

11.2 Verschiedene Materialien und Techniken

Materialien und Techniken werden auf die Fähigkeiten und Fertigkeiten der alten Menschen abgestimmt. Manche Techniken erfordern sehr genaues Arbeiten und eine intakte Feinmotorik (z. B. manche Papierarbeiten), während andere Techniken (z. B. Flechtarbeiten) auch mit eingeschränkter Feinmotorik und weniger genauem Arbeiten ausgeführt werden können. Viele Techniken können im Schwierigkeitsgrad variiert und den Bedürfnissen des alten Menschen angepasst werden.

> Materialien und Techniken werden so ausgewählt, dass nur wenig Hilfestellung nötig ist. Je mehr Hilfestellung nötig ist, desto frustrierender ist es für die Teilnehmer. Deswegen auch solche Arbeiten bevorzugen, die keinen „Perfektionismus" erfordern.

> ☑ Für Menschen mit Einschränkungen und Behinderungen gibt die Firma Wehrfritz wertvolle Anregungen. Katalogbestellung:
>
> Wehrfritz GmbH
> Postfach 1107
> 96473 Bad Rodach
> www.wehrfritz.de

11.2.1 Maltechniken

Maltechniken können hervorragend den unterschiedlichen Fähigkeiten der alten Menschen angepasst werden, benötigen in der Regel aber erst einmal etwas Motivation. Alte Menschen trauen sich das Malen oft nicht zu („Das hab' ich doch im Leben noch nie getan!").

11 Gestalterische und handwerkliche Beschäftigungsangebote

Planung und Organisation von kreativen und gestalterischen Angeboten
Auf welche **Zielgruppe** soll das Angebot ausgerichtet werden? Ist die Zielgruppe genau definiert? Welche Fähigkeiten und auch Einschränkungen sind bei den Teilnehmern zu erwarten?
Soll es eine **offene oder geschlossene Gruppe** sein? Bei einem beschäftigungstherapeutischen Angebot in der stationären Altenpflege die Teilnehmerzahl nach den Möglichkeiten begrenzen, z.B. 5–7 Personen.
Wie ist die **Motivation** der potenziellen Teilnehmer? Bei Ängsten und Zweifeln vor der Teilnahme Besuche und Zuschauen organisieren
Räumliche Ausstattung: Gibt es einen Werkraum oder muss sich mit einem normalen Gruppenraum beholfen werden? Gibt es Wasseranschluss, strapazierfähige Tische, gute Beleuchtung?
In teil- oder stationären Einrichtungen genaue **zeitliche Absprachen** mit anderen Arbeitsbereichen wie Pflege, Küche, Hauswirtschaft, damit es keine Überschneidungen gibt.
Zeitlichen Rahmen festlegen, z.B. Vormittagsgruppe von 9.00–11.00 Uhr oder Nachmittagsgruppe von 15.00–16.30 Uhr. Auch für die offene Altenhilfe sind zeitliche Angebote am Vormittag oder Nachmittag günstiger als Angebote in den Abendstunden.
Übernahme von **Transfer** regeln: Werden z.B. Teilnehmer, die Rollstuhlbenutzer sind, gebracht oder müssen sie abgeholt werden?
Kreative Angebote an den **drei Säulen** Orientierung, Aktivierung und biografische Anbindung orientieren und an den **Fähigkeiten** und **Einschränkungen** der Teilnehmer ausrichten.
Hilfsmittel einsetzen, z.B. Stift- und Pinselhalter, Zeichenbrett, Klemmbrett für Malarbeiten, spezielle Scheren.
Vor Beginn eines Angebotes alle **Materialien, Werkzeuge und Hilfsmittel** vorbereiten: Tisch, wenn nötig, mit Schutz versehen, alle Materialien sichtbar ausbreiten, Anschauungsstücke, Muster und Schablonen bereithalten, Kleiderschutz vorsehen, z.B. bei Farb- und Klebearbeiten.
Ablauf • Für eine angenehme und entspannende Atmosphäre sorgen. • Beginn einer Kreativstunde mit „Erwärmungsphase", z.B. Singen, Vorstellungsrunde, kleine Erzählrunde, kleine Bewegungsübungen (☞ 8.2). • Pausen einlegen und Getränke anbieten. Zwischendurch zur Entspannung Finger- und Handgymnastik durchführen. Zur Entspannung der Hände und Finger kann Therapieknete eingesetzt werden. • Einfache und überschaubare Darstellung der Arbeitstechnik. Dabei die Technik in mehreren kleinen Schritten aufteilen. Arbeitsschritte anhand von Probestücken und Mustern zeigen. Verdeutlichung durch „Vormachen", Lernen durch Nachahmung (☞ 4.1.1). • Kreativen Freiraum schaffen: Anregung und Lob geben, nicht zu viel Hilfe geben; solche Angebote aussuchen, dass für die Teilnehmer ein kreativer Freiraum bleibt. • Wertschätzende Atmosphäre schaffen und die Ergebnisse bzw. Arbeiten respektierend und wertschätzend behandeln (gemeinsame Betrachtungen, Aufhängen oder Ausstellen der Arbeiten). • Jede Stunde mit einer Abschlussphase beenden: Kurzes abschließendes Gespräch, Betrachten der Arbeiten, Ausblick, Lied, Text, Gedicht.

Tab. 11.1: Hilfreiche Checkliste für gestalterische und handwerkliche Beschäftigungsangebote.

Mandalas malen

Mandalas sind meistens kreisförmige Muster mit symmetrischer Anordnung gleicher und ähnlicher Elemente, so dass sie ein harmonisches Gesamtbild ergeben (☞ Abb. 11.2). Sie können aus leichten oder schwierigen, sehr differenzierten Formen zusammengesetzt sein. Charakteristisch an Mandalas ist der auf den Mittelpunkt ausgerichtete Aufbau. Ursprünglich hatten sie einen religiösen Hintergrund. Das Malen wirkt meditativ, beruhigend und entspannend.

11.2 Verschiedene Materialien und Techniken

Abb. 11.2: Mandalas einer 82-jährigen Frau: Das linke wurde in einer akuten Trauerzeit nach dem Tod der Enkelin gemalt, das rechte ein Jahr später. [M283]

☑ Es gibt in allen Buchläden Mandala-Malbücher.

Empfehlung: Rüdiger Dahlke, Mandalas der Welt, Wilhelm Heyne Verlag, München 1995.

Ganz einfache Mandalas lassen sich aus Malbüchern für Grundschulkinder entnehmen.

Materialien: Mandalavorlagen aus Büchern und Anleitungsheften, einfache Buntstifte, Aquarellbuntstifte, Wachskreiden, Wassermalfarben, Fenstermalfarben, Pinsel, evtl. Griffverstärker für Buntstifte, Klebeband zum Festkleben der Mandalabilder.

Durchführung

- Verschiedene Mandalamuster auf dem Tisch auslegen
- Jeder Teilnehmer sucht sich ein Muster aus, das ihn besonders anspricht
- Technik erklären: Von innen nach außen oder von außen nach innen ausmalen, dabei alle Formen ausmalen
- Die Teilnehmer wählen die Farben zum Ausmalen nach eigenem Empfinden und Gutdünken aus
- Mit leichten Maltechniken wie Buntstiften oder trockenen Aquarellmalstiften beginnen; Fortgeschrittene können auch mit Wasser-, Öl- oder Fenstermalfarben schwierigere Techniken probieren
- Die fertigen Mandalas nicht interpretieren, sie sind Ausdruck einer momentanen Befindlichkeit (☞ Abb. 11.2).

✆ Auf normalen Zeichenpapier gemalte Mandalas können ausgeschnitten und von der Rückseite ganz dünn mit Speiseöl bestrichen werden. Nach dem Trocknen ist das Papier wie Transparentpapier und sieht sehr schön als Fensterbild aus.

Fensterbilder

Fensterbilder sind ein Trend bei Jung und Alt (☞ Abb. 11.3). Beliebt sind jahreszeitliche Motive oder Themenmotive wie Blumen, Mandalas, Tiere und Landschaften. Fensterbilder können als Motive auf haftender Folie für Fenster oder auf dickerer Folie für Mobiles hergestellt werden. Für Fortgeschrittene gibt es noch jede Menge anderer Ideen, z.B. Karten, Stecker, Gläser und Vasen, die mit Fenstermalfarben bemalt werden.

Materialien: Haftende Fensterfolie (Din-A4 oder Din-A3), 3 mm dicke Mobilefolie (Din-A3 oder Din-A4), Konturenfarbe in verschiedenen Farbtönen, verschiedene Farbtöne Fenstermalfarbe, kleine handliche Farbbehälter (möglichst runde, weil diese besser in der Hand liegen), verschiedene Motive zur Auswahl, Verdünnungsmittel für eingedickte Farben, evtl. Glitter zum Verzieren, Holzstäbchen und Wattestäbchen, Stecknadeln, Büroklammern, Klebeband, Schutzkittel.

☑ Fenstermalfarben gibt es von verschiedenen Herstellern. Die Farben unterscheiden sich in der Konsistenz und der Leuchtkraft. Für alte Menschen auf eine gut gleitende Konsistenz der Farbe achten, damit beim Herausdrücken nicht so ein großer Kraftaufwand nötig ist.

Abb. 11.3: Fensterbilder sind einfach herzustellen und sehr effektvoll. [M283]

Durchführung

- Fertige Fensterbilder und Mobiles als Muster zeigen
- Beliebte und passende Motive zur Auswahl vorstellen. Für alte Menschen große bzw. vergrößerte Motive auswählen
- Gut erkennbare Motive unter die Folie (Transparentpapier) legen, evtl. mit Büroklammern befestigen, das Transparentpapier mit einem weißen Blatt unterlegen
- Malunterlage gegen Verrutschen mit einem Stück Klebeband am Tisch festkleben
- Das Auftragen der Konturenpaste vorher auf einem Extrablatt üben. Dann mit der Konturenpaste unter gleichmäßigem Druck das vorgegebene Motiv nachziehen. Bei Fehlern mit Wattestäbchen oder Zahnstocher korrigieren. Für Teilnehmer, die keine ausreichend ruhige Hand oder zu wenig Kraft für das Auftragen haben, wird dieser Arbeitsgang vom Leiter oder anderen Teilnehmern übernommen
- Konturenfarbe nach Herstellerangaben trocknen lassen
- Einzelne Felder mit den gewünschten Farben ausmalen. Am besten vorher eine Farbprobe machen, weil die Fenstermalfarben sich nach dem Trocknen verändern
- Entstehende Luftbläschen mit einer Stecknadel aufstechen
- Über die Konturen gelaufene Farbe mit einem Wattestäbchen wegtupfen
- Alle Farben können mit Weiß aufgehellt oder mit Schwarz abgedunkelt werden
- Nuancen entstehen durch farblich unterschiedliche Konturen oder durch Auftragen von Glitter auf der feuchten Farbe.

> **Fallbeispiel**
>
> Für einen Weihnachtsbasar haben malbegeisterte Bewohner der Altenpflegeeinrichtung sehr schöne Fensterbilder hergestellt: Adventssterne, Tannenbäume mit Schnee und Kerzen. Frau Schön war früher Kunstlehrerin und hat sogar einen großen Schlitten mit Geschenken und Rentieren als Fensterbild angefertigt. Sie ist sehr stolz und entschließt sich, diese Arbeit nicht zu verkaufen, sondern ihrer Enkelin zu Weihnachten zu schenken. Der Basar war ein riesiger Erfolg. Eine andere Bewohnerin erzählt hinterher: „Toll, die sind weggegangen wie warme Semmeln."

Malen nach Vorlagen

Für Teilnehmer, die sich kein freies Malen zutrauen und zur Sicherheit mehr Strukturen benötigen, bieten sich Arbeiten mit der Ausmaltechnik an. Ausmaltechniken nach Vorlagen sind eine Einstiegsmöglichkeit, die Schwellenängste zu überwinden helfen. Mitunter nehmen auch demente Menschen an solchen Angeboten gern teil.

Mit einfachen Medien wie Wachsmalstiften oder dicken Buntstiften werden einfache Vorlagen, z. B. eine Blume oder ein Tier, ausgemalt (☞ Abb. 11.4). Die vorgegebenen Strukturen der Motive können später durch freie Arbeiten ergänzt werden, so dass schrittweise zum freien Malen übergegangen werden kann. Für das Ausmalen nach Vorlagen können 30–60 Minuten eingeplant werden.

Material: Malblöcke, dicke Buntstifte, Wachsmalkreiden, evtl. Griffverstärker für die Stifte, vorgegebene Motive zum Ausmalen.

11.2 Verschiedene Materialien und Techniken

Abb. 11.4: Ein ganz einfaches Motiv, das für Menschen gut geeignet ist, die sich anfänglich wenig zutrauen. [M283]

Abb. 11.5: Ausdrucksmalen macht Mut, sich auszuprobieren. [K157]

Durchführung
- Teilnehmern die Arbeitstechnik erklären
- Einige Probebilder zeigen
- Motive zum Aussuchen vorlegen, jeden Teilnehmer ein Lieblingsmotiv aussuchen lassen
- Stifte ausprobieren lassen
- Motive ausmalen lassen mit den Farben, die die Teilnehmer am meisten ansprechen
- Leiter gibt Unterstützung durch Zuspruch, Impulse, Führen, Lob und Anerkennung
- Bilder hinterher gemeinsam anschauen
- Bilder zur Würdigung an einem vorgesehenen Platz aufhängen
- Evtl. ein Gemeinschaftsbild aus vielen verschiedenen Einzelarbeiten entstehen lassen

> Ein anregendes Praxisbuch für die Malarbeiten mit gerontopsychiatrisch Erkrankten: Jutta Brühl, Alt, aber Hut ab, Verlag modernes Lernen, Dortmund 1998.

Ausdrucksmalen

Ausdrucksmalen ist eine Form von freiem Malen und Selbsterfahrung, wobei der Prozess des Malens im Mittelpunkt steht, nicht das Endprodukt. Mit verschiedenen Materialien wird versucht, inneren Bildern und Gefühlen Ausdruck zu verleihen (☞ Abb. 11.5). Dabei können Erinnerungen, Wünsche und Gefühle wach werden. Ausdrucksmalen braucht keinerlei Vorkenntnisse, sondern nur Neugier und Lust auf die eigenen Bilder.

Die Bilder und Ergebnisse werden nicht interpretiert und gedeutet. Die Aufgabe eines Leiters, z. B. eines Kunsttherapeuten, besteht darin, die Teilnehmer bei ihrem inneren Prozess zu begleiten, zu ermutigen, zuzuhören und Aussagen zu spiegeln. Für eine Maleinheit 1,5 Std. einplanen. Für das Ausdrucksmalen einen ruhigen Raum auswählen.

Materialien: Große Papierbögen, evtl. Klebeband zum Festkleben, Farben wie Wassermalfarben, Plakafarben, Acrylfarben, Gouachefarben, andere Deckfarben, Pinsel verschiedener Größe, Pinselhalterungen, Schwämme, Schwammpinsel, Wassergefäße, Schutzkittel.

Durchführung
- Vorrunde, bei der jede Teilnehmer kurz von sich und der momentanen Befindlichkeit erzählt
- Methode erklären
- Farben und Pinsel vorstellen und ausprobieren lassen, es darf auch mit den Fingern gemalt werden
- Zum Beginn ermutigen. Wenn jemand nicht weiß, wie er anfangen soll, kann mit der Lieblingsfarbe oder der Farbe, die im Moment am besten gefällt, einfach begonnen werden
- Zum Malen ohne Nachdenken und Technik ermutigen
- Keine Wertungen der anderen Teilnehmer zulassen
- Das Gemalte ohne Wertung bestätigen
- Für eine Atmosphäre von Respekt vor den Bildern sorgen

- Bei Unterbrechung des Prozesses durch Interventionen die malerische und bildnerische Ebene ansprechen, um den Malfluss wieder in Gang zu bringen
- Schlussrunde, bei der jeder Teilnehmer sich mit Bild vorstellt und über seine Gefühle dazu erzählt.

☑ Wichtigster Aspekt ist die Achtsamkeit im Tun zu fördern bzw. dafür zu sensibilisieren. Ausdrucksmalen heißt auch, dem Bedürfnis nach Authentizität gerecht zu werden.

Seidenmalerei

Seidenmalerei ist etwas Besonderes, weil Seide ein wunderbares Material ist. Mit einfachen Techniken lassen sich schon sichere Erfolgsergebnisse erzielen. Für Anfänger werden einfache Zufallstechniken bevorzugt, Fortgeschrittene können mit der Guttatechnik arbeiten.

Material: Seidenstoff (Tücher, Schals) z. B. Pongé Nr. 5 oder Nr. 6, für Tücher Größe 110 × 110 cm oder 180 × 90 cm, Holzrahmen und Pinnwandnadeln, bügelfixierbare Seidenmalfarben, Gutta (Trennmittel), Aquarellpinsel, Flachpinsel, Wasser, Verdünner (Benzin), Pipetten, Salz (grob und fein), Schalen, Gläser und Breitrandgläser, Schutzschürze, Bleistift, Entwurfpapier, Schere, Bügeleisen.

Mustervorschläge
- **Winter:** Nass in Nass (Winterlandschaft)
- **Frühling:** Salz/Reis (Blumenwiese)
- **Sommer:** Ränder, Blöcke (Landschaft)
- **Herbst:** Gutta (Baum, Herbstblumen)

Salztechnik

Die Salztechnik ist eine ganz einfache Technik, die auch Anfängern, Menschen mit motorischen Einschränkungen oder demenzkranken Menschen gelingt.

Durchführung
- Seidentuch mit Pinnwandnadeln auf den Rahmen spannen (☞ Abb. 11.7)
- Farbe mit großem Pinsel zügig auftragen, damit keine Trockenränder entstehen
- Auf das noch feuchte Tuch Salz streuen. Feines Salz ergibt eine feine, grobes Salz eine grobe Struktur

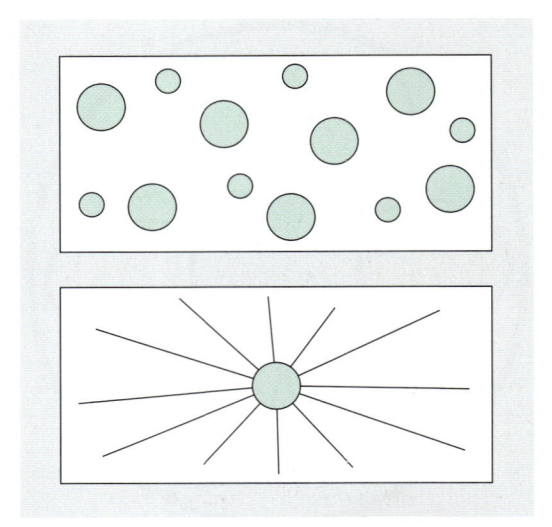

Abb. 11.6: Beim Seidenmalen kann mit Punkten bzw. Flecken oder mit Streifen gearbeitet werden. [M283]

- Je feuchter das Tuch ist, desto größer werden die Muster
- Seide trocknen lassen und Salz ausschütteln oder vorsichtig abbürsten
- Seide vom Holzrahmen nehmen und die Farbe durch Bügeln fixieren
- Bei überschüssiger Farbe kann die Seide mit klarem Wasser ausgespült werden und anschließend gebügelt werden.

ⓒ Für Teilnehmer mit Bewegungseinschränkungen der Arme möglichst kleine Tücher und Rahmen verwenden und diese je nach Bedarf wenden.

Guttatechnik

Gutta ist ein Konturenmittel, um zwei Farbflächen in scharfer Linie voneinander abzugrenzen, da die Farben sonst ineinander verlaufen würden. Gutta gibt es transparent (auswaschbar) und in verschiedenen Farben. Mit Gutta zu arbeiten erfordert etwas Erfahrung, mehr Geschick und eine nicht zu große Einschränkung der Feinmotorik. Mit Gutta werden Formen und Muster nach Vorlagen auf der Seide aufgemalt und anschließend ausgemalt:

- Evtl. Entwurf auf Papier ausarbeiten und diesen dann mit Bleistift oder Zeichenkohle übertragen
- Seide aufspannen

11.2 Verschiedene Materialien und Techniken

- Pumpaufsatz aufsetzen und mehrmals pumpen
- Mit senkrecht gehaltener Sprühflasche die Seide besprühen
- Trocknen lassen und bügeln.

Wachstechnik

Eine weitere schöne Technik für Fortgeschrittene ist die Wachstechnik, bei der nach einer ersten Farbschicht Muster mit Batikwachs aufgetragen werden und anschließend eine zweite dunklere Farbschicht aufgetragen wird. Nach dem Trocknen wird die Wachsschicht ausgebügelt.

Aquarellieren

Aquarellieren ist besonders ausdrucksstark. Bereits mit wenigen Utensilien lassen sich schnell und einfach beeindruckende Effekte erzielen.

> [!] Ein Nachteil ist, dass Aquarellfarben sofort von dem Papier aufgenommen werden, so dass sofort eine Färbung entsteht. Eine Korrektur ist dann nicht mehr möglich. Deswegen vor dem Beginn die Farben auf einem gesonderten Blatt ausprobieren.

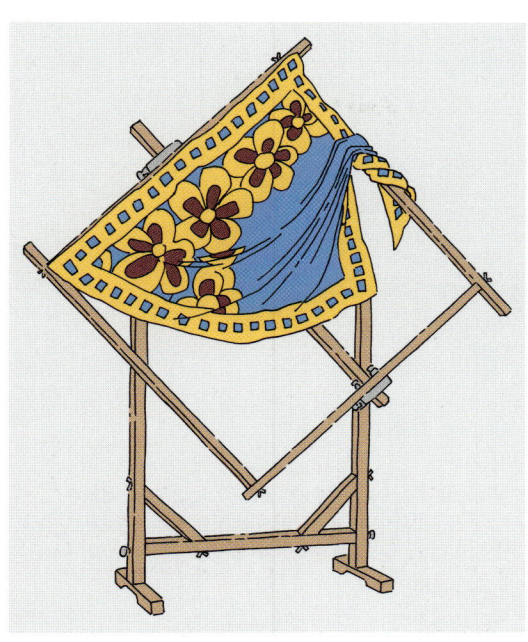

Abb. 11.7: Seidenmalständer mit drehbarem Rahmen. Die Höhe ist verstellbar, so dass individuell daran gearbeitet werden kann. [L119]

- Konturenmittel mit dem Pinsel oder aus dem Fläschchen (kleine Öffnung) auftragen, dabei dürfen keine Lücken oder dünne Stellen entstehen
- Gutta nach Herstellerhinweis vollkommen trocknen lassen
- Farbe auftragen, vollständig trocken lassen und dann durch Bügeln fixieren, dabei ein weißes Blatt unterlegen, weil Gutta sonst am Bügeleisen haftet
- Farblose Gutta in klarem Wasser einweichen, dann auswaschen und bügeln.

Brush-Technik

Eine weitere einfache Technik ist die Brush-Technik, bei der die Seidenmalfarben mit Hilfe eines Sprühgerätes auf die Seide aufgebracht werden. Bei dieser Technik steht die schnelle und effektvolle Wirkung des Farbauftrages im Vordergrund. Förderung von motorischen Fähigkeiten und die Auseinandersetzung mit dem kreativen Prozess treten zurück:

- Seide spannen
- Verschiedene Farben in für Seidenmalfarben vorgesehene Pumpflaschen füllen (evtl. kleinen Trichter zur Hilfe nehmen)

Material: Aquarellfarben in Näpfchen (im Kasten) in den wichtigsten Grundfarben, Aquarellpinsel verschiedener Größen (Rundpinsel, Flachpinsel, Verwaschpinsel aus Rotmarderhaar oder Rotmarderhaar mit Synthetik), Aquarellpapier in Blöcken oder einzeln, Klebeband, Wasserbehälter, Mischpaletten oder Mischtöpfchen, evtl. Staffelei.

Es gibt eine Menge **grundlegender Techniken** des Aquarellierens.

> Anfänger können die verschiedenen Techniken einfach ausprobieren und so erst einmal nur Effekte erzielen.

Lavierung

Mit einer Lavierung werden große Flächen eingefärbt:

- Papier mit Klebeband spannen (oder im Block lassen)
- Mit Schwämmchen oder Verwischpinsel Papier anfeuchten
- Farbe in Mischtöpfchen geben und Wasser dazugeben

- Breiten Farbstreifen von oben links nach rechts ziehen
- Am unteren Rand des ersten Pinselstrichen ansetzen und in gegengesetzter Richtung fortfahren
- Reihe für Reihe bis zu unteren Rand fortfahren
- Überschüssige Nässe vom unteren Rand abtupfen.

Abgestufte Lavierung

Bei der abgestuften Lavierung beginnt man oben mit intensiven Farbtönen und wird immer heller, damit werden Raum und Tiefe erzeugt, z. B. für den Himmel:

- Wie bei der einfachen Lavierung mit breitem Pinselstrich von oben links nach rechts beginnen
- Pinsel in Wasser tauchen und den nächsten Strich direkt darunter setzen
- Die nach unten verlaufende Farbe mitnehmen
- In gleicher Weise fortfahren und mit jedem Pinselstrich die Farbe mehr verwässern.

Mehrfarbige Lavierung

Mit mehrfarbigen Lavierungen lassen sich einfache Effekte erzielen. Landschaften und Himmel lassen sich mit dieser Technik darstellen:

- Mehrere gewünschte Farben in Mischtöpfe ansetzen
- Je nach Motivwunsch die verschiedenen Farben wie bei der abgestuften Lavierung anbringen, z. B. ⅔ blau, ⅓ Lila.

Nass-auf-Trocken-Technik (Direkttechnik)

Auf einer trockenen Oberfläche erscheinen die Farbauftragungen mit einem klaren Rand, sie verwischen nicht. Die Farben erscheinen leuchtend und satt:

- Lavierung aufbringen
- Trocknen lassen
- Zweiten Farbauftrag auf den ersten aufbringen, so dass die untere Farbe durchschimmert
- Wird z. B. Blau auf eine Gelblavierung aufgetragen, erhält man Grün.

Nass-in-Nass-Technik

Bei dieser Methode wird nasse Farbe auf nasses Papier aufgetragen, dadurch entsteht beim Trocknen eine weiche, verschwommene Farbqualität:

- Papier spannen
- Papier mit Schwämmchen oder Verwischpinsel anfeuchten

Abb. 11.8: Ein stimmungsvoller Meereseindruck mit Aquarellfarben. [M283]

- Viel Farbe aufnehmen und zügig verteilen
- Verschiedene Farben ineinander verlaufen lassen, dabei den Verlauf der Farbe nicht kontrollieren
- Trocknen lassen
- Im trockenen Zustand können wenige Details dem Bild hinzugefügt werden.

Regenbilder mit Aquarellstiften

Eine ganz einfache Technik mit Aquarellmalstiften sind Regenbilder.

Material: Dicke Aquarellmalstifte, Aquarellzeichenpapier, Wasserglas, kleines Gießgefäß, Bügeleisen, Wellpappe, Schere, Kleber.

Durchführung

- Weißes Aquarellpapier bunt mit Aquarellstiften bemalen
- Formen und Farben nach Wunsch wählen
- Möglichst das ganze Blatt ausfüllen
- Anschließend kurz das Papier unter einen „Regenguss" halten (mit winziger Gießkanne beträufeln) und dabei hin- und herdrehen, bis die Farben schön ineinander verlaufen
- Das Bild trocknen lassen
- Bei Bedarf das Bild glatt bügeln
- Ein Passepartout aus Wellpappe ausschneiden oder fertige Kartonbilderrahmen verwenden und das Bild dahinter kleben.

> ☘ Zum besseren Halten bei Greifschwierigkeiten können Stifthalterungen und -verdickungen für den Pinsel eingesetzt werden (☞ Abb. 6.14).

11.2.2 Batiktechniken

Batik ist eine jahrhundertealte Wachsfärbetechnik, mit der man mit etwas Gespür für Farb- und Formenkombinationen schöne Zufallsprodukte oder gezielte Ergebnisse erhalten kann. Anfänger können mit leichten Papierzufallstechniken beginnen, Fortgeschrittene können auch mit Stoffbatik arbeiten.

Papierzufallstechniken

Mit Zufallstechniken lassen sich mit etwas Sinn für Farben und Formen effektvolle Ergebnisse erzielen. Papierbatiken können z. B. als Postkarten, Lesezeichen, Bilder oder Buchumschläge genutzt werden.

Papierwachsbatik

Eine leichte Technik, die aber den Umgang mit einer Kerze oder einem Wachstropfgefäß erfordert (☞ Abb. 11.9).

Material: Papier in gewünschter Größe, Kerzen oder Wachstropfgefäße (Tjantings), Deckfarben oder Aquarellfarben, Pinsel, Wasser, kleinen Spachtel oder unscharfes Messer, Kleiderschutz.

Durchführung
- Helle Farbe auf das Papier aufbringen (mit der hellsten Farbe beginnen)
- Wachs auf das Papier tropfen und trocknen lassen
- Weiterhin abwechselnd Farbe und Wachstropfen aufbringen, trocknen lassen
- Zum Schluss den trockenen Wachs mit Spachtel oder Messer vorsichtig abschaben.

Wachsbügeleien

Eine ebenfalls einfache Technik, die aber den sicheren Umgang mit einem Bügeleisen erfordert. Durch das Bügeln der Wachsmalfarben zerfließen die Farben. So entstehen sehr schöne, zufällige Muster und Strukturen.

Material: Architektenpapier oder glattes Butterbrotpapier in gewünschter Größe, Wachsmalkreiden, Zeitungspapier zum Unterlegen, Bügeleisen.

Durchführung
- Farben flächig oder in Formen auftragen
- Papier falten, z. B. zur Hälfte, und bügeln (nicht auf der Farbseite)
- Wachsfarben lassen sich mit Lösungsmittel (Fachhandel) anlösen, dadurch entsteht ein gewisser Aquarellcharakter.

Abb. 11.9: Papierbatik ist eine einfache, aber eindrucksvolle Technik, deren Ergebnisse überraschen. [M283]

> Die Wachsbügeltechnik kann auch gut als Gemeinschaftsarbeit von mehreren Teilnehmern mit unterschiedlichen Fähigkeiten ausgeführt werden, z. B. ein Teilnehmer malt, ein anderer bügelt.

Stoffbatik

Stoffbatik ist eine uralte Tradition, die besonders Frauen Freude macht. Mit wertvollen Stoffen und etwas Geschick können künstlerisch wertvolle Stoffarbeiten entstehen. Für alte Menschen bieten sich einfache Grundtechniken an. Allerdings ist für das Batiken eine ruhige Handführung nötig, so dass nur Menschen ohne Bewegungseinschränkungen von Malhand und -arm diese Technik ausführen können. Für verwirrte Personen ist das Stoffbatiken nicht geeignet.

Material: Stoff (Baumwolle, Leinen, Seide), Batikwachs, Topf für Wachs und Elektroplatte, Holzrahmen (Seidenmalrahmen), Pinnwandnägel zum Befestigen, Pinsel zum Wachs auftragen, Wachstropfgefäße (Tjantings) oder Kerzen, Schürze und Gummihandschuhe, Salz und Essig, Löffel zum Dosieren, Batikfarben, Schüsseln, Kochlöffel, Bügeleisen, alte Zeitungen und Papiertaschentücher.

Tropfbatik

Diese Batikart ist die einfachste und schnellste Technik. Man benötigt einen einfachen Naturstoff (das können auch Baumwollreste, Kissenbezug, Bettlakenteile oder ähnliches sein) und Kerzen:
- Den Stoff spannen oder gebügelt auf Schaumstoff legen
- Kleiderschutz anziehen
- Farbbad nach Herstellerhinweis ansetzen
- Kreisförmige oder andere Muster mit der Kerze träufeln
- Kurzen Abstand zum Stoff halten (Wachs kühlt sonst schon während des Tropfens ab)
- Nach dem Trocknen des Wachses das Stoffteil im Wasserbad färben (nach Herstellerhinweis); Handschuhe tragen oder Rührlöffel benutzen
- Nach dem Färben den Stoff so lange in kaltem Wasser spülen, bis das Wasser klar ist
- Den Stoff hinterher nicht auswringen, sondern vorsichtig abtropfen lassen, auf ein altes Handtuch legen und dann aufhängen
- Nach dem Trocknen den Wachs vorsichtig ausbügeln.

> ☑ Die Farbbäder werden nach Herstellerhinweis in verschiedenen Gefäßen angesetzt. Bei der Wachsbatik soll die Temperatur nicht über 40 °C liegen, weil das Wachs sich sonst löst. In der Regel liegt die Färbezeit zwischen 10 und 40 Minuten.

Abbindebatik

Bei der Abbindebatik werden bestimmte Stellen nicht mit eingefärbt. Anstatt aber die Stellen mit Wachs abzudecken, wird hier geknotet oder mit Fäden und Schnüren abgebunden:
- Verschiedene ausgewählte Farbbäder ansetzen
- Den Stoff an verschiedenen Stellen zusammenrollen oder abbinden
- Anschließend anfeuchten und mit der gewünschten Farbe im ersten Gang einfärben
- Den Stoff klar spülen und aufbinden
- Wenn zweite Farbe gewünscht wird, nochmals an anderen Stellen knoten und abbinden und einen weiteren Färbegang wiederholen (bei der Zweifarbtechnik zuerst mit einer helleren, im zweiten Gang mit einer dunkleren Farbe färben)
- Stoff aufbinden und trocknen lassen.

Wachsbatik

Für die Wachsbatik werden Entwürfe von Mustern oder Bildern mit dem Pinsel oder Wachstropfgefäßen auf den Stoff aufgebracht und ein- oder mehrfarbig eingefärbt. Die Mehrfarbigkeit entsteht durch mehrfach wiederholtes Wachsen und Färben. Die Technik erfordert einiges Können und Zutrauen:
- Muster entwerfen (mit einfachen Mustern wie Streifen, Kreisen, Rechtecken und Quadraten beginnen)
- Wachs in einem Wasserbad erhitzen
- Mit Pinsel die ersten Muster auftragen
- Erste Färbung vornehmen
- Weiterer Wachsauftrag
- Weitere Färbung
- Nach jeder Färbung auswaschen und trocknen lassen.

> ❗ Für den Wachstopf immer einen Deckel parat halten, um bei brennendem Wachs sofort die Sauerstoffzufuhr zu stoppen. Nie brennendes Wachs mit Wasser löschen.

11.2.3 Collagen

Collagen sind aus buntem Papier oder anderen Materialien geklebte Bilder. Diese Technik eignet sich hervorragend für Gemeinschaftsarbeiten, bei denen verschiedene Personen unterschiedliche Aufgaben wahrnehmen können. Collagen sind leicht herstellbar, verwirrte Personen können in eine solche Arbeit gut integriert werden.

Blumencollage

Auf einen großen Filzgrasteller werden jahreszeitliche Trocken- und Kunstblumen aufgeklebt. Je nach Zusammenstellung entstehen schöne bunte Blumenarrangements (☞ Abb. 11.10).

Material: Filzgrasteller (Durchmesser ca. 40 cm), Heißklebepistole, verschiedene jahreszeitliche Trocken- und Kunstblumen, Dekomaterialien wie Käfer, Sterne, Vögel, Schmetterlinge.

Durchführung
- Materialien auf einem Tisch für alle sichtbar ausbreiten
- Collagenarbeit mit einem jahreszeitlichen Thema (Vorlesen einer Frühlingsgeschichte, Rate-, Gedächtnis- und Erinnerungsspiele zum Thema Frühling) verbinden

- Jeder Teilnehmer sucht sich einige Blumen, Pflanzenteile und Dekomaterialien aus
- Der Teller geht reihum, jeder Teilnehmer platziert in einem Arbeitsschritt ein Materialteil
- Dabei darauf achten, dass die Mitte besonders betont wird
- Gruppenleiter klebt einzelne Collagenteile auf
- Zum Schluss das Gemeinschaftswerk betrachten und an einer geeigneten Stelle aufhängen.

Reiß-Klebe-Technik

Die Reiß-Klebe-Technik eignet sich für Gemeinschaftsarbeiten in Kleingruppen (2–3 Personen). Es werden dabei kleine Papierschnitzel gerissen und anschließend als eine Form (Baum, Blume, Landschaft) zusammengesetzt und aufgeklebt.

Material: Tonpapier in DIN-A3-Größe, Buntpapier, Klebestifte, Bleistift.

Abb. 11.10: Eine Blumencollage, die in Gemeinschaftsarbeit von Bewohnern einer Altenpflegeeinrichtung hergestellt wurde. [M283]

Durchführung

- Collage nach einem jahreszeitlichen Thema, z. B. Sommer, gestalten
- Sonnenblume auf dem Tonpapier vorzeichnen
- Aus dem Buntpapier kleine gelbe, grüne und braune Schnipsel reißen
- Anschließend die Schnipsel mit dem Klebestift bestreichen
- Die Schnipsel farblich passend dicht an dicht auf die vorgezeichnete Sonnenblume aufkleben.

- Geeignete Motive in drei-, vier- und mehreckigen Formen ausschneiden
- Zentrales und größeres Motiv für die Mitte aussuchen
- Ausgeschnittene Motive mit Klebstoff bestreichen und gemeinsam aufkleben
- Es kann in Kleingruppen (3–4 Personen) oder einer größeren Gruppe gearbeitet werden, dann geht die Collage zum Aufkleben reihum.

> Die verschiedenen Arbeitsschritte können auf mehrere Teilnehmer verteilt werden. Das Ausreißen kann auch von Teilnehmern mit motorischen Einschränkungen probiert werden, während das Aufkleben mehr feinmotorische Fähigkeiten erfordert.

> Collagen bieten sich gut für eine themenbezogene Gruppenarbeit an, bei der viele Methoden eingesetzt werden sollen (☞ 4.1.5). Mit Collagen kann ein Thema mit einfachen Mitteln kreativ dargestellt werden, eine Collage kann das Thema ergänzen oder auch abschließen.

Ausschneidetechnik

Die Ausschneidetechnik ist ebenfalls eine leichte Collagentechnik, erfordert aber den Umgang mit der Schere. Zu einem bestimmten Thema, z. B. „Alt und Jung", werden Bilder ausgeschnitten und als großes Bild zusammengesetzt.

Material: Zeitschriften zum Ausschneiden für die themenbezogenen Bilder, leichte Papierscheren, Klebestifte, Tonpapier in DIN-A3.

Durchführung

- Zeitschriften und andere Materialien nach geeigneten Motiven durchschauen
- Über die Motive sprechen

Collagen aus Naturmaterialien

Collagen aus Naturmaterialien sind für jahreszeitliche Arbeiten gut geeignet. Eine ganz einfache Technik ist die Collagentechnik mit Tapetenkleister. Auf eine Fläche mit Tapetenkleister können Naturmaterialien wie Steine, Federn, Muscheln, Blätter oder getrocknete Blüten aufgebracht werden. Nach dem Trocknen ergibt sich ein festes Wandbild (☞ Abb. 11.11).

Material: Tiefer Bilderrahmen, Tapetenkleister, Gefäß für Kleister, Schneebesen, Löffel, Seesand oder gefärbter Dekosand, Naturmaterialien und andere Dekomaterialien.

Abb. 11.11: Eine Muschelcollage, die zum Thema Meer von einer 85-jährigen Frau hergestellt wurde. [M283]

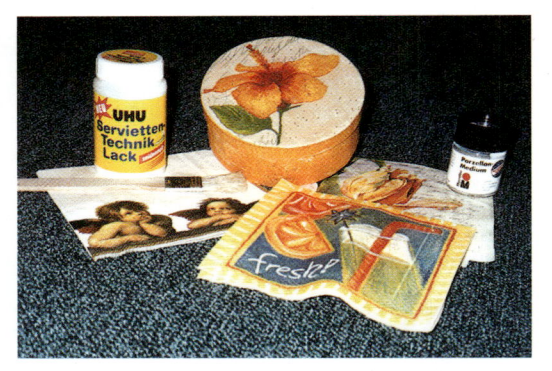

Abb. 11.12: Mit der Serviettentechnik ist im Handumdrehen eine Schachtel verschönert. [M283]

Durchführung
- Tapetenkleister in der gewünschten Menge nach Vorschrift herstellen (Schneebesen verwenden)
- Meeressand oder gefärbten Dekosand in den Kleister einrühren
- Mit einem Löffel die Masse ca. ¾ cm dick in einem Holzrahmen (ohne Glas) einfüllen und glatt streichen
- Natur- und Dekomaterialien nach Wunsch etwas in die Masse hineindrücken
- 3–4 Tage trocknen lassen, dann aufhängen oder aufstellen.

> Andere jahreszeitliche Collagen lassen sich mit allem, was klebt, herstellen: Baumrinde, Trockenmoos, Blätter, Kies, Steine, Hölzchen, Körner, Bucheckern, Federn. Am besten, eine Sammelkiste anlegen.

11.2.4 Serviettentechnik

Serviettentechnik ist eine Trendtechnik, die in den letzten Jahren in Mode gekommen ist. Eine Vielzahl von Gegenständen lässt sich mit Hilfe der Serviettentechnik verschönern. Ob Styropor, Kunststoff, Papier, Keramik, Terrakotta – blitzschnell sind äußerst dekorative Dinge entstanden. Mit wenig Aufwand und Materialien lassen sich schnelle Erfolge erzielen (☞ Abb. 11.12). Allerdings ist die Technik nicht für Personen mit feinmotorischen Einschränkungen geeignet, weil die Serviettenschichten vorsichtig oder mit Hilfe einer Nadel auseinandergenommen werden müssen.

Material: Servietten mit Mustern und Bildern, zu dekorierende Gegenstände wie Blumentopf, Postkarten oder Schachteln, spitze, kleine Papierschere, Stecknadeln, Pinsel, Serviettentechniklack (matt oder glänzend), Dekoglitter, evtl. Acrylfarben.

> Wer Interesse an Serviettentechnik hat, sollte anfangen, alle möglichen Servietten zu sammeln. Es gibt sie inzwischen aber auch einzeln im Bastelhandel.

Durchführung
- Dekogegenstand von Staub und Schmutz befreien, mit gewünschter Acrylfarbe bestreichen, wenn der Untergrund passend zum Serviettenmotiv gestaltet werden soll
- Farbe trocknen lassen
- Serviettenmotiv ausschneiden (Vorsicht, die Serviette geht leicht kaputt)
- Die oberste Schicht der dreilagigen Serviette lösen, dabei evtl. eine Nadel zu Hilfe nehmen
- Gegenstand mit Serviettenlack bestreichen und genau auf die Stelle das Serviettenmotiv aufbringen
- Motiv mit einem weichen Pinsel ausstreichen, von innen nach außen streichen, damit keine Luftblasen entstehen
- Wenn das Motiv angetrocknet ist, mit Serviettenlack überlackieren
- Bei vorher eingefärbten Gegenständen den gesamten Dekorationsgegenstand lackieren
- Auf die noch feuchte Lackierung kann zur weiteren Dekoration Glitter gestreut werden

> [!] Für das Überlackieren der Serviettenmotive unbedingt weiche Pinsel verwenden, weil die Serviette leicht reißt.

11.2.5 Modellieren

Aus verschiedenen Modelliermassen lassen sich schöne und unterschiedliche Dinge herstellen. Modellieren ist eine einfache, preiswerte und therapeutisch gezielt einsetzbare Gestaltungstechnik, die auch für alte Menschen mit grob- und feinmotorischen Einschränkungen geeignet ist. Neben dem klassischen Ton lassen sich Knetmassen, lufttrocknende Modelliermasse, Fimo® oder andere Modelliermassen verarbeiten.

Ausstechen von Formen

Mit der Ausstechtechnik lassen sich ganz leicht dekorative Formen für Blumenstecker, Anhänger oder Mobiles herstellen.

Material: Lufttrocknender Terrakotta-Ton in weiß und braun (lufttrocknender Ton braucht nicht gebrannt zu werden), Schaschlikspieße, dünne Stricknadel, Plätzchenausstechformen (Sterne, Mond, Sonne, Blumen, gewellter Kreis), Nudelholz oder Schneidedraht (im Bastelfachhandel oder Baumarkt erhältlich), nicht klebende Arbeitsunterlagen, Kleiderschutz.

Durchführung

- Die Modelliermasse 5–6 mm dick mit Nudelholz ausrollen
- Je nach Format der verpackten Modelliermasse können mit einem Schneidedraht auch 5–6 mm dicke Platten abgeschnitten werden
- Oberfläche mit feuchten Händen glätten
- Formen ausstechen, z.B. Blumenstecker
- Mit dünner Stricknadel Löcher oder Muster zur Verzierung einarbeiten
- Unten in die Blumenblüte den Schaschlikspieß als Stecker einstechen
- 2–3 Tage liegend trocknen lassen

> Schön sehen Formen aus, bei denen weiße und braune Modelliermasse verarbeitet wird, z.B. ein Blumenstecker aus einer großen weißen Grundfläche mit einem gewellten Kreis aus brauner Modelliermasse in der Mitte.

Schmuckperlen

Perlen lassen sich aus Ton oder lufttrocknender Modelliermasse leicht herstellen. Aus den Perlen können Ketten und Armbänder hergestellt werden. Da die Perlen sehr klein sind, erfordert die Herstellung eine gute Feinmotorik.

> **Fallbeispiel**
>
> In einer Altenbegegnungsstätte werden regelmäßig kreative Gestaltungsnachmittage angeboten, die von vielen alten Menschen besucht werden. Dieses Mal wird beim Thema „Schmuckperlen selbst herstellen" eng mit dem Jugendzentrum der Gemeinde zusammengearbeitet, um so einen Nachmittag für Jung und Alt zu gestalten. Viele junge Mädchen sind begeistert: „Solche altmodischen Perlen sind im Moment total in und supertrendy!"

Material: Lufttrocknende Modelliermasse, Zahnstocher, Messer, Schaschlikspieße, Blumentopf mit Steckschwamm, Plakafarben oder andere Allzweckfarben, kleine Pinsel, Auffädelbänder für Ketten oder Armbänder, Kettenverschlüsse (☞ Abb. 11.13).

Durchführung

- Von der Modelliermasse kleine Stückchen abschneiden und Kügelchen daraus formen
- Kügelchen vorsichtig auf einen Schaschlikspieß aufspießen
- Mit einem Zahnstocher oder Schaschlikspieß kleine Muster in die Modelliermasse drücken
- Die verzierten Perlen auf dem Schaschlikspieß einige Tage trocknen lassen (Spieß dazu in einen Blumentopf mit Schwamm stecken)
- Nach dem Trocknen die Perlen mit gewünschter Farbe übermalen
- Trocknen lassen und zur Kette auffädeln.

Broschen aus Fimo®

Fimo® ist eine im Backofen härtende Modelliermasse, die es in verschiedenen Farben gibt. Mit Fimo® lassen sich einfache und dekorative Broschen herstellen.

Material: Fimo® in verschiedenen Farben, Messer, Klarlackspray, Dekorationsmaterial wie kleine Perlen, Anstecknadel, Heißklebepistole, Nudelholz, Messer, Backofen.

11 Gestalterische und handwerkliche Beschäftigungsangebote

Abb. 11.13: An dieser modernen selbstgemachten Perlenkette hat auch eine ältere Dame Freude. Der Verschluss besteht aus praktischen Magneten. [M283]

Durchführung
- Zwei verschiedene Farben Fimo® werden zu Würsten gedreht und miteinander verschlungen
- Fimo®-Wurst mit dem Nudelholz flach ausrollen
- Ovale Broscheformen aus der Masse ausschneiden
- Evtl. noch Rand gestalten
- Bei ca. 130 °C im Backofen 20–30 Minuten brennen
- Nach dem Abkühlen mit Lack besprühen
- Wenn der Lack getrocknet ist, die Brosche mit Perle oder anderen winzigen Dekorationsmaterialien dekorieren (Heißklebepistole)
- Auf der Rückseite eine Anstecknadel ankleben.

Schälchen aus Ton oder Modelliermasse

Eine leichte Technik ist das Daumenschälchen, das durch Drücken mit dem Daumen entsteht. Auch Personen mit Einschränkungen können „Schälchen drücken" mitmachen und haben Freude daran. Die Technik kann mit Ton oder mit lufttrocknender Modelliermasse durchgeführt werden. Es wird ohne Werkzeug gearbeitet, dadurch entwickelt sich ein „Gefühl" für das Material. Bei dieser Technik können nur Gefäße bis zu einer bestimmten Größe geformt werden.

Material: Ton oder Modelliermasse, Gefäße mit Wasser, Arbeitsplatte.

Durchführung
- Eine Kugel aus der Modelliermasse formen
- Bei Verarbeitung mit Ton: Luft vorher aus dem Ton schlagen. Ton muss homogen ohne Lufteinschluss sein
- Mit dem Daumen ein Loch in die Mitte drücken
- Nun rhythmisch das entstehende Gefäß vom Gefäßboden nach oben hin drehen und zwischen Daumen und übrigen Fingern einer Hand dünner drücken
- Risse zwischendurch mit feuchten Händen glätten
- Form von oben und Seiten kontrollieren
- Einige Tage trocknen lassen
- Ton anschließend brennen lassen.

> ☑ Ton ist ein sensibles und arbeitsintensives Material. Die meisten Altenhilfeeinrichtungen können sich keinen eigenen Brennofen leisten. Getrocknete Arbeiten können zum Brennen weggegeben werden, am besten in Volkshochschulen, Schulen, Bildungseinrichtungen oder Töpferwerkstätten anfragen.

Variante: einfacher und preiswerter ist die Herstellung eines **Salzteigs**. Dazu
- 1 Tasse Wasser
- 2 Tassen Mehl
- 2 Tassen Salz

in eine Schüssel geben und durchkneten, bis eine feste Masse entsteht. Diese Masse nach Belieben verarbeiten und je nach Größe und Dicke bei 130 °C ca. 2 Stunden im Backofen auf mittlerer Schiene backen.

Sterne aus Salzteig ☞ 11.2.11 zum Thema „Advent und Weihnachten"

Aufbau eines zylindrischen Gefäßes

Mit dieser Technik können größere Gefäße zylindrischer Form hergestellt werden.

Material: Ton oder Modelliermasse, Gefäße mit Wasser, Arbeitsplatte, Schneidedraht, Messer, Modellierhölzchen.

Durchführung
- Rechteckige Platten aus Modelliermasse oder Ton ausschneiden
- Tonmasse darf keine Luftblasen enthalten
- Rechteckige Platte rund biegen
- Risse verstreichen
- Zu verbindende Kanten einritzen, mit Wasser beträufeln und fest gegeneinanderpressen
- Mit Modellierhölzchen oder Messer die Nahtstelle gut verstreichen

11.2 Verschiedene Materialien und Techniken

- Boden auswellen und ausschneiden
- Boden mit der Gefäßwand verbinden
- Zum Glätten kein Wasser nehmen, sondern so verstreichen
- Form kontrollieren, evtl. durch Aufklopfen auf der Arbeitsplatte begradigen
- Öffnung kann durch Drücken der Gefäßwand nach oben erweitert werden
- Einige Tage trocknen lassen
- Tongefäße brennen und glasieren lassen
- Gefäße mit Modelliermasse können hinterher mit Allzweckfarbe bemalt werden.

☑ Ton muss vor der Verarbeitung luftleer sein. Dazu wird der Ton vorher geschlagen: Einen Klumpen Ton in die Hand nehmen und wiederholt auf die Unterlage schlagen.

❗ Das Schlagen einer größeren Menge Ton erfordert Zeit und Kraft.

Relieftechnik

Mit der Relieftechnik können Ton- oder Modellierplatten mit einem Motiv versehen werden. Diese Technik ist besonders für Menschen mit einem ausgeprägten optisch-ästhetischen Sinn geeignet.

Material: Ton oder lufttrocknende Modelliermasse, Schneidedraht, Messer, Arbeitsplatte, Modellierstäbchen und -messer, Wassergefäße, Allzweckfarben, Pinsel, Kleiderschutz.

Durchführung
- Ausrollen einer Ton- oder Modelliermassenplatte
- Die Platte in die gewünschte Form schneiden, z. B. rechteckig oder oval
- Die Platte mit Motiven versehen. Dazu Ton oder Modelliermasse hinzufügen, wegschaben, wegschneiden, einritzen, drücken und schieben
- Motive können Landschaften, Fensterbilder, Pflanzen, Namensschilder oder Abstraktes sein
- Relief einige Tage trocknen lassen
- Relief aus Ton brennen lassen und mit Glasur versehen
- Relief aus Modelliermasse kann nach dem Trocknen mit Farbe bemalt werden.

☑ Ton und Modelliermasse darf nicht austrocknen. Am besten nur kleine Vorräte anlegen oder die in Folie verpackte Masse zusätzlich in feuchte Tücher und Folien einschlagen.

Die Wulsttechnik

Die Wulsttechnik ist eine bekannte Technik zum Aufbau von Gefäßen. Die Technik ist aber nur etwas für Geübte, weil es nicht leicht ist, regelmäßige Wülste herzustellen. Die Wulsttechnik ist zeitaufwendig und die Verwendung nur sinnvoll, wenn größere Gefäße aufgebaut werden sollen.

Material: Ton oder lufttrocknende Modelliermasse, Arbeitsplatte, Schneidedraht, Messer, Wassergefäß.

Durchführung
- Mit dem Schneidedraht Platten der Modelliermasse schneiden
- Rechteckige Streifen schneiden
- Streifen zu Wülsten formen bzw. rollen
- Nacheinander Wülste aufeinander setzen
- Sorgfältiges Verbinden der Wülste
- Beim Verbinden die Wülste gut verstreichen. Dabei die Wulstenden abschrägen, die Schrägflächen aneinander legen, damit der Gegenstand statisch stabiler wird (☞ Abb. 11.14).

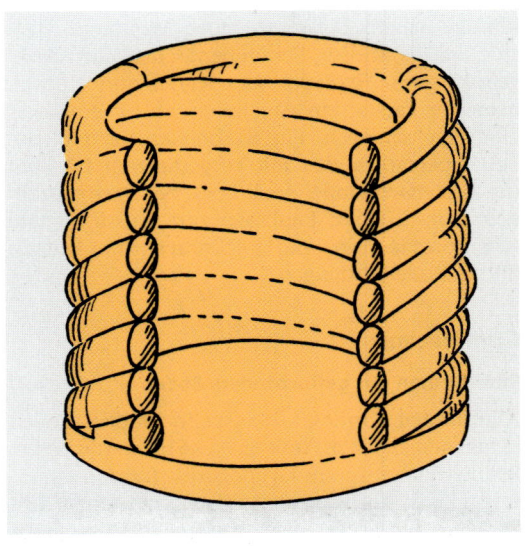

Abb. 11.14: Durch die Schrägflächen an den Wulstenden wird eine bessere, großflächigere Verbindung bewirkt. [L119]

> Weitere für die Altenhilfe geeignete Modelliertechniken und -materialien sind:
> - Arbeiten mit Pappmaché
> - Gipsarbeiten
> - Fimo®-Softknete
> - Therapieknete.
>
> Im Fachhandel gibt es Broschüren mit geeigneten Praxisanleitungen, die an die Bedürfnisse alter Menschen angepasst werden können.

11.2.6 Flechten mit Peddigrohr

Peddigrohrflechten gehört zu den sehr beliebten handwerklichen Techniken. Viele alte Menschen glauben, es sei eine sehr schwierige Technik, die sie sich zunächst nicht zutrauen. Aber mit Anleitung lassen sich Schritt für Schritt leicht Untersetzer und kleine Körbchen herstellen. Auch leicht verwirrte Menschen können evtl. mitmachen, weil ihnen die Drüber-und-Drunter-Bewegungen häufig noch vom Stopfen in Erinnerung sind.

> ☑ Peddigrohr kommt in fertiger Form in der Natur nicht vor. Es muss erst „gebändigt werden". Peddigrohr entsteht aus der Rotanpalme.

Material: Peddigrohr in der Stärke 1 (1 bis 1,6 mm), Stärke 2 (1,6 bis 2,5 mm), Stärke 3 (2,5 bis 3 mm), kräftige Schere, Seitenschneider, Messband, Bleistift, spitzes Messer, Schraubendreher, mit Wasser gefüllte große Schüssel oder Wanne zum Einweichen der Fäden, ein Anleitungsheft für Anfänger zum Nachschlagen. Für Korbböden mit Holzboden: Sperrholzböden mit vorgestanzten Löchern (im Bastelfachhandel erhältlich), bei Sperrholzböden ohne Löcher: Laubsäge zum Aussägen und eine Bohrmaschine mit Holzbohrern zum Bohren für die Bodenöffnungen.

Grundtechnik
Rundformen mit geflochtenem Boden

Alle runden Formen mit ausgeflochtenem Boden haben den gleichen Anfang: Aus Staken (dickerem Peddigrohr) wird ein Grundgerüst für den Untersetzer oder Korb angelegt. Es werden dazu acht Staken benötigt, die meist trocken verarbeitet werden. Nur, wenn sie stark gebogen werden müssen, werden sie vorher eingeweicht.

Länge der Staken
- Durchmesser des Bodens × 2 + Höhe der Seitenwände × 4 = Länge der Staken
- Beispiel: Korb von 15 cm Durchmesser und 10 cm Höhe:
  (15 cm × 2) + (10 cm × 4) = 30 cm + 40 cm = 70 cm

1. Arbeitsschritt: Das Stakenkreuz

Für jeden Boden oder für einen Teller wird ein Stakenkreuz hergestellt. Dazu werden acht gleich lange Staken zu einem gleicharmigen Kreuz gelegt. Dazu können vier Staken in der Mitte geschlitzt werden, und die anderen vier Staken werden durchgesteckt. Wer mehr Übung hat, kann auf das Schlitzen verzichten und lediglich die Staken übereinander legen (☞ Abb. 11.15a).

2. Arbeitsschritt: Flechtwerkbeginn

Für die weitere Verarbeitung wird ein dünnerer Faden als die Staken genommen. Dieser wird zuvor ca. 30 Minuten in Wasser eingeweicht, damit er biegsamer wird und nicht bricht. Bei jedem Anfang erfolgt der Flechtwerkbeginn gleich: Der Faden wird viermal zwischen den vierfachen Stakenbünden auf und ab geflochten, so dass abwechselnd vier Staken über- und vier Staken unterflochten werden. Die Staken werden viermal umflochten. Das Flechtwerkbeginn kann bei noch nicht so geübten Personen vom Leiter übernommen werden (☞ Abb. 11.15b).

3. Arbeitsschritt: Das Ausflechten

Jetzt werden die Stakenbündel geteilt: Es werden jeweils zwei Staken genommen, der Faden wird so gelegt, dass acht Stakenbündel entstehen. Es werden vier Runden ausgeflochten (☞ Abb. 11.15c). Danach wird in normalen Runden weitergeflochten (eine Stake drunter, eine Stake drüber).

> ⚠ Beim Ausflechten und weiterem Flechten für Boden oder Teller darf der Faden nicht zu stark gezogen werden, damit sich das Geflecht nicht vorzeitig wölbt. Es darf aber auch nicht zu locker sein, damit keine Lücken entstehen.

4. Das Aufrichten der Staken zur Seitenwand

Der Übergang vom ausgeflochtenen Boden zur Seitenwand ist neben dem Anfang nochmals ein schwieriger Arbeitsschritt, bei dem der Anleiter zunächst unterstützen muss:

11.2 Verschiedene Materialien und Techniken

- Einweichen des fertigen Bodens in warmem Wasser, um Brechen der Staken zu vermeiden
- Wenn die Staken weich sind, diese am Bodenrand langsam, Stück für Stück in die Höhe biegen
- Falls eine Stake bricht, diese dicht am Bodenrand abschneiden und durch eine neue Stake ersetzen
- Das Formen des Korbes erfordert einige Übung: Bei nach außen geschwungener Form, die Staken etwas nach außen biegen und den Flechtfaden nicht so fest anziehen. Bei einer nach oben engeren Form, die Staken nach innen biegen und den Flechtfaden enger anziehen.

> Für Menschen mit motorischen Einschränkungen, z. B. einer Halbseitenlähmung, kann das Körbchen mit Hilfe von Nägeln auf ein Holzbrett befestigt werden, so dass es zum Flechten fest montiert ist.

5. Die Kimme

Die Kimme ist die Vorbereitung für den Flechtabschluss. Dazu werden drei Fäden benötigt. Die Fäden werden an drei aufeinander folgende Staken jeweils hinter der Stake angelegt, der Fadenbeginn steht etwas über. Die drei Fäden werden – jeweils um eine Stake versetzt – im gleichen Rhythmus geflochten. Wichtig ist, dass die drei Fäden immer gleichzeitig, d. h. alle drei Fäden innen, dann alle drei Fäden außen usw. geflochten werden (☞ Abb. 11.15d).

> Wenn das Ausarbeiten der Kimme zu schwierig ist, kann auch ein einfacher Abschluss gemacht werden, indem das Endstück des Fadens tief in die Mitte des Flechtwerkes geschoben wird.

Untersetzer oder Dekoscheibe

Ein Untersetzer oder Teller aus Peddigrohr eignet sich gut für eine Anfängerarbeit und kann vielseitig genutzt werden. Besonders schön ist so ein Untersetzer auch als Dekorationsscheibe, die jahreszeitlich geschmückt werden kann (☞ Abb. 11.16).

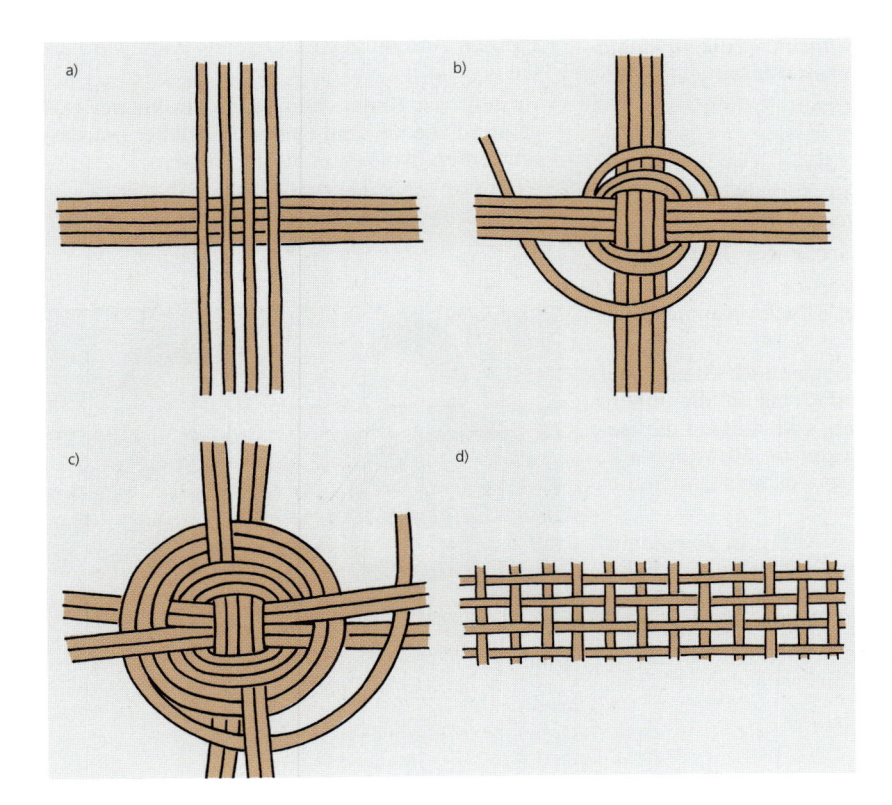

Abb. 11.15: a) Das übereinandergelegte Stakenkreuz, b) Flechtwerkbeginn für einen Korbboden oder einen Untersetzer, c) Ausflechten zum Kern, d) Die Kimme als Technik für den Abschluss. [L119]

11 Gestalterische und handwerkliche Beschäftigungsangebote

Abb. 11.16: Auf die selbstgefertigten Dekorationsteller sind die Senioren der Korbflechtgruppe besonders stolz gewesen. [M283]

Material: 2 × 4 Staken je 60–70 cm lang, 1 Stake ca. 35 cm lang (alle 2,5 oder 3 mm dick), eingeweichte Fäden (Stärke 1,5 mm oder 1,6 mm dick), Werkzeuge, Lackspray, Dekorationsmaterialien, Heißklebepistole, Aufhänger.

Durchführung
- Staken schneiden (mit Seitenschneider), wenn Staken sehr spröde sind, dann vorher ca. 30–60 Min. einweichen
- Anfang mit 2 × 4 Staken machen, die zu einem Kreuz zusammengenommen werden
- Inneren Kern des Bodens ausarbeiten
- Die halbe Stake vor dem einzelnen Ausflechten der Staken einschieben (damit es eine ungerade Zahl von Staken ist und abwechselnd drunter und drüber gearbeitet werden kann)
- Je nach gewünschter Größe des Teller 30–40 Runden ausflechten
- Vor dem Abschluss zwei Runden Kimme arbeiten
- Abschluss mit einem Bogenrand: Staken auf gleiche Länge kürzen und bis in die innere Kreisfläche hineinstecken, evtl. müssen die Staken vor dem Hineinstecken ca. 30 Minuten in Wasser eingeweicht werden, damit sie nicht brechen
- Falls der Teller sich etwas wölbt: In Wasser einweichen und mit einem schweren Stein beschweren und 2–3 Tage trocknen lassen
- Nach der Trocknung den Teller mit Lackspray oder Lackglitterspray besprühen und jahreszeitlich dekorieren, an der Rückseite einen Aufhänger befestigen.

Osterkörbchen

Kleine Körbchen können als Osterkörbchen oder Körbchen für Süßigkeiten und andere kleine Dinge genutzt werden. Nach den Anfängen mit einem Untersetzer kann ein Körbchen ausprobiert werden.

Material: 2 × 4 Staken je 60 cm lang, 1 Stake ca. 30 cm lang (alle Staken 2,5 mm oder 3 mm dick), eingeweichte Fäden (1,5 oder 1,6 mm dick), Werkzeuge.

Durchführung
- Staken auf benötigte Länge schneiden
- Stakenbündel zu einem Kreuz zusammenlegen
- Bei Brechgefahr die Staken vorher 30–60 Min. einweichen
- Inneren Kern ausarbeiten
- Vor dem einzelnen, wechselseitigen Ausflechten die halbe Stake einschieben
- Über dieses Grundgerüst ca. 14 Runden arbeiten
- Nach diesen Runden die hochgehende Seitenwand arbeiten
- Für die Seitenwand die Fadenspannung erhöhen, bis die gewünschte Wölbung erreicht ist
- Für die Seitenwand ca. 30–36 Runden anlegen
- Für den Abschluss eine doppelte Kimme arbeiten
- Anstelle der Kimme kann auch ein kleiner Bogenrand wie bei dem Dekorationsteller gearbeitet werden (ist leichter als die Kimme).

Abb. 11.17: Korbflechten ist eine produktive Arbeit, bei der am Ende nützliche und hübsche Gegenstände entstehen. [K157]

> **Fallbeispiel**
>
> Die Teilnehmer der Korbflechtgruppe der Seniorenwohnanlage „Sonnenpark" sind sehr stolz auf ihre Arbeiten. Mit viel Ausdauer und Mühe haben sie kontinuierlich an diesem Angebot teilgenommen. Nach einigen Erfolgserlebnissen ist das Interesse an der Peddigrohrarbeit so weit gewachsen, dass die Leiterin Frau Rohr einen Ausflug in ein regionales Korbflechtmuseum organisiert hat. „Hier kann man sich so viele Anregungen holen", sagte eine Teilnehmerin begeistert, „da hat man Lust, sofort das nächste Projekt in Angriff zu nehmen."

11.2.7 Papierarbeiten

Papier ist ein Material, das sich vielseitig verwenden lässt. Papier lässt sich falten, schneiden und reißen. Es lassen sich leicht dekorative Dinge herstellen – ohne großen Aufwand und zudem preisgünstig.

> ❗ Alte Menschen sind manchmal nicht so leicht für Papierbasteleien zu motivieren. Manche sprechen es auch direkt aus: „Basteln ist etwas, dafür hatte man früher keine Zeit". Deswegen Angebote von Papierarbeiten in einen sinnvollen Zusammenhang stellen, z.B. Postkarten oder Einladungskarten, Tischdekorationen für ein gemeinsames Fest, Frühlingsdekoration für die Wohn- und Gemeinschaftsräume herstellen.

Marmorpapier

Das Marmorieren ist eine Zufallstechnik, die immer interessante und schöne Ergebnisse hervorbringt. Marmoriertes Papier kann als Postkarte, Bucheinband, Lesezeichen oder Bild verwendet werden. Die Marmoriertechnik eignet sich auch gut für eine Gruppenarbeit, weil verschiedene Arbeitsschritte auf unterschiedliche Teilnehmer verteilt werden können.

Material: Einfacher Tapetenkleister, Gefäß und Schneebesen, Marmorierzange, Tempra-, Allzweck- und Dispersionsfarbe oder spezielle Marmorierfarbe, Ochsengalle (Bastelfachhandel), Saugpostpapier, Pinsel, Pipetten, Hölzchen, Plastikschüssel, Zeitungspapier.

Durchführung
- Tapetenkleister nach Herstellerhinweis mit Wasser anrühren und in eine Plastikschüssel geben (¼ voll)
- Ochsengalle hinzugeben
- Farbe mit Pinsel oder Pipette auf den Kleister tropfen, z.B. 3–4 verschiedene Farbe oder Farbtöne
- Das Hölzchen durch den Kleister ziehen, so dass Schlieren und Vermischungen entstehen
- Papier auf dem Kleister leicht andrücken, so dass sich keine Luftblasen bilden
- Anschließend abziehen
- Papier unter fließendem Wasser abwaschen, so dass möglichst kein Kleister mehr am Papier haftet
- Trocknen lassen (Zeitungspapier unterlegen).

> ✓ Das Verfahren kann ca. 3–4-mal mit dem Kleister durchgeführt werden, dann ist so viel Farbe im Kleister, dass keine Muster mehr erzielt werden können.

Papierknülltechnik

Die Papierknülltechnik ist eine ganz einfache Technik, bei der mit Seidenpapier kleine Kügelchen gedreht werden, die zu Bildern oder Motiven zusammengefügt werden. Eine vielseitige Technik, die sich für eine Gruppen- und Einzelarbeit eignet und die fast alle mitmachen können.

Abb. 11.18: Ein kleines Bild aus Marmorpapier. [M283]

Material: Farbiger DIN-A3-Fotokarton, Seidenpapier in verschiedenen Farbtönen, Klebstoff, Bleistift, Radiergummi.

Durchführung
- Motiv mit Bleistift auf Fotokarton aufzeichnen, z. B. große Blume, Baum, Schneemann
- Verschiedenfarbiges Seidenpapier (als Ersatz auch Krepppapier) in kleine Stücke reißen
- Stücke zu kleinen Kügelchen knüllen
- Kügelchen auf das vorgezeichnete Motiv aufkleben.

> ⚠ Bei Papierarbeiten und Auswahl der Motive darauf achten, dass diese nicht zu „kindisch" sind.

Motive aus Tonpapier

Eine weitere ganz leichte Methode ist das Ausschneiden und Basteln von Motiven aus Tonpapier, z. B. große Blumenmotive, Vögel oder Pflanzen. Eine leichte Gruppenarbeit, bei der die unterschiedlichen Arbeitsschritte je nach Ressourcen von verschiedenen Teilnehmern übernommen werden können. Ein sehr dekorativer sommerlicher Raumschmuck sind Ketten aus großen Blumenmotiven (☞ Abb. 11.19).

Material: Dickes Tonpapier in verschiedenen bunten Farben, leichte Papierscheren, Bleistift, Radiergummi, Faden und Nadel.

Durchführung
- Aufzeichnen von Blütenmotiven auf Tonpapier (nach Schablone), Durchmesser ca. 20 cm
- Aufzeichnen von Kreisen auf Tonpapier, Durchmesser ca. 7 cm
- Viele unterschiedliche Farben verwenden
- Ausschneiden der Blütenmotive und Kreise
- In die Mitte jeder Blüte einen Kreis kleben
- 7–8 Blüten mit Fäden untereinander verbinden und als Blütenkette aufhängen.

Variante: Leichte Tonpapiermotive können mit Falttechniken kombiniert oder als dreidimensionale Motive hergestellt werden.

Taube aus Tonpapier

So eine Taube ist leicht herzustellen und als Einzelmotiv vor dem Fenster sehr dekorativ. Es können aber auch viele bunte Vögel z. B. an einem Strauch oder einem Baum dekoriert werden (☞ Abb. 11.20).

Abb. 11.19: Einfache Blütenschablone für eine Blütenkette. [L119]

Material: Buntes Tonpapier oder Wellpappe, weißes Schreibpapier (DIN-A4), Bleistift, Papierscheren, Klebestift, Faden und Nadel.

Durchführung
- Vogelmotiv nach der Schablone auf buntes Tonpapier aufzeichnen
- Vogelmotiv ausschneiden lassen
- Für die Flügel kleinen Schlitz ausschneiden
- Flügel falten: Weißes Blatt in der Schlitzbreite zur Ziehharmonika falten

Abb. 11.20: Papiervögel sind leicht herzustellen und „machen viel her". [M283]

11.2 Verschiedene Materialien und Techniken

Abb. 11.21: Tulpenschablone für ein dreidimensionales Blumenmotiv. [L119]

Abb. 11.22: Der Schmetterling aus Ton- und Transparentpapier wirkt besonders dekorativ im Licht eines Fensters. [M283]

- Ziehharmonika durch Schlitz führen und auseinanderbreiten
- Die beiden Seiten der Ziehharmonika zusammenkleben
- Faden zum Aufhängen befestigen.

Dreidimensionale Papierblumen

Mit einer einfachen Tonblume kann ein stehendes Blumenmotiv, z. B. ein Tulpenmotiv, als Tischdekoration entstehen (☞ Abb. 11.21).

Material: Grünes Tonpapier, rotes und gelbes Tonpapier, Papierscheren, Klebestifte, Bleistift.

Durchführung

- Tulpenblüte auf Tonpapier aufzeichnen (ca. 10 cm lang)
- Zwei Pflanzenstiele mit Blättern auf Tonpapier aufzeichnen (ca. 17 cm lang)
- Alle Teile ausschneiden
- Pflanzenstiele und jeweils 2 Blätter zur Hälfte längs zusammenkleben, so dass die Blume „auf drei Füßen" steht. Blüte auf der Vorderseite ankleben.

Schmetterlinge

Eine ebenfalls einfache Technik, die sich in mehrere Arbeitsschritte teilen lässt und die je nach Schwierigkeitsgrad teilweise oder ganz von den Teilnehmern übernommen werden (☞ Abb. 11.22).

Material: Buntes Tonpapier in verschiedenen Farben, buntes Transparentpapier, leichte Papierscheren, Klebestift, Bleistift, Radiergummi.

Durchführung

- Schmetterling von einer Schablone auf das Tonpapier aufzeichnen und ausschneiden (dicker Rand, Körper und Fühler)
- Schmetterlingsschablone auf Transparentpapier legen, Transparentpapier umzeichnen und entsprechend ausschneiden und aufkleben
- Transparentpapier randgleich ausschneiden
- Kleine Schnipsel von Transparentpapier schneiden und auf die transparenten Flügel kleben
- So bunt wie möglich gestalten
- Am Kopf Faden anbringen und den Schmetterling aufhängen.

Papierflechtarbeiten

Papierflechtarbeiten können mit selbst hergestelltem Schmuckpapier, z.B. Marmorpapier, selbst eingefärbtem Papier oder fertigen Flechtbildern und Papierflechtstreifen hergestellt werden. Die Technik ist besonders geeignet für Menschen mit feinmotorischen Störungen.

Material: Flechtvorlagen mit Motiven aus buntem Tonzeichenpapier, Flechtblätter aus Glanzpapier, Papierflechtstreifen aus buntem Tonpapier, Flechtnadeln (ca. 19 cm lang), Klebestift.

> ☑ Flechtvorlagen gibt es in größeren Bastelfachgeschäften oder bei Firma Wehrfritz: www.wehrfritz.de

Durchführung
- Flechtblattvorlage aussuchen
- Flechtstreifen in Flechtnadel einfädeln (lassen)
- Flechtnadel von rechts nach links in kleinen Abschnitten durchziehen (bei Rechtshändern)
- Die Flechtstreifen am Rand begradigen und festkleben
- Mit dem fertigen Flechtbild können Hefte, Blöcke oder Bücher dekoriert werden (☞ Abb. 11.23).

Geflochtenes Buch aus Kleckspapier

Ein Buch mit einfachem Einband, z.B. ein Fotoalbum, kann durch ein selbst hergestelltes Flechtwerk verschönert werden. Diese Arbeit erfordert mehr Ausdauer und feinmotorische Fähigkeiten als o.g. einfache Flechtarbeiten.

Material: Fotoalbum, Heft oder Buch, wasserlösliche Allzweckfarben in Rot, Gelb, Blau, Grün, Pinsel, Wassertöpfchen, vier Malpapiere (DIN-A3), Bügeleisen, Lineal, Cutter, Heißklebepistole, Unterlage, Kleiderschutz.

Durchführung
- Auf einer Malunterlage zwei Blätter mit Allzweckfarben vollklecksen (mit Pinsel oder direkt aus dem Farbbehälter)
- Auf jedes Blatt jeweils ein Blatt legen und mit den Händen darüber reiben, bis die Farbe schöne Muster gebildet hat
- Papiere trocknen lassen und dann bügeln
- Papier auf Einband legen
- Ränder von Vorder- und Rückdeckel anzeichnen, jeweils 1 cm zugeben und Linien ziehen

Abb. 11.23: Eine differenzierte Papierflechtarbeit, die einiges Geschick erfordert. [L119]

- Streifen für den Buchrücken wird mit einem Stück Kleckspapier verstärkt
- Von rechter zu linker Randlinie mit Lineal und Cutter quer im Abstand von 2 cm Schlitze einschneiden
- Weitere zwei Kleckspapierbögen in 2 cm lange Streifen schneiden
- Streifen längs durch die Querschlitze weben
- Streifenenden festkleben
- Buch in Einband legen, Ecken rechtwinklig abschneiden, Ränder nach innen falten und die Ecken mit Papierstreifen zusammenkleben

Weitere Papierarbeiten
- Scherenschnitte
- Faltarbeiten
- Klebearbeiten
- Herstellung von Karten und Kalendern.

Anregungen gibt es in vielen Bastelanleitungen, allerdings ist davon nur wenig für die Arbeit in der Altenhilfe geeignet.

11.2.8 Stoff- und Handarbeiten

Stoff- und Handarbeiten sind von früher bekannte Tätigkeiten, die bewegungsfähige alte Menschen auch im hohen Alter noch gut ausführen können.

Bei vielen alten Menschen bedarf es allerdings der Ermutigung, sich an geeignete Projekte heranzuwagen. Stoff- und Handarbeiten sind zwar typische „Frauenarbeiten", aber es kommt immer wieder vor, dass auch Männer daran Gefallen finden.

> [!] Stoff- und Handarbeiten erfordern ein intaktes Sehvermögen. Bei Seheinschränkungen unbedingt eine Sehhilfe (☞ 6.2.1) anpassen lassen.

Knüpfen

Knüpfen ist zwar eine leichte Handarbeit, etwas Geschick und motorische Fähigkeiten sind dennoch erforderlich. Beim Knüpfen kommt es allerdings nicht darauf an, dass zügig gearbeitet wird, so dass es sich auch für Menschen mit verlangsamten Bewegungen gut eignet. Am besten eignet sich ein fertiges Knüpfset, z. B. ein Kissen oder ein kleiner Knüpfteppich. Beim Knüpfen wird in jedem Karo des Stramins ein Knoten mit dem Knüpfgarn gezogen.

Material: Knüpfset bestehend aus Stramin (festes Baumwollmaterial) mit Knüpfvorlage, farblichem Motiv, Knüpfgarn, Knüpfnadel, Schere, Nadel und Faden zum Umnähen (oder Nähmaschine).

Durchführung

- Farbkästchen auf dem Rand des Stramins vergleichen mit den Garnfarben
- Zur Vermeidung von Farbverwechselungen durch jedes Farbkästchen einen entsprechenden Faden knüpfen
- Stramin gerade auf den Tisch vor sich legen (auf gute Beleuchtung achten)
- Beginn mit der linken unteren Ecke
- Immer eine Reihe nach der anderen knüpfen (von links nach rechts und von unten nach oben)
- Nach Beendigung der Knüpfarbeit, die überstehenden Ränder des Stramins nach hinten falten und umnähen.

Knüpftechnik (☞ Abb. 11.24)

- Beide Enden des Fadens bündig zwischen Daumen und Zeigefinger der linken Hand legen und die dabei entstehende Garnschlinge über den Knüpfhaken streifen
- Knüpfhaken unter dem Querfaden des Stramins soweit nach oben durchführen, bis die bewegliche Hakenzunge über dem Querfaden liegt

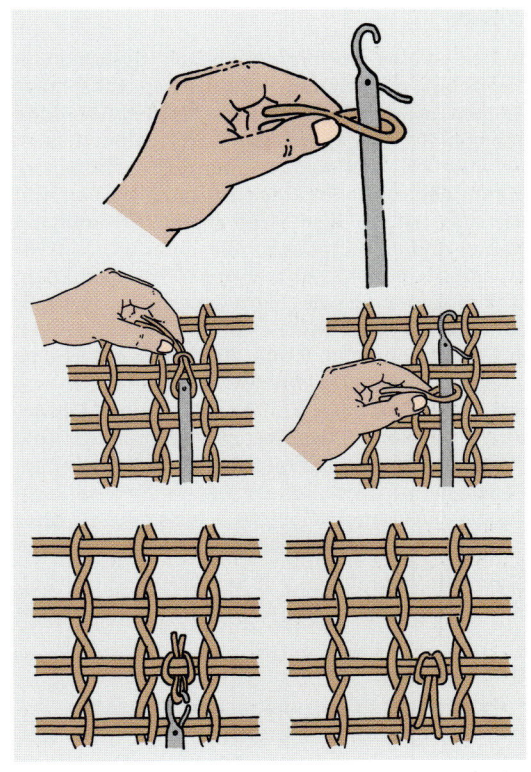

Abb. 11.24: Knüpfen ist eine Geduldsarbeit: In jedes Straminloch gehört eine Garnschlinge. So geht's. [L119]

- Beide Fadenenden nach oben in den offenen Knüpfhaken einlegen und Knüpfhaken leicht abwärts ziehen, bis die Hakenzunge zuklappt und den Faden festhält
- Fadenenden loslassen und Haken mit Fäden nun durch die Garnschlinge ziehen. Den Stramin festhalten
- Knoten mit den Fingern fest anziehen.

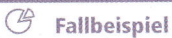

> **Fallbeispiel**
>
> Frau Wiber, eine agile 70-jährige Bewohnerin, hat sich mit Hingabe dem Knüpfen gewidmet. Sie fühlte sich bei anderen kreativen Angeboten oft unterfordert und musste lange nach einer Alternative suchen. Nach den ersten Anfangsschwierigkeiten hat sie mit großer Geduld sehr schöne Arbeiten hergestellt, auf die sie sehr stolz ist.

11 Gestalterische und handwerkliche Beschäftigungsangebote

Weben

Weben ist eine produktive Tätigkeit, die auch von Menschen mit leichten motorischen Einschränkungen ausgeübt werden kann. In der Altenhilfe genügen für Anfänger kleine Webrahmen, z. B. Schulwebrahmen oder vereinfachte Webrahmen, die speziell für Behinderte entwickelt worden sind (☞ Abb. 11.25). Zum Webrahmen gehören ein Kamm und ein Schiffchen. Für mehrfarbige Webarbeiten benötigt man mehrere Schiffchen. Zum Weben kann man jedes Garn verwenden, egal welches Material oder welche Dicke. Man kann selbst mit ungesponnener Wolle, die leicht gedreht ist oder mit dünnen Stofffetzen schöne Motive weben. Zwischen zwei Kanten („Kett- und Warenbaum" genannt) werden die Längsfäden (die „Kette") gespannt. Die quer zur Kette eingewebten Fäden nennt man „Schuss". Für die Kette kann das gleiche Garn wie für den Schuss oder ein dünneres Garn genommen werden.

Material: Webrahmen mit Schiffchen und Schaft (Kamm), Kettgarn, Garn, Stoff oder Wolle zum Weben, Schere.

Durchführung
- Webrahmen nach Anleitung des jeweiligen Modells mit Kettgarn bespannen
- Schiffchen mit Garn umwickeln
- Für das Weben kann der Webrahmen auf den Tisch oder zwischen Schoß und Tischkante eingeklemmt werden
- Bei einem herkömmlichen Webrahmen mit Webkamm entsteht ein Zwischenraum zwischen den oberen und den unteren Kettfäden, das Fach. Der Schussfaden wird nun locker in das entstandene Fach gelegt
- Falls der Schussfaden nicht ausreicht, so kann ohne weiteres ein neuer angesetzt werden. Die Schussfäden nicht verknoten
- Nach dem Einlegen des Schussfadens wird der Schaft (Kamm) bewegt
- Durch Auf- und Abbewegungen des Schaftes werden die Fächer gewechselt und die Webfäden abwechseln eingezogen, so dass das typische Webmuster entsteht
- Wenn die Kette zu Ende ist, werden die Kettfäden dicht an den Zähnen des Kettbaumes (Rand) abgeschnitten und paar- oder büschelweise verknotet.

> [!] Es ist wichtig, dass der Schussfaden gleichmäßig locker eingelegt wird, sonst bekommt das Gewebe eine „Taille".

Mehrfarbiges Weben

Mehrfarbiges Weben macht am meisten Spaß und ist auch nicht schwierig:
- Kettfäden in verschiedenen Farben ergeben Längsstreifen
- Schussfäden in verschiedenen Farben ergeben Querstreifen
- Kette und Schuss in verschiedenen Farben ergeben ein Karomuster.

Freies Weben

Das freie Weben eröffnet unerschöpfliche Möglichkeiten zur kreativen Entfaltung. Es gibt keine Vorgaben, lediglich die Kette und der Schussfaden sind beibehaltene Techniken. Es kann alles Mögliche eingewebt werden: verschiedenartiges Material, Perlen, Dekoartikel. Durch Variationen in der Schussfadenführung hat man verschiedene Möglichkeiten der Flächen- und Motivgestaltung.

Mit einer Webleiste zur Wandmontage können größere freie Stücke auf eine ganz einfache Art gewebt werden. Dazu werden die beiden Wandleisten im gewünschten Abstand übereinander an der Wand befestigt (☞ Abb. 11.26).

Weitere Stoff- und Handarbeiten

- Topflappen häkeln
- Strümpfe oder Schals stricken
- Patchworkdecke aus bunten Häkelrosetten oder aus Häkelquadraten
- Kuscheltiere herstellen
- Gestaltungen mit Märchenwolle.

Abb. 11.25: Einfacher Motivwebrahmen für Anfänger. [V384]

11.2 Verschiedene Materialien und Techniken

Abb. 11.26: Webleiste zum freien Weben. [V384]

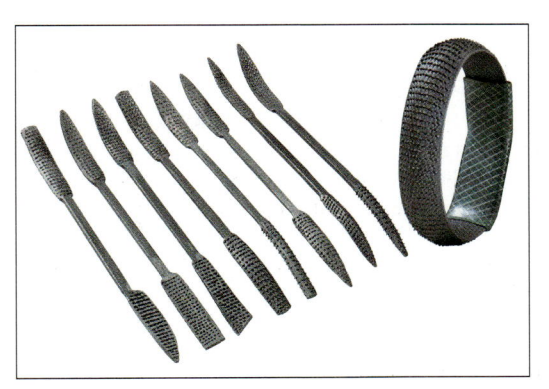

Abb. 11.27: Hilfsmittel Faustraspel und andere Werkzeuge für die Specksteinbearbeitung. [V384]

Material: Specksteine verschiedener Größe, Arbeitsunterlage, Schnittwerkzeuge, Schnitzmesser, Raspeln (☞ Abb. 11.27), Feilen, Schleifpapier in verschiedenen Körnungen, Leinöl, Kleiderschutz.

Durchführung
- Materialien und Specksteine auf dem Arbeitstisch ausbreiten

11.2.9 Werkarbeit mit Speckstein

Speckstein ist ein weicher Stein, der sich sehr leicht verarbeiten lässt. Er besteht aus verdichtetem Talk und lässt sich mit üblichen Werkzeugen sägen, raspeln, bohren, schleifen, ritzen und schaben. Wenn Speckstein sorgfältig geschliffen und poliert wird, sieht er aus wie Marmor. Specksteine gibt es in verschiedenen Formen im Bastelfachgeschäft. Am besten ist es, wenn die Figur, die später herausgearbeitet wird, schon vor der Bearbeitung im Stein „erkannt" wird. Specksteinarbeit wird gern in der Therapie eingesetzt, um kreative, innere Prozesse, Motorik, Sensibilität und Wahrnehmung zu fördern. Es ist eine Geduldsarbeit, die langsam entsteht.

> [!] Je nach Herkunft und Zusammensetzung können Specksteine Asbestfasern enthalten, die beim Feilen und Schleifen in die Raumluft freigesetzt werden. Deshalb vor dem Kauf von Specksteinen überprüfen, ob sie als asbestfrei zertifiziert sind.

Abb. 11.28: Aus dem dreieckigen Speckstein wurde ein abstrakt beschliffener Fels. „Wie der Fels in der Brandung", sagte der alte Mann, der diesen Stein bearbeitet hat. [M283]

- Steine betrachten, fühlen, wahrnehmen
- Den Stein aussuchen lassen, zu dem sich der Teilnehmer am meisten hingezogen fühlt (☞ Abb. 11.28)
- Überlegen, welche Figur in dem Stein stecken könnte
- Die Form mit einer groben Raspel herausarbeiten
- Dabei den Stein immer wieder betrachten und von allen Seiten auf sich wirken lassen, bevor weiter Material abgetragen wird
- Vorsichtig feilen; kleine Stückchen können leicht abbrechen
- Scharfe Konturen können mit einem Schnitzmesser ausgeschnitten werden
- Wenn die Form festliegt, mit der mühsamen Schleifarbeit beginnen
- Zuerst die Struktur mit grobem Metallschleifpapier (60er Korn) abschmirgeln
- Im Anschluss weiter mit feinem Schleifpapier arbeiten (200er Korn)
- Für die ganz feine Politur am Schluss das Schleifpapier anfeuchten
- Das fertige Werkstück mit Leinöl einreiben.

> Die Vorarbeiten können auch vom Leiter übernommen werde, wenn es dem Teilnehmer auf Grund seiner motorischen Einschränkungen nicht möglich ist, mit Werkzeugen wie Feile, Messer und Raspel zu arbeiten.
>
> Bei der Firma Wehrfritz gibt es auch Faustraspeln, die auch bei Greifschwierigkeiten gut in der Hand liegen (☞ Abb. 11.27).

11.2.10 Drucken

Der Umgang mit Farbe ist anregend und weckt die Kreativität. Es gibt einfache Drucktechniken für Ungeübte und schwierigere Techniken für Geübte. Einfache Drucktechniken sind auch hervorragend für Gemeinschaftsarbeiten von alten Menschen und Kindern geeignet.

Kartoffeldruck

Der Kartoffeldruck ist eine sehr schöne, alte Technik, mit der vielfältige Muster und Ornamente gestaltet werden können. Viele alte Menschen kennen diese Technik noch aus ihrer Jugendzeit oder aus der Zeit, als die eigenen Kinder klein waren. Man

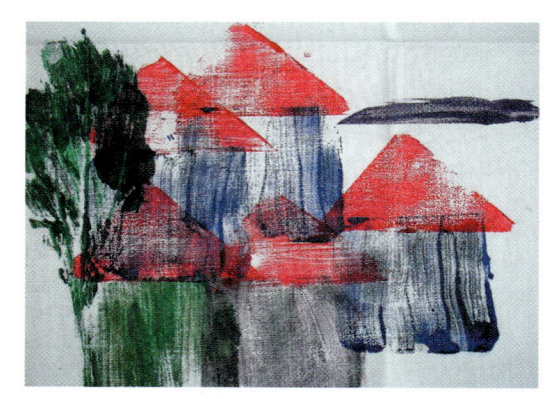

Abb. 11.29: Dieser Motivdruck auf einfacher Baumwolle ist in der Kreativgruppe einer stationären Altenpflegeeinrichtung entstanden. [M283]

kann mit Kartoffeldruck schöne Karten, abstrakte Bilder oder auch Stoffe bedrucken (☞ Abb. 11.29).

Material: Große Kartoffeln, Haushaltsmesser, Holzarbeitsbrett, Allzweckfarben, Wasserfarben oder Plakafarben, für Stoffdruck spezielle Stoffmalfarben, größerer Pinsel, Küchenpapier, Zeichenpapier, feuchter Lappen, Kleiderschutz.

Durchführung
- Kartoffeln schälen, in zwei Hälften schneiden
- Druckstock herstellen, indem geometrische Figuren in die Kartoffel geschnitten werden
- Das Stempelmotiv bleibt stehen, alles andere wird weggeschnitten
- Kartoffelstempel zum Trocknen auf Küchenpapier auslegen
- Der Stempel wird nun mit Farbe eingestrichen oder getränkt und auf Papier oder Stoff abgedruckt
- Bevor der Stempel neu benutzt wird, wird er mit einem feuchten Tuch oder unter fließendem Wasser gereinigt.

> Das Herstellen der Stempel kann bei Teilnehmern mit motorischen Einschränkungen auch vom Leiter durchgeführt werden. Das Drucken und der Umgang mit Farbe allein bringt auch schon viel Freude.

Handabdruck

Zum Thema „Hände" können mit alten Menschen Handabdrücke hergestellt werden. Das

11.2 Verschiedene Materialien und Techniken

Arbeiten mit Handabdrücken erfordert eine sensible Hinführung zu dem Thema und der Technik. Viele alte Menschen haben Scheu, Farbe direkt auf ihre Handflächen zu streichen. Auch für eine gemeinsame Arbeit mit Kindern gut geeignet.

Material: Kleiderschutz, Zeitungspapier, Fingerfarben, Pinsel, Tonpapier, Bilderrahmen.

Durchführung
- Tisch abdecken
- Kleiderschutz anziehen
- Tonpapier in passender Größe vorbereiten
- Linke Hand mit Pinsel und Farbe bemalen
- Farbhand auf Tonpapier abdrucken
- Die rechte Hand mit Farbe bemalen lassen (Leiter oder Nachbar)
- Parallel neben die linke Hand die rechte Hand auf dem Tonpapier abdrucken
- Abdrücke trocknen lassen
- In Bilderrahmen setzen.

> Spaß macht es auch, hinterher raten zu lassen, wem welche Hände gehören.

Pinseldruck

Eine sehr leichte Technik, die nur die Freude an Farben und Halten des Pinsels erfordert. Der Pinseldruck ist für viele Menschen leichter als Malen. Mit dieser Technik können schöne Blumen und Ornamente geschaffen werden.

Material: Kleiderschutz, Wassermalfarben, Acryl- oder Plakafarben, dickeren Haarpinsel, Zeichenblock, Lappen, Wasser.

Durchführung
- Evtl. Motiv vorzeichnen
- Pinsel mit gewünschter Farbe tränken
- Pinsel mit seiner Breitseite auf das Papier drücken
- Stück für Stück weiter drucken
- Wenn der Pinsel keine Farbe mehr hat, neue Farbe aufnehmen.

> Mit dem Pinseldruck können leicht Naturmotive gedruckt werden, z. B. Regenbogen über einer Wiese.

Siebdruck

Die Siebdrucktechnik erfordert etwas Geschick und Übung. Bei richtiger Handhabung entstehen schöne Bilder. Geeignet auch für ein großes Gemeinschaftsbild.

Material: Kleiderschutz, Zeitungen, gepresste Pflanzen, Blätter, Schablonen, Wasser- oder Acrylfarbe, Spritzsieb, Wasserbecher, alte Zahnbürste, Tonkarton oder Zeichenpapier.

Durchführung
- Kleiderschutz anziehen, Zeitung auf dem Arbeitstisch ausbreiten
- Getrocknete Blätter und Pflanzen oder Schablone auf das Papier legen
- Angefeuchtete Zahnbürste mit Farbe tränken
- Farbe durch das Sieb auf das Papier spritzen
- Nicht so viel Farbe nehmen (sonst tropft es)
- Wenn das Papier leicht mit einer Farbe bespritzt ist, die Blätter oder Schablonen etwas verschieben und erneut mit Farbe spritzen
- Vorgang mit 2–4 Farben wiederholen, dann wird das Bild mehrfarbig
- Bei nur einer Farbe bleibt das Motiv weiß bzw. im Farbton des Papiers.

> ☑ Beim Siebdruck kann auch ein Rahmen mit Auflagebrett genutzt werden. Ein Schablonenmotiv deckt das zu bedruckende Grundmaterial ab und die Farbe wird durch das Sieb auf das Grundmaterial gedruckt. Diese Technik ist aber schwieriger als die oben beschriebene.

Weitere Drucktechniken

Weitere Drucktechniken können mit verschiedenen Materialien durchgeführt werden, z. B.
- Wellpappedruck
- Balsaholzschnittdruck
- Korkdruck
- Linoldruck (erfordert Geschick und einige Erfahrung).

11.2.11 Arbeiten zu Inhalten

In der Altenhilfe ist es sinnvoll, Gestaltungsangebote mit bestimmten Inhalten zu verknüpfen, damit eine Beschäftigung einen ganzheitlichen Ansatz hat und der alte Mensch seine Erfahrungen und Ressourcen einbringen kann (☞ 4.1.5). So bieten sich z. B. jahreszeitliche Arbeiten hervorragend für ein themenbezogenes Beschäftigungsangebot an.

Thema Frühling

Der Frühling mit den neuen Kräften der Natur, Festen wie Ostern, Maianfang und Pfingsten bietet zahlreiche Möglichkeiten für kreatives Gestalten.

Praxisideen zum Thema Frühling

- Collagen mit Frühlingsmotiven und Frühlingsblumen (☞ 11.2.3)
- Malen von Frühlingsmotiven in Frühlingsfarben (☞ 11.2.1)
- Frühlings- und Osterfensterbilder (☞ 11.2.1)
- Papierblumen und -motive in Frühlingsfarben (☞ 11.2.7)
- Bemalen von Gläsern und Vasen mit Frühlingsmotiven
- Osterkörbchen aus Peddigrohr (☞ 11.2.6)
- Osterbasteleien (Anleitungshefte aus dem Fachhandel)
- Frühlings- und Ostergestecke.

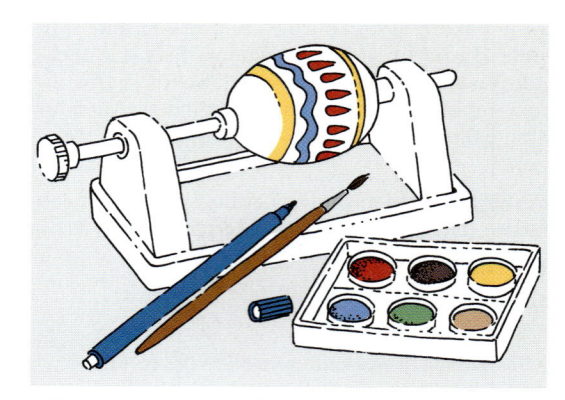

Abb. 11.30: Eier zu bemalen kann ziemlich schwierig sein, insbesondere wenn die Finger, die das Ei fest halten, ständig im Weg sind. Eine Hilfe ist das im Bastelfachhandel erhältliche Eiermalgerät. [L119]

> ✓ Ostern ist das Fest der Freude, Auferstehung und Hoffnung und bringt die Frühlingsfreude zum Ausdruck. Alles Bunte, Helle und Fröhliche passt in die Osterzeit.

Ostereier

Ostereiermalen weckt positive Erinnerungen, macht Spaß und bietet viel biografischen Gesprächsstoff. Ostereier können mit allen Farben bemalt werden, es gibt Techniken von leicht bis schwer. Für das Bemalen können echte ausgeblasene Eier, Kunststoff- oder Styropor-Eier genommen werden. Für Menschen mit motorischen Einschränkungen sind Styropor-Eier sinnvoll, um Frustrationen zu vermeiden.

Malhilfen für Ostereier

- **Eiermalgerät:** In ein Malgerät können die Eier eingespannt werden und dann mühelos und ohne, dass sie mit den Händen gehalten werden müssen, bemalt werden (☞ Abb. 11.30).
- **Alternative:** Eier auf Holzstäbchen aufspießen und in Blumentopf mit Steckschwamm stecken und dann bemalen.

Einfaches Eierfärben nach alten Rezepten

Gekochte Eier können mit käuflichen Eierfarben oder nach alten traditionellen Rezepten gefärbt werden:

- Sud aus Zwiebelschalen kochen, Zwiebelschalen entfernen und die Eier darin kochen. Ergibt eine goldgelbe bis goldbraune Färbung
- Aus Eichenrinde (Apotheke oder Drogerie) einen braunen Sud kochen und Eier darin garen. Ergibt eine schöne braune Färbung
- Weiße Eier in Saft von roten Rüben kochen. Ergibt je nach Konzentration hellrote bis rote Färbung
- Sud aus frischem Spinat kochen und weiße Eier darin garen. Ergibt hellgrüne Färbung
- Eier hinterher mit wenig Schmalz oder Öl einreiben, damit sie schön glänzen.
- **Variante:** Eier vor dem Kochen vorsichtig mit Materialien wie Schnüre und Garn umwickeln, dann färben. Ergibt eine bizarre Musterung.

Freies Eierbemalen (☞ Abb. 11.31)

Material: Kunststoff-Eier oder ausgeblasene Eier, Eiermalgerät oder Alternative, Eiermalfarben, Allzweckfarben, Acrylfarben, Wasserglas, Kleiderschutz.

Durchführung

- Eier in Gerät einspannen oder mit Holzspieß aufspießen
- Freies Malen mit gewünschten Farben. Einfache Technik: Mit verschiedenen Farben Punkte tupfen

11.2 Verschiedene Materialien und Techniken

Abb. 11.31: Mit freiem Malen gefertigte Eier von Hochbetagten. [M283]

- Trocknen lassen und dekorativ gestalten: Ostereierkörbchen, Ostereier im Blumentopf, Ostereierkette für das Fenster, Korkenzieherhaselnuss mit Ostereiern schmücken.

Eierbemalen mit Egg-Marker

Material: Gekochte Eier oder ausgeblasene Eier, Eiermalgerät, Eiermalstifte (Egg-Marker).

Durchführung

- Eier in Gerät einspannen oder in die Hand nehmen
- Mit den Egg-Markern die Eier nach eigenen Vorstellungen gestalten
- Egg-Marker haben eine Pinselspitze, mit der sich gut Motive auf die echten Eier aufbringen lassen, es sind feine und grobe Farblinien möglich
- Geeignet für Menschen, die sich zutrauen, Motive zu malen.

> Eierstecker für Blumengestecke oder -sträuße können ganz einfach selbst hergestellt werden: Eier auf Schaschlikspieße aufspießen, schöne Schleife darunter binden und mit einem Tropfen aus der Heißklebepistole festkleben.

Eierfärbung mit Wachstechnik

Material: Gekochte Eier, Kerzen oder heißes Bienenwachs, Wachstropfgefäß oder Pipette, verschiedene Eierkaltfarben.

Durchführung

- Mit Kerze, Tropfgefäß oder Pipette den Wachs in Mustern oder Ornamenten auf das Ei auftragen
- Trocknen lassen und Ei mit Kaltfarbe färben
- Nach dem Trocknen den Wachs abkratzen
- Zweifarbig färben: Das Ei mit einer hellen Grundfarbe färben, Wachs auftragen, dann nochmals färben und Wachs abkratzen.

> Ausgeblasene Eier lassen sich gut mit Weihnachtskugelaufhängern oder mit einem Streichholzstückchen, das an einem Faden befestigt wird und in das Ausblasloch eingeführt wird aufhängen (beim Anziehen des Fadens legt sich das Hölzchen quer).

Kratz- und Ritztechnik

Mit der Kratz- und Ritztechnik können relativ feine Motive auf einem Ei entstehen. Die Technik erfordert viel Geschicklichkeit. Die Eier sollten möglichst hartschalig sein.

Material: Sehr hart gekochte Eier, dunkle Kaltfarben, Gravierstift, Messer oder ein anderer handlicher spitzer Gegenstand, evtl. ein Hobbyset „Eiergravieren".

Durchführung

- Eier sehr hart kochen
- Mit Kaltfarbe kräftig färben
- Mit Gravierstift oder Messer die Farbe in Mustern herunterkratzen.

Osterkörbchen aus Papier

Gefaltete Körbchen aus Papier sind Klassiker, die sich vielseitig verwenden lassen, z.B. als Osterkörbchen, kleine Geschenk- oder Blumenkörbchen. Aus einem quadratischen Grundschnitt kann eine Schale oder ein Körbchen hergestellt werden. Wichtig dabei ist die richtige Faltung und der richtige Schereneinschnitt: Eine nicht schwere, aber komplexe Arbeit, die Geschicklichkeit erfordert.

Material: Tonpapier oder -karton, auch Regenbogenkarton, Schere, Klebstoff, Lineal, Stift, Locher oder Lochzange, Lochverstärkerringe, Geschenkband.

Grundschnitt: Ein Quadrat auf Tonpapier zeichnen und längs und quer in drei gleich breite Streif einteilen, so dass neun gleichgroße Quadrate entstehen. Das mittlere Quadrat ist die Bodenfläche für das Körbchen (☞ Abb. 11.32).

Durchführung

- Grundschnitt zeichnen z.B. 18 cm × 18 cm
- Papier entlang der gezeichneten Linien falten

Durchführung

- Blumentopf mit Serviettentechnik (☞ 11.2.4) oder mit selbstmodellierten Motiven aus Terracotta-Modelliermasse (☞ 11.2.5), z. B. Schmetterlingen, Osterhasen oder Blumen, dekorieren
- Kresse aussäen, alternativ kleinblättrige Grünpflanze einpflanzen
- Mit Osterei, Frühlingssteckern und anderen Dekomaterialien, z. B. Federn, dekorieren.

Thema Sommer

Der Sommer bietet mit den Kräften der Sonne und der Natur vielseitige Anregungen zum kreativen Gestalten. Sommerliche Naturmaterialien und sommerliche Motive können Grundlagen für gestalterische Arbeiten in dieser Jahreszeit sein. Besonders Arbeiten mit Blumen und Pflanzen bieten sich an.

Praxisideen zum Thema Sommer

- Sommerliche Collagen, z. B. eine Muschelcollage (☞ 11.2.3)
- Muschelbilder oder Brosche aus Muscheln herstellen
- Malen von sommerlichen Motiven
- Seidenmalerei in sommerlichen Pastelltönen (☞ 11.2.1)
- Papiergestalten sommerlicher Motive, z. B. Blumen und Schmetterlinge
- Blumenarbeiten jeglicher Art, z. B. Trocknen, Pflanzenpressen, Blumen stecken
- Tontopffiguren
- Kräutersäckchen und Duftkissen herstellen.

Sommergesteck auf Sisal

Auf Sisalscheiben oder große Sisalblüten können sommerliche Gestecke kreiert werden (☞ Abb. 11.33). Eine einfache und dekorative Technik, bei der auch Menschen mit Einschränkungen mitmachen können.

Material: Sisalscheibe oder -blüte, getrocknete Naturmaterialien, Dekorationsfedern, buntes Jutegras, evtl. dünner Blumendraht zum Durchziehen von Pflanzen, Heißklebepistole.

Durchführung

- Materialien auf dem Arbeitstisch ausbreiten
- Jeder Teilnehmer oder ein Paar arbeitet an einem Gesteck

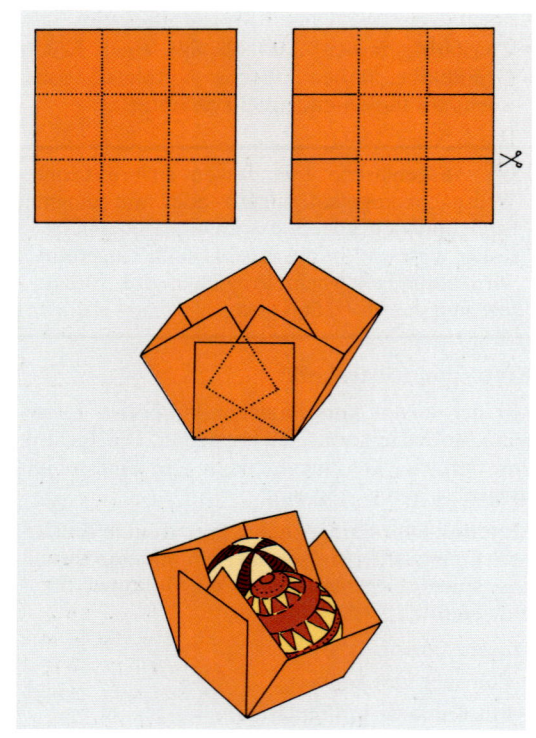

Abb. 11.32: Faltanleitung für ein kleines Osterkörbchen. [L119]

- Vier Schnitte anbringen
- Das mittlere Quadrat ist der Boden
- Seitlichen Quadrate werden hochgeklappt und geklebt
- Henkel ausschneiden (ca. 1,5 mal so lang wie die Seitenlänge des Schnitts) und zwischen Seitenteile kleben
- Körbchen mit einem Ei, Blumen, Süßigkeiten dekorieren.

Kressetopf

Ein kleiner mit Blumenerde gefüllter Blumentopf wird österlich mit einem frühlingshaftes Motiv und österlicher Dekoration geschmückt. Kressesamen aussäen.

Material: Kleiner Terracotta-Blumentopf von ca. 10–12 cm Durchmesser, Serviettentechnikzubehör, Terracotta-Modelliermasse, Heißklebepistole, Allzweckfarben, Blumenerde, Kressesamen, Osterei, Dekomaterial wie Federn, Osterhasen- und Eierstecker.

Abb. 11.33: Ein sommerliches Gesteck auf Sisal, das von einer 84-Jährigen hergestellt wurde. [M283]

- Materialien für ein Gesteck aussuchen und vorher auf einer Unterlage zusammenstellen lassen
- Materialien nach eigenem Geschmack auf die Sisalunterlage aufkleben; dabei können Pflanzenstiele durch das Sisalgewebe gesteckt werden und von hinten festgeklebt werden
- Die Mitte mit einer großen Blume oder etwas anderem Großen, z. B. Kürbis, gestalten
- Sisalgesteck in passender Vase dekorieren.

Blumen stecken

Das Zusammenstellen von Blumen zu Gestecken und Sträußen spricht sehr viele Menschen, vor allen Dingen Frauen, an. Viele Frauen, die früher einen Garten oder Balkon hatten, können so an ihren Fähigkeiten und Interessen anknüpfen. Blumenstecken lässt sich von ganz leicht bis schwierig gestalten. Selbst demenzkranke Menschen können ohne große Unterstützung mitmachen und Erfolgserlebnisse haben.

Material: Aktuelle Sommerblumen vom Gärtnerfeld oder auch Supermarkt, Blumengrün wie kleine Zweige, Gräser, Farn, Efeu, unterschiedliche Vasen und Blumensteckgefäße, Steckschwämme, Messer, Scheren, Dekorationsstecker, Kleiderschutz.

Durchführung

- Auf großem Arbeitstisch Blumen in Wassergefäßen und Blumengrün ausbreiten
- Jeder Teilnehmer erhält ein Gefäß zum Blumenstecken
- Steckschwamm für das Gefäß zurechtschneiden und mit Wasser tränken
- Beim Zuschneiden des Steckschwammes evtl. behilflich sein
- Zuerst mit dem Grün die Gefäße ausschmücken
- Später die Blumen einstecken
- Evtl. Dekostecker mit Schmetterlings-, Vogel- oder Käfermotiven einarbeiten
- Gespräche fördern, z. B. über Blumen, Lieblingsblumen und frühere Arbeit im Garten
- Zuletzt gemeinsam die Sträuße bewundern.

> **! Verletzungsgefahr**
>
> Pflanzen mit Scheren und nicht mit Messern zurechtschneiden. Messer bergen ein höheres Verletzungsrisiko.

> **Fallbeispiel**
>
> In einer gerontopsychiatrischen Tagespflege gehört das Blumenstecken zu den Lieblingsbeschäftigungen im Sommer und wird regelmäßig angeboten. Durch die Anerkennung und das Lob der Leiterin Frau Wolkow haben alle Teilnehmer großen Spaß und das Gefühl, etwas Sinnvolles zu schaffen. Frau Wolkow schafft es – trotz knapper finanzieller Möglichkeiten – Blumen und Pflanzen zu organisieren, sei es aus der eigenen Gartenanlage, dem Supermarkt oder der nahe gelegenen Gärtnerei, die gerne einige Blumen zur Verfügung stellt. Oft kommen auch Angehörige, die einen Garten besitzen, vorbei und bringen Blumen mit.

Thema Herbst

Der Herbst bietet mit dem Thema „Ernte" ebenfalls reiche Anregungen für gestalterisches Arbeiten.

Praxisideen zum Thema Herbst

- Fensterbilder mit herbstlichen Motiven, wie z. B. bunte Bäume, Pilze, Früchte (☞ 11.2.1)
- Malen mit herbstlichen Farben: warme Rot-, Gelb- und Brauntöne (☞ 11.2.1)
- Kastanienarbeiten
- Collagen mit bunten, getrockneten Blättern (☞ 11.2.3)
- Siebdruckbilder mit Blättern (☞ 11.2.10)
- Herbstbaum mit Papierknülltechnik (☞ 11.2.7)
- Herbstkränze gestalten
- Kleine Papierdrachen zur Fensterdekoration
- Kerzen-Gel mit herbstlichen Blattmotiven.

Herbstliche Gel-Kerzen

Mit transparentem Kerzen-Gel können in Gläsern schöne herbstliche Kerzen hergestellt werden. Nicht geeignet für verwirrte Menschen, da das Gel erhitzt werden muss.

Material: Transparentes Kerzen-Gel (farblos oder in herbstlichen Farben), hitzebeständige kleine Gläser, Herbstmaterialien wie Blätter, Hagebutten oder Nüsse, Blechgefäße zum Erhitzen, Docht mit Dochthalter, Schaschlikspieße oder Stricknadel.

Durchführung

- Kerzen-Gel in Blechdosen erhitzen (Backofen oder Wasserbad)
- Hitzebeständiges Glas, z. B. Einmachglas, an der Innenwand mit Blättern dekorieren (ganz leicht mit Klebestift festkleben)
- Dekomaterial wie Nüsse oder kleine Hölzer für den Kerzenboden auf den Glasboden anordnen
- Flüssiges Gel in Glas gießen
- Docht entweder nach dem Eingießen des Gels anbringen, indem mit einer Stricknadel eine kleine Bohrung gemacht wird, in die der Docht eingeschoben wird
- Oder den Docht vor dem Eingießen des Gels am Boden des Glases mit einer Dochthalterung anbringen und während des Erhärtens mit einem Stäbchen fixieren.

☑ Wenn die Kerzen farbig mehrschichtig sein sollen, muss die erste Gelschicht ausgehärtet sein, bevor die nächste aufgegossen wird.

Abb. 11.34: Dieser herbstliche Kranz ist in einer Zusammenarbeit einer Landfrauengruppe mit alten Menschen entstanden. [M283]

Herbstkränze

Der Herbst bietet mit Blättern, Beeren und Früchten, die getrocknet werden, schöne Dekorationen für herbstliche Kränze (☞ Abb. 11.34). Geeignet sind Materialien wie z. B. Buchsbaumblätter, Wacholderblätter, Efeu, Hagebutten, Nüsse, Wacholderbeeren. Die Arbeit erfordert etwas Geschicklichkeit.

Material: Styropor- oder Strohkranz, grünblättrige Dekoration oder auch kleine Nadelzweige, Blumendraht, Heißklebepistole, Beerenzweige, Schleife.

Durchführung

- Das grüne Blattwerk, z. B. kleine Wacholderzweige, um den Kranz legen und mit Blumendraht umwickeln. Das Umwickeln erfordert Geschick, evtl. ist hier die Unterstützung des Anleiters nötig
- In das Blattwerk kleine Sträußchen mit Hagebutten, getrockneten Wacholderbeeren oder anderen Früchten stecken und evtl. mit Heißklebepistole festkleben
- Kranz mit Schleife dekorieren und daran aufhängen.

Thema Advent und Weihnachten

Die meisten alten Menschen erinnern sich gern an Advent und Weihnachten. Die Adventszeit bietet die Möglichkeit, sich aktiv auf das Fest vorzubereiten und so die für alte Menschen schwierige Zeit positiv zu gestalten (☞ 7.2.4).

Praxisideen zu Advent und Weihnachten

- Winterliche und weihnachtliche Fensterbilder. Ganz einfach und dekorativ sind größere Sterne für das Fenster (☞ 11.2.1)
- Faltsterne aus Transparentpapier für das Fenster
- Adventskränze gestalten
- Adventskalender gestalten
- Weihnachtliche Gestecke anfertigen
- Sterne aus Salzteig und Modelliermasse (☞ 11.2.5)
- Weihnachtliche Mobiles
- Sterne aus Wellpappe
- Faltsterne aus Gold- und Silberpapier

Sterne aus Wellpappe

Aus Wellpappe können ganz leicht schöne Sterne hergestellt werden.

Material: Wellpappe in Rot, Grün und Gold, Scheren, Klebestift, Bleistift, Schablone, Nadel und Faden.

Durchführung
- Einen fünfzackigen Stern mit Bleistift und mit Hilfe einer Schablone auf die Rückseite der roten und grünen Wellpappe aufzeichnen
- Einen kleineren fünfzackigen Stern ebenfalls mit Bleistift und Hilfe einer Schablone auf die Rückseite er goldfarbenen Wellpappe aufzeichnen
- Sterne ausschneiden
- Jeweils zwei Sterne übereinander kleben, den kleineren goldenen Stern dabei in die Mitte des größeren roten oder grünen Sterns setzen
- Faden durch Stern ziehen
- Mehrere Sterne nebeneinander am Fenster oder im Raum aufhängen. Viele Sterne gemeinsam sehen auch als Mobile sehr schön aus.

Faltsterne und Faltdeckchen

Faltsterne oder -deckchen entstehen, wenn mit der Schere kleine geometrische Figuren in zusammengefaltetes Papier geschnitten werden. Eine Technik, die viele aus Kinderzeiten noch kennen. Die Sterne wirken am Fenster sehr dekorativ (☞ Abb. 11.35).

Material: Gold- und Silberfolie oder Tonpapier, Transparentpapier, Klebestift, Scheren.

Durchführung
- Aus einem Quadrat Gold- oder Silberfolie wird eine Tüte geknickt (2–3 × knicken)
- Evtl. Spitze abschneiden, dann entsteht in der Mitte des Sterns ein Loch
- Muster beliebiger Art werden in die Seite eingeschnitten
- Aufklappen und ausstreichen
- Faltstern kann auch aus dünnem Tonpapier hergestellt werden und dann mit Transparentpapier hinterklebt werden
- Faltsterne oder -deckchen an der Fensterscheibe anbringen.

Sterne aus Salzteig

Salzteig lässt sich wie Modelliermasse verarbeiten (☞ 11.2.5). Es können alle möglichen weihnachtlichen Formen daraus hergestellt werden. Sehr schön für Gestecke, Kränze oder den Weihnachtsbaum sind Sterne.

Teig: 2 Tassen Mehl, 2 Tassen Salz, 1 Tasse Wasser.

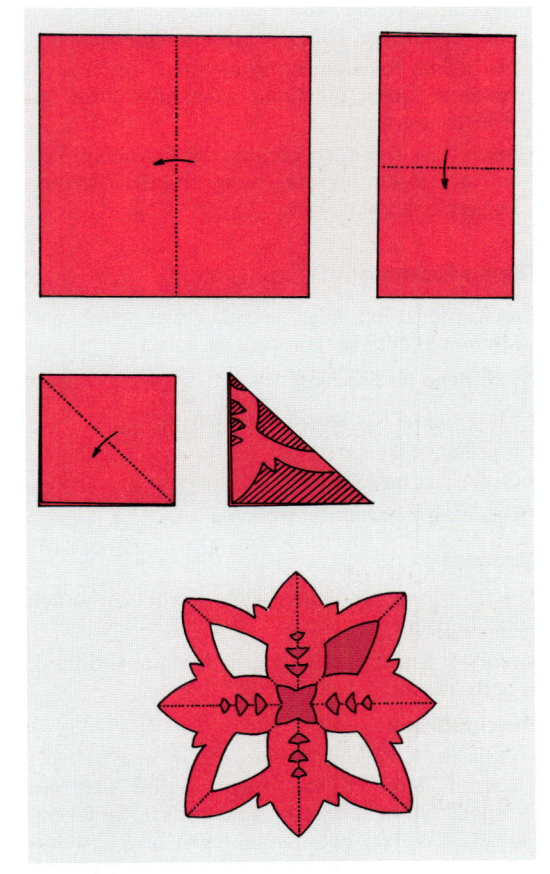

Abb. 11.35: Faltsterne zu Weihnachten aus der Gestaltgruppe einer Altenhilfeeinrichtung. [L119]

Material: Mehl, Salz, Wasser, Stricknadel oder dicke Stopfnadel, Ausstechformen, Kuchenblech, Tortenheber, Gewürzkörner, Wacholderbeeren, Samen, Gold- und Silberfarbe, Pinsel, evtl. goldene Perlen oder sonstiges kleines Dekomaterial, Klebstoff, Arbeitsplatte, Teigroller.

Durchführung
- Salzteig herstellen zu einer geschmeidigen Teigmasse verkneten
- Teig auf Arbeitsplatte ausrollen
- Sterne (oder andere Motive) mit Ausstechförmchen ausstechen
- Mit Stricknadel oder Stopfnadel Loch zum Aufhängen einstechen
- Salzsterne mit Nelken oder Beeren verzieren (leicht in Teig eindrücken)

- Mit dem Tortenheber auf ein Kuchenblech setzen und bei mittlerer Hitze 30–40 Minuten backen
- Nach dem Erkalten können vorher noch nicht verzierte Sterne mit Gold- oder Silberfarbe bestrichen werden
- Nach dem Trocknen können die Sterne mit Perlen, winzigen Sternen oder anderen kleinen Dingen beklebt werden.

Thema Fasching

Zu Karneval ist alles erlaubt, was bunt und „durcheinander" ist. Hauptsache lustig.

Praxisideen für Fasching

- Masken aus Kunststoff bemalen
- Masken selbst herstellen
- Girlanden basteln
- Faschingshütchen herstellen.

Girlanden

Aus Krepppapier lassen sich leicht Girlanden selbst herstellen.

Material: Krepppapier (gibt es fertig auf Rollen), Schere, Tacker.

Durchführung
- **Variante 1:** Aus ca. 5 cm breitem und beliebig langem Streifen Krepppapier eine „Hexentreppe" falten. Dazu die Enden der Streifen im rechten Winkel aufeinanderlegen und abwechselnd jeden Streifen über den anderen falten. Mehrere Stränge können zur gewünschten Länge zusammengetackert werden.
- **Variante 2:** Ca. 10 cm breite Streifen buntes Krepppapier an den Längsseiten bis zur Mitte einschneiden, die farbigen Bahnen miteinander verdrehen.

Lustige Karnevalshütchen

Für das Karnevalsfest (☞ 7.2.5) können lustige Hütchen selbst hergestellt werden (☞ Abb. 11.36).

Material: Festes Tonpapier in bunten Farben, Konfetti, Buntpapier, Scheren, Klebstifte, Bleistifte, Tacker, Gummi, Stopfnadel, Schleifenband.

Durchführung
- Kreise auf Tonpapier aufzeichnen
- Kreise ausschneiden
- Ein Viertel aus dem Kreis herausschneiden
- Den Dreiviertelkreis als Hütchen zusammentackern

Abb. 11.36: Mit viel Spaß hat eine Seniorengruppe von Hochbetagten diese Faschingshütchen hergestellt. [M283]

- Aus Streifen Buntpapier kleine Schnipsel schneiden
- Schnipsel und Konfetti auf Hütchen kleben
- Auf Hutspitze eine Schleife oder auch Feder festkleben
- Dünnes Gummiband als Halterung einziehen.

Geburtstagsbasteleien

Ein Geburtstags- oder Jubiläumstisch kann mit Papier- und Serviettenarbeiten schön gestaltet werden. Die Farben auf dem Tisch sollten so ausgewählt werden, dass sie zusammenpassen.

Praxisideen für den Geburtstagstisch

- Einladungskarten mit Marmoriertechnik (☞ 11.2.7)
- Namenskärtchen mit Serviettentechnik (☞ 11.2.4)
- Tischkärtchen mit Gedicht (Doppelkarte: Vorn ein Motiv, innen ein Gedicht)
- Tischkärtchen mit Fenstermalfarbe auf Mobilefolie
- Kerzenhalterungen mit Papierfalttechniken
- Kerzen aus Kerzen-Gel
- Blumengestecke
- Servietten falten.

Servietten zu einem einfachen Tafelspitz falten

- Serviette ausbreiten
- Zur Hälfte in der Mitte nach unten falten
- Die obere linke und die obere rechte Ecke nach unten falten (es entsteht ein Dreieck)
- Die Spitze anfassen und den Tafelspitz aufstellen.

Servietten zu einem Fächer falten

- Serviette vor sich ausbreiten
- Serviette in der Mitte nach oben falten
- Serviette nochmals längs der Mitte falten und um 90 Grad drehen
- Die schmale Seite in Ziehharmonikaform gleichmäßig falten
- Zusammenpressen
- Unteren Rand in die Hand nehmen und oberen Rand auseinanderziehen.

Blütenkelch für Glasteelichter

Aus festem Transparentpapier können leicht dekorative Blumenkelche gefaltet werden, die sich farblich auf einen Festtisch abstimmen lassen (☞ Abb. 11.37).

Material: Buntes, festes Transparentpapier, Schere, Klebestift, Glasteelicht.

Durchführung

- Quadrat aus Papier zuschneiden (12 × 12 cm, 15 × 15 cm)
- Gerades Kreuz falten
- Alle vier Ecken zum Mittelpunkt falten, wieder aufklappen
- Das Quadrat so legen, als ob man schräges Kreuz falten will; das Papier aber nur so falten, dass es die Mitte erreicht (nicht bis zu den Ecken)
- Alle vier Ecken auf den Schnittpunkt unterhalb der gegenüberliegenden Ecke legen
- Vier Schnitte machen und die in der Zeichnung dunkleren Felder, die an die Einschnitte grenzen, bis zur Faltlinie zusammenkleben.

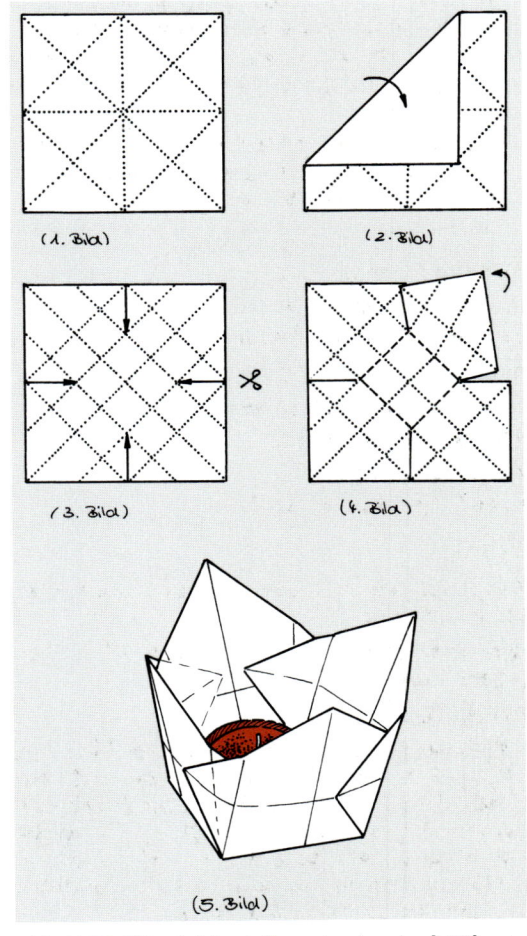

Abb. 11.37: Blütenkelch aus Transparentpapier. [L119]

12 Familien- und hausarbeitsorientierte Beschäftigungsangebote

12.1 Warum, für wen, wie – das Management 284
    12.1.1 Bedeutung von familien- und hausarbeitsorientierten Angeboten . . . 284
    12.1.2 Ziele von familien- und hausarbeitsorientierten Beschäftigungsangeboten. 285
    12.1.3 Zielgruppen 285

12.2 Angebote rund um „Haus und Hof" . . . 286
    12.2.1 Kochen und Mahlzeitenvorbereitung . . 286
    12.2.2 Backen. 289
    12.2.3 Andere Hausarbeiten 292
    12.2.4 Gärtnern. 293

12.1 Warum, für wen, wie – das Management

Menschen, die in stationären Altenpflegeeinrichtungen leben, benötigen ein an ihren Lebensbezügen angepasstes soziales und räumliches Milieu, um eine Kontinuität ihres Lebens zu erfahren. Lebenswelt und Alltagsstrukturen in Wohngruppen, therapeutischen Gruppen oder Kleingruppen sollten den biografischen Erfahrungen und individuellen Bedürfnissen der alten Menschen entsprechen. Häusliche Tätigkeiten wie Kochen, Backen, Mahlzeiten vorbereiten und das gemeinsame Essen sind zentrale und strukturierende Fixpunkte im Alltag.

> **!** Nicht alle alten Menschen möchten sich in Alltagsbeschäftigungen wie hauswirtschaftlichen Tätigkeiten einbinden lassen. Auch bei hausarbeitsorientierten Beschäftigungen gilt wie bei allen anderen Angeboten: Individuelle Angebote machen, die den Bedürfnissen entgegenkommen und keine Beschäftigungskonzepte „überstülpen".

12.1.1 Bedeutung von familien- und hausarbeitsorientierten Angeboten

Trotz psychischen und physischen Einschränkungen wird dem alten Menschen die Möglichkeit gegeben, aktiv leben zu können und sich nützlich zu fühlen. Besonders Demenzkranke in Wohngruppen oder Wohngemeinschaften fühlen sich bei diesen Tätigkeiten der natürlichen Alltagsgestaltung wohl (☞ 5.1.3).

Angebote für Frauen und Männer

In stationären Altenhilfeeinrichtungen leben überwiegend alte und hochbetagte Frauen, die über einen großen hausfraulichen Erfahrungshintergrund verfügen. Leitgedanke ist es hier, an der Biografie und den vorhandenen Ressourcen anzuknüpfen.

> **Fallbeispiel**
>
> In der Wohngruppe einer stationären Altenpflegeeinrichtung wird wöchentlich gebacken. Für viele ist dieses Backtreffen ein Höhepunkt der Woche. Dabei geht es nicht nur um das „Backen" an sich, sondern vielmehr um das Sammeln von alten und bekannten Rezepten und das Zusammensein und Erzählen in geselliger Runde.

Männern in stationären Altenhilfeeinrichtungen sinnvolle hausarbeitsnahe Tätigkeiten anzubieten, ist oft sehr viel schwieriger. Wenn ein Garten vorhanden ist, können kleine Gartenarbeiten, Aufräum- und Pflegearbeiten oder handwerkliche Beschäftigungsangebote gemacht werden (☞ 11.2).

> **Fallbeispiel**
>
> Herr Sperling (Pflegestufe 0), lebt seit einem halben Jahr in einer stationären Altenhilfeeinrichtung. Er hilft dem Hausmeister sehr gern und geht fast jeden Morgen mit einem Eimer und einer Greifhilfe um das Gelände, um herumliegende Papiere und kleine Abfälle einzusammeln. So hat auch Herr Müller eine für ihn sinnvolle Beschäftigung gefunden.

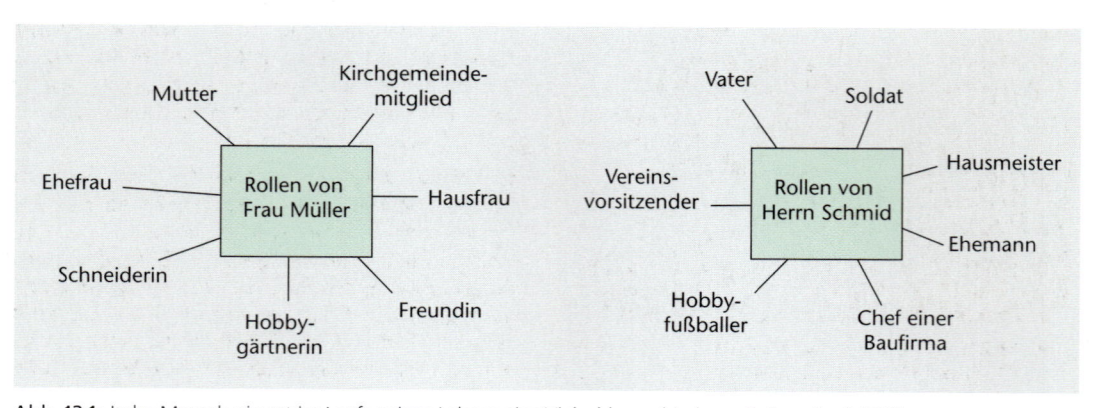

Abb. 12.1: Jeder Mensch nimmt im Laufe seines Lebens eine Vielzahl verschiedener Rollen ein. [M283]

Rollenidentität

Hauswirtschaftsnahe Tätigkeiten anbieten heißt, sich an den Lebenswelten und der Biografie des alten Menschen zu orientieren und an bekannte Rollen anzuknüpfen. Das Selbstwertgefühl eines Menschen ist eng verknüpft mit den unterschiedlichen Rollen, die er im Laufe seines Lebens einnimmt, z. B. Berufstätigkeit, Elternschaft, Muttersein, Hausfrau. Biografisch orientierte Arbeiten ermöglichen es den alten Menschen, sich mit früheren Rollen zu identifizieren und so das Selbstwertgefühl zu stärken (☞ Abb. 12.1).

> Das Selbstwertgefühl hängt u. a. sehr stark von den Rollen ab, die der Mensch im Laufe seines Lebens eingenommen hat. Deswegen ist es von großer Bedeutung, bei der Biografiearbeit die im Erwachsenenalter gelebten Rollen des Menschen zu erfahren, um daran anknüpfen zu können.

12.1.2 Ziele von familien- und hausarbeitsorientierten Beschäftigungsangeboten

Wenn sich die Beschäftigungsangebote an vertrauten Arbeiten orientieren, können vielfältige **Ziele** erreicht werden (☞ Abb. 12.2):

- Sinnvolle Tagesstruktur
- Stabilisierung und Sicherheit
- Förderung der Alltagskompetenzen (☞ 1.6.10)
- Stärkung des Selbstwertgefühls

Abb. 12.2: Das Ausführen von altbekannten und verinnerlichten Aufgaben führt gerade bei Menschen mit Demenz zu einem Gefühl der Vertrautheit und „Sich-Daheim-fühlen". [K157]

- Biografiearbeit
- Erschließen von Ressourcen (☞ 1.5.3)
- Soziales Erleben und gemeinschaftliches Tun (☞ 1.6.3)
- Förderung von Selbstbestimmung und Selbstständigkeit (☞ 1.6.9)
- Förderung von sinnlichem Erleben, z. B. Riechen, Schmecken, Sehen, Tasten
- Dezentralisierung von lebenswichtigen Aufgaben.

12.1.3 Zielgruppen

Familien- und hausarbeitsorientierte Aufgaben werden für unterschiedliche Zielgruppen angeboten. Fester Bestandteil vom Betreuungskonzept sind diese Angebote bei:

- Wohnküchenkonzepten
- Alltagsorientierten Gruppenbetreuungen
- Tagesstrukturierenden Gruppen
- Tagespflegen und -kliniken
- Wohngruppen
- Wohn- und Hausgemeinschaften.

> ☑ Grundsätzlich können familien- und hauswirtschaftsorientierte Arbeiten für Menschen mit oder ohne Demenz angeboten werden. Es kommt darauf an, ob ein Betreuungskonzept segregativ oder integrativ ausgerichtet ist (☞ 5.1.4 und 5.2.1).

In traditionellen Altenhilfeeinrichtungen sind aufgrund der vorgegebenen Strukturen hauswirtschaftliche Aktivitäten ausgelagert und werden in der Regel von zentralen Stellen wie Großküche und Wäscherei erbracht. Dies erschwert die Organisation von hauswirtschaftlichen Beschäftigungsangeboten für die Bewohner. Dennoch ist es auch hier möglich, interessierten Bewohnern z. B. Kochen und Backen anzubieten.

Es können aber regelmäßige Gruppenbeschäftigungen wie Kochen und Backen für interessierte Bewohner angeboten werden. Solche Koch- und Backgruppen erfahren großen Zuspruch, zumal sie gleichzeitig gesellige Runden sind, in denen Gleichgesinnte sich austauschen können. Es ist auch möglich, alltagsorientierte Tätigkeiten in bestehende tagesstrukturierende Angebote zu integrieren.

12.2 Angebote rund um „Haus und Hof"

Zu den Angeboten rund um „Haus und Hof" gehören Tätigkeiten des Alltags. Dazu gehören z. B. die Wäscheversorgung, Kochen, Backen, Mahlzeitenvorbereitung, Gartenarbeiten sowie Haustierversorgung und leichte handwerkliche Haustätigkeiten.

12.2.1 Kochen und Mahlzeitenvorbereitung

Kochen und Mahlzeitenvorbereitung sind Aktivitäten, die mit einigem Aufwand verbunden sind. Sie lassen sich bei guter Vorbereitung besonders gut in Wohneinheiten mit Wohnküche, in kleinen Wohngruppen oder kleinen Tagespflegeeinrichtungen umsetzen. In modernen Wohngruppen- und Wohnküchenkonzepten, insbesondere auch für demenzkranke Menschen, machen Alltagshandlungen wie Kochen, Backen, Tisch decken, gemeinsam Essen und Spülen einen großen Teil des Betreuungskonzeptes und der Alltagsstruktur aus (☞ Abb. 12.3).

> ☑ Die Gestaltung einer Tagesstruktur durch alltagsorientierte Aufgaben entspricht dem Prinzip der Dezentralität und muss in einem Gesamtkonzept berücksichtigt werden. In einigen modernen Einrichtungen werden solche Aktivitäten durch Präsenzkräfte bzw. Alltagsmanager begleitet (☞ 3.1).

Abb. 12.3: Am Kartoffelschälen können sich auch demenzkranke Menschen beteiligen. Es macht auch nichts, wenn eine Kartoffel mal ein wenig schief und krumm geschält wird. [K157]

Planung und Organisation

In Wohngruppen mit entsprechenden Konzepten werden die täglichen Mahlzeiten gemeinsam organisiert und geplant. Aber auch in anderen Einrichtungen wie Begegnungsstätten, Altenbildungseinrichtungen oder in einer traditionellen Altenpflegeeinrichtung kann eine Kochgruppe als Alltagsbeschäftigung angeboten werden. Das gemeinsame Kochen wird zu einem Hobby und als besonderes Erlebnis gestaltet, z. B. eine Kochgruppe, die sich einmal in der Woche trifft. Bei der Planung ist folgendes zu beachten:

- Angebot für eine **Kleingruppe** von 3–6 Personen, bei einem Angebot, z. B. einer Bildungsstätte, kann die Gruppe auch größer sein, wobei sich Untergruppen bilden lassen
- Gemeinsam mit alten Menschen **Rezepte** auswählen und zusammenstellen. Für Menschen mit Einschränkungen leichte Rezepte aussuchen, die sich in mehrere und nicht zu schwierige Arbeitsschritte einteilen lassen
- **Einkaufsliste** erstellen und **Zutaten besorgen** (entscheiden, ob selbst eingekauft wird oder über eine Bestellung durch die zentrale Küche)
- **Zeitplanung:** Bei Wohnküchenkonzepten eine ca. einstündige Vorbereitungszeit einplanen. Bei Kochkursen für ältere Menschen kann der Zeitrahmen größer gesteckt werden
- **Vorbereitung aller Kochutensilien** auf einem großen Arbeitstisch
- **Aufgaben für alte Menschen:** Salat und Gemüse putzen, zerkleinern und schneiden, Fleisch schneiden, Kartoffeln schälen, Tisch decken und nach der gemeinsamen Mahlzeit wieder abräumen, Abwaschen und Abtrocknen, Reinigungsarbeiten.

> - Für den Mitarbeiter ist es eine zentrale Aufgabe, die Fähigkeiten der Kochteilnehmer einzuschätzen und die entsprechenden Aufgaben zu verteilen.
> - Pflegekraft oder Alltagsmanager unterstützen nur dann, wenn es nötig ist.
> - Die Zubereitung der Mahlzeiten in kleine Arbeitsschritte einteilen.

Praxisvorschläge

Für eine Kochgruppe mit alten Menschen mit Einschränkungen eignen sich Rezepte, deren Zubereitung sich in leichte Arbeitsschritte zerlegen lässt. Für andere Hobbykochgruppen können auch Gerichte mit differenzierteren Arbeitsabläufen ausgesucht werden.

Beispiele für einfache Gereichte

- Kartoffeln und Heringssalat
- Pellkartoffeln und Grüne Soße (Schmand-Saure-Sahne-Jogurt-Soße mit vielen verschiedenen Kräutern)
- Gemüsesuppe
- Kartoffeln, Bratwurst und Sauerkraut
- Nudeln mit Tomatensoße
- Eierpfannkuchen mit Äpfeln.

> **Fallbeispiel**
>
> Eine Kochgruppe mit hochbetagten alten Menschen kocht Rezepte aus Kriegszeiten nach. So nach und nach fallen den Teilnehmern immer mehr Rezepte aus armen Zeiten ein. Dabei werden auch viele schlimme Erinnerungen wach, die aber durch das gemeinsame Kochen aufgefangen werden können.

Gesammelte Rezepte aus armen Zeiten

Alte Menschen kennen noch viele schmackhafte Gerichte aus Notzeiten. Viele erinnern sich, dass alle vorhandenen Lebensmittel und Lebensmittelreste verwendet wurden oder dass Ersatz für nicht vorhandene Nahrungsmittel gesucht wurde. Eine Möglichkeit kann sein, solche Rezepte gemeinsam zu sammeln, nachzukochen oder mit heutigen Rezepten zu kombinieren. Rezepte können vorher in Erinnerungsstunden aufgeschrieben und evtl. zu einem kleinen Sammelheftchen zusammengefasst werden.

Möhrensuppe für 4 Personen

- 400 g Möhren
- 200 g Kartoffeln
- 50 g Sellerie
- 2 Esslöffel Öl
- 1 l Gemüsebrühe
- Salz, Pfeffer, gehackter Dill oder Petersilie.

Gemüse waschen und putzen und würfeln. Alles andünsten und mit der Gemüsebrühe aufbrühen und 20 Minuten garen lassen. Dann die Suppe pürieren, evtl. Brühe auffüllen und würzen. Je nach Jahreszeit frische Kräuter zum Würzen verwenden.

Tipp: In heutigen Zeiten kann die Suppe mit Creme fraiche, Sahne oder 120 g geriebenem Gouda verfeinert werden.

Graupensuppe für 6 Personen

- 125 g Gerstengraupen
- 100 g getrocknete Erbsen
- 3 gelbe Rüben
- 2 Stangen Lauch
- 125 g Sellerie
- Suppengrün
- 1,5 l Brühe
- 1 Petersilienwurzel
- Salz, Pfeffer, Kräuter zum Würzen (Liebstöckel, Petersilie), evtl. etwas Butter.

Bereits eingeweichte Erbsen im Einweichwasser eine Stunde kochen lassen. In der Zwischenzeit Gemüse zerkleinern und mit den Graupen und der Petersilienwurzel in die kochende Brühe geben. Salzen und Pfeffern. Die abgetropften Erbsen zugeben, und die Suppe noch ca. ½ Std. garen lassen. Mit Butterflöckchen und Kräutern servieren.

Kürbisauflauf

- 1 kleiner Kürbis
- 1 Zwiebel
- 2 Tomaten
- 1 Teelöffel Kartoffelmehl
- 1 Messerspitze Kümmel
- 1 Messerspitze Paprika
- 1 Ei
- 5–6 geriebene Kartoffeln
- 2 Esslöffel Haferflocken
- 50 g Fett

Abb. 12.4: Das Zubereiten einer Gemüsesuppe regt alle Sinne an und weckt viele Erinnerungen. [L119]

Kürbis schälen, entkernen und in kleine Stücke schneiden. Tomaten und Zwiebel klein hacken. Alles in einer Pfanne mit Fett andünsten, bis ein Brei entsteht. Aus den gekochten Kartoffeln, den Haferflocken und dem Ei einen Teig kneten. Die Kartoffelmasse in eine ausgefettete Auflaufform auslegen und die gewürzte Kürbis-Zwiebel-Tomaten-Masse auf die Kartoffeln schichten. Mit Kartoffelteig überdecken und bei guter Mittelhitze ca. 30–45 Minuten im Ofen backen.

Tipp: Mit geriebenem Emmentalerkäse überbacken. Dazu Gemüseschnitzel oder Hackfleischbällchen servieren.

Italienischer Abend

Ein italienischer Abend kann in einer Wohngruppe oder Begegnungsstätte angeboten werden. Bei der Gestaltung kommt es darauf an, eine südländische Atmosphäre herzustellen, um ein kleines Stück Italien lebendig werden zu lassen. Raumgestaltung, Dekoration, Programm und die gemeinsam vorbereiteten Speisen bringen für die alten Menschen Abwechselung und ein Hauch von südländisch leichter Lebensart. Die Speisen werden gemeinsam vorher geplant und zubereitet (☞ Abb. 12.5).

Raumgestaltung

Mit wenig Mitteln lässt sich etwas südländische Atmosphäre in den Raum bringen:
- Einige große Blumenkübel mit Palmen oder anderen südlichen Pflanzen
- Italienische Motive durch Diaprojektionen von italienischen Landschaften und Orten (private Urlaubsdias oder Verleih von Medienzentralen ☞ 6.6)
- Italienische Motive durch große Fototapete

Dekoration

- Tischdekoration in italienischen Farben: Grün, Rot, Weiß
- Servietten in Grün und Rot
- Kleine italienische Fähnchen zur Dekoration, z. B. für den Nachtisch

Programm

- Italienische Schlager
- Karaokesingen des Schlagers „Zwei kleine Italiener"
- Livemusik durch einen Mandolinenspieler
- Chormusik mit italienischen Liedern, z. B. Liebeslied „Tiritomba"
- Italienischer Volkstanz von Seniorengruppe mit roten, weißen und grünen Tüchern, z. B. „Tarantella" „Oili! Oila!"

Speisevorschläge

Folgende bekannten italienischen Gerichte sind leicht zuzubereiten und auch für Kochanfängergruppen geeignet:

Minestrone für 4 Personen

- 150 g Zucchini
- 1 Stange Bleichsellerie
- 1 Stange Porree
- 2 Möhren
- 150 g Wirsing
- 1 Knoblauchzehe
- 100 g Erbsen
- 1 l Gemüsebrühe
- 100 g Tomatenwürfel
- 2 Esslöffel Tomatenmark
- 1 Bund Basilikum, Salz, Thymian, Pfeffer

Zucchini, Sellerie, Porree und die Möhren putzen, in kleine Stücke schneiden und zusammen mit dem Wirsing in 1 l Gemüsebrühe aufkochen. Bei mittlerer Hitze ca. 5 Minuten garen. Danach die Erbsen und die Tomatenwürfel zugeben und weitere 20 Minuten garen. Zum Schluss die 2 Esslöffel Tomatenmark und Basilikum dazugeben und mit Salz, Pfeffer und Thymian abschmecken. **Tipp:** Viele alte Menschen mögen kein bissfestes Gemüse in der Suppe, dann die ganze Suppe einfach länger kochen lassen, bis das Gemüse weich ist oder vor dem Würzen alles mit einem Pürierstab pürieren.

Dazu: Ciabattabrot pur oder mit Gorgonzolakäse belegt.

Insalata caprese mit Basilikum für 4 Personen

- 4 Kugeln Mozzarella
- 1200 g Strauchtomaten
- 2 Bund Basilikum
- 1 Zitrone
- 12 Esslöffel Olivenöl
- Salz, Pfeffer aus der Mühle, 1 Knoblauchzehe

Die in Scheiben geschnittenen Tomaten mit dem ebenfalls in Scheiben geschnittenen Mozzarella abwechselnd auf einer Platte schichten. Die Hälfte der Basilikumblätter fein hacken und mit Olivenöl, Knoblauch, Salz und Pfeffer zu einer Vinaigrette verarbeiten. Die Vinaigrette über die Tomaten und Mozzarella träufeln und das Ganze mit den restlichen Basilikumblättern garnieren.

Abb. 12.5: Das Auge isst mit. Alte Menschen lassen sich auch gern durch kulinarische Genüsse anregen. [J660]

Dazu: Gebackene Ciabattabrötchen.

Makkaroni für 4 Personen
- 400 g kurze Makkaroni
- Salz
- 400 g junge Zucchini
- 6 Strauchtomaten
- 300 g gekochten Schinken
- ½ Chilischote
- 5 Esslöffel Olivenöl
- 2 Knoblauchzehen

Makkaroni im Salzwasser garen. Zucchini in Stifte schneiden, Tomaten enthäuten und würfeln, Chilischote in winzige Würfel schneiden, Knoblauch pressen. Zucchini in Öl bräunen und herausnehmen. Tomaten, Knoblauch und Chili in Öl dünsten und 10 Minuten schmoren lassen, Schinken hinzugeben, kurz weiterschmoren lassen; zum Schluss Zucchini und Makkaroni hinzugeben.

Tiramisu für 4 Personen
- 4 Eier (trennen)
- 60 g Zucker
- 300 g Mascarpone
- 1 cl Rum, 2 cl Amaretto
- ½ Tasse kalter, starker Kaffee
- 16 Löffelbiskuits
- Kakaopulver

Eigelb mit Zucker schaumig rühren und Mascarpone langsam unterrühren. Steifgeschlagenes Eiweiß unterheben und Rum dazugeben. Boden einer Form mit zerstückeltem Löffelbiskuit auslegen, mit Kaffee und Amaretto beträufeln und die Mascarponemasse darüber geben, abwechselnd schichten. Oberfläche glatt streichen und mit Kakao bestäuben.

12.2.2 Backen

Backen war schon immer – im Gegensatz zur täglichen Pflicht des Kochens – etwas Besonderes. Backen weckt andere Erinnerungen als das Kochen. Meistens erzählen die Teilnehmer begeistert von Sonntagskuchen, Weihnachts- und Osterbäckereien oder den besonderen Geburtstagstorten. Allein der Geruch von Gebackenem löst bei den meisten Menschen positive Erinnerungen aus. Backen ist somit wichtiger Bestandteil von Erinnerungs- und Wahrnehmungsförderung, besonders bei Menschen mit Demenz (☞ 5.1.3.)

> **Fallbeispiel**
>
> In einer Erinnerungsrunde zum Thema Backen stellen alle Teilnehmer ihren Lieblingskuchen vor. Herr Süß schwärmt: „Mein Lieblingskuchen ist Erdbeertorte. Jedes Jahr Anfang Juni hat meine Frau die erste Torte mit unseren eigenen Erdbeeren gemacht. Damit war für die ganze Familie klar, dass der Sommer endlich vor der Tür steht." So nach und nach erzählen alle Teilnehmer über ihre Lieblingskuchen: Donauwelle, Marmorkuchen, Eierscheke, Streuselkuchen und Apfelkuchen werden genannt. Unter den Frauen werden daraufhin sofort die ersten Rezepte ausgetauscht.

Planung und Organisation

Erfahrungsgemäß nehmen hauptsächlich Frauen am gemeinsamen Backen teil, aber auch interessierte Männer sollten in einer Backrunde aufgenommen werden (☞ Abb. 12.6). Auch desorientierte Menschen lassen sich integrieren, weil sich der Herstellungsvorgang gut in einzelne, den Fähigkeiten entsprechende Arbeitsschritte aufteilen lässt. Backen ist eine sinnvolle und produktive Tätigkeit, die bei guter Vorbereitung zu einem schnellen Erfolg führt.

12 Familien- und hausarbeitsorientierte Beschäftigungsangebote

Abb. 12.6: Manchmal sind auch Männer mit Freude beim Backen dabei. [K157]

Bei der Planung ist zu beachten:
- Angebot für eine **Kleingruppe** von ca. 3 bis maximal 6 Teilnehmer
- Eine der Gruppe angemessene **Zeitplanung** machen. Bei Teilnehmern mit Einschränkungen eine Gesamtarbeitszeit von ca. 45–90 Minuten einkalkulieren
- Bekannte und **einfache Rezepte** aussuchen, z.B. Rührkuchen, Waffeln, Apfelkuchen, die keine Unterbrechungen durch Kühlung oder lange Geh- und Ruhezeiten benötigen. Keine Rezepte mit harten Krusten oder harten Zutaten wie gehackten Mandeln, Nüssen, Trockenobst – wegen Kauproblemen – verwenden. Für Diabetiker auch Diätrezepte ausprobieren
- Rezepte und Arbeitsschritte vorher besprechen. Gemeinsame **Liste von Zutaten** aufschreiben
- Genaue Absprache betreffs **Bestellung und Einkauf:** Besteht die Möglichkeit, mit einem Teilnehmer die Zutaten einzukaufen? Können die Zutaten in der Großküche bei einer Altenhilfeeinrichtung bestellt werden? Finanzierung?
- **Zeitliche Absprachen** und den Arbeitsablauf mit anderen Arbeitsbereichen absprechen, z.B.

Pflege und Hauswirtschaft einer stationären Einrichtung
- **Vorbereitung aller Zutaten** auf dem Arbeitstisch oder auf Tabletts, evtl. schon vorheriges Abwiegen und Aufteilen von Zutaten (je nach Gruppe)
- Butter und Margarine rechtzeitig warm stellen
- Gemeinsame Mahlzeit am nächsten Tag planen.

> In der Anfangszeit nur einen oder zwei Kuchen von der gleichen Sorte herstellen. Bei erfahreneren Gruppen kann auch gleichzeitig an verschiedenen Backwaren gearbeitet werden.

Praxisvorschläge

Die Auswahl der Rezepte hängt ab
- vom Schwierigkeitsgrad der Herstellung
- von den Möglichkeiten der Backgruppe
- den Fähigkeiten der Backenden und
- den Wünschen der Teilnehmer.

Waffeln backen

Ein leichter Einstieg in das Backen sind selbst gemachte Waffeln. Mit dem Waffeleisen lassen sich einfache, sehr schmackhafte Ergebnisse erzielen. Ein Waffelnachmittag lässt sich in Wohnbereichen, Wohnküchen, Tagespflegen oder in einer Begegnungsstätte problemlos organisieren.

> ⚠ Beim Umgang mit dem Waffeleisen folgende **Vorsichtsmaßnahmen** treffen:
> - Nur technisch einwandfreie Geräte mit Stufenthermostat und mit intakten Kabeln verwenden
> - Waffeleisen auf eine hitzebeständige Unterlage (Tablett) stellen
> - Umsichtig mit dem Waffeleisen umgehen
> - Demenzkranke das Waffeleisen nicht bedienen lassen
> - Waffeleisen nicht in die Nähe von Rauchmeldern stellen.

Einfache Waffeln für 4 Personen
- 250 g weiche Butter
- 100 g Zucker
- 1 Päckchen Vanillezucker

12.2 · Angebote rund um „Haus und Hof"

Abb. 12.7: Frische Waffeln mit Puderzucker sind ein unwiderstehlicher Genuss [K157]

- 4 Eier (getrennt)
- 125 g Weizenmehl
- 125 g Gustin
- 2 gestrichene Teelöffel Backpulver
- ¼ l Sahne

Das gesiebte Weizenmehl mit Gustin und Backpulver vermischen. Butter schaumig rühren, dabei Zucker, Vanillezucker, Eigelb und die Mehlmischung zugeben. Die Sahne unterrühren, bis ein glatter Teig entsteht. Die 4 Eiweiß steif schlagen und unter den Teig heben.

Das Waffeleisen einfetten – wenn es nicht beschichtet ist – und die Waffeln backen.

Dazu: Rote Grütze, heiße Kirschen, geschlagene Sahne, Puderzucker oder einfach Marmelade.

> Viele alte Menschen schlagen Sahne lieber mit einem Handrührgerät als mit einem elektrischen Mixer steif.

Vollkornwaffeln für 7 Personen

Eine Alternative sind Vollkornwaffeln, die nach Belieben süß oder kräftig zubereitet werden:
- 400 g gesiebtes Vollkornmehl
- ½ Päckchen Trockenhefe
- 2 Eier
- 1 Messerspitze Salz
- 500 l Flüssigkeit (1/2 heißes Wasser, ½ warme Milch)

Hefe, Milch, Eier kräftig durchschlagen, Wasser hinzufügen und Mehl langsam dazugeben. Den Teig wie gewohnt in ein Waffeleisen geben und backen.

Abb. 12.8: Kuchenbacken stärkt das Selbstwert- und Verantwortungsgefühl von alten Frauen – besonders, wenn für andere gebacken werden kann. [K157]

Nach Geschmack mit 150 g Zucker und Vanillezucker süßen oder mit Hefeflocken, Pfeffer aus der Mühle, Kräutern, Zwiebeln oder Schwarzkümmel würzen.

Bretonischer Apfelkuchen

Ein Apfelkuchen mit einem Rührteig ist leicht herzustellen. Die verschiedenen Arbeitsabläufe lassen sich gut auf mehrere Teilnehmer verteilen:
- 150 g sehr weiche Butter
- 4 Eier
- 150 g Zucker
- 2 Päckchen Vanillezucker
- 1 Prise Salz
- 1 Päckchen Backpulver
- 150 g Mehl
- 500–600 g Äpfel
- Butter zum Einfetten
- Puderzucker zum Bestreuen

Äpfel schälen und in dünne Scheiben schneiden. Eier, Zucker, Vanillezucker und Salz schaumig rühren. Weiche Butter, Backpulver und Mehl unterheben. Zuletzt Apfelscheibchen dazufügen. Eine Springform einfetten und den Teig einfüllen. Backen auf unterster Schiene bei 200 °C ca. 50 Minuten.

Häufige Kontrolle: Wenn die Oberfläche zu braun wird, mit Alufolie abdecken.

Den fertigen Kuchen mit Puderzucker bestreuen.

> Beim Backen können die vorhandenen Ressourcen genutzt werden: Gespräche über Äpfel, Backtipps, Küchengeräte, Apfelkuchenrezepte bieten Austausch und Gesprächsstoff (☞ Abb. 12.8).

Rote Grütze

Eine einfache Zugabe für Waffeln oder andere Backwaren ist die Rote Grütze, die viele von früher noch kennen. Ein besonderes Erlebnis – vielleicht ist sogar ein gemeinsamer Einkauf auf dem Markt möglich – ist das gemeinsame Herstellen einer Grütze nach altbekannten Rezepten oder nach einem vorgegebenen Rezept.

Zutaten
- 300 g rote Johannisbeeren
- 250 g Himbeeren
- 300 g andere Beeren (Erdbeeren, schwarze Johannisbeeren)
- ½ l roter Saft
- ½ l Wasser
- 120 g Zucker
- 1 Päckchen Vanillezucker
- 100 g Speisestärke oder Sago

Früchte verlesen, säubern, waschen und mit ½ l Wasser dünsten, anschließend passieren. Speisestärke in Saft anrühren und zum Kochen bringen. Beerenpüree unterheben, alles in eine Glasschüssel füllen und kaltstellen. Mit Vanillesoße oder Vanilleeis servieren.

> **Fallbeispiel**
>
> Im Sommer hat sich die Backgruppe einer Pflegeeinrichtung entschieden, keinen Kuchen zu backen, sondern etwas Leichtes, Sommerliches zu kreieren. Die Betreuerin schlägt die Zubereitung von Roter Grütze vor, die man dann zu frisch gebackenen Waffeln servieren kann. Das Rote-Grütze-Kochen wird ein voller Erfolg, denn bei den Teilnehmern werden viele Erinnerungen wach. Es werden zahlreiche Einkoch- und Marmeladenrezepte ausgetauscht. Nach diesem schönen Nachmittag werden viele neue Ideen gesammelt und Pläne für zukünftige Treffen geschmiedet.

Ganz nebenbei ist Rote Grütze nicht nur eine süße Leckerei, sondern wegen ihrer vielen Früchte auch noch gesund.

12.2.3 Andere Hausarbeiten

Neben dem Backen und Kochen können gerade für Menschen mit Demenz in Wohngruppen auch leichte hausarbeitsnahe Tätigkeiten, deren Abläufe von früher bekannt sind, angeboten werden (☞ 5.1.3). Solche Arbeiten haben therapeutischen Wert, weil sie das Selbstwertgefühl stützen und Orientierungshilfen bieten.

Geschirr reinigen

Das Abwaschen und Abtrocknen von Geschirr ist eine altbekannte Tätigkeit und verschafft vielen alten Menschen das Gefühl, etwas Sinnvolles zu tun. Besonders Frauen fühlen sich in ihrer Rolle als Hausfrau, die etwas Nützliches tut und gebraucht wird, angesprochen.

Je nach Möglichkeiten der Einrichtung und der zu Betreuenden kann wenig Geschirr im Spülbecken oder in einer vorbereiteten Schüssel abgewaschen werden. Wenn die Mobilität sehr eingeschränkt und das Stehen am Spülbecken nicht mehr möglich ist, kann das Geschirr auch im Sitzen abgewaschen und abgetrocknet werden. Je nach Fähigkeiten des alten Menschen wird das Geschirr vorsortiert. Die Arbeitsabläufe werden durch die pädagogische Begleitung gelenkt.

> **!** Manchmal haben Angehörige für hausarbeitsnahe Tätigkeiten kein Verständnis: „Jetzt soll die Mutter hier auch noch arbeiten..." Dann ist es wichtig, in der Rolle als Fachperson zu reagieren und Angehörigen zu erklären, dass diese Tätigkeiten therapeutisch eingesetzt werden und eine Orientierungshilfe sind. Eine Brücke lässt sich bauen, indem die Angehörigen z. B. gefragt werden, welche Tätigkeiten der alte Mensch früher besonders gern durchgeführt oder welche abgelehnt wurden.

Tisch eindecken und abräumen

Das Tischeindecken wird von vielen alten Menschen als eine schöne Tätigkeit erlebt, die die Freude auf eine gemeinsame Mahlzeit zum Ausdruck bringt. In Wohngruppen und -gemeinschaften wird diese Aufgabe therapeutisch eingesetzt, weil sie ein Stück Alltagsnormalität ausdrückt. Gemeinsame Vorbereitung des Tisches und auch das Abräumen fördern zudem Gemeinschaftssinn und das Erleben in einer familienähnlichen Gruppe.

> 🌱 Hausarbeitsnahe Tätigkeiten werden nur von den Menschen ausgeführt, die es gern und freiwillig machen. Manche alte Menschen setzen sich auch lieber an einen gedeckten Tisch und möchten sich bedienen lassen. Dieses Bedürfnis ernst nehmen und respektieren. Nicht allen Frauen automatisch „Hausarbeit" als Therapie „verordnen".

Wäschepflege

Die Wäschepflege in Altenhilfeeinrichtungen ist in der Regel zentralisiert. Trotzdem können für Menschen mit Demenz Wäschepflegetätigkeiten angeboten werden. Für viele demenzkranke Frauen wird die Versorgung von Wäsche als eine zutiefst zufriedenstellende Tätigkeit erlebt.

Es können einfache und kleine Wäschestücke, z. B. kleine Handtücher, Waschlappen, Deckchen, Geschirrtücher mit einem leichten Bügeleisen (es eignet sich auch ein kleines Reisebügeleisen) gebügelt werden. Dabei ist darauf zu achten, dass sich niemand verbrennt. Das Bügeleisen sollte durch eine Fachperson oder Hausmeister so manipuliert werden, dass nur die kleinste Stufe einzustellen ist.

Eine andere Beschäftigungsmöglichkeit ist es, einfache Wäschestücke zusammenlegen zu lassen. Das Zusammenlegen und Stapeln wird häufig als sehr produktive Tätigkeit erlebt.

> 🌱 Auch Schwerstdemenzkranke lassen sich in Wäschepflegeaufgaben gut einbeziehen. Je nach Fähigkeiten können kleine Wäscheteile gelegt oder einfach irgendwie gefaltet werden. Es kommt dabei nicht auf das Ergebnis an, sondern auf das Tun. Manche Schwerkranke berühren auch einfach nur gerne Stoff- und Wäscheteile.

Näharbeiten

Näharbeiten erfordern feinmotorische Fähigkeiten und gutes Sehvermögen und sind deswegen nicht ganz einfach auszuführen. Vielleicht lässt sich eine Gruppe von Frauen finden, die sich zu Näharbeiten motivieren lässt. Geeignet ist z.B. eine Sitzgruppe eines Wohnbereiches. Für dieses Angebot wird ein altes Nähkästchen mit den notwendigen Utensilien ausgestattet. Als Anregung können die Nähmaterialien auf dem Tisch ausgebreitet und löchrige Socken oder Flicken dazugelegt werden, die zum spontanen „Reparieren" einladen. Für feinmotorisch geschickte Frauen können Knöpfe zum Annähen oder auch andere kleine Näharbeiten bereitgelegt werden.

Abb. 12.9: Ein Nähkästchen ist eine kleine Schatzkiste für Erinnerungen. [M283]

> ☑ Alte Menschen, die aufgrund ihrer Einschränkungen keine Näharbeiten mehr ausführen können, befühlen und betrachten trotzdem häufig gern die ausliegenden Nähmaterialien und das Nähkästchen. Ein Nähkästchen kann auch für eine 10-Minuten-Aktivierung eingesetzt werden (☞ 10.5.12, Abb. 12.9).

Weitere familien- und hausarbeitsnahe Tätigkeiten

Mit Kenntnissen über die Biografie des alten Menschen lassen sich noch weitere hauswirtschaftsnahe Tätigkeiten finden, z. B.
- Blumenpflege
- Trocknen von Kräutern
- Nähen eines Kräuterkissens
- Herstellung von Kräuterlikören
- Trocknen von Früchten
- Tierpflege (☞ Kap. 14.2.1)
- Handarbeiten und Dekorationsarbeiten (☞ Kap. 11)
- Handwerkliche Tätigkeiten (☞ Kap. 11)

12.2.4 Gärtnern

Gärten und grüne Außenanlagen von Altenhilfeeinrichtungen haben eine positive Auswirkung auf die Lebensqualität. Viele alte Menschen wünschen sich etwas Grün in ihrem Lebensumfeld und möchten die Vorteile eines Gartens genießen.

Aber nur wenige Altenhilfeeinrichtungen haben bisher Gartenkonzepte für pflegebedürftige Menschen. Bei neu konzipierten Häusern wird das Bedürfnis nach der grünen Oase aber immer häufiger berücksichtigt.

Für Bewohner von stationären oder auch Besucher von teilstationären Einrichtungen haben Gärten eine besondere Bedeutung, weil der Aktionsradius der Betreuten meist sehr eingeschränkt ist. Ein Garten kann passiv und aktiv genutzt werden und bietet einen Ausgleich zu den zumeist reduzierten und naturfernen Lebenssituationen.

> ☑ Die Lebensqualität wird bedeutend verbessert, wenn alte Menschen, auch mit Einschränkungen, einen Garten (möglichst selbstständig) aufsuchen und darin „werkeln" oder einfach nur verweilen können.

Abb. 12.10: Dieser Garten lädt zum Naschen ein. [K157]

Gartentherapie

Gärtnern ist mehr als Spazierengehen im Grünen oder Unkraut zupfen. Neben gemeinschaftlichen Tätigkeiten und einer sinnvollen Beschäftigung werden die Kompetenzen gestärkt und die Sinne angeregt. Insgesamt verbessern sich dadurch die Befindlichkeit und die Lebensqualität. Für pflegebedürftige und demenziell erkrankte alte Menschen verläuft der Alltag in Altenhilfeeinrichtungen häufig mit wenig Naturnähe. Ein Garten bietet hier Ausgleich und schafft eine jahreszeitliche Orientierung. Gartentherapie fördert die Wahrnehmung über alle Sinne.

- **Sehen:** durch jahreszeitliche Bepflanzungen, unterschiedliche Farben, Blickfänge, abwechslungsreiche Blüten und Pflanzenformen
- **Hören:** Wind, Blätterrauschen, Rascheln, Knistern und anderen Geräuschen von Pflanzen, Vogelstimmen
- **Riechen:** Duftpflanzen wie Minze, Kamille, Rosen, Lavendel und andere angenehm riechende Kräutern und Blumen
- **Fühlen:** Anfassen und berühren unterschiedlicher Pflanzen wie Gräser mit weichen Blütenständen oder die eher nadelförmigen Blätter vom Rosmarin
- **Schmecken:** Probieren von selbst angebautem Obst und Gemüse (☞ Abb. 12.10). Aber Vorsicht, Obst und Gemüse müssen wegen der Gefahr des Fuchsbandwurms immer abgewaschen werden.

Außerdem
- befriedigt ein Garten das **Bedürfnis nach Rückzug und Ruhe** in einer sinnlich anregenden Umgebung
- aktiviert ein Garten das **Langzeitgedächtnis** durch altvertraute Tätigkeiten wie Umtopfen von Pflanzen und stärkt **Kompetenzen**, z.B. das Wissen um die Anwendung von Heilkräutern oder um das Anlegen von Beeten
- fördert ein Garten die **Kommunikation:** Austausch von Gartenerfahrungen und -eindrücken oder einfach, weil der Garten ein Treffpunkt ist.

Möglichkeiten von Gartenarbeiten

Je nach Gegebenheiten einer Altenhilfeeinrichtung können für alte und auch pflegebedürftige Menschen unterschiedliche Angebote gemacht werden:
- Pflegearbeiten in einem bereits bestehenden Garten, z.B. Kehren, Blätter rechen oder direkt an Beeten arbeiten
- Blumen und Pflanzen gießen
- Bepflanzung und Pflege eines Hochbeetes, z.B. mit Radieschen, Zucchini, Zwiebeln, Ringelblumen, Tagetes
- Bepflanzung und Pflege eines Duft- und Kräuterhochbeetes, z.B. mit Minze, Lavendel, Thymian, Petersilie, Schnittlauch
- Arbeiten im Gewächshaus wie Säen, Pflanzen verziehen, Umtopfen (☞ Abb. 12.11)
- Anlegen eines kleinen Kräutergartens in Blumentöpfen oder -kästen
- Blumen- oder Staudenkübel auf der Terrasse anlegen, eine Person ist für einen Kübel zuständig
- Anlegen eines kleinen Bauerngartens.

12.2 Angebote rund um „Haus und Hof"

Abb. 12.11: Vielen alten Menschen ist Gartenarbeit vertraut. Auch bei Demenzkranken kann an dieses Wissen angeknüpft werden, z. B. beim Umtopfen von Pflanzen. [K157]

> An Pflanztischen oder Hochbeeten können auch bewegungseingeschränkte Menschen oder Rollstuhlbenutzer problemlos sitzen und mitmachen.

Bauerngarten

Ein Bauerngarten kann ein kleines Landstück sein, das durch Abgrenzungen in verschiedene Beete und Wege eingeteilt wird. Traditionell wird ein Stück durch einen Kreuzweg durchzogen, dadurch entstehen verschiedene Beete und in der Mitte ein Rondell. Die einzelnen Beete können durch Buchsbaumbepflanzung oder durch eingeschlagene Holzpfähle voneinander abgegrenzt werden. Die Beete werden mit Nutzpflanzen wie Gemüse, Kräutern und Heilpflanzen, Blumen und Bauernstauden bepflanzt. In einem Bauerngarten kann viel durcheinander wachsen und braucht nicht akribisch gepflegt werden. Die Beete sollten durch sichere Wege – gepflastert oder mit Rindenmulch ausgelegt – gut erreichbar sein. In einem Bauerngarten kann auch ein fest umgrenztes Hochbeet angelegt werden, das von Rollstuhlbenutzern und sitzenden Personen erreicht werden kann.

> ☑ Für einen langfristig angelegten Bauerngarten bedarf es einer finanziellen Planung und einer guten Projektplanung mit professioneller Begleitung. Beratung durch einen Gartenarchitekten oder Gärtner ist sinnvoll. Bei geringen finanziellen Ressourcen kann ein Projekt auch mit ehrenamtlichen Helfern, dem ortsansässigem Gartenverein oder dem Landfrauenverein geplant werden.

Pflanzen für einen Bauerngarten		
Gemüse und Salat	**Kräuter**	**Blumen**
Möhren	Schnittlauch	Kapuzinerkresse
Sellerie	Petersilie	Malven
Porree	Dill	Rosen und Pfingstrosen
Zwiebeln	Liebstöckel	Stockrosen
Radieschen	Bohnenkraut	Sonnenblumen
Zucchini und Kürbis	Thymian	Ringelblumen
Gurken	Kresse	Phlox
Rettich	Sauerampfer	Löwenmäulchen
Schnittsalat	Rosmarin	Vergissmeinnicht
Feldsalat	Minze	Lavendel
Rote Beete	Melisse	Astern

Tab. 12.12: Pflanzen für einen Bauerngarten.

Sinnesgarten

Für Personen mit krankheitsbedingten Einschränkungen und vor allen Dingen für Menschen mit Demenz werden unter Berücksichtigung der besonderen Bedürfnisse Altengärten oder Sinnesgärten angelegt. Solche Gartenanlagen nehmen Rücksicht auf die besonderen Bedürfnisse von desorientierten Menschen und haben einen beschützenden Charakter. Sie helfen, Ängste und Unsicherheiten abzubauen, bieten Geborgenheit und Nischen zum Rückzug und Entspannen. Einige Grundsätze sind:

- Sichere Umgrenzung durch dichte Bepflanzung, Mauerwerk oder Zäune
- Eingefriedete Gartenlandschaft, keine sichtbaren Tore oder direkten Öffnungen, weil Demenzerkrankte dann versuchen hinauszugehen
- Barrierefreier Zugang zum Garten, damit der Garten schwellenfrei und selbstständig vom alten Menschen betreten werden kann
- Feste und trittsichere Wege, z. B. durch gepflasterte Flächen
- Breite Wege für Rollstuhlbenutzer
- Wegesystem, das als Endlosschleife angelegt wird, damit desorientierte Menschen immer

Abb. 12.13: Ein altersgerechter Garten einer stationären Altenhilfeeinrichtung erhöht die Lebensqualität der Bewohner. [K157]

wieder an einem Ausgangspunkt ankommen, den sie vielleicht wieder erkennen
- Sonnengeschützte Plätze und Nischen zum Verweilen mit Pergola oder eine Laube mit rankenden Rosen oder Clematis
- Brunnen- und kleine Wasseranlage
- Duftecken und Duftbänke mit besonders stark duftenden Pflanzen
- Bekannte Pflanzen
- Natürliche Hausgartenatmosphäre mit Gewürz-, Nutz- und Zierpflanzen, die eine jahreszeitliche Orientierung unterstützen.

☑ Die Gestaltung eines Gartens für alte und pflegebedürftige Menschen kann durch einen erfahrenen Gartenarchitekten geplant werden. Das Kuratorium Deutsche Altershilfe (KDA) in Köln gibt Planungshilfen:

Kuratorium Deutscher Altershilfe

An der Pauluskirche 3

50677 Köln

www.kda.de

Kräutergarten für die Fensterbank

Wenn Gärtnern draußen, im Gewächshaus oder auf Terrasse und Balkon nicht möglich ist, kann als kleine Alternative ein Kräutergarten auf der Fensterbank angelegt werden. Die meisten alten Menschen kennen die Verwendung von Kräutern und Heilpflanzen aus den Kriegs- und Nachkriegszeiten und können an diesem Erfahrungsschatz anknüpfen. Das Anlegen, Pflegen und Ernten ist eine sinnstiftende Tätigkeit und bereitet viel Freude.

Vorbereitung
- Interesse wecken und Teilnehmer für den Fensterkräutergarten gewinnen
- Gemeinsame Planung mit den Teilnehmern
- Aufstellung einer Materialliste

Material: Flache Schalen oder Anzuchtgefäße, Anzuchterde, durchsichtige Frischhaltefolie, kleines Gießgefäß, Samen von Kräutern, z. B. Kresse, Petersilie, Schnittlauch, Basilikum Zitronenmelisse, Melisse, Minze, Estragon; für Auspflanzungen Terrakotta-Kräuterkästen oder kleine Blumentöpfe, Blumenerde, Setzlinge von Kräutern, z. B. Dill, Melisse, Bohnenkraut, Thymian, Rosmarin.

Durchführung
- Materialien auf einem mit einer Unterlage geschützten Tisch aufbauen
- Teilnehmer bequem am Arbeitstisch Platz nehmen lassen; evtl. Schürzen umbinden lassen
- Blumenerde in Saatkisten verteilen und das Saatgut in die gut befeuchtete Erde einbringen. Dunkelkeimer mit Erde bedecken, Lichtkeimer nur leicht andrücken und nicht bedecken
- Frischhaltefolie mit Löchern oder spezielle Saatfolie über die Saatgefäße spannen, damit die Luft feucht bleibt und die für die Keimung notwendige Temperatur entsteht
- Saatkisten mit Schildchen versehen
- Aussaat feucht halten
- Gespräche über Garten und Aussäen anregen
- Evtl. ein kleines Büchlein mit Gartentipps mit den Teilnehmern erstellen.

🌿 Die Kräuter mit den Teilnehmern verwenden, z. B. frischen Kräuterquark herstellen und verzehren, Kräutertee gemeinsam trinken, Kräuterkissen herstellen.

13 Ausflüge und Reisen

13.1 Warum, für wen, wie – das Management 298
    13.1.1   Bedeutung von Ausflügen und Reisen 298
    13.1.2   Ziele von Ausflügen und Reisen   298
    13.1.3   Zielgruppen 299
    13.1.4   Planung und Organisation 299
13.2 Tagesausflüge 299
13.3 Kurzreisen 301
13.4 Längere Reisen 302

13.1 Warum, für wen, wie – das Management

Angebote von Ausflügen und Reisen hängen von der jeweiligen Zielgruppe ab: Für manche alte Menschen sind Ausflüge und Reisen etwas Gewohntes, das sie aus jungen Jahren kennen. Für andere ist es etwas Neues, das auch mit Ängsten und Befürchtungen verbunden ist. Ob es nun ein Tagesausflug mit Bewohnern einer Altenpflegeeinrichtung ist, eine Kurzreise mit Gästen einer Tagespflege in die nähere Umgebung oder eine kleine Busreise für die Senioren eines Altenclubs – gelungene Reisen und Ausflüge sind immer Höhepunkte im Alltag und bieten über eine längere Zeit Erzählstoff und Erinnerungsmöglichkeiten.

> ☑ Reisen macht Freude – und Freude ist die beste Medizin.

13.1.1 Bedeutung von Ausflügen und Reisen

Ausflüge und Reisen erfüllen einen Bildungsauftrag und bieten den älteren Menschen Abwechslung vom Alltag und Anregungen in Gesellschaft. Sie sind immer etwas Besonderes. Die Generation der „jungen Alten" ist dafür bekannt, dass sie gerne und viel verreist. Darauf haben sich die großen Reiseanbieter längst eingestellt.

Doch auch viele sehr alte Menschen würden gern reisen oder Ausflüge unternehmen, sehen sich aber aufgrund von altersbedingten Einschränkungen unüberwindbaren Schwierigkeiten gegenüber. Bei seniorengerechten Unternehmungen ist es daher wichtig, die körperlichen, gesundheitlichen und altersbedingten Einschränkungen zu berücksichtigen und auf die Bedürfnisse der Zielgruppe zu achten.

> ☑ Täglich werden Bilder und Erzählungen aus anderen Ländern, Kulturen und Regionen übermittelt. Auch für den alten Menschen ist es eine bereichernde Erfahrung, anderes kennen zu lernen und neue Impulse zu erhalten – sei es auch nur durch einen kleinen Ausflug. Reiselust und Fernweh sind nicht nur ein Privileg der Jugend.

Abb. 13.1: Erholung beim Badeurlaub ist auch im hohen Alter möglich.
Mit freundlicher Genehmigung von Daniel Krälls (www.dk-photography.com) [K124]

13.1.2 Ziele von Ausflügen und Reisen

Die Ziele von Ausflügen und Reisen unterscheiden sich nach den Zielgruppen. Für die pflegebedürftigen Bewohner einer stationären Altenpflegeeinrichtung werden andere Ziele angestrebt als z. B. für nur geringfügig eingeschränkte Altenclubmitglieder. Zu den grundsätzlichen Zielen für alle Zielgruppen gehören:

- Abwechslung vom Alltagsleben
- Erleben von neuen Erfahrungen
- Erleben von Höhepunkten
- Anregungen durch neue Impulse
- Kulturelles Erleben
- Erholung und Entspannung
- Förderung von Kontakt- und Kommunikation
- Förderung von Gesellschaft und „Wir-Gefühl"
- Positives Erleben
- Verbesserung der Lebensqualität
- Erinnerungsschatz durch Erlebnisse

> ☑ Bei alten Menschen besteht häufig entweder der Wunsch, ein schon aus früheren Zeiten bekanntes Urlaubsziel wiederzusehen oder aber noch einmal im Leben etwas Neues zu erleben.

> **Fallbeispiel**
> Die 74-jährige Frau Schmiedgen blickt beim Erzählen gedankenverloren in die Ferne: „Noch einmal das Meer sehen, das wäre toll …"

13.1.3 Zielgruppen

Seniorengerechte Ausflugs- und Reiseangebote richten sich an ein breites Spektrum von Zielgruppen, zu denen die reisefreudigen jungen Alten (ab 60 Jahre) genauso gehören wie alte und hochbetagte Menschen.

> **Seniorenreisen:** Reise- und Ausflugsangebote für ältere Menschen (in der Regel werden hierunter die ab 60-Jährigen verstanden), die spezielle seniorengerechte Leistungen beinhalten wie z. B. Unterkunft, Verpflegung, Programm, Service, Reiseleitung, Transfer und weitere auf die Zielgruppe zugeschnittene Angebote.

Es gibt eine große Auswahl an speziellen Reiseangeboten für Senioren, z. B.
- einwöchige Busreisen für Teilnehmer ab 60
- Busausflug mit Bewohnern einer Altenpflegeeinrichtung
- Ausflüge und Reisen mit hilfe- und pflegebedürftigen alten Menschen
- Ausflüge und Reisen für Behinderte, z. B. Rollstuhlbenutzer.

> **!** Nur durch eine auf die Zielgruppe abgestimmte Planung und Organisation kann ein Ausflug oder eine Reise zu einer gelungenen Unternehmung werden. Deshalb ist es wichtig, die gesundheitlichen Voraussetzungen, Einschränkungen und die Leistungsfähigkeit von Reise- und Ausflugsteilnehmern zu kennen.

13.1.4 Planung und Organisation

Um die Fähigkeiten und Einschränkungen und die damit womöglich verbundenen Probleme richtig einschätzen zu können, sollte die Planung von einem professionellen Mitarbeiter durchgeführt werden, z. B. von einem Sozialpädagogen, einem Altenpfleger oder einem Altentherapeuten (☞ 3.1). Hilfreich für die Vorbereitungen ist eine Checkliste (☞ Tab. 13.2).

> ✓ Das Gelingen eines Ausflugs oder einer Reise hängt entscheidend von einer rechtzeitigen und gründlichen Planung ab.

> **!** Ein Reise- und Ausflugsziel sollte möglichst vom Koordinator vorher besichtigt werden. Ausflugsorte, die sich als senioren- und behindertengerecht bezeichnen, sind trotzdem nicht immer für die Zielgruppe geeignet. Der Begriff „seniorengerecht" ist kein eindeutig definierter Begriff.

13.2 Tagesausflüge

Tagesausflüge werden von teilstationären Einrichtungen wie Tagespflege, von ambulanten Diensten oder auch stationären Einrichtungen angeboten. Zielgruppe sind dann eher hilfe- und pflegebedürftige Menschen, auf deren Möglichkeiten und Bedürfnisse besondere Rücksicht genommen werden muss. Auch Altenzentren, Kommunen, Altenclubs und Kirchengemeinden bieten seniorengerechte Ausflüge an. Zielgruppe sind dann die aktiven jungen Alten.

Vorschläge für Tages- oder Halbtagesausflüge
- Theater- und Museumsfahrten
- Besuch von anderen kulturellen Veranstaltungen
- Besichtigung von Sehenswürdigkeiten
- Ausflüge zu benachbarten Orten und Städten mit Stadtbummel (☞ Abb. 13.3)
- Besuch eines Landgasthauses in der Region
- Besuch von Patenschaftsalteneinrichtung oder Altenpflegeeinrichtung in benachbarten Orten mit gemeinsamem Kaffee trinken der Bewohner
- Dampfer- und Schifffahrten auf Flüssen und Seen der Region
- Ausflug in die Region mit einem Mittagessen.

Halbtagesausflug einer stationären Altenhilfeeinrichtung – ein Beispiel

Der jährliche frühsommerliche Busausflug einer stationären Altenpflegeeinrichtung wird von der Altenhilfeeinrichtung finanziert und findet für gehfähige und leicht hilfebedürftige Personen statt. Eine nicht zu lange Busrundfahrt in der Region belebt Erinnerungen, und ein gemütliches Kaffeetrinken in einer schönen Landgaststätte bildet bei musikalischer Begleitung eines Akkordeonspielers den Tageshöhepunkt. Wer will, kann in Begleitung noch durch den großen blühenden

Checkliste
Für welche Zielgruppe ist die Reiseunternehmung geplant?
Welche Einschränkungen, Fähigkeiten und Ressourcen bestehen bei den Teilnehmern?
Welche Reiseziele stehen zur Auswahl?
Ist das Reiseziel attraktiv für die Teilnehmer, und ist es senioren- und behindertengerecht?
Wie sind die Unterbringungsmöglichkeiten? Gibt es behindertengerechte Sanitäranlagen? Sind die Gehwege sicher? Sind die Unterbringung und die Umgebung für Rollstühle und Rollatoren geeignet?
Können behinderte Personen gut integriert werden?
Welche personelle Begleitung ist notwendig (professionelle Begleitung durch Fachpersonal, z.B. Sozialpädagogen, Altenpfleger, Seniorenreisebegleitungen, Ehrenamtliche und Angehörige ☞ 3.2)?
Wer übernimmt die Funktion eines Reisekoordinators, der für die gesamte Planung verantwortlich ist?
Welche Aufgaben können an wen delegiert werden?
Auf welche gesundheitlichen Einschränkungen, Mobilitätseinschränkungen, Diäten, Medikamentenverabreichung, muss Rücksicht genommen werden? Gibt es einen Diabetikerservice?
Wer kann fachliche Hilfe bei gesundheitlichen Zwischenfällen leisten (Pflegekräfte, Notfallärzte, Hintergrunddienste von Ärzten)?
Dauermedikamente, Bedarfsmedikation und Notfallmedikation, ebenso RR-Gerät, Blutzuckertest und alle persönlichen Hilfsmittel (Inkontinenzversorgungsmaterialien, Hörgeräte, Brillen, Gehunterstützungen) mitnehmen. Persönliche Hilfsmittel mit Namen kennzeichnen. Medikamente in transportsicheren Medikamentenboxen einordnen (Wochenbox). Diabetiker-, Schrittmacher- und Allergieausweise mitnehmen.
Seniorengerechten Transfer organisieren (kein Doppeldeckerbus, Bus mit breiten Einstiegsbereichen, Einstiegshilfen oder ausfahrbare Treppeneinstiege, möglichst 4-Sterne-Bus). Kleinbus für Senioren oder Behindertenbusse. Bus vorher besichtigen. Keine Nachtfahrten planen.
Kurze, der Reisegruppe angemessene Fahrtzeiten einplanen. Bei Busfahrten erfragen, ob alle Mitreisenden Bus fahren vertragen oder ob Reisekrankheit besteht (vorher mit Hausarzt abklären).
Grobe Tagesstruktur festlegen, dabei Freiräume für Spontanes lassen und ausreichende Ruhe- und Erholungspausen einplanen.
Möglichkeiten eines seniorengerechten Programms?
Finanzen abklären: Individuelle Bezahlung, Förderung durch Einrichtungsträger, Spenden, Unterstützung durch Sozialhilfeträger?
Dokumentation sichern: Bei Altenhilfeeinrichtungen das persönliche Dokumentationssystem mitnehmen, Tagebuch und Tagesplan führen; Telefonnummern von Angehörigen und Betreuern mitführen.
Rechtliche Angelegenheiten klären, z.B. Haftpflicht und Reiserücktrittsversicherungen; Haftpflicht- und Unfallversicherung für Angehörige und ehrenamtliche Helfer

Tab. 13.2: Checkliste zur Planung und Vorbereitung von Reisen und Ausflügen.

Abb. 13.3: Ein Ausflug mit Stadtbummel ist ein Höhepunkt für die Bewohner einer stationären Altenhilfeeinrichtung. [W184]

Bauerngarten gehen und Kräuter, Wildpflanzen und Zuchtpflanzen bewundern und genießen. Dazu kann aus eigener Herstellung ein selbst hergestellter Kräuterschnaps, Saft oder selbst hergestellte Marmelade probiert und gekauft werden. Der Ausflug wird vom Sozialpädagogen der Einrichtung in Zusammenarbeit mit Pflegemitarbeitern und einigen ehrenamtlichen Mitarbeitern organisiert. Dank der ehrenamtlichen Mitarbeit können viele mobilitätseingeschränkte Bewohner teilnehmen. Von dem gelungenen Ausflug schwärmen viele Bewohner noch lange Zeit danach.

> Ein Ausflug endet nicht mit der Rückkehr der Teilnehmer. Viele Eindrücke sind bleibend und werden hinterher ausgetauscht. Eine Nachbesprechung oder ein Erinnerungsnachmittag, an dem Fotos, Dias Video angeschaut werden, regen den Austausch an und sind auch als Rückmeldung für den Koordinator wichtig.

13.3 Kurzreisen

Seniorengerechte Kurzreisen werden von vielen Reiseveranstaltern angeboten und können von der Altenhilfeeinrichtung selbst organisiert werden. Oft ist es besser, eine Kurzreise mit einigen Übernachtungen selbst zu organisieren, weil dann die Reise ganz genau an den Bedürfnissen der Teilnehmer ausgerichtet werden kann.

Kurzreisen können von stationären Altenhilfeeinrichtungen, Tagespflegen, Kommunen, Gemeinden oder Altenclubs angeboten werden. Finanzierungen sind über Eigenfinanzierung, manchmal auch Spenden, Zuschüsse der Altenhilfeeinrichtung oder des Sozialhilfeträgers möglich. Für jede Reiseplanung muss vorher ein Finanzierungskonzept erarbeitet werden.

> ❗ Der Anteil der älteren Generation am Reisemarkt nimmt seit Jahren zu. Entsprechend hat sich das Angebot an seniorengerechten Reisen von Reiseveranstaltern vergrößert. Doch nicht alle Angebote sind es wert, als seniorengerecht bezeichnet zu werden. Bei Inanspruchnahme kommerzieller Angebote deswegen vorher diese genau auf die für die Zielgruppe wichtigen Kriterien prüfen.

Kurzreiseangebote

Seniorengerechte Kurzreisen mit Übernachtungen und Altenerholungen werden häufig von den Kommunen, Städten, Gemeinden, Wohlfahrtsverbänden oder Sozialverbänden zu günstigen und bezuschussten Preisen angeboten. Altenhilfeeinrichtungen können für Kleingruppen ebenfalls solche Angebote in Anspruch nehmen oder sich bei den Trägern nach senioren- und behindertengerechten Häusern erkundigen und eine Kurzreise selbst organisieren. Wichtig ist ein auf die Bedürfnisse der

Gruppe ausgerichtetes Haus, von dem aus einige seniorengerechte Unternehmungen möglich sind. Sinnvoll ist es, sich nach Bildungshäusern, Familienbildungsstätten und Feriendörfern zu erkundigen. Bildungshäuser und manche Feriendörfer sind häufig gut geeignet für Behinderte und für Gruppen und sind zudem noch preisgünstig.

> ☑ **Reiseinformationen im Internet:**
>
> www.google.de → seniorenreisen
> www.deutscherseniorenring.de
> www.travelmotion.de
> www.vdk.de
>
> **Häuser für Senioren:**
>
> www.ferienwerk.de

Kriterien zur Auswahl eines Urlaubsortes

Mit der Auswahl des Ortes und der Unterkunft steht und fällt ein Urlaub. Folgende Kriterien sind wichtig bei der Suche nach einer geeigneten Unterkunft, wenn das Haus nicht als behinderten- und seniorengerecht zertifiziert ist:
- Mit einem Bus gut erreichbares Haus
- Angenehme und schöne Umgebung des Hauses mit Sitzmöglichkeiten in der nahen Umgebung
- Behinderten- und rollstuhlgerechte Wege, Eingänge, Speise- und Sanitärräume
- Bedürfnisorientierte Zimmerausstattung (getrennte Betten in Doppelzimmern, Duschen mit barrierefreiem bzw. niedrigem Einstieg, bequeme Sitzecken)
- Gruppenräume
- Kooperationsbereitschaft von Inhabern des Urlaubshauses
- Überzeugende Serviceleistungen, z.B. Gepäckservice, Mineralwasser auf den Zimmern
- Spezielle Serviceleistungen, z.B. Diabetikerservice, Nichtraucherräume
- Auf Senioren abgestimmtes Reiseprogramm, z.B. Ruhe- und Erholungspausen, keine langen Wege, keine sehr langen Fahrten, keine Nachtfahrten, kleine kulturelle Programme
- Seniorengerechte Gruppenangebote, z.B. Seniorengymnastik, Tanz, Musik und Spiel
- Seniorengerechte Verpflegung, d.h. Halb- oder Vollpension, Möglichkeiten zu Sonderessen wie vegetarische Kost, Schonkost, Diabetesdiät, kleine Seniorenteller.

> Das Kuratorium Deutscher Altershilfe hat ein Themenheft zum Thema Reisen für Ältere erstellt, in dem Adressen, Serviceangebote und Tipps zu erfahren sind.

> ⚠ Wenn verwirrte Menschen an der Reise teilnehmen, unbedingt vorher die Kooperationsbereitschaft mit Inhabern des Hauses erfahren und über Besonderheiten bei verwirrten alten Menschen informieren.

Kurzreise einer Tagespflege – ein Beispiel

Eine Tagespflege hat mit einer Altenpflegeschule einen Kurzurlaub mit 2 Übernachtungen geplant. Drei Tage lang wurden 14 Tagespflegegäste von 12 Schülern, dem Kursleiter und 2 Pflegefachkräften in einem behindertengerechten Familiendorf im Hochtaunus betreut. Finanziert wurde das Projekt durch Spendengelder regionaler Unternehmen, der Altenpflegeschule und der Tagespflege. Für alle Beteiligten war es eine wertvolle Erfahrung mit vielen positiven Erinnerungen. Eine optimale Betreuung war durch die behindertengerechte Ausstattung des Hauses, die gute Kooperation aller Beteiligten und dem hohen Betreuungsschlüssel möglich. Die drei Hauptmahlzeiten wurden gemeinsam eingenommen, ansonsten wurde der Vor- und Nachmittag individuell in Kleingruppen gestaltet. Ein eigener Kleinbus der Tagespflege ermöglichte kleine Fahrten in die nähere Umgebung, einen Ausflug in den naheliegenden Hessenpark und eine Dampferrundfahrt. Allen war es ein unvergesslicher Aufenthalt. Ein zufriedene Teilnehmerin sagt: „So eine Reise möchte ich jetzt jedes Jahr machen." Die lange Vorbereitungszeit von über einem halben Jahr mit mehreren Angehörigentreffen und Vollversammlungen aller Beteiligten hat sich gelohnt.

13.4 Längere Reisen

Längere Reisen von mehreren Tagen bis zu 1–2 Wochen sind auch für alte, behinderte und pflegebedürftige Menschen möglich. Im Gegensatz zu Ausflügen und Kurzreisen sind längere Reisen in der Regel aber nur mit einer Eigenfinanzierung und einem kostenintensiven Personalaufwand möglich.

> Für hilfe- und pflegebedürftige alte Menschen sind Kleingruppen bis zu ca. 14 Personen geeignet. Großgruppen erschweren eine individuelle Betreuung und erschweren es, ein „Wir-Gefühl" in der Gemeinschaft zu entwickeln.

Reiseangebote für längere Reisen

Längere Reisen ermöglichen es den Teilnehmern, in aller Ruhe auszuspannen, andere Orte und Landschaften kennenzulernen, körperliche und seelische Kraftquellen zu erschließen und Gemeinschaft in einem neuen Umfeld zu erleben. Auch für pflegende Angehörige haben seniorengerechte Urlaubsreisen viele Vorteile. Viele pflegende Angehörige verzichten auf einen Urlaub, weil sie das pflegebedürftige Familienmitglied nicht allein zurücklassen wollen. Alte Menschen über Jahre ohne Unterbrechung zu pflegen, ist kräftezehrend und führt mitunter zum Burnout-Syndrom. Eine gemeinsame Reise mit Angehörigen kann diesen Teufelskreis durchbrechen.

Seniorenreisen werden inzwischen von vielen Reiseanbietern, Wohlfahrtsverbänden oder Sozialverbänden angeboten (☞ Abb. 13.5). Sie können mit Reiseunternehmen oder auch selbstständig organisiert werden. Besonders geeignet sind senioren- und behindertengerechte Feriendörfer, Familienbildungsstätten und Seniorenpensionen (Kriterien zur Auswahl eines Urlaubsortes ☞ 13.3).

Es gibt eine Vielzahl von Angeboten, z.B.
- Kur- und Erholungsreisen für Senioren und Pflegebedürftige
- Haus-zu-Haus-Reisen
- Aktiv- und Erlebnisreisen für Senioren
- Angehörigenreisen
- Reiseprogramme für Herz-Kreislauf-Patienten
- Angehörigenreisen mit Tagesbetreuung oder Kurzzeitpflege.

> ☑ Eine Alternative zu üblichen Seniorenreisen bietet der Veranstalter Med-World-Reisen in Norddeutschland an. In Zusammenarbeit mit anderen Reiseanbietern werden Reisen in europäische Ländern angeboten, die Dienstleistungen wie Gepäckservice, Seniorenbetreuung, ärztliche und pflegerische Betreuung und Sprechstunden im Hotel, beinhalten (www.med-world-reisen.de).

Abb. 13.5: Urlaub mit Pflege – einige Urlaubsanbieter haben sich schon auf diese Zielgruppe eingestellt. [K157]

13 Ausflüge und Reisen

☑ **Urlaubsinformationen**

AWO-Seniorentouristik
Klosterstraße 8–10
44135 Dortmund
www.awo-en.de

Reisen für Behinderte Touristik GmbH
Nikolaus-Otto-Str. 6
40670 Meerbusch
www.rfb-touristik.de

Reisen für Herz- und Kreislaufkranke
Deutsche Herzstiftung
Vogtstr. 50
60322 Frankfurt
www.herzstiftung.de

Reiseträume
Reisen für Menschen mit und ohne Handicap
Altkrautheimer Str. 2
74238 Krautheim
www.bsk-ev.de

Sozialtherapeutische Erlebnisreisen e.V.
Reisen für Behinderte und Senioren
Kokenstr. 5
30159 Hannover
www.Erholungshilfe.de

TUI-Touristik
Referat Behindertenreisen
Postfach 5949
30625 Hannover
www.tui.de
www.ms.gateway.de

VdK Reisedienst e.V.
Ostparkstr. 37
60385 Frankfurt
www.vdk.de

Tamam-Reisen
Am Anker 2
40668 Meerbusch
02150/919830

14 | Besondere Projekte

14.1 Warum, für wen, wie – das Management . **306**
    14.1.1 Bedeutung besonderer Projekte 306
    14.1.2 Ziele von Projekten 306
    14.1.3 Zielgruppen 306
    14.1.4 Planung und Organisation von besonderen Projekten 307

14.2 Beispiele **307**
    14.2.1 Therapeutischer Einsatz von Tieren . . . 307
    14.2.2 Aromanachmittag mit ätherischen Ölen und Heilpflanzen 311
    14.2.3 Intergeneratives Besuchsprojekt mit Grundschulkindern 317
    14.2.4 Erinnerungsausstellung in einer stationären Altenpflegeeinrichtung . . . 319

14 Besondere Projekte

14.1 Warum, für wen, wie – das Management

Besondere Projekte in Altenhilfeeinrichtungen können in stationären, teilstationären oder offenen Einrichtungen initiiert werden.

Projekte sind einmalige oder langfristige Initiativen, die neue Ideen und Entwicklungen aufnehmen oder neben Routine- und Standardangeboten etwas Besonderes anbieten. In Zeiten knapper finanzieller Ressourcen werden auch in der Altenhilfe zunehmend Projekte durch Fundraising verwirklicht und weiterentwickelt.

> **Fundraising** *(to raise funds):* Instrument oder Methoden zur Beschaffung notwendiger Mittel und Finanzen für Projekte.

> ☑ **Anregungen zur Projektplanung** mit alten Menschen in:
>
> Ruth Mamerow: Projekte mit alten Menschen (☞ Literatur)

14.1.1 Bedeutung besonderer Projekte

Projekte können vielfältige Initiativen sein, die z. B. von Ehrenamtlichen und Freiwilligen, Mitarbeitern der Einrichtung oder auch von der Betriebsleitung einer Einrichtung ausgehen.

- Einmalige Projekte dienen häufig der Anregung, bieten Abwechslung und stellen neben dem Alltag etwas Besonderes dar.
- Langfristige Projekte zielen auf Betreuungskonzepte ab, welche die Projektarbeit in ein Gesamtkonzept einbinden und langfristig „am Leben halten".

Projekte sind häufig Ausgangspunkt für Veränderungen, Neuerungen oder fortschrittliche Methoden und Konzepte. Allerdings sollte bei jedem Projektverlauf überprüft werden, ob das Projekt Bestand haben kann oder eine „Eintagsfliege" ist, die keine nachhaltigen Wirkungen erzielt.

> ☑ Oft sind es die Ideen aus dem Alltag, die ein zukunftsweisendes Projekt initiieren. Deshalb lohnt es sich, diese Ideen ernst zu nehmen und nicht sofort als unsinnig zu verwerfen. Auf diese Weise lässt sich Kreativität „trainieren".

14.1.2 Ziele von Projekten

Mit Projekten in der Altenhilfe sollen Lebensqualität, -umfeld und -bedingungen des alten Menschen verbessert werden. Projekte können

- zukunftsweisende Problemlösungen bieten
- innovative Betreuungskonzepte fördern
- Schwachstellen in der Betreuung ausgleichen
- spezielle Bedarfslücken decken
- besondere Bedürfnisse zufrieden stellen
- über Sponsoring und Fundraising finanzielle Lücken schließen.

14.1.3 Zielgruppen

Zielgruppen für Projekte sind hauptsächlich alte Menschen, die in stationären, teilstationären oder ambulanten Pflegeeinrichtungen betreut und versorgt werden, aber auch alte Menschen, die in der offenen Altenhilfe wie Gemeinden oder Altenbegegnungszentren eingebunden sind. Es lassen sich mit einzelnen Projekten allerdings auch Menschen einbeziehen, die wenig oder gar keinen Kontakt zu einer Altenpflege- oder Altenhilfeeinrichtung haben. Erste Kontakte können z. B. durch die Organisation eines Einkaufsdienstes für alte Menschen in der Gemeinde entstehen.

Auf der anderen Seite sind freiwillige und engagierte Menschen Zielgruppe, die neben den professionellen Mitarbeitern Ideen, Zeit, Engagement und Begeisterung haben, um gemeinsam für und mit alten Menschen etwas zu organisieren.

> ☑ Viele Projekte gründen sich auf Ideen und das Engagement von freiwilligen Helfern. Durch gezielte Unterstützung und Begleitung kann Freiwilligenarbeit professionell eingebunden werden (☞ 3.2.1).

14.1.4 Planung und Organisation von besonderen Projekten

Projekte entstehen häufig auf Initiative von Mitarbeitern, den alten Menschen selbst oder Anregungen von außen, z.B. von Freiwilligen oder Angehörigen. Eine Idee, ein Wunsch oder eine Vision stehen am Anfang, erfordern aber zur Verwirklichung eine gezielte und geplante Organisation.

Wichtige Planungsschritte

- Arbeitsgruppe Projektplanung zusammenstellen
- Projektleiter bestimmen
- Zeitlichen Rahmen für Arbeitsgruppe abstecken. Klärung, ob oder wie viel freie Zeit für ein Projekt eingeplant werden kann
- Ideen sammeln, z.B. mit Hilfe kreativer Methoden wie Mind Mapping (☞ Abb. 14.1)
- Bedarf und Bedürfnisse der alten Menschen eruieren, evtl. Befragung durchführen
- Für eine Idee entscheiden
- Ziele formulieren
- Konzept entwickeln und der Betriebsleitung vorstellen
- Arbeitsaufträge verteilen
- Regelmäßige Projektsitzungen, bei denen die Arbeitsaufträge überprüft und die nächsten Schritte besprochen werden
- Für das Projekt notwendigen Kontakte herstellen, z.B. zu Bürgerverein, Schule, Heimatmuseum
- Finanzierungsplan erstellen, evtl. Sponsoren und Spender werben
- Finanzierungsplan mit Betriebsleitung absprechen
- Öffentlichkeitsarbeit
- Motivation aller Beteiligten, damit das Vorhaben Realität werden kann
- Dokumentation und Verwaltung der Projektergebnisse durch Projektleitung.

> ☑ Für ein Projektvorhaben ist ein langer Atem nötig. Die Motivation der Projektteilnehmer ist eine wichtige Aufgabe der Projektleitung.

14.2 Beispiele

Im Folgenden einige Beispiele zu kleinen und etwas größeren Projektplanungen, die in Altenhilfeeinrichtungen ohne ganz großen Aufwand, aber mit viel Effektivität durchgeführt werden können. Die Beispiele sind als Anregung zu verstehen, selbst nach interessanten Projekten Ausschau zu halten und sie umzusetzen.

14.2.1 Therapeutischer Einsatz von Tieren

Die positive Wirkung von Tieren auf den Menschen wird heute im therapeutischen Bereich immer häufiger genutzt. Wer Haustierliebhaber ist, weiß, dass Hunde, Katzen, Wellensittliche und andere Tiere Medizin für Körper und Seele sind. Inzwischen gibt es auch Studien, die belegen, dass

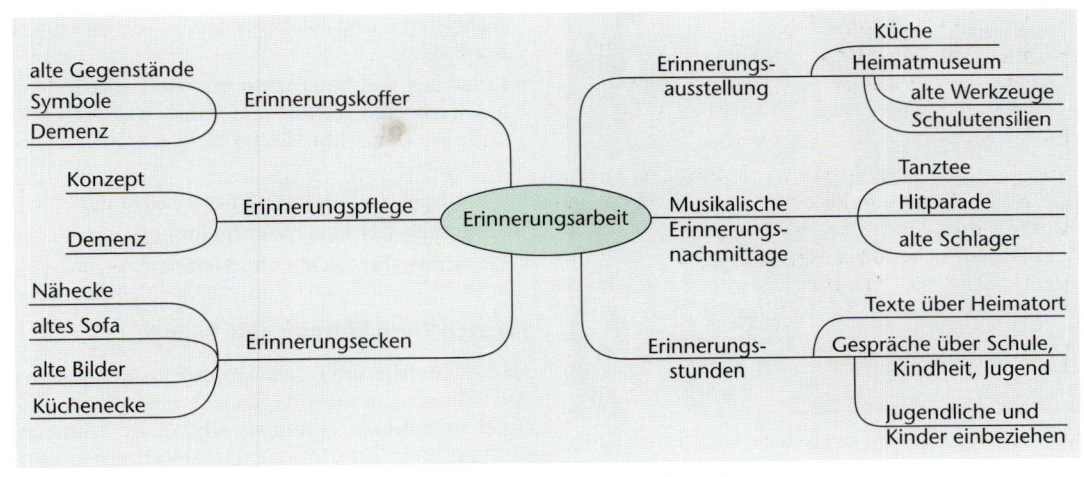

Abb. 14.1: Mind Mapping ist eine Methode zur Strukturierung von Ideen. [M283]

Haustierbesitzer gesünder und zufriedener sind und ihre Lebensqualität höher einschätzen als Menschen ohne Vierbeiner. Die Versorgung eines Haustieres wird durch die tägliche Bewegung und die emotionale Beziehung offenbar zu einem körperlichen und seelischen Schutzfaktor.

☑ Haustiere sind eine Quelle der Freude und Lebensenergie. Müssen sich alte Menschen z.B. wegen dem Einzug in eine Altenpflegeeinrichtung von ihren Tieren trennen, löst das große Trauer und Kummer aus und kann zu einer Krise führen. Der Verlust eines Haustieres kann genauso schlimm wie der Verlust eines geliebten Menschen empfunden werden.

Tiere in Altenhilfeeinrichtungen

Viele Altenhilfeeinrichtungen orientieren sich heute an einem Leitbild mit größtmöglicher Alltagsnormalität. Dazu gehört für viele Einrichtungen auch das Halten von eigenen Haustieren. Für die Haltung der Tiere müssen einige Voraussetzungen erfüllt und die Versorgung gewährleistet sein, wenn der alte Mensch diese z.B. wegen einer Erkrankung nicht selbst durchführen kann. Einrichtungen erkennen zunehmend, dass der Kontakt zum Tier für die Lebensqualität des alten Menschen sehr wichtig ist, so dass der Miteinzug des Tieres selbstverständlich wird (☞ Abb. 14.2).

Manche Altenhilfeeinrichtungen lehnen aus organisatorischen oder hygienischen Gründen eine hausinterne Tierhaltung ab. Für solche Einrichtungen oder auch Tagespflegen, -kliniken und geriatrischen Einrichtungen besteht die Möglichkeit eines gezielten Einsatzes von Tieren im Bereich der Geragogik oder Ergotherapie.

☑ Zwar können Tiere auch Krankheiten übertragen oder Allergien auslösen, das Robert-Koch-Institut kommt aber in Forschungen zu dem Schluss, dass die positiven Auswirkungen überwiegen (☞ Literatur).

Info über Robert-Koch-Institut: www.rki.de/PRESSE/HEFTE.HTM

Therapeutische Wirkungen

Tiere vermitteln gleich ein ganzes Bündel positiver Erfahrungen:
- Freude durch lebendigen Kontakt
- Körperliches Wohlbefinden durch biochemisch nachweisbare Wirkungen: Schmerzverringerung, Beruhigung und Wohlbefinden durch Freisetzung von Beta-Endorphinen
- Entspannende Wirkung auf Körper und Psyche
- Prophylaxe von Einsamkeit und Isolation, Kontaktherstellung über die Tiere
- Kommunikation durch Mensch-Tier-Kontakt
- Aufbau physischer, psychischer und seelischer Energien
- Erleben von vorurteilsfreier Zuneigung: ein Tier nimmt den alten Mensch bedingungslos an
- Erleben von Körperkontakt und Zutrauen
- Förderung emotionalen Wohlbefindens durch Akzeptiert- und Geliebtwerden, Zuwendung, Bestätigung
- Erfahrung von Seelentrost und Beistand, indem das Tier „still zuhört", Gefühle widerspiegelt und eine Projektionsfläche für menschliche Gefühle bietet
- Emotionale Öffnung durch den Tierkontakt
- Förderung sinnlicher Wahrnehmung
- Erfahrung von Geben und Nehmen.

Für wen Tiere hilfreich sein können

Gerade für Menschen, die Verluste erlitten haben, Anerkennung brauchen oder sich in einer schwierigen Lebenslage befinden, sind Tiere hilfreich und tröstlich. Sie stärken das Selbstbewusstsein und führen dazu, dass Gefühle leichter gezeigt

Abb. 14.2: Tiere kennen den geheimen Zugang zur Seele des Menschen. Sie schenken vorurteilsfrei ihre Zuneigung. [K157]

werden können. Die Lebensfreude und Zuneigung, die durch Tiere erfahren wird, wirkt heilsam auf die Seele.

Demenzkranke öffnen sich gegenüber Tieren leichter, weil die Empfindungsfähigkeit im Gegensatz zu kognitiven Fähigkeiten erhalten bleibt (☞ 5.1.1). Bei Menschen mit schwerer Demenz, die oft in sich gekehrt und zurückgezogen sind und über die Sprache keinen Kontakt zur Außenwelt herstellen können, werden häufig überraschende Reaktionen beobachtet:

- der Gesichtsausdruck hellt sich auf
- ein Blickkontakt wird hergestellt
- eine starre Körperhaltung löst sich bei der Zuwendung an das Tier
- Bewegung und sinnliche Wahrnehmung werden angeregt, so dass das Tier gestreichelt wird.

Abb. 14.3: Herkules kommt ab und zu zusammen mit anderen Streicheltieren in die Pflegeeinrichtung und ist der Lieblingsstreichelhase dieser hochbetagten Bewohnerin. [M283]

> Bei Demenzkranken lösen Tiere häufig kleine „Wunder" aus.

Fallbeispiel

Die demenzkranke Frau Jones ist oft in sich gekehrt und hat ausgeprägte Sprachstörungen. Sie drückt sich nur noch in Ein- oder Zweiwortsätzen aus. Wenn sie den Streichelhasen Schorschi auf ihrem Arm hält, wirkt sie wie verwandelt. Ein zufriedenes Lächeln huscht über ihr Gesicht, und sie redet sehr liebevoll mit ihm: „Na, da ist ja wieder mein Schätzchen."

Für den therapeutischen Einsatz von Tieren eignen sich gepflegte Tiere, die gutmütig und geduldig sind und sich gern streicheln lassen:

- Hunde (für Hunde gibt es spezielle Therapieausbildungen)
- Zutrauliche Katzen
- Streichelhäschen (☞ Abb. 14.3).
- Meerschweinchen
- Für Außenbereiche auch Ponys, Esel, Lamas.

Verein „Tiere helfen Menschen e.V."

Der Verein „Tiere helfen Menschen e.V." hat sich zum Ziel gesetzt, Menschen mit körperlichen, seelischen und geistigen Beeinträchtigungen durch den Kontakt mit Tieren zu helfen. Die spezielle Hilfe besteht darin, dass ehrenamtliche Mitglieder des Vereins Menschen zu Hause oder in Einrichtungen wie Altenpflegeeinrichtungen, Krankenhäuser und Behinderteneinrichtungen besuchen, um mit ihnen die besondere Freude, die nur Tiere geben, zu erleben. Der Verein fördert die Mensch-Tier-Beziehungen aus therapeutischer Sicht. Die haupt- und ehrenamtlichen Mitarbeiter werden auf dem Feld tiergestützter Therapie und Pädagogik aus- und weitergebildet.

> ☑ Information, Kontaktaufnahme und Vermittlung von regionalen Gruppen zu dem Netzwerk „Tiere helfen Menschen e.V.":
>
> Vorsitzender: Graham Ford
> Münchener Str. 14
> 97204 Höchberg
> 0931–4042120
> www.thmev.de

Therapeutischer Einsatz von Tieren bei einer Tagespflege – ein Beispiel

Eine Tagespflege mit Betreuungsschwerpunkt von Demenzerkrankten erhält regelmäßig aller vier Wochen Besuch durch eine regionale Gruppe des Vereines „Tiere helfen Menschen e.V.". Das Projekt ist spontan und ohne große Barrieren entstanden; die Tierschutzjugendlichen, Mitglieder des Vereines, haben sich begeistert angeboten, die demenzerkrankten Menschen regelmäßig zu besuchen.

Die Besuche der Streicheltiere sind immer ein großes Erlebnis, unterbrechen den Alltag und hinterlassen große therapeutische Wirkung. Zudem ist über die Tiere eine Brücke zwischen Jung und Alt geschlagen worden.

☑ Einmalige Projekte sind bei der Zusammenarbeit mit Tieren nicht geeignet, weil alle Beteiligten eine Beziehung zueinander aufbauen und vertraut miteinander werden müssen.

Alle Gäste der Tagespflege lieben inzwischen die Tierchen und beteiligen sich je nach Ressourcen an der therapeutischen Aktivität. Besonders beliebt sind Hasen, die gern ausgiebig gestreichelt werden, zahme Katzen und die Meerschweinchen, die mit ihrem Quieken bei einigen immer wieder Interesse und Lachen hervorrufen. Aber auch Schildkröten, die über den Rand ihrer Wasserschüssel gucken und sich ein Salatblatt holen, lösen Interesse und Freude aus.

Nach den positiven Erfahrungen mit den Kleintieren hat die Tagespflege im Sommer auch Begegnungen mit größeren Tieren gewagt: Bei schönem Wetter wurden draußen im Garten Ponys und ein Esel gefüttert und gestreichelt.

Nicht ängstlichen alten Menschen macht es besondere Freude, die Tiere zu füttern. Es muss allerdings vorher durch Absprachen geklärt werden, welches Futter geeignet ist. Evtl. kann das entsprechende Futter auch mitgeliefert werden.

Organisation und Durchführung

- Kontakt zu entsprechenden Vereinen aufnehmen, dabei auch bei Tierschutzjugend, Tierhilfe und Einzelpersonen nachfragen
- Absprache mit Einrichtungsleiter treffen
- Gemeinsame Überlegung, welche Tiere für welche Gruppe sinnvoll sind. Als Streicheltiere eignen sich Kleintiere wie Kaninchen, Katzen, Hunde, aber auch Meerschweinchen, Schildkröten und Vögel sind interessant
- Vorherige Absprache über Anzahl der ehrenamtlichen Helfer des Tierschutzes
- Abklärung betreffs Hygiene: Sind die Tiere geimpft? Bei Tierschutzvereinen sind in der Regel alle Tiere geimpft. Welche Hygienemaßnahmen sind zu beachten?
- Der Organisator des Tierschutzes sollte über Krankheitsbild Demenz und die typischen Verhaltensweisen informiert sein, z.B. darüber, dass Handlungsanweisungen womöglich nicht verstanden werden oder die Betroffenen unvorhergesehene Bewegungen ausführen
- Festen Termin zu fester Zeit vereinbaren, z.B. 1,5 Std. zwischen den Mahlzeiten von 10.00–11.30 Uhr
- Genügend Platz für Tiere und alte Menschen schaffen
- Möglichkeiten schaffen, dass alte Menschen (auch Rollstuhlbenutzer) mit der Hand die Tiere berühren können, z.B.:
  - Meerschweinchen im Käfig auf den Tisch stellen
  - Streichelhasen auf dem Schoß der Helfer, der alten Menschen oder auf dem Tisch platzieren
  - Hunde an der Leine des Helfers lassen
  - Katzen evtl. an einem Geschirr
- Evtl. kleine Decke oder Handtuch als Kleiderschutz
- Ehrenamtliche Helfer führen mit Einfühlungsvermögen die Tiere an die alten Menschen heran
  - Vorsichtige Motivation zur Berührung, dabei Signale von Angst oder Rückzug berücksichtigen und akzeptieren
  - Tiere dem alten Menschen erst näher bringen, z.B. auf den Schoß setzen, wenn von diesen ein Signal kommt und keine Abwehr zu beobachten ist
  - Streicheln fördern, evtl. Hand von Demenzkranken ein wenig führen
- Schutz für die Tiere beachten: Es ist wichtig, dass die Tiere nicht instrumentalisiert und überfordert werden.

Abb. 14.4: Tiere öffnen auf direktem Weg die Tür zur Seele eines Menschen, zu seinen Gefühlen und Erinnerungen. [K157]

> ☑ Der Umgang mit Tieren löst fast immer Erinnerungen aus, z. B. an die Haustiere von früher oder Tiere aus der landwirtschaftlichen Nutzung. Deshalb ist es wichtig, immer auch Zeit für Erinnerungen und Gespräche einzuräumen (Erinnerungspflege ☞ 6.3).

14.2.2 Aromanachmittag mit ätherischen Ölen und Heilpflanzen

Mit Aromatherapie und Heilkräutern werden die Kräfte der Natur genutzt. Sie schaffen eine positive Atmosphäre und tragen schon mit geringen Mitteln und wenig Aufwand zu Entspannung und Wohlbefinden bei.

Heilkräuter- und Aromaölanwendungen haben im Wellness- und auch im Pflegebereich Hochkonjunktur. Die eigene Herstellung von Pflegeprodukten, Cremes und Lotionen findet Interesse und macht Spaß. Interessierte und in Aromatherapie erfahrene Geragogen können mit mittelmäßigem Aufwand einen „Nachmittag für alle Sinne" gestalten.

> ⚠ Mit der Anwendung von ätherischen Ölen darf nicht sorglos umgegangen werden. Es sind genaue Kenntnisse über Risiken und Gefahren notwendig. Bei der Ausschreibung auf jeden Fall darauf hinweisen, dass Personen mit Empfindlichkeiten und Allergien vorher ihren Hausarzt befragen sollen.

Zielgruppen

Zur **Zielgruppe** können z. B. gehören
- orientierte alte Menschen
- Besucher einer Altenbegegnungsstätte oder Altenclubs
- Gemeindemitglieder
- Pflegende und Angehörige einer ambulanten Einrichtung
- Bewohner einer Altenpflegeeinrichtung in Zusammenarbeit mit Schülern.

> 🌿 Ein Aromanachmittag eignet sich auch gut für ein generationsübergreifendes Miniprojekt, z. B. Altenpflegeschüler und alte Menschen gestalten gemeinsam einen Aromatag.

Projektnachmittag in einer Altenbegegnungsstätte – ein Beispiel

An einem Nachmittag mit dem Thema „Ätherische Öle für Körperpflege und Wellness" werden ätherische Öle von Heilpflanzen mit möglichen Anwendungen in Pflege und Aromatherapie vorgestellt. Der Nachmittag kann in Form eines Workshops gestaltet werden, bei dem theoretische Kenntnisse und praktische Anwendungen vermittelt werden. Es wird ein schöner und großer Raum mit einer gemütlichen Atmosphäre ausgesucht, der genügend Platz für Bewegungsübungen und praktische Anwendungen auf Tischen bietet. Zudem sollte der Raum Möglichkeiten für eine kleine Mahlzeit oder eine Kaffeepause bieten.

Ziele eines Aromanachmittages

- Wissen über Wirkungen von ätherischen Ölen
- Einfache praktische Anwendungen kennen lernen
- Wohlbefinden und Wellness
- Herstellung eigener Produkte.

Organisation und Durchführung

- Planung mit einer Ausschreibung der Projektbeschreibung
- Zielgruppe festlegen
- Festen Zeitrahmen einplanen
- Finanzielle Planung, evtl. Eigenbeteiligung für Materialkosten einplanen
- Schönen großen Raum mit genügend Platz für Tische und einen Stuhlkreis organisieren
- Pädagogischen Rahmen bilden mit Einleitung, Arbeitsphase und Ausklang
- Pausen einlegen
- Den Nachmittag nicht mit zu viel Informationen und Angeboten überfrachten.

Materialien: Ausstellungstisch mit Aromalampen, -steinen und Duftverbreitern, verschiedene Duftöle, Heilkräuter, Bücher zur Aromatherapie und Düften, Dekorationsmaterial wie Tücher und Blumen; Arbeitstisch mit Materialien zur Herstellung von Körperpflegemitteln und Kräutersäckchen.

Einleitung zu einem Projektnachmittag

Hier einige Vorschläge zur Einleitung eines Nachmittages mit Aromaölen. So ein Nachmittag sollte in entspannter Atmosphäre begonnen werden:

- Begrüßung in einer kreisförmigen Sitzrunde. Die Mitte des Kreises kann mit einem Strauß Blumen und Heilkräutern, Tüchern, Steinen und Aromalampe dekoriert werden. Durch den Raum zieht ein leichter und anregender Zitrusduft, z. B. von Zitrone, Limette oder Orange (☞ Abb. 14.5).
- Duft raten lassen, Vorstellungsrunde mit einem Lieblingsduft oder einem Lieblingsheilkraut
- Duftsteine mit verschiedenen „Erinnerungsdüften" herumgehen lassen. Jeder Teilnehmer stellt sich mit einem Duft und einer vielleicht dazugehörigen Erinnerung vor. Dazu kann eine Duftserie „Erinnerung" eingesetzt werden, z. B. Meeres-, Blumenwiese-, Gras-, Heublumen- oder Moosduft (☞ Literatur, Katalog Riedel)
- Beginn mit einer Duft-Fantasiereise, bei der visuelle Duftanregungen gegeben werden (☞ 8.7.1)
- Beginn mit einer Bewegungsübung im Raum: Alle Teilnehmer gehen nach Musik durch den Raum und bleiben vor einem für sie interessanten Teilnehmer stehen. Beide Partner erzählen sich gegenseitig, warum der Duftnachmittag sie interessiert und welche Lieblingsdüfte sie haben. Hinterher stellt jeder Teilnehmer im Sitzkreis den Partner mit dessen Lieblingsduft vor.

> ☑ Für die Duftlampenmischung eines Raumes kommt es auf die richtige Dosierung an. Weniger ist mehr. Für einen Raum von 20 qm reichen z. B. 4–8, für 40 qm z. B. 8–12 Tropfen, um einen feinen Duft zu entwickeln.

Abb. 14.5. Zitrusdüfte verbreiten einen Hauch von Frische und Fröhlichkeit und fördern die Konzentration. [O149]

Ätherische Öle richtig anwenden

Ätherische Öle

Ätherische Öle sind aus Pflanzen gewonnene, stark aromatische und hoch konzentrierte ölige Flüssigkeiten, die zwar als Öle eingestuft werden, jedoch eine völlig andere Konsistenz als gewöhnliche Pflanzenöle haben. Sie sind hochgradig flüchtig und hinterlassen keine Fettflecken. In den Pflanzen kommen sie als winzige Öltröpfchen vor. Manche Pflanzen produzieren in unterschiedlichen Teilen verschiedene Öle. Beispielsweise können aus dem Orangenbaum Orangenschalenöl, Orangenblätteröl oder Orangenblütenöl entstehen. Zur Gewinnung von ätherischen Ölen werden spezielle Verfahren wie die Wasserdampfdestillation, Extraktion oder Expression angewendet.

> ☑ Ätherische Öle sind natürliche Heilmittel, die schon bei sehr geringer Konzentration wirken. In zu hoher Konzentration können sie eher schädlich sein.

Qualitätskriterien von ätherischen Ölen

Bei der Auswahl von ätherischen Ölen ist darauf zu achten, dass es sich um reine ätherische Öle handelt, die aus möglichst kontrolliert biologischem Anbau stammen. Ätherische Öle können mit Pestiziden verunreinigt sein, wenn im Herkunftsland der Nutzpflanzen diese einem intensiven chemischen Pflanzenschutz ausgesetzt waren. Die im Endprodukt enthaltenen Pestizide können schwerwiegende Schäden und Allergien auslösen.

Qualität prüfen
- Nur 100 % reines ätherisches Öl (keine naturidentischen Produkte) verwenden
- Auf dem Etikett sollte der deutsche und der lateinische Pflanzenname angegeben sein, z. B. Lavendel und Lavandula angustifolia
- Prüfen, ob die Pflanzen aus kontrolliert biologischem Anbau, aus konventionellem Anbau oder aus Wildsammlungen stammen
- Auf Zusätze wie z. B. Zimt oder Honig achten
- Vorhandensein einer Chargen-Kontrollnummer und Haltbarkeitsdatum überprüfen.

> ☑ Empfehlenswerte Produkte sind Öle von PRIMAVERA-LIVE®, TAOASIS® oder bioherba®. Über die Qualität kann man sich auch über die „Stiftung Warentest" informieren.

Grundsätze bei der Anwendung von ätherischen Ölen

- Anwendung durch Aromatherapeuten oder fortgebildete Mitarbeiter und nach Rücksprache mit Ärzten (wegen Allergiegefahr) einsetzen.
- Ätherische Öle nicht verwenden bei
  - Allergien und Abneigungen gegen bestimmte Öle und Düfte
  - Krampfneigung
- homöopathischer Therapie (Wirkung der homöopathischen Therapie kann beeinträchtigt werden)
- Ätherische Öle nie unverdünnt direkt auf Haut oder Schleimhäute auftragen, sondern nur in angegebener Dosierung anwenden über
  - Duftlampe (☞ Abb. 14.6), Duftstein oder Aromagerät
  - Inhalation
  - Emulsionen für Bäder und Waschungen
  - Wickel oder Kompressen
  - Massageöle
- Angegebene Dosierung nicht überschreiten
- Nicht unverdünnt oder oral anwenden.

> [!] Bei zu hoher Konzentration können ätherische Öle die Haut und Schleimhaut reizen. Bei Fehlanwendungen sind auch schon allergische Reaktionen, Krämpfe, Erregungszustände und toxische Reaktionen aufgetreten.

Wirkung von ätherischen Ölen

Düfte sind tief im Langzeitgedächtnis gespeichert. Duftreize erreichen direkt und auf schnellem Weg das Limbische System, das zum Großhirn gehört und die Steuerungszentrale für Gefühle, Stimmungen, Sympathie, Antipathien und Erinnerungen ist. Neue Duftreize werden auf diese Weise sehr schnell mit Gefühlen und Erinnerungen verknüpft. So ist zu erklären, dass ein aus der Erinnerung positiv besetzter Duft sofort auch ein positives Gefühl und Befinden auslöst. Über das vegetative Nervensystem wird die Produktion von Neurotransmittern angekurbelt, so dass die entsprechende Wirkung, z. B. beruhigend, entspannend oder anregend, schnell eintritt. Über das vegetative Nervensystem haben die ätherischen Öle auch einen Einfluss auf die Atmung, die Kreislauffunktion und die Hormonausschüttung.

Düfte für den Raum

Für den Raum eignen sich je nach Wirkung, Geschmack und Situation alle naturreinen Öle mit unterschiedlichen Duftnoten (☞ Tab. 14.7). Je nach Raumgröße werden einige Tropfen (4–8 Tropfen bei einer Raumgröße von 20 qm) auf die Duftlampe oder auf den Filter einer elektrischen Duftlampe gegeben. Die Anzahl der Tropfen kann eher nach unten korrigiert werden. Bei schweren Düften, wie z. B. Rose, reichen ganz wenige Tropfen (2–3).

Workshop mit praktischer Anwendung

In kleinen Workshops können mit Anleitung des Geragogen leichte Laienrezepturen zur Erfrischung und Entspannung hergestellt werden. Die Zutaten und Materialien für eine Rezeptur sollten übersichtlich auf einem Tisch angeordnet werden. Für die Rezepturen wird ein kleines Skript erstellt.

> [✓] Die Zutaten zur Herstellung von Körperpflegemitteln sind in Hobbythekläden, Bioläden, Apotheken, Reformhäusern oder Drogerien erhältlich.

Rosmarinwaschemulsion

- **Wirkung:** Belebend, anregend, leicht blutdruckerhöhend, desinfizierend. Rosmarin ist ein Stimulans und Antispasmodicum. Es findet als Heilpflanze und Küchengewürz. Verwendung.
- **Kontraindikation:** Hypertonie, Manie, Unruhe, Angst und Herzrasen, Allergien auf die ätherischen Öle.

Abb. 14.6: Eine elektrische Duftlampe verbreitet in Sekundenschnelle mit wenig Tropfen eine Duftnote. Zudem ist bei einem elektrischen Aromagerät keine Brandgefahr gegeben. [M283]

Ätherisches Öl	Wirkung
Zitrone	erfrischend, belebend, aktivierend, fördert die Konzentration
Lemongras	belebend und erfrischend, stimulierend auf Gemütsverfassung, stärkend
Orange	erfrischend und ermunternd, bringt Fröhlichkeit
Limette	erfrischend, energiespendend, ausgleichend
Rosmarin	anregend, belebend, leicht blutdruckerhöhend
Pfefferminze	kühlend, erfrischend, belebend
Bergamotteminze	ausgleichend, vermittelt Klarheit und Gelassenheit
Lavendel	ausgleichend, beruhigend, entspannend
Grapefruit	ausgleichend und stimmungshebend
Melisse	beruhigend
Anis- und Fenchelöl	beruhigend, entspannend, entkrampfend
Zirbelkiefer	neutralisiert unangenehme Gerüche im Raum
Ylang Ylang	ausgleichende Wirkung auf Nervensystem; stärkend bei alten Menschen
Rose	gegen geistige Erschöpfung, gut gegen Depressionen

Tab. 14.7: Ätherische Öle und ihre Wirkungen

- **Material:** Naturreines Rosmarinöl, keimarmes Aqua dest., Mandelöl, Mulsifan oder Emulsan (natürliche Emulgatoren), großer Messbecher, hohes Gefäß, Schaumlöffel, leere Behälter oder schöne Glasflaschen zum Einfüllen der Emulsion, kleinen Trichter zum Einfüllen, Etiketten zum Beschriften.
- **Herstellung:**
  - 450 ml Aqua dest.
  - 20–25 Tropfen reines Rosmarinöl
  - 30 ml Mandelöl
  - 20 ml Mulsifan
  - Alle Zutaten nacheinander in einen Behälter geben und mit Schaumlöffel rühren, bis eine leichte Schäumung auftritt und alle Zutaten gut gemischt sind
  - Wenn der Schaum sich gesetzt hat, in Behälter oder Flaschen umfüllen; Einfülldatum vermerken.
- **Anwendung:** 10–15 ml auf 5 l Waschwasser bzw. eine volle Waschschüssel, ca. 200 ml für ein Bad.

> ☑ Die Emulsion erkennt man daran, dass das Wasser milchig wird, wenn das Öl und der Emulgator hinzugefügt werden.

Lavendelwaschemulsion

- **Wirkung:** Ausgleichend, beruhigend, entspannend. Lavendel wirkt stärkend und auch antispasmodisch. Lavendel kann auch gut mit Melisse kombiniert werden.
- **Kontraindikationen:** Depressionen, Apathie, chronische Müdigkeit, Allergien auf ätherische Öle.
- **Material:** Naturreines Lavendelöl, keimarmes Aqua dest., Mandelöl, Mulsifan oder Emulsan (natürliche Emulgatoren), großer Messbecher, hohes Gefäß, Schaumlöffel, leere Behälter oder schöne Glasflaschen zum Einfüllen der Emulsion, kleinen Trichter zum Einfüllen, Etiketten zum Beschriften.
- **Herstellung:**
  - 450 ml Aqua dest.
  - 20–25 Tropfen reines Lavendelöl
  - 30 ml Mandelöl
  - 20 ml Mulsifan
  - Alle Zutaten nacheinander in einen Behälter geben und mit Schaumlöffel rühren, bis eine leichte Schäumung auftritt und alle Zutaten gut gemischt sind
  - Wenn der Schaum sich gesetzt hat, in Behälter oder Flaschen umfüllen; Einfülldatum vermerken.
- **Anwendung:** 10–15 ml auf 5 l Waschwasser bzw. eine volle Waschschüssel, ca. 200 ml für ein Bad.

Pfefferminzwaschemulsion

- **Wirkung:** Kühlend, erfrischend, belebend. Pfefferminze ist überall kultiviert, manchmal wildwachsend. Die Inhaltsstoffe bestehen zu ca. 85 % aus Menthol, ferner Menthon, Jasmon u.a.
- **Kontraindikation:** Bei Hautreizungen, empfindlicher Haut, bei Neigung zu Frieren und Frösteln, Mentholallergie und -empfindlichkeiten.

- **Material:** Naturreines Pfefferminzöl, keimarmes Aqua dest., Jojobaöl, Mulsifan oder Emulsan (natürliche Emulgatoren), großer Messbecher, hohes Gefäß, Schaumlöffel, leere Behälter oder schöne Glasflaschen zum Einfüllen der Emulsion, kleinen Trichter zum Einfüllen, Etiketten zum Beschriften.
- **Herstellung:**
  - 450 ml Aqua dest.
  - 10–12 Tropfen reines Pfefferminzöl
  - 30 ml Jojobaöl
  - 20 ml Mulsifan
  - Alle Zutaten nacheinander in einen Behälter geben und mit Schaumlöffel rühren, bis eine leichte Schäumung auftritt und alle Zutaten gut gemischt sind
  - Wenn der Schaum sich gesetzt hat, in Behälter oder Flaschen umfüllen; Einfülldatum vermerken.
- **Anwendung:** 10 ml auf 5 l Waschwasser bzw. eine volle Waschschüssel, ca. 150 ml für ein Bad.

> Die Emulsionen – gefüllt in Schmuckflaschen mit Korken – sind ein sehr schönes Geschenk aus eigener Herstellung.

Ein blumiges Badevergnügen

- **Material:**
  - 85 ml Mandelöl
  - 10 ml Emulgator
  - 1 ml Anisöl
  - 1 ml Latschenkieferöl
  - 1 ml Rosmarinöl
  - 2 ml Geraniumöl
  - 2 ml Orangenblütenöl
  - 2 ml Rosenöl
- **Herstellung:** Alle Zutaten nacheinander in Behälter geben und mit Schaumlöffel leicht schaumig rühren.

> ✓ Viele Menschen sind auf Konservierungsstoffe allergisch. Selbst hergestellte Emulsionen enthalten keine Konservierungsstoffe und sollten innerhalb von 4–6 Wochen aufgebraucht werden. Bei kühler Lagerung sind sie auch etwas länger haltbar.

Massage- und Körperöl

Ganzkörpereinreibungen und Massagen mit ätherischen Ölen sind eine angenehme Form der Aromatherapie und bieten die Möglichkeit, sich so richtig verwöhnen zu lassen. Duft und Berührung führen zur Entspannung und fördern die heilende Wirkung des ätherischen Öles. Durch die Mischung von ätherischem Öl mit einer Trägersubstanz (Jojobaöl oder Mandelöl) entsteht ein ausgezeichnetes Massageöl. Auf 100 ml Trägeröl werden 10–20 Tropfen ätherisches Öl gegeben. Jojobaöl ist besonders als Trägeröl geeignet, weil es nicht ranzig wird. Mandelöl empfiehlt sich besonders bei empfindlicher Haut.

- **Material:** Naturreines ätherisches Öl wie z. B. Wildrose, Orange und Rosmarin, Trägeröl (Jojoba- oder Mandelöl), dunkle Glasfläschchen oder Parfümflaschen, Minitrichter.
- **Herstellung:**
  - Trägeröl direkt oder mit Minitrichter in Flaschen füllen
  - Ätherisches Öl dazu geben
  - Beide Öle kräftig mischen
  - Gut verschließen.
- **Anwendung:** Zur Massage und Einreibung in die Haut.

> In einem Workshop kann mit den Teilnehmern bei leiser Musik eine gegenseitige Handmassage mit den selbst hergestellten Ölen durchgeführt werden. Eine Ganzkörper- oder Rückenmassage ist für einen Workshopnachmittag zu intim.

Lavendelsäckchen

Lavendelsäckchen können als Duftspender für den Raum oder Kleiderschrank hergestellt werden.

- **Material:** Leinen- oder Baumwollstoff (lilafarben), Seidenband, Stecknadeln, Heft- und Nähgarn, Schere, 150 g getrocknete Lavendelblüten pro Säckchen.
- **Herstellung**
  - Eine herzförmige Papierschablone (17 cm Höhe) zurechtschneiden
  - Schablone auf Stoff legen und zwei Stoffherzen ausschneiden
  - Die Stoffherzen rechts auf rechts legen und zusammenheften

- Mit der Hand oder Maschine nähen, eine kleine Öffnung lassen, das Innere der Hülle nach außen krempeln
- Die Stoffhülle mit klein geschnittenen Lavendelblüten füllen
- Den Duft der Lavendelblüten evtl. noch mit Lavendelöl verstärken
- Nach dem Füllen die Öffnung vernähen
- Aus lilafarbenen Seiden- oder Taftband eine schöne Schleife binden und vorne auf das Herz nähen.

> Wenn es zu schwierig ist, herzförmige Teile zusammenzunähen, können auch vorgefertigte kleine Kräuterkissen oder einfach in Vierecke zurechtgeschnittene Stoffteile, die nach der Füllung mit einer Schleife zusammengebunden werden, verwendet werden.

Für die Pause

Für eine gesunde Pause werden frische Kräutertees und Kräuterkleinigkeiten angeboten.

Tees

Zu einem Kräuternachmittag gehören natürlich auch Kräutertees, die frisch oder getrocknet mit kochendem Wasser aufgegossen werden. Bei frischem Aufguss entwickelt sich ein zartes Aroma. Besonders schmackhaft und aromatisch sind

- Zitronenmelissetee
- Pfefferminztee
- Kräuterteemischungen
- Rotbuschtee, der mit frischen Kräutern, Orangeschalen oder Vanillestangen aromatisiert werden kann.

Kalte Kräutergetränke

Für die wärmere Jahreszeit sind duftende kalte Kräutergetränke eine Wohltat und eine erfrischende Anregung:

- **Frische Zitronenlimonade**
  - 2,5 ungespritzte Zitronen in dünne Scheiben schneiden
  - 500 g Zucker
  - Scheiben in Zucker einlegen und mit 1,2 l Wasser aufkochen
  - dabei rühren, dass sich der Zucker löst, 10 Min. köcheln lassen
  - 25 g Zitronensäure dazugeben
  - 25 g kleingeschnittene Zitronenmelisse hinzufügen und alles erkalten lassen
  - Zitronenmelisse entnehmen, kühl mit einer Zitronenscheibe servieren.
- **Ingwer-Limetten-Drink**
  - Rotbuschtee aufbrühen und fünf Minuten ziehen lassen (4 Teelöffel für 600 ml)
  - 4 × 4 Teelöffel Ingwer-Goldstücke in Sirup (Reformhaus)
  - 4 Teelöffel Rohrzucker oder Honig
  - 2 Limetten
  - Alle Zutaten mit heißem Tee übergießen, erkalten lassen und mit Zitronenmelisse am Glasrand garnieren
  - **Variante:** Nach dem Abkühlen eine Kugel Zitronensorbet ins Glas geben und sofort servieren.

Kräuterbrot

Wenn der Nachmittag und Pause etwas ausgedehnt werden soll, kann ein selbst gemachtes Kräuterbrot als Snack mit Käse oder Quark angeboten werden. Das folgende Rezept ist für 3 Brote.

- **Zutaten**
  - 1 Teelöffel Zucker
  - 900 ml Wasser
  - 1 Esslöffel Trockenhefe
  - 1,5 kg Weizenmehl
  - 1 Esslöffel feines Salz
  - 5 Esslöffel frisch gehackte Basilikum- und Rosmarinblätter (gemischt)
  - 50 g getrocknete Tomaten, grob gehackt
  - 150 ml kaltgepresstes Olivenöl

Abb. 14.8: Frische Kräuter haben ein unverwechselbares Aroma. Sie können für Teemischungen oder zum Würzen von Brotbackmischungen verwendet werden. [J660]

- Für die Kruste: 150 ml Olivenöl zusätzlich
- Rosmarin, Meersalz.
- **Zubereitung:** Hefeteig herstellen, Öl, Kräuter und Tomaten dazugeben. Teig mit Kräutern 5 Minuten kneten. Teig gehen lassen und 3 Brotlaibe daraus formen, mit Öl bestreichen und mit Rosmarin und Salz bestreuen. Bei ca. 200 Grad 20–25 Minuten backen, bis das Brot goldbraun ist.

Ausklang

Zum Abschluss des Nachmittages wird ein angemessener Ausklang gefunden, z. B.
- Gemeinsamer Kreistanz
- Gemeinsames Lied
- Ein passender Text zum Vorlesen
- Abschlussrunde im Kreis: jeder Teilnehmer stellt die von ihm selbst hergestellten Produkte vor und erzählt, was ihm gefallen hat oder was auch nicht gefallen hat
- Blitzlichtrunde (☞ 4.4).

> Bei einem solchen Projekt werden alle Sinne angesprochen und ätherische Öle und Kräuter mit Leib und Seele erfahren.

14.2.3 Intergeneratives Besuchsprojekt mit Grundschulkindern

> **Intergenerative Projekte:** Generationsübergreifende Projektarbeiten zur Förderung des Dialogs zwischen den Generationen.

Intergenerative Projekte eignen sich gut für den Austausch von Erfahrungen und Erinnerungen. Eine generationsübergreifende Arbeit benötigt als zentrales Element ein **gemeinsames Interesse der beteiligten Generationen.**

Alte Menschen, die in stationären Pflegeeinrichtungen leben, vermissen häufig den regelmäßigen Kontakt zu Kindern und Jugendlichen. Häufig

Abb. 14.9: Viele alte Menschen pflegen gute Generationenbeziehungen in der eigenen Familie. Ein Mehrgenerationenhaushalt wie dieser ist heutzutage allerdings selten. [L119]

sind Kontakte zu jungen Menschen eingeschränkt, verlorengegangen oder besteht gar nicht, weil die alten Menschen keine eigenen Kinder und Enkel haben.

> ☑ Es ist ein weit verbreitetes Vorurteil, dass alte Menschen der heutigen Jugend generell kritisch gegenüberstehen. Die Praxis generationsübergreifender Projekte zeigt vielmehr, dass ältere Menschen gerade gegenüber der jungen Generation aufgeschlossen und interessiert sind.

Ein Schritt, um Jung und Alt zusammenzubringen, kann die Planung eines regelmäßigen Besuches von Kindern in der Altenhilfeeinrichtung sein. Ein solches Jung-Alt-Projekt bedarf einer gründlichen und verantwortungsvollen Planung, die von einer professionellen pädagogischen Kraft, z. B. von einem Sozialpädagogen, begleitet wird.

> ⁝ Jung-Alt-Projekte bedürfen einer individuellen, an der Biografie orientierten Begleitung, weil die Besuche der Kinder auch immer Trauer über den Verlust von Familienzusammengehörigkeit oder Erinnerung an kritische Familienverhältnisse auslösen können.

Fallbeispiel

In einer stationären Altenhilfeeinrichtung treffen sich Grundschulkinder einmal im Monat mit interessierten Bewohnern der Altenhilfeeinrichtung. Lehrer und Sozialpädagoge sind gemeinsam Initiatoren des Projektes, das für ein halbes Jahr angelegt ist. Der Lehrer hat die Kinder gut auf die Lebenssituation der alten Menschen vorbereitet. Die Bewohner werden in Form von Gesprächen vom Sozialpädagogen der Einrichtung begleitet. Der 10-jährige Sven ist ganz begeistert: „Hier lerne ich was über das Leben von früher, als es nur ganz wenig Autos gab. Das merk ich mir viel besser als im Unterricht."

Planung und Organisation eines intergenerativen Projektes mit Schulkindern

Die Planung des Projektes setzt gute Kenntnisse über und Einfühlungsvermögen für beide Generationen voraus. Zu den wichtigen **Planungsschritten** gehören:
- Projektleitung an einen geragogischen Mitarbeiter, der guten Kontakt zu den Bewohnern hat, übertragen
- Kontakt zur Schule und dem verantwortlichen Lehrer herstellen
- Interessen, Wünsche und Bedürfnisse der alten Menschen eruieren
- Biografische Daten zu den alten Menschen zusammentragen
- Interessen und Bedürfnisse der Kinder eruieren
- Projekt in schulische Themen wie „Wie leben alte Menschen" einbinden
- Kinder einfühlsam auf das Thema Altern vorbereiten
- Gemeinsame Themen oder Programmtypen festlegen
- Ziele für Kinder und alte Menschen finden und formulieren
- Gemeinsam mit dem Lehrer Konzept erstellen
- Regelmäßige und kontinuierliche Treffen planen
- Verantwortliche pädagogische und geragogische Begleitung nach den Begegnungsstunden organisieren.

> ☑ Durch intergenerative Projekte kommen Begegnungen zustande, die nicht mehr selbstverständlich sind. Auf beiden Seiten wird Verständnis füreinander, Toleranz und Verantwortungsbewusstsein gefördert.

Themen und gemeinsame Aktivitäten mit Grundschulkindern

Für regelmäßige Projekttage mit Kindern bieten sich folgende gemeinsame Aktivitäten an:
- Spiele
- Musikalische Veranstaltungen
- Theater (☞ Abb. 14.10)
- Feste
- Picknick
- Vorleseaktionen
- Kreative und gestalterische Arbeiten
- Diskussionen und Austausch über Themen, z. B. Schule heute und früher.

Fallbeispiel

Die Sozialpädagogin hatte den Besuch der Grundschulkinder lange geplant, es sollten verschiedene Texte von Kindern und alten Menschen vorgelesen werden. Die Kinder interessieren sich allerdings mehr für die Rollstühle und Rollatoren. Die Bewohner der Altenpflegeeinrichtung freuen sich über das kindliche Interesse und beantworten die Fragen der Kinder geduldig. Herr Lehmann meint schmunzelnd: „Es ist anstrengend, überall wuseln sie herum, genauso waren meine Jungs früher auch." Er stellt seinen elektrischen Rollstuhl zu Verfügung, so dass die Kinder ihn ausprobieren können.

14.2.4 Erinnerungsausstellung in einer stationären Altenpflegeeinrichtung

Es gibt vielfältige Gestaltungsmöglichkeiten von Erinnerungspflege (☞ 6.3), die von biografischer Einzelarbeit bis zu themenbezogenen Gruppenarbeiten und Institutionsarbeit reichen. Im Folgenden werden Möglichkeiten zu einer Erinnerungsausstellung einer stationären Altenhilfeeinrichtung vorgestellt, die sich sowohl an Demenzkranke als auch andere Bewohner richtet.

> ☑ Mit dem Projekt „Erinnern heißt Leben" hat die Robert-Bosch-Stiftung verschiedene Erinnerungsprojekte für demente Menschen in Altenpflegeeinrichtungen gefördert und begleitet: I. Steiner/H.-U. Händel (Hrsg.): Erinnern heißt Leben. (☞ Literatur)

Projekt Erinnerungsausstellung in einer Altenpflegeeinrichtung

Zu verschiedenen Themen und Lebensbereichen von Früher wird in einer Altenpflegeeinrichtung eine Ausstellung eingerichtet. Die Ausstellung hat einen gemeinwesen- und generationsübergreifenden Ansatz, der in Zusammenarbeit mit einem regionalen Heimatmuseum oder anderen regionalen Gruppen, Vereinen oder Verbänden organisiert werden kann.

Ziel ist es, neben biografischer Erinnerungsarbeit, gesellschaftliche und soziale Lebens- und Erfah-

Abb. 14.10: Gemeinsame Aktivitäten machen Spaß, darauf freuen sich Alt und Jung gleichermaßen. [L119]

14 Besondere Projekte

rungszusammenhänge zu erfassen und auch zu reflektieren.

Ein Erinnerungsprojekt erfordert die professionelle Leitung durch einen Mitarbeiter, der mit Erinnerungsarbeit, Gesprächsführung, Gruppenarbeit, Gruppendynamik und Projektplanung vertraut ist. Das Projekt benötigt eine umfassende Vorbereitung.

> Eine Erinnerungsausstellung ist ein umfangreiches Projekt, das langfristig geplant wird und ausreichende Planungszeit benötigt. Sinnvoll ist ein Arbeitskreis oder ein Qualitätszirkel, der aus geragogischen Mitarbeitern (Sozialpädagoge, Pflegemitarbeiter, externe Mitarbeiter) besteht.

Planung und Organisation einer Erinnerungsausstellung

- Projektleitung einem Geragogen übertragen, der bereits Erfahrung mit Erinnerungsarbeit hat
- Kontakt zu Heimatmuseen, Heimatvereinen, Landfrauenverein oder anderen regionalen Gruppen aufnehmen
- Arbeitsgruppe mit internen und externen Mitarbeitern bilden
- Konzept erarbeiten, Zusammenarbeit festlegen
- Unterstützung durch Betriebsleitung und andere Mitarbeiter einholen, damit die Erinnerungsausstellung von allen Mitarbeitern getragen wird
- Zeitrahmen für die Ausstellung selbst und der Arbeitsgruppe festlegen
- Evtl. Presse zur Vorstellung des Projektes und zum Aufruf, Erinnerungsstücke zusammenzutragen, einbeziehen
- Versicherung von Erinnerungsstücken mit Betriebsleitung abklären
- Ausstellung evtl. in Verbindung mit Aktionstagen planen
- Fortsetzung der Erinnerungsausstellung in Form einer weiterführenden Erinnerungsarbeit z. B. in Form regelmäßiger Erinnerungsstunden planen.

Einrichten von Erinnerungsecken

Ausstellungsorte können verschiedene Ecken und Plätze in großen Räumen, Nischen und einzelne Bereiche von Fluren und gemeinschaftlichen Räumen sein. Wichtig ist, dass alle Bewohner die Erinnerungsorte gut erreichen können.

Erinnerungsecke Küche

Eine Erinnerungsecke mit einem alten Küchenherd und Kochutensilien knüpft an die Erfahrungen und Lebensumstände von früher an und bietet viel Gesprächsstoff (☞ Abb. 14.11):

- Alter Herd mit Töpfen, altem Bügeleisen, Wasserbehälter, selbst gefertigten Handtüchern und Topflappen
- Küchentisch mit Utensilien zum Backen wie Backschüssel, Teigrolle, Kuchenformen, alter Waage, Plätzchenformen, Rührlöffeln
- Arbeitsecke mit Butterfass und Schlagsahneschläger
- Bücherecke mit alten Koch- und Backrezepten
- Küchenschrank aus „Großmutters Zeiten" mit Küchenutensilien
- Tisch mit selbst gemachten und konservierten Nahrungsmitteln, z. B. Eingemachtes, Marmeladen, Liköre, Getrocknetes.

Erinnerungsecke Handarbeiten

Eine Ecke mit Handarbeiten knüpft an dem Erfahrungsschatz vieler alter Frauen an. Anregend für Tätigkeiten und Gespräche sind z. B.

- Ein intaktes Spinnrad, das in Betrieb genommen werden kann
- Ein kleiner Webstuhl mit einer aufgezogenen Webarbeit
- Ein Tisch mit Handarbeiten von früher, z. B. Stickereien, gehäkelte Topflappen, gestrickten Strümpfen.

Abb. 14.11: Küchenecke mit einem Herd aus „Omas Zeiten". [K157]

> Optimal ist es, wenn ein Spinnrad oder Webrahmen auch benutzt werden können und Mitarbeiter sich auf das Spinnen und Weben verstehen.

> Besonders schön ist es, wenn es gelingt, ein intaktes Grammophon ausfindig zu machen, das noch funktioniert und mit dem alte Schlager abgespielt werden können.

Erinnerungsecke Näharbeit

Die Näharbeit war für die Hausfrauen von früher ein großer Bestandteil ihrer täglich anfallenden Hausarbeit. Unter den Bewohnerinnen sind bestimmt auch einige Schneiderinnen, die sich gern an ihre Arbeit von früher erinnern (☞ Abb. 14.12). Ausstellungsstücke können z. B. sein:

- Eine alte Singernähmaschine
- Ein altes Nähkästchen mit Nähutensilien von früher, z. B. Stopfpilz, Fingerhut, Nadelkissen
- Selbst geschneiderte Kleider, Mäntel, Hüte von früher
- Modefotos von früher.

Erinnerungsecke Musik

Eine Ecke mit Musikinstrumenten regt positive Erinnerungen an Freizeit- und Festgestaltung in alten Zeiten. Geeignete Ausstellungsstücke sind z. B.

- Akkordeon
- Geige
- Blasinstrumente von früher
- Mandoline
- Mundharmonika
- Alte Liederhefte
- Ein altes Grammophon mit alten Platten
- Fotos von früheren Schlagersängern und Filmstars.

Erinnerungsecke Korbflechterei

Es ist oft einfacher, interessante Erinnerungsecken für Frauen zu organisieren und zu gestalten. Eine Korbflechtecke spricht dagegen eher Männer an, denn das Korbflechten war am Anfang des 20. Jahrhunderts noch eine traditionell von Männern ausgeführte Handwerkskunst. Eine entsprechende Erinnerungsecke kann bestehen aus

- Einem Tisch mit Ausstellungsstücken von selbst geflochtenen Körben
- Verschiedenen Körben, die ihrer Funktion entsprechend gefüllt werden, z. B. mit Kartoffeln, Obst, Gemüse oder Wäsche
- Materialien, die für die Korbflechterei benötigt wurden, z. B. Peddigrohr und Weide
- Bildern von alter Handwerkskunst.

> Ein Erinnerungsprojekt kann nie die Aufarbeitung einzelner traumatischer Erlebnisse leisten. Deswegen das Projekt thematisch so anlegen, dass es um das Schwelgen und Genießen in Erinnerungen geht. Dennoch ist nicht auszuschließen, dass auch belastende Ereignisse wieder lebendig werden. Der Projektleiter muss in der Lage sein, das aufzufangen und zu steuern.

Erinnerungsarbeit anhand der Ausstellungsobjekte

Ziel der Erinnerungsausstellung ist es, die Ausstellungsstücke nicht nur einfach zu zeigen, sondern eine aktive Auseinandersetzung mit den Themen zu fördern oder auch gemeinsame Aktivitäten anzuschließen. Zu der Ausstellung werden gezielt Erinnerungsstunden geplant, um Austausch in Form von Gesprächen und Diskussionen zu fördern:

- Wie wurden früher die Hausarbeiten erledigt?
- Welche Geräte und Techniken standen zur Verfügung?
- Wie wurden früher die Nahrungsmittel haltbar gemacht?
- War die Arbeit beschwerlich?

Abb. 14.12: Nähen war früher eine wichtige und sehr anerkannte Tätigkeit, der Beruf der Schneider ein sehr angesehener Beruf. [K157]

- War die Arbeit auf verschiedene Familienmitglieder verteilt?
- Wie war das frühere Rollenverständnis?
- Wurde neben der Hausarbeit auch noch eine Berufstätigkeit ausgeübt?
- Welche Tätigkeiten wurden gern verrichtet, welche nicht?
- Was hat sich im Gegensatz zu damals verändert?
- Was ist heute besser oder auch schlechter als früher?

> Eine Erinnerungsausstellung eignet sich auch hervorragend für eine intergenerative Arbeit, z. B. in Zusammenarbeit mit Schulen oder Jugendeinrichtungen.

Aktivitäten zu der Erinnerungsausstellung

Zu den Themen können mit Bewohnern gemeinsame Aktivitäten geplant werden, z. B.
- Backen nach alten Rezepten (☞ 12.2.2)
- Kochen nach alten Rezepten (☞ 12.2.1)
- Früchte trocknen
- Spinn- und Flachsarbeiten, Webarbeiten (☞ 11.2.8)
- Korbflechtarbeiten (☞ 11.2.6).

> Wünschenswert ist es, dass so ein Projekt nicht nur einmalig ist, sondern als *eine* Arbeitsmethode von vielen in ein Gesamtkonzept eingebunden ist. Ein Erinnerungsprojekt sollte mit Aktivitäten einer systematischen und bewohnerorientierten Erinnerungspflege fortgesetzt werden, z. B. mit wöchentlichen Erinnerungsstunden.

I Literatur

Literatur

Allert-Wybranietz, Kristiane: Die Farben der Wirklichkeit. Ein Märchenbuch. (Lucy Körner Verlag) Fellbach, 1983.

Allert-Wybranietz, Kristiane: Trotz alledem – Verschenktexte. (Amp-Verlag) 1981.

Barth, Myriam: Qualitätsentwicklung und –sicherung in der Altenpflege. (Urban & Fischer Verlag) München, Jena, 1999.

Becker, Brigitte / Brügmann, Eberhard / Tutt, Ilse: Alt werden – beweglich bleiben. (Verlag gruppenpädagogischer Literatur) Wehrheim, 2003.

Becker, Brigitte: Seniorenspiele. (Verlag gruppenpädagogischer Literatur) Wehrheim, 1991.

Bender, Hans: Das Herbstbuch. (Insel-Verlag) Frankfurt, 1999.

Beyschlag, Renate: Altengymnastik und kleine Spiele. (Urban & Fischer Verlag) München, Jena, 1999.

Brühl, Jutta: Alt, aber Hut ab. (Verlag modernes Lernen) Dortmund, 1998.

Bundesministerium für Familie, Senioren, Frauen und Jugend: Dritter Bericht zur Lage der älteren Generation. (Medien- und Kommunikations GmbH) Berlin, 2001.

Bundesverband Seniorentanz e.V: Tänze im Sitzen. Heft 1 + 2, Bremen.

Dahlke, Rüdiger: Mandalas der Welt. (Wilhelm Heyne Verlag) München, 1995.

Dick, Helga / Wolff, Lutz-W.: Lach doch wieder. (Deutscher Taschenbuch Verlag) München, 2000.

Evers, Margrit: Geselligkeit mit Senioren. (Beltz Verlag) Weinheim, Basel, 1994.

Fachhandel Lekis Spielwaren & Lernmittel, Immermannstr. 11, 40210 Düsseldorf, 2003.

Fachhandel sentreff: Katalog 2003/04, 41352 Korschenbroich, Ladestr. 3, 2003.

Greger, Birgit R.: Generationenarbeit. (Urban & Fischer Verlag) München, Jena, 2001.

Halbach, Anne: 5 Stundenentwürfe für die geistige Aktivierung. (Eigenverlag) Windeck-Herchen, 2002.

Hoppe, Birgit: Psychologie verstehen lernen. (Vincentz Verlag) Hannover, 1997.

Kerkhoff, Barbara / Halbach, Anne: Biografisches Arbeiten. (Vincentz Verlag) Hannover, 2002.

Kirkevold, Marit: Pflegetheorien. (Urban & Fischer Verlag) München, Jena, 1996.

Klie, Thomas (Hrsg.): Wohngruppen für Menschen mit Demenz. (Vincentz Verlag) Hannover, 2002.

Klingberg, Lothar: Lehren und Lernen – Inhalt und Methode. (Zentrum für pädagogische Berufspraxis) Oldenburg, 1995.

Kuratorium Deutsche Altershilfe (Hrsg.): Reisen für Ältere. Thema 171, Köln, 2001.

Kuratorium Deutsche Altershilfe (Hrsg.): Ein Plädoyer für die Tierhaltung in Alten- und Pflegeheimen, Köln, 2001.

Lander, Hilda-Maria / Zohner, Maria-Regina: Meditatives Tanzen. (Kreuz Verlag) Stuttgart, 1987.

Lander, Hilda-Maria: Tanzen will ich. (Verlag J. Pfeifer) München, 1983.

Löding, Claudia: Snoezelen. (Urban & Fischer Verlag) München, 2004.

Mamerow, Ruth: Projekte mit alten Menschen. (Urban & Fischer Verlag) München; Jena, 2003.

Mangei, Karl (Hrsg.): Sprichwörter und Redewendungen. (Astex-Verlag) Bruchsal, 2001.

Mangei, Karl (Hrsg.): Quiz – Eine Praxishilfe zur Programmgestaltung in der Altenarbeit. (Astex-Verlag) Bruchsal, 2001.

Mohr, Michaela / Mohr, Ursula (Hrsg.): Glückwünsche, Grüße und Festgedichte. (Weltbild-Verlag) Augsburg, 1999.

Oppolzer, Ursula: Verflixt, das darf ich nicht vergessen. (Humbold-Verlag) Ulm, 1999.

Riedel GmbH: Riedel Katalog, Carl-Zeiss-Str. 35, 72770 Reutlingen, 2004.

Robert-Koch-Institut: Heimtierhaltung – Chancen und Risiken für die Gesundheit. Heft 19, Dezember 2003.

Sanladerer, Christian / Weidinger, Beate: Masken entwerfen und gestalten. (Englisch Verlag) Wiesbaden, 1990.

Schaade, Gudrun: Ergotherapie bei Demenzerkrankungen. (Springer Verlag) Berlin/ Heidelberg, 2002.

Schmidt, Gisela: Gedächtnistraining für Senioren. (Don Bosco Verlag) München, 1993.

Schmidt-Hackenberg, Ute: Wahrnehmen und Motivieren. (Vincentz Verlag) Hannover, 1996.

Schöttler, Bärbel: Bewegungsspiele 50 Plus. (Meyer & Meyer Verlag) Aachen, 2002.

Schweppe, Cornelia (Hrsg.): Soziale Altenarbeit. Pädagogische Arbeitsansätze. (Juventa Verlag) Weinheim, München, 1996.

Stanjek, Karl (Hrsg.): Altenpflege Konkret: Sozialwissenschaften. (Urban & Fischer Verlag) München, Jena, 1998.

Steiner, Irene / Händel, Hans-Ulrich (Hrsg.): Erinnern heißt Leben. (Paul Wilhelm von Keppler-Stiftung) Sindelfingen, 2002.

Stengel, Franziska (Dr. med.): Heitere Gedächtnisspiele. (memo Verlag) Stuttgart, 1997.

Stöhr, Ursula: Das Seniorenspielbuch. (Beltz-Verlag) Weinheim/ Basel, 1997.

Tapper, Hans / Müller, Marianne / Mikolasek, Ota: Servietten dekorativ falten. (Falken Verlag) Niedernhausen,1999.

Vogelbacher, Margarete: Faszination Papierfalten. (Frechverlag) Stuttgart, 2003.

Wehrfritz: Katalog „Miteinander leben", 2004, Wehrfritz GmbH, Bad Rodach, August-Grosch-Straße 28. Tel.: 09564/929–0.
E-Mail: www.wehrfritz.de

Weihsenbilder, Diane (Hrsg.): Praxismappe Altenheim. (Bergmoser & Höller Verlag) Aachen 2002.

Weingandt, Birgit: Biografische Methoden in der Geragogik. thema-Heft 167, Kuratorium Deutsche Altershilfe, Köln, 2001.

Werder, Lutz von (Prof. Dr.): Lehrbuch des Kreativen Schreibens. (Schibri-Verlag) Berlin/ Milow, 1993.

Zippel, Christian / Kraus, Sibylle (Hrsg.): Soziale Arbeit mit alten Menschen. (Weißensee Verlag) Berlin, 2003.

Zopfi, Christa / Zopfi, Emil: Wörter mit Flügeln. Kreatives Schreiben. (Zytglogge Verlag) Bern, CH Gümligen, 1995.

Index

Index

A

ABC-Assoziationen 100
Akrostichon 100
Aktives Zuhören 51
Alltagskompetenz 15
Alltagsmanager 26
Altenpflege
    ambulante Altenpflege 19
    stationäre Altenpflege 20
    teilstationäre Altenpflege 19
Altenpfleger 24
Altentherapeut 24
Angehörigenarbeit 28
Aquarellieren 253
Aromatherapie 311
Atemübungen 181
Ätherische Öle 312
Ausflüge und Reisen 297
    Kurzreisen 301
    Längere Reisen 302
    Planung und Organisation 299
    Tagesausflüge 299

B

Backen 289
Basale Stimulation 77
Batiktechniken 255
Bedürfnis 2
Bedürfnispyramide (nach Maslow) 3
Betreutes Wohnen 20
Bewegung
    Aufwärm- und Lockerungsübungen 158
    Bewegungsspiele 204
    Dehn- und Streckübungen 163
    Entspannungsübungen 178
    Kräftigungsübungen 165
    Tänze 183
Bewegungseinschränkungen 152
Bewegungslieder 182
Bibliotherapie 91
Bingo 198
Biografiearbeit 28, 102, 104, 109
Blindengeld 92
Blitzlicht 54, 99
Boccia (Boules) 205
Bowling 204
Brainstorming 107, 220

C

Case-Management 25
Cluster 99
Collagen 256

D

Demenz
    10-Minuten-Aktivierung 241
    Basale Stimulation 77
    Betreuungskonzept 63
    Bewegung 78
    Erinnerungspflege 70, 104
    familien- und hausarbeitsorientierte Angebote 292
    familien- und hausarbeitsorientierte Tätigkeiten 75
    Fixierung 74
    Gehirntraining 213, 214
    gestalterische und handwerkliche Tätigkeiten 75
    homogene Gruppenstruktur 82
    integrative Konzepte 85
    Krankheitsbild 60
    Milieutherapie 66
    Musikangebote 119
    Musiktherapie 70
    segregative Konzepte 82
    Seniorengymnastik 154
    Snoezelen 78
    Spiele 73, 192, 197
    Sturzgefahr 74
    Tiere als Therapeutikum 309
    Validation 64
    Wahrnehmungsförderung 76
    Wohngruppen und Demenzstationen 83
Diavorstellungen 112
Didaktik 30
Didaktische Dimensionen 42
Didaktisches Grundmodell (nach Klingberg) 41
Diskussion 52
Domino 209
Drucken 272

E

Einzelarbeit 43
Ergotherapeut 25
Erinnerungsarbeit 319
Erinnerungsausstellung 319
Erinnerungskoffer 110
Erinnerungspflege 70, 104
Erinnerungsstunde 106
Ernährung 38
Erzählcafé 105

F

Familien- und hausarbeitsorientierte Angebote 283
    Backen 289
    bei Demenz 292
    Gärtnern 293
    Kochen 286
Fantasiereisen 179
Fasching 146, 280
Feil, Naomi 64
Feste feiern
    10-W-Fragen 134
    Fasching (Karneval) 146
    Frühlings- und Maifest 135
    Geburtstag und Jubiläum 148
    Herbstfest 139
    Planung und Organisation 133
    Sommerfest 137
    Weihnachten 141
    Ziele 132
Filmveranstaltungen 111
Fixierung 74
Flechten mit Peddigrohr 262
Freiwilligenarbeit 26, 27
Frühlings- und Maifest 135
Fundraising 306

G

Ganzheitlichkeit 7
Gartentherapie 294
Gärtnern 293
Geburtstagsbasteleien 280
Geburtstagsfest 148
Gedächtnis 35, 70, 110
Gedächtnistraining 72
Gehirntraining 207
    10-Minuten-Aktivierung 241
    10-W-Fragen 216
    Assoziationsübungen 239
    bei Demenz 213, 214
    Bewegungsübungen 221
    Bildbetrachtungen und -beschreibungen 228
    Brainstorming 223
    Denkübungen 235
    Erinnerungsübungen 232
    ganzheitlicher Ansatz 212
    Grundsätze 215
    Kreativ- und Fantasieübungen 230
    Methoden 220
    Ordnungs- und Einordnungsübungen 237
    Planung und Organisation 216
    Rateübungen und Wissensfragen 226
    Rätsel- und Scherzfragen 236
    segregative Konzepte 214
    Suchspiele 231
    Themen 217
    Wahrnehmungsübungen 240
    Wort- und Sprachübungen 222
    Ziele 213
Generationsübergreifende Projekte 317
Geragogik 4
Geragogische Veranstaltung
    Durchführung 47
    Planung 46
    Reflexion 49
    Themen und Inhalte 54
    Vorbereitung 47
Geriatrische Klinik 21
Geschlossene Gruppe 45
Gespräch 50
Gesprächsführung 12
Gesprächsregeln 51
Gestalterische und handwerkliche Angebote
    Aquarellieren 253
    Batiken 255
    Collagen 256
    Drucken 272
    Flechten (mit Peddigrohr) 262
    jahreszeitliche Themen 273
    Maltechniken 247
    Modellieren 259
    Papierarbeiten 265
    Planung und Organisation 247
    Serviettentechnik 258
    Specksteinarbeiten 271
    Stoff- und Handarbeiten 268
    Ziele 246
Gruppenarbeit 44

H

Halboffene Gruppe 45
Handmassage 221
Hauszeitung 92
Hemisphärenspezifik 35
Herbstfest 139
Hilfsmittel
    Schreibhilfe 103
    Sehhilfe 92

I

Imitationslernen 33
Instrumentelles Konditionieren 33
Integrationsprinzip 85
Integrative Validation 64
Interaktion 4
Intergenerative Projekte 317

J

Jahreszeitliche Beschäftigungsangebote 273
Jubiläumsfeier 149
Juchli, Juliane 6

K

Karneval 146
Kartenspiele 201
Kimspiele 240
Klassisches Konditionieren 31
Klingberg, Lothar 41
Knüpfen 269
Kochen 286
Kognitives Lernen 31
Kommunikation 12
Kreative Beschäftigungsangebote 245
Kreatives Schreiben 98
Krocket 206
Krohwinkel, Monika 6
Kulturarbeit 87
    Erinnerungspflege 104
    Literatur 90
    musikalische Angebote 113
    neue Medien 128
    Planung, Organisation 90
    Theater 124
    visuelle Angebote 111
    Vorträge und Informationen 122
    Ziele 89
Kurzreisen 301
Kurzzeitgedächtnis 36
Kurzzeitpflege 19

L

Langzeitgedächtnis 36
Learning by doing 33
Lebensbaum 109
Lebenskrise 10
Lebensqualität 10, 13
Lerntheorien 30
    Imitationslernen 33

Instrumentelles Konditionieren (Learning by doing) 33
Klassisches Konditionieren 31
Kognitives Lernen 31
Operantes Konditionieren 32
Lesehilfe 92
Lesekreis 90
Lesestunde 93
Literaturkreis 96

M

Maltechniken 247
Mandalas 248
Maslow, Abraham 3
Massage 158, 179
Meditationen 53
Memory 209
Mensch ärgere dich nicht 200
Methoden 50
Milieugestaltung 109
Milieutherapie 66
10-Minuten-Aktivierung 73, 241
Mobilität 15, 152
Modellieren 259
Motivation 2
Motivationsarbeit 56
Motorik 15
Musizieren 119

N

Normalisierungsprinzip 69

O

Offene Altenarbeit 18
Offene Gruppe 45
Operantes Konditionieren 32

P

Palmieren 221
Papierarbeiten 265
Partnerarbeit 44
Pflegekonzept 7
Pflegeleitbild 7
Pflegemodelle 5
Pflegeplanung 8
Pflegeprozess 8
Pflegequalität 7
Polonaise 162
Positives Erleben 13
Präsenzmitarbeiter 26
Progressive Muskelentspannung (nach Jakobsen) 180
Projektarbeit 306
    Planung und Organisation 307

Q

Qualitätssicherung 7
Quiz 210, 226

R

Reisen 298
Ressourcen 8
Richard, Nicole 64
Rollenidentität 285
Rollenspiele 52
Roper, Nancy 6

S

Schach 199
Schreibförderung 103
Schreibspiele 203
Schreibwerkstatt 97, 101
Scrabble 202
Segregative Konzepte 82
Seidenmalerei 252
Selbstgestaltung 14
Selbstkonzept 10
Seniorengymnastik 151
    10-W-Fragen 157
    bei Demenz 154
    Bewegungsspiele 173
    Entspannungsübungen 179
    Grundsätze 155
    Planung und Organisation 156
    Übungen mit diversen Handgeräten 167
    Übungsleiter 155
    Verletzungsgefahr 156
    Ziele 153
Seniorentanz 122
Service-Wohnen 20
Serviettentechnik 258
Settings 43
Siebdruck 273
Singen 114
Sinnesbezogene Methoden 53
Snoezelen 78
Solitär 210
Sommerfest 137
Sozialer Rückzug 56
Soziales Erleben 11
Sozialpädagoge 25
Specksteinarbeiten 271
Spiele 189
    10-W-Fragen 193
    bei Demenz 73, 192, 197
    Bewegungsspiele 173, 204
    Gedächtnis- und Ratespiele 207
    Gesellschafts- und Unterhaltungsspiele 198
    Grundsätze 192
    Kartenspiele 201
    Kennenlernspiele 194
    mit Bällen 206
    mit Musik 119
    Planung und Organisation 193
    Quizspiele 210
    Schreibspiele 203
    selbst entwerfen 209
    Settings 192
    Tastkim 210
    Wortspiele 202
    Würfelspiele 199, 203
    Ziele 190
Spielerische Methoden 53

Stationäre Altenpflege 20
Stimmungsbarometer 54
Stoff- und Handarbeiten 268
Sturzgefahr 74

T

Tagesausflüge 299
Tagesklinik 19
Tagespflege 19
Tagesstruktur 10, 69, 84
Tanz 183
   Sitztänze 163, 186
   Tanzanleiter 183
Tastkimspiele 210
Teilstationäre Altenpflege 19
Theaterarbeit 124
Therapeutisches Team 24
Tiere als Therapeutikum 307
Tombola 139
Trauer 10, 111, 142

U

Übungen 53
   mit Bällen 168
   mit Doppelklöppeln 170
   mit Säckchen 170
   mit Seilen 172
   mit Stäben 171
   mit Tüchern 169
   mit verschiedenen Handgeräten 167
   zum Dehnen und Strecken 163
   zur Atemunterstützung 181
   zur Aufwärmung und Lockerung 158
   zur Entspannung 179
   zur Kräftigung 165
Ultrakurzzeitgedächtnis 35

V

Validation 64
Vertellekes 207
Volkslieder 115
Vortrag 52

W

Wahrnehmung 12
Wahrnehmungsförderung 12, 210
Weben 270
Weihnachtsbasar 144
Weihnachtsbasteleien 278
Weihnachtsfeier 142
10-W-Fragen 46, 90
Wochenstruktur 10
Wohnprojekte 21
Wohnraumanpassung 66
Wortspiele 202
Würfelspiele 199, 203

Z

Zeittafel 108
Zentrales Nervensystem (ZNS) 34
Zungenbrecher 225